Informationsmanagement in Hochschulen

Arndt Bode · Rolf Borgeest
Herausgeber

Informationsmanagement in Hochschulen

Herausgeber
Prof. Dr. Arndt Bode
Technische Universität München
Arcisstr. 21
80333 München
Germany
arndt.bode@tum.de

Dr. Rolf Borgeest
Technische Universität München
Arcisstr. 21
80333 München
Germany
rolf.borgeest@tum.de

ISBN 978-3-642-04719-0   e-ISBN 978-3-642-04720-6
DOI 10.1007/978-3-642-04720-6
Springer Heidelberg Dordrecht London New York

Die Deutsche Nationalbibliothek verzeichnet diese Publikation in der Deutschen Nationalbibliografie; detaillierte bibliografische Daten sind im Internet über http://dnb.d-nb.de abrufbar.

© Springer-Verlag Berlin Heidelberg 2010
Dieses Werk ist urheberrechtlich geschützt. Die dadurch begründeten Rechte, insbesondere die der Übersetzung, des Nachdrucks, des Vortrags, der Entnahme von Abbildungen und Tabellen, der Funksendung, der Mikroverfilmung oder der Vervielfältigung auf anderen Wegen und der Speicherung in Datenverarbeitungsanlagen, bleiben, auch bei nur auszugsweiser Verwertung, vorbehalten. Eine Vervielfältigung dieses Werkes oder von Teilen dieses Werkes ist auch im Einzelfall nur in den Grenzen der gesetzlichen Bestimmungen des Urheberrechtsgesetzes der Bundesrepublik Deutschland vom 9. September 1965 in der jeweils geltenden Fassung zulässig. Sie ist grundsätzlich vergütungspflichtig. Zuwiderhandlungen unterliegen den Strafbestimmungen des Urheberrechtsgesetzes.
Die Wiedergabe von Gebrauchsnamen, Handelsnamen, Warenbezeichnungen usw. in diesem Werk berechtigt auch ohne besondere Kennzeichnung nicht zu der Annahme, dass solche Namen im Sinne der Warenzeichen- und Markenschutz-Gesetzgebung als frei zu betrachten wären und daher von jedermann benutzt werden dürften.

Einbandentwurf: KuenkelLopka GmbH

Gedruckt auf säurefreiem Papier

Springer ist Teil der Fachverlagsgruppe Springer Science+Business Media (www.springer.com)

Grußwort

Die Technische Universität München zählt zur internationalen Spitze in Forschung und Lehre. Die Informationstechnik ist dabei wesentliches Hilfsmittel, weil sie heutzutage alle Kernprozesse der Hochschule in Forschung, Lehre und Verwaltung unterstützt. So ist es nur konsequent, dass die Hochschulleitung der TU München schon 2001 – als erste Hochschule in Deutschland – einen „Chief Information Officer" (CIO) im Range eines Vizepräsidenten eingesetzt hat. Als erster CIO der TU München initiierte Prof. Dr. Arndt Bode das Großprojekt IntegraTUM. Mit massiver Unterstützung aus Mitteln des Erneuerungsprogramms innovaTUM-2008 und unter Einwerbung von Drittmitteln aus der Deutschen Forschungsgemeinschaft sollte die IT-Infrastruktur der Hochschule von Grund auf modernisiert und neu strukturiert werden. Nach sieben Jahren Laufzeit kann das in Kooperation mit dem Leibniz-Rechenzentrum der Bayerischen Akademie der Wissenschaften durchgeführte Projekt auf für die Hochschullandschaft wegweisende Ergebnisse zurückblicken mit vielen Einzelergebnissen von der Einrichtung eines zentralen Verzeichnisdienstes als technischen Kern der Integration bis hin zu großen Anwendungen, wie der Entwicklung eines leistungsfähigen Medienservers als Beitrag der Bibliothek. IntegraTUM hat das Nachdenken über viele Prozesse der Hochschule angestoßen und diverse Folgeprojekte initiiert, u.a. in den Bereichen eLearning und Campus Management. Viele Dienstleistungen der Hochschule konnten dadurch effektiver und kundenfreundlicher gestaltet werden.

Das Projekt IntegraTUM ist zum 30.10.2009 zwar abgeschlossen, aber die Modernisierung der Informationstechnik wird mit hoher Geschwindigkeit fortgesetzt. Mit dem Projekt CM@TUM unter der Leitung des neuen CIO Dr. Kai Wülbern optimiert die TU München alle Prozesse sowie IT-Dienstleistungen im studentischen Lebenszyklus und rüstet sich damit für die Herausforderungen der doppelten Abiturientenjahrgangs im Jahre 2011.

Den Projektbeteiligten von IntegraTUM gratuliere ich zum Erfolg des beispielhaften Vorhabens und danke für das große Engagement zum Wohle der Technischen Universität München.

Wolfgang A. Herrmann
Präsident der Technischen Universität München

Geleitwort

IntegraTUM ist eines der größten und wichtigsten IT-Projekte, das die TU München jemals durchgeführt hat. Ambitioniertes Ziel des Projektes war die Schaffung einer einheitlichen, nahtlosen und benutzerfreundlichen IT-Infrastruktur und die Zentralisierung des IT-Betriebs an der TU München. Im Vergleich zu allen Vorprojekten markiert IntegraTUM mit dieser Zielsetzung einen klaren Wendepunkt. Während vorher im Wesentlichen IT-Lösungen für isolierte Teilbereiche von Lehre und Verwaltung eingeführt wurden, verfolgte man mit diesem Projekt einen umfassenden, integrierten Ansatz. Diese ganzheitliche Herangehensweise ist das eigentlich Neue und Herausragende an diesem Projekt. Dass wir heute an der TU München bei IT-Projekten den Geschäftsprozess in den Vordergrund stellen, dass wir Change Management betreiben, dass wir kunden- und serviceorientiert planen und kontinuierlich unsere IT-Management- und Governance-Strukturen optimieren, das alles sind Ergebnisse bzw. unmittelbare Folgen von IntegraTUM.

Die Tatsache, dass wir an der TU München ein so umfangreiches IT-Projekt durchgeführt haben, zeigt, dass auch wir der Informations- und Kommunikationstechnik einen hohen Stellenwert einräumen. Die IT ist für uns unternehmenskritisch und deshalb seit 2001 mit einem eigenen Vizepräsidenten – dem CIO – in der Hochschulleitung vertreten. Damit erheben wir die IT aber nicht zum Selbstzweck. Wir betrachten sie vielmehr als ein heutzutage unverzichtbares Hilfsmittel zur Unterstützung von Geschäftsprozessen und zur Bereitstellung effektiver und effizienter Dienstleistungen für unsere Kunden.

In diesem Sinne optimieren wir unsere IT-Infrastruktur und IntegraTUM ist ein erster und wichtiger Meilenstein auf diesem sicher noch langen und mühevollen Weg. Ich gratuliere dem gesamten Projektteam im Namen der Hochschulleitung der TU München zum erfolgreichen Abschluss dieses richtungsweisenden Projektes und bedanke mich bei allen Beteiligten für das außergewöhnliche Engagement und auch das Durchhaltevermögen, ohne das die weitreichenden Ziele dieses Projektes nicht hätten umgesetzt werden können.

Wir sind durch IntegraTUM ein gutes Stück vorangekommen, aber wir sind noch nicht am Ziel. Das in IntegraTUM verfolgte Konzept – Integration, Zentralisierung, Standardisierung – werden wir konsequent weiterverfolgen. Jüngstes Beispiel: unser Campus Management Projekt, eine logische Konsequenz und in vielerlei Hinsicht die Fortsetzung von IntegraTUM.

Dr. Kai Wülbern
Vizepräsident und CIO der Technischen Universität München

Vorwort

Das vorliegende Buch dokumentiert die Arbeiten und Ergebnisse des Projektes IntegraTUM, das in den Jahren 2003 bis 2009 an der Technischen Universität München (TUM) in enger Kooperation mit dem Leibniz-Rechenzentrum der Bayerischen Akademie der Wissenschaften (LRZ) als Dienstleister durchgeführt wurde. Ein Teil der Arbeiten wurde bereits am 24.9.2009 im Rahmen eines Workshops vorgestellt, dessen Ergebnisse auf mediaTUM[1] abrufbar sind.

Ausgehend von der allgemeinen Darstellung des Projektes und seiner Teilprojekte geben zwei Beiträge Einblick in die technischen und organisatorischen Veränderungen während der Projektlaufzeit.

Beiträge zu ähnlichen Projekten an drei anderen deutschen Hochschulen (Augsburg, Karlsruhe, Münster) erlauben einen Vergleich der unterschiedlichen Vorgehensweisen. Diese Unterschiede sind dabei sowohl verschiedenen organisatorischen wie historischen Voraussetzungen geschuldet als auch Spiegelbild der einzelnen Hochschulstrategien.

Die anschließenden Kapitel behandeln ausgewählte Teilprojekte des IntegraTUM Projekts. Die Beiträge beschäftigen sich mit den (Teil-)Projekten selbst oder mit Forschungs- und Entwicklungsarbeiten rund um die Teilprojekte.

So stellt das Kapitel Service Desk den Aufbau des zentralen Service Desks dar und gibt Ausblick auf die weitere Entwicklung des Service Managements an der TUM insbesondere vor dem Hintergrund der engen Kooperation der TUM mit dem LRZ.

Der Bereich Identity- und Accessmanagement ist mit seinem zentralen Verzeichnisdienst in unseren Augen als technischer Kern der Integration gleichzeitig ein Kristallisationspunkt für die notwendigen fachlichen und organisatorischen Abstimmungsprozesse, die im Laufe eines Integrationsprojekts bewältigt werden müssen. Das Kapitel stellt neben der Entwicklung des Teilprojekts über die Zeit auch sehr spezifische technische Lösungen für bestimmte Probleme im Umfeld der Verzeichnisdienste dar. Aus der Erfahrung der Teams und Autoren ergaben sich wichtige Impulse zur weiteren Standardisierung des LDAP-Protokolls und von föderativen Umgebungen.

Das Kapitel E-Learning spannt den Bogen von den im Verlauf von IntegraTUM und dem verwandten Projekt elecTUM geleisteten strategischen, organisatorischen und technischen Veränderungen bis hin zu einem weit reichenden Vorschlag zur Neuorganisation der gesamten Hochschullehre.

Hochschulen sind ohne die hilfreiche und ordnende Hand ihrer Bibliotheken nicht denkbar. Im Kapitel Bibliothek stellen die Autoren einerseits den dort neu

---

[1] http://mediatum.ub.tum.de/?id=820950

entwickelten Medienserver mediaTUM und andererseits die Integration des Bibliothekssystems SISIS mit dem zentralen Verzeichnisdienst dar.

Im abschließenden Kapitel IT-Basisdienste wird die Entwicklung zentraler Speicher- und E-Mail-Dienste dargestellt. Anhand der Fakultät für Physik wird gezeigt, wie dezentrale Einheiten die neu zur Verfügung gestellte Infrastruktur zu ihrem Vorteil nutzen können.

Mehr als fünfzig Mitarbeiterinnen und Mitarbeiter waren zeitweise an diesem Projekt beteiligt und wurden aus Mitteln der TU München, des LRZ und der Deutsche Forschungsgemeinschaft (DFG) finanziert. Die DFG förderte das Projekt als eines von vier Referenzprojekten zum integrierten Informationsmanagement mit ca. 2,5 Mio. Euro, die TU München stellte Sondermittel aus dem Erneuerungsprojekt InnovaTUM zur Verfügung.

Nicht nur die Autorinnen und Autoren der einzelnen Beiträge haben zum Erfolg des Gesamtprojektes IntegraTUM und dem vorliegenden Werk beitragen. Dazu kamen auch die vielen Mitarbeiter und Studierende von TUM und LRZ, die freiwillig und leidenschaftlich ihre Beiträge zum Gelingen des Projektes geleistet haben. Auch der ständige Austausch mit anderen Hochschulen in Bayern, Deutschland und im europäischen Ausland war eine stetige Bereicherung.

Wir möchten uns ganz herzlich bei allen Unterstützern über den langen Zeitraum des Projektes bedanken. Besonderer Dank geht auch an die Deutsche Forschungsgemeinschaft, ohne deren Förderung dieses Großprojekt nicht durchführbar gewesen wäre.

Garching, im Oktober 2009 *Arndt Bode und Rolf Borgeest*

Inhaltsverzeichnis

Teil I Die IuK-Strategie der TU München

IntegraTUM – Lehren aus einem universitären Großprojekt 3
Arndt Bode

Austausch universitärer Kernsysteme 13
Rolf Borgeest, Hans Pongratz

Von der Verwaltungs-DV zum IT-Servicezentrum 27
Herbert Vogg

Teil II Übersichtsbeiträge anderer Hochschulen

Integriertes Informationsmanagement am KIT Was bleibt? Was kommt? 35
Sebastian Labitzke, Martin Nussbaumer, Hannes Hartenstein, Wilfried Juling

Integriertes Informationsmanagement an der Westfälischen Wilhelms-
Universität Münster – Das Projekt MIRO 47
Raimund Vogl, Antje Gildhorn, Jörg Lorenz, Michael Wibberg

Integriertes Informationsmanagement: Das IT-Servicezentrum der Universität
Augsburg 63
Markus Zahn

Teil III Service Desk

Erfahrungen im Aufbau des IT Service Desks der Technischen Universität
München 79
Karmela Vellguth

Aufbau von organisationsübergreifenden Fehlermanagementprozessen im
Projekt IntegraTUM 89
Wolfgang Hommel, Silvia Knittl

Unterstützung der IT-Service-Management-Prozesse an der Technischen
Universität München durch eine Configuration-Management-Database 97
Silvia Knittl

Einführung von Service Level Agreements an der Technischen Universität
München 107
Silvia Knittl

Teil IV Identity- und Accessmanagement

IntegraTUM Teilprojekt Verzeichnisdienst: Identity & Access Management
als technisches Rückgrat der Hochschul-IuK-Infrastruktur 119
Latifa Boursas, Ralf Ebner, Wolfgang Hommel, Silvia Knittl, Daniel Pluta

Gästeverwaltung im integrierten Identity Management 133
Florian Bernstein, Rolf Borgeest, Ralf Ebner, Hans Pongratz

IntegraTUM LDAP-Schemadesign: Entwicklungsstufen und Konzepte im
Vergleich 145
Ralf Ebner, Wolfgang Hommel, Daniel Pluta

Herausforderungen und Best Practices bei der Speicherung von multi-valued
Attributen in LDAP-basierten Verzeichnisdiensten 159
Wolfgang Hommel, Daniel Pluta

N-to-One-Provisionierung zwischen internen Satellitenverzeichnissen des
IntegraTUM-Metadirectory 171
Latifa Boursas

Workflow-Management für organisationsübergreifende Datenübertragung am
Beispiel des E-Learning-Systems der TUM 181
Latifa Boursas

Missbrauchspotential von Verzeichnisdienst-Metadaten in LDAP-basierten
System- und Benutzerverwaltungen 195
Daniel Pluta

Konfigurations- und Sicherheitsmanagement in heterogenen
Verzeichnisdienstumgebungen 209
Wolfgang Hommel, Daniel Pluta

Campus Single Sign-On und hochschulübergreifendes Identity Management 221
Wolfgang Hommel

Organisationsübergreifendes Management von Föderations-Sicherheitsmetadaten
auf Basis einer Service-Bus-Architektur 233
Stephan Graf, Wolfgang Hommel

Modulare LDAP-Server-, -Protokoll und -Funktionserweiterungen am Beispiel von OpenLDAP 247
Daniel Pluta

Teil V E-Learning

E-Learning an der TUM: Entwicklung – Status Quo – Perspektiven 263
Manfred Stross, Matthias Baume, Elvira Schulze

elecTUM: Umsetzung der eLearning-Strategie der Technischen Universität München 275
Sabine Rathmayer, Ivan Gergintchev

Stufenweise Integration von eLearning an der Technischen Universität München 289
Sebastian Pätzold, Stephan Graf, Ivan Gergintchev, Hans Pongratz, Sabine Rathmayer

Evaluation der zentralen TUM-Lernplattform 303
Elvira Schulze, Matthias Baume, Stephan Graf, Ivan Gergintchev

Zwischen Web 2.0, virtuellen Welten und Game-based Learning – Einsatzszenarien und Prototypen im Hochschulumfeld 321
Hans Pongratz

Herausforderungen für künftige Lernumgebungen am Beispiel der Fakultät für Medizin 337
Ivan Gergintchev, Stephan Graf

Professionelles Learning Service Management an Hochschulen 351
Matthias Baume, Sabine Rathmayer, Ivan Gergintchev, Elvira Schulze

Teil VI Bibliothek

mediaTUM: Der zentrale Medienserver der Technischen Universität München 365
Johann Leiss, Edwin Pretz, Arne Seifert

Anbindung des SISIS-SunRise-Bibliothekssystems an das zentrale Identitätsmanagement 379
Ralf Ebner, Edwin Pretz

Teil VII IuK-Basisdienste: Speicher, E-Mail und Fakultätsinfrastruktur

Integrierte Speichersystem-Architektur zur Unterstützung
hochschulübergreifender IT-Dienste 395
Christoph Biardzki, Werner Baur, Bernd Reiner

IntegraTUM Teilprojekt E-Mail: Rezentralisierung von E-Mail-Services 407
Max Diehn, Ado Haarer, Alexander Schreiner, Michael Storz

IntegraTUM Teilprojekt E-Mail: Aufbau eines mandantenfähigen
Groupware-Services und seine Integration in Identity Management und
E-Mail Infrastruktur der Technischen Universität München 419
Max Diehn

Auf dem Weg zur digitalen Fakultät – moderne IT Infrastruktur am Beispiel
des Physik-Departments der TU München 437
Josef Homolka

Anhang

Autoren 457

Index 463

Teil I
Die IuK-Strategie der TU München

IntegraTUM – Lehren aus einem universitären Großprojekt

Arndt Bode

Zusammenfassung Das Großprojekt IntegraTUM wird in seinem Ablauf kurz beschrieben und die wesentlichen Voraussetzungen für das Projekt behandelt. Den Schwerpunkt der Darstellung stellen die Folgerungen dar, die aus einem in Aufgabenstellung, Dauer, Anzahl der Beteiligten und Organisation einmaligen Projekt in der deutschen Hochschullandschaft gezogen werden können.

1 Ausgangspunkt

Die Planungen für das Projekt IntegraTUM wurden im Jahr 2002 begonnen, mit der Zielsetzung, eine nahtlose IuK-Infrastruktur (IuK: Information und Kommunikation) für die Technische Universität München zu schaffen. Diese sollte alle Bereiche der Universität, also Forschung, Lehre und Verwaltung, möglichst effizient unterstützen. Die IT-Infrastruktur sollte dabei die weit verteilten Untergliederungen der Universität berücksichtigen und die vielen, bis dahin getrennt und zum Teil mit redundanten oder widersprüchlichen Daten arbeitenden Einzelanwendungen zu einem System mit hoher Dienstleistungsqualität für Studierende und Mitarbeiter zusammenfassen.

Die Aufgabe, die existierende Hochschule zielgenau in ihrer Funktionsweise zu unterstützen, gestaltet sich deshalb außerordentlich schwierig, weil deutsche Hochschulen allgemein in einem raschen und tiefgreifenden Wandel sind und insbesondere die Technische Universität München als anerkannte Reformuniversität diesen Wandel besonders rasch realisiert. Für ein mehrjähriges Entwicklungsprojekt ist insofern jede Hochschule ein „Moving Target", in besonderem Maße aber die Technische Universität München (TUM). Als Beispiele für den raschen Wandel in den Strukturen der TUM seien hier die folgenden Projekte genannt:

- Im Rahmen der Exzellenzinitiative ist die TUM unter der Überschrift „Die unternehmerische Universität" angetreten, die sich nicht nur dem Wettbewerb mit anderen Universitäten stellt, sondern ihre Leitungsstrukturen grundlegend verändert, das kaufmännische Rechnungswesen zusätzlich zur Kameralistik einführt und neue Servicefunktionen als Bestandteile der 3. Förderlinie der Exzellenzinitiative vorsieht, von der Unterstützung der Alumni über Dual Career

- Programme, die Einrichtung von Welcome Offices, Fundraising und vieles mehr. Der permanente Wandel ist im Rahmen der Exzellenzinitiative nahezu Programm der Universität.
- Wegen der Einsicht, dass Erfolg versprechende, neue Erkenntnisse und attraktive Ausbildung gerade in den interdisziplinären Bereichen zwischen den klassischen Fakultäten stattfindet, hat die TUM Forschung und Lehre auch auf Interdisziplinarität ausgerichtet, was sich z.B. in der Organisation von Studiengängen niederschlägt. Moderne Forschung ist durch riesige Datenmengen und internationale Kooperation gekennzeichnet. So betreibt die TUM eine Dependance in Singapur, das German Institute for Science and Technology GIST, und führt große Kooperationen, z.B. mit der King Abdullah University of Science and Technology (KAUST) in Saudi Arabien, durch.
- Mit dem Bologna Prozess, der an der TUM für nahezu alle Studiengänge komplett vollzogen wurde, wurden Studienorganisationen verändert und auch eine Vielzahl neuer interdisziplinärer und kooperativer Studiengänge eingeführt. Weiterhin wurden neue Prozesse und Dienstleistungen, wie das Eignungsfeststellungsverfahren und Graduiertenschulen, geschaffen.
- Zu moderner Lehre gehören neue Lehr- und Lernformen, z.B. E-Learning und Vorlesungsaufzeichnungen sowie die Kooperation mit Gymnasien, z.B. durch Aufnahme von Schülern aus Oberstufen in verschiedenen Studiengängen als Teilzeitstudenten.

Aus dieser unvollständigen Aufzählung von Beispielen für den raschen Veränderungsprozess in der Hochschule kann abgeleitet werden, dass für die Bereitstellung einer IT-Infrastruktur nicht lediglich auf bereits existierende Einzelanwendungen zurückgegriffen werden kann, sondern, dass neu eingeführte Prozesse in großem Umfang untersucht und in die bisherige Struktur eingebunden und dafür auch neue Anwendungen geschaffen werden müssen.

Auch schon vor Beginn des Projektes IntegraTUM war Unterstützung von Forschung, Lehre und Verwaltung durch IT-Verfahren in deutschen Hochschulen allgegenwärtig. Allerdings war die IT-Landschaft dadurch gekennzeichnet, dass die Einzelanwendungen jeweils getrennt und ohne Absprachen eingeführt und auf die jeweilige Einzelaufgabe hin optimiert wurden. Dieser Prozess dezentraler Entscheidungen und dezentraler Technik wurde insbesondere durch die allgemeine Entwicklung der Informatik und Informationstechnik unterstützt. Waren in den Jahren vor 1980 IT-Einrichtungen der Hochschulen im wesentlichen als große, gemeinsam genutzte Rechenzentren organisiert, weil nur Großrechner (Mainframes) in der Lage waren, entsprechende Anforderungen hinsichtlich der Laufzeit der Programme und hinsichtlich der Datenhaltung in Datenbanken zu beherrschen, wurden mit dem Aufkommen der Mikroprozessortechnik, vor allem ab den 80er Jahren, plötzlich dezentrale Arbeitsformen attraktiv. Lokale Rechner auf Basis von Mikroprozessortechnik waren in der Lage, viele Anwendungen perfekt auszuführen, sodass eine starke Dezentralisierung nicht nur der Technik, sondern auch der Prozesse, allgemeine Praktik der Hochschulen war. Erst die Einführung leistungsfähiger Rechnernetze und die Bereitstellung großer Serversysteme auf Basis noch leistungsfähigerer Mikroprozessortechnik ab etwa 1995 legte es nahe, die physische Rechentechnik erneut zu rezentralisieren, um die vielen, meist nicht geschulten Administratoren der bis dahin dezentral betriebenen Einzelsysteme von diesen Aufgaben zu entlasten und eine effiziente Rechenzentrumsdienstleistung aufzubauen. Im Zuge dieser Rezentralisierung konnte dann aber festgestellt werden, dass viele Anwendungen nicht kompatibel sind, dass die verwendeten Daten redundant und widersprüchlich sind und, dass die Dienstleistungsqualität für den Endanwender entsprechend schlecht ist.

Die nicht vorhandene Verträglichkeit der einzelnen Anwendungen untereinander liegt dabei nicht primär in der verwendeten Technik, sondern vielmehr in der Tatsache, dass die in der Technik implementierten Prozesse der Hochschule unabhängig voneinander geplant wurden und deshalb nicht aufeinander abgestimmt sind. Ein typisches Beispiel für dieses Phänomen sind die vielen Prüfungsordnungen und Ausführungsbestimmungen zu Studiengängen, die weder in der Nomenklatur, noch in der Struktur einheitlich sind. Die Rezentralisierung legt hier ein Überdenken der Prozesse nahe, was in der Regel auf starken Widerstand der bisherigen Eigner der dezentral bestimmten Prozesse führt.

Ausgelöst durch eine Rezentralisierung der Informatik und Informationstechnik muss also die Hochschule erkennen, dass sie zunächst völlig unabhängig von der Technik ihre Prozesse vereinheitlichen und optimieren muss, um die Dienstleistungsqualität ihres Angebots zu verbessern. Die Hochschulleitung muss deshalb ihre Verantwortlichkeit wahrnehmen, die notwendigen Veränderungen einleiten und akzeptieren, dass in solche Veränderungen investiert werden muss. Wegen der Widerstände der Beteiligten in der Hochschule sind diese Veränderungsprozesse dabei nicht durch Mitarbeiter zu planen und durchzusetzen, sondern müssen als Chefsache von der Hochschulleitung betrieben werden. Auch die technischen Entscheidungen müssen auf höchster Ebene entschieden werden: der Verantwortliche für die IT (Chief Information Officer CIO) sollte also Mitglied der Hochschulleitung sein, so wie dies die TUM schon 2001 entschieden hat.

Ziel der Erneuerungsprozesse, auch im Projekt IntegraTUM, war es also, die „digitale Hochschule" zu schaffen, im Sinne einer möglichst effizienten Nutzung der Informations- und Kommunikationstechnik (Abbildung 1), um Leistungen in Forschung, Lehre und Verwaltung zu verbessern. Dabei stehen zunächst die Optimierung der Prozesse und die entsprechende Ausrichtung der Organisation und Strukturen im Vordergrund, bevor dann eine angemessene Technik geplant, implementiert und mit entsprechendem Support versehen wird. Reformbemühungen, die die Erneuerung von Hochschulen schlicht durch Einführung neuer IT realisieren wollen, sind zum Scheitern verurteilt. Veränderung der IT ohne Optimierung der Prozesse ruft den Widerstand der Nutzer auf den Plan.

Die Kommission für Rechenanlagen der Deutschen Forschungsgemeinschaft gibt alle fünf Jahre Empfehlungen für die Ausstattung von Hochschulen mit IT-Infrastrukturen heraus. Diese Empfehlungen, vor allem diejenigen für die Jahre 2006 bis 2010 [2], legen unter Berücksichtigung der Gesamtkosten für Betrieb und Nutzung einer IT-Infrastruktur ein verteiltes, kooperierendes Versorgungssystem für Hochschulen nahe, das hierarchisch aufgebaut ist. Es beinhaltet auf der untersten Ebene Elemente der Basis-IT-Infrastruktur, darüber vereinheitlichte Basisdienste, heterogene Anwendungsdienste und auf der obersten Ebene ein Serviceportal. Dabei sind die Schnittstellen zwischen den Ebenen so zu gestalten, dass sie von verschiedenen Institutionen effizient betrieben werden können, also Infrastruktur und Basisdienste z.B. durch einen externen Dienstleister oder ein Rechenzentrum, Anwendungsdienste und Serviceportal durch entsprechende Anwenderbereiche, wie Fakultäten, Institute oder auf die Aufgabe speziell ausgerichteter Einrichtungen, wie Medienzentrum, Bibliothek etc. Der Ansatz der Technischen Universität München im Projekt IntegraTUM entspricht diesem geschichteten Betriebsmodell, wobei die unteren Schichten durch das Leibniz-Rechenzentrum, die oberen Schichten durch die jeweiligen Einrichtungen der TUM selbst bedient werden. Besonderheit des Ansatzes ist, dass die Schichtungen im oberen Bereich jedoch fachspezifisch unterschiedlich ausfallen können, auch wenn sie auf gleichen Basisdiensten aufbauen, je nach Anforderungen und IT-Affinität. So können unterschiedliche Fächerkulturen jeweils angemessen bedient werden.

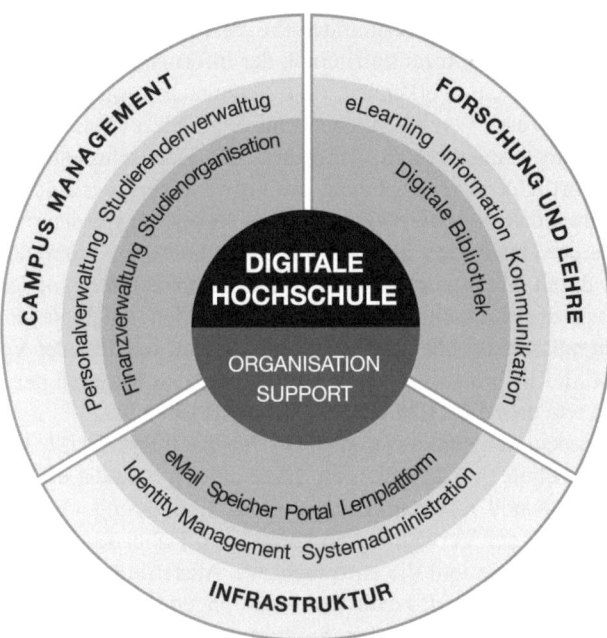

Abb. 1 Digitale Hochschule

2 IntegraTUM Teilprojekte

Der Aufbau einer IT-Infrastruktur für die TUM ist so umfangreich, dass er nicht komplett durch die im IntegraTUM-Projekt verfügbaren Ressourcen abzudecken ist. Das Projekt hat sich deshalb auf einige wenige, strategische Teilbereiche (vgl. Abbildung 2) konzentriert und darauf aufgebaut, dass im Rahmen von zahlreichen, weiteren Projekten unter dem Schirm des IntegraTUM-Gedankens alle weiteren IT-Entwicklungen abgedeckt werden.

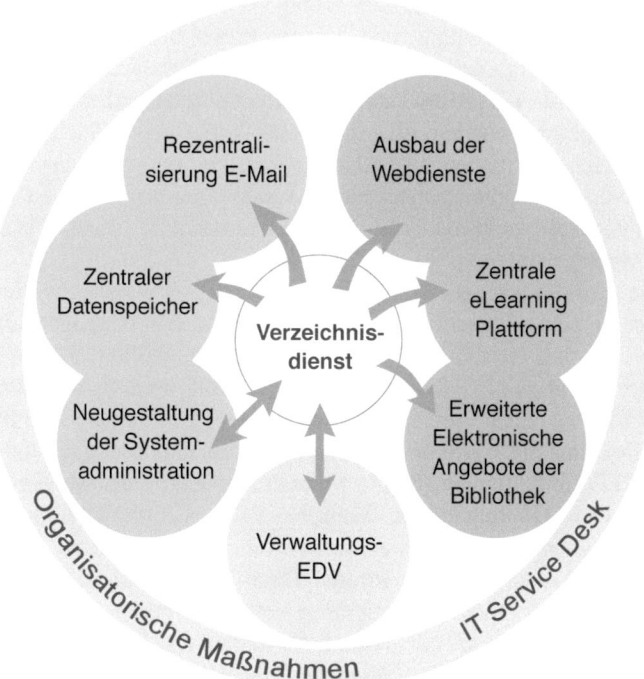

Abb. 2 Teilprojekte von IntegraTUM

Das Projekt IntegraTUM umfasst die folgenden Teilbereiche:
- Ausbau der Webdienste (myTUM)
- Bereitstellung einer E-Learning-Plattform (elecTUM)
- Erweiterung der digitalen Bibliothek (MediaTUM)
- Vereinheitlichung und Standardisierung der Systemadministration auf Basis der zentral angebotenen IuK-Dienste (E-Mail, Datenspeicher etc.)
- Campus Management und weitere Aufgaben der Verwaltung wie Personal und Finanzverwaltung (SAP@TUM, Studierenden- und Prüfungsverwaltung: zunächst HIS@TUM, später TUMonline)
- Lehr-/Veranstaltungs- und Raummanagement (diverse Einzelanwendungen, später TUMonline)
- Identitätsmanagement und Bereitstellung eines einheitlichen Verzeichnisdienstes

- Organisatorische Maßnahmen (Projektmanagement, IT Service Desk, Lenkungsausschuss, CIO/IO-Gremium, IT-Servicezentrum etc.).

Neben den Basisdiensten wie Bereitstellung eines zentralen Verzeichnisses, E-Mail-Dienste, einheitlicher Speicher für alle Studierenden und Mitarbeiter und dem myTUM-Portal sind in IntegraTUM auch Weiterentwicklungen höherwertiger Dienste wie E-Learning, Bibliothek und Verwaltungsaufgaben behandelt.

Von besonderer Bedeutung und bei der Projektbeantragung zunächst unterschätzt waren die organisatorischen Maßnahmen. Neben dem aufwändigen Projektmanagement für ein großes Projekt mit vielen verteilt arbeitenden Mitarbeitern musste dafür gesorgt werden, dass die Wünsche der verschiedenen, in der Hochschule vertretenen Gruppen berücksichtigt werden, und dass das Projekt die im Zuge der Neuorganisation entstehenden Änderungen entsprechend in der Hochschulöffentlichkeit verbreitet und für die Anwendung neuer Verfahren wirbt (Change Management).

Für die gezielte Abfrage von Nutzerwünschen, aber auch für die Diskussion von Systementscheidungen und für die Weitergabe von wichtigen Informationen wurde als zentrales Gremium das CIO/IO-Gremium etabliert, in dem neben je einem Vertreter der zwölf Fakultäten der Universität, dem sogenannten IO (Information Officer), auch je ein Vertreter des Gesamtpersonalrats und des Fachschaftenrates als Vertreter der Studierendenschaft sowie die Leiter der wesentlichen IT-Einrichtungen für die Verwaltungs-EDV, das Medienzentrum und die Bibliotheks-EDV angehören. Weiterhin ist im CIO/IO-Gremium der Dienstleister der Münchner Universitäten, das Leibniz-Rechenzentrum der Bayerischen Akademie der Wissenschaften, vertreten. Damit ist gewährleistet, dass das Gremium alle Gruppen der Hochschule repräsentiert, wobei durch die direkte Zuordnung der IOs der Fakultäten an die Dekane als Leiter der Einrichtungen der direkte Durchgriff auf die verteilten Einheiten der Hochschule gewährleistet wurde.

Ziel von IntegraTUM war es von Anfang an, mit der Zusammenfassung aller mit IT-Diensten an der TUM befassten Stellen, ein zumindest virtuelles, gemeinsames Zentrum für IT-Dienstleistungen zu schaffen. Zunächst wurde daher die IT-Leiterrunde für die Absprache aller IT-Projekte auf Ebene der Leitungen der einzelnen Abteilungen, insbesondere Verwaltungs-EDV, Medienzentrum, Bibliotheks-EDV sowie der Projektleitung der großen IT-Projekte geschaffen. Für die Koordination der Arbeiten im Rahmen der Projekte mit den bestehenden Fachabteilungen der Hochschule wurde zusätzlich die Runde der Teilprojektleiter geschaffen, die ebenfalls regelmäßig tagte. Beim Teilprojektleitertreffen waren sämtliche Teilprojektleiter aus IntegraTUM sowie aus den anderen IT-Großprojekten der TUM vertreten sowie die Mitglieder der IT-Leiterrunde. In regelmäßigen, allerdings größeren Abständen wurden schließlich Plenarveranstaltungen und mehrtägige Workshops für alle an den IT-Großprojekten direkt und indirekt beteiligten Mitarbeiterinnen und Mitarbeiter durchgeführt. Angesichts der großen Anzahl von beteiligten Personen am Projekt war diese Maßnahme notwendig, um neben der fachlichen Koordination über die Projektleitungsebene auch den informellen Kontakt zwischen den einzelnen Teilprojekten herzustellen. Für die mehrtägigen

Workshops wurden deshalb Veranstaltungsorte außerhalb der Hochschule gewählt. Im Rahmen dieser Veranstaltungen wurde den Teilnehmern auch die Möglichkeit geboten, über eigene Arbeiten (Promotion, Habilitation) zu berichten, die im Umfeld des Projektes entstanden sind. Auf diese Weise sollte auch sichergestellt werden, dass über die aktuelle, technische Realisierung im Projekt hinaus weiterführende Gesichtspunkte von allen Mitarbeiterinnen und Mitarbeitern gemeinsam behandelt wurden, sodass auch eine gemeinsame Sicht auf die fachliche und technische Weiterentwicklung im Bereich der Hochschul-IT gegeben war.

Ergebnis der Diskussionen in den genannten Gremien sowie der Planung durch die Projektleitung war auch die Erkenntnis, dass die unmittelbare Betreuung aller Mitarbeiterinnen und Mitarbeiter sowie Studierenden durch ein hochschulweites IT Service Desk erforderlich ist. Die Einrichtung eines IT Service Desk, die Koordination mit entsprechenden Einrichtungen des Leibniz-Rechenzentrums und bestehender fakultärer Untereinrichtungen wurde deshalb nachträglich in den Projektplan mit aufgenommen und erwies sich als ein wesentlicher Erfolgsfaktor für IntegraTUM. Schließlich wurden zur Information der Hochschulöffentlichkeit zahlreiche Faltblätter, Newsletter und Schulungen eingerichtet.

Auf eine ausführliche Darstellung der fachlichen und technischen Inhalte der einzelnen Teilprojekte wird an dieser Stelle verzichtet, da die einzelnen Teilprojekte ausführlich in den nachfolgenden Beiträgen dieses Bandes beschrieben sind, vergl. auch [1].

3 Erkenntnisse aus IntegraTUM

Wesentliches Ergebnis aus der Durchführung des Projektes IntegraTUM ist es, dass die Formulierung und Durchsetzung einer IuK-Strategie als integraler Bestandteil der Hochschulstrategie etabliert ist. Damit ist anerkannt, dass die technische Komplexität der Hochschul-IT existiert und die Verknüpfung der Verfahren notwendig ist. Von der dezentralen Planung der Prozesse und Anwendungen, wie in der Vergangenheit, wird zu einer durch den CIO und die gesamte Hochschulleitung verantworteten, zentralen Planung übergegangen. Die Notwendigkeit der Rezentralisierung, zumindest der IT-Basisdienste, bei gleichzeitiger, dezentraler Verantwortung der Inhalte ist in der Hochschule inzwischen gedanklich akzeptiert, wenn auch noch nicht bis im letzten Detail implementiert. Die Rezentralisierung führt notwendig auch zur Erkenntnis, dass für viele Prozesse in Forschung, Lehre und Verwaltung einheitliche Basislösungen geschaffen werden müssen, die aber erst in einem aufwändigen Vorgang der Konsensbildung zwischen Hochschulleitung einerseits und beteiligten Untereinheiten der Hochschule gefunden werden müssen. Insofern ist IntegraTUM als IT-Projekt nicht nur die Wiege vieler weiterer IT-Projekte, sondern auch für fachliche Koordinationsanstrengungen, die die Qualität der Dienstleistungen der Hochschule allgemein verbessern.

Einheitliche Lösungen für Campus Management, E-Learning, Verwaltung müssen die komplexen Randbedingungen der Hochschule berücksichtigen, die durch die unterschiedlichen Kunden, die Diensteerbringer und die Organisation der Hochschule gegeben sind. Dazu zählen die speziellen Anforderungen der Hochschulleitung, die unterschiedlichen, historisch gewachsenen Anforderungen bzw. Kulturen der Fakultäten und der Verwaltung sowie die speziellen Wünsche von institutionalisierten Nutzergruppen wie der Studentenschaft, insbesondere vertreten durch den Fachschaftenrat, der Mitarbeiter, vertreten durch den Personalrat sowie des Datenschutzbeauftragten. Für die Diensteerbringer waren die in München existierende, besondere Konstellation des Leibniz-Rechenzentrums als externen Dienstleister für die Münchner Hochschulen und die unterschiedlichen Organisationsformen der IT in Fakultäten, Verwaltung, Bibliothek und Medienzentrum zu berücksichtigen. So wurden bei Teilprojekten von IntegraTUM, die unter Verantwortung des Leibniz-Rechenzentrums durchgeführt wurden, Mitarbeiter an das LRZ abgeordnet, die in die Arbeit der dortigen Fachabteilungen integriert wurden. Die organisatorischen Anforderungen betreffen die unterschiedlichen Größen der jeweiligen Einrichtungen, deren geografische Verteilung auf die drei Hauptstandorte der TUM und die vielen Außenstellen sowie die unterschiedlichen Fachkulturen.

Aus der genannten Aufzählung der Anforderungen an das Projekt ergibt sich, dass das Projektmanagement des großen IT-Projektes der Hochschule Teil des allgemeinen Hochschulmanagements sein muss, dass also die Hochschulleitung technische Anforderungen aus IntegraTUM in Entscheidungen der Hochschule, z.B. zur Standardisierung der Prozesse, einfließen lässt und umgekehrt dafür sorgt, dass allgemeine Hochschulentscheidungen auch die Realisierung im IT-Projekt beeinflussen. Die Ressortzuständigkeit eines Vizepräsidenten als CIO war hier das Erfolgsrezept, weil damit der Informationsfluss und die Entscheidung zwischen Hochschulleitung und Projekt zu jedem Zeitpunkt gegeben waren.

Der CIO als Projektverantwortlicher, der gemeinsam mit dem Projektleiter die Strategie von IntegraTUM und die Durchführung des Projektes zu verantworten hat, musste für die folgenden Fragestellungen eine Lösung finden, für die es keine eindeutigen Vorbilder gab:

- IntegraTUM stand im Zwiespalt zwischen universitärem (Forschungs-) Projekt und industrieller Herstellung eines Produktes. So wurde einerseits ein termingerecht abgeliefertes IT-Produkt erwartet, andererseits sollte für die Mitarbeiter, die nach dem staatlichen Wissenschaftstarif bezahlt werden, über die Möglichkeit zur persönlichen Weiterqualifikation durch wissenschaftliche Arbeit sowie z.T. auch Mitarbeit in der Lehre, ein zusätzlicher Anreiz geboten werden. Durch die Teilnahme am wissenschaftlichen Betrieb sollte zusätzlich sichergestellt werden, dass das Projekt technisch aktuelle Lösungen produziert. Im Ergebnis konnten in den Teilprojekten so teilweise technisch hoch innovative Lösungen erarbeitet werden. Anderseits wurden z.T. auch Prozesse definiert und Lösungen implementiert, die dann aufgrund weiterführender Gesamtstrategien verworfen oder durch kommerzielle Lösungen ersetzt wurden. Dies führte im Projekt bisweilen zu Motivationsverlusten einzelner Mitarbeiter, die aber in der

Regel durch den Blick auf den Erfolg des Gesamtprojektes kompensiert wurden.
- Maßnahmen zur Steigerung der Motivation und Qualifikation der Mitarbeiter standen zum Teil im Widerspruch zum anspruchsvollen Termin- und Projektplan. Es war Aufgabe der Projektleitung, die anstehenden Konflikte pragmatisch zu lösen. Insgesamt hat sich aber der Ansatz „Produktion im wissenschaftlichen Kontext" bewährt. Eine Alternative hätte allenfalls eine komplette Auftragsvergabe an einen kommerziellen IT-Dienstleister dargestellt. Damit wären mit Sicherheit höhere Projektkosten entstanden. Darüber hinaus konnten, wie oben dargestellt, Aufgabenspezifikationen z.t. erst während der Projektdurchführung erarbeitet werden, sodass eine externe Auftragsvergabe sehr problematisch gewesen wäre.
- Grundsätzlich steht die Hochschulreform in Deutschland im Zielkonflikt zwischen Effizienz durch Vereinheitlichung der Prozesse und starke Richtlinienkompetenz der Hochschulleitung einerseits und freie Entfaltung der Fächerkulturen („Freiheit der Forschung") und Leistungssteigerung durch freien Wettbewerb andererseits. Der Aufbau einer integrierten Hochschul-IT muss in diesem Zielkonflikt eine wohldefinierte Position einnehmen. In IntegraTUM wurde eine Lösung angestrebt, die die technische Vereinheitlichung und Rezentralisierung auf die Basisdienste beschränkt und fachliche Entscheidungen bei den Fachvertretungen belässt. Dies war einerseits die Voraussetzung für die spätere Einführung eines hochschulweiten, einheitlichen Campus Management Systems im Projekt TUMonline. Andererseits sind wegen der sehr unterschiedlichen Fächerkulturen Teilziele des Projektes nicht in vollem Umfang erfolgreich gewesen (Teilprojekt Systemadministration). Trotzdem ist der Verfasser überzeugt, dass die Hochschule auch von der Freiheit der einzelnen Akteure lebt, also eine zu strenge Vereinheitlichungsvorgabe im Hochschulumfeld nicht erfolgreich sein kann.

Insgesamt kann zum Projektabschluss festgestellt werden, dass viele neue Dienste planmäßig eingeführt wurden, dass aber auch viele neue Wünsche entdeckt wurden, die die weitere Entwicklung der IT der TU München beeinflussen werden. In diesem Sinne lebt IntegraTUM auch nach dem Projektabschluss weiter und unterstützt die Hochschule auf ihrem Weg zum effizienten Dienstleister.

Die IuK hat viele Prozessänderungen ausgelöst, ist in ihrer fachlichen Entwicklung selbst jedoch auch von der raschen Technologieentwicklung abhängig. Technologiewechsel in Einzelanwendungen befruchten dabei das Projekt, führen aber auch immer wieder zu Verzögerungen. Allein die Strategie überlebt diese Technologiewechsel.

Die Darstellung zeigt, dass die Aufgabenstellung der Realisierung einer integrierten Hochschul-IT zwar für alle (deutschen) Hochschulen ansteht, dass aber die jeweils gefundene Lösung stark von der Struktur und Organisation der Hochschule und vom Selbstverständnis der Positionierung im Wettbewerb der Hochschulen abhängt. Die in IntegraTUM gefundenen Lösungen sind entstanden im Umfeld eines intensiven Erfahrungsaustauschs im nationalen und internationalen

Hochschulbereich (TU9-CIO, DINI, DFN, BRZL, ...) sowie mit anderen staatlichen und privatwirtschaftlichen Bemühungen zur Effektivierung der IT durch Rezentralisierung.

Die gefundene Lösung in IntegraTUM kann von daher beispielhaft für entsprechende Bemühungen anderer Hochschulen sein. Jedoch wird wegen der großen Unterschiede in den Strukturen vor allem der Weg zur Lösung, weniger die technische Gesamtlösung, übertragbar sein. Erst in der ferneren Zukunft wird die Hochschul-IT vielleicht soweit konsolidiert sein, dass eine Standard-IT-Umgebung ohne umfangreiche Anpassung die Bedürfnisse der verschiedenen Hochschulen erfüllen kann. Für Teilbereiche sind schon jetzt gemeinsame Lösungen denkbar, die dann aber über geeignete Schnittstellen verfügen müssen, um sie in die jeweilige, spezifische Hochschul-IT einzubetten. Weborientierte IT-Technologien als Implementierungsbasis werden künftig diese Art der Kombination separat optimierter Komponenten unterstützen.

Danksagung

Der Deutschen Forschungsgemeinschaft danken wir für die Unterstützung des Projektes IntegraTUM. Der Hochschulleitung der Technischen Universität München gilt der Dank für die Förderung des Projektes aus Mitteln der Erneuerungsoffensive InnovaTUM, allen Mitgliedern der Universität für ihre aktive Teilnahme am Projekt.

Schließlich gratuliere ich allen direkten und indirekten Mitarbeiterinnen und Mitarbeitern am Projekt zu den erzielten Ergebnissen, die ihre TUM im Streben nach Exzellenz und hoher Dienstleistungsqualität gestärkt haben.

Literatur

[1] Borgeest R, Bode A (2009) Die Konsolidierung der IuK Infrastruktur der TUM im Projekt IntegraTUM. In: PIK, Praxis der Informationsverarbeitung und Kommunikation, Vol 32 Nr 1:7-15, K G Saur Verlag, München
[2] Informationsverarbeitung an Hochschulen – Organisation, Dienste und Systeme. Empfehlungen der Kommission für Rechenanlagen für 2006-2010. http://www.dfg.de/aktuelles-_presse/reden_stellungnahmen/2006/download/wgi_kfr_empf_06.pdf

Austausch universitärer Kernsysteme

Rolf Borgeest, Hans Pongratz

Zusammenfassung Das Projekt IntegraTUM hatte die Schaffung einer benutzerfreundlichen nahtlosen Informations- und Kommunikationsinfrastruktur (IuK) an der Technischen Universität München (TUM) zum Ziel. Die dazu betriebene Konsolidierung und Integration von universitären Kernsystemen führte zu wiederholten Migrationen von Altsystemen auf neue Systeme. Dieser Beitrag beschreibt universitäre Systemlandschaften, nennt Kriterien für die Auswahl der zu konsolidierenden Systeme und geht speziell auf die Situation an der TUM ein. Nach einer Klassifikation von verschiedenen Arten von Systemwechseln werden notwendige Migrationsschritte anhand eines größeren Beispiels erläutert. Am Schluss diskutieren wir wichtige Erfolgsfaktoren für die erreichte Konsolidierung und Integration der Systemlandschaft.

1 Einleitung

Die Informations- und Kommunikationstechnik (IuK) spielt für die Aufgabenerfüllung von Universitäten eine ständig wachsende Rolle. Die Konsolidierung der vorhandenen Systemlandschaft ist eine herausfordernde Aufgabe auf dem Weg zum integrierten Informationsmanagement an Hochschulen. Im Rahmen der Konsolidierung kommt es zu vielfältigen Umbauten, welche organisatorische wie technische Fragestellungen aufwerfen.

In diesem Artikel betrachten wir universitäre Systemlandschaften ganz allgemein und diskutieren die Frage, anhand welcher Kriterien Systeme zur Konsolidierung ausgewählt werden können. Danach beschreiben wir, welche organisatorischen, fachlichen und technischen Rahmenbedingungen im Lauf des Projekts geschaffen wurden, um die Konsolidierung erfolgreich durchführen zu können. Nach einer Klassifikation unterschiedlicher Arten von Systemwechseln beschreiben wir exemplarisch den Austausch der Personendatenquellen für den zentralen Verzeichnisdienst im Rahmen der Einführung von TUMonline. Eine Bewertung von Erfolgs- und Risikofaktoren schließt den Artikel ab.

2 Universitäre Systemlandschaften

Universitäten unterscheiden sich wesentlich von anderen Organisationen. Es sind Konglomerate der Wissenserzeugung und -aggregation, deren Mitglieder unterschiedliche Interessen verfolgen. Während Studierende zuvorderst am Erwerb von Abschlüssen und Wissen interessiert sind, versuchen Wissenschaftler die Grenzen des Wissens ihrer jeweiligen Fachgebiete zu erweitern. Die Mitarbeiter der Verwaltung ermöglichen durch ihre Arbeit den Erfolg der anderen beiden Gruppen.

Dabei ist für den großen Teil der Mitglieder der Hochschule die Aufenthaltsdauer von vornherein auf wenige Jahre des Studiums bzw. der weiteren wissenschaftlichen Qualifikation begrenzt. Bei wissenschaftlichen Gästen ist die Aufenthaltsdauer typischer Weise noch kürzer.

Allen Mitgliedern gemeinsam ist, dass sie für die Erfüllung ihrer Aufgaben IuK Dienste benötigen. Dabei sind zwei Nutzungsprofile zu unterscheiden: das eine Profil zielt auf die Erfüllung individueller, durch die jeweilige Forschungs- und Lernaufgabe vorgegebenen Bedürfnisse des Informationsbezugs und der Wissenserzeugung. Im anderen Profil nutzt und bedient der Benutzer im mehr oder minder starren, auf seine jeweilige Rolle zugeschnittenen Rahmen Managementsysteme wie Prüfungsverwaltungssysteme, E-Learningsysteme, Vorlesungsverzeichnisse und die ERP Systeme (Personal, Finanzen etc.) der Hochschule.

Beiden Profilen gemeinsam sind hohe Ansprüche in Bezug auf Verfügbarkeit und Datensicherheit. Während die Systeme zur Forschung oftmals prototypischen Charakter haben, stehen bei der Nutzung der Managementsysteme Anforderungen an die Bedienbarkeit, die Integration und die Korrektheit im Vordergrund.

Die notwendigen IuK-Dienste können grob in drei Klassen unterteilt werden [3]:

1. Infrastrukturdienste wie Netze, E-Mail, Speicher, Arbeitsplatzrechner, Server, Identity- und Accessmanagement
2. Campus Management Dienste: Dazu zählen Personal- und Studierendenverwaltung, Prüfungsverwaltung, Studienorganisation, Facilitymanagement- und Finanzsysteme
3. Systeme für Forschung und Lehre: Dazu zählen die Informationsdienste der Bibliothek, WWW-Systeme, E-Learningsysteme, sowie alle fachspezifischen Spezialsysteme (Systeme zur numerischen Simulation, Messsysteme etc.)

Die Dienste werden auf unterschiedlichen hierarchischen Ebenen bereitgestellt und betrieben (individuell, auf Lehrstuhl- oder Fakultätsebene, zentral z.B. durch Bibliothek, Medienzentrum, Abteilung für Verwaltungs-EDV und das Rechenzentrum).

Dabei kommt es vielfach zu Redundanz in Technik und Daten. So werden zum Beispiel im Bereich der Infrastrukturdienste E-Mail Systeme durch verschiedene Organisationseinheiten betrieben, die zur Bedienung ihrer Nutzer jeweils eigene Benutzerdatenbestände aufbauen, welche mühsam per Hand gepflegt werden müssen. Ein Beispiel im Bereich des Campus Managements ist die mehrfache Implementierung von Systemen und Verfahren für die Verwaltung von Prüfungsergebnissen der Studierenden. Historisch gewachsen und ausgerichtet auf Fachspezifika entstanden Lösungen unterschiedlicher Aufbau- und Ablauforganisation, unterschiedlichen Automatisierungsgrades und ohne Rücksicht auf fakultätsübergreifende Anforderungen. Auch bei den Systemen für Forschung und Lehre kommt es zu Doppelungen, z.B. bei der Bereitstellung von elektronischen Vorlesungsunterlagen. Andererseits gibt in diesem Bereich selbstverständlich auch Systeme, die nicht vereinheitlicht werden können, sei es weil es sich um Spezialanwendungen des jeweiligen Forschungsbereichs handelt, oder weil die Entwicklung dieser Systeme selbst Forschungsgegenstand ist.

3 Auswahl von Systemen zur Konsolidierung

Die Entscheidung ob, wie und in welchem Umfang die Systemlandschaft einer Universität konsolidiert, integriert und zentralisiert werden soll, hängt von einer Reihe von Faktoren ab. Die eine für alle Universitäten richtige Lösung gibt es dabei nicht.

Eine wichtige Voraussetzung dabei ist das Vorhandensein einer universitätsweiten IuK- Strategie und ob diese Strategie durch die Hochschulleitung mit getragen und mit der allgemeinen Hochschulstrategie in Übereinstimmung ist. Davon abgeleitet ergeben sich organisatorische Voraussetzungen, also inwiefern die für die Umsetzung der IuK-Strategie verantwortliche Person bzw. Gremium die IuK-relevanten Entscheidungen in den einzelnen Organisationseinheiten der Hochschule bestimmen oder beeinflussen kann und über welche Ressourcen (Personal und Geld) verfügt werden kann.

Außerdem hängen Konsolidierungsentscheidungen von der konkreten Systemlandschaft und den Geschäftsprozessen ab. Dazu kommt die Berücksichtigung aktueller Anforderungen, die besonders dringend umgesetzt werden müssen. Beispiele dafür sind die Umsetzung des Bologna-Prozesses oder strategische Projekte, wie zum Beispiel die Einführung eines Globalhaushaltes und die damit einhergehende notwendige Umstellung der Buchhaltungssysteme.

Aus der IuK-Strategie sollten sich Kriterien ableiten lassen, wie die Gewichte zwischen unterschiedlichen Anforderungen wie Kosten (IT-Personal, sonstiges Personal, Hardware, Software, Dienstleistungen), Sicherheit (Schutz vor Datenverlust, unberechtigten Zugriff), Geschwindigkeit, Flexibilität etc. in die Entscheidungen für konkrete Maßnahmen einfließen.

Schließlich sollte bei der Bewertung der Maßnahmen die Wichtigkeit für die Prozesse der Hochschule, die Wichtigkeit für die Umgestaltung der Systemlandschaft insgesamt, die Intensität der Nutzung (Anzahl Nutzer, Verbreitung der Nutzung), Einsparpotentiale und Sicherung der Nachhaltigkeit berücksichtigt werden. Nicht zuletzt spielen bei der Auswahl von Maßnahmen bereits vorhandenes Know-How, Ausnutzung von sich bietenden Gelegenheiten, zu erwartende Unterstützung bzw. Widerstände und die Nachfrage der Nutzer eine wichtige Rolle.

4 Konkrete Ausprägungen an der TUM

In diesem Abschnitt wird auf die konkreten Ausprägungen der oben genannten Aspekte an der TUM eingegangen. Dabei waren nicht alle Voraussetzungen von vornherein gegeben, sondern wurden nach Notwendigkeit im Lauf der Jahre erarbeitet und ggf. angepasst.

4.1 IuK-Strategie

Die TUM verfolgt das Leitbild der „unternehmerischen Universität". Die IuK-Strategie der TUM richtet an der übergeordneten Strategie aus und hat ihrerseits die „Digitalen Hochschule" zum Leitbild genommen. [3]

Das Ziel der IuK Strategie ist die Bereitstellung eines bedarfsgerechten Angebots von IuK Diensten, wobei

1. allgemein benötigte Dienste zentral bereitgestellt werden,
2. die Geschäftsprozesse schrittweise integriert werden,
3. die Verantwortung für die Inhalte bei den einzelnen Mitgliedern der Hochschule verbleiben sollen. [2]

4.2 Organisation

Die Verantwortung für die IuK an der TUM liegt seit 2001 bei einem CIO (Chief Information Officer), der als Vizepräsident der Hochschulleitung angehört. In den Fakultäten ist jeweils ein vom jeweiligen Dekan ernannter IO (Information Officer) für die IuK zuständig.

Als Besonderheit im deutschen Hochschulraum verfügt die TUM über kein eigenes Rechenzentrum. Diese Funktion übernimmt das Leibniz-Rechenzentrum der Bayerischen Akademie der Wissenschaften (LRZ) für den gesamten Münchner Hochschulraum. Das LRZ ist in erster Linie für die Erbringung von IuK Basisdienstleistungen (Netze, E-Mail, Speicher, Backup, Computerserver etc.) zuständig. Wichtige Anbieter von IuK Diensten innerhalb der TUM sind die Abteilung für Verwaltungs EDV, das Medienzentrum und die Universitätsbibliothek. [2]

Die übergreifende Koordination der IuK an der TUM erfolgt mit Unterstützung des CIO/IO Gremiums. Mitglieder des Gremiums sind der CIO, die IOs und ein Vertreter des IT Service Zentrums.

Die operative Koordination der einzelnen IuK Projekte untereinander erfolgt in Projektleitertreffen bzw. im IT Service Zentrum.

Das IT Service Zentrum befindet sich seit Anfang 2009 in Gründung und soll an der TUM die Angebote der einzelnen mit zentraler IuK beschäftigten Organisationseinheiten (LRZ, Bibliothek, Medienzentrum, Abteilung für Verwaltungs-EDV, Rechenzentrum des Klinikums, ITW (EDV Abteilung des Standorts Weihenstephan) und die Rechnerbetriebsgruppe der Fakultät für Informatik) bündeln und anstehende Projekte untereinander koordinieren. Insbesondere wird es den Regelbetrieb der neu entstandenen Dienste beaufsichtigen.

4.3 Fachliche Aspekte

Fachliche Aspekte spielen eine wichtige Rolle bei der Konsolidierung von IuK Systemen. Dazu zählen rechtliche Rahmenbedingungen, sowie die Aufbau- und Ablauforganisation.

Die rechtlichen Rahmenbedingungen müssen beachtet (z.B. Datenschutz) und zum Teil neu gestaltet werden. Zu den anpassbaren Rahmenbedingungen zählen z.b. der Verzicht auf die Schriftform bei Prüfungsanmeldungen, was elektronische Anmeldungen möglich macht, die Zulässigkeit von elektronisch gestützten Tests, oder die offizielle Definition der Rechte und Pflichten des CIO/IO Gremiums.

Die Aufbauorganisation ist dort betroffen, wo die Einführung von neuen Verfahren die Abläufe so beeinflusst, dass neue oder geänderte Zuständigkeiten entstehen, die eine Änderung der Aufbauorganisation notwendig machen. Beispiele betreffen die Aufgabenverteilung zwischen den Prüfungsämtern an den drei Hauptstandorten der TUM und den mehr als 30 Prüfungsausschüssen der einzelnen Studiengänge oder die Eingliederung des IT Service Desks in das IT Service Zentrum [11].

Die Ablauforganisation und die jeweiligen Prozesse ändern sich durch eine Neuorganisation von Aufgaben durch die Einführung vereinheitlichter Verfahren. Die Verfahren machen bestimmte Aufgabenprofile bzw. Rollen notwendig, die durch die vorhandenen, im Einzelfall neuen, Mitarbeiter erfüllt werden müssen. Beispiele sind die Einführung von Benutzerverwaltern in TUMonline, Teiladministratoren für die dezentrale Verwaltung von Projektverzeichnissen [1] oder E-Learning-Beauftragte mit fakultätsweiten Rechten innerhalb der E-Learning Plattform [2]. Die Einführung neuer Aufgaben und Verantwortlichkeiten muss durch einen Veränderungsprozess begleitet werden, um die Zufriedenheit der betroffenen Mitarbeiter und die möglichst reibungslose Umstellung, meist im laufenden Betrieb, sicher zu stellen.

4.4 Architektur

Im Rahmen von IntegraTUM wurde eine Facharchitektur definiert, die Verantwortlichkeiten der verschiedenen IuK Systeme für bestimmte Datenhaushalte und Prozesse regelt. Vordringlich ist dabei die Vereinbarung, welche Systeme für bestimmte Datenhaushalte führend sind, um so Redundanz, Anomalien im Datenbestand und Doppelarbeit zu vermeiden.

Die wichtigsten Geschäftsobjekte sind dabei Personen (in Ausprägung Mitarbeiter, Studierender, Gast, Alumnus), Lehrveranstaltungen, Räume und die organisatorische Gliederung der Hochschule. Die Koppelung gemeinsam genutzter Geschäftsobjekte geschieht dabei über von dem jeweils führenden System verwaltete Schlüsselattribute. Eine Systemlandkarte stellt dar, welche Geschäftsobjekte durch welches System erstellt, verwaltet und verwendet werden. Eine zentrale Dokumentation der einzelnen Datenattribute hilft, ein einheitliches Verständnis der Attribute (z.B. Studiengänge, organisatorische Zuordnung etc.) zu erreichen.

Zentrales Element der Architektur ist der Verzeichnisdienst, der Personenstammdaten zwischen Quell- und Zielsystemen transportiert und für eine automatische Rechtezuteilung und Rechteentzug auf den angeschlossenen Systemen sorgt. [4]

4.5 Konsolidierungsprojekte an der TUM

Auf Basis der dargestellten Kriterien und der spezifischen Situation an der TUM wurden seit 2004 eine Reihe von Projekten aufgesetzt, die eine Konsolidierung von Kernsystemen zum Ziel hatten. Dazu gehören die Großprojekte IntegraTUM, elecTUM und CM@TUM (Vorgängerprojekt HIS@TUM) und eine Reihe kleinerer Projekte, wie die Neugestaltung der Webauftritte, die Einführung einer StudentCard und die Fortführung bestehender Projekte wie SAP@TUM und BW@TUM [12].

Abb. 1 zeigt die durch die Projekte angestrebte Konsolidierung von dezentralem Betrieb und teilweise nur vereinzelter Nutzung von Systemen auf zentralen Betrieb und allgemeiner Nutzung. TUMonline hat wegen seines großen Funktionsumfangs für bestimmte Funktionen wenige Benutzer (Sachbearbeiter), teils sehr viele (Selbstbedienungsfunktionen).

Die beiden Projekte IntegraTUM und elecTUM werden in diesem Band ausführlich vorgestellt. Das Projekt CM@TUM hat zur Aufgabe, die Prozesse des sog. Studentischen Lebenszyklus vollständig zu unterstützen. Diese Prozesse umfassen die Bereiche Bewerbung, Immatrikulation, Veranstaltungsplanung, Prüfungsverwaltung, Graduierung und Alumniverwaltung. Dazu kommen Aspekte der Raumverwaltung, der organisatorischen Gliederung und des Identity Managements. Technisch beruht die Lösung auf dem Campusmanagementsystem CAMPUSonline der TU Graz. An der TUM wird das System unter dem Namen TUMonline eingeführt.

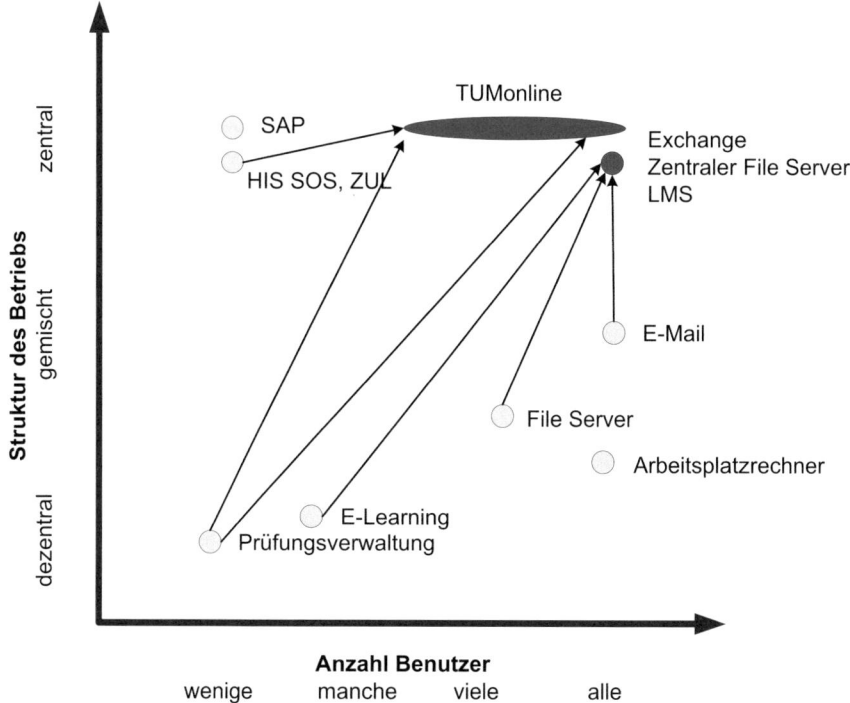

Abb. 1 Integration universitärer Kernsysteme Nutzung und Betrieb – Ausgangspunkte der Entwicklung (hell) Endpunkte (dunkel)

5 Klassifizierung von Systemwechseln

Der im Titel genannte Austausch universitärer Kernsysteme kann ganz unterschiedliche Ausprägungen annehmen, welche in der Folge kurz vorgestellt werden.

5.1 Einführung neuer Systeme

Bei der Einführung gänzlich neuer Dienste, wie die im Rahmen von IntegraTUM erfolgte Einführung einer zentralen E-Learningplattform [2] oder eines Medienservers [9], stehen Aspekte wie die Klärung rechtlicher Rahmenbedingungen, die Einpassung in die Systemlandschaft, Werbung und Support im Vordergrund. Schließlich muss der Erfolg der Einführung kritisch überprüft und bei positiver Bewertung die Überführung vom Projekt- in den Regelbetrieb bewältigt werden.

5.2 Koppelung von Systemen

Bei der Koppelung von Systemen stehen die Verbesserung von Geschäftsprozessen und die Verminderung von Redundanzen im Vordergrund. Beispiele betreffen die Integration der E-Learningplattform mit den anderen Systemen des Campusmanagements [10] die Einführung eines Identity Management Systems [4] bzw. die Koppelung von Systemen an das Identity Management, vgl. z.B. [8].

Dabei sind neben den bereits erwähnten klaren architektonischen Vorgaben, geänderte Arbeitsweisen und Fragen der Datenqualität wichtig. Dabei können die notwendigen Maßnahmen zur Herstellung und Sicherung der Datenqualität in einigen Fällen sehr aufwändig werden.

5.3 Austausch von einzelnen Systemen

Beim Ersatz eines einzelnen Systems kann je nach Umfang der Auswirkungen auf die Nutzer unterschieden werden. Während manche Systemwechsel praktisch unbemerkt durchgeführt werden können (z.B. Austausch von Servern oder Änderungen in der SPAM Abwehr), muss für andere Systemwechsel unterschiedlich großer Aufwand bei der Schulung der Nutzer und Migration von Inhalten aufgewendet werden.

Beispiele für einen niederschwelligen Systemwechsel sind die Einführung eines neuen zentralen Speichers [1]. Hier müssen die Benutzer lediglich neue Netzlaufwerke einbinden. Ein Beispiel für einen aufwendigeren Systemwechsel war die Einführung des zentralen MS Exchange Systems [5]. Zwar sind die Benutzer in der Lage nach Neukonfiguration ihrer E-Mail-Clients so weiter zu arbeiten wie mit dem gewohnten E-Mail-Server. Jedoch bietet das neue System eine Reihe neuer Möglichkeiten an, für deren korrekte Nutzung die Benutzer ausführlich informiert werden müssen. Eine entsprechende Dienstvereinbarung für die Nutzung von gemeinsamen Kalendern wurde mit dem Personalrat vereinbart.

5.4 Austausch mehrerer Systeme

Die größten Herausforderungen stellen solche Systemwechsel dar, bei denen nicht nur ein System sondern gleich eine ganze Reihe von Systemen durch ein oder mehrere neue Systeme ersetzt werden sollen.

Dabei müssen einerseits entweder zu einem Stichtag oder bei länger laufenden Umstellungen zu mehreren Terminen umfassend neue Arbeitsweisen eingeführt werden. Die Migration von wertvollen Datenbeständen wie z.B. Prüfungsergebnissen stellt besondere Anforderungen zur Sicherung der Datenqualität. Typischer

Weise kommt es im Lauf des Austauschs zu einer Kombination von organisatorischen, fachlichen und technischen Fragestellungen.

6 Beispiel für den Austausch mehrerer Systeme

In diesem Abschnitt möchten wir ein Beispiel für den gleichzeitigen Austausch mehrerer Systeme geben. Wir konzentrieren uns in der Beschreibung auf die Haltung und Übertragung von Personendaten. Andere betroffene Datenhaushalte wie Prüfungsergebnisse und Vorlesungsdaten werden in dieser Darstellung nicht berücksichtigt. Zunächst wird die bis Mai 2009 gültige Systemlandschaft beschrieben. Im Anschluss beschreiben wir die seit Mai 2009 gültige Architektur. Schließlich erläutern wir die notwendigen Migrationen und die veränderten Aufgabenverteilungen.

6.1 Systemlandschaft vor dem Umbau

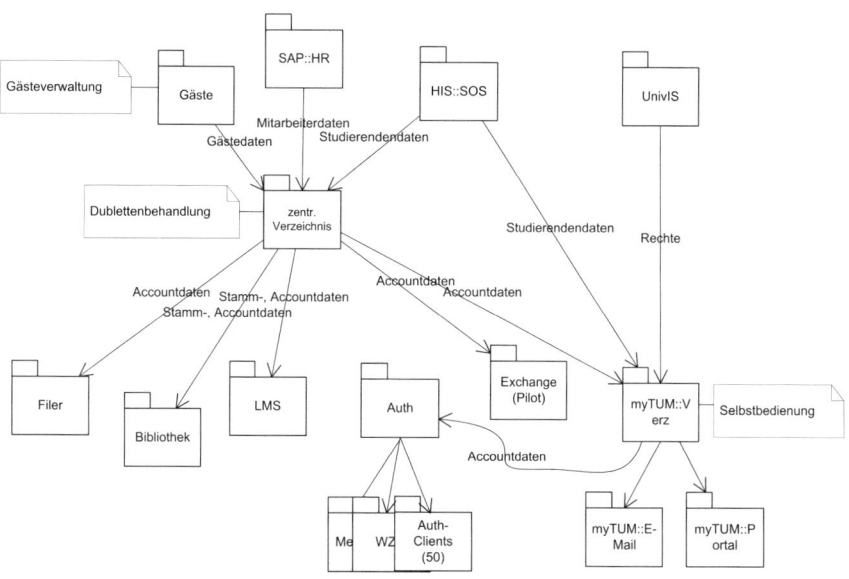

Abb. 2 Verteilung von Personenstammdaten und Accountinformationen vor der Migration

Abb. 2 zeigt schematisch die Flüsse von Personendaten vor dem Umbau. Als Personendatenquellen dienten eine eigens entwickelte Gästeverwaltung, das Personalverwaltungssystem SAP HR und die Studierendenverwaltung HIS SOS.

Diese Datenquellen speisten den zentralen Verzeichnisdienst. Er filterte und konvertierte die Daten und stellte sie anderen TUM-Systemen, wie z.B. dem E-

Learning-System zur Verfügung. UnivIS[1] diente bis dahin u.a. gegenüber dem Webportal der TUM (myTUM Portal[2]) als Rechtevergabesystem für Mitarbeiter. Das myTUM Portal betreibt aus historischen Gründen einen eigenen LDAP Verzeichnisdienst, der für Studierendendaten über einen eigenen Import aus HIS SOS gespeist wurde. Die Daten von Gästen und Mitarbeitern wurden über eine Webschnittstelle in das Verzeichnis des myTUM Portals übertragen. Passwortänderungen wurden aus den Selbstbedienungsfunktionen des myTUM Portals in den zentralen Authentifizierungsserver synchronisiert.

Zur Vermeidung der doppelten Anlage von Identitäten zu einer Person (Dubletten) wurde vor der Anlage eines neuen Mitarbeiter- oder Gast-Benutzerkontos ein Abgleich gegen das zentrale Verzeichnis durchgeführt.

6.2 Systemlandschaft nach dem Umbau

Die Einführung von TUMonline machte den Austausch der Personendatenquellen notwendig. Die sich dadurch ergebende neue Architektur zeigt Abb. 3.

Zum einen wird die Verwaltung von Studierenden- und Gästedaten von HIS SOS und Gästeverwaltung nach TUMonline verlagert. Die Mitarbeiterdaten werden von SAP HR zunächst nach TUMonline importiert. UnivIS verliert seine Rolle im Identity Management.

TUMonline reichert die Stammdaten der Mitglieder der Hochschule mit Informationen zur organisatorischen Zuordnung an, sorgt für Konsolidierung von Dubletten und vergibt die zur Einrichtung eines Benutzeraccounts nötigen Attribute wie den technischen Benutzernamen und die Benutzernummer. TUMonline steuert in diesem Zusammenhang die Freischaltung und Beendigung von Accounts gegenüber den dem zentralen Verzeichnisdienst nachgelagerten Systemen.

TUMonline bietet bislang im myTUM Portal implementierte Selbstbedienungsschnittstellen zur Passwortänderung, Vergabe von E-Mail-Adressen, Einrichtung von Weiterleitungen unter einer neuen Benutzeroberfläche neu an. Neue in Selbstbedienung zugängliche Funktionen sind die Auswahl des verwendeten E-Mail-Servers und die Änderung von Postadressen.

Die Schnittstelle zum zentralen Verzeichnisdienst wurde entsprechend der neuen Aufgabenverteilung und auf Grund teilweise geänderter Semantik der Attribute angepasst. Die Schnittstelle wurde vereinheitlicht und beinhaltet alle für die nachgelagerten Systeme nötigen Stammdaten (wie z.B. Name, Vorname, Adresse, organisatorische Zuordnung) und für die Benutzeraccounts nötigen Attribute (wie z.B. technische Kennung, E-Mail-Adressen, Auslieferungsort für E-Mails). [7]

---

[1] www.univis.de, an der TUM univis.tum.de
[2] www.tum.de

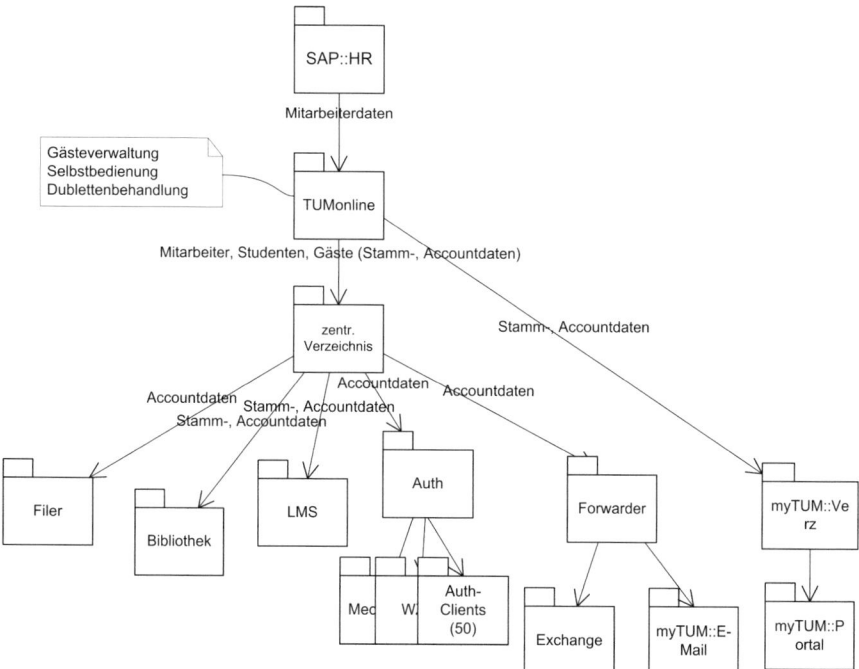

Abb. 3 Systemlandschaft der TUM nach der Migration

Um den Benutzern die freie Wahl zwischen verschiedenen Mailservern zu lassen, wurde der sogenannte Forwarder implementiert, der E-Mails entweder an einen Exchangeserver, ein Unix Mailsystem oder an dezentrale Mailsysteme weiterleitet. [6]

6.3 Migrationsschritte

Für den vorgestellten Umbau war eine komplexe Abfolge technischer und organisatorischer Migrationsschritten notwendig, die sich über den Zeitraum von Mai 2009 bis September 2009 erstreckten. Die sich in dieser Zeit ergebenden Inkonsistenzen zwischen bereits migrierten Teilen des Gesamtsystems und den noch nicht migrierten Teilen musste für einen Zeitraum von etwa zwei Monaten während der Semesterferien in Kauf genommen werden.

Nach vorbereitenden Arbeiten wurde mit der Verwaltung der Studierendendaten und Gästedaten durch TUMonline begonnen. Gleichzeitig wurde der Import von Mitarbeiterdaten nach TUMonline aktiviert. Im ersten Schritt wurde TUMonline das führende System für das myTUM Portal. Bestehende Importe aus HIS SOS und UnivIS nach myTUM wurden abgeschaltet. Die Selbstbedienungsfunktionen für die Vergabe von E-Mail-Adressen, die Änderung von Passwörtern und die Vergabe von Initialpasswörtern wurden im myTUM Portal deaktiviert und in TUMonline aktiviert. Parallel dazu wurde die Dokumentation angepasst, die Mitarbeiter des IT Service Desk mit den notwendigen Rechten zur Passwortvergabe und Anlage von Gästen versorgt und entsprechend geschult.

Danach wurde eine neue Version des zentralen Verzeichnisdienstes produktiv geschaltet und zunächst der Authentifizierungsdienst auf die Datenversorgung durch TUMonline umgestellt. Die Betreiber der ca. 50 Systeme, die den Authentifizierungsdienst nutzen wurden in einem Workshop und mit begleitender Dokumentation zum Umstieg aufgefordert und beim Anschluss an das aktualisierte System begleitet.

Im nächsten Schritt wurden das zentrale Active Directory, der zentrale Speicher und der Exchange Server auf die neue Version des zentralen Verzeichnisses migriert und der oben genannte Forwarder aktiviert. Wiederum war vorbereitend eine Anpassung der Dokumentation notwendig. Mit der Aktivierung der entsprechenden Selbstbedienungsfunktion in TUMonline konnte jeder Benutzer der TUM beginnen, Exchange als Groupware System zu nutzen – bislang war das nur ausgewählten Pilotkunden möglich.

Schließlich wurde das Learning Management System (LMS) und weitere zur Systemadministration genutzte Verzeichnisdienste an die neue Version des zentralen Verzeichnisses angebunden.

Während der gesamten Migrationsphase war eine beständige Abstimmung zwischen allen beteiligten Entwicklerteams, dem IT Service Desk und der für die Öffentlichkeitsarbeit zuständigen Kollegen notwendig. Trotz sorgfältiger Vorbereitung ließen sich Probleme, insbesondere bei der Datenqualität und der Kommunikation mit den Benutzern nicht vollständig vermeiden. Dem IT Service Desk kam dabei als Qualitätssicherer und bei der Kommunikation mit den betroffenen Benutzern eine erhebliche Bedeutung zu. Gleichzeitig mussten sich die Benutzer immer wieder auf größere oder kleinere Änderungen im Arbeitsablauf einstellen.

7 Fazit und Ausblick

Folgende Faktoren haben sich als wesentlich für den Erfolg der von uns durchgeführten Integrations- und Konsolidierungsstrategie herausgestellt.

Die verfolgte Strategie muss klar und offen kommuniziert und über einen langen Zeitraum beibehalten werden. Den betroffenen Mitgliedern der Hochschule müssen Möglichkeiten zur Verfügung gestellt werden, sich zu informieren und die Kanäle für die Vertretung ihrer Interessen müssen klar sein.

Die von der TUM gewählte Organisationsform auf strategischer und operationaler Ebene hat sich bewährt. Durch die Gründung des IT Service Zentrums ist der Übergang von Projektorganisation auf Dauerbetrieb in die Wege geleitet.

Wichtig ist auch ein Bekenntnis zur dauerhaften Finanzierung der aufgebauten Dienste. Insbesondere bei einer Anschubfinanzierung durch Drittmittel müssen die

Weichen für eine Verstetigung frühzeitig gestellt werden, da sonst am Ende der Projektförderung ein schlagartiger Know-how Abfluss droht, der den Betrieb der Dienste gefährden kann.

Ebenso ist es nötig, die zugrundeliegende Architektur offen zu legen und möglichst stabil zu halten. Änderungen müssen wohl überlegt werden und gut kommuniziert sein.

Befürchtungen über einen Verlust von Zuständigkeiten, Freiheiten und Autonomie kann gut mit dem Hinweis darauf begegnet werden, dass freiwerdende Kapazitäten durch Tätigkeiten in Forschung und Lehre genutzt werden können bzw. in Qualitätsverbesserungen investiert werden sollen.

Die entstehenden neuen Aufgaben und Angebote müssen rechtzeitig kommuniziert werden. Dabei muss die Balance gehalten werden zwischen den Versprechungen der künftigen zentralen Dienste und den aktuellen dezentralen Bedürfnissen. Verlässliche Termine helfen den betroffenen Einheiten, Entscheidungen über eventuell nötige Übergangslösungen zu treffen und notwendige Ressourcen zu disponieren.

Die eingeführten Systeme führen zu einer erhöhten Vernetzung der Geschäftsobjekte und einer erhöhten Sichtbarkeit und Transparenz von Informationen. Deshalb muss bei der initialen Koppelung der Systeme besondere Sorgfalt auf die Sicherstellung bzw. Herstellung der nötigen Datenqualität gelegt werden. Die Personen, die für die Pflege der Daten zuständig sind, müssen regelmäßig über die neuen Nachnutzungen der von ihnen erfassten Daten aufgeklärt werden, damit sie Seiteneffekte ihrer Arbeit besser einschätzen können. Die Datenpflege betrifft dabei auch die Pflege der notwendigen Bedienungsanleitungen und Schulungsunterlagen.

Um die Nutzung der zentralen Systeme zu ermöglichen und zu befördern sind – auch vor dem Hintergrund hoher Fluktuation der Mitglieder der Hochschule und Funktionen, die nur selten, etwa einmal pro Semester, benutzt werden – Schulungsangebote, ausreichende auf die jeweilige Aufgabe abgestellte Dokumentation, FAQs und ein über verschiedene Kanäle erreichbarer Service Desk notwendig. [11]

Insgesamt lässt sich festhalten, dass Umbaumaßnahmen, wie sie im Rahmen von IntegraTUM und auch von CM@TUM begonnen und durchgeführt worden sind, auf Seiten der Durchführenden viel Ausdauer und Geduld benötigen. Wir sind der Überzeugung, dass wir bei der Schaffung einer benutzerfreundlichen und nahtlosen IuK Infrastruktur für die TUM viel geleistet haben. Allen Projektbeteiligten und auch den geduldigen Nutzern der neuen Dienste gebührt unser besonderer Dank.

Literaturverzeichnis

[1] Christoph Biardzki, Werner Baur, Bernd Reiner: „Integrierte Speichersystem-Architektur zur Unterstützung hochschulübergreifender IT-Dienste", in diesem Band.

[2] Arndt Bode, Sabine Rathmayer, Rolf Borgeest, Hans Pongratz: „Die E-Strategie der Technischen Universität München", Buchkapitel in: Jörg Stratmann, Michael Kerres (Hrsg.): „E-Strategy"; Medien in der Wissenschaft, Band 46, Waxmann Verlag Münster, 2008, S. 43–60

[3] Rolf Borgeest, Arndt Bode: „Die Konsolidierung der IuK Infrastruktur der TUM im Projekt IntegraTUM", Praxis der Informationsverarbeitung und Kommunikation (PIK), Heft 1, Jg. 32 (1/2009), S. 7–15

[4] Latifa Boursas, Ralf Ebner, Wolfgang Hommel, Silvia Knittl, Daniel Pluta: „IntegraTUM Teilprojekt Verzeichnisdienst: Identity & Access Management als technisches Rückgrat der Hochschul-IuK-Infrastruktur" in diesem Band

[5] Max Diehn: „IntegraTUM Teilprojekt E-Mail: Aufbau eines mandantenfähigen Groupware-Services und seine Integration in Identity Management und E-Mail Infrastruktur der Technischen Universität München", in diesem Band

[6] Max Diehn, Ado Haarer, Alexander Schreiner, Micheal Storz: „IntegraTUM Teilprojekt E-Mail: Rezentralisierung von E-Mail Services", in diesem Band

[7] Ralf Ebner, Wolfgang Hommel, Daniel Pluta: „IntegraTUM LDAP-Schemadesign: Entwicklungsstufen und Konzepte im Vergleich", in diesem Band

[8] Ralf Ebner, Edwin Pretz: „Anbindung des SISIS-SunRise-Bibliothekssystems an das zentrale Identitätsmanagement" in diesem Band

[9] Johann Leiss, Edwin Pretz, Arne Seifert: „mediaTUM: Der zentrale Medienserver der Technischen Universität München" in diesem Band

[10] Sebastian Pätzold, Stephan Graf, Ivan Gergintchev, Hans Pongratz, Sabine Rathmayer: „Stufenweise Integration von eLearning an der Technischen Universität München" in diesem Band

[11] Karmela Vellguth: „IT Service Desk: Aufbau in komplexer universitärer Umgebung", in diesem Band

[12] Herbert Vogg: „Von der Verwaltungs-DV zum IT-Servicezentrum", in diesem Band

Von der Verwaltungs-DV zum IT-Servicezentrum

Herbert Vogg

Zusammenfassung Dieser Beitrag zeichnet den im Lauf der letzten nur zwölf Jahren durchgeführten Wandel der Abteilung für Verwaltungs-DV mit nur hundert Nutzern zum Kern eines IT-Servicezentrums mit fast 30.000 aktiven Nutzern und weltweiter Sichtbarkeit.

1 Einleitung

Hier soll der Weg und die Entwicklung von wichtigen Teilen der zentralen IT-Dienstleistungen der Technischen Universität München (TUM) skizziert werden, nämlich der Verwaltungs-DV zu einem IT-Servicezentrum der TUM. Dieser Weg spiegelt den enormen allgemeinen technologischen Wandel wie auch die erheblichen organisatorischen Änderungen an der TUM wider, der auch vom Projekt IntegraTUM wesentlich beeinflusst wurde.

Der Autor schildert als Leiter der Abteilung für Verwaltungs-DV den seit Gründung der Abteilung erfolgten Wandel. Dabei dienen die durch die Abteilung betriebenen Management Systeme, die versorgten Nutzergruppen und die Anzahl der Nutzer als Indikator, wie stürmisch die Entwicklung in den letzten zwölf Jahren verlaufen ist.

2 Ausgangssituation

Die Verwaltungs-DV wurde 1997 als Zentralabteilung in der Verwaltung der TU München neu gegründet. Zielsetzungen waren der Abteilung waren zum einen der Aufbau von Basisdiensten (z.B. E-Mail, Speicher, Systemadministration) für die Mitarbeiterinnen und Mitarbeiter der zentralen Verwaltung und anderer zentraler Organisationseinheiten (z.B. Hochschulleitung, Hochschulreferate, Personalrat) der TUM. Zum anderen sollte die Arbeit dieser Organisationseinheiten (z.B. Studierendenverwaltung, Personal- und Stellenverwaltung, Finanzverwaltung) durch geeignete IT Systeme unterstützt werden.

Bei der Ausgangssituation Ende der 90er Jahre stellte sich dies wie in Tabelle 1 gezeigt dar:

Tabelle 1 Von der Verwaltungs-DV angebotene System, Nutzergruppen und Anzahl Nutzer Ende der 90er Jahre.

Anwendung	IT-System	Nutzergruppe	Anzahl Nutzer
Studierendenverwaltung	HIS-SOS	Immatrikulationsamt	50
Personal-/ Stellenverwaltung	DIAPERS	Personalabteilung	50
Finanzverwaltung	HIS-MBS	Finanzabteilung	50

Der Kundenkreis der wichtigsten Anwendungen der Verwaltungs-DV beschränkte sich auf die Sachbearbeitung in der Verwaltung. Im Bereich der Studierendenverwaltung und in der Finanzverwaltung waren die IT-Systeme der HIS GmbH im Einsatz. Die Sachbearbeitung in der Personal- und Stellenverwaltung nutzte die Entwicklung des Landesamtes für Statistik und Datenverarbeitung des Freistaats Bayern (DIAPERS).

3 Entwicklung

Mit der Jahrtausendwende wurde das zentrale myTUM-Portal organisatorisch in der Verwaltungs-DV verankert. Außerdem wurde im Bereich Lehrveranstaltungsplanung ein neues zentrales, rein web-basiertes Informationssystem UnivIS, eine Entwicklung der Universität Erlangen, eingeführt.

Diese Informationssysteme bedeuteten, dass damit der Nutzerkreis der IT-Systeme der Verwaltungs-DV weit über die Mitarbeiterinnen und Mitarbeiter der Verwaltung wuchs. Einerseits wuchs die Zahl der Personen, die als Sachbearbeiter die Systeme zur Erfassung und Pflege von Daten nutzte. Gleichzeitig boten diese web-basierten Systeme Nutzern in der ganzen Welt ihre Informationen an.

Tabelle 2 Von der Verwaltungs-DV angebotene System, Nutzergruppen und Anzahl Nutzer im Jahr 2000

Anwendung	IT-System	Nutzergruppe	Anzahl Nutzer
Studierendenverwaltung	HIS-SOS	Immatrikulationsamt	50
Personal-/ Stellenverwaltung	DIAPERS	Personalabteilung	50
Finanzverwaltung	HIS-MBS	Finanzabteilung	50
Telefonverzeichnis/ Lehrveranstaltungen / Organisationsverzeichnis	UnivIS	zentrale Organisationseinheiten und Lehrstühle/alle	400/ weltweit
myTUM-Portal	Eigenentwicklung	einzelne Organisationseinheiten (Datenpflege)/ alle	200 / 10.000 / weltweit

Die Hochschulleitung entschied 2000 unter dem Hintergrund der Entwicklung der Technischen Universität München zur „unternehmerischen Hochschule", in den Bereichen Personal- und Finanzmanagement als Ersatz für die bisherigen Verwaltungssysteme in diesem Bereich die Einführung von Software der Firma SAP. Zum 1.1.2002 erfolgte die Produktivsetzung der entsprechenden SAP-Module. Parallel fiel die Entscheidung, als Basis für ein Management-Informationssystem SAP-BW zu nutzen. Diese Entscheidung erfolgte im Einklang mit dem Projekt CEUS (Computerbasiertes Entscheidungsunterstützungssystem für die Hochschulen in Bayern) des Bayerischen Staatsministeriums für Wissenschaft, Forschung und Kunst.

Die dezentrale Organisation der Technischen Universität München bedingte, dass SAP-Arbeitsplätze auch an Fakultäten und Lehrstühlen bedient werden mussten. Damit erweiterte sich der Nutzerkreis der Verwaltungs-DV wiederum um zahlreiche Arbeitsplätze im Bereich der Fakultäten und Lehrstühle.

Mit der Möglichkeit Berichte aus dem Datawarehouse SAP-BW online im Portal abzufragen kam ein weiteres System mit weltweitem Zugriff dazu.

Zusätzlich bot das myTUM Portal nunmehr allen Mitgliedern der Hochschule personalisierten Zugriff auf Informationen und Dienste wie z.B. E-Mail. Mit seiner Koppelung an das HIS SOS System zur Erzeugung von Benutzeraccounts war das myTUM Portal der Vorläufer des späteren Identity Management Systems.

Tabelle 3 fasst die Situation mit Beginn des Jahres 2002 zusammen.

Tabelle 3 Von der Verwaltungs-DV angebotene System, Nutzergruppen und Anzahl Nutzer im Jahr 2002

Anwendung	IT-System	Nutzergruppe	Nutzer
Studierendenverwaltung	HIS-SOS	Immatrikulationsamt	50
Personalmanagement	SAP-HR	Personalabteilung/ Fakultäten	200
Finanzmanagement	SAP-R/3	Finanzabteilung/ Fakultäten	800
CEUS	SAP-BW	Verwaltung/alle	100/ weltweit
Lehrveranstaltungen	UnivIS	Lehrstühle/alle	400/ weltweit
TUM-Portal	Eigenentwicklung	Datenpflege / Mitglieder der Hochschule /alle	200/ 10.000/ weltweit

In den Jahren 2004 bis 2009 stand nun das Projekt IntegraTUM im Mittelpunkt. Dieses auch für die Entwicklung der Verwaltungs-DV äußerst wichtige Projekt führte einerseits zur zunehmenden Integration der Verwaltungssysteme in die IT-Infrastruktur der TUM. Dazu gehörten insbesondere die Integration der Verwaltungs-DV mit dem Verzeichnisdienst und die Nutzung der Stammdaten der Verwaltungssysteme (Organisationsdaten, Studierendendaten, Mitarbeiter- und Raumdaten) als Basis für die Systemlandschaft der TUM.

Organisatorisch wurde die Verwaltungs-DV in die IT Organisationsstruktur der TUM eingebunden. Die Abteilung bekam Sitz und Stimme im CIO/IO Gremium und wurde über Fachausschüsse und die IntegraTUM Projektstruktur in die neuen Projekte eingebunden.

Im Rahmen der Einbindung der Verwaltungs-DV in die IT-Organisationsstruktur der TUM erfolgten hier schon erste organisatorische Überlegungen in Richtung der Bildung eines IT-Servicezentrums, eines zentralen IT-Dienstleisters der Technischen Universität München. Gleichzeitig verschob sich die Verantwortung für die Verwaltungs-DV ein Stück weit vom Kanzler zum CIO.

Mit der Entscheidung der Hochschulleitung Ende 2007 zur Einführung eines neuen Campusmanagementsystems für alle Bereiche des „student life cycle" und der Entscheidung für das System CAMPUSonline, eine Entwicklung der Technischen Universität Graz (Systemname an der Technischen Universität München: TUMonline) gewannen alle bisherigen Entwicklungen von der Verwaltungs-DV zum IT-Servicezentrum eine neue Dimension, wobei diese Entscheidung eine konsequente Fortführung aus dem Projekt IntegraTUM war. Mit dem neuen rein webbasierten Campusmanagementsystem TUMonline bedient die (alte) Verwaltungs-DV nun alle Kunden (Interessenten, Bewerber, Studierende, Gäste, Alumni) und Mitarbeiter der Technischen Universität München.

Im Bereich des TUM-Portals ergab sich durch die Abschaltung alter Webauftritte im Zuge der Vereinheitlichung des Corporate Designs im Jahr 2006 und die konsequente Nutzung des Portals als Intranet ab 2008 (bestimmte Inhalte waren nur noch nach Anmeldung sichtbar) zu einer weiter zunehmenden personalisierten Nutzung des TUM Portals.

4 Stand

Tabelle 4 stellt den im Jahr 2009 erreichten Stand dar.

Tabelle 4 Von der Verwaltungs-DV angebotene System, Nutzergruppen und Anzahl Nutzer im Jahr 2009

Anwendung	IT-System	Nutzergruppe	Anzahl Nutzer
Campusmanagement	TUMonline	Studierende / Mitarbeiter / Gäste / Bewerber / alle	21.000 / 8.000 / 1000 / 16.000 / weltweit
Personalmanagement	SAP-HR	Personalabteilung/ Fakultäten	200
Finanzmanagement	SAP-R/3	Finanzabteilung/ Fakultäten	800
CEUS	SAP-BW	Verwaltung/alle	100/ weltweit
TUM-Portal	Eigenentwicklung	Datenpflege / Mitglieder der Hochschule/ alle	400 / 20.000 /weltweit

Aus der aufgezeigten Entwicklung ergeben sich nun folgende Konsequenzen:
- Die ursprüngliche Verwaltungs-DV im herkömmlichen Sinn gibt es nicht mehr. Angesichts der engen Verflechtung von Verwaltungsaufgaben und Unterstüt-

zungsaufgaben für Lehre und Forschung steht die hochschulinterne Optimierung der IT-Versorgung im Vordergrund.
- Als Konsequenz dieser Entwicklung, vor allem durch IntegraTUM und TUMonline ergeben sich die Notwendigkeiten
  – die durch IntegraTUM entwickelten Dienste zu verstetigen
  – die IT-Kompetenzen durch Aufbau eines zentralen IT-Dienstleisters zu bündeln (IT-Servicezentrum).
  – die Rezentralisierung und Standardisierung von IT-Dienstleistungen fortzusetzen und weiter voran zu treiben.

Dabei ist die in allen Projekten bewährte hervorragende Zusammenarbeit mit dem Leibniz-Rechenzentrum von sehr hoher Bedeutung.

Dieses zentrale IT-Servicezentrum ist derzeit ein virtueller Verbund der bestehenden zentralen IT-Betriebseinheiten. Ihm steht ein Leitungsgremium vor. Dieses Leitungsgremium besteht aus:

- den Leitern der im IT-Servicezentrum zusammengefassten IT-Betriebseinheiten der Technischen Universität München (Zentralabteilung Verwaltungs-DV, Medienzentrum, IT der Universitätsbibliothek, IT des Standorts Weihenstephan, Rechnerbetriebsgruppe Informatik am Standort Garching, die IT des Forschungsreaktors FRM II und das Rechenzentrum des Klinikums Rechts der Isar)
- den Leitern von IT-Projekten der technischen Universität München von übergeordneter Bedeutung (Projektleitung IntegraTUM, Projektleitung TUMonline)
- dem Leiter des Leibniz-Rechenzentrums.

Der Vorsitz des Leitungsgremiums wird vom CIO der Technischen Universität München bestimmt. Der Vorsitzende des Leitungsgremiums berichtet direkt an den CIO der Technischen Universität München.

Die Zuständigkeiten des IT-Servicezentrums definieren sich aus der operativen Verantwortung für die IT der TUM:

- Betrieb von IT-Systemen
- IT-Servicemanagement
- Definition der Systemarchitektur
- technische Innovation.

Die weitere Entwicklung der Organisation des neuen IT-Servicezentrums wird folgende Schwerpunkte haben:

- Konsolidierung der Organisationsstruktur des IT-Servicezentrums
- Aufbau eines IT-Managements im IT-Servicezentrum als Kernbereich für IT-Servicemanagement (Identity-Management, IT-Sicherheit/Security Management, Service Level Management, Change Management, Continuity Management, …)
- Ausbau des IT-Service Desks
- Erstellung eines Dienstleistungskatalogs des IT-Servicezentrums.

5 Fazit

Im Lauf der letzten 12 Jahre hat die Verwaltungs-DV einen Wandel vom Dienstleister für etwa hundert Sachbearbeiter mit einer begrenzten Anzahl von nur gering integrierten Anwendungen zum wichtigen Bestandteil eines IT Servicezentrums gewandelt. Die Zahl der Nutzer ist auf mehr als 30.000 angewachsen. Die Systemlandschaft wurde zunehmend stärker miteinander integriert und an vielen Stellen auf web-basierte Verfahren umgestellt.

Die Entwicklung verlief dabei im Wechselspiel der neuen technologischen Möglichkeiten und neuer, prozessorientierten Sichten auf die Aufgaben der Hochschul-IT. Dabei war neben den technologischen Errungenschaften vor allem die Veränderungsbereitschaft aller Kolleginnen und Kollegen ein wichtiger Erfolgsfaktor.

Mit der Zusammenfassung der verschiedenen IuK-Dienstleister der TUM zu einem IT-Servicezentrum sichern wir uns die Ausgangsbasis für künftige Entwicklung.

Teil II
Übersichtsbeiträge anderer Hochschulen

Integriertes Informationsmanagement am KIT Was bleibt? Was kommt?

Sebastian Labitzke, Martin Nussbaumer, Hannes Hartenstein, Wilfried Juling

Zusammenfassung Der Beitrag beschreibt wesentliche seit dem Jahr 2005 an der Universität Karlsruhe bzw. am Karlsruher Institut für Technologie erzielte Ergebnisse in Bezug auf technische und organisatorische Integration für das Informationsmanagement. Insbesondere stehen die Portaldienste und das Identitätsmanagement im Fokus der technischen Innovation. Daneben werden zwei organisatorische Innovationen vorgestellt, die sich dediziert Fragestellungen zur IT-Governance und IT-Compliance widmen. Abschließend werden erzielte Schlüsselerfahrungen diskutiert, die im Zuge des Aufbaus eines integrierten Informationsmanagements gemacht wurden. Ausblickend wollen wir einen Bezug zu den allgegenwärtigen Problemstellungen und verbundenen Herausforderungen derartiger Vorhaben aufzeigen – Herausforderungen, die waren, sind und bleiben werden.

1 Einleitung

Basierend auf den Grundüberlegungen zu einer integrierten dynamischen Infrastruktur für das Informationsmanagement an einer Universität [12] und im Gleichklang mit den Zielen der DFG-Ausschreibung „Leistungszentren für Forschungsinformation" zur Förderung eines Informationsmanagements für Forschung und Lehre (2003/2004) startete im Januar 2005 das Vorhaben „Karlsruher Integriertes InformationsManagement" (KIM) an der Universität Karlsruhe (TH). Schwerpunkte des Vorhabens waren der Ausbau integrativer Infrastrukturen für die Lehre und das Identitätsmanagement sowie der Aufbau zugehöriger Koordinierungs-, Kompetenz- und Servicestrukturen. Durch den im Jahr 2006 gestarteten Prozess zur Fusion von Forschungszentrum Karlsruhe GmbH und Universität Karlsruhe (TH) zum Karlsruher Institut für Technologie (KIT)[1] kam dem Vorhaben KIM – nun betrachtet für das KIT – eine doppelt integrative Aufgabe zu.

Die grundsätzlichen Zielsetzungen, die eingesetzten Projektstrukturen und zahlreiche Ergebnisse wurden an anderen Stellen ausführlich beschrieben (siehe z.B. [7][11][13][17]). In diesem Beitrag soll nun eine Bestandsaufnahme durchge-

---

[1] Das KIT ist ab dem 1. Oktober 2009 eine Körperschaft des öffentlichen Rechts nach Landesrecht Baden-Württemberg und wird bezeichnet als „Universität des Landes Baden-Württemberg und nationales Forschungszentrum in der Helmholtz-Gemeinschaft."

führt werden. Im zweiten Abschnitt bilanzieren wir, welche integrierten Dienste produktiv in Einsatz genommen wurden und welcher Mehrwert dadurch entstanden ist. In Abschnitt 3 wird beschrieben, welche innovative Veränderungen in Bezug auf Organisation und Struktur entwickelt und umgesetzt wurden. Im vierten und letzten Abschnitt gehen wir der Frage nach, welche Erkenntnisse und Bewertungen für die nächsten Schritte hilfreich sein können und welche wissenschaftlichen Herausforderungen das Gebiet des integrierten Informationsmanagements nt am KIT Was bleibt? Was kommt?4546S Dimension „Dienste und Technik"

2 Dimension „Dienste und Technik"

Mit dem Ziel, Dienste zu integrieren und dadurch Mehrwerte zu schaffen geht auch zumeist die Etablierung von zentralen Benutzerschnittstellen einher. Für das KIT wurden Portale auf Basis von Microsoft Sharepoint als Zugangspunkte für Mitarbeiter und Studierende eingesetzt. Je nach funktionalem Fokus der zu integrierenden Anwendung oder des Nutzerkreises finden Dienste im jeweiligen Service-Portal ihren Platz. Dienste, die eine interne oder externe Kommunikation von Mitarbeitern anbelangen, werden im Mitarbeiterportal integriert (siehe Tabelle 1). Das Studium und die Lehre betreffende Dienste werden dagegen in das Studierendenportal aufgenommen, um so Studierenden und Dozenten zentral zugänglich gemacht zu werden (siehe Tabelle 2).

Tabelle 1 Angebotene Dienste des Mitarbeiterportals

Mitarbeiterportal	
KIT-Kommunikation	Forum für Fragen an die KIT-Leitung
Kompetenzportfolio	Zuordnung zu KIT-Kompetenzfeldern
Aktivierung	Dienst zur Erstaktivierung des persönlichen kit.edu Accounts
Weiterleitungseinrichtung	Einrichtung einer Weiterleitung aller eingehenden E-Mails auf eine bestehende E-Mail-Adresse
E-Mail-Alias Dienst	Einrichtung eines E-Mail-Alias, der als zusätzliche E-Mail-Adresse verwendet werden kann
Vodafone-Mobilität	Verwaltung von Geräten und Teilnehmern am Vodafone Kooperationsprojekt
Passwortänderung	Änderung des persönlichen kit.edu-Passworts

Zu den derzeit produktiv im Einsatz befindlichen Diensten sind eine Reihe weiterer Angebote entstanden, die bis dato für die Nutzer nicht freigeschaltet werden konnten. Nach dem Motto „Von Studenten für Studenten" entstand im Rahmen eines Web Praktikums beispielsweise ein interaktiver Campusplan auf der Basis des Kartenmaterials von Google. Integriert wurden hier Bilder von Hörsälen und Gebäuden, diverse Erkundungstouren über den Campus und Rauminformationen zu sämtlichen wichtigen Einrichtungen und Gebäuden [14]. Diese Entwicklung steht derzeit noch in der Warteschlange für die finale Freischaltung. Auch eine prototypische Entwicklung der Integration von Bibliotheksdiensten in die Portale erfordert noch erweiterte organisatorische Entscheidungen, um die Arbeit an diesem Dienst finalisieren zu können.

Tabelle 2 Angebotene Dienste des KIT-Studierendenportals

Studierendenportal	
Vorlesungsverzeichnis	Einsicht in das Vorlesungsverzeichnis des KIT
Vorlesungsfavoriten	Favoritenliste für ausgewählte Veranstaltungen
Vorlesungsarbeitsbereiche	Dozenten können hier Vorlesungsarbeitsbereiche erstellen, um Vorlesungsunterlagen als Download den Studierenden oder auch lediglich einem ausgewählten Studierendenkreis anzubieten. Ferner lassen sich Wikis, Foren und Verweislisten hinzufügen und von Dozenten oder via einfach zu handhabender Delegationsmechanismen durch weitere Personen verwalten.
Studienfortschritt	Einsicht in eigene bestandene oder noch abzulegende Prüfungen
Rückmeldung	Elektronische Rückmeldefunktion
Prüfungsverwaltung	An- und Abmeldungsdienst für Prüfungen
Stundenplan	Zusammenstellen von Veranstaltungen zu druckbarem Stundenplan
Bescheinigungen	Lieferdienst für Studienbescheinigungen u.ä.
Notenauszug	Abruf der Bewertungen abgelegter Prüfungen
Datenänderung	Änderung von Heimatadress- und Kontaktdaten
Passwortänderung	Änderung des persönlichen student.kit.edu Passworts
Anzeige im GAB	Dienst zur Freischaltung des Eintrags im globalen Adressbuch des KIT
Informationsseiten	Aktuelle Informationen zu Entwicklungen und Neuerungen am KIT
Hilfeseiten	Hilfestellung zur Benutzung des Portals

Dass die zentrale Integration produktiver Dienste im Kreis der Studierenden und Mitarbeiter jedoch bereits Zuspruch findet, belegen die verfügbaren Vorlesungsarbeitsbereiche zu 384 Lehrveranstaltungen. Abb. 1 illustriert die durchschnittliche Anzahl unterschiedlicher Nutzer auf dem Studierendenportal pro Tag in den Monaten Oktober 2008 bis Oktober 2009.

Im KIM-Projekt sind demnach zwei zentrale Plattformen mit den Schwerpunkten Studium und Lehre sowie interne und externe Kommunikation entstanden. Um unter anderem die darin angebotenen Dienste erbringen zu können, wurde durch das Teilprojekt KIM-IDM [10] ein Identitätsmanagement-System (IDM) für das KIT entworfen und etabliert. Das zentrale IDM am KIT verteilt aktiv personenbezogene Daten sowohl an Hintergrunddatenbanken der Portale als auch an einzelne Institutionen des KIT, wie zum Beispiel das Steinbuch Centre for Computing

(SCC)[2]. Innerhalb des SCC werden die über diesen Weg gelieferten Daten weiter verarbeitet, angereichert, Accounts eingerichtet und Postfächer auf Exchange Servern angelegt. Das IDM-Konzept am KIT [9] verfolgt bei diesen Prozessen der Datenprovisionierung eine Ausgewogenheit zwischen zentralen und dezentralen Verfahren. Das KIT selbst wird dabei als Föderation von Einrichtungen, respektive Satelliten betrachtet, in der Identitätsmanagementdienste in einer Serviceorientierten Architektur angeboten werden [19]. Das Ziel der Datenkonsistenz kongruenter personenbezogener Daten kann so gewahrt werden, ohne die Autarkie der verschiedenen Einrichtungen einzuschränken. KIM hat demnach nicht nur die Plattformen für zentrale Dienstzugangspunkte geschaffen, sondern auch die Basis für weitere Mehrwertdienste gelegt. Durch das föderative IDM-Konzept lassen sich weitere Satelliten gegenwärtig zeiteffizient eingliedern und mit den – für eine betreffende Einrichtung genehmigten – Daten versorgen. Erfahrungsgemäß stellt ein derart flexibel strukturiertes System einen hohen betrieblichen Aufwand dar. Dieser Aufwand rechtfertigt sich jedoch durch die erzielte Datenkonsistenz, die zentrale Verwaltung angebundener Ressourcen sowie die Anpassbarkeit der Daten und Verwaltungsoberflächen.

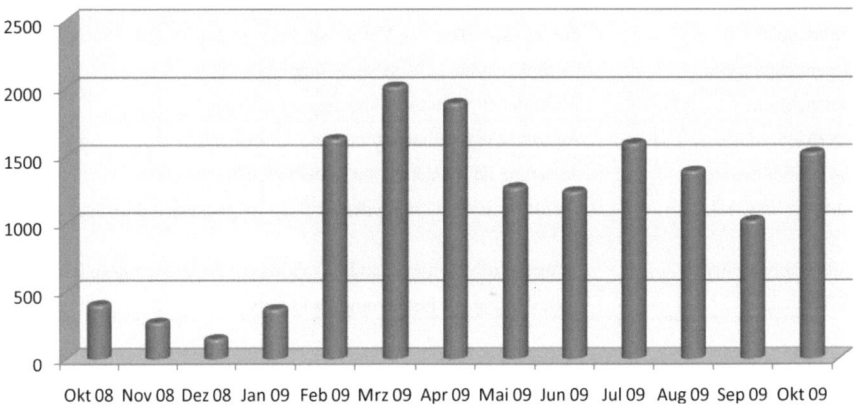

Abb. 1 Durchschnittliche Anzahl eindeutiger Nutzer des KIT-Studierendenportals pro Tag

Durch die Service-Orientierung wurde eine Dienstlandschaft mit gekapselten Funktionen erreicht, die so weit wie möglich (auch technisch) unabhängig voneinander entwickelt, angepasst und gewartet werden können. Zur Integration von Diensten lässt sich so die jeweils am besten geeignete Technologie finden und einsetzen. Dabei bleibt irrelevant, ob Dienste für Studierende und Mitarbeiter integriert werden sollen oder aber die Anbindung von Bestandssystemen, wie das Hochschul-Informations-System (HIS), das Human Resource Management von SAP oder Microsoft Komponenten wie Active Directories und Exchange Server,

---

[2] Das SCC ist seit dem 1.1.2008 der Zusammenschluss des Rechenzentrums der Universität Karlsruhe mit dem Institut für Wissenschaftliches Rechnen (IWR) des Forschungszentrums Karlsruhe.

eingerichtet werden. Durch C#.NET Web Services können Stored Procedures gekapselt werden, die vordefinierte Datenbankzugriffe ausführen. Diese lassen sich von den integrierten Diensten ansprechen, um notwendige Informationen zur Diensterbringung einzuholen. Auf diese Weise muss keine zusätzliche Logik zum Datenmanagement in den einzelnen Diensten implementiert werden, wodurch auch die Anpassbarkeit der Datenstrukturen erheblich gesteigert werden kann. Gleichzeitig kapseln Java Web Services den Zugriff auf das Identitätsmanagement System, hier der SUN Identity Manager, und dienen so den Service Portalen als Schnittstelle zu Passwort- und Datenänderungen.

Darüber hinaus fallen die Integration neuer Systeme und Dienste sowie der Austausch von Komponenten mit einem flexiblen Konzept loser Kopplung leichter als in einer Umgebung mit fest gekoppelten Komponenten. Das Errichten einer Service-orientierten Architektur (SOA) setzt jedoch weit mehr voraus als nur eine technische Umsetzung und Betrachtung verschiedener Problemfelder. Vielmehr bedarf es geeigneter Kommunikations- und Kooperationsstrukturen, die es gestatten, die Problembereiche nicht nur technisch, sondern auch organisatorisch anzusprechen, um geeignete Lösungen zu finden. Eine spannende Frage bleibt: Wie sehen organisationübergreifende Kommunikationsstrukturen aus? Gesucht wurden Konzepte, die Personen, mit teilweise frappierend unterschiedlichen Blickwinkeln auf eine Entwicklung, zu einer Einheit verbinden. Dadurch ließ sich gewährleisten, dass ihr gemeinsames Interesse an einer Sache in gewinnbringender Weise für diese Sache eingesetzt werden konnte. Einige solcher Konzepte werden im folgenden Abschnitt näher beleuchtet.

3 Dimension „Organisation und Strukturen"

Die Bemühungen für ein integriertes Informationsmanagement erfuhren in den letzten Jahren nicht nur in der Hochschullandschaft eine euphorische Aufbruchsstimmung. Laut Umfragen namhafter Beratungsfirmen planten im Spätjahr 2006 rund zwei Drittel der befragten 72 IT-Manager aus dem nordamerikanischen und europäischen Raum die Umsetzung einer SOA für das Jahr 2007 [1]. Aktuelle Studien zeigen auf, dass die Durchdringung von SOA im Jahr 2008 bereits bei rund 75% lag [3] und prognostizieren in den nächsten zehn Jahren sogar ein weiteres jährliches Wachstum der Investitionsvolumina von etwa einem Sechstel [5][6].

Demgegenüber fühlt sich laut einer Umfrage im nordamerikanischen Markt etwa jedes fünfte Unternehmen mit einer unvorhergesehenen Komplexität und ungenügenden Mechanismen für die Unterstützung des Betriebs der Services dienstorientierter Systeme konfrontiert [4][8][20]. Ähnliche Erfahrungen wurden auch während der Inbetriebnahme einzelner Services am KIT gemacht. Die erfolgreiche Umsetzung scheint also teilweise hinter den Erwartungen zurückzubleiben. Woran liegt dieses weite Auseinanderdriften von teilweise überzogenen Erwartungen und der harten Realität?

Was Unternehmen und Organisationen wie auch das KIT in den letzten Jahren mit der Einführung von SOA gleichermaßen erlitten haben, nennen die Gartner-Analysten nach dem „Gipfel der überzogenen Erwartungen" das „Tal der Enttäuschungen". Betrachtet man die jüngste Einschätzung von Gartner im 2009-Hypecycle[3], so findet man SOA inzwischen auf dem „Pfad der Erleuchtung" (*slope of enlightenment*). Offenbar beginnt ein Umdenken und vertiefendes Kennenlernen des zuvor eingeleiteten Paradigmenwechsels, das Vorteile und Nutzen der Serviceorientierung die hinter den Erwartungen gebliebene Enttäuschung zu verdrängen beginnt.

Wirft man einen kritischen Blick zurück, so lassen sich im Nachhinein einige Gründe finden, die – verursacht durch anfängliche Euphorie – eine nachhaltig betreibbare Implementierung von SOA erschweren. Einer dieser Gründe steckt in der mangelnden Kommunikation, der fehlenden Koordination von Informationen, Anforderungen und Vorgaben. Die Etablierung einer Service-orientierten Architektur erfordert in erster Linie systematisches Planen, um Business (Prozessverantwortung) und IT (IT Verantwortung) gleichermaßen ins Boot zu nehmen. Das wird aber weder durch XML und SOAP – den vermeintlichen Heilsbringern der SOA – noch von BPMN und Modellierungswerkzeugen erreicht. Die notwendige Reife dieser Technologien und Methoden vorausgesetzt, sind weitere die Organisationsstruktur betreffende Maßnahmen zu ergreifen.

Derartige Erfahrungen und erlangte Erkenntnisse führten auch am KIT zu einer Reihe von Entwicklungen, die eine nachhaltige Einführung und Vertiefung von SOA ermöglicht haben und auch zukünftig ermöglichen werden. Im Folgenden wollen wir zwei dieser Instrumente vorstellen, welche die Bereiche *Governance* und *Compliance* betreffen: die Stakeholder Foren (Governance) als effektive Kommunikationsplattform und ASDUR (Compliance) zur Verankerung von IT-Sicherheit, Datenschutz und IT-Rechtskonformität.

Stakeholder Foren: Die Effizienz von SOA-Strukturen korreliert stark mit der Effektivität der Kommunikation zwischen allen an der Dienstentwicklung und -erbringung Beteiligten[4]. Eine effektive Kommunikation umfasst diverse Facetten und muss folgendes leisten:

- das Vorhalten eines Rahmens für notwendige Entscheidungen
- die Zuständigkeit (Prozesse und Technik) für die Umsetzung getroffener Entscheidungen
- Einfordern – sofern nötig –, dass getroffene Entscheidungen geändert werden
- Sicherstellen, dass Anforderungen von Dienstnehmern mit den Leistungen von Dienstgebern übereinstimmen

---

[3] Gartner Hypecycle 2009, http://www.gartner.com/it/page.jsp?id=1124212

[4] Wir beziehen uns auf diese „internen" Stakeholder; das Einbeziehen externer Stakeholder (etwa Studierende, Mitarbeiter, Fakultäten, etc.) erfolgte durch etablierte Gremien und speziell organisierte Expertenkreise, die aus Platzgründen nicht Gegenstand dieses Beitrags sind.

Im Verlauf von KIM wurde ein solches Werkzeug, die Stakeholder Foren, erprobt und positiv evaluiert [16]. Die Foren berufen einzelne *Activities*, die dediziert eine geplante Entwicklung monitoren. Dabei sind die Mitglieder einer Activity jeweils die Personen, die ein (für sich) begründetes Interesse am Verlauf und Ergebnis der jeweiligen SOA-Entwicklung haben. Inspiriert wurden die Foren von den bei EU-Projekten zunehmend geforderten „Stakeholder Fora".

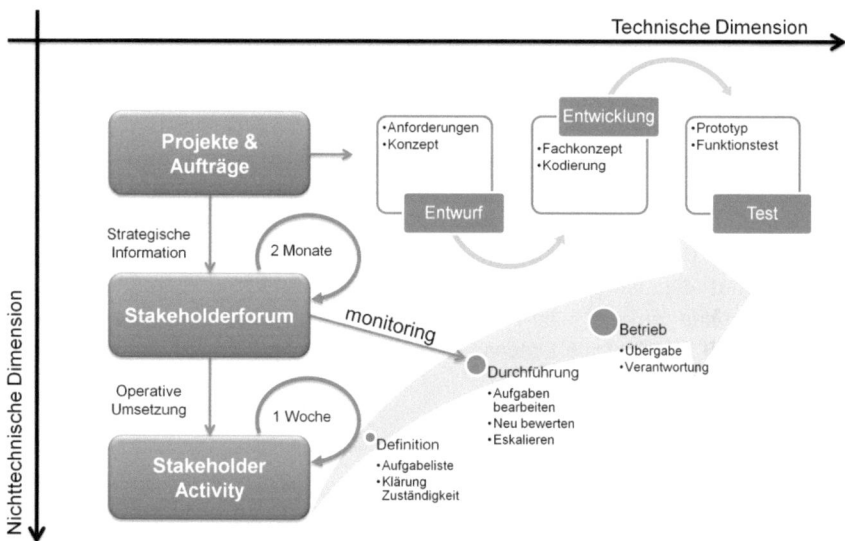

Abb. 2 Kontinuierliche Zyklen der Stakeholder Foren und Begleitung der Entwicklung und Inbetriebnahme neuer Dienste

Abb. 2 zeigt die Organisation und den Ablauf der Foren. Ziel ist es eine effektive Kommunikation zwischen der technischen (IT-getrieben) und der nichttechnischen (Prozess-getrieben) Ebene zu erreichen. Geplante SOA Entwicklungen werden den Stakeholdern frühzeitig über die Foren vorgestellt, so dass diese überprüfen können, inwiefern Module oder Services aus deren Serviceportfolio für das Vorhaben benötigt werden oder Anforderungen als Dienstnehmer erwartet werden. Dadurch wird sichergestellt, dass existierende Servicebausteine frühzeitig identifiziert und *zielführend* wiederverwendet beziehungsweise angepasst werden können und die wiederum notwendigen Anpassungen an das Serviceportfolio geplant werden können. Hierdurch können Ressourcen- und Technologie-orientierte Strukturen nach und nach in eine modulare, Service-orientierte Architektur überführt werden, die als Ausgangspunkt für die Organisationsinnovationen eines modernen IT-Dienstleisters für Forschung, Lehre und Innovation dient.

ASDUR IT-Sicherheit, Datenschutz und Rechtskonformität: Das Integrieren von Systemen und Prozessen sowie das Schaffen von Föderationen führen naturgemäß zu mehr *Möglichkeiten* für Informationsaustausch und Informationsfluss.

Damit Informationen, insbesondere personenbezogene Informationen, in Prozessen nur dann übermittelt und/oder verarbeitet werden, wenn dies erlaubt und gleichzeitig auch beabsichtigt ist, sind die Aspekte IT-Sicherheit, Datenschutz und Rechtskonformität für alle Beteiligten von größter Bedeutung. Bestehen Unklarheiten in Bezug auf einen dieser Aspekte, kann ein Betrieb nicht aufgenommen und eine Entwicklung gegebenenfalls nicht fortgeführt werden.

Somit stellen die Aspekte IT-Sicherheit, Datenschutz und Rechtskonformität für das integrierte Informationsmanagement einen weiteren Bereich dar, der nach geeigneten Kommunikations- und Kooperationsstrukturen verlangt, damit sachkundige und für Nutzer und Betreiber akzeptable Entwurfs- und Betriebsentscheidungen zügig getroffen werden können. Der am KIT hierfür etablierte Arbeitsstab IT-Sicherheit, Datenschutz und IT-Rechtskonformität (ASDUR) bringt die IT-Sicherheitsbeauftragten, das Datenschutzteam, Vertreter der Rechtsabteilungen, Vertreter der IT-Anwender und Vertreter der Personalvertretung (bislang auch des Betriebsrats) unter Leitung des Chief Information Officer zusammen, um auf das Aufgabenspektrum bezogene Lösungen zu erarbeiten. Das Datenschutzteam umfasst neben dem Beauftragten für Datenschutz auch die Mitwirkung durch die Zentrale Datenschutzstelle der baden-württembergischen Universitäten (ZENDAS).

4 Was bleibt? Was kommt?

Der in dem Vorhaben „Karlsruher Integriertes InformationsManagement" verfolgte Ansatz einer dienstorientierten Föderation hat sich, wie in den vorangegangenen Abschnitten ausgeführt, bewährt und insbesondere bei der Integration zum KIT die notwendige Flexibilität nachgewiesen. Die Prozessanalysen und -modelle sowie die dienstorientierte Architektur werden auch in Zukunft das Integrieren zusätzlicher Ressourcen und Dienste sowie das Austauschen von Komponenten erheblich erleichtern. Damit das, was projektmäßig entwickelt wurde, auch bleibt, muss eine Nachhaltigkeit „vom Projekt zum Prozess" erfolgen. Hierzu wurden die oben erwähnten „Stakeholder Foren" entwickelt, die die Koordination derjenigen, die an der Diensterbringung beteiligt sind, unterstützt. Neben dem Erfolg der „durch den Nutzer angenommenen Integration" haben die Wahrnehmung und der Stellenwert eines integrierten Informationsmanagements durch das Vorhaben KIM deutlich gewonnen, was nicht zuletzt durch die Verankerung dieses Themenkomplexes auf Ebene des KIT-Vorstands bestätigt wird.

In den nächsten Jahren wird das integrierte Informationsmanagement auf weitere Geschäftsfelder und -prozesse des KIT ausgeweitet werden, so zum Beispiel auf die Prozesse für Forschung und Innovation sowie auf eine Vielzahl von weiteren Verwaltungsdiensten. Dabei lohnt es sich, immer wieder zu hinterfragen, was hinter dem Begriff „Integration" steckt. „Integrativ" wird oftmals als modern angesehen und modern meint „anders als früher". Bedeutet also Integration in Wirklichkeit alles anders machen als früher – *und dabei irgendwie besser*? In gewissem

Sinne steckt in dieser Aussage tatsächlich viel „Wahres", wenngleich festgehalten werden muss, dass *früher* nicht automatisch schlecht und *modern* nicht automatisch gut impliziert. Eine gängige und einleuchtende Erklärung dafür steckt in einer Bedeutung von SOA als „eine Sammlung von Leitideen, alles einmal prinzipiell aufzuräumen"[5]. Im Verlauf des Integrierten InformationsManagement am KIT lässt sich beobachten, dass die gewünschten Funktionen [2], die im Studierendenportal umgesetzt wurden, durch die Nutzer angenommen wurden.

Im Schulterschluss dazu setzt sich in den Integrationsteams aber auch die Erkenntnis durch, dass „old school" durchaus seine Berechtigung hat, dass moderne Integrationsbemühungen nicht zwangsläufig auf modernen Technologien fußen müssen, um erfolgreich zu sein. Gleichzeitig werden die Früchte des Einsatzes moderner Integrationstechnologien sichtbar in den neuen Möglichkeiten, die sie eröffnen. Die wohl wichtigste Erkenntnis für das Integrierte Informationsmanagement am KIT war das Finden der Verhältnismäßigkeit zwischen modernen Integrationstechnologien und ihrem direkten Nutzen für ein konkretes Integrationsproblem.

Doch auch bei dem ausgewogenen Einsatz moderner Integrationstechnologien bleiben die wesentlichen Herausforderungen von Integration auf der organisatorischen Seite und auf der Seite des damit einhergehenden Wandels bestehen. Zunächst darf die Integration neuer Dienste und Produkte, zumindest nicht ihre Integrierbarkeit, auf dem Altar der Vereinfachung oder Beschleunigung geopfert werden. Integration verlangt gemeinsame Entscheidungen, die in Regelwerken oder „Standards" festgehalten werden. Nicht selten verlangen diese Einigungen eine „soziale Innovation". Immer wieder entstehen Blockaden durch ungeklärte Regelungen. Arbeitsstäbe wie der vorgestellte ASDUR helfen hierbei in besonderem Maße, notwendig sind dennoch an vielen Stellen schnellere Entscheidungsprozesse. Zudem muss die Wirkungssphäre des integrierten Informationsmanagements ausgeweitet werden: auch wenn die Zusammenarbeit über Einrichtungsgrenzen hinweg deutlich verstärkt wurde, sind die Beteiligten bislang in der Regel als „IT-nah" zu bezeichnen. In Zukunft müssen auch weniger IT-nahe Prozesse und deren Verantwortliche einbezogen werden, die Integration mit und auf der Geschäftsebene/Fachebene verstärkt werden. Hierbei ist auch zu berücksichtigen, dass Einrichtungen wie das KIT über mehrere Standorte hinweg integriert arbeiten müssen.

In dem Vorhaben KIM wurden in den vergangenen Jahren zahlreiche wissenschaftliche Fragestellungen, z.B. in Bezug zu Dienstorientierung, Föderationen und Identitätsmanagement, bearbeitet (siehe z.B. [14] [18]). Hierbei erfolgt eine Befruchtung beider Seiten nach dem Motto des KIT Steinbuch Centre for Computing: „IT-Services for Science & Science for IT-Services". Von der Vielzahl offener und fundamentaler Fragestellungen, welche wir in dem Projekt identifizieren konnten, wollen wir zuletzt auf drei ausgewählte Beispiele mit besonders hoher praktischer Relevanz hinweisen.

---

[5] Gunter Dueck in informationweek.de (03/2007)

Informationsvisualisierung: die modellierten und umgesetzten Ereignisbasierten Systeme zeigen eine sehr hohe Komplexität, die bislang nicht geeignet visualisiert werden kann, weder für die Ebene eines Chief Information Officer noch für einen am IT- Betrieb Beteiligten. Im Gegensatz zu physischen Prozessen bleibt die Gestalt der Integration virtueller und „cyber-physischer" Prozesse meist unsichtbar. Abb. 3 zeigt eine Gegenüberstellung sicht- und greifbarer Rohrsysteme einer Chemiefabrik und gleichwürdig komplexer IT-Systemarchitekturen mit den nachgelagerten Prozessen.

Abb. 3 Fassbarkeit makroskopischer gegenüber schwer nachvollziehbarer virtueller Komplexität
(unter Verwendung von Bildmaterial der BASF AG, mit freundlicher Genehmigung)

Quantifizieren des „Return on Investment" (ROI) für Integration: Weitere Fragestellungen adressieren derzeit auch den Umgang mit der Vermessung der Verbesserung durch Integration. Welchen Mehrwert bringen die Integrationsbemühungen am Ende und wie beantwortet man die schwierige Frage nach dem ROI? Erste Ansätze, bezogen auf die zugrunde liegenden Infrastrukturen, werden bereits diskutiert [15]. Die vielfach zitierte Wiederverwendung von Diensten in einer SOA als Maß greift oft zu kurz und führt mit zu den eingangs erwähnten Enttäuschungen. In Zahlen ausgedrückt werden Dienste oft schon als erfolgreich wiederverwendet, wenn sie zwei- oder dreimal verwendet werden, was zum Teil weit hinter den ursprünglichen Erwartungen zurückliegt. Bemüht man einen zweiten Blick, so finden sich die Vorteile durchaus in der Konsolidierung eines zuvor monolithischen Dienstangebots. Es lassen sich Geschäftsprozesse leichter und feingranularer auf einzelne funktionale Bestandteile abbilden. Bringt diese Flexibilität in einer kurzfristigen Betrachtung vielleicht noch nicht den gewünschten ROI, so bilden Dienstorientierte Strukturen durchaus eine Investition in die Zukunft, weniger in der effektiven Wiederverwendung, als in „software for change".

Quantifizieren der Datenschutzaspekte: Innerhalb einer Organisation sind Prozesse der Datenprovisionierung zumeist bereits hochkomplex und manchmal nur mühsam nachvollziehbar. So stellen Begutachtungen der Prozesse durch Datenschutzbeauftragte eine hohe Herausforderung dar. Wird der Betrachtungswinkel zudem auf organisationsübergreifende Netzwerke oder gar das Internet erweitert, ist die Undurchsichtigkeit der Verteilung von Daten zwischen einzelnen Systemen und Unternehmen frappierend. Diese Proliferation von personenbezogenen Daten wird jedoch nicht nur durch die Verteilungsprozesse zwischen verschiedenen Organisationen angetrieben. Auch die Dienstnutzer tragen durch die zum Teil arglose Angabe persönlicher Daten einen großen Teil zur Ausbreitung dieser bei. Unsere Forschungsbemühungen versuchen, mit Hilfe Agenten-basierter Simulationen Datenflüsse zwischen Nutzern, Netzdiensten oder auch illegal operierenden Unternehmen zu visualisieren und Metriken zur Quantifizierung dieser Proliferation zu finden. Ziel ist es, Nutzer für die Auswirkungen von Angaben ihrer Daten zu sensibilisieren und technische Maßnahmen zur Eindämmung der Verteilung zu bewerten.

Danksagung

Wir danken allen an KIM beteiligten Mitarbeiter und Professoren sowie den an Umsetzungen und Betrieb beteiligten Mitarbeitern des SCC, der Verwaltung und der Fakultäten. Wir danken Herrn Axel Maurer für das erfolgreiche Projektmanagement und Herrn Prorektor Prof. Henze in seiner Funktion als Chief Information Officer und Auftraggeber für seinen unermüdlichen Einsatz in Sachen integriertes Informationsmanagement. Ein besonderer Dank gilt dem KIM Beirat für die konstruktive Begleitung.

Literatur

[1] J. Akella, K. Kanakamedala, R.P. Roberts, What's on CIO Agendas in 2007: A McKinsey Survey. 2006, McKinsey & Company. p. 2
[2] F. Allerding, et al. Integriertes Service-Portal zur Studienassistenz. in INFORMATIK 2008, 38. Jahrestagung der Gesellschaft für Informatik, 8.-13. September 2008, München, Deutschland
[3] M. Bandemer, M. Kuppinger, Trend Report: IAM und SOA 2008. 2008, Ernst & Young AG. p. 27
[4] Butler Group, SOA Platforms – Software Infrastructure Requirements for Successful SOA Deployments. 2007, Butler Group: Hull, England
[5] E.T. Curtis, S. Eustis, Worldwide Services Oriented Architecture (SOA) Infrastructure Market Shares Strategies, and Forecasts, 2009 to 2015. 2009, WinterGreen Research Inc.: Lexington, MA, USA. p. 954
[6] I. Finley, B. Kraus, The SOA Market To Hit $51.9B in 2012. 2008, AMR Research Inc: Boston, MA, USA. p. 9

[7] P. Freudenstein, et al. Architektur für ein universitätsweit integriertes Informations- und Dienstmanagement. in INFORMATIK 2006 – Informatik für Menschen, Band 1, Beiträge der 36. Jahrestagung der Gesellschaft für Informatik e.V. (GI). 2006. Dresden, Germany: GI
[8] R. Heffner, C. Schwaber, J. Browne, T. Sheedy, G. Leganza, J. Stone, Planned SOA Usage Grows Faster Than Actual SOA Usage. 2007, Forrester Research Inc.: Cambridge, MA, USA. p. 19
[9] T. Höllrigl, S. Labitzke, F. Schell, J. Dinger, A. Maurer, H. Hartenstein, Identitätsmanagement am KIT – Kurzbeschreibung. 2009, Steinbuch Centre for Computing (SCC): Karlsruhe. SCC-TB-2009-2
[10] T. Höllrigl, S. Labitzke, F. Schell, J. Dinger, A. Maurer, H. Hartenstein, KIM-Identitätsmanagement: Projektdokumentation. 2009, Steinbuch Centre for Computing (SCC): Karlsruhe. SCC-TB-2009-1
[11] W. Juling, H. Hartenstein, A. Maurer, Integriertes Informationsmanagement und zugehörige Dienstestruktur, in eUniversity – Update Bologna, R. Keil, M. Kerres, R. Schulmeister (Hrsg.), Editor. 2007, Waxmann Verlag: Münster. p. 161-172
[12] W. Juling, Zukunftspläne – Integrierte Infrastruktur einer eUniversity. in Forschung & Lehre. 2003, Dt. Hochschulverband: Bonn. p. 301-303
[13] F. Majer, J. Meinecke, P. Freudenstein. Die Landkarte – Rahmenwerk zur Unterstützung von Evolution und Betrieb serviceorientierter Architekturen. in Workshop Integriertes Informationsmanagement an Hochschulen. 2007. Karlsruhe, Germany: Universitätsverlag Karlsruhe
[14] F. Majer, M. Nussbaumer, P. Freudenstein. Operational Challenges and Solutions for Mashups – An Experience Report. in 2nd Workshop on Mashups, Enterprise Mashups and Lightweight Composition on the Web (MEM 2009), held in conjunction with 18th International World Wide Web Conference (WWW 2009). 2009. Madrid, Spain
[15] M. McShea, Return on Infrastructure, the New ROI. IT Professional, 2009. 11(4): p. 12-16.
[16] M. Nussbaumer, A. Lorenz, Stakeholder-Foren – effektives Koordinationsinstrument am SCC. SCC News, 2009. 2009(02): p. 24-26
[17] M. Nussbaumer, P. Freudenstein, M. Gaedke. Stakeholder Collaboration – From Conversation To Contribution. in 6. International Conference on Web Engineering (ICWE). 2006. SLAC, Menlo Park, California: ACM
[18] F. Schell, J. Dinger, H. Hartenstein. Performance Evaluation of Identity and Access Management Systems in Federated Environments in 4th International ICST Conference on Scalable Information Systems (INFOSCALE 2009). 2009. Hong Kong, China
[19] F. Schell, T. Höllrigl, H. Hartenstein, Federated Identity Management as a Basis for Integrated Information Management. it – Information Technology, 2009. 51(1): p. 14-23
[20] M.J. Turner, Survey Finds IT Management Upgrades Required for SOA Runtime Success. 2006, Ovum Ltd. p. 19

Integriertes Informationsmanagement an der Westfälischen Wilhelms-Universität Münster – Das Projekt MIRO

Raimund Vogl, Antje Gildhorn, Jörg Lorenz, Michael Wibberg

Zusammenfassung An der Westfälischen Wilhelms-Universität Münster (WWU) wurde bereits 1996 ein tragfähiges, kooperativ ausgerichtetes System der IT-Governance im Zusammenspiel zentraler und dezentraler IT-Leistungserbringer etabliert. Um den Anforderungen an ein integriertes Informationsmanagement im Überlappungsfeld von Information, Kommunikation und Medien (IKM) durch das Zusammenspiel der zentralen Einrichtungen Universitätsverwaltung (UniV), Universitäts- und Landesbibliothek (ULB) und Zentrum für Informationsverarbeitung (ZIV) gerecht zu werden, wurde 2003 der IKM-Service institutionalisiert. In diesem Rahmen wurde das Projekt Münster Information System for Research and Organization (MIRO) entwickelt, das als Leistungszentrum für Forschungsinformation von der DFG gefördert wird. Die bisherigen Projekterfahrungen, erreichten Ziele und verbleibenden Aufgaben werden dargestellt. Im Projektverlauf haben sich insbesondere die etablierten IT-Governance und Versorgungs-Strukturen sowie die Unterstützung der Hochschulleitung als essentielle Erfolgskriterien erwiesen.

1 Ausgangslage und Gründe für die Neuausrichtung

Effektive wie effiziente Versorgung mit und Verwaltung von Informationen gehören heute zu den wesentlichen Grundvoraussetzungen an den Hochschulen. Die Erfahrungen mit der Informationsversorgung in den letzten Jahren haben gezeigt: Eine dem Wissen dienliche Information setzt nicht nur ihr Vorhandensein, sondern auch ihre unmittelbare Präsenz bei den Nutzenden voraus. Für den Erfolg in Wissenschaft und Bildung spielt die schnelle und einfache Verfügbarkeit von Informationen eine ebenso wichtige Rolle wie ihre sach- und fachgerechte Verwertbarkeit. Organisationsstrukturen müssen ebenfalls dementsprechend angepasst und optimiert werden.

Die Westfälische Wilhelms-Universität Münster (WWU) zählt zum Kreis der großen und traditionsreichen Universitäten Deutschlands. Sie ist eine Volluniversität, die über einen Radius von drei Kilometern in der Stadt verteilt ist und mit mehr als 38.000 Studierenden (Wintersemester 2007/08), 15 Fachbereichen in 7 Fakultäten und über 100 Studienfächern zu den größten Hochschulen des Landes zählt. Hier arbeiten ca. 5.000 Personen, davon etwa ca. 600 Professoren und 2.700 wissenschaftliche Mitarbeiter. Es existieren zahlreiche Felder der Zusammenarbeit mit dem Universitätsklinikum (mit weiteren 7.000 Mitarbeitern) sowie der Fachhochschule Münster. Der Jahresetat der Universität beläuft sich derzeit auf 240 Mio. €. Zusätzlich werden mehr als 81 Mio. € über Drittmittel eingeworben. Die Optimierung der Prozesse in Forschung, Lehre, Wissenstransfer und vor allem in der Verwaltung und Steuerung sind wesentliche Handlungsfelder einer modernen Hochschule und damit auch bedeutende Themen für die WWU. Den Verantwortungsträgern war schon länger bewusst, dass die Qualität und Verlässlichkeit der angebotenen informationsbezogenen Dienste deutliches Verbesserungspotenzial hat, und dass damit eine breitere Akzeptanz und Nutzung in der Universität zu erreichen ist. Die vorhandenen Informationen sollten in bedarfsgerechter Breite bereitgestellt werden und vor allem schnell und zielgerichtet verfügbar sein. Die enorme Fülle verfügbaren Wissens führte zu Unübersichtlichkeit und unnötigem Zeitaufwand bei Studierenden und Mitarbeitern. Eine Neustrukturierung der Information und ihrer Übertragungswege musste in Angriff genommen werden. Es wurde deutlich, dass nur ein integrierter Zugang zu Informationen die Entscheidungsprozesse beschleunigt und zu transparenten und fundierten Lösungen beitragen kann.

So war beispielsweise die seit langem etablierte, eigenentwickelte Nutzerverwaltung des Zentrums für Informationsverarbeitung (ZIV) der WWU effektiv nicht mehr an die eingangs genannten Prinzipien zur Informationsverteilung anpassbar. Eindeutige und verlässliche Personendaten als Identifikations-Merkmale für die Informationsbereitstellung, die zentral über die Universitätsverwaltung zur Verfügung gestellt und nicht erst bei Bedarf an mehreren Stellen getrennt erfasst und gepflegt werden, sind unerlässlich. Die Informationen zur organisatorischen Strukturen der Universität (Rektorat, Fachbereiche, Institute/Lehrstühle und Arbeitsgruppen, Gremien und Funktionen), die Zugehörigkeit von Personen zu Gruppen sowie ihre Rollen müssen auch elektronisch und zentral verfügbar und pflegbar sein. Ein wichtiger Gesichtspunkt war dabei auch die Sicherheit der Informationsverarbeitung. Neben Maßnahmen zur Netzsicherheit und der Verlässlichkeit von Anwendungen muss die vertrauliche und personenbezogene Datensicherheit auch durch ein mittels Identitätsmanagement gewährleistbares automatisches Sperren der Nutzerkennungen ausgetretener Mitarbeiter unterstützt werden. Da es in einer großen Einrichtung wie der WWU unvermeidbar ist, dass ein breites Spektrum an heterogenen IT-Systemen betrieben werden muss – durch die zentralen Einrichtungen aber auch einige Fachbereiche – stellt sich das Problem der Vereinheitlichung der Zugriffssteuerung und der effizienzsteigernden Integration dieser Komponenten.

Die WWU hatte sich daher das Ziel gesetzt, ihre Leistungsfähigkeit in grundlegenden Parametern kontinuierlich und flächendeckend zu verbessern, um Forschung, Lehre und Wissenstransfer zukunftsfähig zu gestalten. Mit der Förderung des MIRO-Projekts (Münster Information System for Research and Organisation

[11, 12]) durch die Deutsche Forschungsgemeinschaft (DFG) bis 2010 wird der WWU in besonderer Weise ermöglicht, ihre hohen Qualitätsziele zu verfolgen. Alle Aktionen im MIRO-Projekt zielen direkt oder indirekt auf die Flexibilisierung der Informationsinfrastruktur und die Modularisierung von Serviceprozessen ab. Dadurch wird eine moderne und adaptierbare Infrastruktur geschaffen, die Informationen und Prozesse leistungsfähig und schnell integrieren und auf Veränderungen im Hochschulsektor rasch reagieren kann.

Wesentliche Ziele für die Hochschule bestehen dabei in:

- einem Zeitgewinn beim Informationszugang,
- Synergieeffekten bei der Informationsverteilung,
- der Schaffung einfacher und transparenter Verwaltungsabläufe,
- der Vermeidung von Doppelarbeiten oder der Doppeldatenhaltung,
- der organisationsübergreifende Datennutzung,
- der eindeutigen Datenzuordnung und -zuständigkeit,
- der Verminderung von administrativer Aufwänden in Forschung, Lehre, Verwaltung und Studium,
- der Schaffung einer adaptierbaren Infrastruktur, um flexibel auf Veränderungen reagieren zu können.

2 Vorgehensweise und Problembewältigung

Die Universität Münster entwickelt nunmehr ein Bereitstellungs-, Zugangs- und Verteilsystem für Inhalte, das sowohl relevante wissenschaftliche Informationen als auch notwendige Organisationsinformationen umfasst. Die Konzeption des Vorhabens umfasste dabei folgende Zielvorstellungen: Der Fundus beider Informationsarten soll – soweit das möglich und sinnvoll ist – in einem einheitlich strukturierten Bereitstellungs- und Archivierungssystem zusammengeführt werden [2, 3]. Dabei werden die unterschiedlichen Bedarfe der beiden Nutzergruppen (Studierende und Mitarbeiter) und eine aufgaben- und personenbezogene Verteilung der Informationen über ein Identitätsmanagement mit einem verknüpften Single Sign-on-Mechanismus (SSO) berücksichtigt [6]. Die übergreifenden Recherchemöglichkeiten werden durch ein Portalsystem angeboten, das eng mit dem Identitätsmanagement verknüpft ist und die einheitliche Oberfläche zur Orientierung und Navigation bereitstellt. In einem ersten Schritt wird dies vor allem für die Studierenden umgesetzt werden.

Interne und externe Informationsressourcen werden im Sinne einer umfassenden Versorgung in einem Suchraum und mittels Suchmaschinentechnologie adäquat organisiert. Informationsdienste und technische Systeme sind dabei geplant, eingerichtet und werden betrieben, um in einer ganzheitlichen und anpassungsfähigen Informationsinfrastruktur den bestmöglichen Einsatz der Ressource Information zu gewährleisten [13]. Auf technischer Ebene wird dabei die bedarfsorientierte Realisierung von Dienstleistungen und Produkten mit einer flexiblen Serviceorientierten Architektur (SOA) unterstützt. Die SOA bildet so die Grundlage für eine einfache Kombinierbarkeit vorhandener Informationsressourcen und die unkomplizierte Einbindung neuer Informationsquellen und Systeme. Mit dem Einsatz standardisierter Schnittstellen und Metadaten wird die Interoperabilität heterogener Anwendungssysteme sichergestellt. Vorhandene Systeme werden so angepasst, dass sie integriert werden können. Bei der Umsetzung dieser Ziele wird den Prinzipien Nutzer- und Qualitätsorientierung, konsequente Ausrichtung an Standards und Verwirklichung der Serviceorientierten Architektur gefolgt.

Vor allem die organisatorischen Strukturen der Informationsverarbeitung an der WWU sind seit einigen Jahren für eine reibungslose Umsetzung der genannten Ziele weiterentwickelt worden. Dies bildete die Grundlagen für die fortschreitende Vereinheitlichung und Nutzerorientierung der Informationsverarbeitung und -versorgung. Darüber hinaus ist seit 2003 im IKM-Service die Integration des Zentrums für Informationsverarbeitung (ZIV), der Universitäts- und Landesbibliothek (ULB) und der Universitätsverwaltung (UniV) in den Überlappungsfeldern von Information, Kommunikation und Medien gelungen. Der IKM-Service ist von den universitären Gremien und dem Rektorat dauerhaft eingerichtet. Die ULB übernimmt als Einrichtung zur Informationsversorgung im IKM-Service mit Vorrang die inhaltliche Bereitstellung und Verwaltung von Medienangeboten und Informationsobjekten und die dazu notwendige konzeptionelle und gestalterische Beratung. Sie stellt eine integrierende Zugriffsplattform zu Informationsdiensten, Medien und Dienstleistungen bereit und sorgt für den Metadatenservice für die Neuen Medien. Das ZIV ist verantwortlich für die infrastrukturelle und informationsverarbeitende Unterstützung zur Bereitstellung der Medienangebote. Es berät dabei, bietet die notwendigen Plattformen für die digitale Information und die multimediale Kommunikation und stellt geeignete Werkzeuge und Managementsysteme zur Verfügung. Die UniV unterstützt die Administration der neuen Dienste und stellt die notwendigen Daten und Verfahren für die vielfältigen Einsatzfelder zuverlässig zur Verfügung. Sie unterstützt u.a. den Aufbau von Verzeichnisdiensten durch die Bereitstellung der Daten und stellt insbesondere die Campus-Management, Abrechnungs- und Verwaltungssysteme bereit.

Bereits im Jahr 1996 wurden an der WWU Münster die organisatorischen Rahmenbedingungen für das System der Informationsverarbeitung (IV) festgelegt und somit die IT-Governance Strukturen begründet, auf denen auch die aktuellen Entwicklungen zum integrierten Informationsmanagement mit MIRO fußen [1, 4]. Dieses Modell wurde bundesweit diskutiert und war einflussreich für entsprechende Strukturbildungen an anderen Universitäten [10]. Die bis dahin unkoordinierte, aufwändige und nicht optimal effektive Betreuung der IV in Instituten und Fachbereichen sowie in den zentralen Bereichen wurde neu organisiert. Dazu wurden zehn IV-Versorgungseinheiten (IVVen) für 15 Fachbereiche, UniV und ULB gebildet, die in enger Kooperation mit dem ZIV mit Vorrang fachspezifische und regelmäßig anfallende Aufgaben zur Betreuung der Nutzer wahrnehmen und vor Ort die Arbeitsplatzsysteme und Server betreuen. Mit den IV-Versorgungseinheiten konnte der Personalaufwand zur IV-Betreuung in den Fachbereichen deutlich reduziert werden. Das damalige Universitätsrechenzentrum wurde ein Dienstleistungs- und Kompetenz-Zentrum für alle Belange der IV-Infrastruktur. Es ist nun Zentrum eines ansonsten verteilten kooperativen Versorgungssystems. Die Kommunikationssysteme, welche die Infrastruktur und die personellen Dienstleistungen zur Sprach-, Bild-, Ton- und Datenübertragung umfassen, sind vollständig dem ZIV unterstellt. Rechner- und Betriebssysteme sowie Anwendungssysteme mit zentralem Charakter, welche die Ressourcen sowie die damit verbundenen Versorgungskonzepte, Verfahren und Betriebskonzepte bzw. die Unterstützung einzelner Nutzer und Nutzergruppen umfassen, werden vom ZIV vorgehalten. Server mit fachspezifischen Aufgaben werden von den IVVen betrieben. Die IV-Kommission des Senats gibt Empfehlungen für Aufgaben, Aufbau, Verwaltung und Nutzung des IV-Gesamtsystems der Universität.

3 Aufwand – Projektmittel und Eigenmittel und Personal

Die Deutsche Forschungsgemeinschaft fördert das initiierende MIRO-Projekt mit insgesamt acht wissenschaftlichen Mitarbeiterstellen über einen Zeitraum von fünf Jahren. Noch einmal das ebenbürtige Personalvolumen steuert die Westfälische Wilhelms-Universität aus dem eigenen Personalpool bei. Hier sind vor allem qualifizierte Mitarbeiter aus den drei beteiligten Institutionen des IKM vertreten, die für eine effiziente und nachhaltige Umsetzung der Vorhaben auch über den Projektrahmen hinaus sorgen. Darüber hinaus hat das Rektorat der Universität dem IKM-Service beträchtliche Finanzmittel zur Verfügung gestellt, um vor allem notwendige Sachausgaben tätigen zu können.

4 Erreichtes

Flexible IT-Architektur – SOA / SOI
Ein Mittel, um mehr Flexibilität in der Gestaltung von IT-Prozessen zu erreichen, ist eine einheitliche Architektur innerhalb der IT-Komponenten. Damit lassen sich Systemfunktionalitäten auch über Anwendungsgrenzen hinweg verwenden. Ein Ansatz zur Erreichung dieses Zieles ist die Serviceorientierte Architektur (SOA). Das MIRO-Projekt hat sich zum Ziel gesetzt, die Infrastruktur für eine Serviceorientierte Architektur zu schaffen, um es allen Akteuren auf der IT-Ebene der Universität zu ermöglichen, Dienstleistungen (Services) anzubieten und zu entwickeln, die im gesamten Netz der Universität (ggf. auch darüber hinaus) verfügbar sind [5, 7, 8, 9. 14]. Ein essentielles Ziel der Einführung einer SOA liegt in der Flexibilisierung, der Kostenreduktion und der Erhöhung der Wiederverwendbarkeit von IT-Prozessen. Dafür muss aber nicht nur die Infrastruktur erweitert oder umgebaut, sondern vielmehr ein Prozessdenken in den einzelnen Fachabteilungen

eingeführt werden. SOA ist daher weniger eine technische, als vielmehr eine organisatorische Herausforderung. Es gilt hier, (IT-gestützte) Prozesse zu identifizieren, zu definieren und in Teilprozessschritte aufzubrechen. Damit ist es auch möglich, identische Teilprozesse zu finden und durch Wiederverwendung einer identischen Komponente zu realisieren. So befasst sich MIRO aktuell in erster Linie mit der Schaffung einer Infrastruktur für die Nutzung und Verwaltung von (Web-) Services, indem die notwendigen SOA-Komponenten zur Verfügung gestellt werden. Die Infrastruktur ist aber nicht nur auf die Verwendung von Webservices ausgerichtet, es werden generell jede Art von Web-Procedure-Calls (HTTP-Aufrufe, REST-Services etc.) unterstützt. Diese Art von Service findet aktuell vor allem im Bereich des Web 2.0 Verwendung und wird bereits im MIRO-Projekt für die Websuche-Oberfläche und die Anfrage an die Suchmaschinentechnologie benutzt. Weitere Schritte der Prozessgestaltung auf organisatorischer Ebene werden sich anschließen.

Die Basis der Informationsinfrastruktur bilden die im Zuge einer ausführlichen Evaluation gewählten Softwareprodukte. Nach einer sorgfältigen Untersuchung wurde als Herzstück der Architektur der Applikationsserver von JBoss als bestes Produkt für die MIRO-Komponenten erachtet. Dieser stellt eine ausgewogene Mischung aus Stabilität, Erweiterbarkeit und Funktionsumfang dar. Instanzen des JBoss-Application-Servers (JBoss-AS) dienen in geclusterter Form als Unterbau für Systeme wie das Studierendenassistenz-Portal und weitere (Java-basierte) Anwendungen. Die Nutzung des Open-Source-Produkts JBoss-Portal-Server als Basis für das geplante Studierendenassistenz-Portal garantiert – da vom gleichen Hersteller – einen reibungslosen Betrieb auf dem JBoss-AS.

Die Hardware zum Betrieb der Infrastruktur wird im ZIV betrieben. Hier erfolgte eine deutliche Flexibilisierung der Infrastruktur in Richtung Serviceorientierung durch die Server- und Storage-Virtualisierung (Bladecenter, VMWare ESX, SAN[1], SAN Volume Controller SVC). Diese virtualisierte Infrastruktur ermöglicht die flexible und kurzfristige Provisionierung von Komponenten der Serviceorientierten Architektur. Auf diese Weise können sehr schnell zusätzliche Server hinzu geschaltet werden. Die Bereitstellung dieser Basistechnologien ergänzt die Ansätze zur Serviceorientierten Architektur um die Grundelemente einer Serviceorientierten Infrastruktur (SOI).

Identitätsmanagement
Die Entwicklung und Inbetriebnahme des Identitätsmanagements ist an der WWU bereits weit fortgeschritten. Von den ursprünglich vorgesehenen IBM/Tivoli Produkten werden jedoch nur noch Directory Server und Integrator verwendet – die Einführung des Tivoli Identity Manager (TIM) wurde wegen anhaltender Probleme schließlich aufgegeben. Stattdessen wird die im Zuge von MIRO entwickelte Java-basierte „Münsteraner Organisations-Rollen-Identitäten Zentrale" (MORIZ) als Kern des Identitätsmanagements eingesetzt und ergänzt die seit 1992 vorhandene proprietäre Benutzerverwaltung (WWUBEN). Alternativprodukte zu TIM

---

[1] SAN = Storage Area Network (Speichernetzwerk)

für die Benutzerdaten-Provisionierung werden gegenwärtig noch evaluiert. Durch einen Umstieg auf den direkten Zugang zu den Quellsystemen mit Daten der Mitarbeiter und Studierenden (HIS-SOS, HIS-SVA, HR-Klinikum) sowie der Erweiterung von Schnittstellen wurden kürzere Reaktionszeiten und geringere Fehleranfälligkeit erreicht (siehe Abb. 1 Systemarchitektur). Zu den wesentlichen Neuerungen zählen dabei:

- Die Organisationsstruktur und Studiengänge werden regelmäßig ans zentrale Identitätsmanagement geliefert.
- Die bereits existierende Funktion zur Erstellung eindeutiger Kennungen (Kennungsgenerator) wurde erweitert, so dass die Person und der zugehörige Nutzer unmittelbar ins Identitätsmanagement eingetragen werden. Dabei wird geprüft, ob es die Person bereits gibt (Dublette). Geliefert wird die bereits vorhandene Kennung oder eine neue Kennung wird erstellt.
- Auf die Datenbanken der HR-Quellen (HIS-Systeme) wird direkt zugegriffen. Dies verbessert die Komplettfeeds und ermöglicht das direkte Zurückschreiben der Kennung sowohl durch die Feeds als auch durch die Selfservice-Bedieneroberfläche (etwa nach der Zusammenführung oder Übertragung von Kennungen).
- Einzelfeeds: Der UniV wurde eine Schnittstelle zum Kennungsgenerator zur Verfügung gestellt, die bei Neueintragungen in die HIS-Datenbanken automatisch aufgerufen wird (Datenbanktrigger). Somit entfällt die bis dato separate und fehleranfällige Generierung von Kennungen in den jeweiligen HIS-Anwendungen. Gleichzeitig bedeutet dieses Verfahren, dass die Prozesse in der Universitätsverwaltung nicht verändert zu werden brauchen. Komplettfeeds sind zur Synchronisation der Daten weiterhin erforderlich, werden jedoch seltener beansprucht.

Die automatische Erkennung und Zusammenführung von Dubletten, bzw. die Vermeidung von Dubletten beim Eintragen von Personen (Mapping) ist problematisch und wurde in der Universität breit diskutiert. Es wurde verbindlich festgelegt, ein automatisches Mapping nur dann durchzuführen, wenn spezifische Daten identisch sind. In allen anderen Fällen erlaubt es ein Webinterface für Administration und Selfcare einer Person, ihre Kennungen nachträglich automatisiert zusammenzuführen.

Die SAML[2]-basierte Versorgung von Web-Diensten mit Authentifizierungs- und Authorisierungsfunktionen via Shibboleth hat in der Universität mittlerweile eine große Verbreitung gefunden. Allerdings hat sich gezeigt, dass einige Dienste auch Informationen benötigen, die nicht im Identitätsmanagement, jedoch in anderen Datenquellen vorhanden sind. Der Shibboleth Identity Provider wurde daher erweitert, so dass diese Informationen dynamisch und bedarfsabhängig aus der jeweiligen Datenquelle erfragt werden kann. Bisher handelt es sich um Datenquellen in der Universitätsverwaltung, doch ist das Verfahren auf beliebige Einrich-

---

[2] SAML = Security Assertion Markup Language

tungen an der WWU ausdehnbar. Der formale Rahmen zur Beantragung und Zustimmung dieser Datenflüsse wurde ebenfalls verbindlich festgeschrieben.

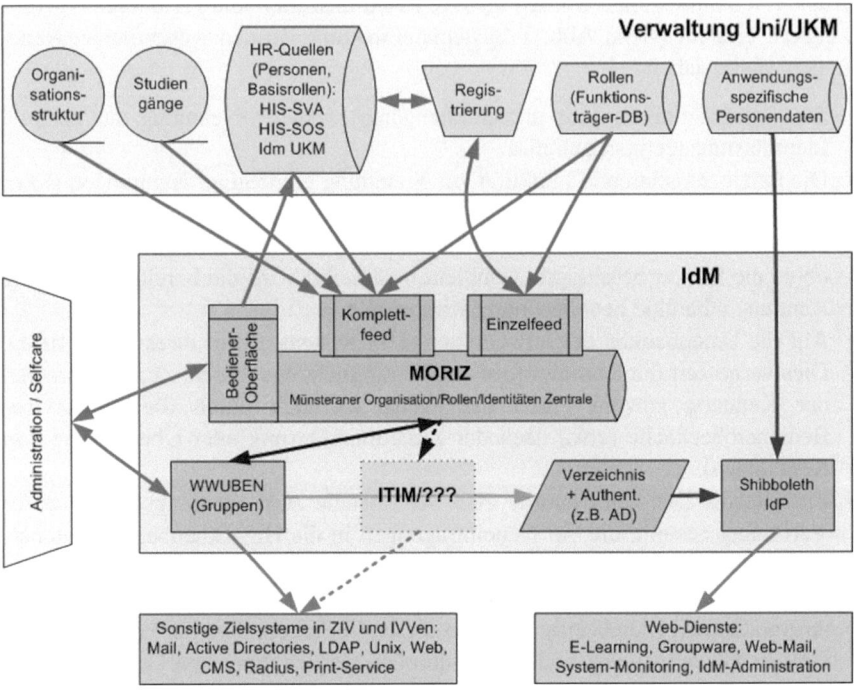

Abb. 1 Systemarchitektur Identitätsmanagement

Die im ursprünglichen Konzept vorgesehenen komplexen Beziehungen zwischen Personen, Nutzern und Rollen wird nun in MORIZ abgebildet. Es zeigte sich, dass der Aufbau und die Veränderung dieser Abhängigkeiten im TIM kaum in konsistenter Weise zu erreichen waren. Für eine gelungene Umsetzung fehlte ein dediziertes Transaktionskonzept. Dem TIM musste daher eine *Vorverarbeitungsstufe* vorangestellt werden. Die Vorverarbeitungsschicht ist eine komplexe Eigenentwicklung, die auf Java-EE basiert und über den JBoss-Application-Server bereitgestellt wird. Die Daten werden in einer Oracle-Datenbank vorgehalten. Das komplexe Datenbankschema erlaubt die Abbildung von komplexen Beziehungen der Form: *Person hat Rolle in einer Einrichtung*. Die für die Erstellung dieser Beziehungen benötigten Organisationsinformationen der WWU sind erfasst worden. Alle Organisationseinheiten und Studiengänge werden in einer hierarchischen Struktur abgebildet. Gleichzeitig wird hier die Nutzerkennung zugeordnet sowie die aus dieser Rolle resultierenden Rechte zugeteilt. Ferner enthält dieses Datenmodell Basisinformationen für die Verwaltung des Lebenszyklus von Identitäten (Identity-Lifecycle-Management). Das Grundgerüst für die Nutzerverwaltung und Berechtigungsstruktur bilden in diesem Rahmen die derzeit existierenden ca.

57.000 Benutzerkennungen, 1.800 Benutzergruppen und bisher identifizierten 16 Rollen.

Digitales Publizieren und Enterprise Content Management (ECM)
In Zusammenhang mit den Bestrebungen des MIRO-Projekts zur Implementierung einer flexiblen Architektur und Informationsinfrastruktur ist es Ziel, das Angebot zum Digitalen Publizieren neu zu strukturieren und zukunftsfähig auszubauen. Ein neues Repositoriums- und Archivierungskonzept im Sinne eines Enterprise-Content-Management-Systems (ECM) erfüllt nicht nur die vielfältigen Anforderungen im Bereich des Digitalen Publizierens, sondern bietet auch eine einheitliche Basis für die Archivierung digitaler Informationen aus allen Universitätsbereichen und deren Verknüpfung mit nutzerorientierten Dienstleistungen. Der ECM-Gedanke steht dabei für alle Technologien zur Erfassung, Verwaltung, Speicherung, Bewahrung und Bereitstellung von Content und Dokumenten zur Unterstützung von organisatorischen Prozessen.

Für den Aufbau einer flexiblen Publikationsinfrastruktur wurde anhand eines Kriterienkataloges das Open-Source Enterprise-Content-Management-System (ECM) Alfresco ausgewählt. Alfresco bietet als ECM weitreichende Funktionalitäten zur Erfassung, Verwaltung, Speicherung, Bewahrung und Bereitstellung von Content und Dokumenten und unterstützt somit grundsätzlich sämtliche organisatorische Prozesse in einer Institution. Darüber hinaus existieren Out-of-the-box-Komponenten zum Dokumentenmanagement (optimale Unterstützung des gesamten Document-Lifecycle-Publikationsprozess), zur Kollaboration (Foren, vorkonfigurierte Workspaces und Dashboards), Records-Management (Erstellung digitaler Aktenpläne und Audit-Logging zum Nachweis von Zugriffen und Änderungen), Web-Content-Management und Workflow-Management. Die verschiedenen Komponenten können im Sinne einer SOA als Dienste aufgefasst werden. Die Integrierbarkeit wird durch eine Vielzahl von Schnittstellen gewährleistet (Java-Content-Repository, JSR 170, PHP, Webservices auf Basis von SOAP und REST, Alfresco-API, JavaScript-API).

Mit Alfresco wird ein ECM-System für die gesamte Universität aufgebaut, das als einheitliches Repository für alle Typen von Informationen dienen kann (ephemere Dokumente aus Lern-Management-Systemen, archivierungswürdige Inhalte wie Dissertationen etc.). Der Aufbau einer hochverfügbaren und skalierbaren Infrastruktur ist auf Basis der MIRO-Architektur erfolgt. Die Metadaten werden im Oracle-Hochverfügbarkeitscluster und die Dokumente im SAN der Universität gespeichert. Beides wird zurzeit aufgebaut. Damit sind alle Daten in die Backup-Struktur der Universität eingebunden. Die Suchanwendung wird mit der MIRO-Suchmaschine realisiert. Exemplarisch ist in Abb. 2 die Systemarchitektur mit dem Schwerpunkt des Einstellungsprozesses von Dokumenten dargestellt.

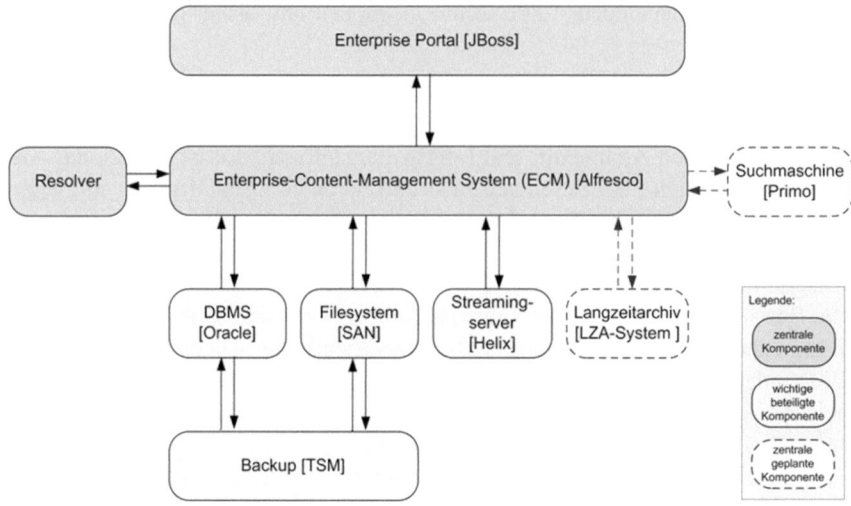

Abb. 2 Systemarchitektur Alfreso

Als jüngste Entwicklung sei hier erwähnt, dass nunmehr eine Infrastruktur für hybrides Publizieren an der WWU initiiert werden konnte. Zusätzlich zur Möglichkeit einer digitalen Textversion können Autoren der Universität in der neu etablierten Schriftenreihe „Wissenschaftliche Schriften der WWU-Münster", die von der ULB herausgegeben wird, auch in Buchform veröffentlichen. Durch diese hybride Publikationsform lässt sich die Sichtbarkeit, die Verbreitung und die Rezeption der an der WWU erstellten wissenschaftlichen Arbeiten fördern.

Portalinfrastruktur
Auf Grundlage des JBoss-Application-Server und des JBoss-Portal wurde eine für den Produktivbetrieb ausgelegte hochverfügbare und skalierbare geclusterte Testumgebung aufgebaut (s. Abb. 3), um im Testbetrieb für die spätere Produktion erforderliche und hilfreiche Erfahrungen zu sammeln. Wesentliche Bestandteile der Arbeiten waren die Erarbeitung technischer Proof-of-Concepts zur Validierung zentraler Anforderungen, beispielsweise inwieweit Rechte- und Rolleninformationen aus Shibboleth SAML Tickets im Portal auf Portlet-, oder generell auf Webapplication- und EJB-Ebene[3] nutzbar sind. Dem Multi-Tier-Architekturansatz folgend, beruht die Datenhaltung auf einem ausfallsicheren Oracle-Datenbankcluster[4] und auf einem leistungsfähigen Enterprise-Storage-System. Beide Datenhaltungskomponenten werden vom ZIV betrieben und befinden sich zurzeit in Vorbereitung bzw. im Testbetrieb. Als Loadbalancer wird im Augenblick ein Apache-Webserver mit mod_proxy_lb Modul verwendet. In der späteren Produktion werden die Loadbalancer Funktionen der bestehenden Webserverfarm

---

[3] EJB = Enterprise Java Beans
[4] Durch die Verfügbarkeit der Oracle-Landeslizenz für NRW realisierbar.

am ZIV verwendet, um auch auf diesem Level die nötige Ausfallsicherheit zu gewährleisten.

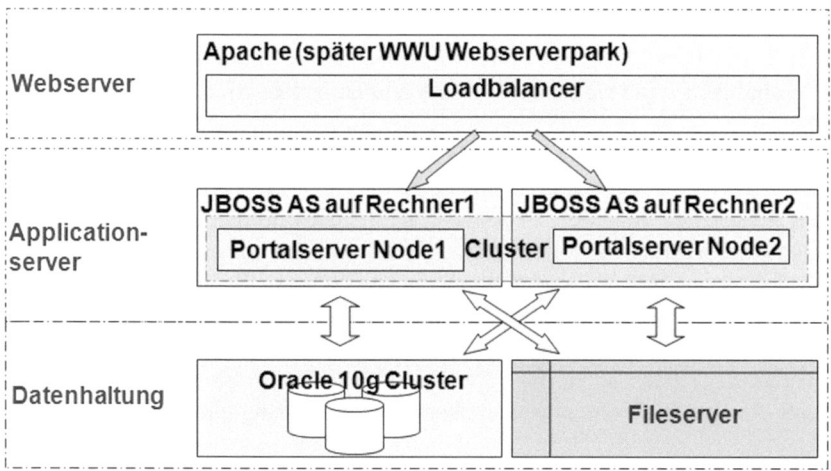

Abb. 3 Übersicht der Portalinfrastruktur

Auf Anwendungsebene werden neben klassischen Java-Webanwendungen auch EJB 3.0 Anwendungen und Java-Dienste, wie der Java-Messaging-Service (JMS) zum asynchronen Austausch von Daten, erfolgreich im Cluster betrieben. Weiterhin sind die Java-EE-Anwendungen in die Shibboleth basierte Single Sign-on Umgebung integriert worden.

Neben dem Aufbau der technischen Infrastruktur wurde mit der Entwicklung von Pilotanwendungen begonnen. Grundlage für die Entwicklung von Anwendungen ist das Angebotskonzept für Produkte. Demnach sind Anwendungen so zu entwickeln und bereitzustellen, dass sie flexibel und kontextbezogen konfiguriert und angeboten werden können.

Mit dem WWU-Testportal und dem ULB-Intranet stehen zwei Pilotportale zur Verfügung, an deren Überführung in den Test- bzw. Produktionsbetrieb gearbeitet wird. Für beide Portale sind verschiedene Anwendungen (Portlets) entwickelt worden, um die Kopplung und Integration bestehender Dienstleistungen mit neuen Services zu testen und zu demonstrieren. Die Integration bestehender und neuer Anwendungen und Datenquellen erfolgt vorzugsweise über Webservices. So wird neben der Möglichkeit eines standardisierten Vorgehens bei der Neuentwicklung auch das SOA-typische Architekturprinzip der losen Kopplung von Softwarekomponenten realisiert. Vorteile ergeben sich zudem aus der leichten Wiederverwendbarkeit von Softwaremodulen und der daraus resultierenden leichteren Wartbarkeit. Die nunmehr anstehenden Arbeiten betreffen die Überführung der Pilotanwendungen in den Produktionsbetrieb und die Entwicklung von neuen Dienstleistungen insbesondere für den Bereich der Wissenschaftlichen Information und auch des Studienassistenzportals. Mit einem entsprechenden Handbuch und einer umfangreichen Dokumentation sollen in einem weiteren Schritt natürlich auch die Institute und Fachbereiche an der Universität an den Erfahrungen und Entwicklungen partizipieren. Wie ein geeigneter Roll-out zu absolvieren ist, wird daher derzeit mit Fachbereichsvertretern abgestimmt.

Neben den hier ausführlich dargestellten Entwicklungen runden weitere Maßnahmen zur Neugestaltung der IT-Architektur und des Informationsmanagements das Gesamtbild ab, die sich nahtlos in das ausgearbeitete Architekturkonzept einpassen lassen. Zu nennen sind hierbei u.a. der Einsatz von Suchmaschinentechnologie und deren Optimierung in Hinblick auf die universitären Bedürfnisse sowie umfassenden Webservice-Schnittstellen oder die Evaluation geeigneter Instrumente zum integrierten Angebot der wissenschaftlichen Informationsdaten (Katalog, Datenbanken, Alfresco) unter einer Oberfläche. Mit der umfangreichen finanziellen Förderung des MIRO-Projekts durch die DFG können die hohen Qualitätsziele für eine neue Hochschullandschaft gebündelt in Angriff genommen werden. Die Hochschulleitung der WWU zeigt mit ihrer weitreichenden Unterstützung des Gesamtvorhabens jedoch auch, dass die Weiterentwicklung des Informationsmanagements eine ganzheitliche und auch über die Projektierung hinaus zu verfolgende und kontinuierliche Aufgabe ist.

5 Herausforderungen und Schwierigkeiten

Die Einführung des Identitätsmanagements und auch die verwendete Suchmaschinentechnologie (FAST) erwiesen sich trotz der Kooperation in NRW als sehr aufwändig: diverse Funktionalitäten mussten mit hohem Personalaufwand umfangreich ergänzt und überarbeitet werden. Es erwies sich, dass nur mit einem bei einer nachhaltigen Nutzung nicht darstellbaren Personalaufwand befriedigende Suchergebnisse mit FAST erzielbar sind – deshalb fiel die Entscheidung zur Ablösung von FAST durch die Google Search Appliance (GSA), die mit überschaubarem Personalaufwand sehr akzeptable Ergebnisse liefert.

Technische Probleme ergaben sich darüber hinaus in Hinblick auf das Identitätsmanagement, da die bisherige, fein strukturierte Nutzerverwaltung nicht ohne weiteres vollständig in die IBM/Tivoli-Lösung übertragen werden konnte. Die Übernahme der bestehenden Funktionalität zur Gruppenverwaltung wurde dabei zurückgestellt, weil sie sich nicht ohne größeren Aufwand in TIM integrieren ließ. Es zeigten sich somit Hemmnisse, da die eingesetzten proprietären Tivoli Softwarelösungen sich teilweise als äußerst spröde und für universitäre Zwecke als schwer handhabbar erwiesen. Auch wegen anhaltender betrieblicher Stabilitätsprobleme wurde schließlich die Entscheidung zur Ablösung von TIM getroffen und die im Rahmen von MIRO neu entwickelte MORIZ-Datenbank zum Kern des Identitätsmanagements gemacht.

Die Überführung und Homogenisierung von Verwaltungsdaten aus den HIS-Systemen und anderen Quellen war ebenfalls eine Herausforderung. Neben der Verständigung auf die technische Datenübertragung und die Gestaltung von Schnittstellen musste im universitären Kontext mühevoll u.a. die Eindeutigkeit der

Identitäten für alle nachvollziehbar geregelt und die Datenschutzproblematik gelöst werden.

Die gewählte Software-Architektur und deren JEE-Spezifikation erfordern umfangreiche Spezialkenntnisse im Umgang mit deren Komponenten. Hier muss vor allem für eine langfristige und nachhaltige Personalinfrastruktur gesorgt werden. Zudem sind die Entwicklungen z.B. in Hinsicht auf das integrierte Angebot von Portlets bei der Portalgestaltung äußerst zeitaufwändig und nur mit einer ausreichenden Personalausstattung zu bewältigen. Der Gesamtansatz zur zeitnahen Umsetzung der Service-Orientierten-Architektur wirkt damit recht imposant und anspruchsvoll. Als zu verfolgendes Ziel bleibt die strategische Richtung auch bestehen, es ist dennoch an einigen Stellen auch zu Überlegungen des alternativen Technikeinsatzes gekommen (Scripting), um in kürzeren Zeitabständen Dienste und Informationen an die Endnutzer zu verteilen.

Neben den technischen Fragestellungen sind es jedoch auch inhaltliche Prinzipien, die einen reibungslosen Verlauf hemmen können. Trotz umfangreicher Evaluationen, Nutzerbefragungen und Gesprächen in den Fachbereichen ist es diffizil zu ermitteln, welche Ausprägung die Darstellung von Diensten und Informationen haben soll. Die hier stark schwankenden Meinungen zur Gestaltung von Themenportalen und deren Inhalten zeigen einerseits natürlich den sich rasch entwickelnden Informationsmarkt und die fachspezifischen Eigenheiten, machen jedoch inhaltliche Konzeptionen oftmals innerhalb kürzester Zeit obsolet. Letztlich hat sich ebenfalls herausgestellt, dass ein stark projektorientierter Charakter zu deutlichen Fluktuationen im Mitarbeiterstab führt. Dieser Mitarbeiterwechsel bedeutet häufig nicht nur zeitliche Verschiebungen für anstehende Arbeiten, sondern birgt auch die Gefahr des information and brain drains.

6 IT-Governance Strukturen an der WWU

Mit den bereits oben beschriebenen organisatorischen Reformen im Bereich der Informationsverarbeitung wurde als Steuerungsgremium der IV-Lenkungsausschuss (IV-L) initiiert (s. Abb. 4).

Der IV-L ist verantwortlich für die Sicherstellung des nutzergerechten und wirtschaftlichen Betriebes des IV-Gesamtsystems und trifft die dafür notwendigen Grundsatz- und Einzelentscheidungen. Dem IV-L gehören die Rektorin oder ein Prorektor/ eine Prorektorin, der Kanzler, der Direktor des ZIV und die Direktorin der ULB sowie der Vorsitzende der IV-Kommission an. Darüber hinaus wählt der Senat drei weitere Mitglieder und deren Stellvertreterinnen und Stellvertreter, die auf dem Gebiet der Informationsverarbeitung besonders ausgewiesen sind und auch von außerhalb der Universität stammen können. Der IV-L ist seit Januar 2003 direkt dem Rektorat zugeordnet. Er hat den nutzergerechten und wirtschaftlichen Betrieb des IV-Gesamtsystems sicherzustellen, die dazu notwendigen Grundsatzentscheidungen zu treffen und im Einvernehmen mit dem Rektorat und den Senatskommissionen IV-K (IV-Kommission) und BI-K (Bibliotheks-

Kommission) die Ziele und Aufgaben auf der zentralen und der dezentralen Ebene festzulegen und die Entscheidungs- und Betriebsabläufe sowie die Ergebnisse der Arbeit zu kontrollieren. Dieses äußerst effizient wirkende, eng mit dem Rektorat verbundene Gremium ist mit dem CIO von Unternehmen vergleichbar, dabei allerdings gut an die Gegebenheiten der Universität angepasst. Darüber hinaus hat die IV-K, als verfasste Kommission des Senats, in der alle Gruppen der Universität vertreten sind, die Entwicklungen im IV-Bereich begleitet und mit grundlegenden Empfehlungen an den IV-L zu einer kontinuierliche Weiterentwicklung beigetragen.

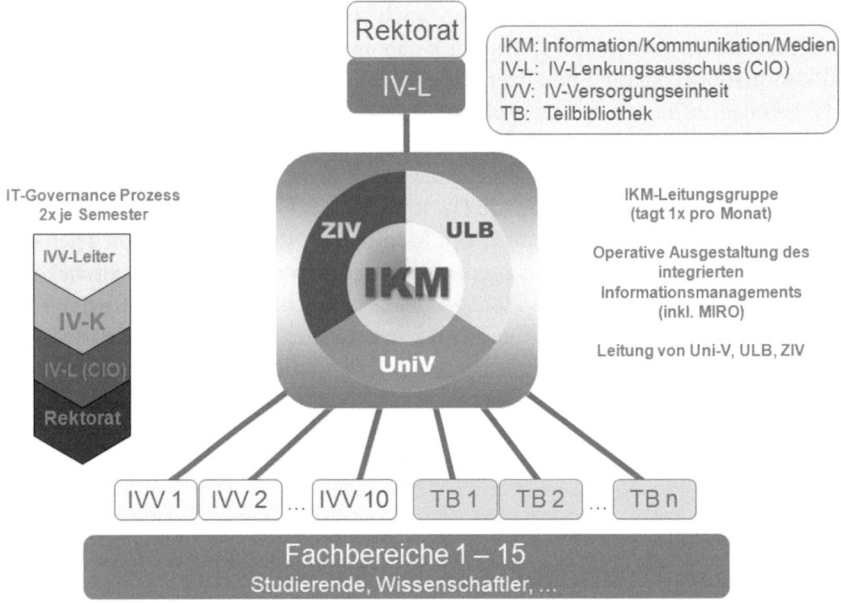

Abb. 4 IV-Organisation der WWU

Nach über zehn Jahren ist festzuhalten, dass sich die Strukturen in der Informationsverarbeitung und -versorgung sehr bewährt haben. Den Verantwortlichen ist es gelungen, die Informationsverarbeitung und -versorgung in Münster auf einen beachtlichen Stand der Technik und Organisation zu bringen. Seit Einführung der neuen Struktur hat die Kooperation innerhalb der Gremien des IV-Gesamtsystems reibungslos funktioniert. Nennenswerte Konflikte, die in der Vergangenheit die Zusammenarbeit häufiger erschwert hatten, sind nicht mehr vorgekommen. Die IV-Versorgungseinheiten (IVVen) tragen Verantwortung für die ihnen zugeordneten Einrichtungen. Sie sind an Entwicklungen, Abstimmungen und Entscheidungen verantwortlich beteiligt. Vorlagen, die heute an die Gremien herangetragen werden, sind zuvor bereits zwischen IVVen und ZIV abgestimmt, so dass Einvernehmen mit dem Bedarf der Fachbereiche regelmäßig hergestellt wird. In den Gremien selbst sind einige IVV-Leiter vertreten, die zu einer sachgerechten Diskussion und der notwendigen Einbindung der dezentralen Strukturen in die Entscheidungsprozesse beitragen. Für anstehende Aufgaben werden ein fester Maßnahmenkatalog und Zeitpläne erstellt; die Aufgaben werden eindeutig bestimmten Personen oder Arbeitsgruppen zugewiesen.

Im Rahmen der Gremien des IV-Systems wird gegenwärtig eine IT-Strategie für die WWU formuliert – dabei sollen insbesondere die anstehenden strategischen IT-Vorhaben und die finanzielle Verantwortlichkeit für die von den Akteuren des IV-Systems gemeinsam genutzte IT-Infrastruktur adressiert werden.

7 Bilanz

- Der IKM-Service von ULB, ZIV und UniV als ganzheitliches Kooperationskonzept der zentralen Einrichtungen arbeitet hervorragend und ist wichtige Basis für die anstehenden Aufgaben.
- Der IV-Lenkungsausschuss mit CIO-Funktion und die IT-Governance der WWU arbeiten wirksam, erfolgreich und binden das Rektorat der Universität unmittelbar ein – die Pflege und Weiterentwicklung dieser Strukturen ist von essentieller Bedeutung.
- Eine breite Unterstützung der Vorhaben ist in den Fachbereichen durch die bewährte IV-Struktur vorhanden und wird fortgeführt. Öffentlichkeitsarbeit zur Vermittlung der Ziele und Potenziale des Integrierten Informationsmanagements und zur Erhöhung der Sichtbarkeit der erzielten Ergebnisse ist zu verstärken um die Einbindung von Fachbereichen und Verwaltung zu bewahren und zu stärken.
- Der IKM-Verbund und das MIRO-Projekt wurden von Beginn an von der Hochschulleitung mitgetragen und mit umfangreichen Sachmitteln unterstützt.
- Die dargestellte kooperative Struktur fördert eine offene Gesprächskultur, eine effiziente Zusammenarbeit und die gemeinsame Problemlösung.
- Maßnahmen zur Sicherung der Nachhaltigkeit der Projektergebnisse durch Bewahrung des geschaffenen Know-Hows (Personalbindung) müssen rechtzeitig ergriffen werden.

Literatur

[1] Bosse W, Held W: Dem Wandel gewachsen: Bewährtes zukunftsfähig machen, Neues angehen. In: Müller P, Jessen E (Hrsg.): Proceedings der 21. DFN-Arbeitstagung über Kommunikationsnetze. Kaiserslautern 2007, S. 7–23
[2] Böhm B, Held W, Tröger B: Integriertes Informationsmanagement einer großen Universität. In: Degkwitz A, Schirmbacher P (Hrsg.): Informationsinfrastrukturen im Wandel. Informationsmanagement an deutschen Universitäten. Bad Honnef 2007, S. 141–151
[3] Dietz G, Juhrisch M, Kußmann D, Schumacher F, Stoytchev S, Stracke M: Integriertes Informationsmanagement an einer großen Universität – Konzeption einer Informations-

Infrastruktur, erste Erfahrungen mit den verwendeten Technologien sowie Überlegungen zu deren Einführung. Workshop „Integriertes Informationsmanagement an Hochschulen" am 01.03.2007 in Karlsruhe

[4] Held W, Bosse W: Gelebter Wandel und belebende Vielfalt in Rechenzentren. Praxis der Informationsverarbeitung und Kommunikation (PIK), München, 2006; 29. Jahrgang, Heft 2, S. 67–74

[5] Juhrisch M: Using Enterprise Models to Configure Service-oriented Architectures. In: Proceedings of the Multikonferenz Wirtschaftsinformatik (MKWI 2008). München. 2008

[6] Juhrisch M, Dietz G: Managing University Identity Management Systems: A Design Science Approach. In: Proceedings of the 38. Jahrestagung der Gesellschaft für Informatik, Informatik 2008, GI-Verlag, München (to appear)

[7] Juhrisch M, Esswein W: Closing the Gap between Enterprise Models and Service-oriented Architectures. In: IEEE Proceedings of the 3rd International Conference on Systems, Computing Science and Software Engineering (SCSS 2007). Springer Verlag. Bridgeport, USA. 2007

[8] Juhrisch M, Esswein W: Management einer Service orientierten Architektur an einer großen Universität. In Proceedings of the 38. Jahrestagung der Gesellschaft für Informatik, Informatik 2008, GI-Verlag, München (to appear)

[9] Juhrisch M, Weller J: On the Reuse of SOA Components on Business Process Analysis Stages. In: Proceedings of the 11th Pacific Asia Conference on Information Systems (PACIS 2007). Auckland, Neuseeland, 2007

[10] Moog H: IT-Dienste an Universitäten und Fachhochschulen – Reorganisation und Ressourcenplanung der hochschulweiten IT-Versorgung. HIS Hochschulplanung 178, Hannover, 2005. Darstellung der Informationsverarbeitung an der Universität Münster, S 72 ff

[11] Nelles U, Böhm B, Held W, Tröger B: Integrierte Bereitstellung, einheitlicher Zugang und individuelle Verteilung – Informationsmanagement einer großen Universität. Folgeantrag im Ausschreibungsverfahren der DFG „Leistungszentren für Forschungsinformation", Frühjahr 2007

[12] Nelles U, Schwartze S, Vogl R, Tröger B: Integrierte Bereitstellung, einheitlicher Zugang und individuelle Verteilung – Informationsmanagement einer großen Universität. Zwischenbericht und Antrag auf Freigabe der bewilligten Mittel bis 2010 im Ausschreibungsverfahren der DFG „Leistungszentren für Forschungsinformation", DFG-Zwischenbericht, März 2008

[13] Vogl R, Lorenz J, Gildhorn A, Schild Chr: Unternehmensweite Erschließung von Informationsquellen durch fortschrittliche Suchmaschinentechnologie – Erfahrungen aus dem MIRO Projekt der WWU Münster. In: Praxis der Informationsverarbeitung und Kommunikation (PIK), K.G. Saur Verlag, München, 03/2008

[14] Vogl R, Gildhorn, A, Lorenz J, Heuer A: Integriertes Informationsmanagement an der Westfälischen Wilhelms-Universität in Münster. In: Praxis der Informationsverarbeitung und Kommunikation (PIK), K.G. Saur Verlag, München, 01/2009

Integriertes Informationsmanagement: Das IT-Servicezentrum der Universität Augsburg

Markus Zahn

Zusammenfassung Die Universität Augsburg verfolgt seit dem Jahr 2003 das Ziel, durch eine konsequente Kooperation der IuK-Anbieter alle an der Erstellung von IuK-Dienstleistungen beteiligten Einrichtungen und Personen zu einer, durch eine IuK-Gesamtstrategie aufeinander abgestimmten, gemeinsam gestalteten Leistungserbringung zusammenzuführen. Das hierfür zu Beginn des Jahres 2005 initiierte Projekt wird unter dem Namen „Integriertes Informationsmanagement an der Universität Augsburg: Aufbau eines IT-Servicezentrums (ITS)" geführt und seit dem 1.1.2006 von der Deutschen Forschungsgemeinschaft (DFG) im Rahmen der Förderinitiative „Leistungszentren für Forschungsinformation" gefördert.

1 Hintergrund

Eine möglichst gewinnbringende Nutzung moderner Informations- und Kommunikationstechniken, neuartige Formen der Informationsbereitstellung sowie, daraus resultierend, eine bestmögliche IuK-Versorgung spielt an Hochschulen traditionell eine hervorgehobene Rolle. So wurde der Grundstein für das heutige Internet Ende 1969 von vier US-amerikanischen Universitäten und Forschungseinrichtungen im Rahmen der ARPANET-Initiative gelegt. Auch die elektronische Übertragung von Nachrichten über Computernetzwerke wurde im Forschungsbereich ersonnen und die erste E-Mail nach Deutschland wurde im August 1984, also vor 25 Jahren, von der Informatikrechnerabteilung der Universität Karlsruhe (TH) empfangen. Als drittes Beispiel sei das World Wide Web (WWW) genannt, dessen rasante Entwicklung 1989 als Projekt am Großforschungszentrum CERN in Genf begann. Seitdem haben miteinander vernetzte Rechnersysteme und der elektronische Austausch von Dokumenten unsere Welt verändert, und das obwohl die ursprünglichen Initiatoren weder die Idee hatten, ein Rechnernetz aus mehreren hundert Millionen Rechnern aufzubauen, noch den Austausch von mehreren hundert Milliarden E-Mails pro Tag vorhersehen konnten.

Vor diesem Hintergrund ist es leicht verständlich, dass in allen Bereichen der Universitäten fortwährend neue IuK-Dienste und -Dienstleistungen für die jeweils dort angesiedelten Arbeitsprozesse entstanden sind: Die zentralen IuK-Dienstleistungen werden an den Universitäten traditionell von verschiedenen Infrastruktureinrichtungen wie Rechenzentrum, Verwaltungs-EDV, Universitätsbibliothek oder Medienlabor erbracht. Einzelne Fakultäten, Institute und Einrichtungen ergänzen dieses Angebot entsprechend dem jeweiligen Bedarf durch weitere individuelle, dezentrale IuK-Dienstleistungen.

2 Ausgangslage im Jahr 2003

An der Universität Augsburg gibt es neben dem Rechenzentrum mit der Verwaltungs-DV, der Universitätsbibliothek, dem Medienlabor der Philosophisch-Sozialwissenschaftlichen Fakultät und der Abteilung Bau und Technik weitere vier Infrastruktureinrichtungen, die mit dem Rechenzentrum in der Summe die gesamten zentralen IuK-Dienstleistungen erbringen. Über diese zentralen Infrastrukturdienste hinaus sorgen die Fakultäten, Institute und Einrichtungen grundsätzlich in Eigenverantwortung für eine bedarfsgerechte DV-Ausstattung in ihrem Bereich und übernehmen die Betreuungsaufgaben für ihre Arbeitsplätze und ggf. auch Serversysteme. Diese Aufgaben werden von den dort angesiedelten, hauptberuflichen DV-Betreuern sowie von wissenschaftlichen Mitarbeitern wahrgenommen, welche die IuK-Aufgaben neben ihren eigentlichen Dienstaufgaben in Forschung und Lehre erledigen. Die DV-Betreuer fungieren in der Praxis zudem als wichtiges Bindeglied zwischen den Nutzern und ihren Bedürfnissen und dem Rechenzentrum. Die Kontrolle des Rechenzentrums wird vom Senatsausschuss für Informationsverarbeitung (IV-Ausschuss) wahrgenommen.

Das kooperative IuK-Versorgungssystem mit der Trennung der Zuständigkeitsbereiche zwischen Rechenzentrum und dezentralen Einrichtungen für die Grundversorgung hat sich bis zum Jahr 2003 grundsätzlich bewährt. So sind in gemeinsamer Abstimmung zahlreiche gut koordinierte, zentrale Dienste entstanden, die in Zusammenarbeit mit den DV-Betreuern die Versorgung der Nutzer am Arbeitsplatz signifikant verbessert haben. Zu nennen sind hier v.a. die universitätsweite Benutzerverwaltung für eine Vielzahl von Diensten sowie ein gemeinsames Speichersystem für alle Universitätsangehörigen. Unabhängig davon haben sich in der Vergangenheit zusätzlich etliche IT-gestützte, über die Universität verteilte und nicht zwingend aufeinander abgestimmte Einzelanwendungen etabliert, so dass sich die Versorgungsqualität in den verschiedenen Bereichen durchaus unterschiedlich entwickelt hat. Die hier entstandenen Anwendungen sind in der Regel nicht zueinander kompatibel und arbeiten oftmals auf getrennten, redundanten oder z.T. sogar widersprüchlichen Datenbeständen. Beispiele hierfür sind Werkzeuge zur Vorlesungsverwaltung und -anmeldung oder zur Bereitstellung von Lehrmaterialien mit jeweils unterschiedlichen Anmeldeformalitäten.

Dem gegenüber stehen die wachsenden Anforderungen, die sich aus dem internationalen Wettbewerb der Hochschulen, der Studienreform (Bologna, Studiengebühren), den wachsenden Studierendenzahlen, aus interuniversitären Kooperationen sowie dem selbstverständlichen Umgang der neuen Studierendengeneration („Mediengeneration") mit digitalen Medien ergeben.

Mit dem Aufbau des IT-Servicezentrums wird einer Zersplitterung der IuK-Dienstleistungen und der damit verbundenen, nur punktuell abgestimmten Leistungserbringung entgegengewirkt. Die bereichsübergreifende Integration der verschiedenen Dienstleistungen sowie die konsequente Einbeziehung der Nutzer bei der Entwicklung neuer bzw. der Verbesserung bestehender Angebote erhöht die Kundenorientierung und erschließt somit neue Leistungspotentiale (Nutzersicht) bei gleichzeitigem Einsparungspotential (Anbietersicht). Auf organisatorischer Ebene werden die neuen Strukturen des IT-Servicezentrums durch den im Sinne eines CIO-Gremiums an die Universitätsleitung angebundenen ITS-Lenkungsrat koordiniert und gesteuert.

3 Das Projekt „Aufbau eines IT-Servicezentrums"

Zu Beginn des Projekts „Integriertes Informationsmanagement an der Universität Augsburg: Aufbau eines IT-Servicezentrums (ITS)" wurde der ITS-Lenkungsrat mit Wirkung zum 1.2.2005 durch die Universitätsleitung eingesetzt. Der Lenkungsrat ist ein kompaktes Gremium, in dem IuK-Kompetenz und hochschulpolitische Führungskompetenz eng zusammenwirken. Er entscheidet im Rahmen der zur Verfügung stehenden Ressourcen eigenständig über alle inhaltlichen Fragen der IuK-Versorgung und der Leistungserbringung durch das IT-Servicezentrum. Die dienstrechtliche Führung der Mitarbeiter obliegt dabei weiterhin den beteiligten Einrichtungen.

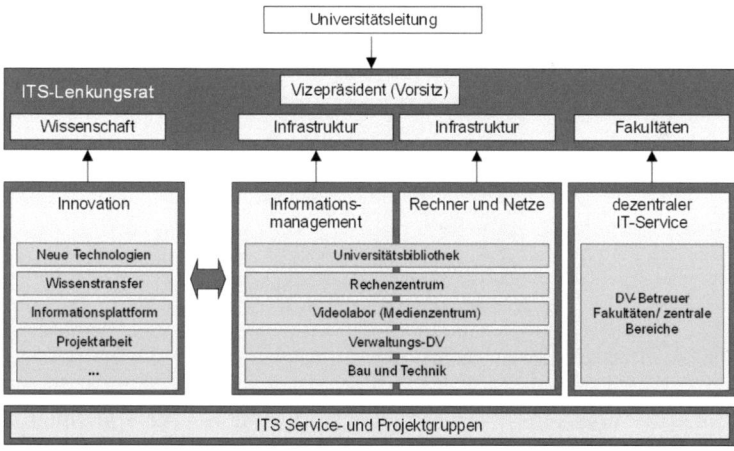

Abb. 1 Struktur und Einbettung des ITS-Lenkungsrats

Der eingesetzte Lenkungsrat besteht aus dem Vizepräsidenten für Hochschulplanung, der gleichzeitig den *Vorsitz* im Lenkungsrat inne hat, einem Vertreter der Wissenschaft (Professor) für den Bereich *Innovation,* je einem Vertreter aus den beteiligten Infrastruktureinrichtungen für die Aufgabengebiete *Informationsmanagement* und *Rechner und Netze* sowie einem fachlich ausgewiesenen Vertreter des dezentralen IT-Service der Fakultäten und zentralen Bereiche. Abb. 1 zeigt die Struktur des Lenkungsrats und seine organisatorische Einordnung innerhalb der Universität Augsburg.

Ein wesentliches Werkzeug des Lenkungsrats zur Strukturierung des Betriebs und der Dienstleistungen der beteiligten Einrichtungen besteht in der Bildung von Servicegruppen. Die ITS-Servicegruppen sind in der Regel bereichsübergreifend zusammengesetzt und bearbeiten bestimmte, vom Lenkungsrat vorgegebene Themenschwerpunkte. Auch die DV-Betreuer der Fakultäten und zentralen Einrichtungen arbeiten aktiv in diesen Servicegruppen mit. Dadurch werden bestehende Mehrfacharbeiten, beispielsweise beim Serverbetrieb, bei den Internetdiensten oder beim Arbeitsplatz-Support abgebaut und für die Zukunft ausgeschlossen. Auf diese Weise wird der Einsatz der Ressourcen optimiert und letztendlich eine verbesserte Qualität der IuK-Dienstleistungen erreicht.

Zur Ausgestaltung der Strukturen des IT-Servicezentrums wurden im Projekt zunächst die typischen Geschäftsprozesse der Hochschule mitsamt der hierfür aufzubringenden IuK-Unterstützung analysiert (vgl. dazu Abb. 2). Die universitären Kernprozesse Forschen und Lehren/Lernen standen dabei als Kernaufgaben der Lehrstühle und der Studierenden im Zentrum der Betrachtung. Hierzu gehören im Bereich Forschung im Wesentlichen die Erstellung, wissenschaftliche Begutachtung und Verwertung von Forschungsergebnissen. Im Bereich Lehre/Studium sind dies die Prozesse der Organisation von Lehrveranstaltungen und Prüfungen.

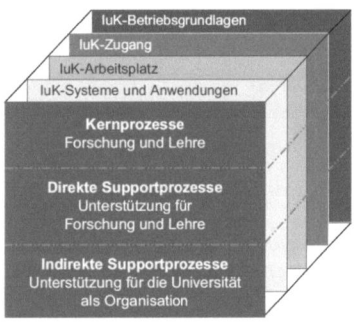

Abb. 2 Prozessorientierte Sicht auf die IuK-Dienstleistungen

Die *direkten Supportprozesse* unterstützen unmittelbar die Durchführung von Forschungsvorhaben, Lehrveranstaltungen und Prüfungen. So gehören beispielsweise die Literatur- und Medienverwaltung, die Verwaltung einzelner Lehrveranstaltungen sowie der Studierenden als Kursteilnehmer, oder die Raum- und Prüfungsverwaltung allesamt zu den bereichsübergreifenden Aufgaben der Zentral- und Fachbereichsverwaltungen, der Bibliothek oder des Medienlabors.

Davon zu unterscheiden sind die *indirekten Supportprozesse*, welche allgemein zur Unterstützung der Universität als Organisation dienen: Vorwiegend die Zentralverwaltung führt dazu sowohl personenbezogene Verwaltungsleistungen (Personal und Studierendenverwaltung) als auch sachbezogene Verwaltungsaufgaben (Sachmittel-, Infrastruktur- oder Haushaltsverwaltung) aus.

Die IuK-Unterstützung der genannten Prozesse gliedert sich in die Schichten IuK-Betriebsgrundlagen (Netzdienste, Basisdienste, IT-Infrastrukturdienste), IuK-Zugang (Identity-Management, Authentifizierungsdienste, Verzeichnisdienste), IuK-Arbeitsplatz (Beschaffung, Installation, Betrieb, Support) sowie IuK-Systeme und -Anwendungen (Learning-Management, Dokumentenmanagement, Adressverwaltung).

Anhand der entstandenen Dienste-Landkarte wurden die wichtigsten, im Projektzeitraum vordringlich zu behandelnden Aufgabenfelder identifiziert und in drei thematische Cluster eingeteilt: „Effizientes Forschen, Lehren und Lernen", „Serviceorientierte Verwaltung" und „Leistungsfähige IT-Basis". Die drei Themencluster untergliedern sich wiederum in mehrere Teilprojekte, von denen in den nachfolgenden Abschnitten eine charakteristische Auswahl beschrieben wird.

Bei der Definition und Auswahl der einzelnen Teilprojekte wurde von Seiten des ITS-Lenkungsrats besonderer Wert darauf gelegt, dass sich die avisierten Projektergebnisse strukturbildend auf die im Rahmen des Projekts entstehende, integrierte IuK-Systemlandschaft auswirken und dass die praktische Arbeit an den Projekten die beteiligten IuK-Anbieter kooperierend zusammenführt.

3.1 Cluster „Effizientes Forschen, Lehren und Lernen"

Die Teilprojekte des Clusters *Effizientes Forschen, Lehren und Lernen* befassen sich aus Sicht der Bibliothek und des Medienlabors mit innovativen Konzepten und Serviceangeboten im Umfeld der neuen Medien. Die Bedürfnisse der Wissenschaftler und Studierenden kommen dabei durch die konsequente Einbindung dieser beiden Zielgruppen in die praktische Projektarbeit direkt zum Tragen.

Digicampus: Integrierte Lehr- und Lernplattform
Der Digicampus (http://digicampus.uni-augsburg.de/) ist die zentrale Lehr- und Lernplattform für Studierende und Lehrende der Universität Augsburg. Entwickelt und betrieben wird der Digicampus, dessen Angebote sich aus mehreren Modulen zusammensetzen (vgl. dazu Abb. 3), am Medienlabor des Instituts für Medien- und Bildungstechnologie. Nach dem Prinzip der geschichteten IuK-Struktur liefern die Installations-, Konfigurations- und Betriebsmethoden des ITS-Teilprojekts *Leistungsfähige IT-Basis* (vgl. dazu Abschnitt 3.3) die technischen Betriebsgrundlagen für das System.

Der Digicampus führt verschiedene heterogene Systeme unter einer einheitlichen Oberfläche mit identischem Look-and-Feel zusammen, Datenredundanzen und -Inkonsistenzen werden dabei vermieden. Die Benutzer werden durch das System von den Hürden befreit, Daten an vielen Stellen aktuell zu halten sowie fortwährend neue Navigationsstrukturen unterschiedlicher Systeme zu erlernen.

Die integrierten Systeme werden bei diesem Vorgang nicht verändert, sondern bleiben eigenständig und austauschbar, um langfristige Erweiterbarkeit zu gewährleisten. Die verschiedenen Benutzerprofile und Login-Mechanismen der zugrundeliegenden Anwendungen wurden durch ein Single Sign-on-Konzept (SSO) mit einheitlicher Profildatenbank ergänzt. Die Authentifizierung erfolgt hierbei gegenüber dem Identity-Management-System (siehe Abschnitt 3.3): Eine einmalige Anmeldung am SSO-Server des Rechenzentrums ersetzt die wiederholte, separate Anmeldung an den einzelnen, in Digicampus integrierten Applikationen.

Digicampus = einheitliche Benutzeroberfläche (Proxysystem)				
Verwaltung: HIS-Teilsysteme bzw. HISinOne	**Prüfung:** STUDIS (FlexNow!)	**Präsenzlehre:** Stud.IP (Basis LMS)	**E-Learning:** Drupal, Moodle MediaWiki	**Bibliotheksdienste** OPAC, OPUS, ...

Abb. 3 Modularer Aufbau des Digicampus-Systems

Das Konzept des nach der „bottom-up-Strategie" entwickelten Digicampus-Systems hat sich in der Praxis bewährt. Zum Beginn des Wintersemesters 2009/10 sind mehr als 12.000 Nutzer im System registriert und es werden weit über 1.000 Kurse und Veranstaltungen verwaltet. Der Erfolg des Augsburger Digicampus wurde zudem erst kürzlich durch den Gewinn des Publikumspreises beim mediendidaktischen Hochschulpreis Medida-Prix 2009 belegt.

Audiovisuelle Mediendienste
Die Audiovisuellen Mediendienste (AV-Mediendienste) ergänzen die Präsenzlehre der Universität Augsburg mit interaktiven Audio- und Videomedien. Es werden Vorlesungsmitschnitte aufbereitet und zentral bereitgestellt sowie Beratungs-, Ausleih- und Schulungsangebote für den Einsatz digitaler Medientechnologien zur Verfügung gestellt. Die AV-Mediendienste sind dabei vollständig in das zuvor beschriebene Digicampus-System integriert.

Abb. 4 Interaktive Kommentierung von Vorlesungsdokumentationen

Durch dieses Angebot begegnet die Universität Augsburg dem ständig wachsenden Raumbedarf (z.B. für große Veranstaltungen aufgrund des doppelten Abiturjahrgangs) und der steigenden Nachfrage nach E-Learning- und Blended-Learning-Veranstaltungen. Gleichzeitig ermöglicht ein an der Lernforschung ausgerichtetes Dienstleistungsangebot die Erstellung kompletter, interaktiver Veranstaltungsdokumentationen (siehe Abb. 4). Im Sommersemester 2009 wurde z.b. die Anfängervorlesung für das Fach Psychologie, für welche die vorhandenen Hörsaal-Kapazitäten in keiner Weise ausreichend waren, erfolgreich mit den AV-Mediendiensten begleitet.

Medienserver: Verwaltung digitaler Bildmaterialien

Die Universitätsbibliothek stellt für die an der Universität bislang verteilt vorliegenden Sammlungen von Bilddaten eine einheitliche technische Infrastruktur bereit. Durch diese Infrastruktur werden die Nachteile der dezentralen Datenhaltung hinsichtlich Verfügbarkeit, Erschließbarkeit und Datensicherheit (Anwendersicht) sowie mehrfacher Administration (Anbietersicht) beseitigt. Die Nutzer können ihre Datenbestände auf dem Medienserver (http://media.bibliothek.uni-augsburg.de/) sicher archivieren und komfortabel verwalten; zugleich behalten sie über ein dezentrales Bearbeitungskonzept und ein ausdifferenziertes Rechtemanagement die volle Verfügungsgewalt über ihre Daten. Damit lassen sich gerade auch solche Bilddaten, die in erster Linie für eine interne Nutzung beispielsweise innerhalb der Pressestelle oder einer anderen Einrichtung der Universität bestimmt sind, effizient über den Medienserver verwalten. Die organisatorische Struktur des Systems ist Abb. 5 zu entnehmen. Der Betrieb des Systems erfolgt auf Basis der Installations-, Konfigurations- und Betriebsmethoden des ITS-Teilprojekts Leistungsfähige IT-Basis (vgl. dazu Abschnitt 3.3).

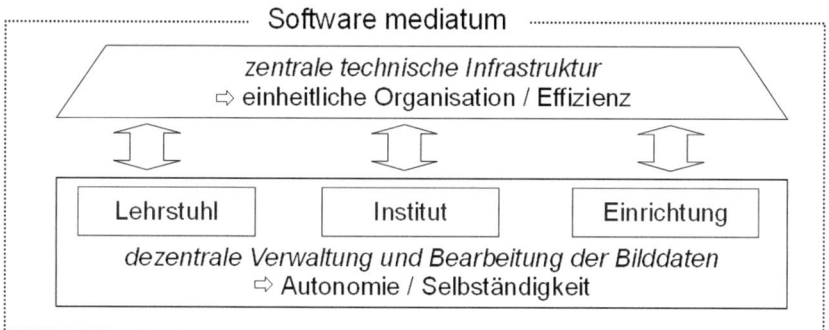

Abb. 5 Organisatorische Struktur des Medienservers

Die angebotene Dienstleistung basiert auf dem Softwarepaket mediatum, welches im DFG-geförderten Schwesterprojekt IntegraTUM an der TU München entwickelt wurde. Die Software wurde nach ausführlichen Interviews mit den Nutzern (zentrale Einrichtungen, Lehrstühle und wissenschaftliche Einrichtungen) sowie einer Bestands- und Bedarfsanalyse konsequent an den Bedürfnissen der Nutzer ausgerichtet und erweitert. Diese gezielten Erweiterungen entspringen einer Kooperation zwischen der Bibliothek und der Professur Programmierung verteilter Systeme und sind inzwischen teilweise in die mediatum-Software der TU München zurückgeflossen.

Der Medienserver hat seinen Produktivbetrieb im April 2008 aufgenommen. Seitdem konnte sich der Medienserver als zentrale Dienstleistung für die Archivierung und Verwaltung digitaler Bilddaten an der Universität etablieren, das System enthält inzwischen bereits über 38.000 Bilder und andere Dokumente in zehn Kollektionen. Die Nutzerakzeptanz wird von der Bibliothek als Betreiber durch eine intensive, laufende Betreuung der Anwender sichergestellt.

3.2 Cluster „Serviceorientierte Verwaltung"

Die Teilprojekte des Clusters *Serviceorientierte Verwaltung* adressieren den Ausbau der IT-Unterstützung der Fachabteilungen sowie eine erweiterte IT-Unterstützung der Fakultäten, Lehrstühle und Einrichtungen bei ihren jeweiligen Verwaltungsarbeiten.

Online-Angebote für Studierende
Für die IT-Unterstützung der Studierenden im Rahmen des *Student-Life-Cycle* (Bewerbungsvorgang, Bewerberstatus, Einschreibung, Studium, Bescheinigungen und Ausweise, iTAN-Listen, Adressänderungen, …) wird im Wesentlichen auf die bereits etablierten HIS-Verwaltungsanwendungen zurückgegriffen. Auf größere Eigenentwicklungen oder aufwendige Evaluation sowie Implementierung komplexer Fremdsysteme wird explizit verzichtet. Hier sollen die Erfahrungen aus anderen Projekten deutscher Universitäten abgewartet werden. Stattdessen stand bei der inzwischen erfolgreich abgeschlossenen Einführung der neuen Online-Angebote für Studierende die Integration der verschiedenen Life-Cycle-Phasen und der damit verbundenen Dienste und Systemkomponenten im Vordergrund.

So erfolgen die Authentifizierung und damit die Identifikation der Studierenden im HIS-LSF-basierten Studierenden-Portal über die im Identity-Management-System (vgl. dazu Abschnitt 3.3) verwaltete digitale Identität des Nutzers. Bei der Immatrikulation wird hierzu für die Studierenden über eine Schnittstelle zwischen den beiden Systemen eine digitale Identität im IdM-System erzeugt. Der Studierende hat dann die Möglichkeit, seine Zugangsdaten Online über das Portal abzuholen. Eine Integration des Studierenden-Portals mit dem Digicampus-System (siehe Abschnitt 3.1) ist bereits in Planung.

Dokumentenmanagement und Vorgangsbearbeitung
Die Einführung eines Dokumenten-Management-Systems (DMS) erfolgt an der Universität Augsburg im Rahmen des bayernweiten Projekts ELDORA in enger Abstimmung mit der Universität Bamberg, der Universität Bayreuth und der TU München. Die Pilot-Implementierung des vom Projekt ausgewählten Produkts eGovSuite der Firma fabasoft erfolgt dabei an der Universität Augsburg.

Im Rahmen der Produkteinführung wurde zunächst eine Referenzumgebung aufgebaut. In enger Abstimmung mit den Nutzern wurden im Anschluss zwei abzubildende Anwendungsfälle definiert und im DMS implementiert: die elektronische Archivierung von Buchungsbelegen (Bestellungen, Lieferscheine, Rechnungen) der Haushaltabteilung sowie die Verknüpfung der erfassten Belege mit den zugehörigen Buchungsposten in HIS-FSV. Hierdurch ist es nun möglich, aus der Fachanwendung HIS-FSV heraus auf Knopfdruck die zu einer Buchung im DMS hinterlegten Buchungsbelege anzuzeigen.

Mit den Aufgabenfeldern Dokumenten-Workflow zur Hiwi-Einstellung sowie der elektronischen Bearbeitung von Dienstreiseanträgen und -abrechnungen sind bereits zwei weitere Anwendungsfälle zur späteren Implementierung im DMS definiert und vorbereitet.

3.3 Cluster „Leistungsfähige IT-Basis"

Die Teilprojekte des Clusters *Leistungsfähige IT-Basis* schaffen integrierte Betriebsstrukturen im Zusammenwirken von Technik und Organisation zur nachhaltigen Steigerung der Qualität und der Zuverlässigkeit der IuK-Dienste, so dass allen Angehörigen der Universität die optimale IuK-Arbeitsumgebung für ihre dienstlichen Aufgaben bereit steht. Die Teilprojekte erstellen bedarfsorientiert neue Dienstleistungen oder konsolidieren vorhandene Dienste mit Blick auf verbesserte Leistungen und effizientere Betriebsstrukturen. Die Einbindung der Nutzer in die Ausgestaltung der Betriebsstrukturen fördert die Kundenorientierung und damit die Nutzerakzeptanz der Dienstleistungen.

E-Mail-Services aus einer Hand
Der dezentrale Mail-Betrieb an der Universität Augsburg war im Jahr 2003 geradezu ein Musterbeispiel für die in Abschnitt 2 skizzierte Ausgangslage. Insofern war die Rezentralisierung des E-Mail-Betriebs unter Aufrechterhaltung der dezentralen Pflege im Sinne einer geschichteten IuK-Struktur für das ITS eine ebenso große wie drängende Herausforderung. Die Aufgabe wurde deshalb nicht zufällig als eines der ersten Vorhaben im Cluster *Leistungsfähige IT-Basis* angegangen.

In der Konzeptionsphase wurde das Benutzerverhalten statistisch analysiert und die Benutzer zusätzlich nach ihren Wünschen und Vorstellungen befragt. Auf Basis des am Gesamtbedarf orientierten Konzepts wurden in der Umsetzungsphase die vom Rechenzentrum in einigen Fakultäten und für zentrale Einrichtungen betreuten Systeme rezentralisiert. Die hiermit einhergehende Verringerung des administrativen Aufwands (Wartung, Backup, Benutzersupport) konnte in den Aufbau eines Webmail-Dienstes und die Entwicklung individuell einstellbarer Antiviren- und Antispamfilter investiert werden.

Das erheblich verbesserte und breitere Serviceangebot des neuen E-Mail-Diensts führte schließlich dazu, dass in einer dritten Phase auch die Mail-Systeme derjenigen Bereiche überführt wurden, die ihre Systeme nach wie vor in Eigenverantwortung betrieben haben. Ausschlaggebend war der ausdrückliche Wunsch der betroffenen Anwender, ebenfalls in den Genuss der neuen Angebote zu kommen. Weder das Rechenzentrum noch der ITS-Lenkungsrat brauchten diesen Migrationsprozess durch gezielte Forderungen oder Vorgaben zu forcieren.

Ein überzeugendes Serviceangebot (Nutzersicht) wirkt demnach genauso strukturbildend wie die Reduzierung der Kosten für Hardware, Administration und Benutzersupport (Anbietersicht). Überdies kann in zentralen Betriebsstrukturen sehr effektiv auf plötzliche Veränderungen wie z.b. neue SPAM-Wellen reagiert werden und neu aufkommende Entwicklungen, z.b. der zunehmende Einsatz von Kollaborationssoftware, lassen sich leichter integrieren. Somit hat sich gleich zu Beginn des ITS-Projekts gezeigt, dass der zentrale Betrieb von Diensten erfolgreich organisiert werden kann und ein kooperatives Vorgehen bei der Konzeption von IuK-Dienstleistungen zu einem deutlichen Mehrwert führt.

Identity-Management

Das Teilprojekt *Identity-Management (IdM)* führt ein Identity-Management-System an der Universität Augsburg ein. Das IdM-System der Universität Augsburg ordnet jedem Universitätsangehörigen eine eindeutige digitale Identität zu. Die Universitätsangehörigen können dann durch Nachweis ihrer jeweiligen digitalen Identität auf die persönlichen IuK-Dienste der Universität Augsburg zugreifen. Das IdM-System liefert bereits die Grundlage für alle personalisierten IuK-Angebote innerhalb des ITS-Projekts (etwa Digicampus, Online-Dienste für Studierende, E-Mail und Medienserver) und löst im weiteren Projektverlauf sukzessive die für eine Vielzahl von IuK-Diensten bestehende Benutzerverwaltung des Rechenzentrums komplett ab. Mit der geplanten Einbindung des IdM-Systems in die Authentifizierungs- und Autorisierungs-Infrastruktur des DFN-Vereins (DFN-AAI) erhalten die Universitätsangehörigen schließlich Zugang zu universitätsübergreifend angebotenen, föderierten IuK-Diensten (z.B. E-Learning-Angebote, Literaturdatenbanken, Software-Portale, ...).

Das modular aufgebaute und in Kooperation mit der DAASI GmbH erstellte Identity-Management-System ist insbesondere *nicht* als umfassendes Auskunftssystem konzipiert, welches alle über eine Person verfügbaren Daten anreichert und Dritten zur Verfügung stellt. Das Datenmodell ist vielmehr auf das Wesentliche reduziert und umfasst ausschließlich personenbezogene Informationen, die entweder für die eindeutige Identifikation der Person notwendig oder später für die Anbindung der personalisierten IuK-Dienste unerlässlich sind. Die erforderlichen Daten bezieht das IdM-System aus dem Studentenverwaltungssystem HIS-SOS (vgl. Abschnitt 3.2), aus dem Personalverwaltungssystem VIVA (in Arbeit) und aus einem speziell entwickelten Gästeverzeichnis für Forschungs- und Tagungsgäste.

Die strukturbildende Wirkung des Identity-Management-Systems entfaltet sich dadurch, dass das IdM-System für die vorhandenen und geplanten IuK-Dienste die einzige autoritative Quelle für Identitätsinformationen ist. Vor der Bereitstellung neuer, personalisierter IuK-Dienste muss zukünftig die Integration der zugrundeliegenden Systeme in das universitätsweite IdM-System geprüft werden.

Durch diese Anforderung begründet sich auch die rege Kommunikation sowie die enge Kooperation des Teilprojekts mit den anderen Teilprojekten (etwa Digicampus oder Online-Angebote für Studierende) im Hinblick auf die Authentifizierung der Nutzer über das IdM-System oder die dienstespezifische Speicherung von Metadaten zu den jeweiligen Nutzern. Die sorgsame, datensparsame

Herangehensweise hat die Zusammenarbeit sowohl mit dem Personalrat beim Entwurf der notwendigen Dienstvereinbarung als auch mit dem Datenschutzbeauftragten im Rahmen des datenschutzrechtlichen Freigabeverfahrens erheblich vereinfacht.

Integrierte Supportstruktur für Rechnerarbeitsplätze

Das Teilprojekt *Integrierte Supportstruktur für Rechnerarbeitsplätze* greift alle wesentlichen Fragestellungen aus dem Umfeld der Nutzung und des Betriebs von Rechnerarbeitsplätzen auf und führt nachhaltige Betriebs- und Supportstrukturen ein. Im Mittelpunkt der Überlegungen steht dabei immer der Nutzer. Ihm soll jederzeit ein zuverlässiger, sicherer und an seinen persönlichen Bedürfnissen ausgerichteter Arbeitsplatzrechner zur Verfügung stehen.

Zur Erfüllung dieser Anforderung wurde zunächst die IT-Infrastruktur mit Hilfe der Teilprojekte *Leistungsfähige IT-Basis* und *Identity-Management* sowie einem gemeinsamen Netzwerkdateisystem für Benutzerdaten konsequent auf die Unterstützung der PC-Arbeitsplätze ausgerichtet. Darüber hinaus wurde von der Projektgruppe erfolgreich an einer standardisierten Ausstattung von PC-Arbeitsplätzen und, eng damit verknüpft, an einer vollautomatisierten Installationsmethode für diese Arbeitsplätze gearbeitet. Das Installationssystem ist Stand heute in der Lage, eine sichere, zuverlässige und reproduzierbare Betriebssystem-Grundinstallation mit Windows XP, Windows Vista oder Windows 7 durchzuführen und die installierten Systeme durch Nachinstallation weiterer Softwarepakete an ein strikt reglementiertes Arbeitsumfeld (z.B. einen CIP-Pool) anzupassen. Ein Schwestersystem übernimmt diese Aufgabe für Linux-Arbeitsplätze (Distributionen: Debian, Ubuntu). Die Unterstützung individuell konfigurierter Arbeitsplätze ist derzeit in Arbeit.

Organisatorisch werden die beschriebenen technischen Maßnahmen durch eine Vernetzung der an der Beschaffung von Hard- und Software beteiligten Einrichtungen flankiert. Die Beschaffung weitgehend standardisierter Hardware und Software anhand von Rahmenverträgen und Campuslizenzen vereinfacht mit Blick auf Hardwareunterstützung und lizenzrechtliche Fragestellungen den flächendeckenden Einsatz der im Projekt entwickelten Werkzeuge zur Installation und Pflege der PC-Arbeitsplätze ganz erheblich. Die im Projekt entstandene organisatorische Vernetzung kann als erfolgreiches Beispiel der angestrebten Kooperation zwischen den beteiligten Einrichtungen betrachtet werden.

Dass die Nutzer die ITS-Arbeitsplatzausstattung gerne und vertrauensvoll in Anspruch nehmen und dass einzelne Fakultäten, Institute und Einrichtungen ihre Installationsmethoden auf Basis der vom Projekt gelegten Infrastruktur angepasst und erweitert haben, spricht zum einen für die strukturbildende Eigenschaft der Projektergebnisse und reflektiert zum anderen die in den Empfehlungen der Kommission für Rechenanlagen der Deutschen Forschungsgemeinschaft dargelegten Prinzipien für den Aufbau von geschichteten IuK-Dienstleistungsstrukturen.

4 Zusammenfassung

Die Hochschulen sehen sich durch verschiedene Entwicklungen einem Strukturwandel ausgesetzt und müssen sich diesem Veränderungsprozess stellen. Eine wichtige Rolle kommt dabei dem zielgerichteten Einsatz der Informationstechnologie zu. Die Universitäts-IT unterzieht sich hierzu einem tiefgreifenden Wandel (Organisation, Betrieb, Technik, Anwendungen) und es werden neue, grundlegende Verfahren wie z.B. Identity-Management, Campus-Management oder Online-Services zum Student-Life-Cycle etabliert und integriert. Die Universität Augsburg hat sich deshalb entschlossen, ihre Organisationsstruktur für die IuK-Versorgung grundlegend neu zu gestalten.

Alle Bereiche, die eine wesentliche Rolle für die IuK-Versorgung an der Universität Augsburg spielen, treiben diesen Gestaltungsprozess unter dem Dach des neuen IT-Servicezentrums (ITS) in enger Kooperation voran. Das ITS bündelt die Kompetenz aller IuK-Dienstleister in der Universität, um ein umfassendes, kundenorientiertes IuK-Dienstleistungsangebot zu gewährleisten. Es nimmt die Impulse aus Wissenschaft und Lehre für Innovationen auf und nutzt die Synergien für die Rationalisierung und Optimierung des IuK-Betriebs. Durch den von der Universitätsleitung als CIO-Gremium eingesetzten und über den Vizepräsidenten für Hochschulplanung in die Universitätsstrategie eingebundenen Lenkungsrat verfügt das ITS über wirksame Entscheidungsstrukturen mit dem notwendigen hochschulpolitischen Gewicht.

Das IT-Servicezentrum der Universität Augsburg spannt einen thematischen Bogen von der Bereitstellung leistungsfähiger IuK-Arbeitsplatzumgebungen über eine verbesserte IuK-Unterstützung bei den täglichen Verwaltungsaufgaben der verschiedenen Universitätsbereiche bis hin zu innovativen Konzepten und integrierten Serviceangeboten im Umfeld der neuen Medien.

Die in den drei Clustern *Effizientes Forschen, Lehren und Lernen, Serviceorientierte Verwaltung* und *Leistungsfähige IT-Basis* angesiedelten Teilprojekte haben dazu geführt, dass die wesentlichen IuK-Dienstleistungen an der Universität Augsburg gemeinsam konzipiert sind und in ihren unterschiedlichen Facetten durch bereichsübergreifende Servicegruppen erbracht werden. Die Projektarbeit und die Projektergebnisse haben also in der Tat zu der beabsichtigten Kommunikation und Kooperation zwischen den im ITS gebündelten Infrastruktureinrichtungen selbst sowie zwischen den IuK-Anbietern und den Nutzern geführt. Der strukturbildende Charakter der durchgeführten Projekte zeigt sich in der zunehmenden Integration der verschiedenen IuK-Dienste bei gleichzeitigem Rückgang redundant erbrachter IuK-Dienstleistungen und, daraus resultierend, in der fortschreitenden Vereinheitlichung der zugrundeliegenden Systemlandschaften.

Gleichzeitig gibt es nach wie vor individuelle, dezentral erbrachte und den spezifischen Anforderungen einzelner, in der Regel wissenschaftlicher Bereiche geschuldete IuK-Dienste. Eine mit Augenmaß betriebene Ausrichtung der IT-Strategie der Universität impliziert somit auch immer eine Gratwanderung zwischen den unternehmerischen Zielen des IT-Managements und den besonderen Anforderungen, die sich aus der Forschungsfreiheit ergeben.

Die konsequente Einbindung der Nutzer in den Gestaltungsprozess der IuK-Dienstleistungen hat deren Kundenorientierung und damit den gesamten Projektverlauf sehr positiv beeinflusst. Die gesammelten Erfahrungen lassen sich auf die Aussage „Beteiligung schafft Akzeptanz" verdichten. Die von den Infrastruktureinrichtungen und den DV-Betreuern gemeinsam erbrachten Serviceleistungen werden durch ein zentrales Beratungs- und Supportzentrum für Studierende und Mitarbeiter sinnvoll ergänzt. Die enge Verzahnung der verschiedenen IuK-Dienste bleibt trotz aller offenen Standards und Schnittstellen freilich eine große technische wie organisatorische Herausforderung.

Literatur

Grunder, R.; Stöber, T. (2008): Rechtemanagement und Langzeitarchivierung in digitalen Bildarchiven – Praxisanforderungen und Lösungsansätze (Vortrag auf dem 97. Deutschen Bibliothekartag in Mannheim). http://www.opus-bayern.de/bib-info/volltexte/2008/592/. Zugriff am 3.11.2009

Eichner, L.; Hohoff, U. (2006): Der Aufbau eines IT-Servicezentrums an der Universität Augsburg. In: Degkwitz, A.; Schirmbacher, P.: Informationsinfrastrukturen im Wandel. Informationsmanagement an deutschen Hochschulen. S. 26–39

Henze, M. (2006): Konzeption des Client-Managements an der Universität Augsburg auf der Grundlage der IT Infrastructure Library (ITIL). Diplomarbeit. Universität Augsburg.

Leiss, J.; Pretz, E.; Seifert A. (2009): mediaTUM: Der zentrale Medienserver der Technischen Universität München. In diesem Band

Pillay, S. (2007): Change Management und Strukturveränderung bei IuK-Projekten an Universitäten. In: Oßwald, A.; Stempfhuber, M.; Wolff, C. (Hrsg.): Neue Perspektiven im Kontext von Information und Wissen. Proceedings des 10. Internationalen Workshops für Informationswissenschaft. Universitätsverlag, Konstanz. S. 445–463

Sporer, T.; Fahrner, U.; Jahnke, T.; Schulze-Fröhlich, R.; Vohl, F. (2007): Transforming traditional classroom lectures into interactive digital media experiences. In: Lindner, M.; Bruck, P. A. (Hrsg.): Microlearning Conference 2007. Proceedings of the 3rd International Microlearning 2007 Conference. Innsbruck University Press. S. 142–157

Teil III
Service Desk

Erfahrungen im Aufbau des IT Service Desks der Technischen Universität München

Karmela Vellguth

Zusammenfassung Durch das Projekt IntegraTUM und die darin eingebettete Einrichtung eines IT Service Desks mit 1st, 2nd und 3rd Level Support gelang eine an ITIL orientierte Neuausrichtung der internen IT-Dienstleistungen. Die vormals existierende Struktur mit einer Vielzahl an Ansprechpartnern bei auftretenden IT-Problemen wurde aufgelöst. Die Nutzer haben nun eine Anlaufstelle erhalten, die sich für die Beantwortung aller Incidents in kürzester Zeit und mit qualitativ hohem Niveau zuständig fühlt.

1 Einleitung

Die Technische Universität München besteht aus 13 Fakultäten an drei verschiedenen Standorten mit über 23.000 Studierenden und etwa 8000 Mitarbeitern[4]. Innerhalb dieser Struktur mit ihren verschiedenen Institutionen wie z.B. Studenten Service Zentrum oder der zentralen Verwaltung existieren viele IT-Dienste (Mail-Verwaltungen, Server-Administrationen, Vergabe von Intranetkennungen etc.), die bis zur Initialisierung des Projektes IntegraTUM hauptsächlich dezentral, das heißt von den einzelnen Fakultäten, Lehrstühlen und Institutionen angeboten und betreut wurden.

Das Projekt IntegraTUM wurde durch Mittel der DFG (Deutsche Forschungsgemeinschaft) und des InnovaTUM Projekts (ein groß angelegter eigener wissenschaftsgesteuerter Umbau- und Erneuerungsprozesses [8]) finanziert. Beabsichtigt war und ist eine Rezentralisierung des Betriebs durch Nutzung modernster Techniken bei Aufrechterhaltung der dezentralen Verantwortlichkeit für Inhalte und Abläufe in Fakultäten und zentralen Einrichtungen. Redundanzen in Technik, Daten und Verantwortlichkeiten sollten vermindert, die Qualität der Versorgung verbessert werden. [1]

Die eingeleiteten Veränderungen führten bei den Nutzern der IT-Dienste wegen der Umgewöhnung zunächst zu vermehrten Nachfragen, die von den vorhandenen Strukturen wegen des Mangels an institutionalisiertem Support nicht bewältigt werden konnten.

Nachfolgend werden die Erfahrungen während des Aufbaus, vor allem aber die Ausgangslage, Einführung und Positionierung, das verwendete Tool, die Struktur und die Prozesse, der Datenschutz und Dienstvereinbarung über den Einsatz von Helpdesk-Systemen, angebotene Dienstleistungen, Öffnungszeiten und Ressourcen, sowie der Ausblick auf die weitere Entwicklung dargestellt.

2 Aufbau

2.1 Allgemeines

Im Oktober 2006 wurde mit dem Aufbau des IT Service Desks begonnen.
Der Aufbau des Service Desks richtete sich nach ITIL (IT Infrastructure Library).

2.2 Ausgangslage

Bis zum Zeitpunkt der Einführung des IT Service Desks waren die Zuständigkeitsbereiche für IT-Fragen nicht durchgehend klar definiert, mit der Folge, dass es sehr viele Kontaktadressen gab. Ein klares Bild und eine eindeutige Abgrenzung der unterstützten Bereiche ergaben sich in dieser Situation nicht. Die Nutzer wussten meistens nicht, an wen sie sich bei welchen Problemen wenden sollen, wurden häufig weiter verwiesen und mussten deshalb einige Stellen anlaufen, bevor ihnen geholfen werden konnte.

Gleichzeitig wurden Mitarbeiter mit technischen Kenntnissen stark beansprucht, weil sie nach erfolgreich geleisteter Hilfe einem breiten Publikum schnell bekannt wurden, so dass die zeitliche Inanspruchnahme in diesem meist von der eigentlichen Aufgabe abweichenden Bereich immer größer wurde und zur Unzufriedenheit führte.

2.3 Einführung und Positionierung

Um eine komplexe IT-Landschaft, wie sie an der TU München vorhanden ist, erfolgreich zu betreuen, musste die Positionierung des IT Service Desks als „Single Point of Contact", kurz „SPOC", sichergestellt werden. Nach ITIL bedeutet dies, dass eine zentrale Anlaufstelle aller Benutzer der IT-Dienste für jede Art von IT Service (Service Requests oder auch Störungen) geschaffen werden musste. Dabei ist wichtig zu beachten, dass nicht primär die technischen Fähigkeiten der Mitarbeiter im IT Service Desk, sondern vielmehr ihre Kundenorientierung ausschlaggebend für dessen erfolgreichen Aufbau sind[5].

Um die Positionierung als SPOC voranzutreiben, wurden einige Maßnahmen in Angriff genommen:

- Im Bereich der gesamten TUM wurden Plakate und Flyer verteilt.Der Flyer wurde zudem in „TUMCampus" (Das Magazin der TU München, 2. Ausgabe 2008) abgedruckt (s. Abbildung 1).
- Die Studienanfänger wurden bei der Erstsemesterbegrüßung vom Präsidenten der TUM darauf hingewiesen, sich bei technischen Problemen an den IT Service Desk zu wenden.

Abb. 1 Flyer und Plakat des IT Service Desks; Grafik: Florian Stützer

- Die Studenten erhielten 2007 die Kontaktinformationen über den IT Service Desk auf USB Sticks.
- Die bearbeiteten Anfragen erhielten eine Aufforderung an den Kunden, bei neuen Problemen wieder denselben Lösungsweg zu wählen.
- Die Fachschaften der verschiedenen Fakultäten erhielten Informationen über die neue Anlaufstelle.
- Parallel dazu forderten die Teilprojekte des IntegraTUM z. B. bei eigenen Informationsveranstaltungen dazu auf, Incidents ausschließlich an den Service Desk zu adressieren.

All diese Maßnahmen förderten den Bekanntheitsgrad und führten zu einer steigenden Anzahl von Incidents im IT Service Desk.

2.4 Tool, Struktur und Prozesse

Der Aufbau erforderte zunächst die Auswahl eines Software-Tools sowie einen strukturierten Aufbau und Definition der ablaufenden Prozesse.

Bei der Auswahl des Tools fiel die Entscheidung auf das OTRS (Open Ticket Request System). Die Wahl des Systems wurde dadurch begünstigt, dass OTRS schon an einigen Organisationseinheiten der TUM verwendet wurde. Nach einer erfolgreichen Testphase, die an der Fakultät für Physik, am Leibnitz Rechenzentrum als Service Provider und mit einigen studentischen Administratoren durchgeführt wurde[6], überzeugten zudem bei der endgültigen Entscheidung folgende Kriterien[7]:

- Lizenzkostenfreier Download der Vollversion
- Modular und webbasiert
- Geringer Einführungs- und Schulungsaufwand
- Einfach erweiterbar
- Weltweit 70.000 Installationen in 27 Sprachen

Mit der Einführung des OTRS-Systems begann der strukturierte Aufbau des IT Service Desks. Hauptaufgabe der Mitarbeiter war die Bearbeitung der Incidents. ITIL definiert ein Incident als eine nicht geplante Unterbrechung eines IT Service oder eine Qualitätsminderung eines IT Service[5].

Danach ausgerichtet, wurde ein 1st Level Support eingeführt, der den dezentral vorhandenen Supportstrukturen, die als 2nd und 3rd Level übernommen wurden, vorgeschaltet war.

Außerdem erwies sich OTRS als eine große Hilfe für die Organisation des Prozessablaufs. Es gibt einige OTRS-Mechanismen, die dafür sorgen, dass der definierte Bearbeitungsprozess zeitnah eingehalten werden kann. Ein Incident schlägt im 1st Level auf und wird in einer übersichtlichen, nach Datum sortierten Liste dargestellt. Alle Mitarbeiter im 1st Level haben die Möglichkeit, auf diese Liste zuzugreifen, wobei eine doppelte Beantwortung desselben Incidents mit internen

Mechanismen verhindert wird. Da der Zugriff über einen Internetbrowser erfolgt, ist die örtliche Nähe der Mitarbeiter zueinander auch bei gleichzeitiger Bearbeitung nicht nötig, was wegen der drei Standorte der TUM sicherlich von Vorteil ist.

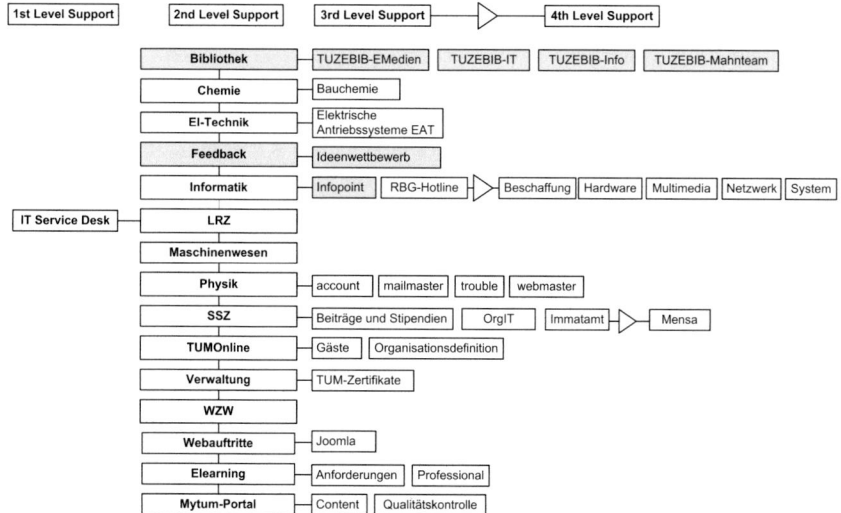

Abb. 2 Supportstruktur, Stand 07/09. Grau unterlegte Bereiche zeigen Queues, die für andere OTRS Nutzer nicht lesbar oder durchsuchbar sind. Eine Verschiebung der Tickets ist möglich.

In einigen wenigen Fällen kann es vorkommen, dass ein Incident nicht von allen Mitarbeitern bearbeitet werden kann oder soll, so z.B. wenn ein Supportmitarbeiter zusätzlichen telefonischen Kontakt mit dem Anfragenden hatte und deshalb über mehr Informationen verfügt. In solchen Fällen ist es möglich, das Ticket (übliche Bezeichnung für einen im System, das auch Ticketing System genannt wird, schriftlich erfassten Incident) für sich zu sperren oder es einem anderen 1st Level Mitarbeiter zuzuweisen. Somit verschwindet es aus der allen zugänglichen Liste.

Sollte es vorkommen, dass eine in OTRS eingestellte Zeit für die Bearbeitung der gesperrten Tickets überschritten wird (derzeit drei Tage), werden die Tickets wieder frei und erscheinen erneut in der gemeinsamen Ticket-Liste.

Eine große Hilfe bei der Bearbeitung bieten die so genannten Standardantworten. Darin sind die Lösungen für immer wieder vorkommende Incidents erhalten, womit sie einerseits als eine Wissensdatenbank und andererseits als schnelle Vorlage in der Bearbeitung der Tickets dienen, da sie als Textbausteine für die Antwort verwendet werden.

Der 1st Level als SPOC bietet einen zusätzlichen Mehrwert: Eine Häufung der Incidents zu einem bestimmten Thema deutet in der Regel darauf hin, dass es sich nicht um Einzelprobleme der Nutzer handelt, sondern dass ein Dienst der TUM fehlerhaft läuft. In vielen Fällen wird schon im 1st Level eine Lösungsmöglichkeit gefunden, ansonsten wird die zuständige Stelle informiert und gebeten, gefundene

Lösung wieder an den 1st Level zu melden, der wiederum die Beantwortung der gemeldeten Incidents übernimmt.

Die bisherigen IT-Dienstanbieter wurden als „Queues" (Mitarbeitergruppe mit tiefergehenden Fachkenntnissen in bestimmten Teilbereichen bzw. 2nd und 3rd Level) ins OTRS-System übernommen. Bei Incidents, bei denen der 1st Level eine Unterstützung technisch versierterer Kollegen des 2nd und 3rd Levels benötigt, wird das Ticket in die entsprechende Queue verschoben. Das OTRS-Ticket beinhaltet dabei nicht nur die konkrete Beschreibung des auftretenden Incidents, sondern auch eine eventuell vorhandene vorangegangene Kommunikation des 1st Levels mit dem Anfragenden zum beschriebenen Supportfall. Die Verantwortung und Beantwortung obliegt ab diesem Moment den Mitarbeitern des 2nd Level.

Ein einheitliches Auftreten der Supporteinheiten gegenüber den Nutzern, um den 1st Level als SPOC zu stärken, bleibt erhalten, weil das OTRS unter anderem die Möglichkeit bietet, die Signatur verschiedener Queues bei Bedarf gleich zu gestalten.

Incidents, die Dienstleister ansprechen, die (noch) nicht das OTRS benutzen, werden zwar aus dem OTRS weiter geleitet; die Dienstleister werden allerdings gebeten, die Lösung dem 1st Level zu übermitteln, um die Stellung als SPOC zu stärken.

Je mehr Bereiche dem zentralen IT Service Desk beitreten, desto einfacher wird die Bearbeitung der Incidents für dessen Mitarbeiter. Die so zunehmende Vernetzung und Erreichbarkeit des 2nd und 3rd Levels ermöglicht eine schnelle Antwortzeit des 1st Levels.

Beim Aufbau des IT Service Desks wurde deutlich, dass auch Bereiche außerhalb des ursprünglich vorgesehenen IT-Nutzerkreises (z.B. aus der Studentenverwaltung oder Bibliothek) auf der Suche nach einem System sind, das die Bearbeitung ihrer eigenen Anfragen erleichtert. Ihnen wurde das Mitbenutzen des OTRS-Systems ermöglicht, indem für sie jeweils eine eigene Queue eingerichtet wurde. Ihre Emailadressen, die als Kontaktadressen publiziert wurden, wurden mit OTRS verbunden, so dass alle Anfragen automatisch in die entsprechende Queue umgeleitet wurden. Aus Gründen des Datenschutzes wurden solche Queues teilweise für andere OTRS-Nutzer gesperrt und somit ein Lesezugriff verweigert. Einen deutlichen, nicht eingeplanten Zusatznutzen gab es dabei auch für den IT Service Desk: Zwar benötigen diese neuen Queues den 1st Level Support als Anlaufstelle für ihre eigenen Anfragen nicht, der 1st Level selber ist aber häufig bei der Lösungssuche auf ihre Hilfe angewiesen und kann die Tickets in die zuständige Queue verschieben und um Informationen oder Klärung bitten.

Aus diesen Gründen hat die Erweiterung des IT Service Desks auf der einen Seite zum Ziel, möglichst viele IT-Dienstanbieter im strukturierten und prozessorientierten IT Service Desk zu vereinen und auf der anderen Seite, möglichst viele der anderen, Nicht-IT-Dienste, zur Nutzung des gemeinsamen Tools zu bewegen.

Um dieser Aufgabe gerecht zu werden, ist wegen der Vielzahl und Komplexität der vorhandenen Dienste vor allem darauf zu achten, dass die Supportmitarbeiter kontinuierlich geschult werden und über aktuelle Informationen bezüglich eventueller Störungen oder geplanter Serverarbeiten oder Änderungen verfügen.

Um die Anzahl der Tickets aus dem 1st Level an den 2nd und 3rd Level möglichst gering zu halten und eine gleichbleibend hohe Qualität zu gewährleisten, werden an der TUM Schulungen des 2nd Levels für den 1st Level durchgeführt. Außerdem geht jeder Neuerung im unterstützten IT-Bereich eine Schulung des 1st Levels voraus.

Den ständig nötigen Informationsfluss aktuell zu halten, erwies sich als sehr schwierig. Deshalb wurde von der Leitung des IT Service Desks ein Supporttreffen ins Leben gerufen. Bedingt durch die Einführung des neuen Campusmanagementsystems, TUMonline, und dem damit verbundenen hohen Informationsbedarf, wird dieses Treffen derzeit wöchentlich abgehalten. Die Teilnehmer stammen aus verschiedenen Bereichen der TUM und repräsentieren die Queues mit dem höchsten Supportaufwand. Besprochen werden Entwicklungen und Änderungen in einzelnen Bereichen. Die Ergebnisse werden protokolliert und in einer Infomail an alle Mitarbeiter im 1st Level weiter gegeben.

3 Datenschutz

Die Bearbeitung von Incidents erfordert häufig die Erhebung personenbezogener Daten. So ist z.b. zur Herausgabe einer LRZ-Kennung zur eindeutigen Identifikation und Zuordnung des Anfragenden die Angabe des Geburtsdatums nötig. Die Daten werden in OTRS gespeichert. Dieser Umstand macht eine datenschutzrechtliche Freigabe des Systems erforderlich, durch die sich der IT Service Desk und die Nutzer des Systems verpflichten, die erhobenen Daten vertraulich zu behandeln[2]. Zusätzlich werden die Queues mit vertraulichen Inhalten so geschaltet, dass sie für Bearbeiter aus anderen Queues nicht einsehbar sind. Die Löschung der erhobenen Daten erfolgt nach drei Jahren.

4 Dienstvereinbarung über den Einsatz von OTRS

Wie schon beschrieben, vereinfacht die Nutzung von OTRS die Bearbeitung der Incidents im 1st Level Support, z.B. durch eine Speicherung der Kommunikationshistorie oder Möglichkeit eines erneuten Zugriffs auf versendete Antworten. Das OTRS bietet aber viel mehr Möglichkeiten. So wäre es z.B. möglich, zu jedem bearbeiteten Ticket den nötigen Zeitaufwand zur Bearbeitung erfassen zu lassen.

Zum Schutz der Beschäftigten, die das OTRS nutzen, wurde eine Dienstvereinbarung mit dem Personalrat der TUM abgeschlossen. Damit wird die Nutzung der Daten zur Leistungskontrolle ausgeschlossen und der unzulässige Gebrauch personenbezogener Daten untersagt[3].

5 Dienstleistungen des Service Desks

Der 1st Level Support (it-support@tum.de) ist derzeit neben der Weiterleitung von Tickets an den 2nd Level hauptsächlich für folgende Dienstleistungen zuständig:

- E-Learning, technische Fragen
- Passwortrücksetzung
- PIN Vergabe
- Accountfragen
- Intranetzugang
- Zentrale Nutzerkennungen (LRZ-Kennung, mytum-Kennung, MWNID)
- Eintrag in die Gästeverwaltung
- Online Bewerbung
- Einrichtung eines Zugangs zum Projektspeicher
- Exchange-Fragen
- Werbung für Dienstleistungen (als Teil der Signatur)

Die Zahl der Incidents in einzelnen Bereichen variiert ständig und ist an aktuelle Ereignisse an der TUM gebunden. So steigen z.B. am Anfang eines jeden Semesters die Incidents aus den Bereichen Elearning und Accounteinrichtung. Die im Mai 2009 vollzogene Einführung von TUMonline, die auch eine Änderung bezüglich der Einrichtung eines neuen Mailaccounts mit sich brachte, war ab diesem Zeitpunkt das Hauptthema im Service Desk und führte zu einer deutlichen Steigerung der Incidents in diesem Bereich (s. Abbildung 3.)

Seit 2008 wird für alle Studienfachrichtungen der TUM die Möglichkeit einer Online Bewerbung angeboten. Die Bewerber werden angehalten, sich bei Problemen und Fragen an den IT Service Desk zu wenden. Dies führte zu einer Entlastung des in dieser Zeit normalerweise stark in Anspruch genommenen Immatrikulationsamts: Der 1st Level bearbeitet technische Incidents eigenständig, bereinigt doppelte Incidents sofort, weist auf wiederholte Incidents hin, sortiert die Incidents vor, verteilt sie auf entsprechende Immatrikulationsamt-Queues und unterstützt das Immatrikulationsamt bei weiteren, häufig wiederkehrenden Incidents, indem er die Bearbeitung selbst übernimmt. Die in der Abbildung 3 ersichtliche deutliche Steigerung der Incidents in den Monaten Juni und Juli 2008 und 2009 ist auf die zu dieser Zeit laufende Online Bewerbung der beiden Jahre zurückzuführen. Ein neues Accountbeendigungsverfahren und Einführung der Druckmöglichkeit für Studienpapiere bei den Studierenden erklären die weitere Erhöhung der Anfragen im August 2009.

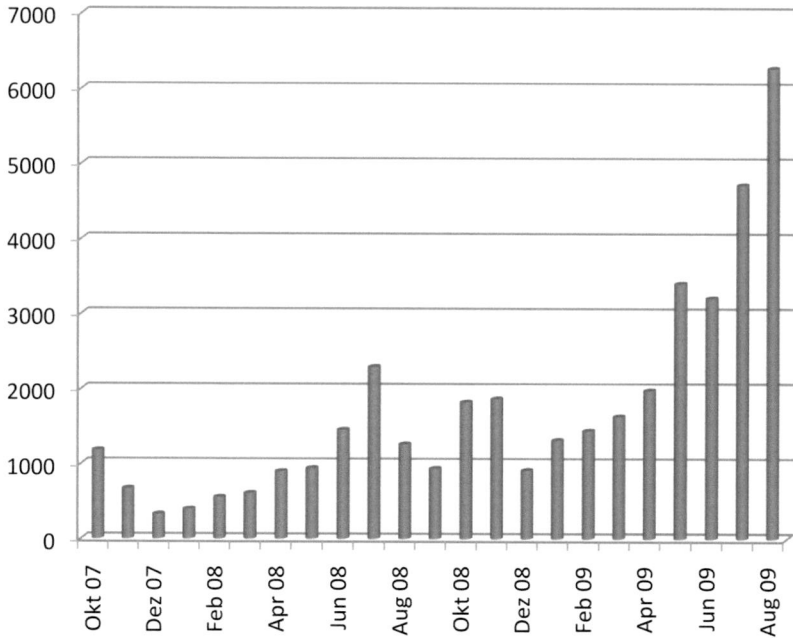

Abb. 3 Incidents-Entwicklung 10/07 bis 08/09 1st und 2nd Level; Tickets/Monat

6 Ressourcen und Öffnungszeiten

Im 1st Level Support arbeiten derzeit

- vier studentische Hilfskräfte (Gesamtstunden pro Woche: 46)
- eine Teilzeitkraft (wöchentlich 8-12 Stunden)
- eine Leitung (wöchentlich 25 Stunden).

Die Erweiterung des Mitarbeiterstabs ist geplant.
Derzeit sind etwa 190 Mitarbeiter als OTRS Nutzer eingetragen.
Der IT Service Desk ist per Mail, telefonisch und persönlich erreichbar.
Die Öffnungszeiten sind werktäglich 9.00-17.00 Uhr, wobei die persönlichen Sprechzeiten begrenzt sind und je nach Standort 3-4 Stunden pro Woche betragen.

7 Ausblick

Das Projekt IntegraTUM wird in Kürze abgeschlossen sein, der IT Service Desk bleibt als ein Teil der TUM weiterhin bestehen.

Der IT Service Desk wächst kontinuierlich. Es gilt, weitere dezentral arbeitende Dienstleister für eine einheitliche Plattform hinter einem gemeinsamen 1st Level Support zu gewinnen.

Dieses Ziel erfordert eine starke, auch finanzielle Unterstützung, ständige personelle Erweiterung, sowie Flexibilität bezüglich stets neu vorzufindender IT-Support-Situationen und der Umgestaltung der dazugehörigen notwendigen Prozesse. Vor allem aber müssen Änderungen in der IT-Umgebung der TUM zeitnah kommuniziert werden, um ein adäquates Antwortverhalten des IT-Sevice Desks gewährleisten zu können.

Dank des starken Rückhalts, den der IT Service Desk von verschiedenen Leitungsstellen der TUM während seiner Aufbauphase erfahren hat, bin ich zuversichtlich, dass die genannten ambitionierten Ziele erreicht werden können.

Literatur und Quellen

[1] Borgeest R, Bör A: Die IuK Strategie der Technischen Universität München Auf dem Weg zur Digitalen Hochschule In: Informationsinfrastrukturen im Wandel – Informationsmanagement an deutschen Universitäten, Verlag Bock & Herchen, 2007
[2] Datenschutzfreigabe Trouble-Ticket-System OTRS (nicht öffentlich zugänglich)
[3] Dienstvereinbarung über den Einsatz von Helpdesk-Systemen an der Technischen Universität München (nicht öffentlich zugänglich)
[4] HR1 der TU-München
[5] ITIL, IT Infrastructure Library, http://www.itil.org/; abgerufen am 27.07.2009
[6] Hommel W, Knittl S (2007): SERVUS@TUM: User-Centric IT Service Support and Privacy Management
[7] OTRS, Open source Ticket Request System, http://www.otrs.org; abgerufen am 27.07.2009
[8] Rank E in: Leistungsorientierte Hochschulsteuerung an der Technischen Universität München: http://www.hrk.de/de/download/dateien/A2_Rank.pdf; abgerufen am 27.07.2009

Aufbau von organisationsübergreifenden Fehlermanagementprozessen im Projekt IntegraTUM

Wolfgang Hommel, Silvia Knittl

Zusammenfassung Das Projekt IntegraTUM wird in enger Kooperation zwischen der Technischen Universität München (TUM) und dem Leibniz-Rechenzentrum (LRZ) durchgeführt. In diesem Projekt werden Dienste gemeinsam entwickelt, die nachhaltig vom LRZ betrieben werden sollen. Die damit verbundene Rezentralisierung erfordert auch eine enge Kooperation im Falle von technischen Störungen und Fehlern im Betriebsablauf bei diesen Diensten über die Organisationsgrenzen hinweg. Unsere Aktivitäten in diesem organisationsübergreifenden Fehlermanagement werden hier beschrieben.

1 Einleitung

Das Projekt IntegraTUM besteht aus der Technischen Universität München (TUM) und dem Leibniz-Rechenzentrum (LRZ) als kompetenten Projektpartner und IT-Dienstleister [1]. Im Rahmen dieses Projekts wurden zahlreiche innovative IT-Dienstleistungen für die Benutzer der TUM, wie z.B. ein zentraler Datenspeicher, eine zentrale E-Learning-Plattform sowie eine zentrale E-Maillösung geschaffen und in den Regelbetrieb überführt. Diese Dienste werden von den verschiedenen Organisationseinheiten innerhalb der TUM bzw. des LRZ bereitgestellt.

Damit die Anwender diese Dienste effizient benutzen können, ist es essentiell, dass im Falle von Störungen die zuständigen Bearbeiter benachrichtigt werden können. An der TUM wurde im Rahmen des Teilprojektes SERVUS@TUM eine mehrstufige Supportstruktur eingeführt, die in [2] vorgestellt wurde. Diese Struktur hat auf oberster Ebene (1st-Level) den sogenannten IT Service Desk. Auf den darunterliegenden Ebenen befinden sich als Spezialeinheiten neben den verschiedenen Dienstbetreibern der TUM auch das LRZ als primärer IntegraTUM-Projektpartner [6].

Allgemein ist Fehlermanagement der Prozess, der sich um das Management des gesamten Fehlerlebenszyklus kümmert [4]. Der Fehlerlebenszyklus umfasst die erstmalige Meldung und Erfassung einer Störung durch den IT Service Desk, deren objektive Priorisierung und Klassifizierung sowie das Lösen und Abschließen des jeweiligen Vorgangs.

Da im IntegraTUM-Projektumfeld sowohl die TUM als auch das LRZ am Fehlermanagement beteiligt sein müssen, ergibt sich die Notwendigkeit eines organisationsübergreifenden, formalen und effizienten Fehlermanagementprozesses. Die TUM und das LRZ haben für ihr internes Fehlermanagement bereits jeweils verschiedene technische Systeme und Werkzeuge zur Unterstützung der Abläufe eingeführt. An der TUM wird otrs (Open source Ticket Request System) verwendet [5], das LRZ verwendet bislang ARS Remedy und befindet sich in der Migrationsphase zu einem Produkt von IET Solutions. Bevor das inter-organisationale Fehlermanagement etabliert wurde, wurden die Anfragen primitiv per E-Mail zwischen TUM und LRZ versendet. Dieses Verfahren hatte die Nachteile, dass Anfragen schlecht nachverfolgt werden konnten, die Zuständigkeiten häufig nicht klar waren und Anfragen auch verloren gehen konnten. Aus diesem Grund wurde ein organisationsübergreifendes Fehlermanagement notwendig, welches auch eine technische Kopplung der vorhandenen technischen Systeme erforderte. Diese Kopplung wird nachfolgend beschrieben. Hierzu gehören zunächst prozessrelevante Aspekte, die in Abschnitt 2.1 vertieft werden. Nach einer Diskussion der technischen Komponenten in Abschnitt 2.2 werden schließlich noch organisatorische und fachliche Aspekte in Abschnitt 2.3 und Abschnitt 2.4 vorgestellt. In Abschnitt 3 fassen wir diesen Artikel zusammen und geben einen Ausblick auf weitere Aktivitäten.

2 Aspekte des inter-organisationalen Fehlermanagements in IntegraTUM

Die Einführung eines inter-organisationalen Fehlermanagements in IntegraTUM erfordert die Betrachtung von prozessrelevanten, technischen und organisatorischen Aspekten. Diese werden nachfolgend beschrieben.

2.1 Prozessrelevante Aspekte im inter-organisationalen Fehlermanagement

Im Allgemeinen sieht der Fehlermanagementprozess wie in Abbildung 1 darstellt aus.

Benutzer melden zunächst Störungen und Fehler an den IT Service Desk der TUM. Die Mitarbeiter dort sind zuständig für die Erfassung und Dokumentation des Vorfalls. Dazu wird das Werkzeug otrs verwendet. Es kann optional eine Priorisierung durch den Service-Desk-Mitarbeiter erfolgen und es wird im Rahmen der Aktivität Klassifizierung zugeordnet, welche Dienste die Fehlermeldung betrifft. Hierbei können Dienstleistungsvereinbarungen (Service Level Agreements (SLAs)) die notwendigen Inputs liefern (vgl. [3]). Sollten die Mitarbeiter des 1st-Level den Fehler nicht selbst lösen können, erfolgt eine sogenannte funktionale Eskalation, indem weitere Spezialisten konsultiert werden. Sollte sich diese funktionale Eskalation auf vom LRZ bereitgestellte Services beziehen, muss die Anfrage an das LRZ weitergeleitet werden. Ab hier ergibt sich eine Abweichung vom Prozess, wie er in Abbildung 1 dargestellt wird. Um zu vermeiden, dass der TUM-Service-Desk die Verantwortung im Gesamtprozess verliert, es ist jedoch notwendig, dass die Antwort des LRZ wieder an den TUM-Service-Desk gegeben wird.

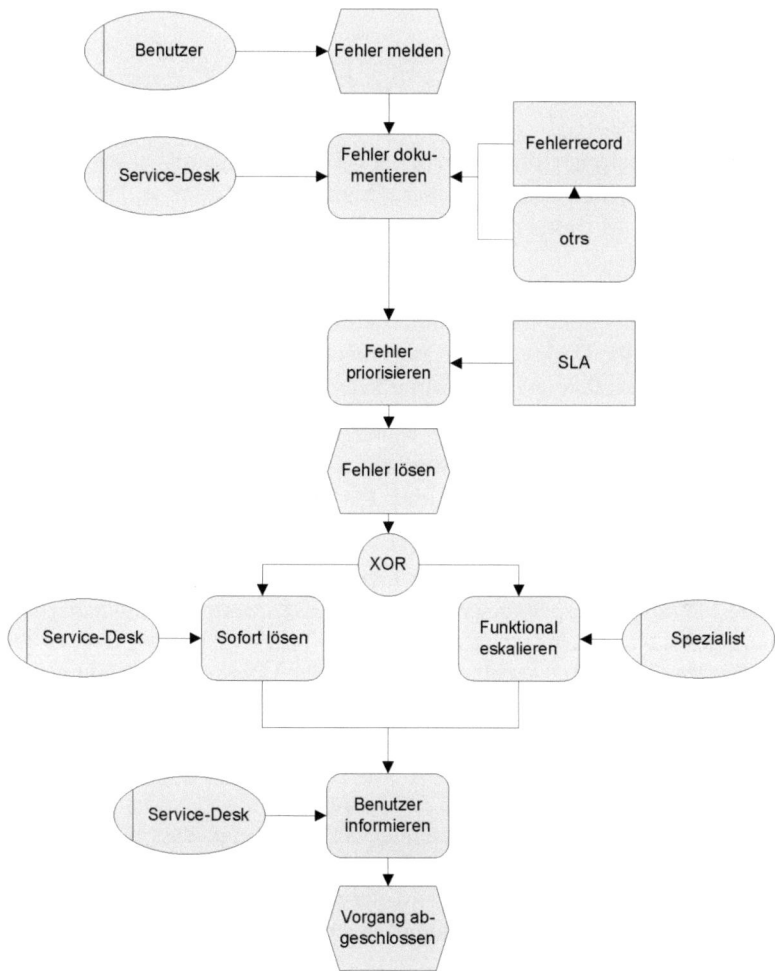

Abb. 1 Allgemeine Abfolge des Fehlermanagementprozesses

Die verwendeten Werkzeuge der TUM und des LRZ waren nicht von vornherein auf diesen Prozess ausgelegt; es wurden einige spezifische Erweiterungen durchgeführt. Diese werden im Folgenden erläutert.

2.2 Technische Aspekte im inter-organisationalen Fehlermanagement

Eine Anfrage des Service-Desks der TUM wird an das LRZ-System übergeben. Damit der dortige 1st-Level nicht jede Anfrage manuell abschreiben muss, wurde ein dediziertes, formales und einfach maschineninterpretierbares, die Benutzeranfragesemantik erhaltendes Austauschformat vereinbart; es erlaubt die automatische Übernahme von TUM-Tickets als LRZ-Ticket. Dieses Austauschformat beinhaltet folgende Attribute:

- Systemadresse, an die die TUM-Anfragen gesendet werden.
- LRZ-systemrelevante Attribute wie z.b. Serveradresse, Schema, oder Art der Aktivität.
- Anfragendenbezogene Attribute: Hierzu gehören Kontaktdaten wie Nachname und Vorname, Benutzerkennung und Benutzer-E-Mailadresse. Diese Attribute werden vom TUM-System meist automatisch aus den angebundenen Verzeichnisdienst ergänzt.
- Anfragebezogene Inhalte: Hierzu gehört die ursprüngliche Benutzeranfrage, das Datum der ursprünglichen Benutzeranfrage und eine Kategorisierung durch den TUM-Service-Desk. Diese Kategorisierung erleichtert die Zuteilung der Anfrage an die zuständigen LRZ-Mitarbeiter für die LRZ-Hotline-Mitarbeiter.

Wenn diese Anfrage an das LRZ weitergegeben wird, werden verschiedene Statusmeldungen automatisch vom dortigen System generiert und an das TUM-Ticketsystem zurückübermittelt. Zu diesen Statusangaben gehören:

- Ticket erzeugt: Die Meldung „Ticket erzeugt" verhindert, dass z.B. bei der Übertragung verloren gegangene Anfragen übersehen werden. Kommt keine solche Meldung innerhalb einer akzeptablen Zeitspanne als automatische Antwort auf das weitergeleitete Ticket, weiß der TUM-Mitarbeiter, dass es bei der Übertragung Probleme gegeben hat. Falls die Übertragung erfolgreich war, wird in dieser Statusmeldung zusätzlich die LRZ-Ticketnummer als Referenz für spätere Rückfragen mitgeliefert.
- Ticketantwort: In dieser Meldung erfolgt die Lösungsantwort des LRZ-Mitarbeiters zur Benachrichtigung des Anfragenden.
- Ticket geschlossen: In dieser Meldung wird angezeigt, dass der Vorgang am LRZ abgeschlossen wurde. Sollte diese Meldung ohne die vorherige Ticketantwort eingehen, so kann der TUM-Service-Desk-Mitarbeiter mit Hilfe der LRZ-Referenznummer den Vorgang nachverfolgen.

Neben der Anpassung der Prozesse und der Werkzeuge sind auch organisatorische Aspekte zu betrachten. Diese werden nachfolgend dargestellt.

2.3 Organisatorische Aspekte im inter-organisationalen Fehlermanagement

Das oben beschriebene inter-organisationale Fehlermanagement kann nicht umgesetzt werden, wenn nicht alle für den Prozess relevanten Stellen und Mitarbeiter aktiv involviert werden. Aus diesem Grund ist es notwendig, bei der Einführung und bei größeren Änderungen an der komplexen Infrastruktur die Mitarbeiter zu schulen und über aktuelle Entwicklungen auf dem Laufenden zu halten. Die Schulungen umfassen zum einen die Klärung der notwendigen Schritte im Prozess, aber auch die Methodik zur Bearbeitung der Anfragen in den verschiedenen Ticketsystemen. So erfordert die Weiterleitung der Anfragen von der TUM an das LRZ von den TUM-Mitarbeitern minimale manuelle Anpassungen ebendieser Anfragen, und auch auf der LRZ-Seite ist es erforderlich, dass die vorgegebene Prozedur exakt eingehalten wird, da sonst beispielsweise die Tickets der Systeme nicht automatisch gegenseitig zugeordnet werden können, wodurch wieder ein erhöhter manueller Interventionsbedarf entstehen würde. Regelmäßige Schulungen beider Parteien tragen somit effizient dazu bei, den Prozess des inter-organisationalen Fehlermanagements zu bilateraler Zufriedenheit umzusetzen.

2.4 Fachliche Aspekte im inter-organisationalen Fehlermanagement

In diesem Abschnitt werden fachliche Aspekte des inter-organisationalen Fehlermanagement zwischen TUM und LRZ weiter vertieft. Abbildung 2 stellt die funktionale Eskalation des allgemeinen Fehlermanagementprozesses (vgl. Abbildung 1) zwischen TUM und LRZ dar.

Benutzeranfragen, welche von der TUM an das LRZ weitergeleitet werden, stellen am LRZ selbst eine neue eigenständige Anfrage dar. Aus diesem Grund wird jede Anfrage im LRZ-Ticketsystem dokumentiert. Am LRZ gibt es schon einen etablierten Service-Desk, genannt LRZ-Hotline.

Die LRZ-Hotline benutzt zur Anfragebearbeitung das Werkzeug ARS Remedy. Dieses wurde schon vor Jahren am LRZ eingeführt und ist dort im Fehlermanagement etabliert. Im Rahmen der ISO 20000 Ausrichtung der IT Service Management Prozesse am LRZ, wird ARS Remedy gegen eine IT Service Management Suite von iET Solutions ausgetauscht werden. Diese Suite wurde nach einer LRZ-internen Evaluierung verschiedener Tools als am geeignetsten für das LRZ befunden.

Der Bearbeitungsprozess der Benutzeranfragen am LRZ ähnelt nun dem Prozess an der TUM. Die LRZ-Hotline prüft wiederum, ob sie die Benutzeranfragen selbst beantworten kann und antwortet dann dem IT Service Desk der TUM und nicht wie bisher am LRZ üblich, direkt an den originären Anfragestellenden. Sollte die LRZ-Hotline die Anfrage nicht selbst beantworten können, erfolgt wiederum eine funktionale Eskalation - dieses Mal innerhalb des LRZ an die zuständigen Spezialisten. Wenn diese die Anfrage bearbeiten und beantworten, erfolgt wiederum die Rückmeldung gemäß der Absprache zwischen TUM und LRZ an den IT Service Desk der TUM.

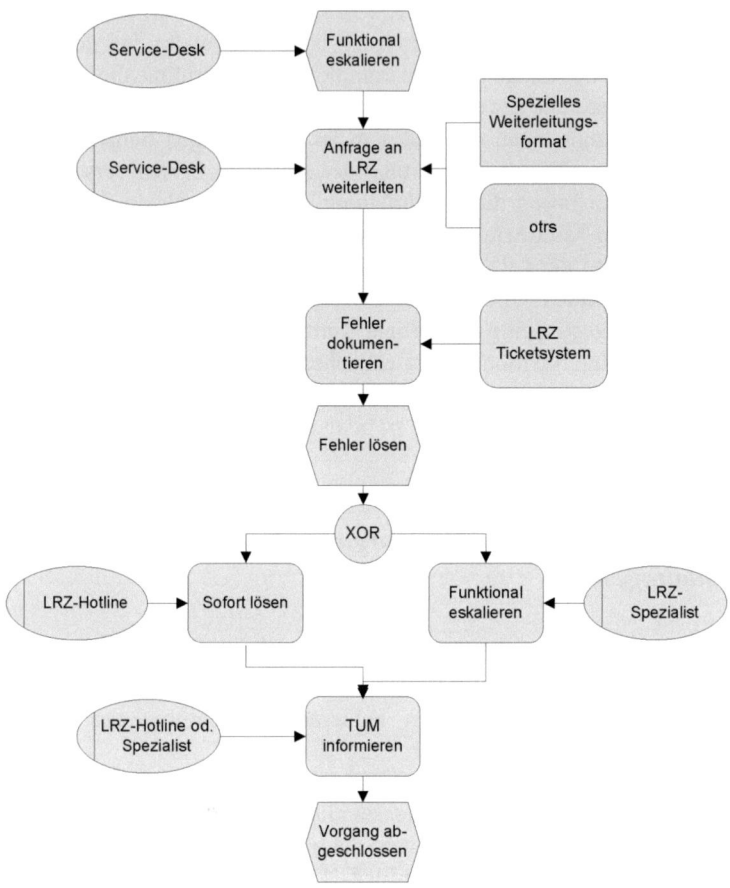

Abb. 2 Funktionale Eskalation zwischen TUM und LRZ

Der obige Ablauf beschreibt den Anfrageverlauf von Anfragen von der TUM zum LRZ. Sollten jedoch am LRZ Anfragen an die LRZ Hotline gestellt werden, die augenscheinlich die TUM betreffen, wurde die Vereinbarung getroffen, dass die LRZ Hotline den Benutzer an den IT Service Desk der TUM verweist.

In Abbildung 3 ist die Anzahl der geschlossenen Anfragen im IT Service Desk der TUM und der Anfragen, die von der TUM zum LRZ weitergeleitet worden sind, dargestellt. Es ist zu beachten, dass dies nicht die gesamtheitliche Anzahl von Anfragen am LRZ ist, da es lediglich die Anfragen von der TUM an das LRZ darstellt. Anfragen, die am LRZ direkt eingehen, werden in LRZ-eigenen Statistiken geführt. Die durchschnittliche Anzahl von Anfragen an das LRZ ist sehr stabil, während die Anfragen an der TUM generell einen starken Zuwachs aufweisen.

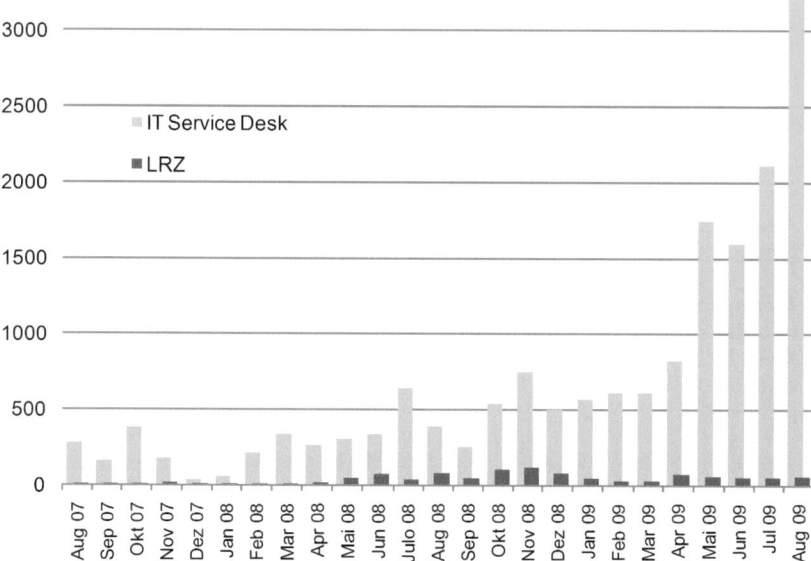

Abb. 3 Anzahl der geschlossenen Tickets der letzten zwei Jahre im IT Service Desk und LRZ

3 Fazit und Ausblick

Im IntegraTUM-Projekt wurde nicht nur eine technische Infrastruktur aufgebaut; vielmehr hatte das Ziel der Schaffung einer benutzerfreundlichen und integrierten IT-Infrastruktur auch umfassenden Einfluss auf die Geschäfts- und ITSM-Prozesse. In diesem Artikel haben wir den inter-organisationalen Fehlermanagementprozess zwischen TUM und LRZ beschrieben. Seine Einführung adressierte sowohl den Prozess als auch die Technik, insbesondere aber auch die Personen, die an einer effizienten Problemlösung beteiligt sind.

Als konkretes Ergebnis wurde dabei ein durchgängiges, integriertes Fehlermanagement zwischen TUM und LRZ erreicht, das sehr erfolgreich praktisch eingesetzt wird.

Dieses integrierte Fehlermanagement werden wir auch in Zukunft weiterentwickeln. So ist jetzt schon absehbar, dass die technische Schnittstelle aufgrund der Einführung des neuen ITSM-Werkzeugs am LRZ in Folge der voranschreitenden ISO/IEC-20000-Zertifizierungsaktivitäten angepasst werden muss. Desweiteren wird es notwendig, die ausgetauschten Daten anzupassen, wenn Dienstleistungsvereinbarungen, wie in einem anderen Artikel in diesem Band vorgestellt wird, eingeführt werden. In entsprechenden Dienstleistungsvereinbarungen sind diverse

Leistungsparameter, wie z.B. Reaktionszeiten oder Prioritäten, definiert. Diese müssen folglich bei der Ticketweitergabe ebenfalls ans LRZ übertragen werden, um z.B. zu vermeiden, dass eine hochpriore Benutzeranfrage vom LRZ versehentlich als niederprior eingestuft wird.

Literatur

[1] Borgeest, R., Bör, A.: Die IuK Strategie der Technischen Universität München - Auf dem Weg zur Digitalen Hochschule In: Informationsinfrastrukturen im Wandel. Informationsmanagement an deutschen Universitäten, Verlag Bock & Herchen, 2007
[2] Hommel, W., Knittl, S.: SERVUS@TUM: User-Centric IT Service Support and Privacy Management. In 13th International Conference of European University Information Systems (EUNIS 2007), Grenoble, Frankreich, Juni, 2007
[3] Knittl, S.: Einführung von Service Level Agreements an der Technischen Universität München. In: Bode, A., Borgeest, R. (Hrsg.): Informationsmanagement in Hochschulen, Springer-Verlag, Berlin, Januar, 2010
[4] ISO/IEC: ISO/IEC 20000-1 Information technology - Service Management - Part 1: Specification und 20000-2 Information technology - Service management - Part 2: Code of practice, 2005
[5] OTRS: Open Ticket Request System, siehe: http://otrs.org/
[6] Vellguth, Karmela: Service Desk der TU München, In: Bode, A., Borgeest, R. (Hrsg.): Informationsmanagement in Hochschulen, Springer-Verlag, Berlin, 2010

Unterstützung der IT-Service-Management-Prozesse an der Technischen Universität München durch eine Configuration-Management-Database

Silvia Knittl

Hochschulprozesse in Lehre und Verwaltung erfordern durch die steigende Integration und IT-Unterstützung ein sogenanntes Business Alignment der IT und damit auch ein professionelleres IT-Service-Management (ITSM). Die IT Infrastructure Library (ITIL) mit ihrer Beschreibung von in der Praxis bewährten Prozessen hat sich zum de-facto Standard im ITSM etabliert. Ein solcher Prozess ist das Konfigurationsmanagement. Es bildet die IT-Infrastruktur als Konfigurationselemente und deren Beziehungen in einem Werkzeug, genannt Configuration Management Database (CMDB), ab und unterstützt so das ITSM. Dieser Bericht beschreibt die Erfahrungen mit der prototypischen Einführung einer CMDB an der Technischen Universität München.

1 Einleitung

Die Technische Universität München (TUM) besteht aus 13 Fakultäten und zentralen Einrichtungen wie z.B. Verwaltung oder Bibliothek. Diese Organisationseinheiten befinden sich entweder an einem der drei Hauptstandorte der TUM in München, Garching bei München oder Weihenstephan oder an einem der kleineren Nebenstandorte. Jede dieser Organisationseinheiten kann prinzipiell eigene Informationssysteme betreiben. Somit ist die IT-Infrastruktur der TUM geprägt von organischem Wachstum und vielen dezentralen Einheiten. Ein Teil der IT der TUM ist an das Leibniz-Rechenzentrum (LRZ) ausgelagert. Abbildung 1 stellt in einer so genannten ClusterMap einen kleinen Ausschnitt der IT-Infrastruktur der TUM und des LRZ dar. Eine ClusterMap ist eine Softwarelandkarte zur Unterstützung des Managements von Unternehmensarchitekturen (Enterprise Architecture Management) [9].

Dieser Ausschnitt in Abbildung 1 bezieht sich vor allem auf diejenigen Dienste, welche u.a. Schnittstellen zum zentralen Verzeichnisdienst haben [3]. Die ClusterMap zeigt hier die jeweilige Organisation und die Informationssysteme, für die diese Organisation verantwortlich ist. Der zentrale Verzeichnisdienst wurde im Rahmen des Projektes IntegraTUM aufgebaut und wird für die TUM am LRZ betrieben [2].

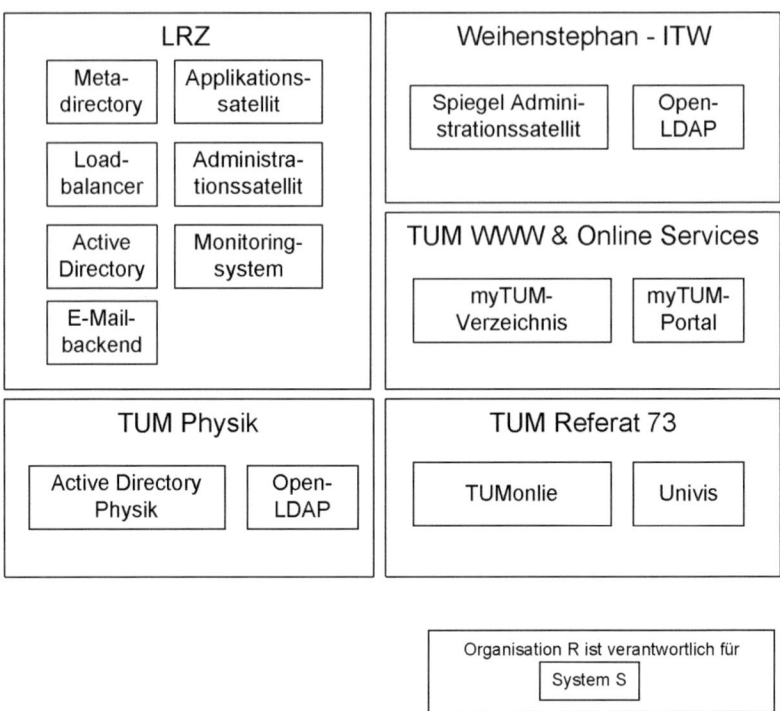

Abb. 1 ClusterMap: Auszug verschiedener IT-Systeme der TUM und ihrer Verantwortlichkeiten nach [4]

Diese auf die verschiedenen Organisationseinheiten verteilte IT-Infrastruktur bedeutet eine Herausforderung sowohl für die Benutzer als auch für das Management. Ein Ziel des Projektes IntegraTUM war die Einführung einer benutzerfreundlichen und nahtlosen IT-Infrastruktur. Die Etablierung des IT Service Desks im Rahmen dieses Projektes ermöglicht nun für die Benutzer einen einheitlichen Zugangspunkt bei Fragen zur Nutzung oder Problemen mit der Nutzung der IT. Die Benutzer haben es seither an der TUM wesentlich einfacher, mit der IT Kontakt aufzunehmen [5]. Nun ist es jedoch die Aufgabe der jeweiligen Mitarbeiter des IT Service Desks, sich in der komplexen IT-Landschaft zu Recht zu finden. Somit hat sich die Problematik der Komplexität verlagert von den Benutzern zu den Mitarbeitern des IT Service Desks. Ihre Aufgabe ist es, bei jeder Benutzeranfrage herauszufinden, auf welchen Dienst sich die Anfrage bezieht, wer diesen Dienst betreibt und welche Zusammenhänge bestehen, bei z.B. Datenflüssen. Hierfür hat der IT Service Desk derzeit keine geeignete Werkzeugunterstützung.

Die zunehmenden Rezentralisierungsfortschritte im Rahmen des Projektes IntegraTUM haben einiges vereinfacht. So konnten etwa durch den Aufbau des zentralen Verzeichnisdienstes und einer zentralen Speicherlösung am LRZ sowohl das Know-how als auch die Ressourcen dort gebündelt werden. Von dieser Bündelung werden auch die anderen Hochschulen im Münchner Raum profitieren. Allerdings bestehen an der TUM weiterhin viele dezentrale Dienste fort und die Schnittstellen zu diesen Diensten sind zu definieren. Aus diesem Grund ergibt sich für das IT Service Management an der TUM weiterhin die Herausforderung, wie diese Komplexität der IT-Infrastruktur geeignet gemanagt werden kann. Nachfolgend wird ein Ansatz zur Lösung dieser Herausforderung mittels eines zweckmäßigen Werkzeugeinsatzes vorgestellt.

In der Praxis hat sich im ITSM die so genannte IT Infrastructure Library (ITIL) durchgesetzt. Sie ist eine Sammlung von bewährten Methoden im ITSM und gibt dem IT Service Manager einen Leitfaden zur Hand, wie ein professionelles IT Service Management am besten umzusetzen ist. Im Rahmen des IT Service Management Forums, ein eingetragener Verein, der eine Plattform zum Wissensaustausch bietet, beschäftigt sich die Arbeitsgruppe „IT Service Management an Hochschulen" mit den hochschulspezifischen Eigenheiten bei der Adaption von IT Service Management Rahmenwerken. ISO/IEC 20000 (ISO20k) ist ein internationaler Standard im ITSM, welcher in wesentlichen Teilen auf der ITIL basiert. Die ISO20k besteht aus zwei Teilen. Der erste Teil beschreibt, welche Mindestanforderungen für ein nach ISO20k zu zertifizierendes Unternehmen gelten. In Teil 2 wird dargestellt, welche Lösungen sich hierfür in der Praxis bereits bewährt haben oder als Grundlage dienen können [7]. Um das ITSM bei z.B. Planung von Änderungen oder Lösung von Störungen zu unterstützen, soll laut ISO20k eine so genannte Configuration Management Database (CMDB) die Daten über Konfigurationselemente (Configuration Items (CI)) und deren Beziehungen bereitstellen. Solche Konfigurationselemente sind z.B.: Sicherheitskomponenten, Informationssysteme, Software, Lizenzen, Dokumentationen uvm.

Der IT Service Desk der TUM setzt als Werkzeug OTRS (Open source Ticket Request System) ein [10]. Dieses beinhaltet in einer ITSM-Erweiterung eine CMDB, welche für unsere Zwecke zum Einsatz kam und in diesem Artikel beschrieben wird. Nachfolgend werden die Schritte bei der prototypischen Einführung einer CMDB an der TUM beschrieben; diese umfassen u.a. die Analyse der Ausgangslage und das Ableiten von Anforderungen an eine CDMB. Weiterhin erfolgt in Abschnitt 2.3 die Beschreibung der notwendigen Schritte bei der technischen Umsetzung, ehe in Abschnitt 3 eine Zusammenfassung und ein Ausblick auf weitere Aktivitäten erfolgt.

2 Umsetzung

Dieser Abschnitt stellt das Vorgehen bei der Einführung einer CMDB an der TUM dar. Nachdem es im ersten Schritt zu aufwändig gewesen wäre, die Anforderungen für die komplette IT der TUM zu erheben, wurde entschieden, die Anforderungsanalyse zunächst nur mit einem Projektpartner durchzuführen. Das Vorgehen ist hierbei so generisch gewählt, dass sich weitere Ergänzungen, welche sich aus Anforderungen der anderen Stakeholder ergeben würden, einfach umgesetzt werden können. Notwendige Schritte zur Einführung des CMDB-Prototypen waren zunächst eine Analyse der Ausgangslage, das Ableiten von Anforderungen an eine CMDB und die technische Umsetzung. Diese Aufgabe erfolgte exemplarisch in enger Zusammenarbeit mit der Fakultät für Physik als IntegraTUM-Projektpartner. Dort wurden speziell die Anforderungen aus dem Bereich Netz- und Systemmanagement betrachtet [11].

2.1 Analyse der Ausgangslage

Das Management der Netz- und Systeminfrastruktur an der Fakultät für Physik benötigt verschiedenartige Informationen, um effizient und effektiv arbeiten zu können. So muss etwa bekannt sein, welche Netzanschlüsse in den verschiedenen Räumen vorhanden sind, wer für die Switch-Konfiguration zuständig ist oder wie die verschiedenen logischen Verbindungen zwischen den Netzkomponenten gestaltet sind.

Diese Informationen sind zwar vorhanden, allerdings ergab unsere Analyse, dass diese in verschiedenen Datenquellen abgespeichert sind. So wird ein Teil der Informationen lokal an der Physik in einem eigenentwickelten Werkzeug gesammelt. Ein weiterer Teil der für das Management notwendigen Daten befindet sich in einem Werkzeug am LRZ, genannt Netzdoku. Die oben beschriebene dezentrale IT-Infrastruktur an der TUM spiegelt sich auch wieder bei den für das ITSM relevanten Informationen. Diese sind verteilt auf verschiedene dezentral vorhandene Werkzeuge. Anforderungen, welche sich aus dieser Situation für eine CMDB an der TUM ableiten lassen, werden nachfolgend dargestellt.

2.2 Anforderungen an eine CMDB

Die Analyse der Ausgangslage ergibt die Notwendigkeit, dass die verschiedenen bestehenden Datenquellen berücksichtigt werden. Eine doppelte Pflege von Informationen in den vorhandenen Werkzeugen und zusätzlich in der CMDB wäre nicht effizient. Weiterhin ergibt sich hieraus die Anforderung, dass die verschiedenen bestehenden Datenquellen in geeigneter Weise angebunden werden müssen, da eine Mehrfachpflege der notwendigen Informationen in allen vorhandenen Werkzeugen nicht wünschenswert ist.

Eine CMDB, welche den Ansprüchen des Netz- und Systemmanagements der TUM-Physik genügt, soll weiterhin folgende Informationen beinhalten: Organisationsinformationen wie z.B. Räume, Institute, netzbezogene Informationen wie z.B. Netzkomponenten, sonstige Informationen wie etwa Software- oder Hardware-Information. Die CMDB sollte ebenso Beziehungen zwischen Konfigurationselementen, wie etwa die Beziehung zwischen (Netz-)Komponenten zu physischen Ports oder die Beziehung zwischen Räumen und Gebäuden, widerspiegeln. Solche 1:n Beziehungen hat etwa das Netz selbst, welches in verschiedenen

VLAN (Virtual Local Area Network) unterteilt sein kann, eine Netzkomponente, wie ein Switch, welcher mehrere Ports besitzt, oder ein Gelände, welches aus mehreren Gebäude besteht.

Die Modellierung der benötigten Informationen erfolgte in einem Informationsmodell, welches auszugsweise in Abbildung 2 dargestellt ist. Aus dem Vergleich der benötigten Konfigurationselemente aus unserem Informationsmodell mit den vorhandenen Konfigurationselementen im Datenbankmodell von OTRS resultiert die Anforderung, dass die Datenbank von OTRS erweitert werden muss, um unser Informationsmodell geeignet abbilden zu können.

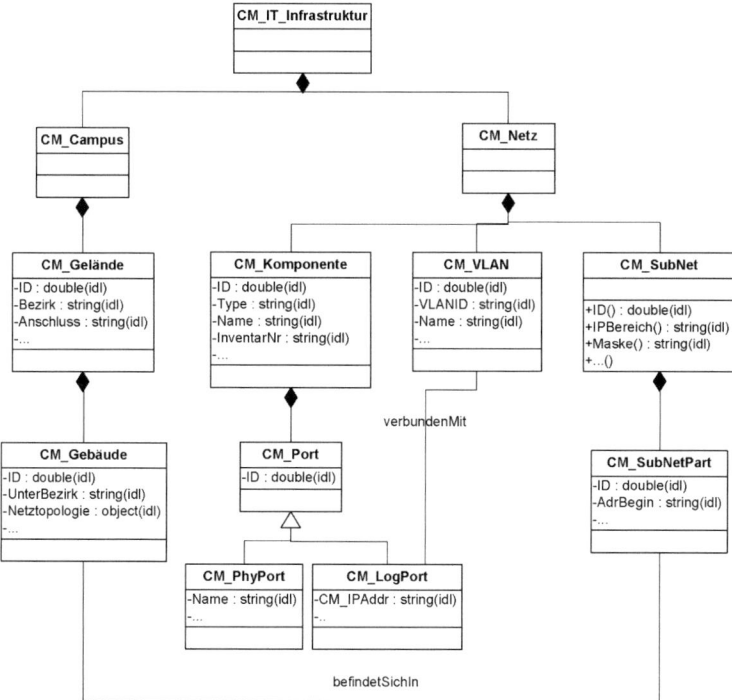

Abb. 2 Kleiner Ausschnitt des resultierenden Informationsmodells aus [11]

Für die technische Umsetzung, welche im nachfolgenden Abschnitt beschrieben wird, ergeben sich somit die Anforderungen der Abbildung des Informationsmodelles der TUM in OTRS und der geeigneten Anbindung der bestehenden Werkzeuge.

2.3 Technische Realisierung

Die technische Umsetzung erfolgte als Prototyp auf einer Standardinstallation der Version 2.4.4 von OTRS mit den ITSM-Erweiterungen. Die hierfür notwendigen Vorbereitungen sind unter [11] beschrieben. Ehe die CMDB von OTRS für die TUM verwendet werden kann, muss das TUM-spezifische Informationsmodell in OTRS abgebildet werden. Das Werkzeug OTRS selbst bietet als Standard die vier Konfigurationselemente des folgenden Typs an: Computer, Software, Hardware und Network. Diese jedoch sind alleine für unsere Zwecke nicht ausreichend detailliert genug, wie ein Vergleich mit den Konfigurationselementen im erstellten Informationsmodell zeigt (vgl. Abbildung 2). Aus diesem Grund wurden eigene Konfigurationselementtypen wie z.b. VLAN oder Router eingeführt und deren Eigenschaften definiert. Abbildung 3 zeigt die Erweiterung in OTRS um ein Konfigurationselement mit dem Typ VLAN. Dieser Konfigurationselementtyp ist standardmäßig nicht in OTRS vorhanden und musste deshalb eigens im System konfiguriert werden. Wie aus der Abbildung 3 ersichtlich ist, bietet OTRS für solche Aufgaben eine einfach zu bedienende grafische Benutzerschnittstelle an.

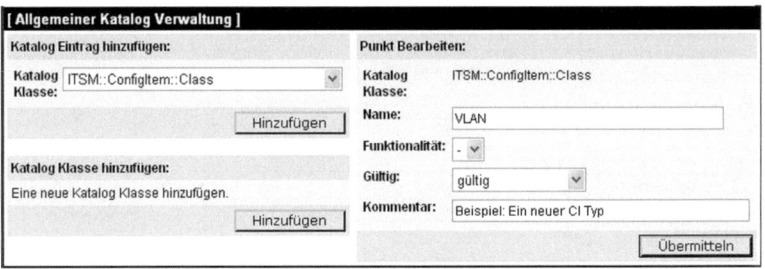

Abb. 3 Erweiterung von Konfigurationselementen in OTRS aus [11]

Für die Abbildung unseres Informationsmodelles in der Datenbank ist es weiterhin notwendig, die Beziehungen der verschiedenen Konfigurationselemente durch geeignete Primär- und Fremdschlüsselbeziehungen abzubilden. Ein Ausschnitt des resultierenden Datenmodells in OTRS ist in Abbildung 4 ersichtlich.

Nachdem es das Ziel war, die bestehenden Datenbanken in der Physik und am LRZ anzubinden, wurde für den Datenaustausch zwischen OTRS und den bestehenden Datenbanken der vorhandenen Werkzeuge ein Exportmechanismus entwickelt. Dieser Austauschmechanismus erfordert auch eine Erweiterung der bestehenden Datenbanken. Hier wurde mit Hilfe von Kennzeichnungsmechanismen (Flags) für u.a. das Datum des letzten Abgleichs verhindert, dass dieselben Daten bei jedem Datenaustauschprozess wiederholt exportiert werden. Dieser Mechanismus gewährleistet ein effizientes Exportieren der Daten.

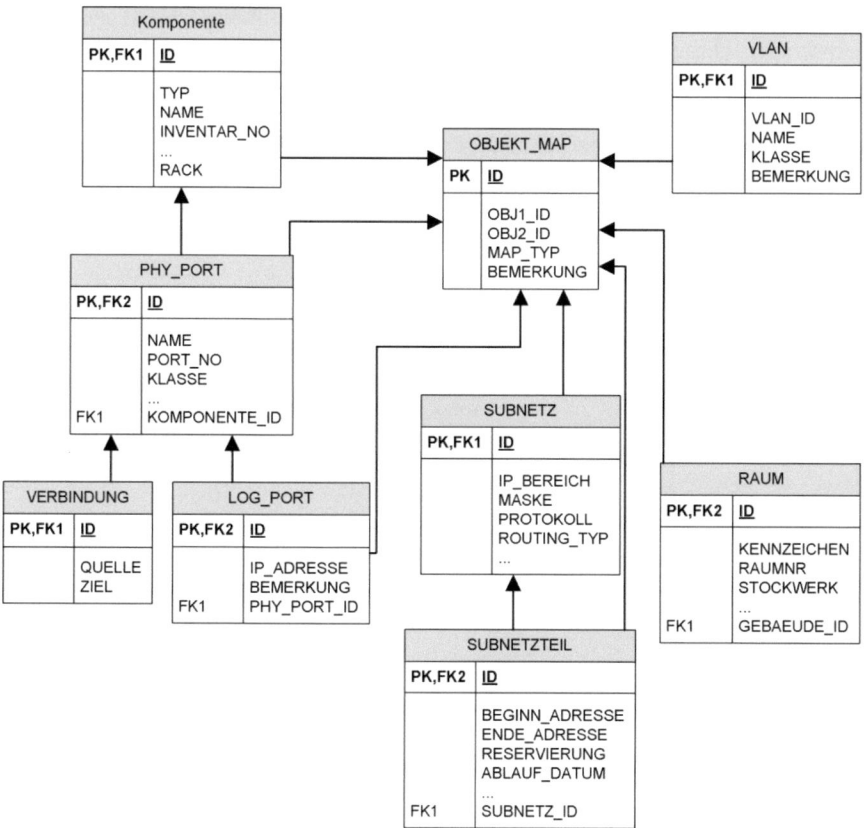

Abb. 4 Ausschnitt des TUM-spezifisches Datenmodells in OTRS aus [11]

Weiterhin wurde für den Datenaustausch ein Austauschschema in XML (Extensible Markup Language) definiert. Das gewährleistet die Unabhängigkeit von der jeweiligen technischen Realisierung der Quelldatenbanken. Dadurch ist dieser Austauschmechanismus auch in der Zukunft einsetzbar, wenn neue Werkzeuge angebunden werden sollen, wie z.B. weitere Datenquellen außerhalb der Physik oder neue Werkzeuge am LRZ.

Um diese exportieren Daten nun in die CMDB von OTRS einzupflegen, wurde ein Importmechanismus entwickelt. Bei der zu erwartenden hohen Anzahl von Importvorgängen ist eine manuelle Pflege dieser Daten viel zu aufwändig. Der bestehende Importmechanismus in OTRS auf Basis von kommaseparierten Dateien (csv-Dateien) wurde nicht verwendet, sondern es wurde ein XML-Importmechanismus entwickelt. Dieser erlaubt gegenüber csv-Dateien eine höhere Flexibilität, was z.B. Änderungen der Reihenfolge der Inhalte in der Importdatei betrifft.

Abbildung 5 zeigt schematisch die Datenflüsse der technischen Realisierung. Von einer Datenquelle, im Bild als Management-Data-Repository (MDR) bezeichnet, werden per Exportmechanismus die entsprechenden Daten in eine XML-

Datei exportiert. Diese XML-Datei wird dann wiederum in die CMDB von OTRS importiert. Dieser Vorgang kann beliebig oft wiederholt werden und ist automatisierbar. In diesem Stadium wurde lediglich die Datenflussrichtung von den MDR zur OTRS-CMDB berücksichtigt, da davon ausgegangen wurde, dass die bestehenden autonomen Datenquellen nicht abgelöst werden und die Daten jeweils dort gepflegt werden. Nachdem nicht auszuschließen ist, dass weitere Stakeholder an der TUM auch die Anforderung nach der Gegenrichtung des Datenflusses, also von der OTRS-CMDB zu den MDR benötigen, wird dieses in weiterführenden Arbeiten betrachtet werden.

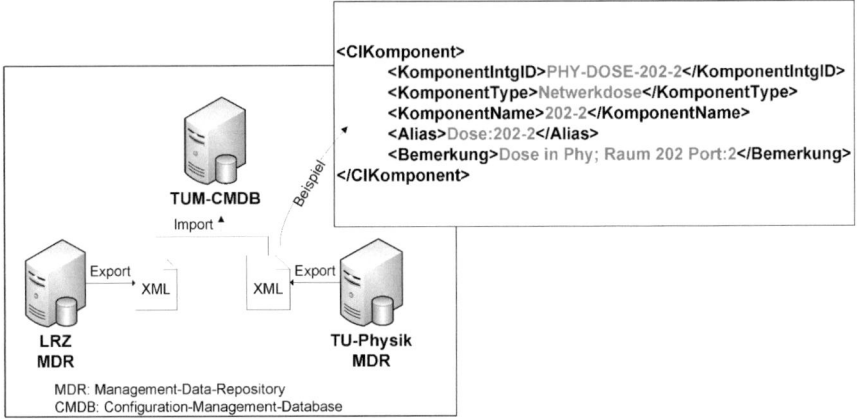

Abb. 5 Realisierte Architektur und XML-Export-Beispiel

In diesem Abschnitt haben wir gezeigt, dass die Einführung einer CMDB mit dem an der TUM vorhandenen Werkzeug OTRS mit wenigen Anpassungen möglich ist. Im nachfolgenden letzten Abschnitt werden ein Fazit und ein Ausblick auf weitere notwendige Aktivitäten im ITSM der TUM gegeben.

3 Fazit und Ausblick

Im Rahmen dieser Arbeit haben wir dargestellt, dass für ein effektives und effizientes Netz- und Systemmanagement bzw. IT-Service-Management an der TUM dem Management die relevanten Informationen in geeigneter Weise zur Verfügung gestellt werden müssen. Da es an der TUM in der Vergangenheit keine integrierte Lösung gab, wurden in den verschiedenen Organisationseinheiten eigene Lösungen entwickelt. Mit unserer Verwendung der CMDB im Rahmen des bereits an der TUM eingesetzten Werkzeuges OTRS haben wir demonstriert, dass die Einführung einer CMDB an der TUM technisch machbar ist. Es ist hier sogar möglich, vorhandene dezentral bestehende Werkzeuge und Datenquellen effektiv anzubinden, indem der hier vorgestellte Export- und Importmechanismus auf XML-Basis verwendet wird.

In weiterführenden Arbeiten planen wir, die CMDB von OTRS mit Visualisierungsmöglichkeiten auszustatten. Die abgebildete Infrastruktur ist derzeit in OTRS in Form von eher textuellen Auflistungen einsehbar. Weniger technisch versiertes Personal möchten wir mit einer visuellen Darstellung, wie sie in Abbildung 1 gezeigt wurde, unterstützen. Des Weiteren planen wir, die technische Schnittstelle von OTRS zu anderen Werkzeugen an die von der CMDB Federation Workgroup vorgeschlagenen Standard anzupassen [1]. In dieser Arbeitsgruppe haben sich verschiedene Hersteller zusammengeschlossen, um ITSM-relevante Daten aus verschiedenen Werkzeugen zugreifbar und austauschbar zu machen. Dadurch wird es in Zukunft mit OTRS noch einfacher, andere Werkzeuge anzubinden, die diesen Standard bereits unterstützen. Ein Konzept, welches hierbei die Sicherheit beim Zugriff auf die Daten gewährleistet, haben wir in [6] vorgestellt.

Die Anforderungen an eine CMDB in dieser Arbeit wurden auf die Bedürfnisse des Netz- und Systemmanagements der Fakultät für Physik, einem IntegraTUM-Projektpartner, ausgerichtet. Die hier vorgeschlagene technische Realisierung wurde jedoch so allgemein gehalten, dass es auch leicht möglich ist, die CMDB um weitere Anforderungen zu erweitern bzw. weitere Datenquellen anzubinden. Aus diesem Grund ist an der TUM folglich zu überlegen, welche weiteren dezentralen Organisationseinheiten bzw. IT-Dienstleister hier integriert werden können. Diese CDMB wurde im Rahmen eines Projektes eingeführt; weitere Überlegungen müssen in Zukunft gemacht werden, wer diese Einführung in einem geregelten Betrieb umsetzt und weiterpflegt, wenn notwendige Änderungen vorgenommen werden müssen. Hierzu gehören ein Betriebskonzept der CMDB und ebenso die Einführung des Prozesses des Konfigurationsmanagements an der TUM.

Die Norm ISO/IEC 20000 beschreibt im Teil 2 der in der Praxis bewährten Lösungen, dass ein Konfigurationsmanagement eng mit einem Änderungsmanagement (Change Management) verknüpft sein soll, damit geplante Änderungen auch strukturiert in der CMDB abgebildet werden und die Auswirkung von Änderungen vorab mit Hilfe der Informationen aus der CMDB abgeschätzt werden können. Da es derzeit kein formales Änderungsmanagement, wie in ISO/IEC 20000 beschrieben, an der TUM gibt, wäre die Einführung dessen sehr hilfreich für ein professionelles IT-Service-Management.

Wir haben die Einführung der CMDB an der TUM mit den Bedürfnissen des Netz- und Systemmanagements an der TUM motiviert. Allerdings kommt die Abbildung der IT-Infrastruktur in einer CMDB im Rahmen von OTRS nicht nur dem Netz- und Systemmanagement zu Gute, sondern der an der TUM bereits etablierte IT Service Desk mit seiner mehrstufigen Supportstruktur hat ebenfalls Vorteile durch die Einführung der CMDB. So können zukünftig Benutzeranfragen mit den Informationen der CMDB verknüpft werden. Das vereinfacht zum einen die Beantwortung der Anfragen, indem leichter die Services bzw. Dienstbetreiber und deren Zusammenhänge gefunden werden. Zum anderen ermöglicht es dem Management durch eine Analyse der Zusammenhänge von Benutzeranfragen zu bestehenden Konfigurationselementen Verbesserungspotential an der bestehenden Infrastruktur zu identifizieren.

Unsere gewonnenen Erkenntnisse und Erfahrungen im Bereich des IT-Service-Managements an der TUM werden in regelmäßigen Treffen im Rahmen des IT Service Management Forums im Arbeitskreis „IT Service Management in Hochschulen" mit anderen Hochschulen ausgetauscht [8].

Literatur

[1] Carlisle, Forest et. al.: CMDB Federation (CMDBf) – Committee Draft, Version 1.0b, 04 January 2008. Verfügbar online unter http://cmdbf.org/schema/1-0-0/CMDBf_v1.0b.pdf
[2] Borgeest, R., Bör, A.: Die IuK Strategie der Technischen Universität München – Auf dem Weg zur Digitalen Hochschule In: Informationsinfrastrukturen im Wandel. Informationsmanagement an deutschen Universitäten, Verlag Bock & Herchen, 2007
[3] Boursas, L., Ebner, R., Hommel, W., Knittl, S., Pluta, D.: IntegraTUM Teilprojekt Verzeichnisdienst: Identity & Access Management als technisches Rückgrat der Hochschul-IuK-Infrastruktur, in diesem Band
[4] Ciechanowicz, D., Donie, P., Tiede, R., Pravidur, T.: Modeling and Documentation of IntegraTUM's System Landscape. EAM – MiniProject am Beispiel TUM Verzeichnisdienst, http://wwwmatthes.in.tum.de/wikis/sebis/eam--mini-project, Juli, 2009
[5] Hommel, W., Knittl, S.: SERVUS@TUM: User-Centric IT Service Support and Privacy Management. In 13th International Conference of European University Information Systems (EUNIS 2007), Grenoble, France, Juni, 2007
[6] Hommel, W., Knittl, S.: An Access Control Solution For The Inter-Organizational Use Of ITIL Federated Configuration Management Databases, In 2008 Workshop of HP Software University Association (HP-SUA), Infonomics-Consulting, Hewlett-Packard, Marrakech, Morocco, Juni, 2008
[7] ISO/IEC: ISO/IEC 20000-1 Information technology – Service Management – Part 1: Specification und 20000-2 Information technology – Service management – Part 2: Code of practice, 2005
[8] ITSMF e. V.: IT Service Management Forum – IT Service Management in Hochschulen, siehe Website http://www.itsmf.de/
[9] Matthes, Florian: Softwarekartographie. In: Informatik-Spektrum, Vol. 31, No. 6, S. 527–536, Springer-Verlag, 2008
[10] OTRS: Open Ticket Request System, siehe online unter http://OTRS.org/
[11] Wenzhe, Xia: Evaluation des TUM-Trouble Ticket Systems als Ersatz für bestehende lokale Konfigurationsmanagementdatenbanken, Ludwig-Maximilians Universität München, Dezember 2009

Einführung von Service Level Agreements an der Technischen Universität München

Silvia Knittl

Zusammenfassung Im Hochschulumfeld wird durch die Einführung von Campus Management Systemen der Grad der IT-basierten Verwaltung weiter erhöht. Die resultierende Abhängigkeit wichtiger Geschäftsprozesse von der IT muss durch ein professionelles IT-Service-Management adressiert werden. Ein Prozess zum Management der verschiedenen Stakeholder ist das Dienstleistungsmanagement (Service Level Management). Seine Aufgabe ist es, die IT an den Bedürfnissen des Geschäftsumfeldes auszurichten. Ein Mittel, das hierfür verwendet wird, ist die Erstellung von Dienstleistungsvereinbarungen (Service Level Agreements). Dieser Artikel beschreibt die Aktivitäten im Dienstleistungsmanagement an der Technischen Universität München.

1 Einleitung

An der Technischen Universität München (TUM) haben die beiden Projekte IntegraTUM [2] und CM@TUM [11] die IT-Landschaft wesentlich geprägt. Im Rahmen des Projektes IntegraTUM wurden IT-Dienste zentralisiert und an den Projektpartner, das Leibniz-Rechenzentrum (LRZ), ausgelagert. So sind hier ein zentraler Datenspeicher, ein zentraler E-Maildienst und ein zentraler Verzeichnisdienst entstanden. Diese Dienste können von allen Benutzern der TUM verwendet werden. Der zentrale Verzeichnisdienst stellt eine umfassende Identity & Access Management (I&AM)-Infrastruktur bereit, welche wiederum von anderen IT-Diensten benutzt wird, um eine eigene Benutzerverwaltung einzusparen. Im Projekt CM@TUM wurde ein neues Campus Management System, genannt TUMonline, eingeführt. Dieses unterstützt auf technischer Ebene wichtige Hochschulprozesse im Bereich der Verwaltung und Lehre, wie etwa die Verwaltung des studentischen Lebenszyklus beginnend bei der Bewerbung bis zum Abschluss.

Als Resultat dieser beiden Projekte ergeben sich durch die Nutzung von TUMonline und der I&AM-Infrastruktur hoch integrierte Prozesse. Abbildung 1 zeigt vereinfacht die Beziehungen zwischen TUMonline und der I&AM-Infrastruktur des Authentifizierungsdienstes am LRZ. Aus dieser Integration ergibt sich allerdings auch die Abhängigkeit wichtiger Geschäftsprozesse der TUM, wie die Prüfungsanmeldung in TUMonline, von einer funktionierenden IT. Fällt etwa TUMonline oder der Authentifizierungsdienst aus, ist es den Benutzern nicht mehr möglich, sich zu Prüfungen anzumelden.

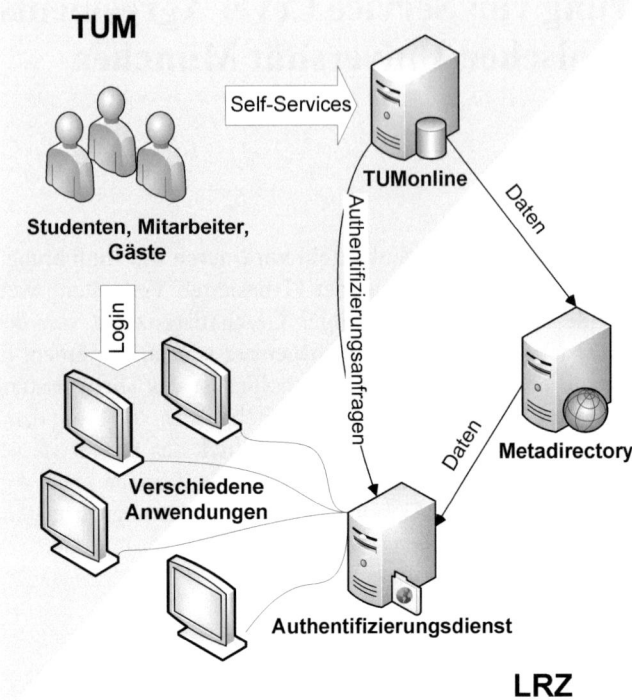

Abb. 1 Abhängigkeiten zwischen TUMonline und Authentifizierungsdienst, vereinfacht

Das Management der technischen Verfügbarkeit dieser Dienste ist ein wichtiger Aspekt. Notwendige und durchgeführte Maßnahmen im Bereich Verfügbarkeits- und Kontinuitäts-Management, wie z.B. automatische Sicherungsmechanismen oder Lastverteilungstechniken, haben wir in [5] dargestellt. Ein weiterer wesentlicher Aspekt ist es, der Wichtigkeit der Abhängigkeit von Geschäftsprozessen von der IT Bedeutung zu tragen, indem ein formaler Rahmen definiert wird, innerhalb dessen die Akteure agieren können. Ein Mittel, um das zu tun, ist das Einführen von sogenannten Service Level Agreements (SLAs).

Laut ISO/IEC 20000 (ISO20k), einem Standard im IT-Service-Management (ITSM), sollen alle Services zusammen mit ihren Servicegraden und Performanzmetriken durch die Parteien abgestimmt sein. Die SLAs bilden die Grundlage für die formale Dokumentation der Services. Sie sollen laut den Forderungen der Norm ISO20k u.a. folgende Inhalte enthalten:

- eine kurze Servicebeschreibung
- Geltungsbereich
- eine kurze Beschreibung der Kommunikationswege inklusive von Berichtswesen
- Servicezeiten, kritische Geschäftszeiten, Zeiten, in denen der Dienst nicht zur Verfügung steht

- vereinbarte Unterbrechungszeiten
- Verantwortungsbereich des Kunden
- Eskalations- und Benachrichtigungsprozesse, welche im Rahmen des sogenannten Incident-Managements zu definieren sind
- Kontaktdaten von Personen, die bei Notfällen, Störungen etc. zuständig sind
- Beschwerdeprozesse, welche im Rahmen des sogenannten Business-Relationship-Managements zu definieren sind

Dieser Artikel beschreibt nachfolgend im Abschnitt 2 welche Bestandteile von SLAs wichtig für die TUM sind und wie SLAs mit Hilfe technischer Werkzeuge effizient verwaltet werden können (siehe Abschnitt 2.2). In Abschnitt 3 wird neben der Zusammenfassung ein Ausblick auf weitere Aktivitäten im Bereich Service-Level-Management an der TUM gegeben.

2 Service Level Agreements an der TUM

In diesem Abschnitt wird beschrieben, wie SLAs an der TUM definiert werden können. Hier wird zum einen unterschieden zwischen SLAs, die Services innerhalb der TUM beschreiben und solchen, die Dienste betreffen, die von externen IT-Dienstleistern bezogen werden. In der IT Infrastructure Library (ITIL), einer Sammlung von in der Praxis bewährten Prozessen im ITSM, wird bei internen SLAs auch der Begriff der Operational Level Agreement (OLA) verwendet [9]. Diese entsprechen weniger einem Vertrag im juristischen Sinne, sondern haben den Charakter einer Dienstleistungsvereinbarung. Im Folgenden wird jedoch der Einfachheit halber beides als SLA bezeichnet.

2.1 Bestandteile von Service Level Agreements der TUM

Die Bestandteile von SLAs an der TUM richten sich nach den Empfehlungen der ISO20k [6]. Die Norm ISO20k gibt hierzu zum Inhalt der SLAs minimale Anforderungen vor. Für konkrete IT-spezifische Aspekte der SLA-Gestaltung, wie etwa die Wahl der Messverfahren für Kennzahlen, liefert [1] einen wertvollen Beitrag.

Dienste, für die die Einführung von SLAs an der TUM empfohlen wird, sind u.a. der IT Service Desk der TUM selbst. Dieser wurde im Rahmen von IntegraTUM eingerichtet und bildet nun eine Schnittstelle für jegliche Art von Benutzeranfragen [4]. Ein weiterer Dienst ist der Authentifizierungsdienst als wichtiger Bestandteil der I&AM-Infrastruktur. Dieser wird vom LRZ bereitgestellt. Somit ist hier ein SLA mit einem externen Partner abzuschließen, während der IT Service Desk über ein SLA innerhalb der TUM im Rahmen einer Dienstleistungsvereinbarung gehandhabt werden kann.

Für die TUM wichtige Aspekte als Inhalt der SLAs sind:

Serviceklassen: An der TUM gibt es die Überlegung, die beiden Serviceklassen Mitarbeiter und Studenten einzuführen. Dies resultiert u.a. aus der Tatsache, dass Anfragen von Mitarbeitern, die Verantwortung in Forschung und Lehre tragen, schneller beantwortet werden sollen als andere. So ist es z.b. notwendig, dass Mitarbeiter den Studenten Prüfungsunterlagen bereitstellen können sollen. Falls sie diesen Dienst nicht nutzen können, ist eine Vielzahl von Studenten benachteiligt.

Kennzahlen für das Berichtswesen: Bei Kennzahlen ist darauf zu achten, dass diese definiert sind, relevant für die Dienstleistung und messbar sind. Wichtige Kennzahlen sind:

- **Betriebszeit:** Die Zeit, in der ein Dienst zur Verfügung steht.
- **Störungsannahmezeit:** Zeitraum, in dem Störungsmeldungen entgegen genommen werden.
- **Wartungsfenster:** Zeitraum, in dem geplante Wartungsarbeiten durchgeführt werden sollen.
- **Störungsmeldungen:** Anzahl der Störungen je Betrachtungsperiode, welche von den Benutzern oder Überwachungssystemen gemeldet werden.
- **Allgemeine Benutzeranfragen:** Anzahl und Art der allgemeinen Benutzeranfragen, welche sich nicht auf Störungen beziehen, wie etwa Anfragen nach Beratungsleistung zu verschiedenen Informationssystemen. Diese können helfen, Verbesserungspotential bei diesen Informationssystemen zu identifizieren.

Frozen Zone: Zeitraum, in dem keine Wartungsarbeiten durchgeführt werden dürfen.

Bei der Festlegung von sowohl Wartungsfenstern und Frozen Zones hat es sich bewährt, die kritischen Geschäftsprozesse visuell den verwendeten IT-Systemen gegenüberzustellen. Abbildung 2 zeigt in einer kartesischen Karte einen Auszug von verschiedenen Phasen im Studentenlebenszyklus wie etwa „Immatrikulation" oder „Prüfungsleistung" erbringen (vgl. [3]). Kartesische Karten sind ein Mittel zur Darstellung von (Software-)Landkarten zur Unterstützung des Unternehmensarchitekturmanagements (Enterprise Architecture Management) [7]. In dieser Darstellung werden jeder Phase im Lebenszyklus die dafür notwendigen IT-Dienste bzw. Informationssysteme zugeordnet. Auf der rechten Seite der Abbildung sind dann diejenigen Systeme oder Server dargestellt, mit denen diese Informationssysteme interagieren. Durch eine Gewichtung der Kritikalität der Phasen, z.B. ist die Prüfungsphase kritischer als die Phase des Informationssammelns, kann abgeleitet werden, dass im Prüfungszeitraum die relevanten Systeme nicht gewartet werden sollen, wohl aber außerhalb der Prüfungszeit. Mit Hilfe dieser Darstellung ist also das Ableiten von Frozen Zones oder Wartungszeiten für die jeweiligen IT-Dienste einfach umzusetzen.

Einführung von Service Level Agreements an der Technischen Universität München 111

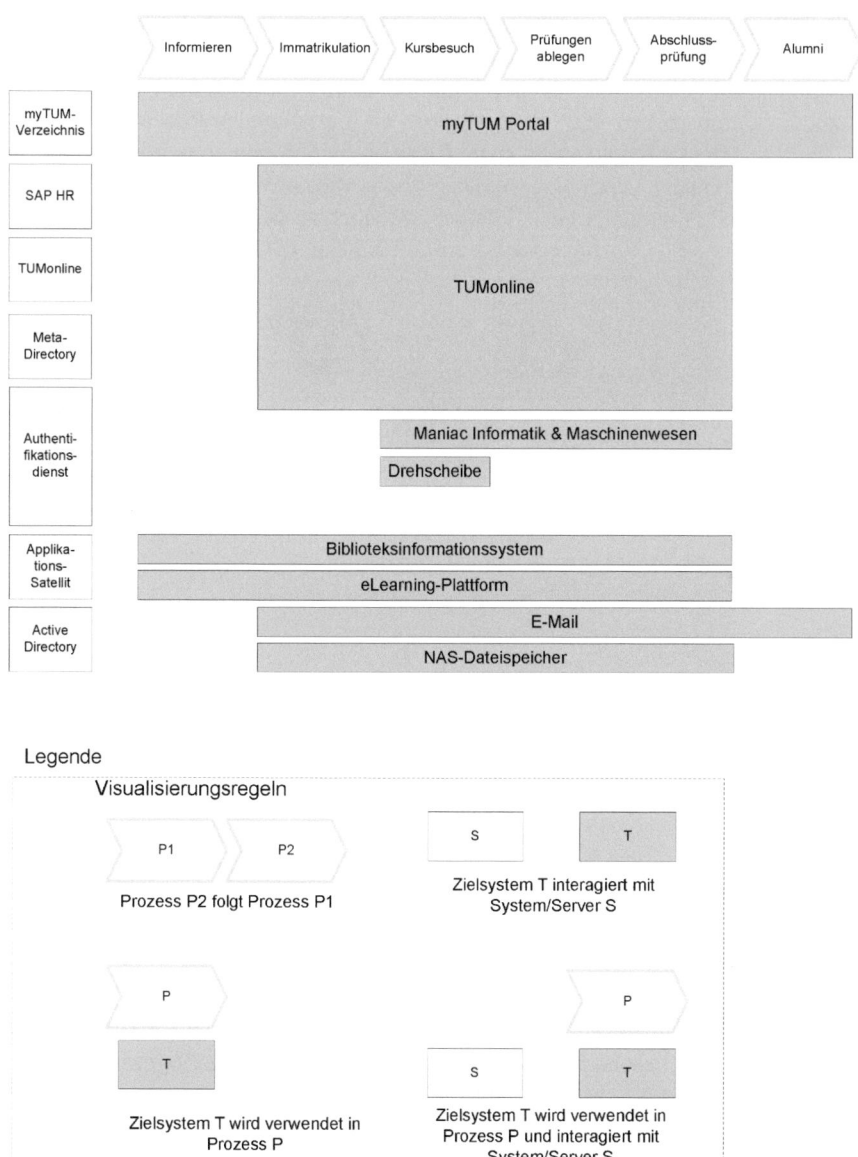

Abb. 2 Phasen im studentischen Lebenszyklus und verwendete IT-Dienste aus [3]

Eskalationsprozeduren: Bei den Eskalationen wird unterschieden zwischen funktionalen und hierarchischen Eskalationen. Bei funktionalen Eskalationen ist das Hinzuziehen von Experten notwendig, während bei hierarchischen Eskalationen weitere Managementebenen einbezogen werden. Beide Eskalationswege sind wichtige Bestandteile der SLAs. Wie in Abbildung 1 dargestellt ist, wird ein Teil der für die TUM relevanten IT-Systeme am LRZ betrieben. Bei der Definition von

Eskalationsprozeduren sind also nicht nur TUM-interne Organisationseinheiten, sondern auch externe IT-Dienstleister, wie das LRZ, hinzuzuziehen. Die Beschreibung der Eskalationsprozeduren umfasst dann zum einen die Festlegung der Kommunikationspartner und -wege, als auch die Verfahren zur Priorisierung.

Weitere Dienstgüteparameter: Im Rahmen der Vereinbarung können weitere Dienstgüteparameter vereinbart werden. Häufig wird etwa die Verfügbarkeit von Diensten im SLA aufgenommen. Hierbei ist jedoch zu beachten, dass die Bestimmung von sinnvollen Verfügbarkeitskennzahlen keine triviale Aufgabe ist.

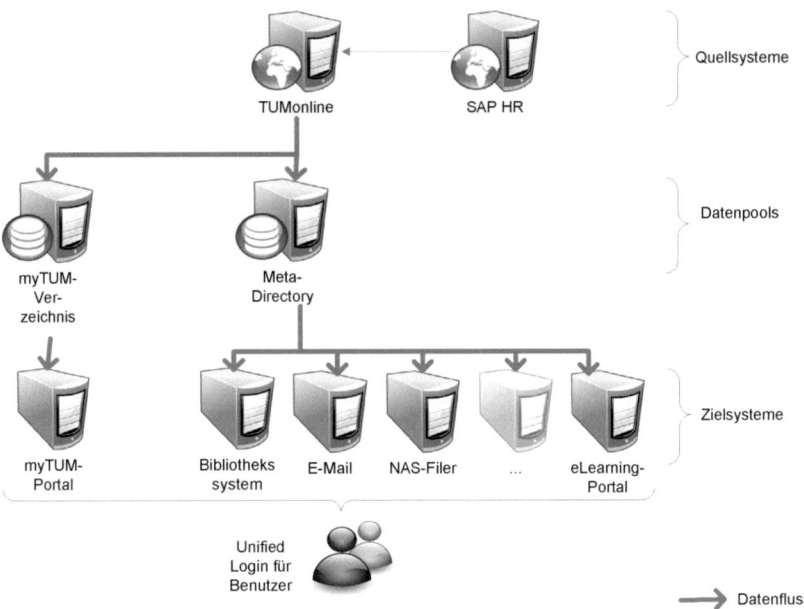

Abb. 3 Vereinfachte Darstellung der realisierten Architektur in IntegraTUM nach [3]

In Abbildung 3 ist vereinfacht die realisierte Architektur in IntegraTUM dargestellt. Bei einer geplanten Aufnahme von Verfügbarkeitskennzahlen zum E-Mail-Dienst etwa ist zu beachten, dass dieser, wie in der Abbildung eingezeichnet, von der Datenprovisionierung vom Metadirectory abhängt, welches wiederum vom TUMonline abhängt. Weitere bestehende Abhängigkeiten, zum Beispiel zu Netzkomponenten, Serverhardware, Stromanschluss usw., sind in dieser Zeichnung nicht dargestellt, aber dennoch relevant für die generelle Verfügbarkeit des E-Maildienstes. Bei der Aufnahme von Verfügbarkeitsparametern des E-Maildienstes in einem SLA müssten so weitere SLAs mit den Dienstbetreibern, die die anderen relevanten Dienste betreiben, getroffen werden. Ein Werkzeug, um diese Dienstabhängigkeiten explizit zu pflegen, ist eine so genannte Configuration Management Database (CMDB). Unsere Erfahrungen bei der prototypischen Einführung einer CMDB an der TUM haben wir in einem anderen Beitrag in diesem Band dargestellt.

Die oben beschriebenen SLA-Inhalte sind diejenigen, welche für die TUM allgemeine Relevanz haben. Weitere dienstspezifische Inhalte werden anhand konkreter Dienstbeispiele in [8] dargestellt.

2.2 Technische Verwaltung der Service Level Agreements

Während in vorherigem Abschnitt die inhaltlichen Details zu SLAs dargestellt wurden, wird im Folgenden beschrieben, wie die Verwaltung mit Hilfe technischer Werkzeuge effektiv umgesetzt werden kann. Die TUM verwendet zur Unterstützung des Fehlermanagements das open-source Werkzeug OTRS (Open source Ticket Request System) [10]. Dieses Werkzeug ermöglicht durch eine ITSM-Erweiterung das Speichern von SLAs, Service Levels und dem Servicekatalog. Im Servicekatalog werden die Services so definiert, wie sie auch mit den Kunden vereinbart werden. Services sind hier z.B. Anwendungen vom Typ Dateispeicher, E-Maildienste oder Einrichtung eines neuen Zugangs im Rahmen der Benutzeradministration. Diesen Services können dann wiederum SLAs zugeordnet werden. Hier kann dann etwa je ein SLA für die Servicegruppe Mitarbeiter und Studenten zur Nutzung des Dateispeichers administriert werden. Innerhalb der SLAs können wiederum Kennzahlen definiert werden. Wird z.B. als Kennzahl eines SLAs die Reaktionszeit bei Störungen festgelegt, wird diese bei jeder Störungsmeldung zu diesem Service und SLA dem Mitarbeiter im System angezeigt.

Über ein integriertes Berichtswesen kann die Einhaltung der in den SLAs definieren Kennzahlen veranschaulicht werden. Diese Kennzahlen können in OTRS durch Statistiken je Benutzer, Gruppe oder Rolle erstellt werden. Unsere bisherigen Erfahrungen zeigen, dass die Einführung von SLAs und des damit verbundenen Berichtswesens mit Hilfe von OTRS effektiv umgesetzt werden kann.

3 Zusammenfassung und Ausblick

Die steigende Einführung von IT-basierten Arbeitsabläufen in Forschung, Lehre und Verwaltung erfordert ein professionelles IT-Service-Management. Wir haben in diesem Artikel die Notwendigkeit von Dienstleistungsvereinbarungen (SLAs) adressiert und deren Inhalte kurz erläutert. Die IT-Ausrichtung von Verwaltungsprozessen schließt die IT-unterstützte Verwaltung von Dienstleistungsvereinbarungen selbst mit ein. Aus diesem Grund haben wir das an der TUM verwendete Werkzeug OTRS benutzt, um SLAs werkzeugunterstützt administrieren zu können. Neben Dienstleistungsvereinbarungen können dort auch ein Servicekatalog und verschiedene Service Levels abgebildet werden.

Der Einsatz dieses technischen Hilfsmittels vereinfacht die Aufgaben der Verwaltung von SLAs. Hiervon profitiert auch der bestehende IT Service Desk der TUM [13]. Die IT Service Desk-Mitarbeiter können zukünftig Anfragen und Störungsmeldungen den betroffenen Services aus dem Servicekatalog zuordnen. Die Verknüpfung mit der Dienstleistungsvereinbarung und mit den Service Levels erlaubt eine effizientere Steuerung von Anfragen, da nun die verschiedenen relevanten Kennzahlen den Bearbeitern unmittelbar zur Verfügung stehen. Das Management der TUM profitiert durch ein verbessertes Berichtswesen.

Die hier vorgeschlagenen Dienstleistungsvereinbarungen sollen in Zukunft den Rahmen für die Zusammenarbeit der verschiedenen IT-Bereiche innerhalb der TUM als auch der TUM mit dem LRZ oder anderen externen Dienstleistern in einen formellen Rahmen bringen. Wichtig ist in diesem Zusammenhang auch, wie mit Verletzungen von SLAs umgegangen wird. In privaten Unternehmen werden hier oft Pönalen bei Vertragsverletzungen gefordert. Allerdings ist das in unserem Umfeld kaum umsetzbar, da für die erbrachten IT-Dienstleistungen innerhalb der TUM keine Verrechnung stattfindet und auch die Dienstleistungen des LRZ für die satzungsgemäßen Nutzer, zu denen die TUM zählt, keine Gebühren anfallen.

Die Aufgabe der SLAs wird es sein, Klarheit zwischen den verschiedenen Parteien zu schaffen und die erstellten Berichte dazu zu verwenden, in einem kooperativen Umfeld die IT-Landschaft der TUM weiter zu entwickeln und zu verbessern. Hierzu sind weitere Aufgaben im Bereich Service-Level-Management die Erstellung eines vollständigen Dienstleistungskataloges und die formale Einführung des Service-Level-Managements. Der bisher veröffentlichte IT-Dienstleistungskatalog ist durch eine Recherche innerhalb der TUM entstanden [12] und wird in Zukunft durch eine umfassende Analyse vervollständigt. Der Dienstleistungskatalog wird dazu dienen, konsistente Informationen über alle vereinbarten Dienste, deren Status, Schnittstellen und Abhängigkeiten autorisierten Personen zur Verfügung zu stellen. Die Erstellung des Dienstleistungskataloges ist keine einmalige Aufgabe, sondern ein kontinuierlicher Prozess, da die Dienste einer kontinuierlichen Verbesserung unterliegen. Die Aufgabe eines formalen Service-Level-Managements ist es, dafür zu sorgen, dass die Dienste zu der vereinbarten Qualität bereitgestellt werden und dass auch zukünftige Dienste den Zielen entsprechen.

Durch unsere Arbeit haben wir gezeigt, dass das an der TUM eingesetzte Werkzeug OTRS ein geeignetes Mittel für das Service-Level-Management ist. Daher können der zukünftig erstellte Dienstleistungskatalog und die SLAs dort auch abgebildet werden.

Literatur

[1] Berger, Thomas G.: Service-Level-Agreements. WDM Verlag Dr. Müller, Saarbrücken, 1. Auflage, 2007
[2] Borgeest, R., Bör, A.: Die IuK Strategie der Technischen Universität München – Auf dem Weg zur Digitalen Hochschule In: Informationsinfrastrukturen im Wandel. Informationsmanagement an deutschen Universitäten, Verlag Bock & Herchen, 2007

[3] Ciechanowicz, D., Donie, P., Tiede, R., Pravidur, T.: Modeling and Documentation of IntegraTUM's System Landscape. EAM – MiniProject am Beispiel TUM Verzeichnisdienst, http://wwwmatthes.in.tum.de/wikis/sebis/eam--mini-project, Juli, 2009
[4] Hommel, W., Knittl, S.: SERVUS@TUM: User-Centric IT Service Support and Privacy Management. In 13th International Conference of European University Information Systems (EUNIS 2007), Grenoble, Frankreich, Juni, 2007
[5] Hommel, W., Knittl, S., Pluta, D.: Availability and Continuity Management at Technische Universität München and the Leibniz Supercomputing Centre, In 15th International Conference of European University Information Systems (EUNIS 2009), Santiago de Compostella, Spanien, Juni, 2009
[6] ISO/IEC: ISO/IEC 20000-1 Information technology – Service Management – Part 1: Specification und 20000-2 Information technology – Service management – Part 2: Code of practice, 2005
[7] Matthes, Florian: Softwarekartographie. In: Informatik-Spektrum, Vol. 31, No. 6, S. 527–536, Springer-Verlag, 2008
[8] Nguyen, T. H.: Erweiterung des TUM-Trouble Ticket Systems um IT Service Management Komponenten, Bericht im Rahmen des Systementwicklungspraktikums an der Technischen Universität München, 2010
[9] OGC (Office of Government Commerce: Service Delivery, The Stationary Office, Norwich, UK, IT Infrastructure Library (ITIL), 2001
[10] OTRS: Open Ticket Request System, siehe online unter http://OTRS.org/, Zugriff am 31.07.2009
[11] Technische Universität München: CM@TUM, siehe online unter http://portal.mytum.de/-iuk/cm/index_html_en/document_view?, Zugriff am 29.07.2009
[12] Technische Universität München: IT-Dienstekatalog, siehe online unter http://portal.mytum.de/iuk/service/it-dienstekatalog, Zugriff am 31.07.2009
[13] Vellguth, Karmela: Service Desk der TU München, In: Bode, A., Borgeest, R. (Hrsg.): Informationsmanagement in Hochschulen, Springer-Verlag, Berlin, Januar, 2010

Teil IV
Identity- und Accessmanagement

IntegraTUM Teilprojekt Verzeichnisdienst: Identity & Access Management als technisches Rückgrat der Hochschul-IuK-Infrastruktur

Latifa Boursas, Ralf Ebner, Wolfgang Hommel, Silvia Knittl, Daniel Pluta

Zusammenfassung Als zentrales technisches Teilprojekt konzipiert, implementiert und betreibt Teilprojekt (TP) Verzeichnisdienst ein hochschulweites Identity & Access Management (I&AM) System, das eine Vielzahl daran angebundener Systeme und IT-Dienste mit aktuellen, autoritativen Daten über alle für sie relevanten Benutzer der TUM versorgt. Dabei wurden sowohl auf andere Hochschulen übertragbare Architekturen und Werkzeuge geschaffen als auch eine sehr präzise auf die Prozesse und Anforderungen der TUM abgestimmte Instanz realisiert, die auf Basis der im sehr erfolgreichen praktischen Betrieb gewonnenen Erfahrungen kontinuierlich verbessert und weiterentwickelt wurde. In diesem Artikel werden die Zielsetzung des Teilprojekts, die technische Architektur des I&AM-Systems, ausgewählte Aspekte der Hochschul-Prozessintegration, Implementierungs-, Migrations- und Betriebsaspekte sowie die umfassenden Aktivitäten zum Know-How-Transfer von TP Verzeichnisdienst vorgestellt.

1 Einleitung

Für nahezu alle zentralen wie auch dezentralen IT-Dienste im Hochschulumfeld stellt ihre Benutzerverwaltung mit den drei Kernaspekten Datenqualität, Authentifizierung und Berechtigungsmanagement eine Schlüsselkomponente für den effizienten und erfolgreichen Betrieb dar. Ohne eine gezielte methodische und auf technischer Ebene automatisierende Unterstützung der Benutzerverwaltung muss das Anlegen, Modifizieren und Beenden von Benutzerkennungen für jeden Dienst manuell erfolgen. Einerseits bedeutet dies für die Betreiber der jeweiligen Dienste einen erheblichen administrativen Mehraufwand; andererseits leidet auch die Benutzerfreundlichkeit unter immer neuen Benutzernamen und Passwörtern sowie der Notwendigkeit, als Benutzer z.B. die Änderungen an den eigenen Kontaktinformationen sehr vielen verschiedenen Stellen mitteilen zu müssen. Als Konsequenz sind veraltete Benutzerdaten und viele Supportanfragen rund um vergessene Passwörter oftmals eher die Regel als die Ausnahme.

Das Paradigma Identity & Access Management (I&AM) geht über die klassische, dienstspezifische Benutzerverwaltung hinaus, indem es neben der Umsetzung der technischen Aspekte einer dienstübergreifenden, zentralen und einheitlichen Benutzer- und Berechtigungsverwaltung auch die der Organisation zugrundeliegenden Geschäftsprozesse gezielt IT-unterstützt und die in der IuK-Infrastruktur gegebenen Randbedingungen und Abhängigkeiten zwischen den Systemen umfassend berücksichtigt. I&AM sieht insbesondere vor, dass Benutzerdaten nicht mehr bei jedem einzelnen Dienst, sondern nur noch in einigen wenigen, autoritativ dafür zuständigen Datenquellen erfasst und anschließend in alle anderen Systeme weitestgehend durch dynamische und fehlertolerante Datenaustauschprozesse automatisiert eingespeist werden.

Im Rahmen des Teilprojekts (TP) Verzeichnisdienst haben wir ein I&AM-System geschaffen, das seit 2006 produktiv betrieben und immer weiter verbessert wird. Es versorgt nicht nur die an IntegraTUM in Form von Teilprojekten direkt beteiligten Dienste von TUM und LRZ, sondern auch die Windows-, Linux- und Netware-basierten Infrastrukturen mehrerer Fakultäten mit aktuellen Benutzerdaten und stellt diese zudem über 50 dezentral betriebenen Diensten in individuell konfigurierbarem Umfang zum Abruf bereit.

Dieser Artikel gibt einen Überblick über die vielfältigen Facetten von TP Verzeichnisdienst; ausgewählten Themenschwerpunkten wurden zur Vertiefung separate Artikel in diesem Band gewidmet. Zunächst werden die Zielsetzungen des Teilprojekts und die erarbeitete technische Architektur in Abschnitt 2 vorgestellt. Daran anschließend erläutern wir in Abschnitt 3 die gezielten Maßnahmen zur Unterstützung der Hochschulprozesse und Sicherstellung der Datenqualität, an denen TP Verzeichnisdienst maßgeblich mitgewirkt hat. In den Abschnitten 4 und 5 werden die Aspekte Implementierung und Betrieb vertieft. Nach einem Überblick über Kooperationen und Maßnahmen zum Know-How-Transfer in Abschnitt 6 schließt dieser Artikel mit einem Ausblick auf Identity-Management-Aktivitäten, mit denen die TUM und das LRZ auch über das Projektende hinaus gemeinsam den nachhaltigen Betrieb sicherstellen werden.

2 Zielsetzung und technische Architektur

Das TP Verzeichnisdienst hat zum Ziel, eine hochschulweit flächendeckend nutzbare I&AM-Infrastruktur zu schaffen und die Betreiber der daran angebundenen Dienste sowohl bei der Umstellung von ihrer bisherigen Benutzerverwaltung als auch im laufenden Betrieb zu unterstützen. Da die Benutzerdaten grundlegend aus den Quellsystemen über das I&AM-System in die Zielsysteme fließen sollen, ergibt sich inhärent eine Dreiteilung der Aufgaben des Teilprojekts, der sich sowohl in der resultierenden Architektur als auch in unserem Vorgehen widerspiegelt: Der Aufbau des I&AM-Systems, die Anbindung der Datenquellen und die Integration der Zielsysteme.

Als Datenquellen fungieren dabei die in der Hochschulverwaltung eingesetzten Systeme zur Studenten- und Mitarbeiterverwaltung, die wie in Abschnitt 4 beschrieben im Rahmen von IntegraTUM um eine web-basierte Gästeverwaltung ergänzt wurden, um den Benutzerkreis aller Hochschulangehörigen vollständig erfassen zu können. Im Unterschied zum I&AM-Einsatz in vielen Unternehmen sind somit neben der Personalverwaltung noch weitere Datenquellen zu berücksichtigen. Insbesondere tritt in unserem Umfeld auch der Fall häufig ein, dass dieselbe Person in mehreren Quellsystemen geführt wird; beispielsweise sind rund 10% der erfassten TUM-Angehörigen gleichzeitig sowohl Student als auch Mitarbeiter. Unser Ziel, dass ein Benutzer nur eine einzige Kennung zugewiesen bekommt und mit demselben Passwort Zugang zu allen für ihn relevanten Diensten erhält, setzt folglich neben der Aggregation der Datensätze aus den verschiedenen Quellsystemen auch geeignete Korrelationsmechanismen voraus, so dass eine Mehrfacherfassung im I&AM-System a priori vermieden wird. Der damit inhärent verbundene Aufwand ist jedoch durch das somit ermöglichte deutlich einfachere Berechtigungsmanagement und die Reduktion von Supportanfragen durch die gegenüber der Ausgangssituation an der TUM massiv gesteigerte Benutzerfreundlichkeit klar gerechtfertigt.

Die Menge der von uns an das I&AM-System anzubindenden Zielsysteme besteht zunächst grundlegend aus den zentralen IT-Diensten von TUM und LRZ, zu denen u. a. die Bibliothekssysteme, das im Rahmen des elecTUM-Projekts aufgebaute zentrale Learning-Management-System, die zentralen NAS-Dateiserver und die zentrale E-Mail- und Groupwarelösung gehören. Darüber hinaus sollen – wie von TP Systemadministration auf fakultätsweiter Ebene konzeptionell erarbeitet – dezentrale Windows-, Linux-, Netware-Benutzerverwaltungen, wie sie beispielsweise für Studenten-Rechnerpools und die Verwaltung von Arbeitsplatzrechnern eingesetzt werden, integriert werden. Schließlich sollen auch beliebige weitere, dezentral betriebene Dienste, beispielsweise Web-Anwendungen auf Lehrstuhl- und Fakultätsebene, die von den zentralen Authentifizierungs- und Autorisierungsmöglichkeiten profitieren können, technisch wie auch organisatorisch einfach und nahtlos in die Gesamtarchitektur integriert werden können. Um die resultierende große Anzahl involvierter Systeme beherrschen zu können und ein I&AM-System zu konzipieren, das auch dauerhaft flexibel genug ist, um immer weitere Quell- und Zielsysteme anzubinden zu können, haben wir zunächst eine sehr ausführliche Anforderungsanalyse vorgenommen. Dabei konnten wir u. a. klären, welche Abhängigkeiten von anderen Systemen bestehen, welche Benutzerkreise (z.B. nur Mitarbeiter einer Fakultät) und welche Datenfelder (z.B. Vorname, Nachname, E-Mail-Adresse) für den jeweiligen Dienst relevant sind, welche Anforderungen an die Aktualisierungsfrequenz und Datenqualität gestellt werden, über welche Schnittstellen der Datenabgleich jeweils technisch erfolgen kann und wie eine eventuell notwendige Fehlerbehandlung erfolgen soll. Die Ergebnisse haben wir abstrahiert und verallgemeinert, um einen generischen Ansatz definieren zu können, der auch für erst später zu berücksichtigende Quell- und Zielsysteme geeignet ist; dieser wurde dann wiederum pro aktuell anzubindendem System angepasst und dokumentiert.

Auf Basis der somit spezifizierten technischen Datenaustauschprozesse haben wir die in Abbildung 1 dargestellte I&AM-Architektur konzipiert. Die Daten werden dabei in einem zentralen, als Meta-Directory bezeichneten, LDAP-basierten Verzeichnisdienst aus den Datenquellen aggregiert und korreliert, um anschließend für die verschiedenen Zielsysteme aufbereitet und entweder in diese eingespeist oder diesen zum Abruf bereitgestellt werden zu können. Dabei übernimmt unser I&AM-System generell die je nach Zielsystem notwendigen Datenkonvertierungen, d.h. die Umbenennung von Datenfeldern und die Anpassung der darin gespeicherten Werte, und schränkt den Datenumfang den Bedürfnissen des Zielsystems und den vorliegenden Datenschutzvereinbarungen entsprechend ein; auf diesen Aspekt wird in Abschnitt 5 näher eingegangen.

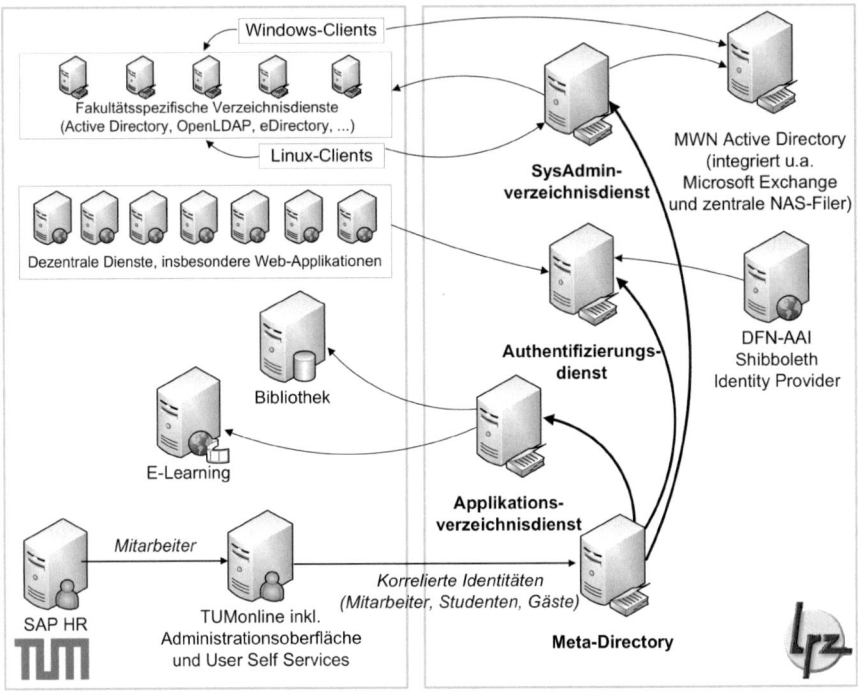

Abb. 1 Architektur des IntegraTUM Identity Management Systems

Das vom I&AM-System intern verwendete Datenschema (LDAP Objektklassen und -Attribute) haben wir zu diesem Zweck in mehreren Iterationen verbessert: In seiner ersten Version (2005) orientierte es sich stark an den von den Quellsystemen HIS SOS und SAP HR gelieferten Daten, damit wir eine möglichst rasche Anbindung der Quellsysteme mit dem Ziel einer baldigen Aufnahme des Produktivbetriebs erzielen konnten. In der zweiten Version (2006) wurde der effiziente Zugang für LDAP-fähige Clientsysteme verbessert, und mit der aktuell eingesetzten dritten Version (2008) wurden von uns einerseits die nahtlose Anbindung an das neue Campus Management (CM) System TUMonline und andererseits sehr flexible Funktionen zur rollen-, gruppen- und organisationszugehörigkeitsbasierten Autorisierung von Benutzern erreicht.

Zur Implementierung der I&AM-Architektur wird die Identity-Management-Software von Novell (Novell eDirectory und Novell Identity Manager) eingesetzt, mit der am LRZ bereits im Vorfeld von IntegraTUM im langjährigen Produktiveinsatz umfassende Erfahrungen gesammelt wurden und die über einen Bayerischen Novell-Landeslizenzvertrag günstig zur Verfügung stand. In der gesamten Architektur werden jedoch auch andere Verzeichnisdienstprodukte eingesetzt, beispielsweise Microsoft Active Directory und OpenLDAP. Bei der Spezifikation der Datenaustauschprozesse haben wir bewusst darauf geachtet, möglichst weitgehend auf produktspezifische Funktionalitäten zu verzichten, so dass die Konzepte auch an anderen Hochschulen auf der Basis anderer Softwareprodukte umgesetzt werden können.

3 Datenqualität und Prozessintegration

Eine grundlegende Voraussetzung für die hohe Akzeptanz und Effizienz der systemübergreifend einheitlichen Versorgung mit Benutzerdaten ist deren hohe Datenqualität. Diese kann in der Praxis schnell in Mitleidenschaft gezogen werden, wenn Personendaten an einer anderen Stelle verarbeitet werden als sie ursprünglich – zum Teil ohne Kenntnis der Nachnutzer – erfasst wurden. Um dieser Besonderheit gerecht zu werden, hat sich TP Verzeichnisdienst von Beginn an mit gezielten technischen Unterstützungsmaßnahmen in die klassischen Geschäftsprozesse der Hochschulverwaltung integriert, um z.B. den Eintritt bzw. das Ausscheiden neuer Mitarbeiter und Studenten möglichst zeitnah auf den Lebenszyklus der entsprechenden digitalen Identitäten abbilden zu können. So konnten wir durch den täglichen Datenimport aus den Verwaltungssystemen beispielsweise sicherstellen, dass neue Hochschulangehörige vom ersten Tag ihres Arbeitsverhältnisses bzw. Studiums an alle für sie relevanten IT-Dienste der TUM nutzen konnten, ohne wie früher in den ersten Tagen an der Hochschule mit vielen Dienstadministratoren in Kontakt treten zu müssen, um geeignete Kennungen und Berechtigungen zu erhalten. Durch die systembedingte Unabhängigkeit der in Studenten- und Personalverwaltung erfassten Personendatensätze bestand jedoch eine grundlegende Problematik darin, zu erkennen, ob beispielsweise ein neuer Mitarbeiter bereits als Student erfasst worden war oder ob eine neue digitale Identität angelegt werden sollte. Mangels eines gemeinsamen Schlüsselattributs in den beiden Verwaltungssystemen musste die notwendige Zusammenführung der Datensätze i.W. auf Basis der Datenfelder Vorname, Nachname und Geburtsdatum (sog. VNG-Check) erfolgen. Dieser wurde jedoch durch leicht abweichende Schreibweisen (z.B. Erfassung nur eines oder aller Vornamen, Entfernen von oder Tippfehler bei fremdsprachigen diakritischen Zeichen, etc.) derselben Namen in den verschiedenen Systemen erschwert: Während die leicht voneinander abweichenden Varianten für einen Sachbearbeiter trivial zu erkennen waren, scheiterte ein Datenfeld-Vergleich beim automatischen Import. Über mehrere Monate hinweg wurden deshalb kontinuierliche Verbesserungen am Korrelationsalgorithmus vorgenommen und unter Anderem auch Geburtsnamen, abgekürzte Namen und Namensteile mit einbezogen.

Um die unnötige Mehrfacherfassung derselben Person zu vermeiden, wurde unter anderem die Eingabemaske im Personalverwaltungssystem SAP HR um eine LDAP-Suche erweitert; nach Eingabe von Vor- und Nachname sowie Geburtsdatum wird überprüft, ob diese Person bereits bekannt ist. Dabei können auch die im Verzeichnisdienst gespeicherten Stammdaten in den neuen SAP HR Datensatz übernommen werden, so dass den Personalsachbearbeitern das redundante erneute Abtippen dieser Angaben erspart wird. Weitere Konzepte mit unscharfen sowie phonetischen Suchalgorithmen haben wir auch bei der Anbindung von Zielsystemen erfolgreich eingesetzt, in denen bereits ein Teil der Hochschulangehörigen erfasst war. Beispielsweise konnte mit diesen Verfahren erreicht werden, dass die in den Verwaltungssystemen erfassten Benutzeranschriften den von der Bibliothek bereits erfassten, zum Teil leicht abweichenden Anschriften automatisch korrekt zugeordnet werden konnten.

Die Datenqualität im I&AM-System wurde zudem durch eine Reihe von Analysewerkzeugen mit einer Vielzahl von Regeln kontinuierlich überwacht, wobei potentielle Probleme automatisch zur weiteren Analyse per E-Mail an die Zuständigen gemeldet wurden. Beispielsweise wurde überprüft, ob die technischen Schlüsselattribute wie UNIX User-Ids korrekt nur einmalig vergeben wurden, ob alle für die verschiedenen angeschlossenen Systeme benötigten Datenfelder pro Personendatensatz vorhanden sind und ob die Daten zwischen den bereitgestellten Verzeichnisdiensten konsistent sind. Diese Automatismen ermöglichen im Zusammenspiel mit dem in Abschnitt 5 beschriebenen TUM Service Desk die rasche und effektive Lösung von Schwierigkeiten rund um Kennungen und Berechtigungen, sogar häufig noch bevor ein betroffener Benutzer selbst auf das Problem stößt. An der TUM hat sich in der Praxis rasch gezeigt, dass der Bedarf an dienstübergreifend gemeinsamen und zentralen Administrationskonzepten über die reinen Benutzerdaten hinausgeht, so dass u. a. zu Autorisierungszwecken auch Gruppen von Benutzern und andere, nicht personenbezogene digitale Identitäten – beispielsweise für Arbeitsplatzrechner, Server und Netzdrucker – benötigt werden. Für diese Zwecke haben wir zum einen ein flexibles Gruppenverwaltungskonzept erarbeitet und über einen dedizierten LDAP-Server als Backend prototypisch umgesetzt; zum anderen waren wir maßgeblich an der Erstellung und Umsetzung eines Namenskonzepts für technische Organisationseinheitenkürzel beteiligt, die seither beispielsweise in TUMonline und im Active Directory zum Einsatz kommen, um die dezentral administrierten Domänen vor Konflikten bei der Benennung von Einträgen zu schützen.

4 Technische Feinkonzepte und Implementierung

An vorderster Stelle unserer Detailspezifikationen und Implementierungen stehen die technischen Datenaustauschprozesse, die wir über so genannte Konnektoren, die die Verzeichnisdienste mit den Quell- bzw. Zielsystemen verbinden, realisiert haben. In diesem Abschnitt beschreiben wir darüber hinaus jedoch auch einige von uns implementierte weitere I&AM-spezifische Services und intern eingesetzte Hilfsmittel, die maßgeblich zur Beherrschbarkeit des insgesamt sehr komplexen verteilten I&AM-Systems beigetragen und die von uns angewandte effiziente, iterative Design- und Implementierungsmethodik erst ermöglicht haben. Auf Basis des vom Novell Identity Manager bereitgestellten Konnektoren-Frameworks wurden insbesondere die folgenden Systeme angebunden:

- Die Datenquellen HIS SOS und SAP HR haben wir 2005 über textdateibasierte Konnektoren integriert, da die benötigten Datenexporte seitens der Quellsysteme relativ einfach erzeugt werden konnten und hierzu keine tiefen Eingriffe notwendig waren. Zudem konnten die Daten geeignet vorverarbeitet und auf Konsistenz geprüft werden. Beide Konnektoren wurden 2009 durch eine direkte Anbindung an das CM-System TUMonline abgelöst, das die Daten auch nicht nur einmal pro Tag überträgt, sondern alle Änderungen innerhalb weniger Sekunden an das Meta-Directory weitergibt; die Anbindung der Verzeichnisdienste an TUMonline wurde dabei auf Basis unserer Spezifikation vom Hersteller des CM-Systems implementiert.
- Die Microsoft Active Directory Server für die vom LRZ betriebene Domäne **mwn.de** (für das gesamte Münchner Wissenschaftsnetz) und die von TP SysAdmin aufgebaute Domäne **tum.de** wurden zunächst grundlegend über den von Novell bereitgestellten AD-Konnektor mit Daten versorgt. Seit 2009 setzen wir zudem den Novell Scripting Driver ein, der den Aufruf von Microsoft Powershell-Skripten ermöglicht, die insbesondere für das Einrichten von Benutzerkonten für die Groupware Microsoft Exchange benötigt werden.
- Für die Versorgung des Learning-Management-Systems im-c CLIX mit allen relevanten Benutzerdaten haben wir ein dediziertes LDAP-Schema entworfen, das die von CLIX vorgegebenen Randbedingungen an den LDAP-Import berücksichtigt. Insbesondere für den Umgang mit multi-valued LDAP Attributen (z.B. mehrere E-Mail-Adressen oder Organisationszugehörigkeiten pro Person) und die effiziente Unterstützung inkrementeller Datenaktualisierungen mussten Maßnahmen umgesetzt werden, die über die Basisfunktionalität des Novell Konnektorenframeworks deutlich hinausgehen.
- Die in einigen Fakultäten eingesetzten OpenLDAP-Server sowie die Netware-Infrastruktur am Standort Weihenstephan konnten wir über eDirectory- bzw. LDAP-Konnektoren nahtlos in die I&AM-Infrastruktur integrieren.

In enger Zusammenarbeit mit der TU Bibliothek und ausgewählten anderen deutschen Hochschulen haben wir ferner zur Spezifikation des OCLC IDM-Konnektors beigetragen, über den die SISIS-Bibliothekssysteme direkt an Hochschul-I&AM-Systeme gekoppelt werden können. Als Pilotanwender testeten wir den IDM-Konnektor intensiv mit Live-Daten und brachten Korrekturvorschläge sowohl für die Konfigurationsoberfläche als auch für die interne Task-Verarbeitung ein. Dabei ist insbesondere auch ein Rückkanal vorgesehen, der die Übernahme in der Bibliothek erfasster Benutzer ins I&AM-System ermöglicht, der vorerst jedoch noch nicht produktiv an der TUM eingesetzt wird. Langfristig kann damit jedoch effektiv vermieden werden, dass Personen, die bereits vorher

Bibliotheksnutzer waren, im Rahmen ihrer Immatrikulation oder Einstellung automatisch einen zweiten Bibliotheksausweis erhalten. Alle weiteren angebundenen Dienste hatten bereits integrierte LDAP-Clients, so dass wir sie zusammen mit den jeweiligen Betreibern ohne zusätzlichen Implementierungsaufwand an einen der Verzeichnisdienste anschließen konnten.

Der prinzipiell relativ zeitaufwendige manuelle Prozess zur Installation und Konfiguration der zur Entwicklung und zum Testen benötigten größeren Anzahl von Verzeichnisdiensten konnte durch umfangreiche Skripte weitgehend automatisiert werden. Zum Design der LDAP-Schemata in unserer verteilten Entwicklungsumgebung werden mehrere Excel-Tabellen eingesetzt, aus denen wir ebenfalls per Skript automatisch Konfigurationsdateien und HTML- sowie PDF-Dokumentationen erzeugen. Dabei wird insbesondere automatisch sichergestellt, dass die in verschiedenen Verzeichnisdiensten eingesetzten LDAP-Attribute nicht mehrfach mit unterschiedlichen internen Identifikatoren (OIDs), sondern korreliert und damit redundanzfrei generiert werden. Über weitere implementierte Werkzeuge können die aktuell eingespielten Schemata in den Verzeichnisdiensten abgefragt, miteinander verglichen und aktualisiert werden, so dass effizient die Konsistenz der Systemkonfigurationen sichergestellt und rasche Entwicklungs- und Testzyklen ermöglicht wurden. Auch die Überwachung sowie das De- und Reaktivieren der einzelnen Konnektoren zu Wartungszwecken wurde auf den Produktivsystemen vollständig automatisiert und in das LRZ-Servermonitoring integriert.

Für das im Rahmen von IntegraTUM entwickelte Gästeverwaltungssystem, das auf Basis eines Microsoft Office Sharepoint Servers betrieben und in einem separaten Artikel in diesem Band detailliert vorgestellt wird, haben wir ein webservice-basiertes Backend implementiert, das einerseits ein durch die Organisationszugehörigkeit des einen Gast eintragenden Benutzers gesteuertes Autorisierungskonzept verfolgt und andererseits den Abruf bzw. die Vergabe von technischen Schlüsseln (z.B. Loginname, UNIX User-Id, MWN-weit eindeutige Personenidentifikation) automatisiert, so dass sich das Frontend voll und ganz auf seine Rolle als grafische Benutzerschnittstelle konzentrieren kann, ohne die sich im Laufe der Zeit weiterentwickelnden Details des Backends berücksichtigen zu müssen. Analog dazu wurden von TUMonline genutzte Webservices bereitgestellt, über die der Benutzerdatenbestand zur Vermeidung der Mehrfacherfassung von TUM-Angehörigen sehr einfach nach bereits vorhandenen Einträgen durchsucht werden kann und die ebenfalls das Anlegen neuer technischer Benutzerkonten ermöglichen. Insgesamt wird dadurch eine sehr enge Verzahnung zwischen den Campus-Management-Prozessen, die die Konsolidierung der Datenbestände auf organisatorischer und inhaltlicher Ebene beinhalten, und den technischen Identity-Management-Prozessen erreicht. Die sehr fruchtbare Zusammenarbeit zwischen TUMonline und TP Verzeichnisdienst zeigt sich auch darin, dass beispielsweise für die Versorgung der TUM Alumni-Verwaltung auf Basis der I&AM-Architektur kurzfristig Übergangslösungen geschaffen werden konnten, die zum Tragen kommen, bis die Einführung der entsprechenden TUMonline-Alumni-Module abgeschlossen ist.

5 Inbetriebnahme, Migration und Betrieb

Obwohl die Bereitstellung des I&AM-Systemkerns und seine kontinuierliche Befüllung mit allen relevanten Benutzerdaten im Jahr 2005 ein wichtiger Meilenstein war, ergeben sich die konkreten Mehrwerte erst durch die Anbindung der Zielsysteme, die I&AM-Servicequalität und das reibungslose Zusammenspiel mit den Supportprozessen; diese Aspekte werden nachfolgend näher erläutert.

Neben der Implementierung des Datenaustausches erfordert die Anbindung bereits existierender Dienste insbesondere einen Initialabgleich des Benutzerdatenbestands, der berücksichtigt, dass einige oder (selten) alle vom I&AM-System gelieferten Benutzer bereits im Zielsystem vorhanden sein können. Für diese Bestandskunden soll die Umstellung im Regelfall transparent ablaufen, so dass beispielsweise keine bereits gespeicherten Benutzereinstellungen überschrieben werden dürfen. Für jedes Zielsystem musste deshalb individuell festgelegt werden, wie beispielsweise bei in Quelle und Ziel unterschiedlichen E-Mail-Adressen desselben Benutzers, die z.T. auch als Loginnamen verwendet werden, vorgegangen werden soll. Vor dem Aktivieren eines neuen Konnektors mussten deshalb in enger Zusammenarbeit mit den Dienstbetreibern zum Teil mehrere hundert Datensätze manuell gesichtet und ggf. abgeglichen werden, um die erforderliche Datenqualität sicherzustellen.

Die Anbindung von Diensten setzt auch die datenschutzrechtliche Freigabe der jeweiligen Austauschprozesse voraus. Dank umfassender Unterstützung durch die Projektleitung und eine sehr gute Zusammenarbeit mit dem TUM Datenschutzbeauftragten und dem TUM Gesamtpersonalrat konnten wir jedoch stets pragmatische Lösungen finden, die eine schnelle Inbetriebnahme ermöglichten. Nach der Entwicklung auf Testsystemen mit Testdatensätzen konnten sowohl die Benutzermenge als auch die Menge der pro Benutzer sichtbaren Datenfelder pro Zielsystem mittels Access Control Lists in den Verzeichnisdiensten bzw. über die Konfiguration der Konnektoren an die Datenschutzanforderungen angepasst werden. Neben der Integration der Verzeichnisdienstserver in das LRZ-Serversicherheitskonzept trägt dazu als Grundkonzept der weitgehende Verzicht auf LDAP-Proxyuser bei: Statt der Möglichkeit, alle freigeschalteten Daten aus den LDAP-Servern abrufen zu können, werden LDAP-Operationen im Benutzerkontext bevorzugt, d.h. einem Dienst werden die Benutzerdaten erst genau dann zur Verfügung gestellt, wenn der Benutzer den Dienst nach Eingabe seines Passworts aktiv verwendet. Über die für einige Anwendungen dennoch notwendigen privilegierten LDAP-Accounts wird genau Buch geführt, um – bislang nicht eingetretene – Missbrauchsfälle zumindest nachträglich aufklären zu können.

Um die Hochverfügbarkeit der Verzeichnisdienste auch bei Lastspitzen sicherzustellen, werden die am LRZ bereits vorhandenen Service Load Balancer eingesetzt. Die damit verbundene Hardware-Redundanz ermöglicht auch ein effizientes Patch- und Update-Management, bei dem die Software auf einzelnen Verzeichnisdienstservern aktualisiert werden kann, ohne dass der Benutzerbetrieb in dieser Zeit eingeschränkt ist. Im operativen Betrieb haben wir damit beim kurzfristigen

Einspielen z.b. von Security-Patches sehr positive Erfahrungen gemacht; größere Softwareupdates wie der Umstieg auf neue eDirectory-Versionen, die häufig insbesondere auch kleinere, aber vollständig zu testende Anpassungen der Konnektoren bedingen, werden hingegen nach Terminvereinbarung mit den Betreibern der angebundenen Dienste und bevorzugt in der Mitte der Semesterferien durchgeführt; dadurch können negative Auswirkungen auf den laufenden Lehr- und Prüfungsbetrieb sowie die Bewerbungs- und Immatrikulationsphasen vermieden werden.

Mit der Zentralisierung der Benutzerverwaltung für die ersten Dienste in den Jahren 2006 und 2007 ging jedoch auch einher, dass Supportanfragen von Benutzern, die sich auf Zugangsmodalitäten wie vergessene Passwörter bezogen, nicht mehr wie bisher autark vom jeweiligen Dienstanbieter gelöst werden konnten. Nachdem in den Anfängen insbesondere die Personenkorrelation noch Schwächen zeigte und das Konzept eines einzigen Benutzernamens und eines Passworts pro Person für alle Dienste noch nicht allen Benutzern geläufig war, stieg die Anzahl der von TP Verzeichnisdienst zu bearbeitenden Anfragen spürbar an, so dass die für den Betrieb notwendigen Kapazitäten für die Weiterentwicklung der I&AM-Infrastruktur zu fehlen drohten.

Wiederum in sehr enger Zusammenarbeit mit der Projektleitung haben wir uns deshalb intensiv um den Aufbau des zentralen TUM Service Desk bemüht. Zum einen wurde das eingesetzte Open-Source Trouble-Ticket-System (TTS) OTRS bis 2008 von TP Verzeichnisdienst betrieben, andererseits haben wir Werkzeuge und Zugänge zu den für Supportanfragen relevanten Benutzerdatenbeständen eingerichtet, Schulungen für alle mitwirkenden studentischen Hilfskräfte durchgeführt, technische Schnittstellen zum LRZ Service Desk eingerichtet und ein grundlegendes IT Service Management (ITSM) Reporting initiiert. Innerhalb weniger Monate konnten über viele Fakultäten und Einrichtungen der TUM verteilt mehr als 100 OTRS-Agenten, die das TTS zur Beantwortung von Benutzeranfragen verwenden, gewonnen werden. Auf weitere ITSM-Aktivitäten in den damit verbundenen Bereichen Service Level Agreements und Configuration Management Databases gehen separate Artikel in diesem Band ein.

6 Know-How-Transfer und Kooperationen

Durch das Ziel motiviert, innerhalb eines DFG-geförderten Projekts eine I&AM-Infrastruktur zu schaffen, die nicht nur nachhaltig vom LRZ für die TUM betrieben wird, sondern auch auf andere deutsche Hochschulen übertragbare Konzepte und Werkzeuge umfasst, ist uns sowohl der TUM-interne Know-How-Transfer als auch die fruchtbare Zusammenarbeit mit anderen Hochschulen ein wichtiges Anliegen.

Die Ergebnisse unserer Anforderungsanalysen, die getroffenen Designentscheidungen, die Feinkonzepte und die Implementierungen sind in einem über 450 Seiten starken Teilprojekthandbuch dokumentiert. TUM-intern haben wir diverse

Workshops organisiert, an denen teilweise über 50 Vertreter der Fakultäten und der zentralen Einrichtungen teilgenommen haben; sie umfassten insbesondere die Nutzung der IntegraTUM-Verzeichnisdienste und der Authentifizierungs- und Autorisierungsinfrastruktur auf Basis der deutschlandweiten Hochschulföderation DFN-AAI. Um neuen Interessenten auch unabhängig von Workshop-Terminen einen raschen Einstieg in die Materie zu ermöglichen, haben wir zielgruppenorientierte Frage- und Antwortpaare (FAQs) im TUM-Portal veröffentlicht, Code-Beispiele für den LDAP-Zugriff mittels diverser Programmier- und Skriptsprachen zur Verfügung gestellt und Musterkonfigurationen für die LDAP-Anbindung zahlreicher Standard-Softwarekomponenten wie dem Apache Webserver vorbereitet. Darüber hinaus haben wir uns mit Postern, Flyern und TUM-internen Vorträgen an den erfreulich erfolgreichen, von der Projektleitung koordinierten Marketingmaßnahmen beteiligt, um campusweit ein Bewusstsein für die verfügbaren Dienste sowie ihre Einsatzmöglichkeiten und Mehrwerte zu schaffen.

Die hochschulübergreifende Kooperation im Bereich Identity Management ist im bayerischen Umfeld dank des von der Runde der bayerischen Rechenzentrumsleiter (BRZL) etablierten Arbeitskreises MetaDir-Bayern sehr intensiv und erfolgreich. Im Rahmen regelmäßiger Treffen und monatlicher Videokonferenzen konnten häufig Synergien mit den I&AM-Projekten an anderen Universitäten erzielt werden; über die Fortschritte und auch die aktuellen Herausforderungen im Rahmen des IntegraTUM-Projekts wurde dort regelmäßig berichtet. Auf deutschlandweiter Ebene ist der einschlägige ZKI-Arbeitskreis Verzeichnisdienste hervorzuheben, dem wir ebenfalls viele Anregungen zu verdanken haben. Mit wachsender Verbreitung des Paradigmas Federated Identity Management, das eine organisationsübergreifende Nutzung von I&AM-Systemen ermöglicht und im Hochschulumfeld insbesondere für den Zugang zu elektronischen Medien, zur Softwareverteilung und im Grid-Computing eingesetzt wird, haben sich auch unsere Arbeiten rund um die vom DFN-Verein betriebene, deutschlandweite Hochschulföderation DFN-AAI intensiviert. Dabei konnte nicht nur erreicht werden, dass die beiden Münchner Universitäten zu den ersten als Identity Provider an der DFN-AAI beteiligten Hochschulen gehörten, sondern wir haben beispielsweise auch an der Spezifikation des DFN-AAI E-Learning-Profils mitgearbeitet, das die hochschulübergreifende Nutzung von Learning-Management-Systemen ermöglicht und die zukünftige technische Basis beispielsweise für die Virtuelle Hochschule Bayern bildet. Unsere Aktivitäten im Rahmen des IntegraTUM-Projekts haben wir zudem seit 2006 auf jeder der EUNIS-Konferenzen vorgestellt, die Hochschul-IuK-Strategien im europäischen Umfeld thematisieren.

Weitere Themen rund um Identity Management und das damit verbundene IT Service Management wurden zudem in Forschungsarbeiten behandelt: Neben mehr als 30 einschlägigen Konferenzbeiträgen und Journalpublikationen wurden die Fundamente für vier Dissertationen an den Lehrstühlen von Prof. Bode, Prof. Hegering und Prof. Kranzlmüller gelegt.

7 Zusammenfassung und Ausblick

Im Rahmen von TP Verzeichnisdienst wurde eine Hochschul-I&AM-Infrastruktur geschaffen, die sich einerseits durch ihre Flexibilität bei der Integration weiterer Systeme und andererseits durch ihren Dienstleistungscharakter auszeichnet, der sicherstellt, das alle von den angebundenen Systemen benötigten Identitätsdaten im jeweils benötigten Format bereitgestellt werden. Dadurch wird nicht nur der pro Dienst notwendige Administrationsaufwand deutlich reduziert, sondern auch aus Benutzersicht ein essentieller Beitrag zur durchgängigen und nahtlosen Nutzung der IuK-Systeme an TUM und LRZ geleistet. Sehr viele der erarbeiteten Konzepte und implementierten Werkzeuge sind generisch und können mit geringem Aufwand an die Bedürfnisse anderer Hochschulen angepasst werden. Dieses Ziel wurde insbesondere auch durch umfassende Dokumentation und die aktive Teilnahme an hochschulübergreifenden Arbeitskreisen sowie gezielte Maßnahmen zum TUM-internen Know-How-Transfer verfolgt. Die im bisherigen produktiven Betrieb gemachten Erfahrungen sind in die kontinuierliche Verbesserung der I&AM-Infrastruktur eingeflossen; dies schlägt sich auch in den sehr positiven Rückmeldungen von allen bereits angebundenen Systemen nieder.

Insgesamt wurde somit eine äußerst solide Basis für die Weiterentwicklung der I&AM-Infrastruktur auch über das Projektende von IntegraTUM hinaus geschaffen. Hervorzuheben sind in dieser Hinsicht insbesondere drei Aktivitäten, die von TUM und LRZ in den nächsten Monaten gemeinsam angegangen werden müssen: Zunächst müssen die Anpassungen an das neue Campus-Management-System abgeschlossen werden, das die lange ersehnte Zentralisierung zahlreicher Administrationstätigkeiten ermöglicht. Daneben muss weiter am TUM-flächendeckenden Rollout gearbeitet werden, so dass alle Fakultäten die Früchte des I&AM-Systems ernten können. Parallel dazu müssen die bereits konzipierten Brücken zwischen dem TUM-weiten und dem LRZ-internen Identity Management geschlagen werden, um eine noch engere Verzahnung der an der TUM und am LRZ zentral bereitgestellten Dienste und damit eine noch höhere Benutzerfreundlichkeit zu erreichen. Auf Basis der im Rahmen von IntegraTUM gemachten positiven Erfahrungen sind wir davon überzeugt, dass sich die konstruktive und für beide Seiten gewinnbringende Kooperation erfolgreich fortsetzen wird.

Danksagungen

Wir danken der Deutschen Forschungsgemeinschaft (DFG) für die Förderung dieses Projekts und seine jederzeit ermutigende Begleitung. Unser besonderer Dank gilt dem Schirmherren des Projekts, Prof. Dr. Arndt Bode, sowie dem Vizepräsidenten und CIO der TUM, Dr. Kai Wülbern, für den stets starken Rückhalt, ohne den die erfolgreiche und nachhaltige Umsetzung dieses Projekts nicht möglich gewesen wäre.

Wir bedanken uns ferner sehr herzlich bei der IntegraTUM-Projektleitung und allen ehemaligen und aktuellen Kolleginnen und Kollegen aus den weiteren Teilprojekten für die angenehme und konstruktive Atmosphäre, die das Gesamtprojekt und die Zusammenarbeit zwischen TUM und LRZ nachhaltig geprägt hat. Ebenso danken wir allen Kolleginnen und Kollegen aus dem Leibniz-Rechenzentrum, dem Munich Network Management Team, dem Projekt elecTUM und vom TUM Service Desk für ihre wohlwollende Unterstützung und die gute Zusammenarbeit.

Gästeverwaltung im integrierten Identity Management

Florian Bernstein, Rolf Borgeest, Ralf Ebner, Hans Pongratz

Zusammenfassung Neben Studierenden und Mitarbeitern sind Gäste an Universitäten die dritte wichtige Benutzergruppe, die IuK-Dienste der Hochschule nutzen. Bei der Einführung eines zentralen Identity Managements an Hochschulen muss diese Benutzergruppe gesondert betrachtet werden. Einerseits möchte die Hochschule gastfreundlich sein, darf aber mit Rücksicht auf ihre regulären Mitglieder, auf Lizenzgeber und auf die Sicherheit nicht beliebig freigiebig bei der Vergabe von Gastkennungen sein. Wir schildern die im IntegraTUM Projekt implementierten organisatorischen, fachlichen und technischen Maßnahmen, um Gäste verwalten zu können.

1 Einleitung

Dieser Beitrag beschreibt organisatorische, fachliche und technische Aspekte der Verwaltung von Gästen der Technischen Universität München (TUM). Als Gäste werden Personen bezeichnet, welche weder eingeschriebene Studierende, noch Hochschulmitarbeiter sind, aber dennoch die IT-System der Hochschule nutzen müssen oder wollen, z.B. Gastwissenschaftler, Gastdozenten, Besucher, Wissenschaftler ohne Arbeitsvertrag oder Kooperationspartner.

Eine spezielle Gruppe von Gästen der TUM sind dabei Mitarbeiter des Universitätsklinikum rechts der Isar, welches seit Juli 2003 eine rechtlich selbständige Anstalt des öffentlichen Rechts ist. Diese Mitarbeiter sind – obwohl Mitglieder der Fakultät für Medizin – rechtlich gesehen Mitarbeiter des Klinikums und nicht der TUM.

Mit der Einführung einer zentralen Benutzerverwaltung, die sich für Studierende und Mitarbeiter aus den sehr verlässlichen Datenquellen Personalverwaltung und Studierendenverwaltung speist, muss eine Möglichkeit geschaffen werden, Gäste auf der einen Seite einfach, aber doch mit hohem Anspruch an die Qualität und Authentizität der Daten aufzunehmen. Über die im Rahmen von IntegraTUM geschaffene und konzeptionell in TUMonline übernommene zentrale Gästeverwaltung werden Gästekonten erstellt, verwaltet und automatisiert in den zentralen Verzeichnisdienst übertragen. Eine Doppelvergabe von Kennungen soll vermieden und bereits vorliegende Daten von Personen weiterverwendet werden. Insbesondere müssen Mechanismen implementiert werden, die die Lebenszeit der Gästekennungen beschränken, um so verwaiste Accounts zu vermeiden.

Dieser Artikel geht zunächst auf organisatorische Gesichtspunkte in Bezug auf Gäste an der TUM ein. Darauf aufbauend werden fachliche Aspekte vorgestellt und im Anschluss die technische Sicht anhand der konkreten Implementierungen des Datenhaltungs-Backend und der Benutzeroberfläche (Frontend) beschrieben. Eine Zusammenfassung samt Ausblick rundet den Artikel ab.

2 Organisatorische Aspekte

Bis zur Einführung von IuK-Diensten, die auf einem zentralen Identity Management beruhen, gab es keinen Anlass, Gäste der einzelnen Lehrstühle zentral zu erfassen. Mit der Einführung des zentralen Verzeichnisdienstes wurde es notwendig, Gäste in diesem zu erfassen, wenn sie Zugriff auf die zentralen IuK-Dienste benötigten. Während Gäste bis in lokal unterschiedlichen Prozessen verwaltet wurden, war es nun nötig, ein TUM-weit einheitliches Verfahren zu implementieren.

Dabei musste eine Balance zwischen Datenqualität und Gastfreundlichkeit gefunden wurden. Es wurde abgewogen zwischen dezentraler Erfassung in den jeweiligen Organisationseinheiten und zentraler Erfassung. Für die dezentrale Erfassung spricht die hohe Servicequalität. Andererseits führt dies angesichts doch komplexer Abläufe und Zusammenhänge zu hohem Schulungsaufwand, der angesichts geringer Fallzahlen (etwa 3-4 Gäste pro Jahr und Lehrstuhl) nicht gerechtfertigt schien. Um Mehrfacherfassung von Personen zu vermeiden ist ein umfangreicher Zugriff auf Personendaten aktueller und ehemaliger Mitglieder der Hochschule nötig. Dieser Zugriff soll aus Gründen des Datenschutzes nur möglichst wenigen Mitarbeitern gestattet werden.

Vorteile der zentralen Erfassung ist die Sicherstellung eines unterbrechungsfreien Betriebs bei gleichzeitig guter Ausbildung und Prozesstreue der mit der Gästeverwaltung beschäftigten Mitarbeiter. Wegen der direkten Verbindung zu den IuK-Diensten entschloss man sich, die Gästeverwaltung über den zentralen IT Service Desk abzuwickeln. Dadurch ist gleichzeitig sicher gestellt, dass eventuelle Fragen und technischen Schwierigkeiten durch dieselben Personen gelöst werden können.

Von einer schriftlichen Beantragung von Gastkonten wurde zugunsten einer einfachen Beantragung per E-Mail abgesehen. Zur Anforderung von Gastkonten sind Abteilungsleiter, Professoren oder deren Sekretariate berechtigt. Eventuell benötigte zusätzliche Schriftstücke wie Haftungsfreistellungserklärungen werden dezentral von der gastgebenden Einheit verwaltet.

Zur Vermeidung verwaister Konten wird die Gültigkeit von Gastkonten standardmäßig auf sechs Monate begrenzt. Eine (wiederholte) Verlängerung ist möglich.

3 Fachliche Aspekte

Die Gästeverwaltung sollte sich als weitere Datenquelle für die zentrale Directory-Infrastruktur möglichst in den bestehenden Datenfluss einfügen (Abb. 1). Dabei wird die Gästeverwaltung drittes Quellsystem für Personendaten neben Personal- und Studierendenverwaltung.

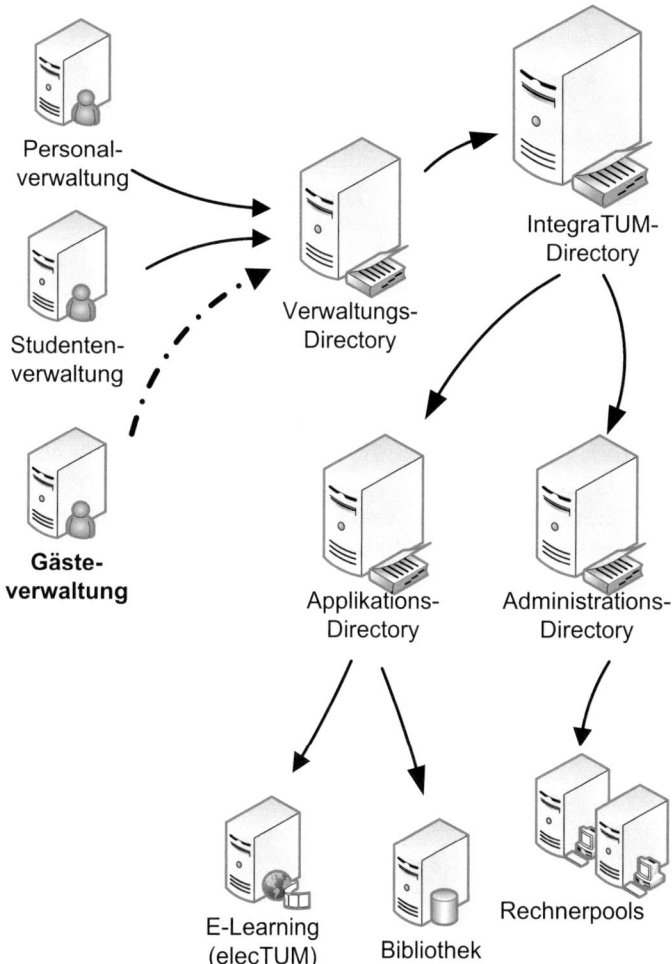

Abb. 1 Datenfluss für Personeneinträge

Aufgrund der unterschiedlichen Kompetenzen in den einzelnen IntegraTUM-Teilprojekten kristallisierte sich eine Teilung der Gästeverwaltung in ein Grafik-Frontend und ein Datenhaltungs-Backend als gute modulare Lösung heraus. In den folgenden Teilabschnitten werden einige fachliche Aspekte detaillierter beschrieben.

3.1 Attribute eines Gastes

Für die Erstellung eines Gastkontos wurden folgende Attribute festgelegt: Nachname, Vorname, Anrede (Herr/Frau), Titel, Geburtsdatum, gastgebende Einheit (Lehrstuhl o.ä.), Beginn und Ende des Gastauftenthalts, Gasttyp, Gastherkunft.

Die Privatadresse des Gastes ist optional, In einem Zusatzfeld werden Informationen über den Gastgeber oder einfacher die Nummer des Troubletickets des Service Desks erfasst.

3.2 Rechte von Gästen

Das erste Konzept sah die Rollen „Gaststudent", „Gastwissenschaftler", „Gastalumnus", „externer Bibliotheksbenutzer" und „Kongressteilnehmer" vor. Im Laufe der Konzeption wurde aber von unterschiedlichen Rollen für Gäste Abstand genommen. Alle erfassten Gäste werden wie Mitarbeiter der TUM von den jeweiligen IT-Systemen behandelt.

Grund für diese Entscheidung war, dass Studenten grundsätzlich immatrikuliert werden müssen, weil sie sonst nicht über die für die Nutzung E-Learning etc. notwendigen Attribute verfügen und die für sie notwendigen Dienste nicht nutzen könnten. Externe Bibliotheksbenutzer erhalten aus (lizenz-)rechtlichen Gründen keinen Zugang auf die IuK-Infrastruktur der Hochschule. Der für Kongressteilnehmer oftmals angebotene Dienst Internetzugang über WLAN rechtfertigt keine Erfassung der Personendaten. Stattdessen werden Accesspoints räumlich und zeitlich begrenzt zur Nutzung durch die Kongressteilnehmer freigeschaltet.

3.3 Behandlung von Sonderzeichen

Um Kompatibilitätsproblemen vorzubeugen wurde entschieden, dass beim Eintrag in die Gästeverwaltung nur Buchstaben des deutschen Alphabets erlaubt sind. Bei Namen sind Häkchen oder Akzente (fr.) wegzulassen. Aus „Ivoš" wird „Ivos", aus „Pašić" wird „Pasic".

4 Implementierung des Datenhaltungs-Backend

4.1 Anforderungen an das Backend

Zur Authentifizierung und Autorisierung können mittlerweile viele Anwendungen LDAP-Verzeichnisse direkt nutzen. Für eine darüber hinaus gehende Datenverwaltung, wie die detaillierte Erfassung von Anschriften, Organisationszugehörigkeiten sowie insbesondere Daten zur Kategorisierung eines Gastes (Herkunft, Heimatorganisation, betreuender Administrator, Rolle an der TUM) wird die direkte LDAP-Schnittstelle entweder nicht unterstützt oder ist zumindest mühsam in der Programmierung. Zudem sollten in Bezug auf die Gästeverwaltung beim LDAP-Zugriff fachlich wichtige Nebenbedingungen erfüllt werden: das Anlegen nur kompletter Personendatensätze und die Vermeidung von Dubletten.

Eine auf die Gästedaten zugeschnittene, aber zugleich technisch nicht einschränkende Schnittstelle des Gästeverwaltungs-Backends bildete die Basis für die weitgehend freie Wahl der Frontendsoftware und eine unabhängige Implementierung. Die wichtigsten dafür notwendigen Anforderungen sind in den folgenden Unterabschnitten dargestellt.

4.2 Fachlich orientierte Operationen

Die Schnittstellenfunktionen sollten nicht einfach rudimentäre LDAP-Operationen kapseln, sondern fachlich motivierte komplexe Operationen ermöglichen. So sollte die Suche nach einem Gast gleichzeitig der Dublettenvermeidung dienen, indem neben einfacher Namens-und ID-Suche auch eine Fuzzy-Suche bereit zu stellen war. Vor dem Neuanlegen eines Gastes werden so alle bereits bekannten ähnlichen Einträge aus dem Verzeichnis geliefert.

Das Gastanlegen selbst sollte als atomare Operation erfolgen, also mit einem garantierten Mindestsatz von Datenfeldern, auch wenn diese Felder LDAP-technisch keine Pflichtattribute oder nur in Hilfsklassen enthalten. Das Bearbeiten eines Gasteintrages sollte ebenfalls die Validität und den Mindestumfang der Daten erhalten.

4.3 Redundanzfreiheit bei Mehrfachrollen

Personen, die in verschiedenen TUM-Einrichtungen unterschiedliche Rollen haben, sollten über das Backend entsprechend detailliert und doch möglichst redundanzfrei abgebildet werden. Dies konnte erreicht werden durch Trennung der Stammdaten (Name, Geburtsdatum, Adresse) von den Organisations- und Rollendaten. Letztere sollten in sog. Gastaufenthaltseinträgen gekapselt werden. Ein und derselben Person im Verzeichnis sollten mehrere Gastaufenthalts-Instanzen zugeordnet sein können.

Beschränkte Rechte für Gästeverwalter
Die Gästeverwalter (sog. Gast-Administratoren) sollten nicht uneingeschränkt die Daten aller TUM-Gäste bearbeiten können. Vielmehr sollte das Bearbeitungsrecht aufgrund der Zuweisung zu einzelnen Organisationen vergeben und ggf. auch vererbt werden können. Für noch feingranularere Berechtigungen sollte auch eine Zugriffsregelung über Access-Control-Lists vorgesehen werden, wenngleich sie im aktuellen TUM-Szenario noch nicht benötigt wird.

Weiterhin musste sicher gestellt werden, dass die Stammdaten von Mitarbeitern und Studenten sowie deren Anstellungs- und Studiendaten von Gästeverwaltern nicht verändert werden können.

4.4 Einheitliche Datenhaltung

Auf Seiten des Verzeichnisses musste sich die Datenhaltung der Gäste nahtlos in das bereits implementierte Schema für Studenten und Mitarbeiter integrieren und – wie oben bei Mehrfachrollen beschrieben – auch mit diesen kombinieren lassen. Denn nur so ist es möglich, dass nachgelagerte Systeme ohne zusätzlichen Aufwand und ohne Behandlung von Gästen als Sonderfälle die Daten aller TUM-Angehörigen einheitlich nutzen können.

Austauschbares Schnittstellenprotokoll
Während die Funktionalität der vom Backend zur Verfügung zu stellenden Operationen auf Gastdaten durch obige Anforderungen (grobgranular, Konsistenz erhaltend, Life-Cycle abbildend) schon vorgegeben waren, sollte beim Übertragungsprotokoll weitgehende Flexibilität gewahrt bleiben.

Neben der direkten Funktionsaufrufmöglichkeit im selben Prozess (für den Fall von Back- und Frontend auf demselben Server) war zunächst eine XML-RPC-Schnittstelle zu implementieren, die dem myTUM-Portal eine komfortable Nutzung ermöglichte. Für die Zukunft sollten aber auch die Vorbereitungen für z.B. eine SOAP- oder CGI-basierte HTTP-POST-Schnittstelle getroffen werden.

Lookup-Funktionen
Zur Erhöhung der Datenqualität war eine beträchtliche Zahl von Lookup-Funktionen zu implementieren, mit denen im Frontend Auswahlfelder gefüllt oder Vervollständigungsvorschläge gemacht werden können.

Darunter fallen z.B. die Liste aller möglichen Organisationseinheiten, alle gleich-, unter- oder übergeordneten Einheiten, die Liste der möglichen Werte für die Gastherkunft und -kategorisierung und Listen mit ISO-Abkürzungen von Staaten und Sprachen.

4.5 Architektur, Implementierung und Technologie

Die Anforderungen aus dem vorigen Abschnitt sowie ein Sichtung möglicher Software-Frameworks und Werkzeuge mündete in ein Architektur-Design für die Implementierung des Backends, des sog. GuestServers wie in Abb. 2 dargestellt.

Die Wahl fiel auf Java als Programmiersprache wegen ihrer Plattformunabhängigkeit und auch wegen der großen Auswahl an Netzwerk-Protokoll-Packages. Als Framework diente die Apache SOAP/XMLRPC-Implementierung. Diese umfasst einen einfachen, leicht zu wartenden HTTPS-Webserver (= SecureWebserver oben im Bild), der als Basis der Implementierung eines allgemeinen XMLRPC-Servers diente. In diesem XMLRPC-Server wiederum können Java-Klassen ohne zusätzliche Anpassung so registriert werden, dass deren public-Methoden per XMLRPC über HTTPS zugreifbar sind.

Der eigentliche GuestServer (Abb. 2 links oben), der die Gästeverwaltungs-Schnittstellenfunktionen implementiert, ist damit programmtechnisch komplett unabhängig vom XML-RCP-Protokoll. Eine Einbindung in ein SOAP-Framework (z.B. Apache Axis) oder auch als einfache CGI-Programme auf einem Standard-Webserver wäre damit ohne Weiteres möglich.

Die Logger-Klasse ist mittels aspektorientierter Programmierung (AOP-Compiler ajc) eingebunden, so dass der GuestServer als zentrale Datendrehscheibe unabhängig ist vom eingesetzten Logging-Mechanismus. Der gewünschte Logging-Umfang und insbesondere die Stellen im Quellcode des GuestServers werden extern über eigene Aspekte definiert. Am GuestServer-Quellcode sind damit keinerlei Anpassungen notwendig, was sich positiv auf dessen Übersichtlichkeit auswirkt.

Der GuestServer implementiert die zentralen, in den Anforderungen dargelegten grobgranularen Operationen auf Gastdaten (Suchen, Anlegen, Ändern sowie Zugriffsregelungen). Dabei stützt er sich auf die ItumLDAPConnection-Klasse, eine Erweiterung der Standard-Novell-LDAPConnection-Klasse. Diese Klasse berücksichtigt die Spezifika des IntegraTUM-Schemas, bereitet Suchergebnisse als Hashtabellen auf und sorgt für automatische LDAP-Reconnects über die gesamte Laufzeit des GuestServers.

Im Zuge der fachlich orientierten Operationen für Gästedaten ist auch die ID-Vergabe (MWNIDs, LRZ-Kennungen, UID-Numbers) in den GuestServer integriert worden. Die nötigen Abfragen der entsprechenden ID-Server werden automatisch über die passenden Protokolle angestoßen.

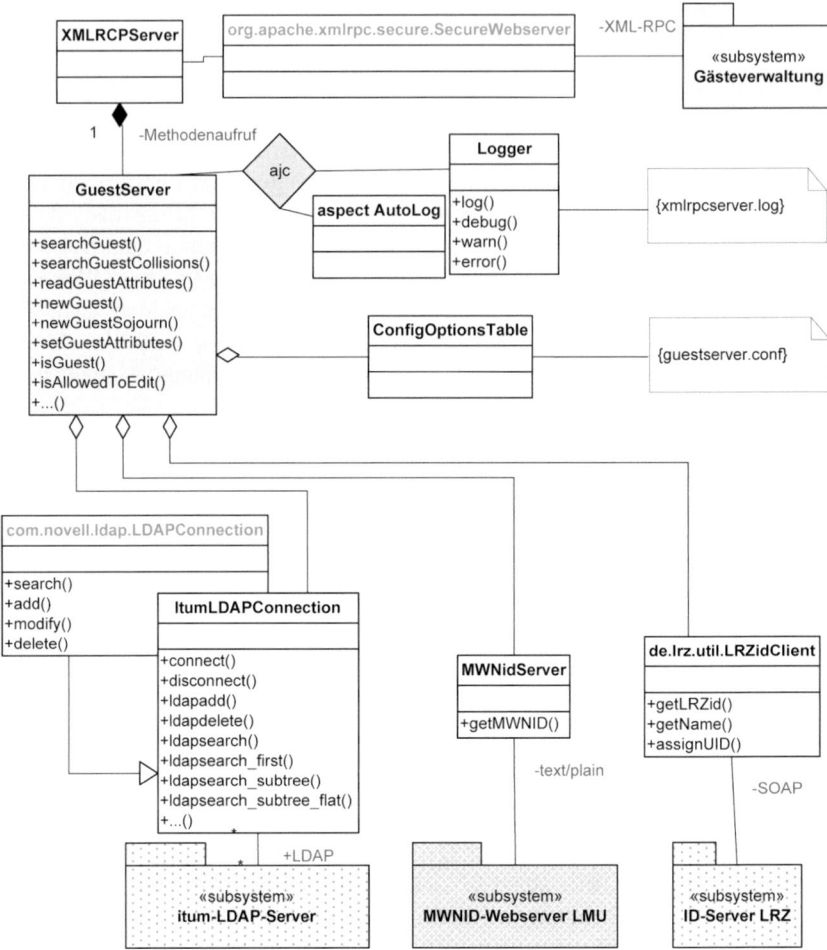

Abb. 2 Architektur des GuestServers und seiner Komponenten

5 Implementierung der Benutzeroberfläche (Frontend)

Neben dem Backend der Gästeverwaltung stellt die Benutzeroberfläche den zweiten zentralen Baustein der Gästeverwaltung dar. Diese Komponente dient den Gästeverwaltern zur Darstellung, Erfassung und Verwaltung von Gästedaten. Die nötigen Funktionalitäten werden wie zuvor beschrieben vom Backend der Gästeverwaltung in Form einer XML-RPC-Schnittstelle bereitgestellt.

5.1 Anforderungen an die Benutzeroberfläche

Die Anforderungen an die Benutzeroberfläche der Gästeverwaltung beschränkten sich auf folgende Funktionen:

- Suche von Gästen und Personen im Verzeichnisdienst der TUM,
- Darstellung der für die Verwaltung von Gästen relevanten Personendaten,
- Erfassen von Gästen mit allen relevanten Daten,
- Bearbeiten von Gästen und ihren Daten,
- Vermerken neuer Gastaufenthalten bereits existierender Gäste,
- Authentifizierung und Autorisierung der Benutzer der Gästeverwaltung.

5.2 Microsoft Office SharePoint Server 2007 als Basis der Benutzeroberfläche der Gästeverwaltung

Die Benutzeroberfläche wurde auf Basis von Microsoft Office Sharepoint Server 2007 implementiert. Diese Entscheidung hat zwei Gründe. Obwohl die TU München mit dem myTUM-Portal bis dato bereits über ein universitätsweites Internet-Portal verfügt, ließ sich eine Integration der Gästeverwaltung aus diversen technischen Gründen nicht realisieren. Im Gegensatz dazu befassten sich auch an der TU München mehrere Lehrstuhle mit dem Thema Entwicklung und Einsatz des SharePoint Servers (z.B.: ZePeLin Bayern [3]), was zum einen die Möglichkeit bietet, auf bereits vorhandenes Wissen und Erfahrungen zurückgreifen zu können, und zum anderen die bereits zur Verfügung stehenden und zentral gewarteten Infrastrukturen in Form von produktiv eingesetzten SharePoint Servern nutzen zu können, ohne eine komplett eigenständige Lösung anstreben zu müssen.

5.3 Implementierung des Gästeverwaltung-WebParts

Wie viele Internet-Lösungen von Microsoft basiert auch der SharePoint Server auf dem .NET Framework, sodass eine Entwicklung mit den .NET zur Verfügung gestellten Programmiersprachen möglich ist. Im Fall der Benutzeroberfläche der Gästeverwaltung fällt die Wahl auf die Java-ähnliche Sprache C#.

Die Oberfläche der Gästeverwaltung wird als WebPart realisiert. Bei WebParts handelt es sich um kleine Programme, die eine bestimmte Funktionalität kapseln und sich auf jeder beliebigen Seite eines SharePoint Servers, der über eine so genannte WebPart-Zone verfügt, platzieren lässt. WebParts sind mit den Technologien Widgets oder Applets anderer Softwarehersteller zu vergleichen.

Zugriff auf die XMLRPC-Schnittstelle des GuestServers
Für die Interaktion mit der XML-RPC-Schnittstelle des GuestServers wird die frei verfügbare Open-Source-Bibliothek XML-RPC.NET [1] verwendet. Diese Bibliothek stellt eine Sammlung verschiedener Funktionen bereit, um einfach und ohne größeren Aufwand mit einem anderen System Daten und Informationen über eine XML-RPC-Schnittstellen austauschen zu können.

Abfolge der Ansichten der Benutzeroberfläche
Die Oberfläche der Gästeverwaltung setzt sich aus fünf Ansichten zusammen, mit deren Hilfe Personen und Gäste im Benutzerverzeichnis der TU München gesucht und bearbeitet und neu Gäste bzw. Gastaufenthalte angelegt werden können. Die folgende Abbildung zeigt den Zusammenhang der verschiedenen Ansichten und den dazugehörigen Kontrollfluss innerhalb der Gästeverwaltung.

Den zentralen Einstiegspunkt der Gästeverwaltung stellt die Personensuche dar. Die Berechtigung des Benutzers wird zusätzlich an der XML-RPC-Schnittstelle geprüft. Erst dann wird dem Benutzer die Suchmaske angezeigt. Über die Suchmaske hat der Benutzer die Möglichkeit, nach bestimmten Personen zu suchen. Dabei stehen je nach Konfiguration des WebParts mehrere Suchfelder mit unterschiedlichen Attributen, die zur Einschränkung der Suchergebnisse dienen, zur Verfügung. Nach dem Absetzen der Suchanfrage werden die Ergebnisse, falls die Suche einen oder mehrere Treffer ergaben, in einer tabellarischen Form übersichtlich angezeigt. Von hier aus kann nun ein neuer Gast angelegt werden, falls dieser nicht in den Suchergebnissen aufgetaucht ist, oder eine bereits existierende Person oder Gast anzeigen bzw. bearbeiten. Um die Datenqualität möglichst hoch zu halten und das Anlegen doppelter Einträge für ein und dieselbe Person zu verhindern, wurden zwei Maßnahmen getroffen. Zum einen können neue Gäste nur angelegt werden, wenn zuvor eine Suchanfrage gestellt wurde und zum anderen liefert die Suchanfrage nur eine bestimmte Anzahl an Ergebnissen.

Zudem wird der Benutzer mit einem Hinweis, dass er die Suchanfrage verfeinern soll, informiert, um sicher sein zu können, dass die gesuchte Person nicht im Verzeichnis vorhanden ist. Der Benutzer wird also dazu angehalten, bei der Suche möglichst viele Suchkriterien zu verwenden, um die Ergebnismenge einzuschränken. Sowohl dieser Schwellwert, den die Anzahl der Suchergebnisse nicht überschreiten darf, als auch die Anzahl der verwendbaren Such-Attribute lassen sich über die Konfiguration des WebParts einstellen.

Soll ein neuer Gast angelegt werden, müssen die festgelegten Daten der Person erfasst werden, bevor sie im Verzeichnisdienst angelegt werden kann. Der Benutzer wird dabei durch Fehlermeldungen bei falsch eingegebenen oder fehlenden Daten unterstützt. Beim Anlegen des neuen Gastes werden diesem automatisch eine MWNID, eine LRZ-Kennung und ein Initial-Passwort zugewiesen.

Bereits vorhandene Personendaten können mit Hilfe der Bearbeitungsansicht editiert werden. Hier können diverse Grunddaten, z.B. Adressen, der Person geändert oder ergänzt werden. Die Stammdaten von Personen, die zurzeit an der TU München angestellt oder immatrikuliert sind, sind dabei von der Bearbeitung ausgeschlossen. Neben der Änderung der Personendaten kann einem Gast auch ein neuer Gastaufenthalt zugewiesen werden. Dabei wird definiert, bei welcher Einrichtung sich der Gast aufhält und für welchen Zeitraum dieser Aufenthalt andauert. Auch einer Person, die bereits im Verzeichnis der TU München existiert, aber noch keinen Gaststatus hat, kann ein Gastaufenthalt hinzugefügt werden; damit erhält die Person den Gaststatus.

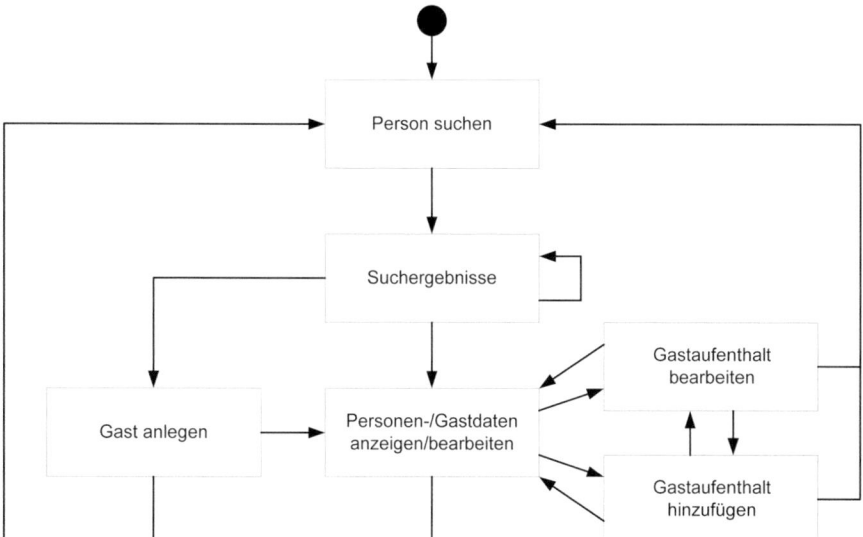

Abb. 3 Ablauf der Ansichten

Auch Gastaufenthalte können wie Personendaten geändert werden. Dazu kann der Benutzer einen Gastaufenthalt eines Gastes auswählen und diesen in der „Gastaufenthalt bearbeiten"-Ansicht bearbeiten. Das End-Datum definiert die zeitliche Gültigkeit des Gaststatus.

5.4 Authentifizierung und Autorisierung

Um den Zugriff auf die Gästeverwaltung abzusichern und nur berechtigtem Verwaltungspersonal Zugriff auf die Gästeverwaltung zu erteilen, werden die im SharePoint Server bereits integrierten Mechanismen, z.B. die Benutzerverwaltung mit Authentifizierung und Autorisierung in Form eines Rollen- und Rechtekonzepts verwendet. Dazu wird das Active Directory der TU München, das mit dem Haupt-Verzeichnis synchron ist, über einen angepassten Authentifizierungs-Provider mit dem SharePoint Server verbunden. Benutzer, die auf die Gästeverwaltung zugreifen wollen, müssen sich somit mit ihren universitäts-weiten Benutzerkennungen zunächst gegenüber dem Verzeichnisdienst authentifizieren.

Die Autorisierung übernimmt dagegen das Rollen- und Rechtekonzept des SharePoint Servers, indem den entsprechenden Benutzern Leserechte für die Seite gegeben werden, auf der sich das WebPart mit der Oberfläche der Gästeverwaltung befindet. Dieses Berechtigungskonzept sichert zudem die bereits erwähnten Berechtigungsüberprüfungen, die durch das WebPart gegen die XML-RPC-Schnittstelle ausgeführt wird, ab.

6 Zusammenfassung und Ausblick

Die zentral eingeführte Gästeverwaltung hat sich bewährt. Im Zeitraum von Mai 2008 bis August 2009 wurden etwa 1.000 Gäste angelegt und bekamen so zeitlich begrenzten Zugriff auf die IuK-Dienste der TUM. Der IT Service Desk stellt dabei die Datenqualität sicher und dient auch für alle weiteren Fragen und Probleme als Ansprechpartner.

Die hier vorgestellte Implementierung ist in Hinblick auf die Einführung von TUMonline [2] als Campus Managementsystem für die TUM nur provisorisch. Sie soll nicht mehr eingesetzt werden, sobald TUMonline die Aufgabe der Gästeverwaltung übernimmt. Die vorgestellten Prozesse werden auch mit TUMonline ihre Gültigkeit behalten und können als wesentliche Voraussetzung für die reibungslose Einbettung der Gästeverwaltung in TUMonline gesehen werden.

Literatur

[1] Charles Cook. XML-RPC.NET [abgerufen am 14.08.2009]; verfügbar unter: http://www.xml-rpc.net
[2] Technische Universität München. Projekt CM@TUM [abgerufen am 14.08.2009]; verfügbar unter: http://www.tum.de/iuk/cm/index_html
[3] Technische Universität München. Projekt ZePeLin [abgerufen am 14.08.2009]; verfügbar unter: http://www.zepelin.org

IntegraTUM LDAP-Schemadesign: Entwicklungsstufen und Konzepte im Vergleich

Ralf Ebner, Wolfgang Hommel, Daniel Pluta

Zusammenfassung. Im Teilprojekt Verzeichnisdienst des IntegraTUM-Projektes wurden während der Projektlaufzeit verschiedene LDAP-Schemata entwickelt und eingesetzt. In diesem Artikel wird zuerst ein Überblick über LDAP-Schemata sowie wichtige Besonderheiten beim Entwurf von szenarienspezifischen Schemata gegeben. Anschließend werden die unterschiedlichen Schemaentwicklungsstufen, die im Laufe des IntegraTUM-Projektes Verwendung fanden, vorgestellt. Dabei wird auf die jeweilige Umsetzung sowie auf die Ziele und Auswirkungen der Designideen und -entscheidungen kurz eingegangen.

1 Einführung in das Lightweight Directory Access Protocol LDAP

LDAP ist das modernen Verzeichnisdiensten zugrundeliegende, standardisierte Protokoll. Über dieses Protokoll kommunizieren LDAP-Clients mit LDAP-Servern sowie LDAP-Server untereinander. Als Teil des Protokollstandards werden verschiedene Operationen zur Abfrage und Bearbeitung von Verzeichnisdienstinhalten definiert.

Verzeichnisdienste sind bezüglich ihrer Leistung auf Abfrageperformance optimiert, d. h. Suchanfragen und Ergebnisauslieferung erfolgen, anders als die Schreibanfragen, sehr schnell. Daher werden Verzeichnisdienste gerne als Online-Nachschlage- oder Auskunftsdienste, wie zum Beispiel Yellow-Pages, eingesetzt. Innerhalb von Verzeichnisdiensten werden Daten hierarchisch organisiert gespeichert. Die Hierarchie gleicht dabei einer (aus der Informatik bekannten) Baumstruktur, deren Wurzelknoten die Ausgangsbasis für LDAP-Operationen darstellt. Der Verzeichnisbaum wird als DIT (Directory Information Tree) bezeichnet.

1.1 Directory Information Tree

Verzeichnisinhalte werden im DIT gespeichert. Die Struktur, also z. B. die Granularität der Verästelung und die Tiefe einzelner Zweige, ist frei wählbar. Jeder Knoten im DIT wird als Entry bezeichnet und hat einen lokalen, d. h. relativen Namen – den RDN (Relative Distinguished Name). RDNs unter dem gleichen Vorgängerknoten müssen eindeutig sein, d. h. benachbarte Verzeichnisdiensteinträge müssen immer unterschiedliche Bezeichnungen verwenden.

Diese Konstruktion bietet den Vorteil, innerhalb der Baumstruktur des DITs jedes Objekt eindeutig benennen bzw. adressieren zu können. Da in einem Verzeichnis benachbarte Knoten (RDNs) niemals den gleichen Namen verwenden dürfen, bildet jeder DN (Distiguished Name) eines Objektes immer einen eindeutigen Namen. Der DN entspricht dabei der Auflistung aller Knoten, die entlang des Pfades von der Wurzel bis zum jeweiligen Eintragsknoten selbst liegen.

1.2 Schema

Das Schema eines LDAP-Servers definiert die Daten, die in einem Eintrag (auch als Knoten, Entry oder Objekt bezeichnet) gespeichert werden müssen bzw. dürfen. Desweiteren wird auch die Art der Daten über Syntaxdefinitionen vorgeschrieben.

Da jeder LDAP-Server für gewöhnlich mindestens mit den standardisierten, aber oftmals auch mit den produkt- bzw. herstellerspezifischen Schemadefinitionen ausgeliefert wird, spricht man normalerweise bei der Implementierung eines individuellen Schemas, welches die eigenen Anforderungen abdeckt, von einer Schemaerweiterung.

Eine solche Schemaerweiterung beinhaltet dabei einerseits die Definition von Attributen und andererseits die Definition von Objektklassen, in denen beliebige Attribute zusammengefasst werden können. Objektklassen können sozusagen als Attributdefinitionscontainer veranschaulicht werden. Attributdefinitionen beinhalten neben dem Namen und einem weltweit eindeutigen OID (Object IDentifier) zusätzlich die Syntaxdefinition, welcher jeder Wert, der in diesem Attribut gespeichert wird, entsprechen muss. Die Eigenschaft, ob in einem Attribut mehrere Werte (multi-valued) oder nur ein einziger (single-valued) gespeichert werden kann, wird ebenfalls bei der Attributdefinition im Schema spezifiziert.

Die Zusammenfassung von Attributen innerhalb von Objektklassen-Definition des Schemas kann unter „Auflagen" erfolgen, d. h. eine Objektklasse kann Attribute entweder als verpflichtend (mandatory bzw. must) oder als optional (may) definieren.

Nach erfolgter Schemaerweiterung können – basierend auf der Schemadefinition – Einträge im Verzeichnisdienst gespeichert, modifiziert oder gelöscht werden. Das Schema wirkt sich auch hierbei u. U. auf die konkret möglichen Operationen aus. So kann beispielsweise ein single-value Attribut nicht um einen weiteren Attributwert ergänzt werden. Auch kann kein Eintrag angelegt werden, bei dem ein must-Attribut fehlt.

In jedem Eintrag innerhalb eines Verzeichnisdienstes ist immer das Attribut objectClass gefüllt. D. h. jedem Eintrag ist mit Hilfe des Schemas zu entnehmen, welchen (somit erfüllten) Randbedingungen er seine Existenz verdankt. Das objectClass-Attribut selbst ist ein multi-value Attribut, d. h. die Attributwerte enthalten die Namen der im Schema definierten Objektklassen, die dieser konkrete Eintrag im DIT repräsentiert.

Der Verzeichnisdienst erzwingt anhand des Schemas die Konsistenz für jeden Eintrag, d. h. ein Eintrag in einem Verzeichnisdienst entspricht immer einer Instanziierung einer oder mehrerer Objektklassen, wobei sichergestellt ist, dass die für einen Eintrag verpflichtenden Attribute immer existieren, solange der Eintrag existiert.

Es gibt bereits eine Vielzahl von veröffentlichten und frei zugänglichen, darunter auch standardisierten (vgl. [7]) Schema-Erweiterungen. Die meisten dieser Schemata sind im Rahmen von Applikationsentwicklungen entstanden und setzen damit weitestgehend applikationsspezifische Anforderungen um. Als Beispiele seien hier die allgemein bekannten NIS-, sendmail-, Kerberos- oder Radius-Schema-Definitionen genannt.

1.3 Schema-Design: Besonderheiten und Fallen

Die Erweiterung eines Schemas ist aus technischen Gesichtspunkten recht einfach zu bewerkstelligen und demzufolge schnell umgesetzt. Die Schwierigkeiten einer unbedacht durchgeführten Schemaerweiterung kommen aber genauso schnell zum Vorschein, zumeist aber erst bei dessen erster konkreten Anwendung. Daher wird in diesem Abschnitt auf die wichtigen und im Designprozess unbedingt zu beachtenden Besonderheiten der LDAP-Schemata eingegangen.

1.3.1 Typen von Objektklassen

Im Schema muss bei der Definition einer Objektklasse deren Art spezifiziert werden, wobei drei unterschiedliche Arten zur Auswahl stehen. Diese unterschiedlichen Typen können zur Umsetzung von Vererbungsabhängigkeiten eingesetzt werden. Die Vererbung bedeutet dabei „eintragslokale Vererbung", d. h. über die Objektklassenhierarchie innerhalb eines Eintrages. Die drei Objektklassentypen sind:

- **structural**: Eine Objektklasse vom Typ structural ist für sich alleine existenzfähig und damit als Verzeichnisdiensteintrag instanziierbar. Der Standard erlaubt innerhalb eines Eintrages genau eine Objektklasse vom Typ structural; die wenigsten Verzeichnisdienstimplementierungen setzen diese Einschränkung jedoch um.
- **auxiliary**: Dieser Objektklassentyp dient ausschließlich der Erweiterung von Einträgen mit einer structural-Objektklasse. Die erlaubte Anzahl hinzufügbarer auxiliary-Objektklassen ist (theoretisch) unbegrenzt. Einträge, die ausschließlich Objektklassen vom Typ auxiliary enthalten, können nicht erzeugt werden; jeder Eintrag muss eine Objektklasse vom Typ structural enthalten.

- **abstract**: Objektklassen vom Typ abstract sind an die aus der objektorientierten Programmierung bekannten abstrakten Klassen sinngemäß angelehnt: Eine abstrakte Klasse dient der Zusammenfassung von Attributen und Eigenschaften, die alle von ihr erbenden Klassen haben. Beim Anlegen eines Eintrags kann nicht eine abstract-Objektklasse angegeben werden, sondern es muss eine von ihr erbende structural-Objektklasse verwendet werden.

Da nicht jeder LDAP-Server die Spezifikation in seiner Implementierung genau umsetzt, kann es bei Produktwechseln von „weicheren" Implementierungen hin zu strikten zu Schwierigkeiten bei der Datenmigration kommen.

1.3.2 DIT-Content-Rules und Component-Matching

Über Content-Rules können (analog zu Abhängigkeiten, die Objektklassen in einem Eintrag erzwingen) Abhängigkeiten zwischen Einträgen innerhalb des DIT erzwungen werden. Beispielsweise könnte eine Content-Rule festlegen, dass unterhalb eines Eintrages mit dem RDN-Attribut (Naming-Attribut) CN keine weiteren Einträge angelegt werden können, d. h. diese RDNs würden immer Blätter im Baum bilden.

Über das Component-Matching kann die DIT-Struktur in die LDAP-Suchoperation integriert werden, ohne sich vorab auf eine statische Suchbasis innerhalb des Baumes festlegen zu müssen.

Content-Rules und Component-Matching sind wichtige Merkmale bei der Produktauswahl und besonders für die Planung der DIT-Struktur.

1.3.3 Multi-Multi-Value Relationen

Dieses Problem hängt mit einer weiteren zentralen Eigenschaft von LDAP zusammen: Multi-value Attribute entsprechen der aus dem Programmierumfeld bekannten Datenstruktur Set. Dies hat u. a. zur Folge, dass bei der Ausgabe von Einträgen mit multi-value Attributen die Attributwerte keine vorgegebene bzw. deterministisch reproduzierbare Reihenfolge aufweisen müssen. Die Reihenfolge ist beliebig und kann von Abfrage zu Abfrage ein und desselben Eintrages variieren.

Dies hat zur Folge, dass die Zuordnung (Relation) zwischen zwei oder mehreren Attributwerten verschiedener multi-value Attribute eines Verzeichnisdiensteintrages nicht hergestellt werden kann. Auf die während der Schemaentwurfsphase besonders in Verbindung mit multi-multi-value Attributen auftretenden Schwierigkeiten wird in einem weiteren Artikel [5] in diesem Band detaillierter eingegangen.

1.3.4 Werkzeuge zum Schemadesign und dessen Wartung

LDIF ist im Allgemeinen ein nicht sehr editierfreundliches Darstellungsformat. Diese Tatsache gilt im Besonderen auch für das Schema, welches ebenfalls im LDIF-Format bearbeitet und vom Server verarbeitet werden kann. Erschwerend kommt hinzu, dass Schemadefinitionsdateien viele kryptische, für Menschen u. U. nur schwer differenzierbare Inhalte enthalten. So schleichen sich schnell Fehler ein, deren Korrektur (wenn ein solches fehlerhaftes Schema erst einmal im Produktionseinsatz ist) u. U. die vollständige Löschung aller Produktionsdaten eines Verzeichnisdienstes und später deren Wiedereinspielen erfordert.

Aufgrund der allgegenwärtigen, schemainternen Verwendung von OIDs zur eindeutigen Kennzeichnung von allen Schemaelementen wie Attributen, Objektklassen, Syntaxes oder Matching-Rules wurden innerhalb des IntegraTUM-Teilprojekts Verzeichnisdienst Werkzeuge zur effizienten Schemawartung und -generierung implementiert.

Diese Werkzeuge sind einerseits wegen der hohen Anzahl an Satellitenverzeichnisdiensten, die über individuelle Schemata verfügen, und andererseits wegen der gemeinschaftlichen, aber räumlich und zeitlich verteilten Entwicklung durch die Teammitglieder des Teilprojekts notwendig. Diese Werkzeuge vereinfachen die Pflege neuer Attribute und Objektklassen, indem sie beispielsweise intern eine OID-Registry verwenden, um Doppelzuweisungen von OIDs zu verhindern.

Nachfolgend werden die drei LDAP-Schemata, die im Rahmen von IntegraTUM produktiv eingesetzt wurden, erläutert und im Licht der oben beschriebenen Besonderheiten analysiert.

2 IntegraTUM-Schema Version 1

Das „IntegraTUM-Schema in Version 1" [2] ist das erste Schema, das innerhalb des IntegraTUM-Projekts erfolgreich produktiv eingesetzt wurde.

2.1 Beschreibung

Die Hauptidee hinter dem Design ist die möglichst nahtlose Abbildung der Quellsystemdatenstruktur. Die Quellsysteme der Studentenverwaltung (damals HIS SOS) und der Personalverwaltung (SAP HR) lieferten multiple Informationssegmente pro Person. Ein solches (multiples) Informationssegment stellt z. B. die Anschrift (Heimat- und Semester-Anschrift sowie Erst-, Zweit- und Drittstudium) oder auch das Anstellungsverhältnis (Erst-, Zweit- und Drittanstellung) dar.

Die Daten wurden per CSV-Datei zum Import-Verzeichnisdienstsatelliten geschickt und in diesen importiert. Die CSV-Datei enthält dabei pro Personendatensatz unterschiedlich viele Zeilen (i. W. abhängig von der Anzahl von Anstellungs- bzw. Studiengangszugehörigkeiten).

Multi-valued Relationen und die damit verbundenen Schwierigkeiten werden vermieden, indem ein Personenobjekt selbst keinen Blattknoten, sondern einen eigenen kleinen Unterteilbaum der Tiefe 2 repräsentiert. Die eigentlichen Blätter stellen dabei die Informationen über Anstellungen, Studiengänge sowie Anschriften dar.

Diese hierarchische Anordnung der personenbezogenen Daten in Form eines Teilbaums ist in Abbildung 1 dargestellt.

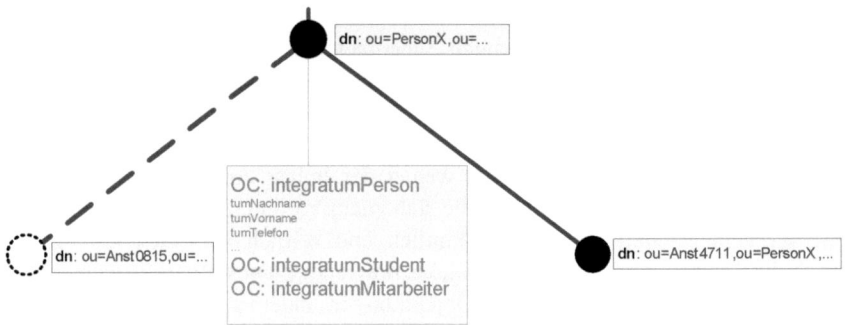

Abb. 1 IntegraTUM Schema Version 1: Verteilung von Objektklassen über die DIT-Hierarchie

2.2 Vor- und Nachteile

Die hierarchische Speicherung basiert auf dem DIT und verwendet dessen Eigenschaften als zusätzliche Informationsträger. Durch dieses Design wird die Anzahl von Attributdefinitionen stark minimiert und gleichzeitig das Problem der Multi-Multi-Value Relationen umgangen. Statt einen Index in den Attributnamen aufzunehmen, um mehrere Anstellungen, Studiengänge oder Anschriften speichern zu können, werden diese Datensegmente als Blattknoten unterhalb des Personenobjekts angelegt. Die Anzahl der Attribute reduziert sich daher, da die gleiche Attributdefinition für jeden Eintrag erneut verwendet werden kann. Weitere Vorteile sind die unbegrenzte Anzahl von Knoten, die unterhalb eines Personeneintrages abgelegt werden können, und das für Anwender und Administratoren intuitive Durchblättern der Daten einer Person. Was aber für menschliche Anwender einfach ist, kann für Computerprogramme ggf. nicht praktikabel sein, d. h. dieses Design hat auch Nachteile, die im Folgenden diskutiert werden.

Die RDNs müssen eindeutig sein und tragen somit Information in ihren relativen Namen, die mit einer „Semantik" verbunden ist. Die Knoten eines jeden Datensegmentes müssen in ihrem Namen einen Index tragen, der sich ggf. ändert, wenn z. B. ein Zwischenwert (Anstellung_2 von insgesamt drei Anstellungen) wegfällt.

Ein weiterer Nachteil betrifft die technische Umsetzung und Limitierungen des LDAP-Protokolls. Speziell die Suche und die Authentifizierung mit der daran anschließenden Berechtigungsprüfung ist mit diesem Design aufwändig oder gar nicht umzusetzen. LDAP sieht vor, dass sich jeder Eintrag (sofern dieser z. B. ein Passwort hat) gegenüber dem Verzeichnisdienst authentifizieren kann. LDAP-intern existiert daher zur Autorisierung der Benutzer self, der dem erfolgreich authentifizierten Eintrag entspricht. Normalerweise hat self erweiterte Lese- und ausgewählte Schreibberechtigungen auf sein eigenes Objekt gegenüber anderen Verzeichnisdienstnutzern.

Da die Verzeichnisdienste intern keine Verknüpfungen verfolgen, ist für das eigene Personenobjekt die Prüfung der Zugriffserlaubnis auf die hierarchisch untergeordneten persönlichen Informationen nicht direkt möglich. Theoretisch müsste sich jeder Adress-, Anstellungs- oder Studiengangeintrag selbst gegenüber dem Verzeichnisdienst authentifizieren, um darauf Zugriff zu erhalten.

Die LDAP-Suchoperation ist ebenfalls durch Nachteile des obigen Designs betroffen. Bei einer One-Level-Suche nach der Objektklasse Person im Personencontainer werden die Stammdaten einer Person zwar gefunden, nicht aber die Adressdaten. Die Lösung dieses Problems erfordert es, mehrere Anfragen hintereinander zu stellen und die Ergebnisse in Abhängigkeit extern auszuwerten. Der Vorteil von Verzeichnisdiensten bzgl. der serverseitigen Auswertung von Anfragen ist damit nicht mehr gegeben. Dies ist besonders hinderlich, wenn Filterausdrücke mit logischen Operationen verwendet werden sollen, deren Suchraum sich auf verschiedene Einträge erstreckt.

Der größte Nachteil dieses Schemadesigns stellt die ereignisgesteuerte Verarbeitung während der Datenprovisionierung dar. Um den gesamten Datensatz einer Person zu provisionieren, genügt es nicht, ein Ereignis auf dem Personeneintrag auszulösen, da sonst nur dieser Knoten ohne seine Nachfolger provisioniert wird. Die Schwierigkeit besteht in der Erzeugung von abhängigen Ereignissen. Dabei muss insbesondere auch auf die zeitliche Reihenfolge der Eventverarbeitung geachtet werden. Ein Adressobjekt kann erst dann erfolgreich provisioniert werden, wenn sein Vorgänger, d. h. das Personenobjekt, zuvor provisioniert wurde.

Da sich die ereignisgesteuerte Verarbeitung obiger Datenstrukturen als sehr schwierig herausstellte, wurde das Schema Version 1 nur auf dem Verwaltungssatelliten zur Aufnahme der Daten aus den Quellsystemen eingesetzt. Alle anderen Satellitenverzeichnisse arbeiten mit einem flachen Eintrag, dessen Daten nicht über die Hierarchie im DIT verteilt werden.

Für die Anbindung des hierarchischen Schemas an die Satellitensysteme wurde innerhalb des Teilprojekts Verzeichnisdienst ein spezieller Treiber zur Provisionierung entwickelt, der die Umsetzung von hierarchischen auf flache Datenstrukturen ermöglicht. Dabei kam Novells IDM-Technologie (DirXML) zum Einsatz. Auf die Entwicklung mit DirXML geht ein weiterer Artikel dieser Publikation ein.

3 IntegraTUM Schema Version 2

Das IntegraTUM-Meta-Directory stellt das zentrale Verzeichnissystem innerhalb der Satellitenverzeichnisinfrastruktur dar. Dieses System bekommt die Daten aus dem (auf dem IntegraTUM-Schema V1 basierenden) Verwaltungssatelliten provisioniert. Aus dem Meta-Directory werden die Daten wiederum an die Satellitenverzeichnisse Applikations-, Administrations- und Authentifizierungssatellit weiter provisioniert.

3.1 Beschreibung

Das IntegraTUM-Schema Version 2 [3] ist das Schema, das sich im Meta-Directory im Produktionseinsatz befindet; die Schemata der Satellitenverzeichnisse wiechen davon z. T. leicht ab. Um den zuvor genannten technischen Schwierigkeiten in Verbindung mit einer pro Zielsystem zu wiederholenden Hierarchisch-zu-Flach-Konvertierung mittels XSLT-Stylesheets zu begegnen, ist das Meta-Directory-Schema „flach" konzipiert. Flach bedeutet, dass sich alle relevanten Informationen zu einer Identität in einem einzigen Verzeichniseintrag befinden. Die Position im DIT hat keinerlei Auswirkungen auf oder Bedeutung für Personendaten. Damit orientiert sich diese Schema-Entwicklungsstufe im Gegensatz zur Version 1 nicht mehr an den Datenquellen, sondern an den Zielsystemen. Dabei müssen zwei Ebenen von Zielsystemen und deren Anforderungen berücksichtigt werden:

- **Direkte, interne Zielsysteme**: Hierbei handelt es sich um teilprojekteigene Zielsysteme – konkret sind dies alle Verzeichnisdienstsatelliten. Die eigenen Anforderungen dazu umfassen eine möglichst schnelle, unabhängige und flexible Anbindung der teilprojekteigenen Satellitensysteme; diese ist zu gewährleisten, um schnell mit der Anbindung der „echten" Zielsysteme beginnen zu können.
- **Indirekte, externe („echte") Zielsysteme**: Dies dient der Umsetzung der Anforderung des IntegraTUM-Projekts bzgl. der Datenlieferungen an jedes einzelne IntegraTUM-Teilprojekt.

3.2 Vor- und Nachteile

Die Vorteile, die dieser Schemaentwurf gegenüber der Version 1 bietet, beziehen sich auf eine einfachere ereignisgesteuerte Provisionierung. Dies ist besonders wichtig, um die verschiedenen Satellitsysteme effizient anzubinden und vor allem um im Fehlerfall schnell mit Anpassungen reagieren zu können.

Desweiteren ist die Berechtigungsvergabe im Vergleich zum Schema V1 erheblich verbessert worden. Dies hat zum Beispiel den Vorteil, dass Autorisierun-

IntegraTUM LDAP-Schemadesign: Entwicklungsstufen und Konzepte im Vergleich 153

gen gezielt an berechtigte Personen des IT Service Desks der TUM vergeben werden können.

```
OC: itumPerson
  iNachname          „Max"
  iVorname           „Mustermann"
  iKennung           „ge99nug"
  ...
OC: itumStudent
  iStudiengangliste  „Stg1" „Stg2" „Stg3"        (multi-v)
OC: itumStgl{..N}
  iStg1{..N} Fachsemester  „6"                   ( single-v)
  iStg1{..N} Bezeichnung   „Informatik"          ( single-v)
  ...
OC: itumMitarbeiter
  iAnstellungliste   „Anst1" „Anst2" „Anst3"    (multi-v.)
OC: itumAnstl{..N}
  iAnstl{..N} Einrichtung  „Brandmeister"        ( single-v.)
OC: itumGast
  iGastverhaeltnisliste   „Gast1" „Gast2"        ( multi-v)
OC: itumGastverh{..N}
  iGv1{..N} GastgeberID    „ 012346789 abcdef"   ( single-v)
  iGv1{..N} GastBeginDat   „ 2006-11-29"         ( single-v)
  iGv1{..N} GastEndeDat    „ 2006-11-29"         ( single-v)
OC: itumAlumnus
  iAlumnusliste     „Alu1" „Alu2"                (multi-v)
  ...
```

Abb. 2 IntegraTUM Schema Version 2: Zusammenfassung der, unterhalb einer Person gespeicherten, Knoten im DIT zu Objektklassen

Ein weiterer mit dem Schema Version 2 erst effizient möglicher Anwendungsfall ist die Schaffung eines Dienstes zur elektronischen Selbstauskunft. Ein solches Szenario würde durch das Schema Version 2 dahingehend technisch ideal unterstützt, dass die Berechtigung für self immer gestattet, die eigenen Daten zu lesen.

Die obigen Vorteile ziehen allerdings auch Nachteile nach sich. Ein Nachteil ist z. B. die begrenzte Anzahl von Adressen, Studiengängen oder Anstellungen, die innerhalb eines Verzeichniseintrags gespeichert werden können. Die Ursache für diese Einschränkung ist die Einführung indizierter Attributnamen für diese Datensätze.

4 IntegraTUM Schema Version 3

Die Einführung von TUMonline – dem neuen webbasierten Campus-Management-System an der TUM – stellt einen vollständigen Austausch der universitären Kernsysteme [1] dar. Hierdurch wurden die Personenstammdaten-Quellsysteme zusammengeführt. Das TUMonline-System übernimmt seit Mitte 2009 die Lieferung der Personal-, Studenten- und Gästeverwaltungsdaten.

4.1 Beschreibung

Aufgrund des neuen einheitlichen Quellsystems wurde das Schema weiter optimiert und in der Version 3 [4] veröffentlicht. Hauptidee bei der Gestaltung des IntegraTUM-Schemas Version 3 war die Reduktion der Anzahl der zu provisionierenden Attribute.

Die Verringerung der Anzahl Attribute war erforderlich, um die Provisionierung aus dem TUMonline-System effizient umsetzen zu können. Um eine spürbare Verringerung der Attributmenge zu erreichen, wurde das Schema dahingehend optimiert, dass die Daten, die darin gespeichert und abgefragt werden können, immer der aktuellen „Jetzt-Sicht" entsprechen. Deswegen ist keinerlei Historisierung vorgesehen. Um die Problematik von Multi-Multi-Value Relationen zu verringern, wurden Namenskonzepte zur Aufteilung des Namensraumes für verschiedene Attributinhalte eingesetzt. Es werden über Systemgrenzen hinweg vereinheitlichte Schlüsselwerte gespeichert. Diese Schüsselwerte sind einerseits die Loginnamen (Inhalt des Attributes cn) sowie die Kurzbezeichnungen der Organisationen für die ein Namenskonzept entwickelt wurde und angewendet wird.

4.2 Vor- und Nachteile

Die zentrale Datenquelle bietet im Gegensatz zur früheren Provisionierung aus mehreren unabhängigen Datenquellen den Vorteil, dass Abhängigkeiten und Zusammenhänge direkt im Quellsystem ermittelt und geeignet in die dafür spezifizierten Attribute geschrieben werden können. Verzeichnisdienstintern kann daher auf die aufwändige interne Korrelation verzichtet werden, was wiederum einige (Hilfs-)Attribute unnötig macht.

Die systemübergreifende Abstimmung der Attributwerte und die Einführung von Schlüsselwerten in Verbindung mit dem gekürzten Umfang an Attributen bietet gemeinsam mit der „Jetzt-Sicht" der abrufbaren Informationen enorme Vorteile, um effiziente und vor allem genaue Suchfilterausdrücke zu verwenden.

IntegraTUM LDAP-Schemadesign: Entwicklungsstufen und Konzepte im Vergleich 155

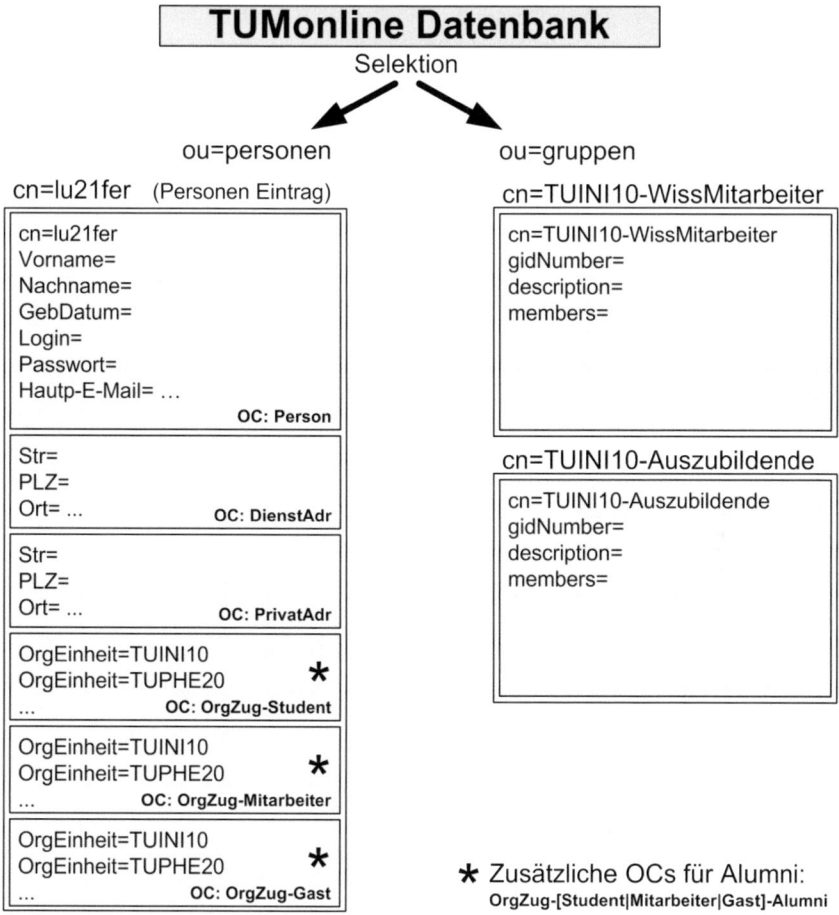

Abb. 3 IntegraTUM Schema Version 3: Neuorganisation und Limitierung der Anzahl Objektklassen für die TUMonline-Provisionierung

Dank exakterer Filterausdrücke ist es möglich, den an den IntegraTUM-Verzeichnisdienst angebundenen Systemen viel detailliertere Möglichkeiten zur Autorisierungsprüfung zu erlauben. So können die Schlüsselwerte in den Personeneinträgen als Filterkriterium zur Unterscheidung von Mitarbeitern und Studenten verwendet werden. Diese Unterscheidungsebene war zwar auch unter Einsatz des IntegraTUM-Schemas in Version 2 möglich; jetzt können aber Mitarbeiter und Studenten auf Ebene ihrer organisatorischen Zugehörigkeit noch feiner und realitätsnäher unterschieden werden. Die multi-value Attribute orgZugXXX bieten die Möglichkeit der Speicherung von verschiedenen (zusätzlichen) organisatorischen Zugehörigkeiten, die aus den fiskalischen Daten (aus SAP HR) oder den Studiumsinformationen (aus HIS-SOS) nicht abgeleitet werden können. Diese Flexibilität führt unter den Benutzern und Dienstebringern zu einer Steigerung der Akzeptanz des Verzeichnisdienstes. So kann der als alleiniger Authentifizierungsserver geplante gleichnamige Verzeichnisdienstsatellit jetzt zusätzlich die viel komplexere Aufgabe der Autorisierung mit übernehmen. Die höhere Akzeptanz in Verbindung mit der gestiegenen Leistungsfähigkeit des Verzeichnisdienstes führt nicht zuletzt dank der Schemaversion 3 zu einer spürbar höheren Kundenzufriedenheit. Diese resultiert ihrerseits direkt in einer gesteigerten Erwartungshaltung gegenüber der Verfügbarkeit des Gesamtsystems [6]. Einen besonders wichtigen Beitrag leisten deshalb insbesondere auch die umfassenden Maßnahmen zur Verbesserung und Erhaltung der Datenqualität. Die Datenqualität wird durch die Anwendung des Namenskonzeptes für organisatorische Zugehörigkeiten und die zentrale Vergabe von Loginkennzeichen erhöht. Regelmäßig ausgeführte automatische Datenqualitätschecks gewährleisten die Konsistenz und erzeugen detaillierte Berichte und Statistiken in denen ungewöhnliche Abweichungen erkennbar sind.

5 Zusammenfassung

In diesem Artikel haben wir zunächst einen groben Überblick über die verschiedenen Facetten des Designs von LDAP-Schemata gegeben und auf typische Fallstricke sowie die notwendige Werkzeugunterstützung hingewiesen.

Darauf aufbauend haben wir drei Generationen von LDAP-Schemata, die in IntegraTUM produktiv eingesetzt werden, vorgestellt und ihre jeweiligen Stärken und Schwächen analysiert. So hat sich das IntegraTUM-Schema V1 stark an den Besonderheiten der Datenquellen, die mehrere Informationsfragmente pro Identität geliefert haben, orientiert und sie in einer hierarchischen Struktur abgebildet. Mit dem Schema V2 folgte ein Paradigmenwechsel hin zu Orientierung an den Zielsystemen, deren konkreter Bedarf und typischen Nutzungsverhalten erst im laufenden Betrieb genauer analysiert werden konnte. Schließlich sind in das Schema V3 alle praktischen Erfahrungen im Betrieb von V1 und V2 eingeflossen, so dass die Synergien aus der Quell- und Zielsystemorientierung optimal abgeschöpft werden können. Eine mögliche zukünftige Weiterentwicklung des Schemas wird in [5] in diesem Band beschrieben.

Literatur

[1] Borgeest, R., Pongratz, H.: Austausch universitärer Kernsysteme. In diesem Band
[2] Ebner, R., Pluta, D.: IntegraTUM Schemadefinition Version 1 http://www.lrz-muenchen.de/services/sonstiges/itumschema/V1 (Sept. 2009)
[3] Ebner, R., Pluta, D.: IntegraTUM Schemadefinition Version 2 http://www.lrz-muenchen.de/services/sonstiges/itumschema/V2 (Sept. 2009)
[4] Ebner, R., Pluta, D.: IntegraTUM Schemadefinition Version 3 http://www.lrz-muenchen.de/services/sonstiges/itumschema/V3 (Sept. 2009)

[5] Hommel, W., Pluta, D.: Herausforderungen und Best Practices bei der Speicherung von multi-valued Attributen in LDAP-basierten Verzeichnissen. In diesem Band
[6] Hommel, W., Pluta, D.: Konfigurations- und Sicherheitsmanagement in heterogenen Verzeichnisdienstumgebungen. In diesem Band
[7] Sermersheim, J.: Lightweight Directory Access Protocol (LDAP): Schema for User Applications. RFC 4519 (June 2006)

Herausforderungen und Best Practices bei der Speicherung von multi-valued Attributen in LDAP-basierten Verzeichnisdiensten

Wolfgang Hommel, Daniel Pluta

Zusammenfassung LDAP-basierte Verzeichnisdienste unterscheiden sich von relationalen Datenbankmanagementsystemen unter anderem stark bezüglich der Datenmodellierung. Dieser Artikel vertieft eingangs die Herausforderungen bei der LDAP-spezifischen Abbildung von Relationen zwischen mehreren multi-valued Attributen. Die Diskussion erfolgt vor dem Hintergrund, dass einerseits Verzeichnisdienste generell nur bedingt zur Speicherung von Relationen geeignet sind und dass andererseits multi-valued Attribute ein mächtiges LDAP-Instrument sind, zu dem es in relationalen Datenbanksystemen keine direkte Entsprechung gibt. Anschließend werden Lösungskonzepte vorgestellt und mögliche Weiterentwicklungen des IntegraTUM-LDAP-Schemas zu deren Umsetzung skizziert, eine exemplarische Implementierung präsentiert und die Ergebnisse der bisherigen Entwicklung des IntegraTUM-Schemas gegenübergestellt.

1 Einleitung

Am Anfang vieler Identity-Management-Projekte steht die Entscheidung zwischen der Verwendung relationaler Datenbanken oder dem Einsatz von LDAP-Verzeichnisdiensten. Da es sich hierbei um eine sehr grundlegende Technologieentscheidung handelt und viele Beteiligte bereits mehr Erfahrungen mit relationalen Datenbanken und der Anfragesprache SQL gewonnen hatten, wurde diese Frage auch im Rahmen von IntegraTUM intensiv diskutiert. Ausschlaggebend für den LDAP-Einsatz waren insbesondere die clientseitige Standardisierung (relationale Datenbankprodukte benötigen herstellerspezifische Clients, die je nach Plattform zum Teil sehr komplexe Softwareinstallationen erfordern) und die Tatsache, dass Konnektorenframeworks zur Automatisierung der Identitätsdatenaustauschprozesse zwischen den Quell- und Zielsysteme ausschließlich für LDAP-basierte Verzeichnisdienste verfügbar waren.

Mit der Entscheidung für LDAP stellt sich jedoch auch schnell heraus, dass bei der Datenmodellierung umgedacht werden muss: Statt der Verwendung von Normalformen, also der Segmentierung der Daten in unabhängige Einheiten (Tabellen) und deren gegenseitige Verknüpfung (Join-Operator und Speicherung von Fremdschlüsseln), sind LDAP-Server und -Clients darauf ausgelegt, dass sich alle für eine Identität relevanten Informationen in genau einem LDAP-Objekt finden und nicht aus mehreren Einzelteilen zusammengestellt werden müssen. Dadurch kann insbesondere eine Mehrfachzuordnung – z. B. bei einer Person mit mehreren Anschriften – nicht mehr wie in relationalen Datenbanken durch mehrere Einträge abgebildet werden.

Als Lösung für dieses harmlos erscheinende Problem bietet LDAP multivalued Attribute, die prinzipiell beliebig viele Werte aufnehmen können. Dabei handelt es sich um ein Vorgehen, das im Umfeld relationaler Datenbankmanagementsysteme eigentlich verpönt ist – bereits die 1. Normalform, ein allgemein anerkannter erster Schritt auf dem Weg zum guten relationalen Datenbankdesign, verbietet dieses Vorgehen und erzwingt atomare Attributwerte.

Nichtsdestotrotz sind multi-valued Attribute für viele LDAP-basierte Anwendungen ideal. Beispielsweise kommt es bei der Autorisierung auf Basis von Gruppenmitgliedschaften nicht darauf an, in welcher Reihenfolge der Benutzer seinen Gruppen zugeordnet wurde – ausschlaggebend ist lediglich, ob er zum aktuellen Zeitpunkt einer bestimmten Gruppe angehört oder nicht. Ein multi-valued Attribut zur Speicherung aller Gruppenzugehörigkeiten reicht somit vollkommen aus und ist sowohl bei der Pflege der Daten als auch clientseitig einfach zu verwenden.

Losgelöst von den in [3] vorgestellten IntegraTUM spezifischen Schemadesigns betrachten wir im Folgenden die Schwierigkeiten bei der Abbildung von Relationen zwischen zwei oder mehr multi-valued Attributen. Multi-valued Attribute haben die Eigenschaften von Sets und entsprechen ungeordneten Mengen. Dabei können die einzelnen Werte eines jeden multi-valued Attributs eines Eintrages nicht mit den Werten der anderen multi-valued Attribute korreliert werden – die Information, welche Werte einander in der Realität zugeordnet sind, geht bei der multi-valued Abbildung und Speicherung in LDAP verloren. Im folgenden Abschnitt stellen wir Herausforderungen vor, die sich aus dieser LDAP-Eigenschaft ergeben. Daran anschließend diskutieren wir mögliche Lösungsansätze, wobei wir zunächst aktuelle Best Practices skizzieren und eine Möglichkeit zu deren Verbesserung präsentieren. Schließlich zeigen wir, wie dieses Konzept im Rahmen der Weiterentwicklung des IntegraTUM-LDAP-Schemas [3] umgesetzt werden können.

2 Herausforderungen bei der Abbildung von Multi-Multi-Value Relationen in LDAP

Anhand eines fiktiven Beispiels, nämlich der scheinbar trivialen Abbildung von personenbezogenen Studienleistungen, werden im Folgenden die Überlegungen, Vorgehensweise und Herausforderungen, die während der Schemadesignphase (speziell bei der Verwendung von mehreren multi-value Attributen innerhalb eines Eintrages) auftreten können, vorgestellt:

Ein Personeneintrag wird für dieses Beispiel mit der auxiliary-Objektklasse „Pruefungsergebnisse" erweitert. Diese Objektklasse beinhaltet zwei Attribute zur

Herausforderungen und Best Practices bei der Speicherung von multi-valued Attributen 161

Speicherung der fachbezogenen Prüfungsergebnisse. Die Attribute heißen „Fachbezeichnung" und „Note" und sind beide als multi-valued Attribute im Schema definiert.

Während bei der Speicherung einer einzigen Fach-zu-Note-Zuordnung in diesem Eintrag überhaupt keine Schwierigkeiten existieren, wird das Problem bei einer Person, die in mehr als einem Fach Prüfungen abgelegt hat, sehr deutlich:

Dank der Verwendung von multi-valued Attributen für beide Werteträger lassen sich mehr als eine Note und auch mehr als ein Fach in einem Eintrag speichern. Die bloße Speicherung der vielen Werte innerhalb der beiden Attribute ist per se noch nicht das Problem, sondern seine Ursache: Unser obiges Schemadesign gestattet es zwar, in einem Personeneintrag mehrere Fach- und Noten-Werte abzuspeichern, aber bei der anschließenden Verarbeitung der Daten (z. B. Abfrage eines Eintrages aus dem Verzeichnis) wird die Schwierigkeit sofort ersichtlich:

Bei dieser Person steht in den beiden Attributen mehr als ein Wert, d. h. Fach_A und Fach_B werden im Attribut „Fachbezeichnung" gespeichert, während im Attribut „Note" die Werte Note_X und Note_Y abgelegt werden. Da die Reihenfolge der Attributewerte bei der Ausgabe beliebig ist und gemäß Spezifikation von Abfrage zu Abfrage variieren kann, lässt sich nicht mehr sicher sagen, welche Note in welchem Fach erzielt wurde – außer für den einen Sonderfall, in dem alle Noten zufällig gleich sind.

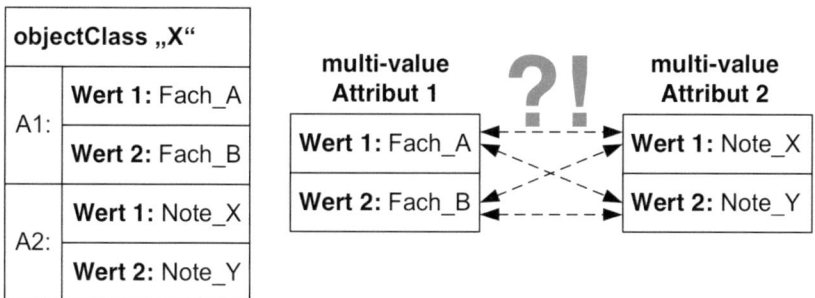

Abb. 1 Herausforderungen bei Multi-Multi-Value Relationen am fiktiven Beispiel einer Objektklasse zur Speicherung von Prüfungsleistungen

Dieser Sonderfall ist aus technischer Sicht ebenfalls beachtenswert: Da multi-valued Attribute Set-Eigenschaften haben, reduzieren sich identische Werte in der jeweiligen Menge auf die Anzahl eins. D. h. im Falle der Verwendung eines wie oben beispielhaft entworfenen Schemas im Produktionsbetrieb gilt:

Ein Student, der in drei unterschiedlichen Fächern Prüfungen ablegt, dabei in zwei Fächern die gleiche Note erzielt, wird in seinem Personeneintrag drei Werte im Attribut „Fachbezeichnung", aber nur zwei Werte im Attribute „Note" vorfinden. Schon in diesem in diesem einfachen Szenario ist die Aussagekraft der gespeicherten Daten nicht mehr eindeutig, so dass Rückschlüsse nicht mehr zweifelsfrei daraus gezogen werden können. Noch schwieriger wird es in dem Szenario wenn beispielsweise eine Fachprüfung wiederholt werden müsste: Das wiederholte Fach wird wegen der identischen Bezeichnung ebenfalls nur einmal im Attribut „Fachbezeichnung" gespeichert, während eine vom ersten Versuch abweichende Note im Attribut „Note" hinzukommt.

Im Produktionsbetrieb entstehen somit durch Datenveränderung viele, beim Auslesen eines Eintrages nicht mehr nachvollziehbare Unterschiede. Zusammenfassend wird in Abbildung 1 die Problematik noch einmal gesamtheitlich dargestellt. Die Veränderungen der Daten in den Quellen können u. a. auch zur Verschattung von Informationen führen. „Verschattung" definieren wir wie folgt:

- Zwei multi-valued Attributmengen haben die gleiche Kardinalität, ihre Inhalte sind aber nicht mehr gegenseitig zuordenbar (Student hat an zwei Prüfungen teilgenommen und davon ggf. eine, beide oder keine erfolgreich bestanden, aber über das jeweils exakte Ergebnis lässt sich kein Rückschluss ziehen).
- Eine multi-valued Attributmenge verändert ihre Kardinalität und verschattet somit Information (nach Anzahl der Noten hat der Student nur an zwei Prüfungen teilgenommen, oder ein Student hat alle Prüfungen auf Anhieb bestanden).

Die oben an einem einfachen Beispiel gezeigten Schwierigkeiten tauchen immer wieder während der Schemaentwurfsphase auf und führen zu Diskussionen über die Notwendigkeit konkreter Abbildungen zwischen vereinzelten Attributwertemengen. Es ist daher äußerst wichtig, die Anwendungsszenarien, die den Datentransaktionen zu Grunde liegen, zu kennen. Genauso wichtig ist es, die Anforderungen der Abnehmerseite bezüglich der im Verzeichnis gespeicherten Daten im Detail zu verstehen, um das gesamte Informationsmodell (Schema und DIT) entsprechend auszulegen. Die Detailkenntnis über beide Seiten (Datenlieferant und -abnehmer) ist essenziell und muss während des Entwurfes des Schemas ganzheitlich berücksichtigt werden. Dies stellt u. U. einige organisatorische Herausforderungen dar, insbesondere wenn Datentransporte unabgestimmt oder entgegen der vereinbarten Vorgehensweise in den Quellen verändert werden.

Wie in [3] vorgestellt mussten innerhalb des IntegraTUM-Projekts bis weit über die Mitte der Projektlaufzeit hinaus mehrere unabhängige Datenquellen und viele verschiedene Datenabnehmer berücksichtigt werden. Während für die vielen unterschiedlichen Abnehmer eine geeignete Satelliten-Verzeichnisdienstinfrastruktur [2] umgesetzt wurde, war die Zusammenführung der Quellsysteme (Studenten-, Personal- und Gästeverwaltungssystem [1]) im Meta-Directory mit nur einem gemeinsamen Schema äußerst schwierig zu realisieren.

Im Nachhinein betrachtet ist eine „problemlose Schemaerweiterung" eines in Produktion befindlichen Schemas äußerst schwierig und riskant. D. h. eine Erweiterung ohne negative Auswirkungen, auf bereits bestehende Semantiken (selbst auf Basis eines zuvor vollständig selbstentwickelten Entwurfes) ist meist nicht gefahrlos umzusetzen.

Seiteneffektfreie Schemaerweiterungen stellen daher die größten (teilweise unlösbaren) Herausforderungen dar. Für das IntegraTUM-Projekt hat sich gezeigt, dass es meistens einfacher, schneller, sicherer und sauberer ist, aus der jeweils gewonnenen Erfahrung zu profitieren und mit einem neuen Schema-Entwurf von Grund auf neu zu beginnen.

3 Lösungsansätze

Nachfolgend werden zunächst einige allgemeine Regeln und daran anschließend die in IntegraTUM verfolgten Lösungsansätze vorgestellt. Im Unterschied zu Beziehungen zwischen multi-valued Attribute betrachten wir im ersten Abschnitt kurz die Beziehungen zwischen Verzeichniseinträgen.

3.1 Beziehungen zwischen Einträgen

Für das spezielle Problem des Gruppenmanagements haben Verzeichnisdiensthersteller jeweils eigene Verfahren in ihren Produkten implementiert. Innerhalb des Novell Directory Server (NDS) übernimmt z. B. ein IDM-Loopback-Treiber die Pflege der Gruppenzugehörigkeiten. Genaugenommen geschieht dies nicht im Kern des Verzeichnisdienstprozesses, da es sich bei der IDM-Komponente um eine externe Applikation handelt. Innerhalb des Active Directory Services (ADS) von Microsoft wird die Konsistenz von Gruppen automatisch im Kern erzwungen. OpenLDAP bietet verschiedene Alternativen mit allgemeinerem Nutzwert. Optional ladbare Servermodule erweitern die Funktionalität bei Bedarf: So kann die referentielle Integrität verschiedener Attributtypen und Einträge (darunter auch Gruppenmitgliedschaften) innerhalb des Servers gewährleistet werden (vgl. [5]).

Während damit für die erste Art von Beziehungen (zwischen Einträgen) bereits konkrete Methoden und Lösungsansätze existieren, gibt es bisher keine solchen für Multi-Multi-Value Relationen.

3.2 Multi-Multi-Value Relationen vermeiden

Für dieses Problem existiert verzeichnisdienstintern aktuell keine allgemeingültige oder anwendbare technische Lösung. Da es sich um ein Problem der semantischen Abbildung handelt, müssen all diese Fälle während der Schema-Entwicklung einzeln berücksichtigt und die jeweiligen Auswirkungen (Vor- und Nachteile) sogfältig abgewogen werden. So könnten Attributnamen mit Indizes versehen werden, um eine Reihenfolge zu erzwingen. Problematisch ist das Umkopieren der Werte, wenn ein mittleres Studium beendet wird und andernfalls ein Index eine „Lücke" aufweist. Auch bei Suchfiltern wirkt sich diese Vorgehensweise negativ auf deren Länge und Komplexität aus.

Durch die Einführung von strukturierten Attributen, die beispielweise in einem Werte eine kommaseparierte Zeichenfolge mit definierter Semantik führen, können einfache Relationen ansatzweise abgebildet werden. Ein Beispiel hierfür stellt das innerhalb von IntegraTUM definierte Attribut dfnEduPersonFeaturesOfStudy dar. Diese Attribut speichert studiengangsspezifische Detailinformationen wie Studiengang, Abschluss, Fachsemester in einem einzigen Wert. Das Attribut selbst ist multi-valued definiert, um mehrere Studiengänge einer Person entsprechend speichern zu können, dabei werden für die einzelnen Teilinformationen ausschließlich definierte Schlüsselwerte gespeichert:

Mangels einer eigenständigen Syntaxdefinition für den obigen Attributwert wird die Syntax caseInsensitiveString verwendet. Ohne die Definition spezieller LDAP-Syntaxen, und noch wichtiger, besonders auf die jeweilige Syntax optimierter Matchingrules, bieten diese Attribute wenig Vorteile im eigentlichen Sinn von LDAP-Verzeichnisdiensten: So können diese Attribute(teil)werte weder der Semantik entsprechend indexiert, noch gefiltert werden. Es besteht lediglich die Möglichkeit der (ineffizienten) clientseitigen Verarbeitung. Desweiteren existieren keine Möglichkeiten den Zugriff auf einzelne Teilbereiche eines solchen Wertes per LDAP Access Controls serverseitig einzuschränken.

Zu den Möglichkeiten und Vorteilen der Implementierung eigener Matchingrules und Syntaxen am Beispiel von timestamp-Attribute geht ein weiterer Artikel [5] ebenfalls innerhalb dieser Publikation ein.

Insgesamt bleibt festzuhalten: Für die Abbildung und Abfragen von Relationen eignen sich relationale Datenbanken immer noch am besten, da LDAP-objektinterne Multi-Multi-Value Relationen nicht umgesetzt werden können. Dabei wird Vorteil der relationalen Abfrage (SQL) durch den Nachteil der geringeren Abfragegeschwindigkeit im Vergleich zu LDAP erkauft.

4 Pragmatischer Lösungsansatz am Beispiel des IntegraTUM-Schemas

In diesem Abschnitt stellen wir eine mögliche Weiterentwicklung für zukünftige Schemata des IntegraTUM-Projektes vor. Dieser Entwurf setzt dabei voraus, dass die Organisationsstruktur einer Institution namentlich bekannt ist. Diese muss jedoch weder „vollständig" noch statisch sein. Organisatorische Veränderungen sind durch unser im Folgenden entwickeltes Datenmodell jederzeit abbildbar.

4.1 Grundidee

Ziel der Entwicklung ist es, an einem einzelnen Verzeichniseintrag so viel Information wie möglich zu speichern, damit im Idealfall eine einzige Abfrage genügt, um alle Informationen über ein Objekt zu erfahren. Damit verfolgen wir mit diesem Ansatz das implizite Ziel, auf jegliche Arten von Verweisen zu verzichten. Desweiteren folgt aus dieser Grundidee, dass wir Redundanzen in Form von sich pro Objekt „wiederholenden" Datenfeldern bewusst in Kauf nehmen. Da LDAP-Clients in der Lage sind, mittels Suchfiltern auch über Attributen suchen zu können, die später nicht in der Ausgabemenge enthalten sein müssen, spielt die serverseitige Redundanz an den Einträgen keine Rolle. Die Abfragegeschwindigkeit vernachlässigen wir ebenfalls, da die clientseitig nicht angeforderten Attribute vom Server erst gar nicht ausgeliefert werden und somit weder außergewöhnlich viel Prozesslast erzeugen noch zusätzliche Bandbreite auf dem Netzwerk belegen.

Für gewöhnlich würde man intuitiv eine Verallgemeinerung des Daten- bzw. Informationsmodells verfolgen, um später möglichst viele (unterschiedliche) Daten und damit Kombinationen in einem Eintrag abspeichern zu können.

Gerade aber diese Kombinationsvielfalt (z. B. wenn darunter mindestens zwei, gegenseitig in Bezug stehende, multi-valued Attribute in einem Eintrag verwendet werden) kann schnell zu großen Interpretationsschwierigkeiten bezüglich der Daten eines Eintrages führen. Wie bereits in diesem Artikel gezeigt, führt eine „Vermehrung" von multi-value Attributen, im Gegensatz zur ursprünglichen Intention, zu einer Verringerung der Aussagekraft der Daten eines Eintrages. Deshalb ist eine völlig neue Denk- und andere Herangehensweise notwendig.

Im Gegensatz zum Einsatz des Prinzips der Verallgemeinerung wird in diesem Vorschlag daher der Weg der Spezialisierung gewählt. Dazu „spezialisieren" wir auf der Ebene der Objektklassen und konkretisieren sie dadurch.

4.2 Umsetzung in eine konkretes Entwicklungsschema

Anhand eines einfachen Beispiels erläutern wir unsere Vorgehensweise bezüglich einer möglichen zukünftigen Umsetzung der obigen Idee. Dazu entwerfen wir ein „modulares" Minimalschema, das sowohl bezüglich der Attribute als auch bei Objektklassen konsequent von dem Merkmal der Vererbung Gebrauch macht.

In Abbildung 2 ist das zweistufige Prinzip erkennbar: Im linken Teil der Abbildung ist die verallgemeinernde (ABSTRACT) Definition einer Objekt(ober)klasse dargestellt. Desweiteren werden zur Veranschaulichung zwei Attribute definiert, die eine **beliebige** StudiengangId (stgId) und einen **beliebigen** Studiengangnamen (stdName), zu Demonstrationszwecken jeweils als Strings, aufnehmen können.

Die „Spezialisierung" erfolgt im zweiten Schritt, in dem die vorherigen allgemeinen Definitionen in konkrete Attribut- und Objektklassendefinitionen abgeleitet werden. Dieser Schritt ist in der rechten Bildhälfte der Abbildung 2 dargestellt. Die beiden konkreten (AUXILIARY) Objektklassen „devTUINStg1" (rechts oben) und „devTUMEStg1" (rechts unten) erben ihre Eigenschaften von der abstrakten Studiengangklasse. Die Attribute verweisen ebenfalls auf die allgemeine Definition.

Abb. 2 Entwicklungsschema: Vererbung der Schemadefinition innerhalb der Attribut- und Objektklassenhierarchie

Ein weiterer Vorteil dieses Schemadesigns, der innerhalb der Abbildungen zu erkennen ist, ist die flexible hierarchische Aufteilung des OID-Namensraums. Die Vorteile dieser Aufteilung sind u. a. die verbesserte Übersichtlichkeit bezüglich der kryptischen OIDs (Fehlervermeidung) und die Möglichkeit einer automatischen, bedarfsgetriebenen Schemaerweiterung im laufenden Betrieb.

4.3 Ergebnis anhand von Beispieldatensätzen

Um das Ergebnis darzustellen, haben wir die obige Umsetzung des Minimalschemas in eine Testinstanz eines Verzeichnisdienstes importiert und einen einfachen Satz von Testdaten erzeugt. Der Umfang der Testdaten beinhaltet drei Personenobjekte von Studierenden:

- *cn=InformatikStudent* belegt einen Studiengang: Informatik
- *cn=MedizinStudent* belegt einen Studiengang: Medizin
- *cn=SuperStudent* belegt mehrere Studiengänge: Informatik und Medizin

In Abbildung 3 sind die Details des „SuperStudenten"-Eintrages ersichtlich.

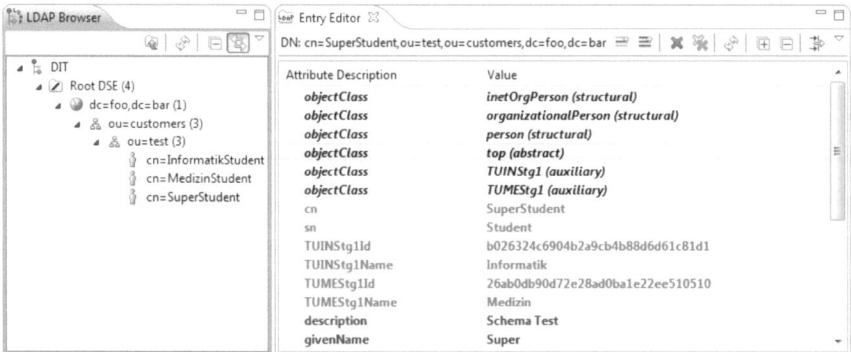

Abb. 3 Beispiel für die Attribut- und Objektklassenhierarchie im Testbetrieb demonstriert strenge Kapselung, einfache Wartung und Wiederverwendbarkeit der gesamten Schemadefinition

Während die beiden Personenobjekte „InformatikStudent" und „MedizinStudent" jeweils nur eine Studiengangobjektklasse besitzen, ist anhand der Abbildung ersichtlich, dass der „SuperStudent"-Eintrag zwei Studiengangobjektklassen besitzt. Dabei ist der Objektklassenwert ein beliebiger Schlüsselwert des Studiengangs (hier in der gewählten Form „TUxxStgN"). Diese Schlüsselwerte haben eine abstrakte Bedeutung und werden ausschließlich für die verzeichnisdienstspezifische Verwendung eingesetzt. So bilden die Schlüssel u. a. die Basis für die objektklassenspezifischen Attributnamen. Die Abbildung der Basisnamen auf die abstrakten Namen wurde anhand von Abbildung 2 illustriert.

4.4 Datenschutz und Sicherheitsbetrachtung

In diesem Abschnitt wollen wir kurz auf die Auswirkungen des obigen Entwurfs bezüglich Datenschutz und Sicherheit eingehen. Diese betrachten wir exemplarisch anhand des obigen „SuperStudent"-Beispiels.

Über ACLs auf Objektklassen können Teilinformationsmengen gezielt freigegeben werden. Beispielsweise können Prüfer des Stg1 einer Einrichtung die Noten im Stg1-Notenattribut beschreiben, ohne andere Felder der Person beschreiben zu dürfen. Es ist sogar möglich, dass Prüfer die Noten (unidirektional) quasi-anonym vergeben, indem alle Attribute bis auf „Entry" und „Matrikelnummer" vom lesenden Zugriff ausgeschlossen werden.

Das oben beschriebene Szenario ist nur eines unter vielen. Wir haben die entsprechenden ACLs dafür bereits in unserer Entwicklungsumgebung implementiert und erfolgreich getestet. Weitere Details zum Thema Datenschutz und Sicherheit in Bezug auf ACLs werden im Artikel „Missbrauchspotential von Metadaten in Verzeichnisdiensten" [4] in dieser Publikation abgehandelt.

5 Gegenüberstellung mit bisherigen IntegraTUM-Schemaentwicklungsstufen

Im Rückblick betrachtet entwickelte sich das IntegraTUM-Schema Version 1 bis Version 3 von seiner allgemeinsten Form (Version 1) zu seiner jetzt in Betrieb befindlichen am stärksten spezialisierten Form weiter. Der obige Entwurf bezüglich einer weitergehenden Spezialisierung führt diesen Trend daher fort.

Mit dem IntegraTUM Schema Version 1 erfolgte die Verallgemeinerung anfangs sogar zweistufig: Auf der ersten Ebene wurden möglichst wenige (allgemeingültige Attribute und Objektklassen; z.b. für eine Adresse) definiert. Auf der zweiten Ebene wurden Daten über mehrere unterschiedliche untergeordnete Einträge verteilt (um weitere Attribute, z.b. für mehrere Adressen einer Person einzusparen). Mit der Wiedereingliederung der Unterobjekte in das Personenobjekt (IntegraTUM Schema Version 2) erfolgte der erste Schritt einer leichten Spezialisierung.

Das IntegraTUM Schema Version 3 letztendlich ist die stark spezialisierte und erfolgreichste, aktuell in Betrieb befindliche Version. Dabei ist der Grad der Spezialisierung bezüglich des Schritts von Version 1 auf Version 2 stärker erkennbar als der darauffolgende Wechsel zwischen Version 2 und 3 des IntegraTUM-Schemas.

Eine detaillierte Beschreibung der bisher innerhalb des IntegraTUM-Projekts zum Einsatz gekommenen Schemaversionen findet sich in dem Artikel „IntegraTUM LDAP-Schemadesign: Entwicklungsstufen und Konzepte im Vergleich" [3] als Teil dieser Publikation.

6 Zusammenfassung

In diesem Artikel haben wir das Problem von Multi-Multi-Value Relationen in LDAP-Servern vertieft, das einerseits einen wesentlichen konzeptionellen Unterschied von Verzeichnisdiensten zu relationalen Datenbankmanagementsystemen illustriert und andererseits viele praktische Herausforderungen beim LDAP-Schemadesign mit sich bringt. Nach einem kurzen Überblick über herkömmliche Lösungs- bzw. Vermeidungsstrategien haben wir gezeigt, wie sich dieses Problem durch eine konsequente Weiterentwicklung des IntegraTUM-Schemas durch umfassende Spezialisierung von Objektklassen lösen lässt. Auf Basis der vorgestellten erfolgreichen prototypischen Implementierung werden die hier präsentierten Konzepte in den weiteren Ausbau und Betrieb der IntegraTUM-Verzeichnisdienste einfließen.

Literatur

[1] Bernstein, F., Borgeest, R., Ebner, R., Pongratz, H.: Gästeverwaltung im integrierten Identity Management. In diesem Band

[2] Boursas, L., Ebner, R., Hommel, W., Knittl, S., Pluta, D.: IntegraTUM Teilprojekt Verzeichnisdienst: Identity & Access Management als technisches Rückgrat der Hochschul-IuK-Infrastruktur. In diesem Band

[3] Ebner, R., Hommel, W., Pluta, D.: IntegraTUM LDAP-Schemadesign: Entwicklungsstufen im Vergleich. In diesem Band

[4] Pluta, D.: Missbrauchspotential von Verzeichnisdienst-Metadaten. In diesem Band

[5] Pluta, D.: Modulare LDAP-Server-, -Protokoll und -Funktionserweiterung am Beispiel von OpenLDAP. In diesem Band

N-to-One-Provisionierung zwischen internen Satellitenverzeichnissen des IntegraTUM-Metadirectory

Latifa Boursas

Zusammenfassung Dieser Beitrag beschreibt und analysiert die Synchronisationslösungen zur Verwaltung von Benutzerdaten, die Konnektoren aus verschiedenen Quellsystemen und zwischen Verzeichnisdiensten übertragen müssen. Der Schwerpunkt dieser Analyse liegt dabei auf den Transformationen, die zwei Datenmodelle mit unterschiedlichen Strukturen des Directory Information Tree (DIT) innerhalb des IntegraTUM-Metadirectory miteinander abgleichen. Besonders herausfordernd ist, diesen Abgleich mittels des Novell DirXML-Treibers zu realisieren, weil das DirXML-Datenmodell für die Synchronisation der LDAP-Objekte auf eins zu eins Synchronisation ausgelegt ist. In diesem Beitrag wird unsere Lösung für die Synchronisation mehreren LDAP-Objekte auf ein einziges Objekt detailliert und ihre Integrierbarkeit in anderen Hochschulen vorgestellt.

1 Überblick

Das Projekt IntegraTUM hat unter anderem das Ziel, eine einheitliche zentrale Benutzerverwaltung für die TUM zu schaffen. Dabei ist der Status einer Person (Student, Mitarbeiter, Gast, Alumnus) und ihre Zugehörigkeit zu einer Organisationseinheit an der TUM ausschlaggebend. Entsprechend angepasste Einträge der Personendaten im IDM-System sind eine wesentliche Basis für die Berechtigungsvergabe. Sie sind nicht nur entscheidend dafür, welche Berechtigungen eine Person erhält, sondern auch, wer bzw. welche anderen Systeme diese Personendaten lesen darf.

Die Datensätze von TUM-Angehörigen werden zuerst in den führenden Systemen angelegt, die in Abbildung 1 als Datenquellen aufgeführt sind, insbesondere im Studentenverwaltungssystem HIS-SOS, im Personalverwaltungssystem SAP/HR, in einer eigenentwickelten Gästeverwaltung und im UnivIS-System. Aus diesen Systemen gelangen sie in einen Verzeichnisdienst-Server. Dieser als Verwaltungssatellit bezeichnete Novell eDirectory-Server zur Zusammenführung aller Personendaten wurde parallel zum Metadirectory aufgebaut und dient als alleinige Datenquelle für die weiteren TUM-Verzeichnisdienste. Der Verwaltungssatellit enthält die Objekte mit personenbezogenen Attributen (Name, Vorname, Geburtsdatum, ID, Benutzername etc.) sowie jeweils in Unterobjekten weitere status- und organisations- bezogene Informationen, die für die verschiedenen TUM-Angehörigen relevant sind.

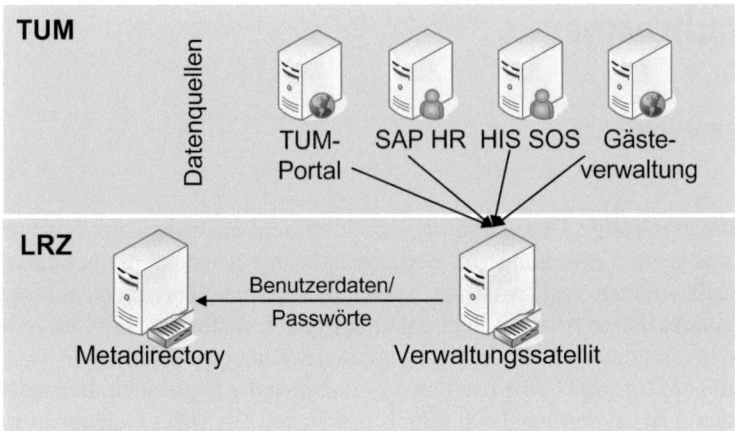

Abb. 1 Überblick der Datenprovisionierung aus den Datenquellen

2 Synchronisation zwischen Verwaltungssatellit und Metadirectory

Im Verwaltungssatelliten stellt jeder Personeneintrag wieder einen Teilbaum (und nicht nur ein Blatt) des Directory Information Tree (DIT) dar. Unter jedem Personenobjekt können hierarchisch untergeordnet Objekte zu Adressen, Studiengängen, Anstellungs- und Gastverhältnissen liegen. Eine solche hierarchische DIT-Struktur von untergeordneten Objekten mit Informationen zu einer Person ist in Abbildung 2 in einem Beispiel dargestellt.

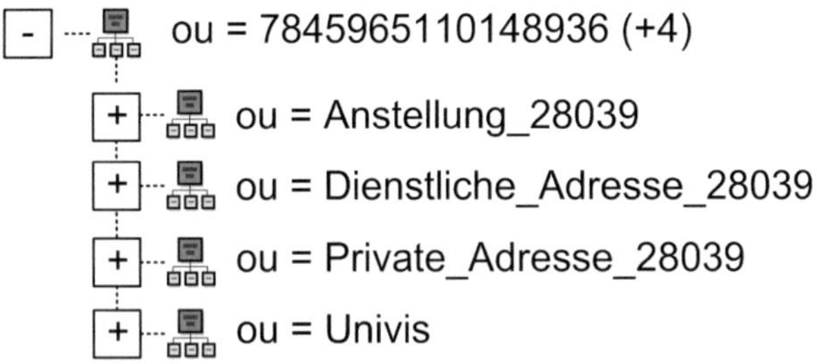

```
[-] ou = 7845965110148936 (+4)
    [+] ou = Anstellung_28039
    [+] ou = Dienstliche_Adresse_28039
    [+] ou = Private_Adresse_28039
    [+] ou = Univis
```

Abb. 2 Hierarchische DIT-Struktur

Abb. 3 Erweiterung der hierarchischen DIT-Struktur für den Fall „Student wird Mitarbeiter"

In diesem Kontext ist zu beachten, dass die Anlage der zugehörigen Objekte unter einem Personenobjekt in der Regel nach der Rolle der Person erfolgt. Zum Beispiel werden für die Darstellung der Personenobjekte für Studenten zusätzliche Objekte, die die Studiengangsinformationen enthalten, als separate LDAP-Objekte unter das entsprechende Personenobjekt eingehängt. Analog werden für Mitarbeiter die Anstellungsinformationen auf die gleiche Weise als separate LDAP-Objekte verwaltet.

Darüber hinaus werden zusätzlich Kontaktdaten (z.B. die Adressendaten) benötigt. Diese werden ebenfalls unter dem Personenobjekt als eigene Objekte angelegt und gepflegt.

Diese hierarchische Struktur wurde für den Verwaltungssatelliten gewählt, weil sich im täglichen Betrieb gezeigt hat, dass eine derartige Struktur gerade bei Änderungen des Personenprofils eine elegante und einfache Pflege ermöglicht und auch die rasche datenqualitätsspezifische Prozessoptimierung erlaubt. Außerdem lassen sich hierarchisch angeordnete Objekte einfach und flexibel ergänzen, ändern oder entfernen und können auf vor unberechtigten Zugriffen auf Verzeichnisebene geschützt werden. Das betrifft beispielsweise den Fall, wenn ein Student zum Mitarbeiter wird: Er wird zunächst im Verwaltungssatelliten als ehemaliger Student gekennzeichnet, und damit werden die weiteren Prozesse mit entsprechenden Karenzzeiten angestoßen.

Nach dem Prozess für die Deaktivierung des Studentenstatus wird anschließend das neue Anstellungs-Unterobjekt unter demselben Personenobjekt neu angelegt. Abbildung 3 zeigt eine vereinfachte Skizze eines solchen Beispiels.

Die im Verwaltungssatelliten angesiedelten Personenobjekte werden, wie Abbildung 4 zeigt, mit Hilfe eines One-to-One Novell IDM-Treibers in das zentrale Directory (Metadirectory) eins zu eins synchronisiert. Danach werden die zusammengefassten Objekte automatisch vom Metadirectory an die bestehenden angeschlossenen Systemen weitergegeben. Die Personendaten werden bei dieser Weitergabe vom Metadirectory nach den Anforderungen der übrigen IntegraTUM-Teilprojekte in der gewünschten Darstellung zur Verfügung gestellt.

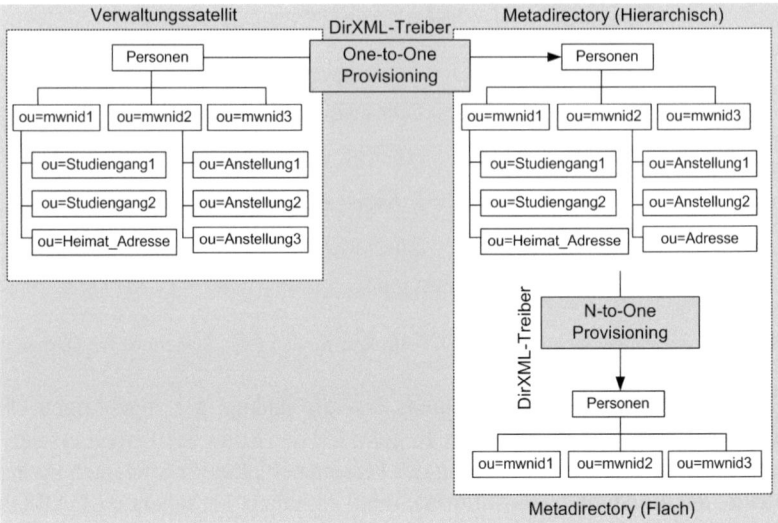

Abb. 4 Synchronisation zwischen Verwaltungssatellit und Metadirectory

3 DIT-Struktur und N-to-One-Provisionierung

Die DIT-Struktur des Metadirectory soll sich hauptsächlich nach den Anforderungen und Besonderheiten der Zielsysteme richten, also nach deren Art der Personendatennutzung. So benötigen einige Zielsysteme wie etwa das eLearning-Projekt die Personendaten in einer flachen Darstellung, während andere die hierarchische Darstellung bevorzugen. Aufgrund dessen können die Personeneinträge prinzipiell entweder flach oder hierarchisch aufgebaut sein:

- Variante 1: Hierarchische Struktur Wie im letzten Abschnitt erläutert, sind in dieser Variante die Personenobjekte hierarchisch nach Anstellungs- bzw. Studiengangsinformationen gegliedert. Die Immatrikulation eines Studenten bzw. zu einem Studiengang wird durch die Position des entsprechenden Objektes hierarchisch unter dem Personenobjekt bestimmt.
- Variante 2: Flache Struktur In dieser Variante werden Personendaten in einer flachen Struktur gespeichert. Die Organisationszugehörigkeit, Studiengangs- und Anstellungsinformationen werden über entsprechende Attribute im selben Personenobjekt eingetragen und aktualisiert. Abbildung 5 zeigt ein Beispiel eines flachen Personobjekts.

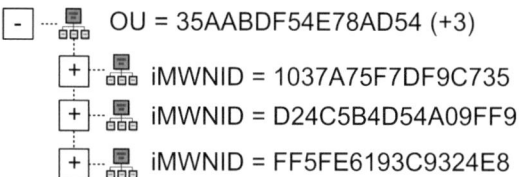

Abb. 5 Flache DIT-Struktur

Die Anforderungen der einzelnen IntegraTUM-Teilprojekte sind aber weder in einer rein flachen noch in einer rein hierarchischen Struktur optimal abbildbar. Deshalb werden beide Modelle im Metadirectory unterstützt und dadurch ein hybrides Modell gemäß den beiden Varianten implementiert. Für jede der beiden Varianten gibt es einen eigenen Teilbaum. Die beiden Teilbäume werden über die IDM-Treiber synchron gehalten.

Für die Realisierung dieser zwei getrennten Provisionierungsbäume sind Konvertierungen und Anpassungen erforderlich, die ein IDM-Konnektor leisten muss, um die Informationen in den beiden Teilbäumen synchron zu halten: Personenobjekte müssen von einer hierarchischen in eine flache Darstellung konvertiert werden (siehe Abbildung 4). Diese Art von Synchronisation nennen wir *N-to-One*-Provisioning. Im nächsten Abschnitt wird die technische Realisierung mit einem Novell DirXML-Treiber vorgestellt.

4 Technische Realisierung der N-to-One-Provisionierung

Die Realisierung der *N-to-One*-Synchronisation zwischen den beiden Verzeichnis-Teilbäumen wird zurzeit mit einem Novell NDS-to-NDS-Treiber durchgeführt, der als Konnektor zwischen zwei eDirectorys oder auch zwischen zwei Teilbäumen eines eDirectorys fungiert. Die in DirXML verfügbaren Regeln wandeln die Ereignisse am Eingang des so genannten *Publisher-Kanals* in einen Satz von Befehlen für den Ausgang des Kanals um. Die notwendigen Events für diese Synchronisation unterscheiden sich je nach Objekttyp. Wir betrachten im Folgenden zuerst Regeln und Events zur Synchronisation der Personenobjekte und anschließend die Synchronisation der Subobjekte.

4.1 Synchronisation von Personenobjekten

Die Personenobjekte werden durch Eins-zu-eins-Verbindungen von Objektklassen und Attributen (d.h. Eins-zu-eins-Abbildungen von Add-, Modify- und Delete-Events) zwischen dem hierarchischen und dem flachen Teilbaum synchronisiert. Eine vereinfachte Mapping-Regel in Listing 1 zeigt die Eins-zu-eins-Abbildung zwischen den Personenattributen für den Abgleich zwischen den beiden Verzeichnis-Schemata.

Listing 1 Eins zu eins Abbildung von Personenobjekten

```
<class-name>
    <app-name>Organizational Unit</app-name>
    <nds-name>itPerson</nds-name>
</class-name>
<attr-name class-name="itPerson">
    <app-name>OU</app-name>
    <nds-name>CN</nds-name>
</attr-name>
<attr-name class-name="itPerson">
    <app-name>itumMWNID</app-name>
    <nds-name>iMWNID</nds-name>
</attr-name>
<attr-name class-name="itPerson">
    <app-name>itumNachname</app-name>
    <nds-name>iNachname</nds-name>
</attr-name>
...
```

Wegen der Anforderungen an die Datenformate wurden individuelle Konvertierungen in den *Command Transformation Policies* mit Hilfe von XSLT-Stylesheets implementiert. Sie sind jeweils getrennt für den Publisher- und den Subscriber-Kanal des Treibers konfigurierbar.

4.2 Synchronisation von Subobjekten

Für die Synchronisation der anderen Objekte, die unter den Personenobjekten hängen, werden auf dem Zielpersonenobjekt ausschließlich Modify-Events durchgeführt. D.h. diese Synchronisation findet erstmalig beim Ändern der angelegten Personenobjekte nach hergestellter Assoziation zwischen Personenobjekten in beiden Teilbäumen statt. Mit dem Match-Test auf das Attribut *ObjectClass* kann festgestellt werden, welche XSLT-Templates für die Abbildung welcher Unterobjekte aufgerufen werden soll, hier am Beispiel der Adressenobjekte:

```
<xsl:template match="add[add-attr/@attr-name='Object Class' and
                    add-attr/value='integratumAdresse']">
    ...
```

Oder entsprechend für Studiengangsobjekte:

```xml
<xsl:template match="add[add-attr/@attr-name='Object Class' and
                         add-attr/value='integratumStudiengang']">
...
```

Gemäß diesem Prinzip haben wir in den *Event Transformation Policies* mehrere XSLT-Stylesheets implementiert, in denen definiert wird, wie verschiedene Ereignisse des Eingangs in Aktionen des Ausganges umzuwandeln sind. Dort werden der Add-Events von allen Unterobjekten (Adressen, Studiengänge, Anstellungen, Gästedaten, etc.) in Modify-Events für das Zielpersonenobjekt umgewandelt.

In einer weiteren Stufe des Treibers, dem Filter, sind die Objektklassen und ihre zugehörigen Attribute festgelegt, die für die DirXML-Verarbeitung berücksichtigt werden müssen. Je nach Unterobjekt können nur diejenigen Ereignisse, welche im Zusammenhang mit den im Filter konfigurierten Objektklassen und Attributen stehen, den Filter passieren.

Im Listing 2 wird ein vereinfachter Fall für die Konvertierung des Add-Events eines Adressenobjekts in einen Modify-Event für das Personenobjekt genauer dargestellt. In diesem Beispiel werden im Personenobjekt (bezeichnet durch das Attribut `dest-dn`) die Attributwerte aus dem Adressenobjekts (bezeichnet durch das Attribut `src-dn`) ergänzt.

Listing 2 Template Add2ModifyAddressPolicy

```xml
<xsl:variable name="ElementList01">
    <pair attrFlach="iHeimAdrStrHNr" attrStr="itumStrasseNummer"/>
    <pair attrFlach="iHeimAdrPLZ" attrStr="itumPostleitzahl"/>
    <pair attrFlach="iHeimAdrOrt" attrStr="itumOrt"/>
    <pair attrFlach="iHeimAdrTel" attrStr="itumTelefon"/>
    <pair attrFlach="iHeimAdrLand" attrStr="itumLand"/>
    <pair attrFlach="iHeimAdrAdrZusatz" attrStr="itumAdresszusatz"/>
</xsl:variable>
<xsl:variable name="AttrPair01" select=
"document('')//xsl:variable[@name='ElementList01']/pair"/>

<xsl:template match="add[add-attr/@attr-name='Object Class' and
                         add-attr/value='integratumAdresse']">
    <xsl:variable name="rdn"
            select="add-attr[@attr-name='destination']"/>
    <xsl:variable name="ou"
            select="add-attr[@attr-name='OU']"/>

    <!-- Add-Event in einen Modify-Event konvertieren -->
    <modify class-name="itPerson">
      <xsl:attribute name="dest-dn">
        <xsl:value-of select="concat('\de\tum\data\flat\',$rdn)"/>
```

```
        </xsl:attribute>
        <xsl:attribute name="src-dn">
          <xsl:value-of select="concat('\de\tum\data\TUMVERW\',$rdn)"/>
        </xsl:attribute>

        <xsl:for-each select="add-attr[@attr-name='itumStrasseNummer' or
                                      @attr-name='itumPostleitzahl' or
                                      @attr-name='itumOrt' ors
                                      @attr-name='itumTelefon' or
                                      @attr-name='itumLand']">
          <xsl:variable name="QuellAttr" select="@attr-name"/>

          <xsl:if test="$ou = 'Heimat_Adresse'">
            <xsl:variable name="ZielAttr" select="
              string($AttrPair01[@attrStr=$QuellAttr]/@attrFlach)"/>
            <xsl:call-template name="modifyAttribute">
              <xsl:with-param name="attrFlach" select="$ZielAttr"/>
            </xsl:call-template>
          </xsl:if>
        </xsl:for-each>
      </modify>
    </xsl:template>
```

Die Generierung des DirXML-Elements *modify-attr*, das innerhalb der Modify-Events für jedes Attribut benötigt wird, erledigt das Template namens `modifyAttribute` aus Listing 3.

Listing 3 Template Template modifyAttribute

```
<xsl:template name="modifyAttribute">
    <xsl:param name="attrFlach"/>
    <xsl:variable name="StrukturValue" select="normalize-space(.)"/>
    <xsl:if test="$StrukturValue != '' ">
      <modify-attr attr-name="{$attrFlach}">
        <add-value>
          <value type="string">
            <xsl:value-of select="$StrukturValue"/>
          </value>
        </add-value>
      </modify-attr>
    </xsl:if>
</xsl:template>
```

Eine weitere Konvertierung ist für die DirXML-Assoziationen zwischen Quell- und Zielobjekt notwendig.

Hier ist darauf zu achten, dass die Unterobjekte immer mit derselben Assoziation wie die oberen Personenobjekte synchronisiert werden.

Die übrigen Policies, Regeln und XSLT-Stylesheets in den DirXML-Treiberstufen sind zwar aufgrund der großen Anzahl von Attributen in den IntegraTUM-Schemata umfangreich und langwierig zu implementieren, jedoch weisen sie keine Besonderheiten gegenüber den üblichen Techniken der DirXML-Programmierung auf.

5 Zusammenfassung

Dieser Beitrag hat den Aufbau Verzeichnisdiensten im IntegraTUM-Projekt sowie die Aspekte eines Datenabgleiches dargelegt und Lösungsansätze für eine Synchronisation der Verzeichnisdienste vorgestellt.

Genauer gesagt hat sich dieser Beitrag mit dem Problem von DIT-Transformationen im Bereich von Metadirectorys auseinandergesetzt. Solche Transformationen spielen eine wichtige Rolle, um Benutzerdaten in verschiedenen zielsystemangepassten Schemata zur Verfügung zu stellen.

Die Herausforderung beziehungsweise die Hauptschwierigkeiten bei der Implementierung in Form eines Novell DirXML-Treibers lagen in der Tatsache begründet, dass das DirXML-Datenmodell vom Prinzip her nur auf Eins-zu-eins-Synchronisation ausgelegt ist. So müssen alle Events auf den Unterobjekten vom Konnektor abgefangen, in Modify-Events für das Zielpersonenobjekt umgewandelt und neu assoziiert werden.

Durch diese Lösung ist es gelungen, ein Metadirectory mit zwei Schemata und zwei DIT-Strukturen, die in Echtzeit synchronisiert werden, aufzusetzen. Im Zusammenhang mit dem Betrieb der Datennetze der bayerischen Hochschulen für den Erfahrungsaustausch und Koordination von gemeinsamen Vorhaben, lässt sich aus dieser Lösung ableiten, welche Tipps und Empfehlungen die anderen Hochschulen, die vor ähnlichen Aufgaben stehen, geben können.

Danksagungen

Der Dank der Autoren gilt Prof. Dr. Arndt Bode (TUM) und Prof. Dr. Heinz-Gerd Hegering (LRZ) für das Aufsetzen des IntegraTUM-Projekts, sowie der Projektleitung, Dr. Rolf Borgeest und Hans Pongratz für Feedback, Anregungen und Diskussionen rund um die Weiterentwicklung des IntegraTUM-Projektes.

Workflow-Management für organisationsübergreifende Datenübertragung am Beispiel des E-Learning-Systems der TUM

Latifa Boursas

Zusammenfassung In diesem Paper werden im ersten Schritt die Voraussetzungen und Anforderungen für Workflow-Management zur Bereitstellung einer organisationsübergreifenden Datenübertragung ausgeführt. Weiter werden auf einfache Art und Weise die Grundlagen des Identity Managements (IDM) und der Provisionierung von Zielsystemen erläutert sowie die technischen Lösungsideen für die genannten Anforderungen eingeführt. Am Beispiel des E-Learning-Systems der TU München zeigen wir zwei Lösungsansätze. Zu jedem Lösungsansatz werden die technischen Workflows genauer betrachtet und der Funktionsumfang erläutert. Ein paar Uses Cases bei den Datenkonvertierungen, die sich auf die verschiedenen Identity-Management-Schnittstellen beziehen werden auch präsentiert. Am Ende schließt ein Vergleich der beiden Lösungsansätze die Analyse ab.

1 Einleitung

Directory-Management-Tools und Metadirectorys bilden wichtige technische Lösungsansätze. Die Einführung dieser Lösungsansätze in Universitätsbereichen gewinnt mehr und mehr an Bedeutung, weil es immer mehr Benutzer gibt, die mit einem einzigen Account Zugriff auf diverse Daten und Dienste mit entsprechenden Rechten benötigen. In diesem Zusammenhang bestand in der Informationstechnik an der TUM großer Handlungsbedarf, da die an der TUM allgemein benötigten Dienste für Forschung, Lehre und Verwaltung durch die einzelnen organisatorischen Einheiten (z.B. Lehrstühle und Fakultäten) redundant angeboten wurden.

Um die größeren Benutzerdaten der TUM sowie ihre Zugriffsrechte auf die unterschiedlichen TUM-Dienste konsistent zu halten und die Redundanzprobleme von doppelt gespeicherten Daten zu vermeiden, sind Directory-Management-Tools nötig. Solche Tools erlauben den Administratoren eine schnellere und einfachere Bearbeitung der Benutzerdaten. Ein weiterer Grund dafür, dass diese Lösungsansätze wesentlich an Bedeutung gewonnen haben, sind die zunehmenden gesetzlichen Bestimmungen über die Speicherung und Freigabe von Daten auf IT-Systemen.

Mit dem Ziel der Bereitstellung einer einheitlichen Benutzerverwaltung durch einen zentralen Verzeichnisdienst besteht das Projekt IntegraTUM aus mehreren

Teilprojekten, um die einzelnen organisatorischen Einheiten der TUM durch den Verzeichnisdienst mit den erfassten Benutzerdaten zu versorgen [1]. Im nächsten Abschnitt werden die Anforderungen für die Anbindung der TUM-Lernplattform, basierend auf dem CLIX-System, im Rahmen des Teilprojektes E-Learning geschildert.

Das von der Saarbrückener Firma im-c AG bereitgestellte Produkt CLIX wurde als Learning Management System (LMS) an der TU München als Web-Applikation verwendet, so dass die Anbindung des Meta-Directory und der LMS-Schnittstelle die Synchronisationsmechanismen der Benutzerverwaltung übernimmt und vereinfacht.

Als erste Lösung für die Synchronisation der TUM-Lernplattform, lief der Vorgang der Provisioning der CLIX-Platform direkt von myTUM Portal durch Pilotversuch (IPP [2]), als Skripte, die mehrfach am Tag aufgerufen wurden, um die Benutzerdaten in CLIX up-to-date zu halten. Darüber hinaus, wenn die CLIX-Benutzer im CLIX Datenbank erfasst sind, können gegenüber dem myTUM-eDirectory über das LDAP mit unverschlüsselten Passwörtern authentisiert werden.

Zu den Nachteilen dieser Lösung gehört vor allem, dass die Events zeit-basiert sind. Das bedeutet, wenn ein Benutzer-Account in myTUM Portal erfasst ist, kann der Benutzer auf die CLIX Plattform nicht zugreifen, bevor die IPP Skripte durchgelaufen sind. Außerdem, nachdem die Benutzerdaten in die CLIX-Datenbank exportiert sind, können Modifikationen, wie z.B. Passwort Änderungen, nur mit zusätzlichen Skripten und nach bestimmten Zeiten durchgeführt werden.

Als Lösung für die genannten Problemen wird im Rahmen des E-Learning-TP eine neue Architektur untersucht und entwickelt, einerseits um alle Events zur Provisionierung, zum Update sowie zur Passwortsynchronisation in einem einzelnen Konnektor in Echtzeit zu realisieren, anderseits um den Implementierungs- sowie Betreuungsaufwand durch die einheitliche Datenquellen gering zu halten.

2 Anforderungen

In diesen Zusammenhang wurde im Rahmen des IntegraTUM-Projektes eine Anforderungsanalyse für die Versorgung von Zielsystemen (CLIX-Plattform im Kontext dieses Papers) mit Authentifizierungs- sowie Autorisierungsdaten über eine Directory-Management-Lösung untersucht. In dieser Analyse wurde in erster Linie ermittelt, welche Art von Benutzerdaten, Datenschutzkriterien und Konvertierungsaspekte damit abgedeckt und wie diese Daten exportiert, gespeichert und genutzt werden können. Im Folgenden sind die Anforderungen der Anbindung des CLIX-Systems an das Metadirectory zusammengefasst:

1. Identifizierung der Benutzerdaten, die mit der Directory-Lösung an die CLIX-Plattform provisioniert, verwaltet und im Fall von Modifikationen effizient geändert werden können.

2. Feststellung der technischen Standards und Konnektoren, die in diesem Umfeld und für diese Anbindung verwendet bzw. umgesetzt werden sollen. Diese Anforderung ist gleichbedeutend mit der Frage, wie die Datenübertragung zur Laufzeit erfolgt und über welche Dienste und Schnittstellen die Benutzerdaten aus den IntegraTUM-Verzeichnissen untereinander abgeglichen werden können.
3. Untersuchung der Datenformate und Datenkonvertierungen, die bei der Datenübertragung eingesetzt werden sollen.
4. Beschreibung der Workflows und Abbildung von einheitlichen Prozessen für die Umsetzung der häufigsten Events bei der Übertragung von Benutzerdaten (z.b. Anlegen, Modifizieren, Mappen und Löschen).

Diese Anforderungen sind für das Teilprojekt auch in einer dedizierten Dokumentation dargelegt worden. Die dazu untersuchten Lösungen werden im nächsten Abschnitt näher erläutert.

3 Lösungsansätze

3.1 Identifizierung der Benutzerdaten

Wie bereits im vorigen Abschnitt erwähnt, gibt es organisatorische Vereinbarungen zwischen dem Metadirectory und den Zielsystemen über die Freigabe von Benutzerdaten (in Form von Attributen), die eingehalten werden müssen. Neben den benötigten Attributen für das allgemeine Personenprofil (wie z.B. Name, Vorname, Geburtsdatum, Anrede, und Titel), umfasst die Provisionierung von Benutzerdaten vom Metadirectory zum CLIX-System mit vier Arten von Benutzerdatengruppen:
Studierende: Studienanfänger an der TUM müssen einen User-Account auf verschiedenen Systemen erhalten, um Zugriff auf die Systeme und Ressourcen der TUM zu haben. Um den Studenten den Zugriff auf die Ressourcen der Lernplattform zu ermöglichen, sind zum Erstellen dieser Accounts einer Menge von Attributen zur Unterscheidung von Studentengruppen und deren Berechtigungen notwendig. Beispielsweise werden aus rechtlichen Gründen Studiengangsinformationen benötigt, um bestimmte E-Learning-Inhalte nur einer bestimmten Gruppe von Studierenden (z.B. mit bestimmten Abschlüssen) zur Verfügung zu stellen.
Tabelle 1 erläutert die benötigten Attribute für die Berechtigungen der Studenten-Accounts in der Lernplattform:

Tabelle 1 Attribute für das Studentenprofil

Attribut	Beschreibung
Matrikelnummer	eindeutige Matrikelnummer des Studenten
Fachsemester	Bezeichnung des Fachsemester des aktuellen Studiengangs
Studiengangsname	Bezeichnung für den Studiengang
Fakultätsname	Organisationseinheit, der die Person als Student zugeordnet ist
Abschlussname	Bezeichnung des Studienabschlusses

Mitarbeiter: Neu eingestellte Mitarbeiter brauchen ebenfalls entsprechende User-Accounts, um Ressourcen der Lernplattform nutzen zu können. Die benötigten Attribute zum Anlegen von Mitarbeiter-Accounts sind in Tabelle 2 zusammengefasst.

Tabelle 2 Attribute für das Mitarbeiterprofil

Attribut	Beschreibung
ReferenzNummer	Eindeutige Personalnummer des Mitarbeiters
Organisationsname	Organisationseinheit (meistens die Fakultät), der die Person als Mitarbeiter zugeordnet ist
Suborganisationsname	Unterorganisationseinheit (meistens der Lehrstuhl), der die Person als Mitarbeiter zugeordnet ist

Alumni: Das Profil von Alumni entspricht dem Status für nicht aktive Studenten bzw. Mitarbeiter. Demzufolge werden in beiden Fällen die gleichen Attribute wie beim Studenten- bzw. Mitarbeiterprofil in derselben Form synchronisiert. Aktive Profile unterscheiden sich von nicht aktiven durch die folgenden Statusattribute, siehe Tabelle 3.

Tabelle 3 Attribute für das Alumniprofil

Attribut	Beschreibung
StudentStatus	Status-Flag, das anzeigt, ob es sich um einen aktuellen Studenten-Eintrag handelt (0: veraltet, 1: aktuell)
MitarbeiterStatus	Status-Flag, das anzeigt, ob es sich um einen aktuellen Mitarbeiter-Eintrag handelt (0: veraltet, 1: aktuell)

Gäste: Gast-Accounts sind ebenfalls im IntegraTUM-Projekt berücksichtigt. In diesem Kontext sind Gäste all diejenigen, für die von offizieller Seite bestätigt wurde, dass sie den Account für Zwecke der Forschung und Lehre an der TUM benötigen. Dies kann durch die Erstellung von Gast-Accounts über die Gäste-Verwaltung geschehen. Gastdaten werden auch an die Lernplattform weitergeleitert, damit die Gäste die E-Learning-Inhalte ebenfalls nutzen zu können. Bei Gast-

Accounts im CLIX-System werden, neben den Attributen für einen Person-Account, nur zwei zusätzliche Attribute benötigt, um den Status des Gasteintrags festzustellen (siehe Tabelle 4).

Tabelle 4 Attribute für das Gastprofil

Attribut	Beschreibung
isGast	Status-Flag das anzeigt, ob es sich um einen Gasteintrag handelt (0: kein Gast, 1: ein Gast)
GastStatus	Status Flag das anzeigt, ob es sich um einen aktuellen Gasteintrag handelt (0: veraltet, 1: aktuell)

3.2 Architekturlösung

Für die Provisionierung der unterschiedlichen User-Accounts haben wir im Rahmen des Teilprojektes E-Learning zwei Lösungsansätze realisiert, um das CLIX-System an das Metadirectory anzubinden.

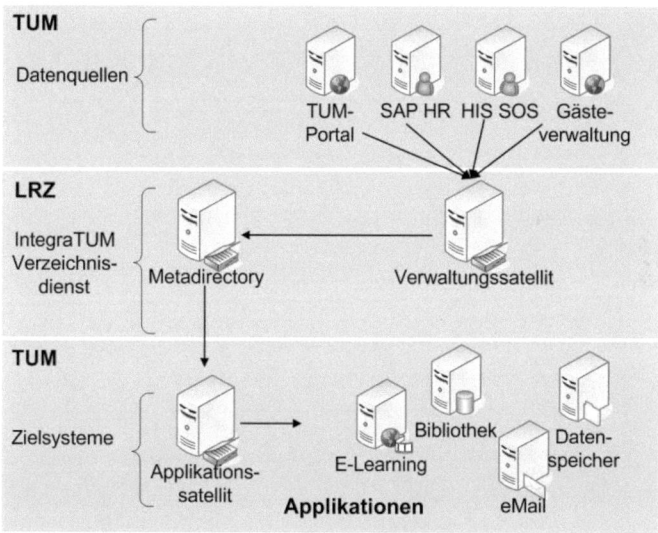

Abb. 1 Gesamtüberblick der Datenprovisionierung an das Zielsystem CLIX in der IntegraTUM-V2-Architektur

3.2.1 Architekturlösung (V2)

Abbildung 1 zeigt für die erste Variante der CLIX-Anbindung, aus welchen Quellsystemen (HIS SOS, SAP HR, TUM-Portal, Gästeverwaltung) die Benutzerdaten zusammenfließen und in welche weiteren Verzeichnisdienste, neben dem Metdirectory, sich die Architektur für die Provisionierung der Zielsysteme gliedert. Nachfolgend werden die Hauptschritte der Datenübertragung näher erläutert.

Wie in der Abbildung dargestellt, werden die Benutzerdaten durch dedizierte Konnektoren ins Metadirectory übertragen. Diese Konnektoren zur Metadirectory-Synchronisation gleichen die Benutzerdaten ab und korrelieren die Profile, falls eine Person mehr als eine Rolle an der TUM hat (z.B. gleichzeitig Student und Mitarbeiter). Sobald die Benutzerdaten im Metadirectory erfasst sind, schreibt ein weiterer Konnektor sie in Echtzeit in den Applikationssatelliten, der für die Provisionierung der TUM-Applikationen zuständig ist.

Allerding erfolgt der initiale Import der Daten aus der Studentenverwaltung (HISSOS) und aus der Mitarbeiterverwaltung (SAP HR) zum Verwaltungssatelliten in Form einer Text-Datei (CSV-Datei), deren Inhalt ein CSV-DirXML-Konnektor in den Verwaltungssatelliten importiert. Da diese Konnektoren auf bestimmtes Datenformat angewiesen sind, werden die CSV-Dateien vor dem Import mit einem Perlskript aufbereitet. Dieses Skript sorgt in erster Linie dafür, dass die Plausibilität, Vollständigkeit und Richtigkeit der gelieferten Benutzerdaten gewährleistet wird. Außerdem müssen noch weitere notwendige Konvertierungen in das eDirectory-Datenformat erfolgen. Diese Transformationen werden wir im Abschnitt 4 im Detail darstellen.

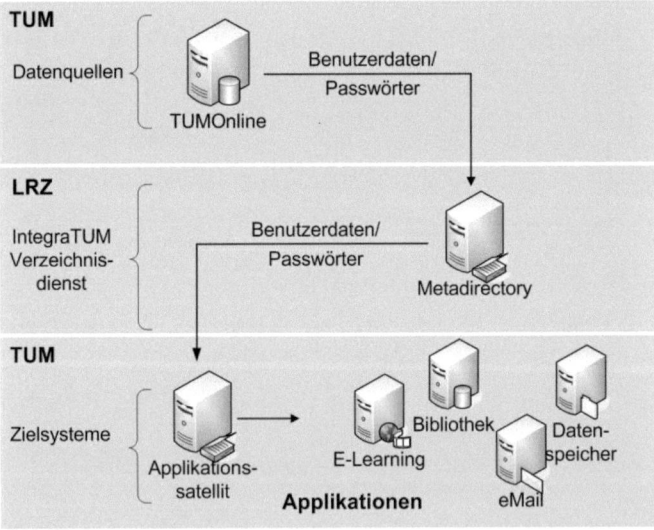

Abb. 2 Gesamtüberblick der Datenprovisionierung an das CLIX-Systems in der IntegraTUM-V3-Architektur

Diese Architektur bietet die Möglichkeit, mittels Novell DirXML Konnektoren verschiedene Applikationen herstellerunabhängig anzubinden. Der einzelne Benutzer, der im Metadirectory erfasst ist, wird im Applikationssatellit in Echtzeit synchronisiert. Bei einer Änderung von bestimmten Benutzerattributen, z.B. Adresse oder Telefonnummer, wird automatisch der Applikationssatellit und folglich alle an den Applikationssatelliten angebundenen Applikationen auf den aktuellsten Stand gebracht.

3.2.2 Architekturlösung (V3)

Die Abbildung 2 stellt den Ansatz für den Datenimport in der Architektur V3 grob dar. In diesem Lösungsansatz wurden alle Quellsysteme, die im Lösungsansatz für die Versorgung mit verschiedenen Benutzerdaten zuständig waren, durch ein einzelnes Quellsystem ersetzt, nämlich das neue Campus Management System der TU München, *TUMOnline*. Unter diesem Aspekt integriert TUMOnline alle mitarbeiter- und studienrelevanten Prozesse an der TU München und vernetzt sie miteinander, sodass die Benutzerverwaltung für alle TUM-Angehörigen von einem einzigen IT-System unterstützt wird.

Da das TUMonline-System die zahlreichen bisher nebeneinander existierenden Quellsystem ablöst, sind die entsprechenden alten Konnektoren aus der Architektur V2 obsolet und durch neue Konnektoren von TUMOnline zum Metadirectory ersetzt worden. Dagegen behält der Konnektor vom Metadirectory zum Applikationssatelliten ähnliche Konzepte und Strategien wie in Architektur V2, weil das CLIX-Schema unverändert bleiben muss, und damit nur interne Konvertierungen im Konnektor durchgeführt werden sollen. Im nächsten Abschnitt werden der Konnektor, der das Metadirectory mit dem Applikationssatelliten abgleicht, untersucht, sowie die Auswirkungen des Umstiegs von der Architektur V2 auf V3 genauer dargelegt.

Abb. 3 Metadirectory-Teilbaums in den Applikationssatelliten durch einen DirXML-Konnektor

3.3 Implementierungsdetails

Wie in den letzten Abschnitten eingeführt, bietet die Novell-Software für Directory-Services und Synchronisationswerkzeuge die Lösung DirXML, welche die

Synchronisation der ursprünglichen Verzeichnisse mit beliebigen anderen LDAP-Verzeichnissen oder auch Datenbanken eventbasiert erlaubt. Somit ist es in einem gemischten Umfeld, wie das Umfeld von IntegraTUM durch die unterschiedlichen TUM Einheiten, möglich ein Directory Management Tool mittels die DirXML Konnektoren in einer heterogenen Umgebung einzusetzen.

3.3.1 Datensynchronisation und Konvertierungen

Abbildung 3 zeigt, wie die Daten aus dem Metadirectory vom Teilbaum ou=personen,ou=data,ou=prod,... in mehreren Schritten in Form von Policies sowie Datentransformationen durch den DirXML-Konnektor in den Teilbaum ou=personen,ou=CLIX,... übertragen werden.

Um die notwendigen Datenänderungen durchführen zu können, besteht der Novell DirXML-Konnektor für die Anbindung der CLIX-Lernplattform aus mehreren Schema-Mappings, Regeln und Policies, sowhl in Form von XSL-Transformationen als auch in die Form von Novell DirXML-Builder-Policies. Im Folgenden werden ein paar wichtige Policies und Konvertierungsregeln dieses Konnektors vorgestellt.

3.3.2 Abbildung von Statusattributen

Alle Statusattribute, die in den Tabellen 3 und 4 aufgeführt sind, können in beiden Lösungsansätzen (V2 und V3) in derselben Art und Weise von Hilfsklassen abgeleitet werden. Solche Hilfsklassen wie integratumPerson, integratumStudent oder integratumMitarbeiter in Architekturslösung (V2) (beziehungsweise imdPerson, imdOrgZugStudent oder imdOrgZugMitarbeiter in Architekturslösung (V3)) dienen dazu, Personeneinträge um Statusattribute zu ergänzen. Zum Beispiel wird in das Attribut clixIsMitarbeiter der Wert 1 geschrieben, wenn der Wert integratumMitarbeiter im Attribut Object Class vorhanden ist, und sonst 0.

Darüber hinaus wird für die Abbildung der restlichen Attribute clixMitarbeiterStatus und clixStudentStatus das Datum der aktuellen Anstellungsverhältnisse bzw. Studiengänge ausgewertet. In dieser Auswertung genügt es mindestens ein aktuelles Anstellungsverhältnis oder ein aktueller Studiengang, um die entsprechenden Statusattribute mit 1 zu belegen.

Wegen Einschränkungen der CLIX-Software können die Attribute im CLIX-Schema nur als single-value definiert werden. Daher sind die Statusattribute von besonderer Bedeutung, weil das Attribut Object Class als multi-value Attribut in CLIX nicht auswertet werden kann.

3.3.3 Datumstransformationsregel

Es kommt in der Praxis bei der Anbindung an fremde Systeme immer wieder vor, dass Benutzerdaten in unterschiedlichen Formaten dargestellt werden müssen, etwa Datumsangaben wie z.B. das Geburtsdatum. In diesem Konnektor wird eine XSL-Transformation verwendet, um das Datumsformat nach ISO-8601 YYYY-MM-DD (von Novell eDirectory unterstützt) in das in CLIX verwendete Format DD.MM.YYYY zu konvertiert.

Wie in Listing 1 zu sehen ist, wird das ursprüngliche Datum als String behandelt und dann entsprechend mit der XPath-Function substring() zerlegt. Die zerlegten Werte werden dann wieder zu dem von CLIX benötigten Format mit der XPath-Function concat() zusammengesetzt.

Listing 1 Exemplarische XSLT für die Konvertierung des Datumformats

```
<xsl:variable name="GebDatum">
  <xsl:value-of select="add-attr[@attr-name='clixGeburtsdatum']"/>
</xsl:variable>
<add-attr attr-name="clixGeburtsdatum">
  <value>
    <xsl:value-of select="concat(substring($GebDatum,9,2), '.',
                                 substring($GebDatum,6,2), '.',
                                 substring($GebDatum,1,4))"/>
  </value>
</add-attr>
```

3.3.4 Anredestransformationsregel

Diese Funktion nimmt die Anpassung des IntegraTUM-Anredeformats an das von CLIX benötigte Anredeformat vor. Die Anrede wird von Herr oder Frau auf 1 oder 2 für CLIX abgebildet.

3.3.5 UTF-8 und Quote Char Konvertierung

Diese Konvertierungsfunktion wird benötigt, um die Umlaute entsprechend des vorhandenen Format einzustellen. Je nach Anwendung von ISO-8859 oder ANSI werden die Umlaute entsprechend in UTF-8 Format umgesetzt. Außerdem werden die Sonderzeichen beim Import im Metadirectory berücksichtigt und entsprechend angepasst.

3.3.6 Mapping von Studiengangsattributen

Die Studiengangsinformationen im Lösungsansatz V2 (z.B. die Studiengangsnummer, Fakultätsname, Abschlussname, etc.) kommen aus der HISSOS-CSV-Datei bereits in einzelne Felder aufgeteilt, so dass sie im Treiber auf die Studiengangsattribute eins zu eins abgebildet werden können.

Im Gegensatz dazu kommen die Studiengangsinformationen im Lösungsansatz V3 aus TUMOnline in einem einzelnen Attribut *dfnEduPersonFeaturesOfStudy* [3]. Die in diesem Attribut enthaltenen Felder fallen in die beiden Bereiche Autorisierung und Personalisierung. Zum einen werden die Studiengangsinformationen benötigt, um Beschränkungen für den Zugriff auf die E-Learning-Ressourcen steuern zu können. Zum Beispiel könnte nur eine eingeschränkte Menge von Studierenden, die zu einem bestimmten Studiengang gehören, auf die entsprechenden Lehrveranstaltungsdaten zugreifen dürfen. Der Autorisierungsvorgang könnte aber auch für andere Lehrveranstaltungsdaten oder andere E-Learning-Ressourcen mit nur wenigen personenbezogenen Daten (z.B. Name, Vorname und Matrikelnummer des TUM Studenten) durchgeführt werden. Infolgedessen müssen die Studiengangsfelder aus dem DFN-Attribut extrahiert und auf einfache Art und Weise dem Konnektor bereitgestellt werden.

dfnEduPersonFeaturesOfStudy: 02$1$04!37!105!HF!1#04!38!079!NF!1

Wie in obigem Beispiel zu sehen, enthält das DFN-Attribut einen komplexen Wert, der sich aus folgenden drei durch '$' getrennte Einzelwerte zusammensetzt:

- numerischer Wert des Studienabschlusses
- numerischer Wert der Studienart
- komplette Spezifikation der Studienfächer

Der letztere Wert ist wiederum komplex und besteht aus der Spezifikation der einzelnen Fächer, jeweils mit '#' von einander getrennt. Die einzelnen Fächer werden wiederum mit durch '!' voneinander getrennten Werten spezifiziert:

- numerischer Wert der Fächergruppe
- numerischer Wert des Studienbereichs
- numerischer Wert des Studienfachs
- Bezeichner der Studienfachart ('HF', 'NF', oder die Anzahl der zu erreichenden Leistungspunkte)
- Fachsemester

Diese einzelnen Bestandteile dieser Werte-Reihen sind im Konnektor mittels XSL-Transformationen abgebildet. Im Folgenden werden die notwendigen XSL-Transformationen beschrieben, um die Studiengangsfelder aus dem DFN-Attribut zu extrahieren und sie in einem XML-Dokument zu erzeugen.

Listing 2 zeigt den expliziten Aufruf des Templates extractAttribute über das Element call-template. Parameter können dabei über die Elemente with-param innerhalb des Aufrufs übergeben werden. Anhand des Parameters counter, der mit der XPath-Function position() festgelegt werden kann, ermöglicht das Element xsl:for-each einen wiederholten Aufruf des Templates, wenn das multi-value DFN-Attribut mehrere Werte enthält.

Listing 2 Exemplarische XSLT Für die Extrahierung von Studiengangsinformation aus dem DFN-Attribut

```
...
<xsl:for-each select="modify-attr[@attr-name='dfnAttr']/add-value/value">
  <xsl:call-template name="extractAttribute">
    <xsl:with-param name="studyAttribute" select="string(.)"/>
    <xsl:with-param name="counter" select="position()"/>
  </xsl:call-template>
</xsl:for-each>
...
```

Im Template extractAttribut (siehe Listing 3) werden die Studiengangsfelder (z.B. der Schlüssel des Studienabschlusses, der Schlüssel der Studiengangsnamen, etc.) durch weitere Aufrufe des Templates csv-get mit den entsprechenden Parametern ermittelt. Diese Parameter spezifizieren das Trennzeichen sowie die Position des Wertes im DFN-Attribut.

Listing 3 Template extractAttribut

```
...
<xsl:template name="extractAttribute">
  <xsl:param name="studyAttribute"/>
  <xsl:param name="counter"/>
  <xsl:variable name="featuresOfStudy" select="$studyAttribute"/>
  <xsl:variable name="degreeKey">
    <xsl:call-template name="csv-get">
      <xsl:with-param name="string" select="$featuresOfStudy"/>
      <xsl:with-param name="index" select="1"/>
      <xsl:with-param name="delimiter" select="'$'"/>
    </xsl:call-template>
  </xsl:variable>
  <xsl:variable name="stgName">
    <xsl:call-template name="csv-get">
      <xsl:with-param name="string" select="$featuresOfStudy"/>
      <xsl:with-param name="index" select="4"/>
      <xsl:with-param name="delimiter" select="'$'"/>
    </xsl:call-template>
  </xsl:variable>
...
```

Im Listing 1.4 wird die Selektion der Studiengangsfelder aus dem DFN-Attribut genauer betrachtet. Durch einen rekursiven Aufruf des Templates csv-get liefern die zwei XPath-Funktionen substring-before() und substring-after() den Stringteil, der vor bzw. nach dem Trennzeichen ($delimiter) steht.

Listing 4 Template csv-get

```
<xsl:template name="csv-get">
    <xsl:param name="string"/>
    <xsl:param name="index"/>
    <xsl:param name="delimiter"/>
    <xsl:choose>
        <xsl:when test="$index &lt;= 1">
            <xsl:choose>
                <xsl:when test="contains($string,$delimiter)">
                    <xsl:value-of select="substring-before($string,$delimiter)"/>
                </xsl:when>
                <xsl:otherwise>
                    <xsl:value-of select="$string"/>
                </xsl:otherwise>
            </xsl:choose>
        </xsl:when>
        <xsl:otherwise>
            <xsl:call-template name="csv-get">
                <xsl:with-param name="string" select="substring-after($string, $delimiter)"/>
                <xsl:with-param name="index" select="$index - 1"/>
                <xsl:with-param name="delimiter" select="$delimiter"/>
            </xsl:call-template>
        </xsl:otherwise>
    </xsl:choose>
</xsl:template>
```

3.3.7 Authentifizierung und Synchronisation der Passwörter

Nach der Passwort-Synchronisation zwischen Metadirectory und Applikationssatellit werden die Passwörter in den Applikationen dynamisch angepasst. Zentral geht es darum, dem Benutzer die Möglichkeilt zu geben, das Passwort durch die User-Self-Services im TUMOnline anzugeben, und ihm – gemäß seiner Zugehörigkeit und Berechtigung – Dienste, Ressourcen oder Applikationen zur Verfügung zu stellen.

4 Zusammenfassung

In diesem Beitrag wurden zwei Lösungsansätzen für die Anbindung und die Provisionierung von Zielsystemen am Beispiel des E-Learning-Systems der TU München präsentiert. Diese Lösungen bieten diverse Directory Tools für Datenabgleich, Transformationen sowie Reporting Funktionen, um allen Konsistenzanforderungen der angebundenen Systeme zu erfüllen und folglich die Identitäten sowie die Zugriffsrechte der TUM Benutzer effizient zu verwalten. Die TUM Benutzer haben dadurch nicht viele verschiedene Benutzernamen und Passwörter sondern brauchen nur noch eines.

Die Nachteile des Lösungsansätze V2 gegenüber V3 sind durch die Optimierung der Menge von Provisionierungsprozessen erkennbar. Ähnliches gilt für die Einsparung bei den vorherigen Korrelations- sowie Aggregationsprozessen der Benutzerdaten aus den Quellsystemen.

Danksagungen

Der Dank der Autoren gilt Prof. Dr. Arndt Bode (TUM) und Prof. Dr. Heinz-Gerd Hegering (LRZ) für das Aufsetzen des IntegraTUM-Projekts, sowie der Projektleitung, Dr. Rolf Borgeest und Hans Pongratz für Feedback, Anregungen und Diskussionen rund um die Weiterentwicklung des IntegraTUM-Projektes.

Literatur

[1] Boursas, L., Ebner, R., Hommel, W., Knittl, S., Pluta, D., Winklmeier, S.: Verzeichnisdienste, IntegraTUM-Teilprojektdokumentation LDAP. TU München und LRZ (2005-2009)
[2] Deutschmann, J., Gietz, P., Hommel, W., Schroeder, R., Schwendel, J., Thelen, T.: Technische und organisatorische Voraussetzungen – Attribute für den Bereich e-Learning
[3] Glaser, M.: Anbindung eines Learning Management Systems an die Benutzerverwaltung der TUM (2004)

Missbrauchspotential von Verzeichnisdienst-Metadaten in LDAP-basierten System- und Benutzerverwaltungen

Daniel Pluta

Zusammenfassung. Metadaten stellen Zusatzinformationen über elektronisch gespeicherte Kerninformationen zur Verfügung. Sie ergänzen die eigentliche Hauptinformation um nützliche Details. In vielen Bereichen werden Metadaten gespeichert und stehen zur Auswertung zur Verfügung. Alle IT-nahen Systeme, angefangen im Konsumerbereich (z.B. digitale Kameras) bis hin zu unternehmenskritischen Applikationen führen im Hintergrund Metadaten – parallel zu den eigentlichen Hauptdaten. Metadaten im Allgemeinen sind per se als neutral, d.h. weder positiv noch negativ, zu bewerten. So wirken sich diese häufig positiv auf das Finden und Sortieren von digitalen Dokumenten aus. Negativ treten Metadaten eigentlich immer nur dann in Erscheinung, sobald diese ursprünglich zusätzlichen und nützlichen (und daher im Gegensatz zu den Hauptdaten nicht besonders beachteten bzw. geschützten) Informationen entgegen ihrer Bestimmung, zweckentfremdet werden. Auch Verzeichnisdienste verfügen über solche nützlichen Metadaten zu den jeweils in ihnen gespeicherten Inhalten. Ob, und wenn ja wie weit diese nützlichen Inhalte auch ein Risiko darstellen können wird im Rahmen dieses Artikels anhand eines konkreten Szenarios aus dem Umfeld des Systemmanagements gezeigt.

1 Einführung

Nach einem kurzen Überblick über den weitläufigen Bereich des Systemmanagements wird eine Einführung in das LDAP-Protokoll gegeben. Danach wird sofort in die tiefen technischen Details eines konkreten Szenarios auf dem Gebiet der LDAP-Integration von Linux-Endsystemen eingestiegen.

1.1 Systemmanagement

Unter dem Stichwort Systemverwaltung wurde früher die lokale Pflege von Computersystemen im Allgemein verstanden. Diese umfasst u. a. die regelmäßige Aktualisierung des Betriebssystems sowie der Benutzerverwaltung. Die Benutzerverwaltung von aktuellen Linux-Distributionen hat ihren Ursprung im vergangen

Jahrtausend und sich seit ihren Anfängen nicht verändert. Die Benutzerverwaltung findet lokal auf jedem Computer in einer separaten Datei statt. Diese Datei muss gepflegt werden. Der Pflegeaufwand variiert abhängig davon, wie viele Computer gepflegt werden. Frühere zentral lokalisierte Großrechner bedürfen bzgl. der Benutzerverwaltung eines geringeren Aufwandes als die heutigen verteilten Infrastrukturen mit unzähligen lokalen PCs und einer hohen Anzahl von Servern.

Deswegen haben sich verschiede Mechanismen zur Pflege von lokalen Benutzerdatenbanken etabliert. Das Spektrum reicht dabei von manuell bis just-in-time bzw. on-demand. Manuell bedeutet dabei, dass jeweils lokal Benutzerverwaltungsdaten editiert bzw. manuell von Vorlagen kopiert werden. Am anderen Ende der Skale versteht man unter just-in-time bzw. on-demand die Abfrage von Benutzerinformationen z.b. via LDAP. Zwischen diesen beiden Extremen existieren vielfältige Mittelwege und Lösungen, die auf Verfahren aus der Softwareverteilung und dem Einsatz von (halb-)automatischen Deploymentwerkzeugen basieren.

Der Inhalt dieses Artikels dreht sich ausschließlich um die Untersuchung der Sicherheit bzgl. der Anbindung von Linux-Systemen via LDAP an eine zentrale Benutzerverwaltung. Dabei steht die potentielle Verarbeitung von Metadaten in Verzeichnisdiensten im Mittelpunkt der Betrachtungen.

1.2 Lightweight Directory Access Protocol LDAP

LDAP ist ein mächtiges Protokoll, das seinen Ursprung in einer leichtgewichtigen Realisierung des standardisierten Verzeichnisdienstprotokolls (X.500) hat. Bei LDAP handelt es sich um ein Subset des X.500-Protokolls.
Trotz des verringerten Umfangs gegenüber X.500, verfügt das LDAP-Protokoll [10] [8] über eine umfangreiche Spezifikation. Während starke Authentifizierungsverfahren z. B. sehr früh für deren Einsatz innerhalb von LDAP vorgesehen wurden, wurde die Standardisierung der Autorisierung erst mit RFC2820 [9] eingeführt.

LDAP ist heute in jeder mittelgroßen IT-Infrastruktur meist sogar mehrfach verfügbar. Viele Produkte wurden um das Merkmal „LDAP-Unterstützung" erweitert und bieten Schnittstellen zu deren internen Datenbanken an. Darunter befinden sich weitverbreitete Produkte wie die Windows Domänen Controller („Active Directory Services"), Lotus Domino Server oder Novell Directory Services u.v.m., denen, als Erweiterung ihrer nativen internen Kommunikationsprotokolle, jeweils ein LDAP-Frontend hinzugefügt wurde. Zu beachten ist dabei aber immer, dass es sich bei vielen Produkten daher ursprünglich nicht um LDAP-Verzeichnisdienste handelt, sondern um LDAP-angereicherte proprietäre Protokolle und Systeme. Einige Produkte setzen daher die LDAP-Spezifikation nicht in vollem Umfang um. Beispielsweise werden oftmals proprietäre Mechanismen zur Vergabe von Berechtigungen verwendet.

Für diesen Artikel wird daher als Verzeichnisdienst die weitestgehen standardkonforme und freie Implementierung der Serverkomponente des OpenLDAP-Projekts verwendet.

1.3 Nutzung von Verzeichnisdiensten zur Systemadministration

Verzeichnisdienste sind im Gegensatz zu Datenbanken abfrageoptimiert, d. h. sie verarbeiten Lese- bzw. Suchanfragen viel schneller als Schreibzugriffe. Verzeichnisdienste haben ihren Ursprung als quasi-öffentliche Lookup-Verzeichnisse, die z. B. allgemeine Kontaktinformationen einer breiten Öffentlichkeit (hier z. B. innerhalb einer Universität oder eines Unternehmens) zentral und damit immer aktuell zur Verfügung stellen. Kontaktdaten umfassen daher meistens Telefonnummer (Durchwahl) sowie E-Mail-Adressen und Gebäude und Raumnummern. Da diese Daten zentral gehalten und gepflegt werden reduziert sich der Pflegeaufwand. Aufgrund der standardisierten Kommunikation (LDAP) mit dem zentralen Verzeichnisdienst sind die Daten dezentral immer aktuell. Durch die schnelle Verarbeitung von Lese- und Suchanfragen skaliert die Lösung selbst bei vielen gleichzeitigen Anfragen.

Aufgrund dieser vielen Vorteile wurde neben der Pflege und Auslieferung von Kontaktdaten neue Wege gesucht die obigen Eigenschaften von Verzeichnisdiensten für die Pflege von verteilten Systemumgebungen zu nutzen. Die für gewöhnlich in lokalen Dateien eines jeden Systems individuell gepflegten Lookup-Tabellen zur

- Benutzerauthentifizierung (Datei: /etc/passwd bzw. /etc/shadow)
- Plege der Gruppenmitgliedschaften (Datei: /etc/group)
- Pflege der Protokoll und Service-Lookup-Tabellen (Datei: /etc/services)
- ...

sollten gegen entsprechende LDAP-Abfragen ersetzt werden. Neben den beiden oben erläuterten Vorteilen der einfacheren Pflege bei gleichzeitig gesteigerter Aktualität verspricht man sich davon auch Vorteile bzgl. der Systemsicherheit. So müssen lokale Benutzerdaten (/etc/passwd) nicht mehr im Netzwerk kopiert und manuell angepasst werden.

Für die Abbildung der obigen Tabellen in LDAP-Verzeichnissen wurden Schemata definiert und eines der ersten „Identity Management Systeme" geschaffen.

Die Anbindung von Unix/Linux-PCs und Servern an ein zentrales Identity-Management-System ist heutzutage üblich. Viele wissenschaftliche aber auch Fachpublikationen (vgl. [4], [5], [6], [1], [2]) gehen in auf das Systemdesign die dahinter stehende Technik und die konkreten Schritte, die für ein LDAP-Anbindung notwendig sind, ein. Viele Administratoren nehmen die Anleitungen der Fachpublikationen, die meistens lediglich bzgl. der zugrundliegenden Verzeichnisdienstinfrastruktur variieren, als praktische Arbeitserleichterung an. Aufgrund der komplexen Thematik rund um das Gebiet LDAP stellen sie eine willkommene Unterstützung während einer konkreten Migration oder deren Vorbereitung dar.

Allerdings sind das Thema LDAP sowie die systemspezifischen Aufgaben der beschriebenen Migrationsschritte so umfangreich, dass die Basisinformation über LDAP innerhalb der meisten Veröffentlichungen zu kurz kommt. Neben den produktspezifischen Eigenschaften und der Beschreibung der Arbeitsschritte ist dafür meistens nicht genügend Platz.

Dabei ist ein Blick über den Tellerrand, in unserem Fall in die Tiefen der technischen Details bezüglich den bisher veröffentlichten Anleitungen sehr interessant und birgt u. U. lohnenswerte Detailverbesserungen, die in dieser Form und unseres Wissens nach bisher noch nicht veröffentlicht wurden. Die von uns ermittelten Ergebnisse sind nicht produktspezifisch, sondern allgemein auf alle Verzeichnisdienstanbindungen übertragbar.

2 Authentifizierung

Während der Authentifizierung findet die Identifikation gegen über dem Verzeichnisdienst statt. Diese kann auf verschiedene Arten erfolgen – üblich ist gegenwärtig z.b. die Verwendung von „Geheimnissen" in Form eines persönlich bekannten Passwortes. Damit das persönliche Geheimnis eines bleibt, gehen wir im Folgenden davon aus, dass dessen Eingabe, Übertragung und die serverseitige Überprüfung auf absolut sichere Art und Weise erfolgen.

Nachdem die Authentifizierung erfolgreich abgeschlossen ist, werden verzeichnisdienstintern anhand der definierten Access Control List (ACL) Zugriffsberechtigungen geprüft.

3 Autorisierung über Access Control Lists

Die Autorisierung (Berechtigungsprüfung) erfolgt anhand von zentral innerhalb der Verzeichnisdienstes spezifizierten Regeln. Neben ACLs können auch ACIs (Access Control Information) direkt im Verzeichnisdiensteintrag gespeichert werden. Abhängig von der Implementierung des Verzeichnisdienstes sind ACLs im Gegensatz zu ACIs evtl. statisch implementiert, d. h. Anpassungen an ACLs werden erst durch einen Neustart des Verzeichnisdienstes wirksam, während ACIs online an die Einträge hinzugefügt werden können. Von dieser Limitierung ist der OpenLDAP-Server aber nicht betroffen; dessen ACLs können zur Laufzeit modifiziert werden und wirken sofort.

Die ACLs sind zur Steuerung der Autorisierung innerhalb des Verzeichnisdienstes selbst verantwortlich, dabei können ACLs auf zwei unterschiedliche Arten wirken:

- *Direkt, d. h. verzeichnisdienstintern*: Als Beispiel dient eine einfache ACL, die es einem jeden (anonymen) Eintrag gestattet sich gegenüber dem Verzeichnis zu authentifizieren. Eine weitere Regel könnte lauten: Jeder Benutzer mit der Eigenschaft Prüfer darf das Gruppenobjekt „cn=pruefung_x" bearbeiten.
- *Indirekt, d. h. verzeichnisdienstextern (auf Applikationsebene)*: Dies bezieht sich auf Berechtigungen, die zwar innerhalb des Verzeichnisdienstes (z. B. über spezielle Attribute am Personeneintrag) gesetzt werden, sich aber erst für eine externe Applikation indirekt auswirken, sobald diese die Eigenschaft auswertet. Wenn das Attribut „Prüfer" an einer Person gesetzt ist, darf diese z. B. Prüfungen in einer Webapplikation verwalten.

Im Folgenden geht es ausschließlich um die verzeichnisdienstinterne Wirkung von ACLs.

4 Abbildung der Inhalte von /etc/passwd auf LDAP-Einträge

Um von der System- und Benutzerverwaltung innerhalb von lokalen Dateien auf eine LDAP-basierte Lösung umzusteigen, müssen die ursprünglichen Einträge der Dateien in LDAP-Objekte umgewandelt werden. Diese Aufgabe übernehmen Konvertierungswerkzeuge, sie erzeugen aus den Eingabedateien LDAP-Importdateien im LDIF-Format. Sobald die Daten erfolgreich in den Verzeichnisdienst importiert wurden, können diese Verzeichnisdiensteinträge von LDAP-Clients genutzt werden. Grundsätzlich empfehlen vor der Inbetriebnahme unbedingt die Zugriffsberechtigungen auf die Einträge auf Ebene von Attributen und Objektklassen einzuschränken. Auf weitere Details bzgl. der allgemein empfohlenen Mindestkonfiguration von Zugriffsberechtigungen gehen wir in diesem Artikel nicht weiter ein und verweisen für diesen ersten Schritt der Absicherung auf die Anleitungen in Form der oben erwähnten Fachliteratur.

4.1 nss_ldap und pam_ldap

nss_ldap ist eine Bibliothek, die, die name service switch (nss) Bibliothek um LDAP-Schnittstellen erweitert. Die nss-Bibliothek selbst ist über /etc/nsswitch.conf konfigurierbar, während die nss_ldap-spezifischen Einstellungen z. B. in der Datei /etc/ldap.conf vorgenommen werden müssen. Dabei führen die Dateinamen unter Umständen zu Verwechslungen, da jedes Unix und jede Linux-Distrubution leichte Abwandlungen bzgl. der Namen verwendet. Besonders wichtig ist, dass die obige /etc/ldap.conf nicht mit der systemweiten OpenLDAP ldapclient-Bibliothekskonfigurationsdatei (oft unter /etc/openldap/ldap.conf gespeichert) verwechselt wird.

Da nss_ldap die nss-Funktionalität um LDAP erweitert, werden intern die bisher verwendeten Mechanismen verwendet. Standardmäßig liest jeder Systembefehl, der Benutzerinformationen verarbeiten muss (z. B. ls -al) die Datei /etc/passwd aus, um die Abbildung der numerischen uidNumber auf die textuelle uid durchführen zu können. Da jeder Benutzer den obigen Befehl ausführen kann muss /etc/passwd global zum Lesen freigegeben sein.

Durch die Einführung von nss_ldap ändert sich an dem Prinzip nichts. Ein nss-Lookup, durch obigen Befehl ausgelöst, resultiert in einer LDAP-Anfrage die die uid zu einer oder mehreren uidNumbers ermittelt.

Problematisch ist in diesem Zusammenhang, dass einige Verzeichnisdienste (z.b. Microsoft ADS) keine anonyme Leseberechtigung erlauben, sondern nur authentifizierten Einträgen Suchanfrage gestatten. Diese Einträge werden als Proxy-Benutzer bezeichnet. Der DN und das Passwort des Proxys muss in diesem Fall in der nss_ldap Konfiguration angegeben werden:

Da jeder am System angemeldete Benutzer den obigen Befehl (d.h. die Abbildung der uids) ausführen können muss, muss jeder Benutzer über nss_ldap eine LDAP-Verbindung aufmachen (lassen) können. Dazu ist aber das Wissen über den Proxy-Benutzer von nöten. Dies wird dadurch sichergestellt, dass die nss_ldap Konfigurationsdatei /etc/ldap.conf global zum Lesen freigegeben ist – andernfalls funktionieren diese Lookups nur für den root-Benutzer.

Die allgemeine Kenntnis über den Proxy-Benutzer führt daher zur Quasi-Anonymisierung des LDAP-Dienstes. Somit kann jeder am lokalen System angemeldete Benutzer die Konfiguration einsehen und den Proxy-Benutzer samt Passwort für eigene „Experimente" mit dem LDAP-Server verwenden. Die beiden folgenden Unterabschnitte stellen aktuell verfügbare sowie in Entwicklung befindliche Alternativen zu nss_ldap kurz vor.

4.2 Alternativen zu nss_ldap

Hierbei werden drei Hauptziele verfolgt: Es soll eine Entkopplung der Bibliotheken und ein insgesamt vereinfachtes Konfigurationsmanagement erreicht werden. Aufgrund von einer verringerten Anzahl von Bibliothekfunktionsabhängigkeiten und -aufrufen soll die Leistungsfähigkeit und Stabilität verbessert werden. Nicht zuletzt sollen damit die oben vorgestellt Design-Schwäche der „Quasi-Anonymisierung" des Zugriffs auf den Verzeichnisdienst behoben werden.

4.2.1 nss_ldapd

Ein erster vielversprechender neuer Ansatz ist die Auslagerung der nss_ldap-Schnittstelle in einen lokalen Hintergrundprozess, der unter erweiterten Berechtigungen als Dienst auf jedem System läuft, so dass nicht jeder Systembenutzer die LDAP-spezifische Konfiguration einsehen kann. Ein weiterer Vorteil ist die Verschlankung der zur Laufzeit bei jedem Start eines Systemprogrammes dynamisch geladenen LDAP-Bibliotheken. Während bei nss_ldap selbst bei einem einfachen „ls -l" Befehl die LDAP-Client-Bibliothek geladen werden muss, entfällt diese bei der Auslagerung der LDAP-Funktionalität in einen Dienst. Damit kann der Verbindungsaufbau durch den Dienst optimiert werden, was zu kürzeren Antwortzeiten führt.

Die Nachteile dieser Lösung sind einerseits die zusätzliche Dienstabhängigkeit und andererseits die bisher geringe Verbreitung der Lösung weshalb sich u. U. noch unentdeckte Fehler im Programm befinden, die ein System ggf. unbenutzbar machen.

4.2.2 slapo-nssov

Hierfür wurde die Idee hinter dem zuvor vorgestellten nss_ldapd aufgegriffen und verfeinert. Dabei ist der Entwickler des nss_ldapd selbst an der Entwicklung dieser Lösung beteiligt. Als Dienst wird bei diesem Ansatz der Standalone LDAP-Server-Daemon (slapd) des OpenLDAP Projekts eingesetzt. Er dient sozusagen als Funktionsträger beider Schnittstellen: einerseits zum LDAP-Server und andererseits zur nss-Bibliothek. Die Funktionalität selbst ist als slapd overlay „slapo-nssov" implementiert und wurde Ende September 2009 auf der 2nd International LDAP Conference vorgestellt (siehe [3]).

Diese Lösung vereint alle obigen Vorteile und erfüllt zusätzlich die Forderung nach Stabilität und Zuverlässigkeit. Weitere Details zu Overlays im Allgemeinen und dem im Rahmen des IntegraTUM-Projekts entwickelten Overlays „slapo-validnow" sind in dem Artikel [7] innerhalb dieser Publikation zu entnehmen.

Unabhängig von der letztendlich eingesetzten nss-Anbindung an einen Verzeichnisdienst ist es immer wichtig, die darin gespeicherten Daten so gut zu schützen, dass nicht mehr Informationen darüber ermittelbar sind als notwendig. Im Weiteren gehen wir daher auf die Gefahren und deren Beseitigung ein, die unabhängig von den vorgestellten Alternativen trotzdem bei einer Systemanbindung an einen zentralen Authentifizierungsdienst lauern können.

5 Sicherheitsverlust durch Informationsgewinn für Angreifer

Keiner der uns bisher bekannten Artikel zur Anbindung von Linux/Unix-Systemen an zentrale, verzeichnisdienstbasierte Benutzerverwaltungen geht auf das, Problem des „versteckten Informationsgewinnes" ein. Unter verstecktem Informationsgewinn verstehen wir das unbeabsichtigte zur Verfügung stellen von Zusatzinformationen die in der ursprünglichen Quelle (/etc/passwd) nicht, dafür aber innerhalb des LDAP-Servers, vorhanden sind. Trotz der quasi-1:1 Abbildung der Inhalte von /etc/passwd auf LDAP-Objektklassen gibt ein LDAP-Server u. U. mehr Informationen preis als einem Administrator lieb bzw. auf Anhieb bewusst ist. Dieses Problem ist besonders im Zusammenhang mit dem Problem der oben hergeleiteten Quasi-Anonymisierung von besonderer Bedeutung. Auf Grund dessen verfügt jeder Systembenutzer über lesenden Zugriff auf alle im Verzeichnis gespeicherten Benutzerdaten. Dies ist eigentlich keine Verschlimmerung im Vergleich zur bisherigen Datei /etc/passwd auf die ebenfalls systemglobale Leseberechtigungen gesetzt werden müssen.

Ein Administrator, der den Anleitungen folgt, ist sich meist nicht darüber bewusst, dass seine zuvor aus Sicherheitsaspekten in einen Verzeichnisdienst migrierte Benutzerverwaltung nach der LDAP-Migration mehr Informationen über jeden einzelnen Benutzer preis gibt als zuvor.

Diese Mehrinformation bezieht nicht die u. U. tatsächlich innerhalb des Verzeichnisses zusätzlich enthaltene Benutzerinformation, die über die Datenfelder einer /etc/passwd Datei hinausgehen (z. B. E-Mail Adresse, Telefonnummer oder Raumnummer), mit ein. Unter der Voraussetzung einer eingeschränkten ACL-Konfiguration werden diese Datenfelder nicht veröffentlicht, womit sie im Vergleich zu den zuvor in /etc/passwd enthaltenen Daten keinen Informationsgewinn darstellen – diese Zusatzfelder sind unsichtbar.

Somit liefert unser Verzeichnisdienst keinerlei zusätzliche persönlichen Daten in Form von ungeschützten Attributen aus, die zum Beispiel für Angriffe (z.B. SPAM und SPIT) verwendet werden könnten. Selbst vor unliebsamem Überraschungsbesuch an der Bürotür haben wir unsere Benutzer zumindest mittels einer ACL bzgl. des Attributes Raumnummer geschützt. Somit bleibt einem Angreifer, wie er es aus der Vergangenheit gewohnt ist, nur noch der Angriff über das Netzwerk übrig. Aufgrund der zentralen Position des LDAP-Servers handelt es sich immerhin – Erfolg vorausgesetzt – um äußerst lohnenswerte Angriffsszenarien. So ist davon auszugehen dass ein übernommenes Benutzerkonto zumeist über Zugriffberechtigungen auf diversen Ressourcen und Diensten verfügt.

Aufgrund des zentralen Auditings, dem Zwang verschlüsselt mit dem LDAP-Server zu kommunizieren und nicht zuletzt wegen des physischen Zugangsschutzes zum LDAP-Server sollte das Sicherheitsniveau gegenüber der vorher verteilten Datenhaltung eigentlich gesteigert worden sein. Dies ist aber nur dann der Fall, wenn der Verzeichnisdienst nur die Attributemenge ausliefert, die für den Betrieb eines Dienstes minimal erforderlich ist. In der Realität präsentiert die unter Anleitung in Produktionsbetrieb genommenen LDAP-Server (im Gegensatz zur dateibasierten Benutzerverwaltung mittels /etc/passwd) für potentielle Angreifer nützliche Zusatzinformationen die erst durch die Migration verfügbar gemacht wurden.

Um zu verdeutlichen, dass wir trotz der Verwendung eines Minimaldatensatzes (dessen Umfang entspricht exakt einem anonymisierten Eintrag in /etc/passwd) innerhalb des Verzeichnisses trotzdem mehr Informationen preis geben, zeigen wir in der Abbildung 1 zum Vergleich mehrere Resultate jeweils identischer LDAP-Suchanfragen. Anschließend vergleichen wir die Ausgaben der beiden (bis auf die ACL Konfiguration) identischen Verzeichnisdienstinstanzen. Als Referenz geben wir den, den Abfragen entsprechenden Inhalt der Ursprungsdatei /etc/passwd zusätzlich an.

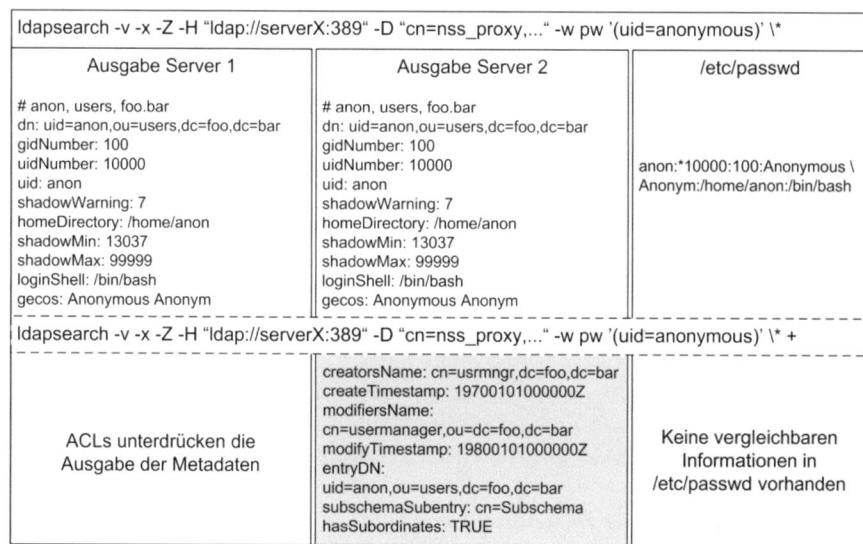

Abb. 1 Vergleich der Ausgabewerte identischer ldapsearch Befehle auf zwei unterschiedlich konfigurierten LDAP-Servern unter Verwendung von Wildcards in Verbindung mit der zusätzlichen Option „+" zur Abfrage von operationalen Attributen

Im oberen Abschnitt der Abbildung 1 ist zu erkennen, dass weder zwischen den beiden Verzeichnisdiensten, noch im Vergleich zur ehemaligen Datei /etc/passwd kein kritischer Unterschied bzgl. des Informationsgehaltes der drei Datenquellen zu existieren scheint. Daher verwenden wir für den unteren Abschnitt der Abbildung diesmal zusätzlich zur obigen Wildcard-Abfrage die Befehlsoption „+".

Mittels der Option „+" werden zusätzlich zu den normalen Attributen die operationalen Attribute des Eintrages abgefragt, woraufhin in Abbildung 1 entscheidende Unterschiede erkennbar werden. Während der Server 2 die eintragsspezifischen Metadaten bereitwillig ausliefert, hat sich an der Ausgabe von Server 1 im Vergleich zu vorher und zur Referenzdatei nichts verändert.

D. h. die ACL Konfiguration der beiden Verzeichnisdienste unterscheidet sich. Innerhalb von Server 1 verhindern erweiterte ACLs die Auslieferung der Metadaten erfolgreich. Wie wir im Folgenden zeigen kann sich ein potentieller Angreifer anhand der von Server 2 ausgelieferten Metadaten erfolgversprechende Angriffsziele „heraussuchen".

6 Auswertungsmöglichkeiten der Metadaten

Aus den Metadaten ergeben sich ggf. erste Anhaltspunkte bzgl. der Pflege des LDAP-Datenbestandes im Gesamten oder aber auch im Hinblick auf die Aktivität einzelner Benutzerobjekte im Speziellen.

Anhand der Metadaten, die mit jedem Verzeichniseintrag gespeichert werden, lassen sich u. U. Abschätzungen für besonders erfolgsversprechende Angriffe auf ausgewählte Benutzerkonten anstellen.

Die folgende Aufzählung von operationalen Attributen, die einer evtl. Angriffsvorbereitung dienlich sein könnten, ist weder vollständig noch einheitlich für alle Verzeichnisdienstprodukte gültig. Sie werden aber zumindest sinngemäß in unterschiedlichen Verzeichnisdienstprodukten verwendet und dienen damit der Verdeutlichung bzgl. des Missbrauchspotentials, dass diese in unserem Anwendungsszenario „unnötige" Information birgt:

- *createTimestamp bzw. whenCreated* Dieses Attribut gibt den Zeitpunkt an, an dem ein Eintrag im Verzeichnis erzeugt wurde.
- *modifyTimestamp bzw. whenChanged* In diesem Attribut wird der Zeitpunkt gespeichert, an dem ein Verzeichnisdiensteintrag zuletzt modifiziert wurde. Eine Aussage, welches der Attribute sich verändert hat, lässt sich darüber nicht treffen.
- *passwordChangeTime* Das Attribut beinhaltet einen attributspezifischen Zeitstempel und gibt, sofern es vorhanden ist, darüber Auskunft, wann das Passwort für diesen Eintrag zuletzt geändert wurde.
- *hasSubordinate bzw. subordinateCount* Dieses Attribut gibt beispielsweise darüber Auskunft, ob bzw. wieviele Nachfolgeknoten ein Eintrag im DIT besitzt.
- *creatorsName und modifiersName* Diese beiden Attribute beinhalten die DNs der Benutzerobjekte (oder Proxy-User) die über erweiterte Berechtigungen zur Anlage und Modifkation von Benutzerobjekten.

Über das Attribut createTimestamp lässt sich das „Alter" eines Benutzerkontos abschätzen. Unter der Annahme, dass länger bestehende Kennungen auf Grund der längeren Zugehörigkeit mehr Berechtigungen akkumuliert haben könnten, lohnt sich u. U. ein Angriff älterer Benutzerobjekte. Das Attribut modifyTimestamp identifiziert unter Umständen „tote", d. h. ungenutzte Kennungen. Auf sie könnte sich ein Angriff rentieren, da dieser u. U. nicht rechtzeitig bemerkt wird. Ähnliches könnte man u. U. aus dem Attribut passwordChangeTime ableiten. Das Attribut hasSubordinate weckt dagegen unter Umständen die Neugier, warum nicht alle Nachfolgeknoten sichtbar sind, obwohl das Attribute diese eigentlich ankündigt.

Die in diesem Abschnitt konstruierten Annahmen und Szenarien erheben nicht den Anspruch auf Vollständigkeit, sondern dienen lediglich der Schärfung des Problembewusstseins und zur Anregung der eigenen Phantasie.

7 Gegenmaßnahmen

Durch regelmäßiges Verändern aller Einträge würde sich der Inhalt des Attributes modifyTimestamp zwar aktualisieren, davon unberührt blieben aber die anderen drei des obigen Beispiels. Selbst wenn geeignete Methoden (eine automatische

Löschung und Wiederanlage erscheint nicht ohne negative Seiteneffekte umzusetzen) gefunden werden können, die die verbleibenden operationalen Attribute manipulieren, raten wir doch sehr von dieser Vorgehensweise ab. Die Attribute sind sowohl für die Administration als auch für den täglichen Betrieb äußerst hilfreich, solange sie die ursprünglichen Zeitstempel beinhalten.

Die Seiteneffekte bzgl. der Modifikation die Zeitstempel lassen sich durch den gezielten Einsatz von ACLs für operationale Attribute vermeiden.

7.1 Betrieb von Identity-Management Systemen

Durch die Einführung oder Implementierung einer spezialisierten Identity-Management-Lösung kann verhindert werden, dass es zu unbekannten oder ungenutzten Kennungen im Gesamtsystem kommt.

IDM-Systeme bieten u.a. geeignete Funktionen zum Monitoring und Auditing. Nutzungsstatistiken geben Auskunft über die Verteilung von Berechtigungen. Desweiteren können Passwortrichtlinien erzwungen werden, womit einerseits schwache Passworte verhindert werden und andererseits ungenutzte Benutzerkonten automatisch gesperrt werden können.

Die wichtigste von uns in diesem Artikel vorgestellte Gegenmaßnahme stellt die Erweiterung der ACLs für operationale Attribute dar, die wir im nächsten Abschnitt vorstellen.

7.2 ACLs für operational Attributes

Anhand von OpenLDAP-spezifischen ACL Definition zeigen wir auszugsweise und beispielhaft die erfolgreiche Umsetzung der Zugriffsbeschränkung auf operationale Attribute. Dabei werden Zeilen, die mit einem „\" enden, in Produktion in einer Zeile zusammen geschrieben.

```
#Operational Attributes (Part1):
access to attrs=createTimestamp,modifyTimestamp
  by group/organizationalRole/roleOccupant="cn=user-admins,dc=foo,dc=bar" read
  by self read
  by * none

#Operational Attributes (Part2):
access to attrs=creatorsName,modifiersName,entryCSN,entryDN,entryUUID, \
              structuralObjectClass, subschemaSubentry,hasSubordinates
  by group/organizationalRole/roleOccupant="cn=user-admins,dc=foo,dc=bar" read
  by * none
```

Die beiden obigen ACLs teilen die Menge der operationalen Attribute so auf, dass der Zugriff auf createTimestamp und modificationTimestamp z. B. jedem Benutzer lesend erlaubt ist. Die zweite Regel verbietet jeglichen Zugriff auf weitere operationale Attribute. Beide Regeln definieren Ausnahmen in Form von Gruppierungen, deren Mitglieder lesenden Zugriff erhalten.

Zwei wichtige Anmerkungen sollten im Zusammenhang mit ACLs im Allgemeinen und besonders bzgl. ACLs auf operationalen Attributen immer beachtet werden:

- *Gewährleistung der Verfügbarkeit aller Merkmale des Verzeichnisdienstes:* Obwohl unsere Tests dies bisher nicht bestätigt haben, ist es vorstellbar, dass verzeichnisdienstinterne Abläufe durch das Ausblenden der operationalen Attribute evtl. nicht mehr einwandfrei funktionieren könnten. Wie bei allen Anpassungen an ACLs gilt hier der Grundsatz des gründlichen Testens aller, im Produktionsbetrieb vorgesehener, Szenarien.
- *Ausnahmedefinition:* Die Vorbereitung von Ausnahmeregeln ist optional aber bei etwaigen Problemen bestimmter Anwendungen eine geeignete Maßnahme. Damit wird der Betrieb einzelner Anwendungen unterstützt, ohne die Berechtigungen global vergeben zu müssen.

8 Zusammenfassung

Was des einen Informationsverlusts, ist – in doppelter Hinsicht negativ – des anderen Informationsgewinn! Derjenige der Informationen verliert wird dadurch meistens angreif- bzw. verletzbar. Derjenige, der die Information gewinnt, kann die eigentliche Kerninformation aber insbesondere die indirekt verfügbaren Metadaten für einen vielversprechenden „Angriff" verwenden.

In diesem Artikel wurde auf den bisher nicht beachteten aber wichtigen Zugriffsschutz auf Metadaten innerhalb von Verzeichnisdiensten aufmerksam gemacht. Aus dem Umfeld des Benutzer- und Systemmanagements haben wir ein erfolgversprechendes Angriffsszenario beschrieben, für das wir, anhand der Erweiterung von ACLs auf operationale Attribute, sogleich eine wirkungsvolle Gegenmaßnahme zur Allgemeinen Verbesserung der Sicherheitsinfrastruktur aufgezeigt haben.

9 Ausblick

Die Verarbeitung und der Umgang mit quasi-öffentlich einsehbaren Metainformationen, ins besondere Zeitstempelinformationen an Verzeichnisdiensteinträgen, eröffnen ein interessantes Forschungsspektrum, das weit über den hier beschriebenen Anwendungsfall hinaus von allgemeiner Bedeutung ist.

So führen selbst Verzeichnisdiensteinträge, deren Metadaten mittels der von uns in dieser Arbeit vorgeschlagenen Methode ausgeblendet wurden, alleinig auf Grund ihrer Existenz für den Betrachter immer den impliziten Zeitstempel: „Jetzt". Die Konsequenzen die sich daraus im Zusammenhang mit modernem IT-Management ergeben, sowie die Anforderungen an neue Eigenschaften von Verzeichnisdiensten werden inklusive einer Lösung zur multidimensionalen Relativierung der impliziten Zeitstempel als Kernkomponente des Dissertationsgebietes „Integriertes Access Control Management" am Beispiel einer neuartigen Service-Komponente, namens „AccessControl as a Service" (Aaas) für Grid- und Cloudcomputinginfrastrukturen, aufgezeigt.

Literatur

[1] Amthor, D., Rößler, T.: Bei der Meldebehörde – LDAP-Tutorial II. iX – Magazin für Professionelle Informationstechnik 07 (2006) pp158 ff
[2] Amthor, D., Rößler, T.: Einmal genügt – LDAP-Tutorial III. iX – Magazin für Professionelle Informationstechnik 8 (2006) pp151 ff
[3] Chu, H.: Unified Authentication Service in OpenLDAP, 2nd International LDAP Conference 2009, Portland, USA
http://www.symas.com/ldapcon2009/papers/HYC2%5Fldapcon2009.pdf (Sept. 2009).
[4] Fink, J.: User Modeling Servers – Requirements, Design, and Evaluation. Akademische V.-G. Aka (2004)
[5] Kobsa, A., Fink, J.: An LDAP-based User Modeling Server and its Evaluation. The Journal of Personalization Research: Amsterdam 2 (2006) 129-169
[6] Schuppert, M.: Bastelstunde – Einen modernen Fileserver fürs Unternehmen aufsetzen. Linux-Magazin 5 (2009) pp28 ff
[7] Pluta, D.: Modulare LDAP-Server-, -Protokoll und -Funktionserweiterung am Beispiel von OpenLDAP. In: Informationsmanagement in Hochschulen, ISBN: 364204719X. Springer, Berlin, Deutschland (January 2010)
[8] Sermersheim, J.: Lightweight Directory Access Protocol (LDAP): The Protocol. RFC 4511 (June 2006)
[9] Strokes, E., Byrne, D., Blakley, B., Behera, P.: Access Control Requirements for LDAP. RFC 2820 (May 2000)
[10] Zeilenga, K.: Lightweight Directory Access Protocol (LDAP): Technical Specification Road Map. RFC 4510 (June 2006)

Konfigurations- und Sicherheitsmanagement in heterogenen Verzeichnisdienstumgebungen

Wolfgang Hommel, Daniel Pluta

Zusammenfassung. In komplexen Umgebungen wie IntegraTUM reicht der Einsatz eines Verzeichnisdienstprodukts mit nur einer hochverfügbaren Instanz nicht aus. Vielmehr müssen, um ein möglichst breites Spektrum an Diensten integrieren zu können, beispielsweise Microsoft Active Directory, Novell eDirectory und OpenLDAP parallel und jeweils in verschiedenen Ausprägungen bereitgestellt und betrieben werden. Um dennoch Skalierbarkeit und ein effizientes operatives Management sicherstellen zu können, müssen Betriebs- und auch Sicherheitskonzepte systemübergreifend nachweislich konsistent umgesetzt werden. Dieser Artikel gibt einen Überblick über die im Rahmen von IntegraTUM erarbeiteten und mit sehr gutem Erfolg praktisch eingesetzten Konzepte für das Konfigurations- und Sicherheitsmanagement der heterogenen Verzeichnisdienstlandschaft.

1 Einleitung

Aus der Perspektive des operativen Managements, also der täglichen administrativen Tätigkeiten beim Betrieb komplexer IT-Infrastrukturen, bringt eine möglichst weitgehende Homogenität der Softwarelandschaft zahlreiche Vereinfachungen mit sich: Im Allgemeinen sind n Instanzen eines einzigen Produkts einfacher und effizienter zu betreiben und zu warten als je eine Instanz von n verschiedenen Produkten. Auch beim Identity & Access Management (I&AM) erscheint es deshalb zunächst attraktiv, sich für ein möglichst universell geeignetes Produkt zu entscheiden und alle im jeweiligen Hochschulszenario relevanten Anwendungsfälle damit umzusetzen.

Im praktischen Betrieb zeigt sich jedoch schnell, dass ein einzelnes Produkt nicht alle Anforderungen des breiten Spektrums der an das I&AM-System anzubindenden Services erfüllen kann. So hat sich beispielsweise im Rahmen von IntegraTUM herausgestellt, dass ein Microsoft Active Directory zwingend für die effiziente Verwaltung von Windows-Arbeitsplatzrechnern und den Betrieb von Diensten wie Microsoft Exchange erforderlich ist. Für die effiziente, weitestgehend automatisierte Datensynchronisation über die Novell Identity Manager Produktsuite muss hingegen ein eDirectory-Verzeichnisdienst eingesetzt werden. Um höchstmögliche Performanz und Betriebsstabilität zu erzielen und den von mehreren Fakultäten geäußerten Wunsch nach Open-Source-Lösungen zu erfüllen, kommt schließlich auch OpenLDAP zum Einsatz. Durch das in einem anderen Artikel in diesem Band beschriebene Satellitenverzeichniskonzept werden diese Produkte teilweise nicht in einer einzigen hochverfügbaren Instanz, sondern in unterschiedlichen Ausprägungen bezüglich Datenschema und -inhalten betrieben.

Die somit inhärente Heterogenität erhöht die Managementkomplexität signifikant und erfordert die nahtlose Einbettung in ein professionelles IT-Service-Management, wie es am Leibniz-Rechenzentrum auf Basis des Prozessrahmenwerks ISO/IEC-20000 realisiert wird. Eine der zentralen Herausforderungen ist die Gewährleistung der systemübergreifenden Konsistenz: Beispielsweise müssen Sicherheitsrichtlinien, die auf Leitungsebene in Prosa, d. h. nicht in einer formalen, rechnerinterpretierbaren Sprache, formuliert werden, auf die entsprechenden Konfigurationsparameter der verschiedenen Softwareprodukte abgebildet werden, indem beispielsweise Access Control Lists in den jeweils produktspezifischen Policy- und Regelsprachen aufbereitet werden.

In diesem Artikel gehen wir auf ausgewählte Aspekte des Konfigurations- und Sicherheitsmanagements am Beispiel des Einsatzes der drei genannten Verzeichnisdienstprodukte im Rahmen von IntegraTUM ein. Hierzu gehören insbesondere die Konzepte für Hochverfügbarkeit, Load Balancing, Wartungszyklen ohne Dienstausfall, Patch und Update Management, Privileged Account Management für Administratoren und Proxy-User sowie das Autorisierungsmanagement. Hierzu vergleichen wir zunächst Active Directory, eDirectory und OpenLDAP anhand ausgewählter relevanter Aspekte in Abschnitt 2. Daran anschließend stellen wir in Abschnitt 3 unser Load-Balancing-Konzept vor, das den technischen Kern des Konfigurationsmanagements für die IntegraTUM LDAP-Server bildet. In Abschnitt 4 stellen wir ausgewählte Bestandteile des IntegraTUM LDAP-Sicherheitskonzepts vor, mit denen im praktischen Betrieb bislang sehr positive Erfahrungen gesammelt wurden. Eine Zusammenfassung und ein Ausblick in Abschnitt 5 schließen den Artikel ab.

2 Gegenüberstellung von Active Directory, eDirectory und OpenLDAP

In diesem Abschnitt geben wir einen rudimentären Überblick über die Unterschiede zwischen Active Directory, eDirectory und OpenLDAP, die für den operativen Betrieb sowie das Konfigurations- und Sicherheitsmanagement wichtig sind. Dabei handelt es sich um diejenigen Aspekte, die für uns im Rahmen von IntegraTUM die höchste praktische Relevanz aufweisen; die nachfolgenden Ausführungen erheben deshalb bewusst keinen Anspruch auf Vollständigkeit und stellen auch keine Evaluation oder Bewertung der drei Produkte dar.

Bei einer Betrachtung des Service-Lebenszyklus von der Inbetriebnahme bis zum laufenden Betrieb, d. h. unter Vernachlässigung aller Aspekte rund um die Ablösung bzw. Außerbetriebnahme eines Verzeichnisdienstes, ergeben sich in folgenden Bereichen Unterschiede:

- Installation
  - *Active Directory*: Zwingende Voraussetzung zum Betrieb von Active Directory ist der Einsatz eines Microsoft-Windows-Server-Betriebssystems. Der Dienst Active Directory kann über ein Managementwerkzeug schnell aktiviert werden und wird z. B. nach einem Neustart der Servermaschine automatisch neu gestartet. Es kann nur eine Instanz pro Server installiert werden.
  - *eDirectory*: Das Produkt ist für die Betriebssysteme Linux, Windows und Netware verfügbar; im Rahmen von IntegraTUM wurde es ausschließlich unter Linux betrieben. Die Installation erfolgt in einem vergleichsweise aufwendigen, manuellen Prozess, wobei bei der Installation der einzelnen Softwarepakete bereits grundlegende Konfigurationsparameter festgelegt werden müssen. eDirectory unterstützt prinzipiell den Betrieb mehrerer LDAP-Server-Instanzen pro Maschine. Dieses Feature ist jedoch noch relativ neu, so dass bei seiner Einrichtung genauso wie bei der Integration von Startskripten diffizile manuelle Eingriffe erforderlich sind.
  - *OpenLDAP*: OpenLDAP ist Bestandteil nahezu aller aktuellen Linux-Distributionen und kann somit – beispielsweise auf den LRZ SuSE-Linux-Enterprise-Servern – trivial über das jeweilige Paketverwaltungswerkzeug installiert werden. Die Lauffähigkeit beispielsweise unter Windows und Mac OS X war im Rahmen von IntegraTUM nicht relevant; für die produktiven Maschinen wurde auch auf das Erstellen der jeweils aktuellsten Version aus dem Quelltext verzichtet und auf die von SuSE bereitgestellten Binärpakete zurückgegriffen. Es können problemlos mehrere Instanzen pro Maschine betrieben werden.
- Konfiguration
  - *Active Directory*: Microsoft liefert für die Administration und Konfiguration Werkzeuge mit grafischer Benutzeroberfläche mit, die effizient für einen Großteil der anfallenden Administrationstätigkeiten eingesetzt werden können. Für Spezialbereiche und weiterführende Automatisierung steht eine größere Anzahl von Dritthersteller-Produkten zur Verfügung, für die i. A. jedoch nicht zu vernachlässigende Lizenzkosten anfallen. Konfigurationsänderungen werden sofort wirksam; die umfassenden Voreinstellungen eines neu installierten Servers reduzieren den Aufwand für die Initialkonfiguration erheblich.
  - *OpenLDAP*: Die gesamte Konfiguration erfolgt entweder über Textdateien oder vollständig über spezielle LDAP-Einträge. Bei der Nutzung der Textkonfigurationsdateien werden Änderungen erst nach einem Neustart des Dienstes aktiv. Zur Initialkonfiguration ist die Spezifikation eines Datenbank-Backends und die Einrichtung der Server-Zertifikate für sicheren Zugang (LDAP+TLS bzw. LDAPS) erforderlich.

- Monitoring und Backup
    - *Active Directory*: Die Überwachung und Sicherung des Active Directory lässt sich nahtlos in die üblichen Windows-Server-Konzepte integrieren. Beispielsweise werden das Monitoring über den Microsoft System Center Operations Manager und Backup über den Tivoli Storage Manager (TSM) genauso unterstützt wie zahlreiche andere Lösungen von Drittherstellern.
    - *eDirectory*: eDirectory kann mittels Simple Network Management Protocol Schnittstelle (SNMP) überwacht werden. Die Konfiguration und Aktivierung der Schnittstelle ist nicht im Umfang des Installationsprozesses enthalten. Durch geeignete Anpassungen kann der Dienst darüber jedoch von Monitoringframeworks wie z. B. Nagios überwacht werden. Für Backupzwecke werden verschiedene Werkzeuge mitgeliefert, die ein Abbild der Binärdatenbank erzeugen, das anschließend beispielsweise über TSM gesichert werden kann. Für das ebenfalls empfohlene Sichern der Binärdatenbanken ist es erforderlich, den Dienst für die Dauer des Backups zu stoppen, um Inkonsistenzen zu verhindern.
    - *OpenLDAP*: Aufgrund der modularen Backendstruktur (Details siehe [5]) kann das Backend „Monitor" (back-monitor) zur Dienstüberwachung eingebunden werden. Wie bei eDirectory ist das Modul im Lieferumfang enthalten und muss u. U., abhängig vom Distributionsanbieter (Linux), explizit konfiguriert und aktiviert werden. Im Gegensatz zu eDirectory ist back-monitor nicht per SNMP ansprechbar. Dafür können alle wichtigen Dienstinformationen online mittels LDAP abgefragt werden. Wie diese Schnittstelle beispielsweise direkt zur Steuerung der Loadbalancer verwendet wird ist u. a. Inhalt des Abschnitts 3. Die Vorgehensweise für das Backup ist abhängig vom gewählten Backend; beispielsweise gehören zur Berkeley-DB Kommandozeilenwerkzeuge für ein Hot-Backup im laufenden Betrieb, deren Ergebnisse ebenfalls z. B. über TSM gesichert werden können.
- Patches und Updates
    - *Active Directory*: Da Active Directory zu den Microsoft-Server-Betriebssystemkomponenten zählt, werden Sicherheitspatches über den Microsoft-Update-Service ausgeliefert und könnten ggf. automatisch installiert werden. Upgrades auf neuere Versionen von Active Directory sind zwangsweise mit dem Umstieg auf eine neuere Version des Microsoft Windows-Server-Betriebssystems und entsprechend typischerweise mit der Migration auf neue Hardware verbunden. Zur Übernahme der Konfiguration und Nutzdaten werden von Microsoft geeignete Migrationspfade vorgegeben.
    - *eDirectory*: Sicherheitspatches für eDirectory müssen manuell heruntergeladen und auf allen betroffenen Maschinen installiert werden. In den meisten Fällen muss der Verzeichnisdienst vor dem Patchen manuell beendet und anschließend neu gestartet werden. Im Zusammenspiel mit dem Novell Identity Manager sind Updates auf neuere Versionen nicht unkritisch,

da meist auch sämtliche Konnektoren an die neue Version angepasst werden müssen. Entsprechende Migrationspfade werden von Novell vorgegeben.
- *OpenLDAP*: Sicherheitspatches werden von den jeweiligen Linux-Distributionen bereitgestellt und können im Allgemeinen problemlos automatisch eingespielt werden. Updates auf neuere Versionen sind üblicherweise mit einer Umstellung auf eine aktuellere Version der Linux-Distribution verbunden. Für die Übernahme der Nutzdaten hat sich der Weg über Backups und deren Bulk-Import auf dem neuen System bewährt; eine im Rahmen eines Updates nur selten notwendige Anpassung der Konfiguration ist in entsprechenden Migrationskonzepten beschrieben, die vom OpenLDAP-Projekt und z. T. von den Linux-Distributoren bereitgestellt werden.

Zur Vertiefung des Aufgabenbereichs Konfigurationsmanagement gehen wir im nächsten Abschnitt auf das Thema Load-Balancing und High-Availability (HA) ein.

3 Das IntegraTUM LDAP-Hochverfügbarkeitskonzept

Das LDAP-Hochverfügbarkeitskonzept wurde während der Laufzeit des IntegraTUM Projekts stetig verbessert. In der Anfangsphase wurden im Produktionsbetrieb ausschließlich Replikationsmechanismen verwendet, um die Daten auf verschiedenen Servern zu spiegeln. Virtualisierungslösungen waren ebenfalls von Anfang an fester Bestandteil der LDAP-Infrastruktur. So wurde bis zur Mitte der Projektlaufzeit die gesamte Entwicklungsarbeit für die Konnektoren [1] auf virtuellen Maschinen durchgeführt. Um nach Ablauf der Projektphase eine Weiterführung und Verstetigung des Betriebs zu gewährleisten, wurden die obigen beiden Maßnahmen durch den Einsatz von Service-Loadbalancern (SLB) erweitert und zu einem gesamtheitlichen Hochverfügbarkeitskonzept integriert. Diese drei Grundpfeiler unserer HA-Lösung werden in den folgenden Abschnitten kurz erklärt.

3.1 Datenspiegelung mittels Replikation

Jedes Satellitenverzeichnis besteht intern aus mindestens zwei eDirectory Serverinstanzen. Zwischen den Servern werden die Daten repliziert. Die einzelnen Server werden im Multi-Master-Replication (MMR) Modus betrieben. D. h. jeder Server ist sowohl Master als auch Slave somit können, unabhängig davon welcher Server nicht verfügbar ist, Schreiboperationen durchgängig erfolgen.

3.2 Virtualisierung der Infrastruktur

Die während der Entwicklungsphase gesammelten positiven Erfahrungen mit Virtualisierungslösungen im Allgemeinen und der Einführung einer Enterprise Virtualisierungslösung am LRZ im Speziellen, führte im letzten Projektabschnitt dazu, dass neben der Entwicklungsinfrastruktur auch der Produktionsbetrieb vollständig virtualisiert wurde. Mittels Snapshots können so Produktpatches und Systemupdates vorab getestet werden. Bei erkennbaren Problemen kann sofort zu einem stabilen Ausgangszustand des Systems zurückgekehrt werden. Die Virtualisierungslösung selbst ist ebenfalls hochverfügbar ausgelegt, weshalb Wartungen am Wirtssystem keine Auswirkungen auf den Betrieb von Gastsystemen haben.

3.3 Lastverteilung und Ausfallsicherheit durch Loadbalancer

Jeder einzelne Server eines Satellitenverbundes wird auf Kundenseite durch einen Loadbalancer angebunden. Es handelt sich dabei um eine dedizierte Netzwerkkomponente, die LRZ-weit für verschiedene hochverfügbare und/oder stark ausgelastete Dienste zum Einsatz kommt. Der Loadbalancer verteilt die LDAP-Anfragen und somit die Last dynamisch anhand von konfigurierbaren Regeln. Nicht mehr verfügbare Server werden von der Zuweisung von Anfragen automatisch ausgeschlossen und, sobald sie wiederverfügbar sind, automatisch wieder bei der Anfrageverteilung berücksichtigt. Die automatische Verfügbarkeitsprüfung eines Systems kann abhängig von dessen Monitoringschnittstellen auf unterschiedlichen Netzwerkschichten erfolgen.

In Abbildung 1 ist die Loadbalancerinfrastruktur für einen Satellitenverzeichnisdienst mit zwei dedizierten Servern schematisch dargestellt. Innerhalb der Abbildung werden zwei typische Betriebsszenarien veranschaulicht:

- *Störung im Regelbetrieb*: Während eingehende Anfragen verteilt werden, wird alle 5 Sekunden ein Healthmonitor-Check durchgeführt. Dazu verwendet der Loadbalancer selbst das LDAP-Protokoll um z. B. mittels Suchfiltern einen speziellen Verzeichnisdiensteintrag auf dessen Existenz zu prüfen. Wird im Falle einer Störung von Server 2 dessen Prüfobjekt nicht mehr gefunden geht der Loadbalancer davon aus das der Dienst nicht mehr verfügbar ist und teilt dieser Instanz keine weiteren Anfragen mehr zu. Während für eDirectory explizite Einträge angelegt werden müssen, kann bei OpenLDAP das backend monitor verwendet werden. Darüber ist es beispielsweise möglich innerhalb eines Dienstes auf spezielle Zustände unabhängiger Namenskontexte unterschiedlicher Kunden gemäß deren SLAs [4] zu reagieren.

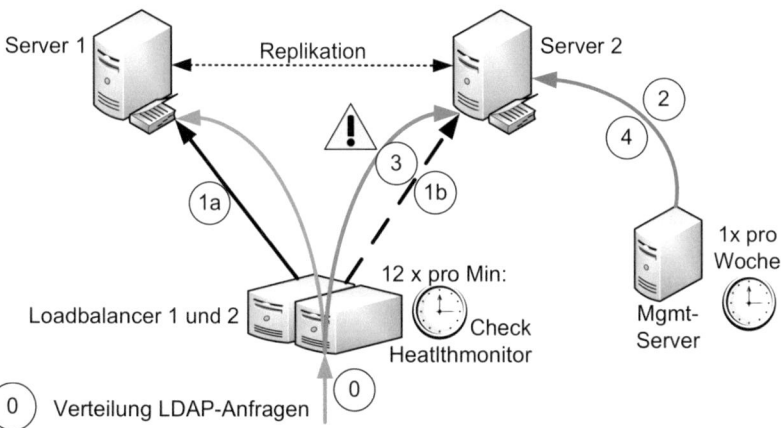

Abb. 1 SLB-Monitoring anhand von LDAP-Objekten

- *Gezielte Unterbrechung für Wartungsarbeiten*: Das, im vorherigen Punkt erklärte Prüfverhalten kann gezielt für Wartungsarbeiten von Verzeichnisdiensten die mehrere Namenskontexte verarbeiten können, ausgenutzt werden. Anstelle den gesamten Dienst wegen Wartungsarbeiten an einem kundenspezifischen Kontext herunterzufahren wird nur der, von einer Wartung betroffene, Kontext bzw. dessen Serverinstanz aus dem Anfragepool entfernt. Dadurch führen in einem Providerszenario beispielsweise Wartungsarbeiten für einen Kunden nicht zu Dienstunterbrechungen bei anderen Kunden. Im rechten Teil der Abbildung 1 ist dieser (automatisierbare) Workflow dargestellt. Von einem Managementserver wird ein, durch den Loadbalancer geprüftes Objekt so gezielt manipuliert, dass der Loadbalancer diesen Dienst von der Verteilung der Anfragen ausnimmt. Auf Server 2 können (automatische) Wartungsarbeiten vorgenommen werden. Neue Anfragen werden währenddessen an Server 1 weitergeleitet. Nach Abschluss der Wartungsarbeiten wird das Objekt wieder für den Loadbalancer verfügbar gemacht woraufhin der Dienst wieder mit Anfragen beschickt wird.

4 LDAP-Sicherheitskonzept am Beispiel der IntegraTUM eDirectory-Server

Sowohl die Verarbeitung personenbezogener Daten als auch der Charakter von Verzeichnisdiensten als zentrale Systeme, auf die sich zahlreiche weitere Dienste abstützen, machen die LDAP-Server zu attraktiven Angriffszielen. Im Unterschied beispielsweise zu Paketfilter-Firewalls, bei denen sich Heterogenität positiv auf die Sicherheitseigenschaften auswirkt, da die Kompromittierung eines Produkts nicht notwendigerweise erfolgreiche Angriffe auf die anderen Produkte nach sich zieht, vervielfacht sich die Angriffsfläche durch den Einsatz verschiedener Verzeichnisdienstprodukte. Erschwerend kommt hinzu, dass bekannt werdende Sicherheitslücken zwar geschlossen werden können, der potentiell bereits entstandene Schaden – beispielsweise das Ausspähen sämtlicher Studenten mit deren Matrikelnummern und E-Mail-Adressen – jedoch irreparabel ist und zu einer nachhaltigen Zerstörung des kunden- und anwenderseitigen Vertrauens zum IT-Dienstleister führen kann.

In diesem Abschnitt beschreiben wir deshalb ausgewählte Aspekte unseres LDAP-Sicherheitskonzepts, durch das Sicherheitsprobleme, beispielsweise durch den bewussten Missbrauch durch privilegierte Benutzer wie Proxy-User, zwar nicht ausgeschlossen, aber bezüglich ihres Ausmaßes dennoch eingegrenzt werden können.

Verbunden mit dem in einem anderen Artikel in diesem Band [2] beschriebenen Konzept von Satellitenverzeichnisdiensten ist es nicht nur das Ziel, die Daten im jeweils vom Zielsystem benötigten Format bereitzustellen, sondern auch nur genau diejenigen Daten in den Verzeichnisdiensten vorzuhalten, die von den daran angebundenen Systemen wirklich benötigt werden (Minimalitätsprinzip). Hierdurch wird zumindest der Umfang der Daten, auf die ein Angreifer nach erfolgreicher Kompromittierung des Verzeichnisdienstes oder eines der leseberechtigten Endsysteme Zugriff hat, grundsätzlich beschränkt.

Für Satellitsysteme wie den Authentifizierungsverzeichnisdienst, an dem mehrere Dutzend Zielsysteme angebunden sind, wäre es offensichtlich unökonomisch, pro Zielsystem einen dedizierten Verzeichnisdienst mit minimalem Datenvolumen zu betreiben; in diesen Fällen wird zumindest über Access Control Lists festgelegt, dass jeder Proxy-User bzw. jedes angebundene System nur genau diejenigen Objekte und Attribute einsehen darf, die für seinen Betrieb relevant sind. Diese Angaben werden zudem, sofern sie über die reine Authentifizierung von Benutzern hinausgehen und mit einer Speicherung personenbezogener Daten im Zielsystem verbunden sind, in individuellen Verfahrensbeschreibungen festgehalten und dem TUM Datenschutzbeauftragten zur Genehmigung vorgelegt.

Um das Ausspähen von Benutzerpasswörtern zu vermeiden, werden in einem ersten Schritt die Passwörter nur an solche Zielsysteme provisioniert, die keine zentrale LDAP-Authentifizierungsinstanz nutzen können. Von allen anderen Diensten wird zumindest erwartet, dass sie das Benutzerpasswort gegenüber dem zentralen Authentifizierungsdienst oder einem der anderen Verzeichnisdienste verifizieren und nicht lokal speichern. Ein zweiter Schritt besteht in der Nutzung des Single Sign-on Verfahrens Shibboleth, das in einem anderen Artikel in diesem Band [3] näher beschrieben ist; dabei kommen die Dienste nicht mehr mit dem Benutzerpasswort in Kontakt, so dass auch ein kompromittierter oder bösartiger Dienst keine Passwörter mehr abgreifen könnte.

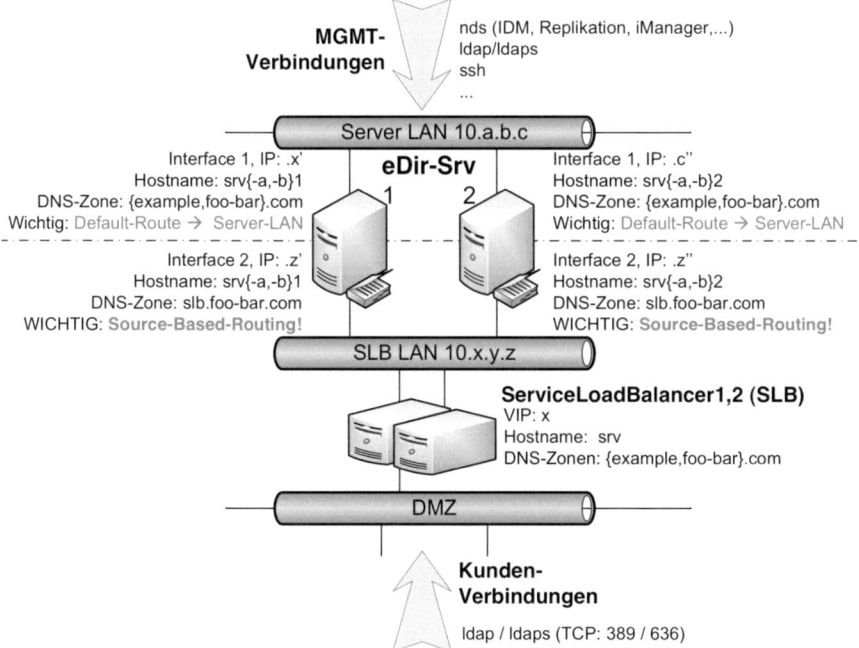

Abb. 2 Durch den Einsatz der Loadbalancer entstehen unabhängige Sicherheitsdomänen für Kunden- und Managementverbindungen

Die Verzeichnisdienste sind darüber hinaus in das LRZ-Serversicherheitskonzept integriert, das hier nur sehr rudimentär skizziert werden kann. Zunächst wird ein physischer Zugangsschutz umgesetzt, da nur ausgewählte LRZ-Mitarbeiter Zugang zum Serverraum im Rechnergebäude haben. Das eingesetzte Linux-Betriebssystem auf Basis von SuSE Linux Enterprise Server wird über ein im LRZ entwickeltes Verfahren, das den von Novell für SuSE bereitgestellten Updatemechanismus erheblich erweitert, auf dem aktuellen Stand gehalten. Das Monitoring geht über hostbasierte Intrusion Detection, bei der eventuelle Auffälligkeiten auf den Maschinen selbst eskaliert werden, hinaus, da auch der gesamte Netzverkehr überwacht und auf zahlreiche Arten von Auffälligkeiten geprüft wird. Aktuell ist darüber hinaus die Einführung proaktiver Sicherheitstests durch Vulnerability-Scans und Penetrations-Tests in Planung, die zusammen mit einer Erfassung der aktuellen Softwarekonfiguration in einer ITSM-CMDB insbesondere dazu beitragen sollen, Maschinen mit veralteten Softwareständen (z. B. eDirectory-Server, bei denen ein manuell einzuspielender Security-Patch vergessen wurde) zu identifizieren.

Die im vorherigen Absatz vorgestellte Hochverfügbarkeitsinfrastruktur bietet zusätzliche Sicherheit. So werden durch den Einsatz der Loadbalancer Sicherheitsdomänen gebildet. Kundenverbindungen werden dadurch effektiv und effizient von Managementverbindungen getrennt. Die Abbildung 2 wird ein Gesamtüberblick über die System- und Netzarchitektur gegeben. Die Aufteilung in zwei Sicherheitsdomänen wird hierbei graphisch dargestellt.

Zur Kundenseite (in der DMZ) werden nur dienstspezifische Verbindungen durch die Firewalls zugelassen. Vom Innennetz können über das Servernetz direkt Verbindungen (für Wartungsarbeiten) zu den einzelnen Servern aufgebaut werden.

Als zusätzliche Sicherung sind die Server so konfiguriert, dass die SSH-Verbindungen nur von zwei hochverfügbaren SSH-Gateways annehmen. Die schwächere Passwortauthentifizierung wurde zu Gunsten der starken Public-Key basierten SSH-Authentifizierung deaktiviert. Deswegen benötigt auch der privilegierte root-Benutzer immer einen ssh-key zur Authentifizierung.

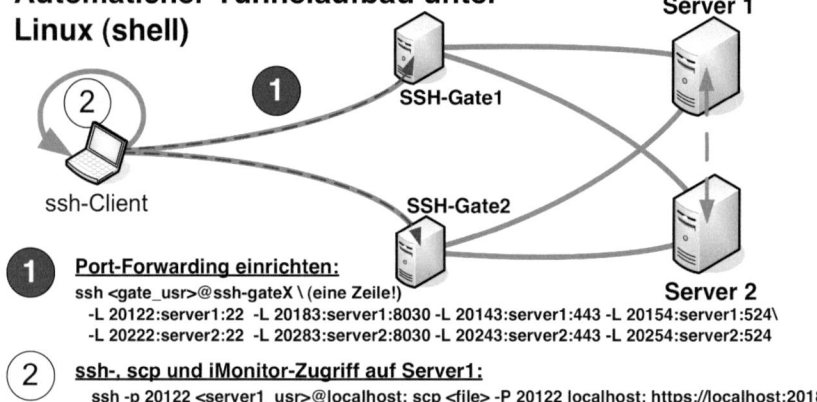

Abb. 3. Automatisierter Aufbau von SSH-Tunneln zum direkten und sicheren Transport verschiedener Anwendungsdaten über die SSH-Gateways. Die Authentifizierung erfolgt über den SSH-Agent daher verbleiben private keys immer auf den Client-Rechnern

In Abbildung 3 ist der SSH-Verbindungsaufbau über die SSH-Gateways illustriert. Die SSH-Gateways selbst sind ebenfalls hochverfügbar konzipiert. Unsere Sicherheitskonfiguration erlaubt es die SSH-Gateways völlig transparent zu verwenden. So entfällt die Notwendigkeit mehrere Zwischenanmeldungen durchzuführen bzw. Zwischenkopien abzulegen. Aufgrund der Automatisierung werden Fehlbedienungen ausgeschlossen. Damit stellt die von uns implementierte und betriebene Gesamtkonfiguration einen sehr hohen Sicherheitsstandard dar. Als Besonderheit bietet sie einerseits für Kunden eine gesteigerte Verfügbarkeit und andererseits für Systemadministratoren und Dienstverantwortliche (trotz erhöhter Sicherheit) gleichzeitig einen gesteigerten Bedienungskomfort dar.

5 Zusammenfassung und Ausblick

Der Einsatz verschiedener Verzeichnisdienstprodukte ist in auch sonst heterogenen IT-Infrastrukturen nahezu unausweichlich. Dem komplexeren Management steht als Vorteil gegenüber, dass das für den jeweiligen Einsatzzweck am besten geeignete Produkt gewählt werden kann. Mit dem kombinierten Einsatz von Active Directory, eDirectory und OpenLDAP konnten dabei im Rahmen von IntegraTUM sehr positive Erfahrungen gewonnen werden.

In diesem Artikel haben wir einige in unserem Umfeld praxisrelevante Unterschiede zwischen diesen drei Verzeichnisdienstprodukten vorgestellt, die im operativen Betrieb und im Rahmen des IT-Service-Management berücksichtigt werden müssen. Auf dieser Basis haben wir unser Hochverfügbarkeits- und Load-Balancing-Konzept am Beispiel eDirectory vorgestellt und einen Überblick über ausgewählte Bereiche des Security-Managements gegeben, das sich vom physischen Zugangsschutz über Server-Sicherheitskonzepte und Datenschutzaspekte bis hin zum organisatorischen und technischen Management privilegierter Kennungen erstreckt.

Trotz dieser bereits umfangreichen Maßnahmen muss kontinuierlich an einer weiteren Verbesserung der Konfigurations- und Sicherheitskonzepte und deren Umsetzung gearbeitet werden. Im Bereich des Konfigurationsmanagements steht bei uns insbesondere eine Vereinheitlichung der Monitoringlösungen und eine stärkere Integration in die LRZ ITSM-CMDB auf der Agenda. Zur weiteren Verbesserung des Sicherheitsniveaus wollen wir verstärkt auf Single Sign-On setzen und dazu weitere Dienste an Shibboleth anbinden. Ebenso soll die Anzahl der Proxy-User reduziert werden, indem z. B. an den Authentifizierungsserver angebundene Dienste die zur Personalisierung notwendigen LDAP-Attribute im Kontext des jeweils angemeldeten Benutzers (statt im Kontext eines Proxy-Users) auslesen.

Literatur

[1] Boursas, L.: N-to-One-Provisionierung zwischen internen Satellitenverzeichnissen des IntegraTUM-Metadirectory. In diesem Band
[2] Boursas, L., Ebner, R., Hommel, W., Knittl, S., Pluta, D.: IntegraTUM Teilprojekt Verzeichnisdienst: Identity & Access Management als technisches Rückgrat der Hochschul-IuK-Infrastruktur. In diesem Band
[3] Hommel, W.: Campus Single Sign-On und hochschulübergreifendes Identity Management. In diesem Band
[4] Knittl, S.: Einführung von Service Level Agreements an der Technischen Universität München. In diesem Band
[5] Pluta, D.: Modulare LDAP-Server-, -Protokoll und -Funktionserweiterung am Beispiel von OpenLDAP. In diesem Band

Campus Single Sign-On und hochschulübergreifendes Identity Management

Wolfgang Hommel

Das im Rahmen von IntegraTUM für die TUM geschaffene Identity & Access Management System setzt das Paradigma *unified login* um, d. h. ein Benutzer kann alle für ihn relevanten Dienste innerhalb der Hochschule mit derselben Loginname-/Passwortkombination nutzen. Dieser Artikel zeigt, wie auf Basis der Software Shibboleth und der deutschlandweiten Hochschulföderation DFN-AAI als weitere Mehrwerte das campusweite *web single sign-on* und die nahtlose Nutzung zahlreicher externer Web-Anwendungen erreicht werden. Als Beispiel für die Abläufe bei der Erschließung neuer Dienste für die hochschulübergreifende Nutzung wird die Anbindung von Learning Management Systemen auf Basis des DFN-AAI E-Learning-Profils diskutiert. Den umfassenden Vorteilen werden schließlich die aktuellen technischen Grenzen bei der Umsetzung des hochschulübergreifenden Identity Management gegenübergestellt.

1 Einleitung

Die durch Identity & Access Management (I&AM) Architekturen geschaffene Möglichkeit, Benutzerdatenbestände zwischen Quell- und Zielsystemen zu synchronisieren, wird häufig dazu genutzt, auch Benutzerpasswörter systemübergreifend zu vereinheitlichen. Dieses als *unified login* bezeichnete Konzept wurde auch im Rahmen von IntegraTUM umgesetzt: Jeder im zentralen Verzeichnisdienst erfasste Benutzer kann auf alle angeschlossenen Dienste, für die er berechtigt ist, mit derselben Loginname-/Passwortkombination zugreifen. Obwohl diese Funktionalität im Hinblick auf gestohlene oder geknackte Passwörter ein gewisses Risiko mit sich bringt, überwiegen in der Praxis die Vorteile durch höhere Benutzerfreundlichkeit und die drastische Reduktion der Supportanfragen, die sich auf vergessene Passwörter in den verschiedenen Systemen beziehen.

Ein hochschulweites *unified login* greift jedoch funktional an zwei markanten Stellen zu kurz: Einerseits muss der Benutzer nach wie vor sein Passwort bei jedem Dienst, den er nutzen möchte, eingeben. Dies kann dem Benutzer bei einer größeren Menge an Diensten nicht nur schnell lästig werden, sondern führt auch zu dem Sicherheitsrisiko, dass jeder Dienst das Benutzerpasswort im Klartext erhält. Andererseits endet die Gültigkeit des Passworts an den Grenzen des I&AM-

Systems, sodass externe Dienste – beispielsweise die Onlineangebote von Verlagen oder die Rechen- und Speicherkapazitäten im Rahmen des Grid-Computing – wiederum separate Kennungen erfordern.

Das Paradigma *single sign-on* (SSO) geht über *unified login* hinaus, indem die Benutzerauthentifizierung an eine einzige zentrale Stelle verlagert wird, bei der sich der Benutzer innerhalb einer Zeitspanne von typischerweise vier bis acht Stunden nur ein einziges Mal anmelden muss. Die SSO-fähigen Dienste, die der Anwender benutzen möchte, verzichten in der Folge auf eine eigene Passworteingabe und fragen stattdessen beim SSO-Dienst nach, ob sich der Benutzer bereits erfolgreich angemeldet hat. Dadurch entfällt nicht nur die wiederholte Passworteingabe durch den Benutzer bei jedem Dienst; vielmehr kommen die Dienste auch nicht mehr mit dem Passwort im Klartext in Berührung, sodass beispielsweise die Kompromittierung eines Dienstes nicht mehr zwingend dazu führt, dass der Angreifer sehr leicht Benutzerpasswörter mitschneiden kann.

Durch das sogenannte *federated identity management* (FIM) können I&AM-Systeme zudem organisationsübergreifend genutzt werden, sodass beispielsweise die Studenten einer Hochschule das Learning Management System einer anderen Hochschule nutzen können, ohne sich dort erst registrieren und freischalten lassen zu müssen. Neben der hochschulübergreifenden Authentifizierung sind hierbei auch Autorisierungskonzepte und die Sicherstellung der einrichtungsübergreifenden Konsistenz der Benutzerdaten zu berücksichtigen. In Deutschland stellt der DFN-Verein mit seiner Authentifizierungs- und Autorisierungsinfrastruktur (DFN-AAI, siehe [5]) das notwendige technische und organisatorische Rahmenwerk für FIM zur Verfügung.

In diesem Artikel wird vorgestellt, wie das Open Source Softwarepaket Shibboleth an der TUM genutzt wird, um sowohl ein campusweites *single sign-on* zu erreichen als auch an der DFN-AAI teilzunehmen. Dazu werden in Abschnitt 2 zunächst die grundlegenden Abläufe beim Shibboleth-Einsatz und die Rolle des DFN-Vereins skizziert. Anschließend werden in Abschnitt 3 die an der TUM und im Rahmen der DFN-AAI nutzbaren Dienste vorgestellt. Dabei werden die technischen Hürden und das organisatorische Vorgehen bei der Anbindung neuer Dienstkategorien am Beispiel des hochschulübergreifenden E-Learning in Abschnitt 4 erläutert. Schließlich werden die aktuellen Grenzen der Technik und weitere Herausforderungen für den FIM-Einsatz im Hochschulumfeld in Abschnitt 5 diskutiert.

2 Federated Identity Management: Prozesse und Föderationskonzept

Die Abläufe beim Einsatz von FIM gehen grundlegend davon aus, dass jeder Benutzer zu einer Heimateinrichtung gehört, die als Identity Provider bezeichnet wird. Für Studenten und Mitarbeiter der TUM ist diese also ihr Identity Provider, wohingegen die als Gäste im I&AM-System erfassten Personen in der Regel entsprechend andere Identity Provider haben. Prinzipiell kann eine Person auch mehrere Identity Provider haben, beispielsweise falls sie Mitarbeiter der TUM und parallel dazu an einer anderen Hochschule als Student eingeschrieben ist; sie muss sich in diesem Fall bei den nachfolgend beschriebenen Vorgängen jedoch für einen ihrer Identity Provider entscheiden.

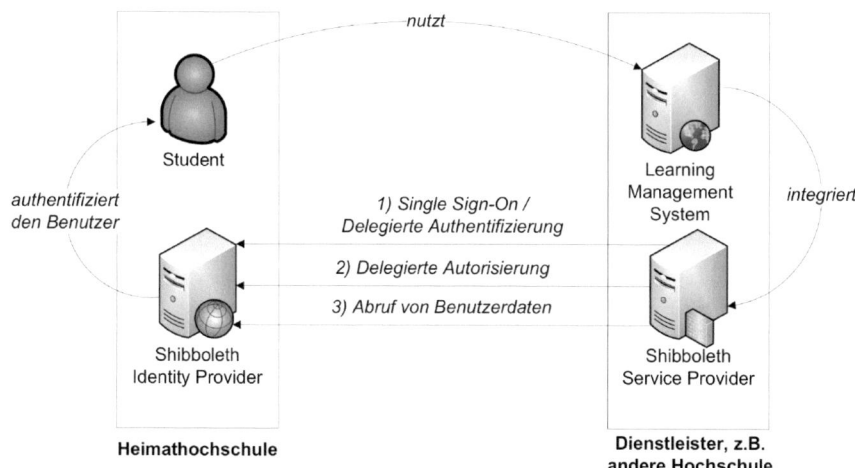

Abb. 1 Datenübertragung im Rahmen des Federated Identity Management

Möchte ein vom Identity Provider erfasster Benutzer einen FIM-fähigen Dienst, der von einem sogenannten Service Provider erbracht wird, nutzen, so bieten die standardisierten FIM-Protokolle die drei folgenden, in Abbildung 1 dargestellten technischen Möglichkeiten:

1. Authentifizierung: Der Service Provider delegiert die Authentifizierung an den Identity Provider, d.h. der Benutzer wird während des Loginvorgangs beim Dienst zu seinem Identity Provider umgeleitet, authentifiziert sich dort mit seinem lokalen, auch für das *unified login* verwendeten Passwort und wird nach erfolgreicher Überprüfung des Passworts wieder zum Dienst umgeleitet. Diese Umleitungen erfolgen bei Web-Applikationen über simple HTTP-Redirects, sodass der Benutzer nicht manuell eingreifen muss. Der Identity Provider setzt dabei wie oben beschrieben das *single sign-on* um, d.h. der Benutzer muss sich innerhalb einer konfigurierbaren Aktivitätszeitspanne lediglich einmalig mit seinem Passwort ausweisen und dieses wird unter keinen Umständen im Klartext an den Service Provider übergeben.
2. Autorisierung: Die Zugriffskontrolle, also die Entscheidung, ob und in welchem Umfang ein authentifizierter Benutzer den vom Service Provider angebotenen Dienst verwenden darf, obliegt letztendlich immer dem Service Provider. Dieser kann jedoch optional beim Identity Provider nachfragen, ob der Benutzer aus dessen Sicht autorisiert ist, den Dienst zu verwenden. Diese Form der

verteilten bzw. delegierten Autorisierung ist beispielsweise beim hochschulübergreifenden E-Learning erforderlich, wenn z. B. medizinische Fallbeispiele mit Patientendaten nur Medizinstudenten zugänglich gemacht werden dürfen.

3. Benutzerdatenabruf: Neben Authentifizierungs- und Autorisierungsdaten können prinzipiell beliebige weitere Benutzerdaten vom Identity Provider an den Service Provider übertragen werden, beispielsweise Vor- und Nachname sowie E-Mail-Adresse des Benutzers. Aus Benutzersicht ergibt sich der Vorteil, dass diese Daten nicht mehr bei jedem externen Dienst von Hand eingetragen werden müssen, wohingegen der Service Provider davon profitiert, dass der Identity Provider eine zuverlässige Datenquelle darstellt, sodass Anmeldungen unter einer falschen oder fingierten Identität effizient vermieden werden. Dem gegenüber stehen neue Herausforderungen im Hinblick auf den Datenschutz: Da die Benutzerdaten an der Heimathochschule in der Regel nicht zum Zwecke der Weitergabe an externe Dienstleister erfasst wurden, muss das explizite Einverständnis des Benutzers zu diesem Vorgang eingeholt werden. Zudem bleiben Grundprinzipien des Datenschutzes wie die Datensparsamkeit und die Zweckbindung erhalten, sodass von dieser Funktionalität nur im minimal erforderlichen Umfang Gebrauch gemacht werden sollte.

Die Open Source Software Shibboleth setzt diese drei Möglichkeiten um, wobei Autorisierungsinformationen genauso wie andere Benutzerdaten abgerufen werden und die Differenzierung zwischen beiden Datenarten erst innerhalb des Dienstes durchgeführt wird. Das Leibniz-Rechenzentrum betreibt den Shibboleth Identity Provider für die TUM; er ist direkt an die in einem anderen Artikel in diesem Band näher vorgestellte IntegraTUM-Verzeichnisdienstinfrastruktur angebunden. Durch die Verwendung einer standardisierten Protokollbasis ist zudem die Interoperabilität mit einer inzwischen erfreulich großen Zahl an anderen Open-Source-Implementierungen und kommerziellen Produkten gewährleistet.

Neben diesen technischen Aspekten setzt FIM auf organisatorischer Ebene offensichtlich ein Vertrauensverhältnis zwischen Service Provider und Identity Provider voraus: Der Service Provider muss sich auf die Korrektheit der an ihn übermittelten Informationen verlassen können und der Identity Provider muss sicherstellen können, dass die Benutzerdaten nur an ausgewählte Dritte übertragen werden. Das notwendige Rahmenwerk hierfür schafft der Föderationsgedanke: Identity Provider und Service Provider schließen sich zu einer sogenannten Föderation zusammen; zugleich werden in die Föderation nur Einrichtungen aufgenommen, bei denen u. a. ein Mindestmaß an Datenqualität und Datenschutz garantiert umgesetzt wird.

In vielen Ländern existieren inzwischen nationale Hochschulföderationen, die meist von den dortigen Forschungsnetzen realisiert werden. So wird die deutsche Föderation DFN-AAI vom DFN-Verein betrieben, der dabei diverse organisatorische und technische Aufgaben übernimmt: Er gibt zentrale Richtlinien vor, über die beispielsweise sichergestellt wird, dass die über Benutzer ausgelieferten Daten aktuell (d. h. derzeit nicht älter als 14 Tage) sein müssen. Der DFN-Verein übernimmt zudem die Vertragsgestaltung mit den an der Föderation teilnehmenden

Identity Providern und Service Providern und führt die Föderationsteilnehmerliste. Diese Liste wird automatisch regelmäßig bei allen teilnehmenden Systemen eingespielt und ermöglicht die sichere (d. h. authentifizierte und verschlüsselte) Kommunikation zwischen den Identity Providern und den Service Providern auf technischer Ebene. Darüber hinaus werden im Rahmen der DFN-AAI Testsysteme, Dokumentationen und Schulungen angeboten, um den Ausbau der Föderation weiter voranzutreiben und die Aktualität der Softwareinfrastruktur zu fördern. Es ist zu beachten, dass es davon unabhängig Gegenstand bilateraler Vereinbarungen zwischen Identity Providern und Service Providern ist, festzulegen, welche Benutzer welche Dienste in welchem Umfang nutzen dürfen; die entsprechenden Informationen werden nicht zentral vorgehalten.

3 Hochschulinternes, deutschlandweites und internationales Dienstspektrum

Durch die technische Möglichkeit, als Identity Provider bzw. Service Provider parallel an mehreren Föderationen teilzunehmen, liefert der Einsatz von Shibboleth die notwendige Flexibilität, um dieselbe Technologie sowohl für hochschulinternes, campusweites SSO als auch für die Teilnahme an der DFN-AAI und somit die Nutzung externer Dienste zu verwenden. Dadurch reduzieren sich Implementierungs- und Betriebsaufwand gegenüber unterschiedlichen internen und externen Lösungen erheblich. Es muss jedoch beachtet werden, dass zwar die Bereitstellung genau eines Identity Providers pro Hochschule ausreicht, dass aber jeder Dienst einzeln für die Teilnahme an den Föderationen angepasst werden muss. Die Anzahl der Dienstleister und Softwarepakete, die als Service Provider agieren können, nimmt zwar kontinuierlich zu; dennoch ist die Umstellung von einer lokalen oder LDAP-basierten Benutzerverwaltung auf FIM für viele Dienste ein komplexer Eingriff in den internen Aufbau, sodass FIM im Hochschulumfeld bislang in der Regel noch nicht flächendeckend eingesetzt werden kann. In diesem Abschnitt wird ein kurzer Überblick darüber gegeben, welche Dienste TUM-intern sowie im Rahmen der DFN-AAI und darüber hinaus bereits genutzt werden können.

Im Rahmen der IuK-Strategie der TUM war klar, dass das mit dem IntegraTUM Identity Management erreichte *unified login* bereits ein sehr wichtiger Meilenstein, aber langfristig nur ein Zwischenschritt auf dem Weg zu einer vollwertigen SSO-Lösung ist. Bei einer im Rahmen des BMBF-geförderten Projekts elecTUM durchgeführten Analyse diverser Produkte kristallisierte sich Shibboleth Anfang 2007 als interessantestes Produkt für das Campus-SSO heraus [1]; dieses Ergebnis deckte sich mit den Erfahrungen, die das LRZ seit 2004 mit einer Shibboleth-Teststellung gesammelt hat (vgl. [3]), und den zu diesem Zeitpunkt akut werdenden Bemühungen des DFN-Vereins zur Produktivführung der DFN-AAI auf Shibboleth-Basis.

Auf Initiative der Projekte elecTUM und IntegraTUM wurde im TUM IT-Fachausschuss deshalb der Antrag gestellt, hochschulweit Shibboleth als SSO-System einzuführen. Die diesem Antrag entsprechende Entscheidung der Hochschulleitung der TUM gibt den IT-Dienstanbietern auf dem Campus inzwischen die notwendige Planungssicherheit und reduziert den zur SSO-Realisierung pro Dienst benötigten Aufwand um die Produktevaluations- und -selektionsphasen. So konnten die Anpassungen an Shibboleth für das zentrale Learning Management System CLIX bereits abgeschlossen werden und sind produktiv im Einsatz; auch die Integration in das neue Campus-Management-System TUMonline wird durch den Hersteller vorangetrieben. Daneben eignet sich Shibboleth aufgrund seines modularen Aufbaus und seiner einfachen Integrierbarkeit sehr gut für die effiziente Anbindung der dezentral betriebenen, web-basierten Dienste wie z.B. Fakultätswebseiten mit internen Bereichen, wenn diese als Basis den Apache Webserver bzw. den Microsoft Internet Information Server nutzen.

Über die DFN-AAI können Angehörige der TUM darüber hinaus derzeit bereits rund 30 externe Dienste nutzen, die rudimentär in die Bereiche Bibliotheksdienste, E-Learning und Softwaredistribution untergliedert werden können. So ermöglichen zahlreiche renommierte wissenschaftliche Verlage und Datenbankdienste – beispielsweise EBSCO, Elsevier, MetaPress, Ovid und Springer – den authentifizierten und autorisierten Zugriff auf die von der TU Bibliothek lizenzierten Inhalte über Shibboleth. Im Bibliotheksumfeld noch weit verbreitete herkömmliche Verfahren wie IP-adressbasierte Zugriffsbeschränkungen, die beispielsweise für mobile Rechner und Heimarbeitsplätze eine aus technischer Sicht veraltete, nicht besonders effiziente, aber dafür relativ benutzerunfreundliche Hürde darstellen, können somit elegant abgelöst werden. Für den Bereich E-Learning, der im nächsten Abschnitt ausführlicher erläutert wird, ist beispielsweise hervorzuheben, dass die Virtuelle Hochschule Bayern (vhb) den Umstieg von ihrem bislang proprietären Verfahren auf die DFN-AAI plant. Schließlich erfreuen sich Softwareverteilmechanismen wie Microsoft Dreamspark und Studisoft großer Beliebtheit; dabei können Vollversionen ausgewählter Softwareprodukte heruntergeladen werden, wenn vom Identity Provider bestätigt wird, dass es sich um einen Studenten der jeweiligen Hochschule handelt.

Über den deutschen Hochschulbereich hinaus wird FIM insbesondere auch im Grid-Computing eingesetzt. Beispielsweise wurde für die DEISA-Infrastruktur (Distributed European Infrastructure for Supercomputing Applications, siehe http://www.deisa.eu/), die das LRZ und 14 weitere europäische Höchstleistungsrechenzentren miteinander verbindet und die Grid-basierte, hochperformante Nutzung von Speicher- und Rechenkapazitäten auf europäischer Ebene ermöglicht, eine auf Shibboleth basierende Föderation gegründet. Durch die nahtlose Integration in die Grid-Middleware und die Grid-Portale, die mit den ebenfalls über FIM nutzbaren Short-Lived-Credential-Services wie dem deutschen DFN-SLCS kombiniert wird, können bereits jetzt Wissenschaftler vieler europäischer Forschungseinrichtungen wesentlich einfacher auf die Grid-Ressourcen zugreifen als früher, da die ehemals notwendige Akquisition und Verwendung von

Benutzerzertifikaten ausgewählter Zertifizierungsstellen, die ein persönliches Erscheinen mit Lichtbildausweis vorausgesetzt haben, entfallen kann.

Zusammenfassend ist anzumerken, dass die Anzahl über FIM nutzbarer Dienste stetig ansteigt und Monat für Monat neue, für viele Benutzer interessante Angebote hinzukommen. Die Entscheidungen für ein standardisiertes FIM-Protokoll und Shibboleth als Implementierungsbasis haben sich dabei als richtig, nachhaltig, kosteneffizient betreibbar und sehr gut skalierend herausgestellt.

4 Integration neuer Dienste am Beispiel E-Learning

Der Abruf von Benutzerdaten setzt offensichtlich voraus, dass der Identity Provider und der Service Provider jeweils dieselbe Syntax und Semantik für die ausgetauschten Daten verwenden. Idealerweise werden diese Datenformate föderationsweit einheitlich festgelegt, um auf die Pflege einer Vielzahl bilateraler Vereinbarungen verzichten zu können. Zu Beginn ihres Produktivbetriebs wurde für die DFN-AAI eine Menge von Datenfeldern, die als Benutzerattribute bezeichnet werden, festgelegt, die als gemeinsamer Nenner für Anwendungen aus den verschiedensten Bereichen aufgefasst werden kann. Beim Versuch, moderne E-Learning-Konzepte und aktuelle Learning Management Systeme komplett an die DFN-AAI anzubinden, stellte sich jedoch schnell heraus, dass nicht alle für das E-Learning-Umfeld relevanten Attribute spezifiziert waren. Dadurch konnten weder die zur Intensivierung der Lehr- und Lerndialoge notwendige starke Personalisierung von Learning Management Systemen noch die in diesen übliche, studiengangsbasierte Gruppierung und Autorisierung automatisiert umgesetzt werden.

Durch die an der vhb und vergleichbaren Einrichtungen in den anderen Bundesländern beteiligten Hochschulen, die sich unter anderem in den ZKI-Arbeitskreisen E-Learning und Verzeichnisdienste über diese Problematik austauschten, motiviert hat der DFN-Verein Anfang 2008 eine deutschlandweite Arbeitsgruppe mit E-Learning- und Identity-Management-Vertretern ins Leben gerufen. Diese Arbeitsgruppe, an der auch Vertreter der Münchner Hochschulen und des LRZ maßgeblich mitgewirkt haben, ermittelte und konsolidierte zunächst die jeweils regionalen Anforderungen für die Anbindung existierender Learning Management Systeme an die DFN-AAI. Anschließend wurde eine kleinere Teilgruppe mit der Spezifikation des sogenannten DFN-AAI E-Learning-Profils beauftragt. In ihm werden zusätzliche Attribute in den folgenden drei Kategorien definiert:

1. Benutzerdaten zur Personalisierung: Über die im DFN-AAI Basisschema vorgesehen hinaus wurden nun auch Attribute für das Geschlecht, der Titel und die bevorzugte(n) Sprache(n) des Benutzers spezifiziert, um beispielsweise Studenten wie auch Dozenten in den Learning Management Systemen mit einer korrekten Anrede begrüßen zu können.

2. Benutzerdaten für Autorisierungsentscheidungen in Learning Management Systemen: Hierzu zählen Detailinformationen über Fächergruppen, Studienbereiche, Studienfächer, Studienfach-bezeichnungen sowie Angaben über die Studienart, den angestrebten Studienabschluss und die aktuellen Fachsemesterzahlen des Studenten. Für Mitarbeiter ist darüber hinaus die Angabe einer Kostenstelle vorgesehen, durch die eine Nutzung kommerzieller Weiterbildungsangebote möglich wird. Um Angaben zu den Studiengangsdetails hochschulübergreifend einheitlich gestalten zu können, wird auf die offiziellen numerischen Schlüssel des Bundesamtes für Statistik zurückgegriffen, die hochschulseitig typischerweise bereits für die Meldung von Belegungsdaten an die jeweiligen Landesämter für Statistik genutzt werden.
3. Benutzerdaten für Leistungsnachweise: Bei vielen über ein Learning Management System für externe Studenten angebotenen Kursen ist vorgesehen, dass eine Teilnahmebestätigung oder – nach der Teilnahme an einer Abschlussprüfung, die meist als Präsenzveranstaltung durchgeführt wird – ein Leistungsnachweis ausgestellt wird, den der Student seinem lokalen Prüfungsamt vorlegen kann. Zur eindeutigen Identifizierung der entsprechenden Studenten in diesem häufig noch papiergebundenen Prozess werden je nach Hochschule auch die Matrikelnummer sowie Geburtsdatum und -ort benötigt, die entsprechend ebenfalls als Attribute vorgesehen wurden.

Nach einer Diskussion des Entwurfs im größeren Arbeitskreis sowie der Vorstellung des Entwurfs in verwandten Arbeitskreisen wurde das DFN-AAI E-Learning-Profil vom DFN-Verein im November 2008 ratifiziert und veröffentlicht (siehe [2]). Zugleich wurde damit der Grundstein für ein Verfahren gelegt, das auch zum Einsatz kommen wird, falls sich zukünftig in anderen Anwendungsbereichen der Bedarf an zusätzlichen Benutzerdaten ergeben wird.

Durch die Vielzahl sensibler personenbezogener Daten, die das DFN-AAI E-Learning-Profil vorsieht, verstärkt sich die Bedeutung durchgängiger Datenschutzkonzepte für Föderationen. Für die Nutzung von Learning Management Systemen wird deshalb ein zweistufiges Vorgehen empfohlen: Zum einen wird der Benutzer von seinem Identity Provider bei der jeweils ersten Nutzung eines externen E-Learning-Dienstes explizit um seine Zustimmung zur Übertragung seiner personenbezogenen Daten gebeten. Die Daten werden dem Benutzer hierzu z.B. wie in Abbildung 2 dargestellt in Form einer Visitenkarte angezeigt, die er quasi selbst dem Service Provider überreichen muss; alternativ kann er den Vorgang auch abbrechen, muss sich dann jedoch selbst um eine alternative Zugangsmöglichkeit zum gewünschten Dienst kümmern. Zum anderen zeigen die Service Provider im Rahmen der Erstanmeldung des Benutzers ihre Nutzungsvereinbarung explizit an; aus dieser geht insbesondere hervor, welche Datenfelder für welche Zwecke verwendet werden und wie lange die personenbezogenen Daten beim Dienstleister gespeichert bleiben. Auch hier hat der Benutzer die Möglichkeit, den Vorgang abzubrechen, wenn er den Dienst nicht zu den genannten Konditionen in Anspruch nehmen möchte.

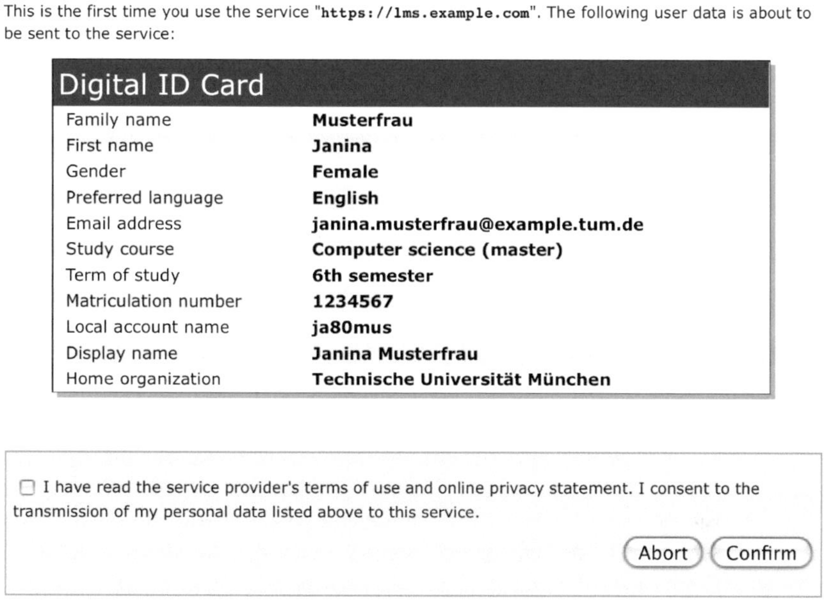

This is the first time you use the service "https://lms.example.com". The following user data is about to be sent to the service:

Digital ID Card	
Family name	Musterfrau
First name	Janina
Gender	Female
Preferred language	English
Email address	janina.musterfrau@example.tum.de
Study course	Computer science (master)
Term of study	6th semester
Matriculation number	1234567
Local account name	ja80mus
Display name	Janina Musterfrau
Home organization	Technische Universität München

☐ I have read the service provider's terms of use and online privacy statement. I consent to the transmission of my personal data listed above to this service.

(Abort) (Confirm)

Abb. 2 Visitenkartenmetapher zum Einholen der Benutzerzustimmung

Seit der Veröffentlichung des E-Learning-Profils wird an seiner Umsetzung durch Identity Provider und Service Provider gearbeitet. Viele Identity Provider stehen dabei vor der Herausforderung, dass ihre lokalen Hochschul-I&AM-Systeme bislang keine detaillierten Studiengangsinformationen gespeichert hatten, da diese bislang nicht in diesem Umfang von den jeweiligen Provisionierungs- und Autorisierungsmechanismen benötigt wurden; dieser Fall liegt insbesondere dort noch häufig vor, wo kein zentrales Learning Management System eingesetzt wird oder dieses noch nicht vollständig ins Identity Management integriert ist. Im Rahmen von IntegraTUM konnten jedoch die Vorteile genutzt werden, dass das zentrale Learning Management System bereits an die IntegraTUM-Verzeichnisdienste angebunden wurde und dass mit der Einführung des neuen Campus Management Systems TUMonline die im I&AM-System eingesetzten Attribute auf die durch die DFN-AAI vorgegebenen Anforderungen ausgerichtet werden konnten.

Auch seitens der Anbieter von Plattformen für die Durchführung von E-Learning-Kursen sind starke Aktivitäten zur Anbindung an die DFN-AAI zu verzeichnen. Diesbezüglich kommt jedoch erschwerend hinzu, dass alleine an den bayerischen Hochschulen mehrere Dutzend verschiedener Softwareprodukte für Learning Management Systeme im Einsatz sind, von denen bislang allerdings nur rund zehn – die auch zu den international am weitesten verbreiteten gehören – an FIM auf Shibboleth-Basis angepasst worden sind und somit lediglich eine Überarbeitung der lokalen Konfiguration erfordern. Problematisch sind diesbezüglich insbesondere kommerzielle Produkte, deren Quelltext nicht von den DFN-AAI-

Interessenten an den Hochschulen entsprechend erweitert werden kann. Für die TUM ergibt sich hier die positive Ausnahme, dass sich der Hersteller des eingesetzten Learning Management Systems CLIX aktiv am DFN-Arbeitskreis beteiligt hat und kurz nach der Veröffentlichung durch den DFN ein auf das DFN-AAI E-Learning-Profil vorkonfiguriertes, FIM-fähiges Produkt vorlegen konnte. Dieses wird seit dem Sommersemester 2009 produktiv für das E-Learning im Rahmen der von LMU und TUM gemeinsam angebotenen Studiengänge – im Pilotbetrieb für Bioinformatik – eingesetzt.

5 Aktuelle Grenzen der Technik

Obwohl die Umsetzung eines campusinternen SSO und die ebenso nahtlose Nutzung externer Dienste auf FIM-Basis signifikante Mehrwerte für die IuK-Infrastruktur an der TUM und an anderen Hochschulen darstellen, leidet FIM als Technologie derzeit noch an einigen Einschränkungen, die sich auf die Auswahl und den Umfang anzubindender Dienste auswirken. In diesem Abschnitt werden einige davon knapp skizziert; eine ausführliche Diskussion findet sich in [4].

Zunächst ist zu beachten, dass sich FIM derzeit nur für web-basierte Anwendungen und Web Services eignet. Somit können zwar beispielsweise Web-Portale und Downloadplattformen, Learning Management Systeme und Grid-Middleware-Implementierungen über FIM genutzt werden. Für andere Dienste wie den organisationsübergreifenden Zugriff auf gemeinsame Dateiablagebereiche und die Nutzung proprietärer Groupware-Clients werden jedoch noch die herkömmlichen Verfahren benötigt.

Darüber hinaus sind Service Provider derzeit auf den rein lesenden Zugriff beschränkt und können keine dienstspezifischen Daten über den Benutzer bei dessen Identity Provider speichern. Dies bedeutet beispielsweise für die hochschulübergreifende Nutzung von Learning Management Systemen, dass Teilnahme- und Leistungsnachweise nach wie vor separat vom Dienstleister an die jeweilige Heimathochschule kommuniziert werden müssen; folglich werden die entsprechenden Prozesse noch nicht vollständig durchgängig auf ein einheitliches System abgebildet und erfordern zusätzlichen Aufwand.

Der Datenabgleich zwischen Identity Provider und Service Provider findet bei den aktuellen FIM-Protokollen zudem nur während der Verwendung des Dienstes durch den Benutzer statt. Ändern sich zwischen zwei Dienstnutzungen also beispielsweise die Kontaktdaten oder der Berechtigungsstatus des Benutzers, so erfährt der Service Provider erst beim nächsten (versuchten) Login davon. Aus diesem Grund werden über FIM angelegte Benutzerkonten vom Service Provider typischerweise mit einem Ablaufdatum versehen, das sich bei aktiver Dienstnutzung entsprechend nach hinten verschiebt.

SSO führt darüber hinaus generell und in Kombination mit FIM verstärkt zu Herausforderungen beim Passwortmanagement. Zum einen werden derzeit noch keine ausgereiften Delegationskonzepte unterstützt. Dies bedeutet, dass ein Benutzer nicht gezielt einen Teil seiner Berechtigungen an andere Benutzer übertragen kann: Möchte ein Prüfer die Eintragung von Noten beispielsweise an seine Sekretärin delegieren, so muss er ihr derzeit sein Passwort mitteilen, mit dem dann jedoch nicht nur die Prüfungsverwaltung, sondern auch alle anderen Dienste genutzt werden können. Zum anderen sind einige Dienste inhärent nicht SSO-fähig; beispielsweise benötigen web-basierte E-Mail-Clients das Passwort des Benutzers im Klartext, um damit z.B. über das IMAPS-Protokoll im Kontext des aktuellen Benutzers auf die dahinterstehenden Mailserver zugreifen zu können. Für beide genannten passwortbezogenen Schwierigkeiten wird an mehreren Hochschulen bereits an Lösungen gearbeitet, die bislang jedoch mit einem relativ hohen Konfigurationsaufwand verbunden sind und tiefere Eingriffe in die vorhandenen Infrastrukturen erfordern.

Schließlich ist festzuhalten, dass FIM zumindest im deutschen Hochschulumfeld noch eine vergleichsweise junge Technologie ist, deren möglichst flächendeckender Einsatz trotz der damit verbundenen Vorteile erst in mehreren Jahren zu erwarten ist. Um potentielle Benutzer von Heimathochschulen, für die der Aufwand zur Einführung von FIM derzeit noch zu hoch ist, nicht von der Dienstnutzung auszuschließen, müssen somit vorerst auch noch die alternativen Zugangsmöglichkeiten zu den Diensten beibehalten werden, was zu einem entsprechend höheren Betriebsaufwand in dieser Transitionsphase führt.

6 Zusammenfassung

Federated Identity Management ermöglicht die hochschulübergreifende Nutzung der Datenbestände in den lokalen Verzeichnisdiensten und zeichnet sich dabei insbesondere durch eine hohe Benutzerfreundlichkeit und die für die Erfüllung von Datenschutzauflagen relevante Interaktion mit dem Benutzer aus. Mit bereits mehr als 30 Diensten, die im Rahmen der deutschen Hochschulföderation DFN-AAI genutzt werden können, ergibt sich ein konkreter Mehrwert gegenüber der rein campusinternen Anbindung von IT-Diensten ans Identity Management.

Der Einsatz der Software Shibboleth erlaubt zudem, campusweites *single sign-on* und FIM miteinander zu kombinieren. Aus Anwendersicht ergibt sich daraus ein einheitliches Vorgehen bei der Nutzung interner wie auch externer Dienste. Für den Betreiber wird darüber hinaus der Aufwand zum Einsatz separater Lösungen elegant vermieden; zudem lässt sich Shibboleth unter anderem aufgrund seines Charakters als modulare Open Source Software mit relativ geringem Aufwand in existierende Dienste integrieren.

Trotz dieser Vorteile ist der föderationsbasierte Ansatz kein Ersatz für die campusinterne Anbindung der IT-Dienste an die Verzeichnisdienste: Zum einen existieren inhärent nicht single-sign-on-fähige Dienste, die zwingend auf die Verfügbarkeit des Benutzerpassworts im Klartext angewiesen sind. Zum anderen weisen die aktuellen FIM-Standards Beschränkungen – beispielsweise auf rein lesenden Zugriff, d.h. ein Ändern oder Erweitern von Benutzerdatensätzen durch die Service Provider ist nicht möglich – auf, die dazu führen, dass föderationsweit noch nicht die gesamte von hochschulinternen Identity Management Systemen gewohnte und von diversen Diensten im vollen Umfang benötigte Funktionalität zur Verfügung steht.

Insgesamt hat sich Federated Identity Management jedoch innerhalb kurzer Zeit als fester und einer der wichtigsten Bestandteile von Hochschul-Identity-Management-Gesamtkonzepten etabliert. Durch die laufende Weiterentwicklung der Standards und deren zügige Umsetzung in hochschulorientierten Produkten wie Shibboleth kann mit hoher Sicherheit davon ausgegangen werden, dass auch die angesprochenen offenen Punkte in den nächsten Jahren erfolgreich gelöst werden und so den Themenbereich Identity Management noch weiter voran bringen.

Danksagungen

Der Autor dankt Prof. Dr. Arndt Bode, Dr. Stephan Graf und Herbert Vogg von der TUM, Andrej Kolontai und Armin Rubner von der LMU, Hartmut Hotzel und Andreas Böck von der HM sowie Dr. Victor Apostolescu, Dr. Ralf Ebner und Ute Engel vom LRZ für ihr Engagement bei der Einführung und beim Betrieb von Shibboleth im Münchner Wissenschaftsnetz (MWN) sowie ihre Beiträge zur DFN-AAI.

Literatur

[1] Bonitz, R.: Einbindung von Portlets aus der zentralen Lernplattform Clix in das Portal der TUM durch Nutzung von Webservices unter Berücksichtigung einer Single Sign-On Strategie, Diplomarbeit an der Technischen Universität München, Fakultät für Informatik (2007)
[2] Deutschmann, J., Gietz, P., Hommel, W., Schroeder, R., Schwendel, J., Thelen, T.: DFN-AAI E-Learning-Profil: Technische und organisatorische Voraussetzungen, Attribute für den Bereich E-Learning. http://www.aai.dfn.de/der-dienst/attribute/ (2008)
[3] Ebert, M., Zunhammer, S.: Implementation of a web single sign-on prototype for the Munich Scientific Network based on Shibboleth, Fortgeschrittenen-Praktikum an der Ludwig-Maximilians-Universität München, Institut für Informatik, 2005
[4] Hommel, W.: Architektur- und Werkzeugkonzepte für föderiertes Identitäts-Management. ISBN 978-3-89963-594-2, Dr. Hut Verlag, München (2007)
[5] Kähler, U.: DFN-AAI in der Praxis. DFN Mitteilungen Nr. 74 (2008)

Organisationsübergreifendes Management von Föderations-Sicherheitsmetadaten auf Basis einer Service-Bus-Architektur

Stephan Graf, Wolfgang Hommel

In service-orientierten Architekturen wird die herkömmliche web-service-basierte Punkt-zu-Punkt-Kommunikation zunehmend durch den Einsatz eines Enterprise Service Bus (ESB) abgelöst, der den sicheren und zuverlässigen Nachrichtentransport realisiert. Der Einsatzbereich eines ESB endet jedoch an den Grenzen der ihn einsetzenden Institution. In diesem Artikel analysieren wir aktuelle Herausforderungen bei der organisationsübergreifenden Verwaltung von Sicherheitsmetadaten, zu denen insbesondere Serverzertifikate und Privacy Policies gehören. Als konkretes Szenario wird dabei das Federated Identity Management im Rahmen der deutschen Hochschulföderation DFN-AAI aufgegriffen. Als standardbasierte, einheitliche Lösung, die proprietäre sowie metadatentyp-spezifische Ansätze integriert und den damit verbundenen Administrationsaufwand reduziert, schlagen wir einen organisationsübergreifenden ESB vor, den wir als Federation Service Bus (FedSB) bezeichnen. Wir diskutieren seine technischen Eigenschaften, das zugrunde liegende Kommunikationsmodell und die organisatorischen Schritte zur Einführung.

1 Motivation

Allgemein betrachtet bestehen verteilte Systeme aus Komponenten, die zum Erbringen eines Dienstes zusammenarbeiten und hierzu untereinander Daten austauschen müssen. Die Grundidee des modularen Aufbaus eines technischen Systems aus möglichst effizient wiederverwendbaren Bestandteilen spiegelt sich in den letzten Jahren verstärkt im Paradigma der serviceorientierten Architekturen (SOA) wider, das die Gestaltung der unternehmensweiten Softwarelandschaft mit dem Ziel der präzisen Abbildung der zu unterstützenden Geschäftsprozesse auf die IT nachhaltig prägt. An die Stelle von web-service-basierten Punkt-zu-Punkt-Kommunikationsverbindungen zwischen den beteiligten Komponenten tritt dabei vermehrt das Architekturmuster des *Enterprise Service Bus* (ESB), der in Analogie zu Bussystemen, die beispielsweise in der Rechnerarchitektur eingesetzt werden, als gemeinsames Kommunikationsmedium dient, an das nahezu beliebige Komponenten andocken, um Nachrichten absetzen bzw. abgreifen zu können. Neben dienstspezifischen Nutzdaten müssen so genannte Metadaten transportiert werden, von denen wir im Folgenden jedoch nur einige ausgewählte und insbesondere im Rahmen des Federated Identity Management relevante Datentypen betrachten. Hierzu gehören beispielsweise Benutzer-Identitätsdaten wie Authentifizierungsinformationen und Rollenangaben, Policies und Access Control Lists z. B. zur Autorisierung und Steuerung der Auditierung, aber auch Informationen über technische Kommunikationsendpunkte wie z. B. Server-Zertifikate aus einer Public Key Infrastruktur (PKI).

ESB-Implementierungen unterstützen einen solchen Metadaten-Austausch durch die Bereitstellung einer Kommunikationsinfrastruktur, die neben einem zuverlässigen Transport der Daten auch die Grundziele der IT-Sicherheit wie die Authentizität, Integrität und Vertraulichkeit der Nachrichten sowie die Hochverfügbarkeit der Infrastruktur gewährleistet. In der Praxis sind ESBs verstärkt in Firmen, aber noch selten in Hochschulen zu finden. Viele der dabei eingesetzten Softwareprodukte haben sich historisch aus verschiedenen Java- oder .NET-basierten, so genannten Message Queueing Systemen entwickelt.

Unter Berücksichtigung von Service-Outsourcing, Business-to-Business-Kooperationen und Zulieferpyramiden, der Popularität so genannter Mash-Ups und Web 2.0 Anwendungen sowie der Möglichkeiten, die beispielsweise Grid und Cloud Computing inzwischen auch außerhalb rein akademischer Szenarien bieten, ist jedoch offensichtlich, dass eine unternehmensweite Dienstintegration längst nicht mehr ausreicht. Es müssen vielmehr Konzepte erarbeitet und umgesetzt werden, die auch organisationsübergreifend anwendbar sind. Die Komplexität entsprechender Lösungsansätze steigt nicht nur durch die in der Praxis inhärente Heterogenität der bereits vorhandenen Informations- und Kommunikationsinfrastrukturen, sondern auch durch die bei unternehmensübergreifender Zusammenarbeit zwingend notwendige Berücksichtigung des gesamten GRC-Umfelds (Governance, Risk Management, Compliance). Der Einsatz von ESBs kommt dabei an seine Grenzen, da – wie aus dem Namen *Enterprise* Service Bus bereits hervorgeht – die dadurch neuen, organisationsübergreifenden Besonderheiten bislang weder technisch noch organisatorisch adäquat berücksichtigt wurden.

Seit einigen Jahren werden Organisationen, die gemeinsame Dienste und Ressourcen nutzen möchten, erfolgreich zu so genannten Föderationen zusammengefasst. Dabei spielen insbesondere auch Hochschulen eine Vorreiterrolle. Die organisationsübergreifende Dienstnutzung wird durch das föderierte Identitäts-Management (FIM) unterstützt, das auf web-service-basierten Standards wie SAML und WS-Security beruht und im Wesentlichen unterscheidet zwischen Identity Providern, die als Heimateinrichtung ausgewählte Daten über ihre Benutzer zur Verfügung stellen, und Service Providern, die Dienste anbieten und hierfür die Benutzerdaten benötigen. Die Anwendung von Techniken wie FIM, die den Begriff der *Föderation* für organisationsübergreifende Zusammenarbeit geprägt haben, setzt eine organisationsübergreifende Metadaten-Verwaltung voraus, die wie unternehmensinterne Lösungen ebenfalls Bereiche wie Server-Zertifikate und Datenschutz-Policies betrifft. Beispielsweise stellt der DFN-Verein für den Betrieb der deutschen Hochschulföderation DFN-AAI eine zentrale, XML-basierte Metadaten-Datei zur Verfügung (siehe Beschreibung unter [6] und [8]) die die Serverzertifikate und technischen Adressen aller an der Föderation beteiligten Identity und Service Provider enthält.

Für ebendieses organisationsübergreifende Metadaten-Management fehlen derzeit noch effiziente Lösungen, so dass der manuelle administrative Aufwand beispielsweise auch in der amerikanischen Hochschulföderation InCommon als eine der größten Herausforderungen für die Skalierbarkeit von Föderationen und die weitere Verbreitung entsprechender Technologien angesehen wird (siehe Studie [11]).

Dieser Artikel analysiert zunächst die mit der föderationsweiten Verwaltung von FIM-Metadaten verbundenen Schwierigkeiten in Abschnitt 2. Nach einer kurzen Zusammenfassung der für die anfallenden Aufgaben attraktiven ESB-Eigenschaften in Abschnitt 3 wird in Abschnitt 4 als Lösung eine föderationsweite Kommunikationsinfrastruktur vorgestellt, die auf einem ESB basiert, zur besseren Charakterisierung jedoch als *Federation Service Bus* (FedSB) bezeichnet wird. Nach einer Diskussion zentraler technischer Aspekte der FedSB-Umsetzung werden in Abschnitt 5 organisatorische Rahmenbedingungen zur Einführung skizziert. Abschnitt 6 erläutert ein praktisches Anwendungsbeispiel. Eine Zusammenfassung und ein Ausblick auf die weiteren Konzeptionsschritte schließen den Artikel ab.

2 Herausforderungen und Defizite beim organisationsübergreifenden Management von Sicherheitsmetadaten

Wie einführend erwähnt wurde, bildet FIM häufig die technische Basis der organisationsübergreifenden Dienstnutzung; die folgenden Erläuterungen beziehen sich deshalb exemplarisch auf FIM-Metadaten, gelten jedoch prinzipiell auch für nahezu beliebige andere Sicherheitsmetadaten.

Die Grundlage jeglichen Datenaustausches zwischen Identity Providern (IDP) und Service Providern (SP) ist die Kenntnis der gegenseitigen Kommunikationsendpunkte, die in der Regel auf URLs abgebildet werden. In kleineren Föderation werden diese Metadaten häufig manuell bei jeder beteiligten Organisation gepflegt; Änderungen werden in der Praxis beispielsweise telefonisch oder über E-Mail-Verteiler kommuniziert. In größeren Föderationen hat es sich bislang bewährt, diese Föderationsmitgliederliste zentral, beispielsweise durch den Initiator der Föderation zu pflegen und z. B. über einen Webserver zum Abruf bereit zu stellen. Diese Vorgehensweise wurde auch für die DFN-AAI gewählt. Dabei ergeben sich jedoch zwangsläufig Abhängigkeiten von einer zentralen Stelle, durch die langfristig die Skalierbarkeit eingeschränkt wird (Single Point of Failure). Alternative, dezentrale Lösungsansätze wie der Metadatenabruf über DNS Records oder die Verwendung fester Rechnernamen (z. B. `idp.example.com` für den Identity Provider) konnten sich bislang nicht durchsetzen (siehe [11]).

Der hohe Pflegeaufwand im dauerhaften Betrieb ergibt sich dabei nur zu einem kleinen Teil daraus, dass sich die Kommunikationsendpunkte beispielsweise durch Fluktuation in der Föderation oder bei Systemupdates ändern. Vielmehr müssen Informationen mit begrenzter Gültigkeit und inhärent dynamische Metadaten berücksichtigt werden. Hierzu gehören beispielsweise folgende Arten von Sicherheitsmetadaten:

- Die organisationsübergreifende sichere Datenübertragung beruht auf kryptographischen Verfahren wie elektronischen Signaturen und Verschlüsselung, um Authentizität, Integrität und Vertraulichkeit sicherzustellen. In großen Föderationen mit n Teilnehmern kommen hierfür nur asymmetrische Verschlüsselungsverfahren in Frage, so dass der Aufwand für die Schlüsselverwaltung bei $O(n)$ statt bei $O(n^2)$ liegt, wie er für symmetrische Verfahren mit bilateral vereinbarten Passwörtern bzw. Schlüsseln wäre. Die hierzu eingesetzten Zertifikate werden im Allgemeinen von verschiedenen Zertifizierungsautoritäten (CAs) ausgestellt, gehören somit unterschiedlichen PKIs an und haben meist eine Gültigkeit von 2–3 Jahren.

Diese Heterogenität ist beispielsweise auch in der DFN-AAI erforderlich, da zwar die involvierten Hochschulen einheitlich an der DFN-PKI teilnehmen können, aber nicht die beteiligten kommerziellen Dienstleister; diese sind zudem typischerweise in mehreren nationalen Hochschulföderationen aktiv, können ihren Dienst aber aus technischen Gründen nicht mit mehreren Zertifikaten parallel betreiben.

Um eine reibungslose Kommunikation sicherzustellen, müssen neue Zertifikate rechtzeitig ausgeliefert und in die Konfiguration der einzelnen Systeme integriert werden. In großen Föderationen in der Industrie, z. B. bei Zulieferpyramiden mit nicht selten mehreren tausend beteiligten Organisationen, bedeutet dies durchschnittlich mehrere zur Aufrechterhaltung der Kommunikation essentielle Änderungen an den bei jeder teilnehmenden Organisation erfassten Sicherheitsmetadaten pro Tag und somit einen deutlichen Bedarf an Automatisierung.

- Die Herausgabe personenbezogener Daten an externe Dienstleister erfordert umfassende Datenschutzmaßnahmen. Ein in der Praxis etablierter und in mehreren Arbeiten untersuchter Steuerungsmechanismus sind so genannte Attribute Release Policies (ARPs), die in der Granularität einzelner Datenfelder (z. B. Nachname, E-Mail-Adresse, Telefonnummer) festlegen, welche Daten über welche Benutzer unter welchen Bedingungen an welche Dienstleister übertragen werden dürfen (vgl. [2, 9]). Entsprechende Freigaberegeln können von den Benutzern interaktiv festgelegt werden und werden durch von Administratoren vorgegebenen Defaultparametern ergänzt, die meist in Zusammenarbeit mit dem zuständigen Datenschutzbeauftragten bzw. dem Unternehmens-CPO (Chief Privacy Officer) erstellt wurden.

In vielen hochschulnahen Anwendungsbereichen wie Grid-Computing und E-Learning-Föderationen findet sich eine relativ große Anzahl an ähnlichen Dienstleistern, auf die dieselben ARPs anzuwenden sind. In dynamischen Föderationen mit häufig hinzukommenden und wegfallenden SPs wird deshalb eine organisationsübergreifend partiell gemeinsame ARP-Verwaltung angestrebt; dies haben wir in den Vorarbeiten [10] und [13] dargelegt.

Charakteristisch ist dabei, dass ein erheblicher Teil der insgesamt notwendigen Sicherheitsmetadaten inhaltlich identisch bei jeder beteiligten Organisation vorzuliegen hat und dort von typischerweise wenigen, nur lokal relevanten und administrierten weiteren Sicherheitsmetadaten komplementiert wird. Die Zusammenstellung der gesamten Metadatenmenge aus diesen disjunkten Fragmenten erfolgt bislang manuell oder durch lokal entwickelte Werkzeuge und Skripte; ein integriertes Metadaten-Managementkonzept mit organisationsübergreifendem Anwendungsbereich existiert bislang nicht und wurde nicht durch entsprechende IT-Werkzeuge unterstützt.

3 Relevante Charakteristika des Basisdienstes Enterprise Service Bus

In diesem Abschnitt diskutieren wir ausgewählte Eigenschaften des ESB-Konzepts, welche die nachfolgend vorgestellte, föderationsweite Lösung motivieren und stark beeinflussen; für eine breitere Einführung in die Materie wird auf die umfassende Literatur verwiesen (z.B. [5]).

Der ESB ist ein so genanntes Architekturmuster für SOA-basierte Kommunikationsprozesse und als solches nicht an konkrete Implementierungen, Protokolle oder Produkte gebunden. Er abstrahiert wie in Abbildung 1 dargestellt die ereignisorientierte, nachrichtengebundene $1:n$-Kommunikation, bei der sich der Sender einer Nachricht nicht selbst um die Verwaltung der Empfänger kümmern muss. Diese wird vielmehr zusammen mit der zuverlässigen und sicheren Zustellung der Nachricht vom ESB übernommen.

Das Andocken von Sendern und Empfängern an den ESB erfolgt jeweils über eine als Konnektor oder Adapter bezeichnete Schnittstelle, die je nach anzubindendem System mit unterschiedlichen Protokollen wie SOAP-over-HTTPS oder Java-RMI realisiert werden kann, notwendige Datentransformationen vornimmt und mit unterschiedlichen Quality-of-Service (QoS) Parametern konfiguriert werden kann. Zu den QoS-Optionen gehören insbesondere auch die automatische Protokollierung zu Auditzwecken und das Verhalten im Fehlerfall, z.B. bei längerem Ausfall des Zielsystems. Im Allgemeinen erfolgt die Anbindung bidirektional, d.h. empfangende Systeme können auch als Sender agieren, um beispielsweise klassische Request-/Response-Protokolle auf ESB-Infrastrukturen abbilden zu können.

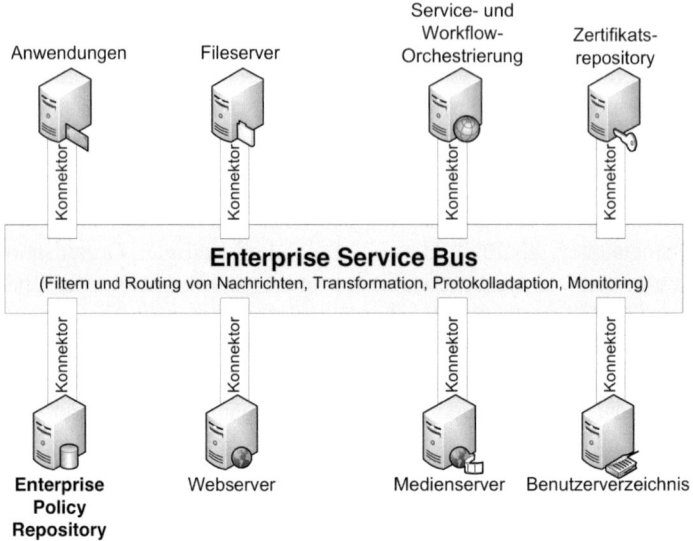

Abb. 1 Organisationsweite Systemkommunikation über Enterprise Service Bus

Die potentielle Vielzahl an Systemen, die über einen gemeinsamen, organisationsweiten ESB verbunden werden, erfordert eine Strukturierung und Kategorisierung von Nachrichten, die technisch z. B. durch dedizierte Namespaces realisiert wird. Vorgaben von Sendern und Empfängern sowie unternehmensweite Sicherheitsrichtlinien geben vor, welche Nachrichten für welche Empfänger relevant sind und werden durch Filtermechanismen umgesetzt; diese können optional durch Verschlüsselung, beispielsweise auf Basis des Standards XML-Encryption [9], ergänzt werden, so dass nur berechtigte Empfänger die Nutzdaten auswerten können, wohingegen andere Empfänger den Nachrichtenklartext nicht rekonstruieren können. Systemübergreifende Regeln werden typischerweise in einem Enterprise Policy Repository hinterlegt und können zentral und einheitlich verwaltet werden.

Die aus einer so gearteten Kommunikationsinfrastruktur resultierenden Vorteile werden offensichtlich auch für den organisationsübergreifenden Nachrichtenaustausch angestrebt, der im folgenden Abschnitt diskutiert wird.

4 Federation Service Bus als organisationsübergreifende Kommunikationsinfrastruktur

Wie in Abschnitt 2 erläutert wurde, erfordert die Verwaltung von Sicherheitsmetadaten bislang manuelle administrative Eingriffe durch jede an einer Föderation beteiligte Organisation, die durch das Bereitstellen von Metadatenfragmenten zum Abruf von zentralen Stellen nur suboptimal unterstützt werden. Das föderationsweite Wirksamwerden von Metadatenänderungen wird somit inhärent verzögert, bis sie von allen beteiligten Organisationen abgerufen und umgesetzt wurden. Dies lässt sich in der Praxis derzeit weder bei dringenden Änderungen beschleunigen noch im Sinne eines Metadata Policy Enforcements a posteriori kontrollieren. Im Kontext der DFN-AAI-Föderation bedeutet dies konkret, dass z. B. ein Service Provider, dessen Zertifikat sich geändert hat, nicht wissen kann, ob bzw. ab wann die Identity Provider bereits das neue Zertifikat eingespielt haben. Der DFN-Verein geht dabei von einer möglichen Verzögerung von bis zu mehreren Tagen aus (vgl. Vorgehensmodell, das unter [7] erläutert wird). Insbesondere kann auch der DFN-Verein, der die Metadaten zum Abruf bereitstellt, nicht wissen, ob und bei welchen anderen Teilnehmern die neuen Sicherheitsmetadaten bereits eingespielt wurden und damit wirksam sind.

An dieser Stelle setzt der von uns vorgeschlagene Federation Service Bus (FedSB) an. Er unterscheidet sich vom ESB konzeptionell dadurch, dass er organisationsübergreifend eingesetzt und entweder an metadaten-verwaltungsrelevante Einzelsysteme oder organisationsintern bereits vorhandene ESBs angebunden wird. Aufgrund des organisationsübergreifenden Charakters wird die Architektur als *Federation* Service Bus und nicht mehr als *Enterprise* Service Bus bezeichnet. Damit verbundene weitere Unterschiede werden nachfolgend diskutiert.

Der FedSB propagiert lediglich Nachrichten, deren Sender bzw. Empfänger organisationsextern sind, kann jedoch für beliebige Metadatenarten eingesetzt werden. Im Kontext der hier diskutierten Beispiele schränken wir sein Einsatzgebiet dabei explizit auf Sicherheitsmetadaten, die wie in Abschnitt 3 erläutert $1:n$-Kommunikationsmuster erfordern, ein. Somit sind insbesondere weder eine direkte Anbindung von Benutzerclients noch der Austausch von Anwendungsnutzdaten über den FedSB vorgesehen. Dies vereinfacht einerseits die relevanten Datenschutzaspekte erheblich; andererseits ist der FedSB nicht als Alternative zu den bereits vorhandenen Kommunikationsmechanismen wie Shibboleth bzw. SAML-Assertions zu verstehen, sondern soll diese im Bereich der Metadatenverwaltung ergänzen.

In den folgenden Abschnitten beschreiben wir den Mehrwert, der sich durch den Einsatz eines FedSB ergibt, und das zugrunde liegende Kommunikationsmodell samt der zu realisierenden Basisfunktionalität.

4.1 Mehrwert durch den Einsatz eines Federation Service Bus

Analog zum ESB bietet der Einsatz eines FedSB gegenüber den bisherigen Ansätzen folgende Vorteile:

- Die Kommunikation erfolgt ereignisgesteuert; dies hat die Konsequenz, dass die Zustellung einer Metadatenänderung zeitnah und in einem Push-Verfahren erfolgt, wodurch sich die Verzögerung bis zum föderationsweiten Wirksam-

werden minimieren lassen, da bisherige, intervallgesteuerte Pull-Mechanismen entfallen können.
- Der Sender muss sich nicht selbst um das Zwischenspeichern von Nachrichten kümmern, wenn eines der Zielsysteme temporär nicht erreichbar ist, und kann vom FedSB optional über die erfolgreiche Zustellung der Nachricht informiert werden. Die bei jeder Organisation notwendige Schnittstelle kann dadurch schlank gehalten werden, und der Status der Propagation von Metadatenänderungen wird transparent.
- Die eine Metadatenänderung durchführende Organisation muss nicht alle davon betroffenen Organisationen kennen, da die Verteilung vom FedSB übernommen wird. Davon unabhängig kann der Sender optional weiterhin vorgeben, für welche Empfänger eine Nachricht bestimmt ist; insbesondere können Nachrichten an Gruppen versendet werden, deren Mitglieder nicht vom Sender gepflegt werden müssen. Dadurch wird es beispielsweise möglich, dass neue Attribute Release Policies über die DFN-AAI verteilt werden, die jedoch nur für die an der virtuellen Hochschule Bayern (vhb) beteiligten Hochschulen relevant sind. Die Pflege dieser Gruppenzugehörigkeit muss dabei nicht zentral vom DFN-Verein übernommen werden, sondern könnte z. B. direkt von der vhb vorgenommen werden.
- Die Metadaten können beim Transport vom FedSB zum Zielsystem konvertiert werden, beispielsweise um sie für empfängerseitig unterschiedliche Produkte bzw. Produktversionen aufzubereiten. Der Ansatz eignet sich somit insbesondere auch für heterogene Föderationen. Beispielsweise haben Attribute Release Policies für ältere Versionen der Föderationssoftware Shibboleth ein anderes Format als für die aktuelle Version; bei vielen Teilnehmern ist jedoch noch die ältere Version im Einsatz.
- Die Nachrichten können optional protokolliert werden, um die föderationsweiten Änderungen nachvollziehbar zu dokumentieren. Im Unterschied zum periodischen Abruf der gesamten Metadaten ist dabei sichergestellt, dass die Änderungen einzeln vorliegen, wodurch Analyseschwierigkeiten, die auftreten, wenn mehrere Änderungen auf einmal durchgeführt wurden und zu Fehlern führen, vermieden werden.
- Der FedSB wird über föderationsweite Policies gesteuert, über die beispielsweise erzwungen werden kann, dass ausgewählte Änderungen einem Genehmigungsschritt (approval workflow) unterzogen werden, bevor sie an die betroffenen Zielsysteme zugestellt werden. Damit können im Rahmen der DFN-AAI beispielsweise qualitätssichernde Maßnahmen, die sich zwischen der Test- und der Produktivföderation unterscheiden, umgesetzt werden.
- Neue Systeme können sich am FedSB selbst registrieren und die zur Kommunikation mit ihnen relevanten Metadaten dynamisch zur Verfügung stellen, ohne dass – abgesehen von einem optionalen Genehmigungsvorgang – ein manuelles Eingreifen durch einen Administrator erforderlich wird.

Die in Abbildung 2 dargestellte FedSB-Infrastruktur kann zudem als Basis für neue metadaten-spezifische Dienste genutzt werden, die request-/response-basiert aufgebaut sind. Beispielsweise kann ein Dienst, über den alle aktuellen Metadaten bezogen werden können, das Service Recovery nach längerer Ausfallzeit unterstützen und somit die herkömmlichen Metadaten-Bereitstellungsverfahren vollständig ablösen.

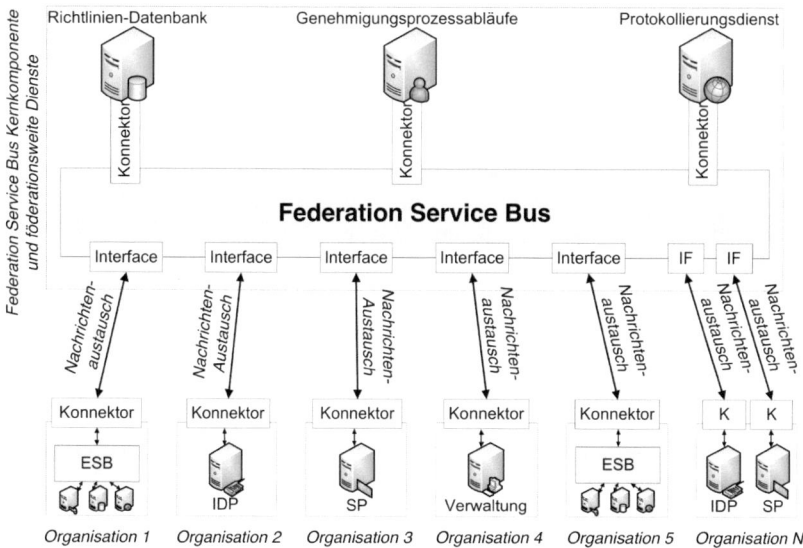

Abb. 2 Organisationsübergreifender Metadaten-Austausch über FedSB

4.2 Kommunikationsmodell und Funktionalität eines Federation Service Bus

Losgelöst von der szenarienspezifischen Modellierung konkreter Metadaten und der in Abschnitt 5 diskutierten Frage nach der für den Betrieb der FedSB-Bestandteile zuständigen Organisation können die vom FedSB und den angeschlossenen Komponenten bereitzustellenden Funktionen und das Zusammenspiel auf Basis der ausgetauschten Nachrichten definiert werden.

Seitens des Kommunikationsmodells sind vorrangig der FedSB und die daran angebundenen Systeme zu betrachten. Wie in Abschnitt 3 beschrieben wurde, erfolgt der Nachrichtenaustausch dabei mittelbar über je einen Konnektor pro angebundenem System; der Konnektor ist somit ebenfalls als Akteur zu betrachten. Zur Registrierung eines neu anzubindenden Systems kann von einem Verbindungsaufbau vom System zum FedSB ausgegangen werden, wohingegen die Zustellung von propagierten Nachrichten an ein Zielsystem vom FedSB initiiert wird. Im Allgemeinen handelt es sich somit um eine bidirektionalen Kommunikation, die von den eingesetzten Nachrichtentransportmechanismen, z.B. im Hinblick auf Firewalls, unterstützt und zugelassen werden muss; entsprechend bietet sich als webservice-orientiertes Kommunikationsprotokoll beispielsweise SOAP-over-HTTPS an. Generell sind dabei folgende Arten ausgetauschter Nachrichten zu unterscheiden:

- Steuerinformation zur Verwaltung am FedSB registrierter Systeme (lifecycle management), z.B. Anmeldung, Abmeldung und Änderung von QoS-Parametern.
- Monitoring- und Fehlerbehandlungsinformationen, z.B. zur Abfrage der aktuellen Verfügbarkeit des jeweiligen Kommunikationspartners.
- FedSB-Nutzdaten, also Sicherheitsmetadaten, die im Unterschied zu den beiden anderen Nachrichtentypen bei Bedarf auch asynchron, d.h. ohne sofortige Rückmeldung an den ursprünglichen Absender, zugestellt werden können. Bei diesen Daten können insbesondere auch mehrere Empfänger angegeben werden und es stehen Gruppenkommunikation und Broadcasts zur Verfügung.

Die Konnektorensoftware, die geeignet konfiguriert und parametrisiert werden muss, muss darüber hinaus folgende essentielle Funktionen bereitstellen:

- Der Konnektor sorgt für die *sichere* Datenübertragung, d.h. er stellt Integrität, Authentizität und Vertraulichkeit der übermittelten Nachrichten sicher. Wie in Abschnitt 2 erläutert können dafür kryptographische Standardverfahren eingesetzt werden.
- Der Konnektor setzt eine *exactly-once* Semantik um, d.h. es wird sichergestellt, dass keine Nachricht verloren geht oder mehrfach beim Empfänger ankommt. Hierfür sind einerseits Puffermechanismen bei nicht erreichbarem Zielsystem und andererseits Transaktionsmechanismen, die vor Systemausfällen während der Nachrichtenübertragung schützen, erforderlich.
- Der Konnektor übernimmt bei Bedarf analog zur Transformer-Komponente bei ESBs die Datenkonvertierung, d.h. die Verarbeitung einer Nachricht beim Empfänger muss nicht an die Syntax jedes möglichen Absenders angepasst werden. Bei jeglicher Modifikation der übertragenen Daten muss jedoch berücksichtigt werden, dass dadurch beispielsweise vorhandene elektronische Signaturen zerstört werden können; in diesem Fall muss eine geeignete Vertrauensstellung zwischen Konnektor und Empfänger gegeben sein, so dass eine neue Signatur durch den Konnektor ein ausreichendes Schutzniveau bietet. Ein entsprechendes Konzept ist beispielsweise in [3] ausgearbeitet.

Dem FedSB selbst kommen darüber hinaus Aufgaben zur internen Verwaltung der angebundenen Systeme zu. Dies umfasst einerseits das technische Verwalten der Gruppenzugehörigkeit von Organisationen und andererseits das Filtern von Nachrichten; letzteres beinhaltet die Modifikation des Empfängerkreises, so dass

- sichergestellt wird, dass Broadcast- und Gruppennachrichten nur an die gewünschten Zielsysteme und nicht an alle angebundenen Systeme zugestellt werden.

- Kopien der Nachrichten beispielsweise an Logging- bzw. Auditierungssysteme übermittelt werden.
- die Zustellung bei Bedarf verzögert bzw. die Nachricht umgeleitet wird, um obligatorische Genehmigungsschritte durchzuführen.

Dieser gewünschte Eingriff in die übertragenen Nachrichten verdeutlicht jedoch auch, dass gegen eine unberechtigte Manipulation der übertragenen Daten bei Bedarf zusätzliche Schutzmaßnahmen notwendig sind. Beispielsweise kann in Ergänzung zur Absicherung der Kommunikation, z. B. durch Punkt-zu-Punkt-Verschlüsselung (zwischen den an der Übermittlung beteiligten Zwischenstationen) mittels SSL oder TLS, auch eine Ende-zu-Ende-Verschlüsselung (zwischen Datenquelle und -abnehmer) eingesetzt werden. Sowohl die Notwendigkeit als auch die Zulässigkeit solcher Verfahren müssen jedoch auf organisatorischer Ebene und typischerweise föderationsweit abgestimmt werden.

5 Grundlegende Schritte zur Einführung eines Federation Service Bus

Die FedSB-Architektur ist als Kommunikationsinfrastruktur an einen Lebenszyklus gebunden, von dem im Folgenden lediglich die Phasen der Inbetriebnahme und des Dauerbetriebs mit Change Management in vereinfachter Form betrachtet werden. Bei der Einführung ist zu differenzieren, ob die Föderation bereits besteht oder sich ebenfalls erst im Aufbau befindet; wir beschränken uns in der folgenden Diskussion auf die erste dieser beiden Varianten, da sie alle charakteristischen Fragestellungen aufwirft und einen unmittelbaren Praxisbezug – beispielsweise zur DFN-AAI-Föderation – hat.

Zunächst stellt sich die grundlegende Frage, welche Organisation den Betrieb der FedSB-Kernkomponenten übernehmen soll und wie potentielle technische Defizite, z. B. im Hinblick auf die Verfügbarkeit (Performance-Engpässe, single point of failure), vermieden werden können. In Anlehnung an den Betrieb anderer zentraler föderationsweiter Dienste (vgl. [14]) können die organisatorischen Konzepte der Liberty Alliance angewendet werden, die Lösungsvarianten vom Betrieb durch den Föderationsinitiator über den Aufbau einer Betriebsgesellschaft bis hin zum Outsourcing vorsehen (siehe [16]). Technisch kann die Hochverfügbarkeit z. B. durch Redundanz und Betrieb an verschiedenen Standorten ausreichend sichergestellt werden.

Beim in Abschnitt 2 beschriebenen Einsatz von FIM bedeutet dies beispielsweise, dass der FedSB von derselben Organisation betrieben wird, die auch die Föderationsmitgliederliste zentral verwaltet; für die DFN-AAI-Föderation ist dies der DFN-Verein. Diese Vorgehensweise hat insbesondere den Vorteil, dass bereits geeignete Vertrauens- und Vertragsbeziehungen vorhanden sind und als Basis genutzt werden können.

Die Bereitstellung des FedSB-Kerns sollte damit einhergehen, dass bereits vorher angebotene Metadaten-Dienste, z. B. der Abruf der Föderationsmitgliederliste, auch über die neue Infrastruktur in Anspruch genommen werden können, um eine nahtlose Migration zu ermöglichen. Alte und neue Infrastruktur können dabei so lange wie notwendig parallel betrieben werden. In diesem Zeitraum können die an der Föderation beteiligten Organisationen sukzessive auf die Nutzung des FedSB umstellen; hierbei bietet sich eine gleichzeitige Umstellung der involvierten Komponenten an, um nicht verschiedene Infrastrukturen parallel betreiben zu müssen.

6 Praktischer Einsatz des Federation Service Bus

Das in diesem Artikel vorgestellte FedSB-Konzept soll zunächst prototypisch für ein in [10] näher beschriebenes Szenario implementiert werden. Dabei sollen zwischen mehreren an der deutschen Hochschulföderation DFN-AAI [15] beteiligten bayerischen Hochschulen ausgewählte ARPs synchronisiert werden. Diese steuern, welchen an der Virtuellen Hochschule Bayern (vhb, [17]) beteiligten Anbietern von Learning Management Systemen welche personenbezogenen Daten über die Benutzer (Studenten und Dozenten) zur Verfügung gestellt werden. Damit soll der Administrationsaufwand für die manuelle Pflege einer Vielzahl einander sehr ähnlicher Policies minimiert und eine vhb-weite Konfigurationskonsistenz erreicht werden, durch die aufwendige Fehlersuchen deutlich vereinfacht werden können.

Dieses Szenario stellt die folgenden charakteristischen Anforderungen an die FedSB-Einführung:

- Der FedSB muss in eine bereits bestehende Föderation nahtlos integriert werden.
- Er wird – zumindest im ersten Schritt – nur von einer Teilmenge (vhb-Trägerhochschulen) der Föderationsteilnehmer (d. h. in der DFN-AAI potentiell alle deutschen Hochschulen) und für eine Übergangszeit parallel zur bisherigen Infrastruktur genutzt.
- Es sind verschiedene Versionen der Föderationssoftware Shibboleth im Einsatz, die eine unterschiedliche ARP-Syntax erfordern, so dass Datenkonvertierungen für diese eine Art von Sicherheitsmetadaten notwendig sind.
- Andere Metadaten, z. B. die Föderationsteilnehmerliste, werden nicht direkt über die neue Infrastruktur angeboten, sondern sollen über entsprechende Wrapperkomponenten bereitgestellt werden, die für die Verbindung zur bereits etablierten DFN-AAI-Infrastruktur herstellen.

Die Realisierung bei jeder beteiligten Hochschule wird dabei über eine möglichst schlanke Erweiterung der eingesetzten FIM-Software Shibboleth [4] angestrebt. Der erste web-service-basierte Prototyp wird sich deshalb auf Attribute Release Policies, d. h. lediglich eine Art von Metadaten, und rudimentäre Basisoperationen wie *add*, *modify* und *delete* auf Policyfragmenten beschränken. Da diese Metadaten bereits in XML vorliegen, können die notwendigen Transformationen zwischen Attribute Release Policies für Shibboleth 1.3 und Attribute Filter Policies für Shibboleth 2.0 über ein XSLT-Stylesheet durchgeführt werden. Für die Java-basierte Implementierung wird Xalan-J zum Einsatz kommen.

7 Zusammenfassung und Ausblick

Auf der Grundlage unternehmensintern erfolgreich eingesetzter Enterprise Service Buses haben wir in diesem Artikel das Konzept eines Federation Service Bus (FedSB) vorgestellt. Durch einen FedSB kann der föderationsweite Austausch von Metadaten, beispielsweise zur organisationsübergreifenden Synchronisation von Serverzertifikaten und Datenfreigabepolicies, auf eine einheitliche, web-servicebasierte Basis gestellt werden und somit manuelle Verfahren und proprietäre Protokolle ablösen. Der FedSB übernimmt dabei den sicheren und zuverlässigen Transport von Metadaten-Änderungen an alle relevanten Empfänger. Neben den technischen Eigenschaften haben wir das Kommunikationsmodell, die benötigte Funktionalität, Schritte zur Einführung und die Anwendung auf ein reales Szenario grundlegend skizziert.

Die nächsten Schritte bestehen in der Entwicklung und dem Deployment eines Prototyps und dessen sukzessiven Ausbaus um weitere unterstützte Metadatenarten. Die dabei gemachten praktischen Erfahrungen werden in die Verfeinerung des FedSB-Konzepts einfließen und bei der weiteren Implementierung berücksichtigt. Mittelfristig verfolgen wir dabei das Ziel, von einer an die FIM-Software Shibboleth gebundenen Implementierung losgelöst eine FedSB-Erweiterung für das Open Source Framework OpenESB [1] bereitzustellen, die für beliebige Metadaten auch zusammen mit anderen Föderationsframeworks genutzt werden kann.

Danksagung

Die Autoren bedanken sich bei den Mitgliedern der Projekte IntegraTUM und elecTUM sowie dem Munich Network Management (MNM) Team für die hilfreichen und konstruktiven Diskussionen und Kommentare.

Literatur

[1] Abduljaffar, A., et al.: OpenESB: The Open Enterprise Service Bus. https://openesb.dev.java.net/ (2008)

[2] Ahn, G.J., Lam, J.: Managing Privacy Preferences for Federated Identity Management. In: Proceedings 1st Workshop on Digital Identity Management (DIM'05), ACM Press (November 2005)

[3] Benson, G.: Signature Gateway Profile of the OASIS Digital Signature Service Version 1.0. OASIS Standard, http://www.oasis-open.org/committees/dss/ (2007)
[4] Cantor, S., et al.: Shibboleth, Architektur und Dokumentation. http://shibboleth.internet2.edu/ (2008)
[5] Chappell, D.: Enterprise Service Bus. O'Reilly, ISBN 0-596-00675-6 (June 2004)
[6] DFN-Verein: Metadaten für die Teilnahme an der DFN-AAI. https://www.aai.dfn.de/teilnahme/metadaten/ (2009)
[7] DFN-Verein: Vorgehensweise bei der Erneuerung von Serverzertifikaten. https://www.aai.dfn.de/doc/zertifikat-erneuern/ (2009)
[8] DFN-Verein: Zentrale Metadaten-Verwaltung für die DFN-AAI, https://www.aai.dfn.de/verwaltung/ (2009)
[9] Eastlake, D., Reagle, J.: XML Encryption Syntax and Processing. W3C Recommendation, http://www.w3.org/TR/xmlenc-core/ (2002)
[10] Graf, S., Hommel, W.: Hochschulübergreifendes E-Learning: Technische Realisierung und Datenschutz. In: Proceedings 9. Internationale Tagung Wirtschaftsinformatik (WI 2009), Wien, Austria, Austrian Computer Society (Februar 2009)
[11] Harding, P., Johansson, L., Klingenstein, N.: Dynamic Security Assertion Markup Language: Simplifying Single Sign-On. IEEE Security & Privacy Vol. 6 No. 2 (Mar 2008)
[12] Hommel, W.: Using XACML for Privacy Control in SAML-based Identity Federations. In: Proceedings 9th Conference on Communications and Multimedia Security (CMS 2005), Salzburg, Austria, Springer (September 2005)
[13] Hommel, W.: Using Policy-based Management for Privacy-Enhancing Data Access and Usage Control in Grid Environments. In: Proceedings 8th IEEE International Symposium on Cluster Computing and the Grid (CCGrid'08), Lyon, France, IEEE Press (May 2008)
[14] Hommel, W., Reiser, H.: Federated Identity Management: Die Notwendigkeit zentraler Koordinationsdienste. In: Kommunikation in Verteilten Systemen (KiVS 2005), Kaiserslautern, Germany, Springer (March 2005)
[15] Kaehler, U.: DFN-AAI in der Praxis. DFN Mitteilungen Nr. 74 (May 2008)
[16] Sheckler, V.: Liberty Alliance Contractual Framework Outline for Circles of Trust. Liberty Alliance Guideline, http://www.project-liberty.org/ (2007)
[17] vhb: Virtuelle Hochschule Bayern (vhb). http://www.vhb.org/ (2008)

Modulare LDAP-Server-, -Protokoll und -Funktionserweiterungen am Beispiel von OpenLDAP

Daniel Pluta

Zusammenfassung In diesem Artikel wird ein Standardisierungsvorschlag für eine LDAP-Protokollerweiterung und deren Referenzimplementierung in Form einer modularen Erweiterung für die LDAP-Software-Suite des OpenLDAP-Projektes vorgestellt. Nach einer Einführung in und einem Überblick über die wichtigsten OpenLDAP-Komponenten stellen wir unseren Lösungsansatz vor und gehen auf seine technischen Details ein. Ziel dieses Overlays ist die Implementierung einer neuen Funktionalität, die vom LDAP-Protokoll bisher nicht vorgesehen ist: Der Umfang der Suchergebnismenge soll serverseitig, dezentral und in der Granularität ganzer Objekte in Abhängigkeit von der aktuellen Serverzeit (konfigurierbar) eingeschränkt werden.

1 Überblick über das OpenLDAP-Projekt

Beim OpenLDAP-Projekt handelt es sich um eine Abspaltung bzw. Weiterentwicklung einer der ersten und mittlerweile nicht mehr weitergepflegten Open-Source LDAP-Implementierungen – dem University of Michigan LDAP Projekt (U-Mich LDAP). Das Projekt hat sich die Implementierungen je eines standardkonformen (siehe [4] und [3]), sicheren, leistungsfähigen, quelloffenen, plattformunabhängigen und wettbewerbsfähigen LDAP-Servers und -Clients zum Ziel gesetzt.

1.1 OpenLDAP-Server

Aufgrund der Veröffentlichung des Quellcodes hat sich die Server-Komponente, der „Standalone LDAP Daemon" (slapd) zumindest unter den quelloffenen Betriebssystemdistribution wie Linux und BSD als bekannteste und am weitesten verbreitete LDAP-Server-Implementierung durchgesetzt. So kommt der slapd in sicherheitskritischen Infrastrukturen und in Infrastrukturen mit hohen Leistungsanforderungen – beispielsweise im Grid-Computing – zum Einsatz.

Neben dem Einsatz in Forschungsprojekten des öffentlichen Bereichs läuft der OpenLDAP-Server auch im kommerziellen Umfeld und dort auch auf Closed-

Source-Plattformen wie beispielsweise Microsoft Windows. Der slapd hat hier als „Symas OpenLDAP Directory Service" (der kommerzielle Zweig des OpenLDAP-Projektes) einen festen Platz, wenn es um höchste Ansprüche bezüglich der Leistungsfähigkeit, was die serverseitige Verarbeitungs- und Auslieferungsgeschwindigkeit betrifft, geht. Die Symas Corporation bietet einerseits die kostenlos (da ohne Wartung oder sonstige Ansprüche) überlassene „Symas OpenLDAP Silver"- sowie die „Symas OpenLDAP Gold"-Edition unter Lizenz an.

1.2 OpenLDAP-Client-Werkzeuge und -Bibliothek

Die OpenLDAP-eigenen Client-Werkzeuge werden z. B. im IntegraTUM-Teilprojekt Verzeichnisdienst (TP LDAP) flächendeckend eingesetzt. Zum regelmäßigen Einsatz kommen hier u. a. die Werkzeuge ldapsearch, ldapmodify, ldapdelete.

Während der Entwicklung im OpenLDAP-Projekt wird streng darauf geachtet, die internen Funktionalitäten sowohl auf Server- als auch auf Client-Seite in Bibliotheken zu kapseln. Ein sehr wichtiger Gesichtspunkt ist hierbei die Verwendung des eigenen Bibliotheksprogrammcodes. Da sowohl Server als auch Client die eigenen Bibliotheken selbst intern verwenden, kann die Entwicklung von Client, Server und Bibliothek nicht versehentlich auseinander laufen. Die frei verfügbaren LDAP-Bibliotheken (libldap), die ebenfalls als Open-Source entwickelt und veröffentlicht sind, bilden neben Server und Client die dritte Säule des Erfolgskonzeptes von OpenLDAP.

Neben der standardmäßig in der Java-Entwicklungsumgebung enthaltenen JNDI-Klassenbibliothek, die Funktionalitäten zur LDAP-Kommunikation enthält, hat die Firma Novell seine eigenentwickelte LDAP-Java-Bibliothek (JLDAP) dem OpenLDAP-Projekt gespendet.

Während damit im Java-Umfeld zumindest zwei große Klassenbibliotheken um die Gunst der Entwickler buhlen, stellt die quelloffene und aktiv weiterentwickelte OpenLDAP C-Bibliothek (libldap) ein Alleinstellungsmerkmal dar. Sie wird daher bevorzugt in vielen Projekten und Produkten eingesetzt, in denen LDAP-Funktionalität implementiert werden soll. Die libldap-Bibliothek ist zum festen Bestandteil vieler allgemein bekannter Open-Source-Projekte, u. a. Apache httpd, Cyrus-SASL und Cyrus-imapd sowie Programmiersprachen PHP, Phyton und Ruby geworden.

Für TP-LDAP-interne Entwicklungen wurden Java-seitig JNDI als auch JLDAP einsetzt. JLDAP wurde u. a. bei der Entwicklung des zentralen Managementsystems für Gästedaten, das in einem separaten Artikel in diesem Band beschrieben ist, verwendet. [1]

Der inhaltliche Fokus dieses Artikels liegt im Folgenden auf der Beschreibung der allgemeinen Funktionsweise der serverseitigen Implementierung.

2 Technische Details – Standalone LDAP Server Demo

Aufgrund des modularen Softwaredesigns wird zunächst ein Überblick über den Server und dessen zentrale Komponenten präsentiert. Alle Ausführungen beziehen sich dabei auf die zum Zeitpunkt der Drucklegung dieses Artikels verfügbare OpenLDAP-Version 2.4.17. In Abbildung 1 sind die wichtigsten Abhängigkeiten der Komponenten untereinander sowie deren Zusammenspiel skizziert.

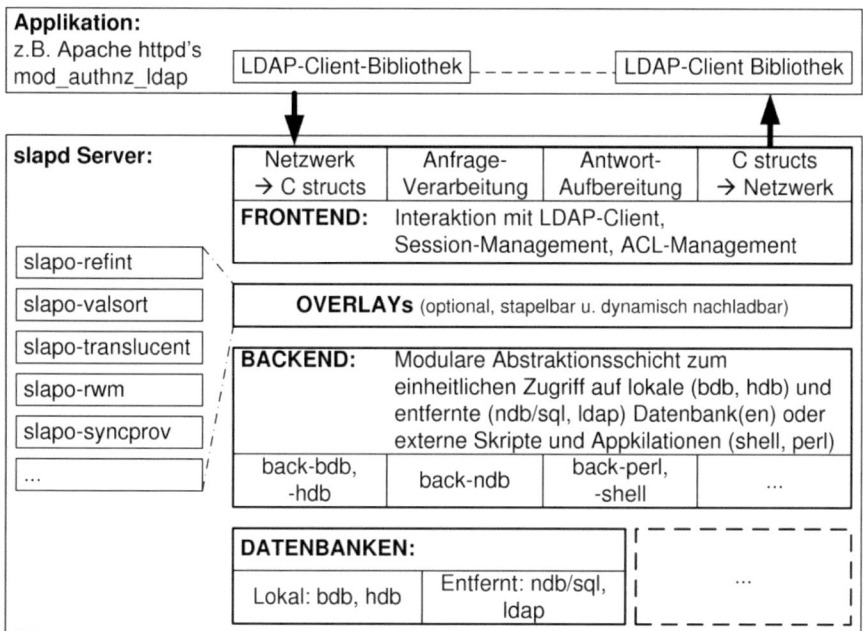

Abb. 1 Architektur des OpenLDAP-Servers „slapd" inkl. wichtiger Module

Grundlegend ist festzuhalten, dass eine strenge Dreiteilung in die Bereiche Frontend, Backend und Datenbanken vorliegt. Darüber kann eine vierte (optionale) Zwischenschicht mit der Bezeichnung „Overlays" zwischen Frontend und Backend angesiedelt werden. Auf diese Bestandteile wird nachfolgend näher eingegangen.

2.1 Frontend

Das Frontend des slapd-Servers dient u. a. der Kommunikation zwischen LDAP-Client und -Server. Es dekodiert empfangene Anfragen und codiert zu sendende Antworten. Dazu bereitet es die Datenströme gemäß den internen Programmcodestrukturen auf. Bestehende Verbindungen und deren Status werden im Frontend durch Session-Management-Funktionen verwaltet.

Als weitere wichtige Aufgabe wird die Verwaltung und Prüfung von Zugriffsberechtigungen hier vorgenommen.

2.2 Backends

Die Backends bilden eine Abstraktionsschicht, um unterschiedliche Datenbanktechnologien transparent ansprechen bzw. einbinden zu können. Während es nur ein Frontend und daher keinerlei Auswahlmöglichkeit bzgl. des innerhalb von slapd zu verwendenden Frontends gibt, kann auf Seiten der Backends unter mehreren Alternativen ausgewählt werden. Backends sind meistens bezüglich spezieller Anforderungen optimiert. Für die folgenden Anforderungen existieren bereits Backend-Module:

- Effiziente Datenspeicherung und -Auslieferung (**back-bdb, -hdb**)
- Monitoring des Systemzustands (**cn=monitor**)
- Verwaltung der Serverkonfiguration (z. B. **cn=config**)
- Vereinheitlichung der Datensicht (**back-relay, -meta**)
- Überbrücken von Technologie- und Systemgrenzen (**back-ldap, -sql, -ndb**)
- Programmierbare Backends (**back-shell, -perl**)

2.2.1 Back-bdb, -hdb und -ndb

Die ersten beiden Backends (bdb, hdb) basieren beide auf der Berkeley DB, einer leistungsstarken, als Open-Source verfügbaren, im Dateisystem gespeicherten Datenbankimplementierung, die von Oracle gekauft wurde und weiterhin als Open-Source zur Verfügung steht. Im Unterschied zum back-bdb organisiert back-hdb die Daten intern hierarchisch, was Performancevorteile bietet.

back-ndb greift im Gegensatz zu den beiden vorherigen DB-Backends nicht auf lokale, im Dateisystem gespeicherte Datenbanken zu. Mittels back-ndb können entfernte Datenbanken (per SQL) angesprochen werden. Ein Vorteil ist die Entkopplung von der langsameren lokalen Festplatten-Ein-/Ausgabe bei Datenbankgrößen, die nicht vollständig im slapd-Cache (System-RAM) gehalten werden können. Desweiteren profitiert man bei back-ndb von den Verfügbarkeitsmerkmalen moderner relationaler Datenbanksysteme (z. B. Cluster-Betrieb).

2.2.2 back-config und back-monitor

Diese beiden Backends bieten eine interne Schnittstelle zum slapd-Server selbst. Über back-config kann auf die servereigene Konfigurationsdatenbank zugegriffen werden. back-monitor erlaubt es mittels gewöhnlicher LDAP-Anfragen Serverstatusinformationen und Statistiken abzufragen. Während back-config sowohl Leseals auch Schreibzugriffe ermöglicht, um beispielsweise Konfigurationsänderungen am Server ohne Betriebsunterbrechung vorzunehmen, bietet back-monitor ausschließlich lesenden Zugriff.

2.2.3 back-shell, back-perl

Eine Besonderheit stellen diese beiden Backends dar, da sie keine Datenbank im klassischen Sinne anbinden. Sie abstrahieren vielmehr die Client-Anfragen in entsprechende Programmaufrufe (Shell- oder Perl-Skripte), die die quasi virtuellen Datenbankinhalte dynamisch berechnen und an den Client entsprechend seiner Anfrage ausliefern. Es handelt sich hierbei um keinen Standard, sondern um ein Proof-of-Concept, um eine Möglichkeit zur Verarbeitung von Events zu bieten.

3 Overlays

Bevor in OpenLDAP das Konzept der Overlays eingeführt wurde, war die einzige Möglichkeit der serverseitigen (slapd-internen) Datenmanipulation bzw. Reaktion auf bestimmte sich verändernde Daten, ein neues Backend zu schreiben. Backends implementieren eine modulare Zwischensicht. Das Backend „back-bdb" kann z. B. Datenbanken direkt ansprechen. Die beiden Backends „back-perl" bzw. „backshell" sprechen anstelle von Datenbanken Shell- bzw. Perl-Skripte an, über die sich flexible Funktionen implementieren oder Datenbanken emulieren lassen. Alle diese Alternativen sind wenig reizvoll im Hinblick auf die Implementierung von Erweiterungen. Sie enthalten oftmals redundanten Programmcode und können einige technische und prozedurale Schwierigkeiten (ohne Anpassungen an der Gesamtarchitektur) nicht lösen. So ist weder das Perl- noch das Shell-Backend multithreading-sicher; noch dazu erzeugen die vielen Prozesswechsel durch das Starten der Skripte und ihrer Interpreter eine relativ hohe Systemlast und verringern somit die Gesamtleistung des LDAP-Systems. Deswegen wurde eine neue slapd-interne modulare Architektur konzipiert. Neben den weiterhin existierenden modularen Backends sind neue Module, die sogenannten „Overlays" hinzugekommen.

Overlays ersetzen dabei nicht die Funktionalität eines Backends; es handelt sich bei Overlays vielmehr um eine weitere modulare Zwischenschicht. Sie befindet sich zwischen Frontend und Backend im Innersten des Servers, um dort Zusatzaufgaben und -funktionalitäten implementieren zu können. Dabei können spezielle Funktionen z. B. erweitert oder eingeschränkt werden. Es gibt bereits zahlreiche Beispiele für den erfolgreichen Einsatz von Overlays:

- Overlays, die RFCs implementieren: z. B. slapo-valsort
- Overlays, die X.500 Funktionalitäten implementieren: slapo-collect

- allgemeine Overlays: slapo-refint, slapo-dynlist

Zwei dieser Overlays werden nachfolgend exemplarisch näher erläutert.

3.1 Overlay – slapo-refint

Das refint-Overlay (slapo-refint) ist fester Bestandteil des aktuellen OpenLDAP-Softwarepaketes. Seine Funktionalität besteht darin, die Einhaltung der referentiellen Integrität von Einträgen im Verzeichnis zu gewährleisten. Dazu fängt das Overlay intern jede Löschung oder Umbenennung eines Eintrages ab und sucht nach Attributwerten, die dem bisherigen Eintrag entsprechen. Bei einer modrdn-Operation werden gefundene Attributwerte entsprechend umbenannt und bei Löschungen entfernt.

3.2 Overlay – slapo-valsort

Bei *Server Side Sorting of Search Results* handelt es sich um einen Internet-Standard, der durch die IETF in RFC 2891 spezifiziert wird. Das slapo-valsort-Overlay implementiert die Anforderungen des Standards. Es erweitert die serverseitige Protokollimplementierung derart, dass das RFC-konforme Server-Side-Sorting-LDAP-Request-Control erkannt wird. Enthält eine Anfrage das genannte Request-Control, so sortiert der Server die Attributwerte intern und liefert sie sortiert an den Client aus. Die Art der Sortierung kann anhand des verwendeten Controls beeinflusst werden.

3.3 Zusammenfassung: Overlays

Mit Overlays lassen sich Daten gezielt manipulieren und Operationen ereignisgesteuert abfangen. Neben Ereignissen, die erst im Nachhinein, d.h. nach erfolgter Datenmanipulation durch ldapmodify ausgelöst und erkannt werden können (Novells IDM, DirXML-Event-Handling), ist es mittels Overlays zusätzlich möglich, auch auf Operationen wie ldapbind oder ldapsearch, die grundsätzlich keine Daten verändern, bedingungsgesteuert zu reagieren. Dadurch kann proaktiv, d. h. bereits im Vorfeld einer eventuellen Datenveränderung reagiert werden, indem beispielsweise eintreffende Suchanfragen abgefangen und manipuliert werden, bevor diese auf den eigentlichen Daten operieren.

Diese mächtige Eigenschaft nutzen wir u.a. für das in diesem Artikel vorgestellte Overlay slapo-validnow. Dabei erlauben wir einem Client die Suche nach einem besonderen, nicht-existierenden („virtuellen") Attribut. Über dieses virtuelle Attribut bilden wir entsprechende Anfragen bedingungs- und zustandsgesteuert auf existierende Attribute ab.

4 Einführung und Überblick über das Overlay slapo-validnow

Durch die Verwendung dieses Overlays wird die Komplexität bzgl. der Abhängigkeiten, die bei der ereignisgesteuerten just-in-time Provisionierung von verteilten Verzeichnisdiensten vorherrscht, verringert. Dies wird durch die Berücksichtigung der zeitlichen Gültigkeit von Verzeichnisdiensteinträgen erreicht. Gleichzeitig werden damit Datenschutzanforderungen besser gelöst, da nicht mehr alle Verzeichnisdienstinhalte zu jeder Zeit abgefragt werden können. So ermöglicht dieses Overlay beispielsweise eine Provisionierung im Voraus oder die Archivierung von Berechtigungen in Abhängigkeit der Zeit, ohne dass diese Daten sofort nach der Provisionierung ersichtlich sind.

Serverseitig bedeutet, dass ein LDAP-Server unabhängig von der Client-Anfrage auf Suchanfragen nur zur aktuellen Serverzeit gültige Objekte als Suchergebnis zurückliefert. Das serverseitige Erzwingen dieses Mechanismus ist für einen standardkonformen LDAP-Client völlig transparent. Clientseitig sind weder Modifikationen noch ein verändertes Anfrageverhalten (z. B. spezielle LDAP-Suchfilter) notwendig.

Alle Suchanfragen können unverändert gestellt und vom Server verarbeitet werden, allerdings werden serverintern alle zum Zeitpunkt der Operation „ungültigen" Objekte aus der Suchergebnismenge ausgeschlossen. Ein derzeit standardkonformer LDAP-Client bekommt über die u.U. erfolgte Ergebnismengenkürzung keine direkte Rückmeldung. Handelt es sich bei der Ergebnismenge z.B. um die leere Menge, so sieht es für den Client aus, als hätte der Server keine den clientseitigen Filterkriterien entsprechenden Objekte gefunden.

4.1 Integration in Sicherheits- und Konfigurationsmanagement

Da die obige, auf den ersten Blick einfach erscheinende Funktionserweiterung nicht als Sonderlösung, sondern als flexible LDAP-Server-Protokollerweiterung in den Standard aufgenommen werden soll, treten bei näherer Betrachtung einige größere Herausforderungen in Erscheinung, die zu einer massiven Erhöhung der Komplexität beitragen.

Im Allgemeinen beziehen sich diese Herausforderungen auf die Verarbeitung von zum aktuellen Zeitpunkt „ungültigen" Objekten. Diese Objekte werden als ungültig bezeichnet, da sie nicht in der Ergebnismenge enthalten sein sollen. In der Datenbank bleiben sie aber weiterhin gespeichert, da sie z.B. von anderen Anfragequellen verarbeitet werden müssen.

Als ein Beispiel für eine besonders schwierige Herausforderung, die mit slapo-validnow gelöst werden muss, ist die nahtlose und flexible Integration in allgemein bestehende Sicherheits- und Konfigurationsmanagementkonzepte So müssen innerhalb der Protokollerweiterung Algorithmen zur flexiblen Ausnahmebehandlung vorgesehen werden, damit sich das Overlay z.B. in hochverfügbaren Infrastrukturen nicht auf die ebenfalls standardisierte LDAP-Server-Replikation (SyncRepl) negativ auswirkt. So muss die Replikation, die ebenfalls über das LDAP-Protokoll kommuniziert, trotz aktiviertem slapo-validnow auch die sonst „ungültigen" Objekte erfassen und replizieren. Im Rahmen der Spezifikation einer Protokollerweiterung haben wir ein flexibles Ausnahmekonfigurationsmanagement entwickelt, dass wir im Folgenden kurz vorstellen.

4.2 Polyprozessuales Ausnahmekonfigurationsmanagement

Über die Konfiguration des Servers können multidimensionale Ausnahmeregelungen (Policies) definiert werden. Das Overlay implementiert Algorithmen zur flexiblen Bestimmung, ob ein eigentlich ungültiges Objekt unter bestimmten Umständen ausnahmsweise doch in der Ergebnismenge enthalten bleiben soll. Alle Policydefinitionen werden dynamisch in der LDAP-Datenbasis abgelegt: Einerseits werden sie serverintern innerhalb der global gültigen Konfigurationsbereichs und andererseits direkt im Produktionsbereich gespeichert. Alle Policydefinitionen können dadurch zur Laufzeit dynamisch und mit sofortiger Wirkung verändert werden.

Zur Veranschaulichung der verschiedenen Dimensionsausprägungen erfolgt auf den jeweiligen Ebenen eine Unterteilung der Policies. Folgende Metriken können zur Klassifikation herangezogen werden:

- **Dynamik**: Wie zeitnah wirken sich Anpassungen an einer Policy aus?
- **Zugriffsabhängigkeit**: Welche Berechtigungen werden zur Anpassung einer Policy benötigt?
- **Leistungsabhängigkeit**: Wie hoch ist der Einfluss auf die Geschwindigkeit der Auslieferung von Suchergebnismengen?
- **Wirkbereichsabhängigkeit**: Auf welche Objekte wirkt sich eine Policy aus?

Beispielhaft sei im Folgenden die weitere Unterteilung obiger Metriken anhand der zuletzt gelisteten Metrik bezüglich des Wirkbereichs vorgestellt:

- **Server-Global**: Wirkt auf den gesamten Directory Information Tree (DIT)
- **Subtree-Global**: Wirkt unterhalb eines Bereichs des DITs.
- **Subtree-Relativ**: Wirkt (ggf. lückenhaft) unterhalb „Subtree-Global".
- **Objekt-Lokal**: Wirkt auf Objekt-Ebene.

Zusätzlich existieren verschiedene Möglichkeiten, den Wirkbereich einer Policy zu verändern, was einer weiteren Policydimension entspricht. So lässt sich beispielsweise der obige Wirkbereich „Objekt-Lokal" von zwei unterschiedlichen Ursprüngen auf drei verschiedene Arten dynamisch beeinflussen: „selbstbestimmt" und/oder „fremd-bestimmt".

Diese flexiblen Möglichkeiten für das Konfigurationsmanagement bezüglich der Ausnahmebehandlung erhöhen die Chancen auf eine rasche Akzeptanz als allgemeine Erweiterung des LDAP-Protokoll Internet-Standards.

4.3 Erweiterung des LDAP-Protokoll Internet-Standards

Das LDAP-Protokoll ist ein Internet-Standard der IETF (Internet Engineering Task Force). Die Erweiterbarkeit des LDAP-Protokolls ist durch die Standardisierung von sogenannten Extended Operations und Extended Controls innerhalb des LDAP-Standards selbst vorgesehen.

Aufgrund des oben beschrieben (für eine LDAP-Client völlig transparenten) Verhaltens eines unter „slapo-validnow"-Einfluss stehenden Servers ist es erforderlich, eine validnow-spezifische erweiterte Operation zu spezifizieren, um diese in den Standard aufnehmen zu können. Diese erweiterte Operation ermöglicht es einem LDAP-Client, bei Bedarf Informationen über die eventuelle serverseitige Aktivierung des obigen Mechanismus zu erhalten.

Während die Unterstützung der Protokollerweiterung auf Serverseite verpflichtend ist, ist die clientseitige Implementierung optional. Dadurch wird die Interoperabilität bezüglich der bereits existierenden LDAP-Clients weiterhin gewährleistet: Anfragen von LDAP-Clients, die keine erweiterte Operation anfordern, werden unverändert verarbeitet. LDAP-Clients, die die erweiterte Operation innerhalb einer Anfrage anfordern, sollen und können zwar darüber nicht das Verhalten des Servers beeinflussen, aber sie erhalten dadurch zusätzlich zum Suchergebnis Informationen über die serverseitige Aktivierung der diskutierten Funktionalität. Diese Statusinformation beinhaltet keine konkreten Angaben oder Informationen über die etwaig „unterdrückte" Ergebnismenge, sondern lediglich die Information, dass der Ergebnisumfang (wegen der aktivierten Protokollerweiterung) eingeschränkt worden sein könnte:

- Im Fall von fehlgeschlagenen **Authentifizierungsanfragen** bezüglich „zeitlich ungültiger" LDAP-Objekte sieht unser Vorschlag zur Protokollerweiterung vor, darüber zu informieren, dass die Authentifizierung dieses Objektes wegen „Ablauf seiner Gültigkeit" abgelehnt wurde.
- Bei **Such- und Vergleichsanfragen** erhält ein LDAP-Client, der die erweiterte Operation anfordert, Detailinformationen in Form von Statistiken über die Zusammensetzung der ausgelieferten Ergebnismenge. Über die Menge der „unterdrückten" Objekte wird keinerlei Auskunft erteilt.
- Wegen „Ungültigkeit" unerwünschte **Modifikationen** auf Objekten werden abgelehnt. Die Art der Rückmeldung und die zurückgelieferte Zusatzinformation sind Gegenstand aktueller Diskussionen: Einerseits sollte die Rückmeldung

standardkonform sein, andererseits soll die Zusatzinformation keine Informationen über potentiell existierende, aber durch andere Konfigurationseinstellungen bewusst zurückgehaltene Objekte preis geben.

5 Technisches Feinkonzept und Implementierung

Das Overlay muss die verschiedenen LDAP-Anfragen auswerten und entsprechend darauf reagieren. Im Folgenden wird zur Demonstration der Kernfunktionalität des validnow-Overlays auf dessen Intervention bezüglich der LDAP-Anfragen ldapsearch und ldapbind eingegangen.

Obwohl die ldapbind-Operation zwingend der erste Operationsschritt bei einer LDAP-Anfrage ist, wird hier (zur besseren Verständlichkeit der erst im nächsten Abschnitt erläuterten ldapbind-Operation) zuerst auf die Funktionsweise der ldapsearch-Operation eingegangen.

5.1 validnow-Interaktion bezüglich der ldapsearch Operation

In Abbildung 2 ist zu erkennen, dass bei initialisiertem slapo-validnow die eingehende Suchanfrage auf der ersten Callback-Ebene, d. h. in der Funktion *validnow_search()*, abgefangen wird. Wenn die Serverkonfiguration die validnow-Funktionalität erzwingt, wird der eingehende Filter als Vorlage verwendet, um diesen um ein weiteres „virtuelles" Filterelement (welches einen present-Filter mit einem „virtuellen" Attribut enthält, das die Gültigkeitsperiode eines Objektes ausdrückt) zu erweitern. Dieser erweiterte und mit den aktuellen Server-Operationszeitstempeln versehene Filterausdruck kommt auf die vom Client ursprünglich angefragte und zwischenzeitlich im Backend ermittelte Suchergebnismenge zum Einsatz. Dazu wird eine weitere Callback-Ebene, die in der Implementierung als *validnow_search_cb()* bezeichnet wird, verwendet. Hierbei werden die Suchergebnisse anhand eines Bypass-Algorithmus einzeln bewertet. Entsprechend des Bewertungsergebnisses wird ein Objekt von der Suchergebnismenge entfernt.

Intern arbeitet das Overlay mit einer dynamischen Schemaerweiterung, welche auch ein „virtuelles" operationales Attribute als validnow-Filtertrigger einführt. Nach diesem Attribut kann ein Client auch direkt suchen, um von vornherein die gesamte Anfragemenge auf zeitlich gültige Objekte zu beschränken. In diesem Fall findet lediglich die Substitution der Zeitstempel im Eingangsfilter statt; die Verarbeitung verlässt anschließend das Overlay und wird von slapd oder weiteren Overlays weiterverarbeitet. Hat ein LDAP-Client die spezifizierten Extended Control validnow zusammen mit der Anfrage übermittelt, so erhält er zusätzliche Statistikinformationen über die Zusammensetzung der tatsächlich zurückgelieferten Suchergebnismenge.

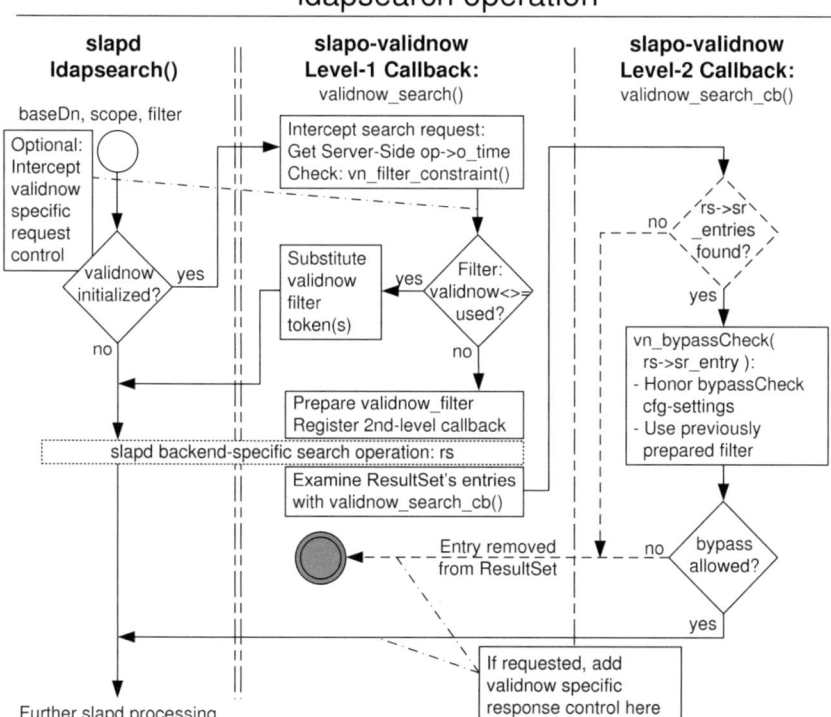

Abb. 2 Overlay slapo-validnow: interne Verarbeitung einer ldapsearch-Anfrage

5.2 validnow-Interaktion bezüglich der ldapbind-Operation

Bereits die Behandlung dieser grundlegenden Operation stellt eine erste Herausforderung in Form eines Henne-Ei-Problems dar: Wie kann eine Authentifizierung eines u. U. zeitlich ungültigen Objektes verhindert werden wenn, wegen noch nicht erfolgter Authentifizierung bislang nicht bekannt ist, ob das Objekt momentan ungültig ist?

Dazu haben wir unterschiedliche Verfahren implementiert und uns nach einer umfassenden Analyse der Sicherheits- und Leistungsanforderungen für die in Abbildung 3 dargestellte Vorgehensweise entschieden.

Dabei wird eine ldapbind-Operation von einem initialisierten validnow-Overlay abgefangen. Wenn es sich bei dem zu authentifizierenden Objekt nicht um den Wurzelknoten des DITs handelt, so wird ein Gültigkeitsfilterausdruck (analog zur obigen ldapearch-Operation) erzeugt, während das Benutzerobjekt slapd-intern über ein Backend authentifiziert wird. Nach erfolgreicher Authentifizierung wird die Sitzung des Objektes selbst genutzt, um über einen Ebene-2-Callback validnow_bind_cb() seine eigene Gültigkeit mittels einer internen Suchanfrage unter Verwendung des vorbereiteten Gültigkeitsfilterausdrucks zu ermitteln. Ist das Objekt zeitlich ungültig, so wird die Authentifizierung – noch bevor sie dem LDAP-Client als erfolgreich zurückgemeldet wird – abgefangen und dem Client als fehlgeschlagen signalisiert. Hat der LDAP-Client die spezifizierte Extended Control validnow zusammen mit der Anfrage gesendet, so erhält er zusätzlich die Information, dass das Objekt ungültig ist.

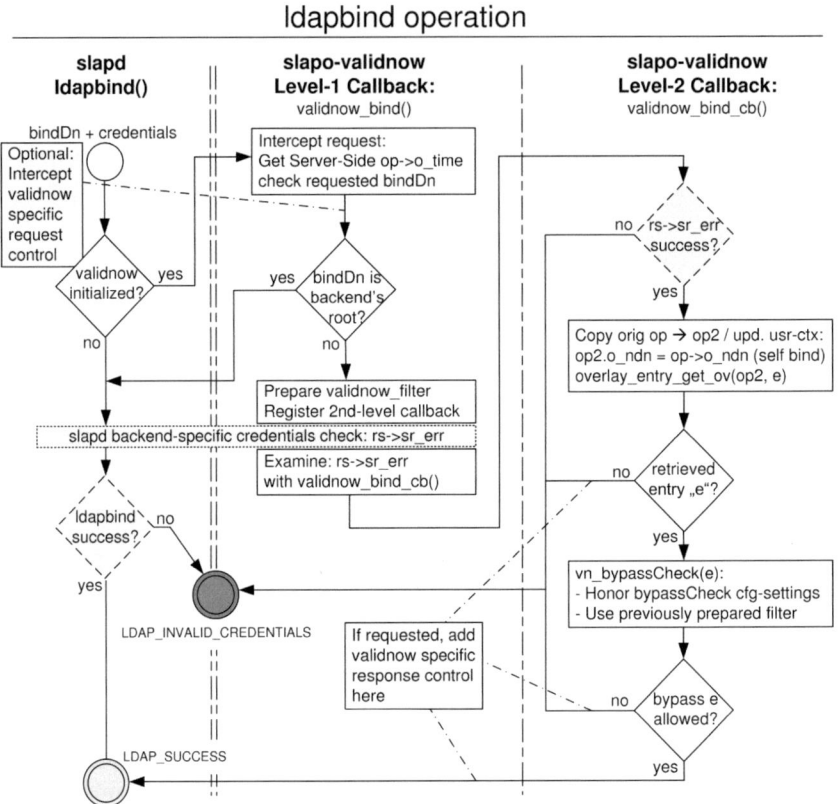

Abb. 3 Overlay slapo-validnow: Interne Verarbeitung einer ldapbind-Anfrage

5.3 Behandlung weiterer LDAP-Anfragen

Als weitere LDAP-Anfragen, die durch das validnow-Overlay verarbeitet werden können sollen, kommen beispielsweise ldapcompare und ldapmodify in Frage. Diese Operation werden im Entwurf unseres Standardisierungsvorschlages ebenfalls betrachtet, sind aber aus Platzgründen nicht Gegenstand dieses Artikels.

6 Zusammenfassung und Ausblick

Bei LDAP handelt es um ein sehr umfangreiches, präzise spezifiziertes und standardisiertes Protokoll gemäß IETF RFCs. Dies bedeutet gleichzeitig aber auch einen erhöhten Einarbeitungsaufwand, um die Besonderheiten des Standards im Detail zu verstehen und anwenden zu können.
Aufgrund des quelloffenen und modularen Softwaredesigns der OpenLDAP-Server-, Client- und Bibliothekskomponenten ist es möglich, auf elegante und effiziente Art und Weise LDAP-Funktions- und -Protokollerweiterungen zu implementieren. Die Einarbeitung in die konkrete Client- und Serverimplementierung, die vor allem auf Leistung und Sicherheit optimiert und nur spärlich dokumentiert sind, stellt eine weitere hohe Einstiegshürde auf dem Weg von der ersten Idee zu einer konkreten Implementierung dar.
Das validnow-Overlay ist die Referenzimplementierung des Standardisierungsvorschlages für die oben vorgestellte LDAP-Protokollerweiterung. Wie die LDAP-server-intern delegierbare Administration von Gruppeninformationen [2] handelt es sich hierbei jeweils um Entwicklungen, die im Rahmen des Projektes IntegraTUM – speziell auf dem Themengebiet des „Integrierten Access Control Managements" – entstanden sind.
In Kombination mit einem in Entwicklung befindlichen Frontend (z. B. GUI, Webservices, etc.) bilden diese beiden Entwicklungen im Backend die Basistechnologie zur Realisierung mehrerer neuer und diverser erweiterter Konzepte auf dem Gebiet des kollaborativen Berechtigungs- und Ressourcenmanagements: „AaaS – AccessControl as a Service" ist integraler Bestandteil dynamischer, föderativer (Hochleistungs-)Rechnerinfrastrukturen in virtuellen Organisationen u. a. im Grid- und Cloud-Computing-Umfeld. Die entwickelten Konzepte auf diesem Gebiet werden im Detail im Rahmen einer Dissertation vorgestellt und weiterentwickelt.

Literatur

[1] Bernstein, F., Borgeest, R., Ebner, R., Pongratz, H.: Gästeverwaltung im integrierten Identity Management. In diesem Band
[2] Pluta, D.: ACL Design behind IntegraTUM's Decentralized and Delegable Group Management. In: LDAPcon 2007 – First International Conference on LDAP – UpTimes No 3. Volume 3., Cologne, Germany (September 2007) 27-35
[3] Sermersheim, J.: Lightweight Directory Access Protocol (LDAP): The Protocol. RFC 4511 (Juni 2006)
[4] Zeilenga, K.: Lightweight Directory Access Protocol (LDAP): Technical Specification Road Map. RFC 4510 (Juni 2006)

Teil V
E-Learning

E-Learning an der TUM: Entwicklung – Status Quo – Perspektiven

Manfred Stross, Matthias Baume, Elvira Schulze

Zusammenfassung E-Learning an der Technischen Universität München (TUM) hat sich ähnlich wie an den meisten anderen Hochschulen als ein wesentliches Element der Hochschullehre etabliert. Seit mehr als einem Jahrzehnt werden in diesem Themenfeld Erfahrungen gesammelt und Entwicklungen vorangetrieben. Der Artikel beschäftigt sich zunächst mit E-Learning aus einer allgemeinen Perspektive und greift unterschiedliche Entwicklungsphasen der vergangenen Jahre auf. Im Anschluss daran wird der Fokus auf die TUM gesetzt. Der Beitrag zeigt die spezifische Entwicklung von E-Learning im Verlauf der vergangenen Jahre auf, nennt Funktionen und Verfahren von E-Learning und beschreibt Zielsetzungen für E-Learning an der TUM. Im Anschluss daran wird die aktuelle Situation anhand verschiedener Perspektiven analysiert. Den Abschluss des Beitrags bilden die Darstellung der zukünftigen Herausforderungen von E-Learning an der TUM und ein Ausblick auf weitere Entwicklungen.

1 E-Learning zwischen Hype und Standard

E-Learning an Hochschulen kann mittlerweile auf eine facettenreiche Geschichte zurückblicken. Gestartet in den neunziger Jahren des vergangenen Jahrhunderts wurde das elektronische Lernen mit großen Erwartungen verknüpft und gleichzeitig mit der Hoffnung verbunden, eine allumfassende Lösung für die Optimierung der Lehre gefunden zu haben. Joseph Weizenbaum's Aussage „*der Buchstabe E in E-Learning steht auch für die Euphorie, mit der das Thema zur Zeit betrachtet wird,* " [19] zeigt klar die Denkrichtung auf, die das elektronische Lernen über einige Jahre begleitet hat und teilweise noch begleitet. Zwischenzeitlich wurde E-Learning tangiert vom Platzen der Dotcom-Blase (vgl. [18]), wodurch so manche Vision wieder etwas ins Wanken geriet. Aktuell erhält die Thematik an vielen Universitäten eine strategische Ausrichtung mit struktureller Verankerung als elementarer Bestandteil von Hochschulentwicklung und -strategie.

Als im Jahre 2006 die Gesellschaft für Medien in der Wissenschaft ihre Jahrestagung unter dem Titel „E-Learning – alltagstaugliche Innovation?" abhielt, sollte dies durchaus als Zäsur in der bisherigen Entwicklung von E-Learning an Hochschulen verstanden werden, um zu hinterfragen, inwieweit die bisherigen Aktivitäten E-Learning zu einem alltäglichen und normalen Bestandteil der Hochschullehre haben werden lassen.

Die Bewertungen fielen zum damaligen Zeitpunkt recht unterschiedlich aus:

So stellt Martin Vogel von der Multimedia Kontor Hamburg GmbH auch im Jahre 2007 noch fest: *„eLearning ist bisher weder zum erhofften Massenphänomen an deutschen Hochschulen geworden noch alltäglicher und essentieller Bestandteil der Hochschullehre"* [17]. Für ihn ist ein *„Wandel vom punktuell ergänzenden Einsatz von eLearning-Elementen hin zur Förderung einer neuen Lehr- und Lernkultur, in der die didaktischen Potenziale von eLearning aktiv und selbstverständlich in der Lehrpraxis genutzt werden und eLearning curricular verankert wird, nur möglich, wenn eLearning als ein Service im Rahmen der allgemeinen IT-Dienste-Infrastruktur von Hochschulen verstanden und entsprechend mit dieser verzahnt wird"* (ebd.).

Insofern waren die zu diesem Zeitpunkt zahlreich an deutschen Hochschulen laufenden Projekte zur strategischen und nachhaltigen Verankerung von E-Learning richtig angesetzt. An vielen Hochschulen haben sich in der Zwischenzeit E-Learning-Zentren mit adäquaten Services für Lehrende und Studierende etabliert. Learning Management Systeme sind wie selbstverständlich elementare Bestandteile der hochschulweiten IT-Infrastruktur geworden (vgl. [11]).

Doch gibt es immer wieder neue Herausforderungen, die sich häufig von aktuellen technischen Entwicklungen ableiten. So setzte der Hype um das Thema Web 2.0 sehr schnell die Hochschulen unter Druck, entsprechende Tools in das Spektrum der E-Learning-Services aufzunehmen. Viel Zeit blieb dabei in der Regel nicht, um über einen didaktisch begründeten Einsatz dieser Werkzeuge und deren Mehrwert für Lehrende und Studierende nachzudenken.

Diesen Sachverhalt greift auch Rolf Schulmeister auf: *„Der Web 2.0-Technologie werden hohe Erwartungen entgegengebracht. Es werden Hoffnungen auf ein anderes Lernen in sie gesetzt, als würde der bloße Einsatz von Weblogs und Portfolios das selbsttätige Lernen befördern. Der Einsatz von Web 2.0-Methoden zum Lernen stellt enorme Vorbedingungen an die Selbstständigkeit der Lernenden, denn Web 2.0 beruht auf zwei nicht ganz selbstverständliches Säulen des Lernens: der Bereitschaft zum kooperativen Lernen und dem Willen zum Feedback."* [12]

Dies verdeutlicht unter anderem, dass E-Learning nicht nur unter dem Aspekt technischer Möglichkeiten zu betrachten ist, sondern der Blick zunächst auch auf das Lehren und Lernen gelenkt werden sollte.

Die Didaktik bildet eine wesentliche Komponente von E-Learning in der Hochschullehre, die um die Komponenten Technik und Strategie ergänzt wird. Um E-Learning als Innovationsprozess an Hochschulen nachhaltig zu verankern, darf es auch nicht ausschließlich als Produktinnovation begriffen werden [3].

Nach Patricia Arnold [1] sollte E-Learning an Hochschulen unter drei Blickwinkeln betrachtet werden: als Produktinnovation in Form neuer Lehr- und Lernformen, als Prozessinnovation im Sinne von Hochschulentwicklung und als Öffnung des Bildungsraums Hochschule.

Zentrale Nutzergruppe von E-Learning-Angeboten sind die Studierenden. Sie sind es, die ausgehend von ihren Vorerfahrungen und ihren Erwartungen an eine exzellente Lehre adäquate Lösungen fordern. Doch wie steht es um deren persönliche Einschätzung zu Quantität und Qualität des E-Learning-Angebotes und wie sieht der (Studien)-Alltag der Netgeneration aus?

Eine vom Multimedia Kontor Hamburg und von der Hochschul-Informations-System GmbH im September und Oktober 2008 bundesweiten Studie ging der Frage nach, wie die deutschen Studierenden den Einsatz von E-Learning in der Hochschullehre einschätzen und welchen Einfluss die aktuelle Generation des Internet mit ihren Anwendungen auf die Entwicklung netzgestützter Lehr- und Lernformen an den Hochschulen hat. Die Studie zeigt die intensive Nutzung des Internets durch die befragten Studierenden auf. 73% von ihnen verbringen täglich 1–3 Stunden im Internet, 23% sogar 4–6 Stunden. Sehr häufig genutzt wird dabei die Online-Enzyklopädie Wikipedia (60% gaben als Nutzung „sehr häufig" oder „häufig" an), außerdem werden auch Social Communities wie StudiVZ, FaceBook, MySpace oder Xing oft frequentiert (51%).

Interaktive Lehrangebote sind bei den Studierenden nach Ergebnissen der Studie deutlich mehr bekannt als noch vor vier Jahren: Während im Jahr 2004 24% der Befragten angaben, derartige Angebote an ihrer Universität zu kennen, sind es im Jahr 2008 bereits 35%. Auch die Nutzung von lehrveranstaltungsbegleitenden, digitalen Inhalten zeigt starke Wachstumsraten: Von 68% im Jahr 2004 stieg die Zahl der Studierenden mit Nutzung derartiger Inhalte auf 93% im Jahr 2008. Besonders nützlich für das Studium (für 58% „sehr nützlich" bis „nützlich") bezeichnen die Befragten elektronische Videoaufzeichnungen oder Videopodcasts. Danach folgen Online-Test oder -Übungen (52%) sowie Wikis (46%) und Online-Trainings (45%) [9].

Zusammenfassend kann festgehalten werden, dass sowohl die vermehrte private Nutzung des Internet als auch die Ausweitung von Angeboten des computerunterstützten Lernens an Universitäten zu einer höheren Akzeptanz von E-Learning an Hochschulen geführt haben. Die private Nutzung des Internet hat auf die Studierenden einen wesentlichen Einfluss auf die Nutzung und Beurteilung IT-gestützter Lehrangebote und erhöht deren Erwartungshaltung bezüglich der Verwendung aktueller Technologien und Tools. Dies führt letztendlich dazu, dass an den Hochschulen stetig Überlegungen angestellt werden müssen, ob es sich bei Neuentwicklungen im IT-Bereich um brauchbare und sinnvolle Ergänzungen bzw. Erneuerungen zur Unterstützung der Lehre handelt oder diese nur als kurzzeitig aufflackernde Hypes zu betrachten sind.

Eine wesentliche Basis für eine Beurteilung sollte in jedem Falle die Berücksichtigung lehr- und lernspezifischer didaktischer Aspekte sein. Letztendlich muss ein Mehrwert für Lehre und Studium ersichtlich sein.

2 Von Insellösungen zur strategischen Ausrichtung

E-Learning an der Technischen Universität München ist gekennzeichnet durch Entwicklungen und Maßnahmen, wie sie an vielen anderen Hochschulen in ähnlicher Form vorzufinden sind. So starteten Mitte der 1990er Jahre zunächst einzelne

Hochschullehrer unabhängig voneinander als E-Learning-Pioniere, um neue Formen der Wissensvermittlung auf der Basis neuer technischer Möglichkeiten zu erproben. Da diese Insellösungen losgelöst voneinander betrieben wurden, folgten alsbald erste Versuche, sich gegenseitig über Erfahrungen in einem an der TUM etablierten Multimediapraxis-Arbeitskreis auszutauschen. Parallel dazu wurde ähnlich wie an anderen Hochschulen ein Multimediakonzept vom Medienzentrum der TUM ausgearbeitet, welches erste Ansätze für eine strategische Ausrichtung von E-Learning beinhaltete [14].

Erste E-Learning-Fördermaßnahmen auf Länderebene führten zu einer Ausweitung der Online-Lehrangebote und der E-Learning-Community. Es folgten Förderprogramme des Bundes, die zu einer weiteren Verbreitung von E-Learning an Hochschulen geführt haben.

Haug und Wedekind [7] bemerken zu dieser Entwicklung: *„Von E-Learning/E-Teaching an den Hochschulen als wahrnehmbarem Phänomen kann deshalb tatsächlich erst mit dem Beginn neuer Förderprogramme auf Landes- und Bundesebene seit Ende der 1990er Jahre gesprochen werden."*

So wurde mit dem BMBF-Förderprogramm „Neue Medien in der Bildung" [4] eine neue Welle für die Produktion von E-Learning-Inhalten in Gang gesetzt, die darüber hinaus mit dem BMBF-Programm „Notebook University" [5] auch für die Ausgestaltung mobiler Lehr- und Lernszenarien neue Möglichkeiten eröffnete. Entscheidend für eine strategische Verankerung von E-Learning an der TUM war das BMBF-Förderprogramm „E-Learning Dienste für die Wissenschaft" [6], dessen Ziel es war, *„die Entwicklung von organisatorischer Infrastruktur und Management zur Ausschöpfung des durch die IuK-Technologien eröffneten Innovationspotenzials im Bereich von Lehre, Lernen und Prüfungen an Hochschulen systematisch und nachhaltig voranzutreiben"* (ebd.). Dabei sollte die hochschulweite Integration von E-Learning als strategische Aufgabe für die Hochschulentwicklung im Mittelpunkt stehen.

Ab Mai 2005 wurde über dieses Programm über drei Jahre hinweg das Projekt elecTUM gefördert, dessen Ausgangspunkt die im Jahre 2004 formulierte E-Learning-Strategie der TUM war. Diese umfasste die Einbettung von E-Learning-Angeboten in die Studien- und Prüfungsordnungen der Fakultäten, die Bereitstellung und den Betrieb einer leistungsfähigen, flexibel einsetzbaren und anpassbaren Lernplattform sowie die Schaffung von Anreizsystemen. Hinzu kamen ein professioneller Support bei der Entwicklung neuer E-Learning-Angebote und deren Einbindung in adäquate Lehr- und Lernszenarien durch eine fachliche Beratung und Schulungs- und Weiterbildungsangebote (vgl. [2]).

Als Ziele des Projekts elecTUM können zusammenfassend genannt werden:

- E-Learning grundsätzlich und nachhaltig an der TUM zu verankern,
- die Integration mit der IT-Infrastruktur sicherzustellen
- und die TUM für zukünftige Herausforderungen am Bildungsmarkt zu positionieren.

Mit dem Projekt elecTUM wurde E-Learning an der TUM erfolgreich etabliert und eine durchgängige und in die Gesamtinfrastruktur der TUM integrierte E-

Learning-Infrastruktur geschaffen, die allen Mitgliedern der Hochschule zur Unterstützung der Lehr- und Lernprozesse zur Verfügung steht.

Dem Projekt elecTUM waren bereits Überlegungen zur Erneuerung der IuK-Infrastruktur der TUM vorausgegangen, die spätestens im Jahre 2004 mit dem Start des Großprojektes IntegraTUM ein weithin wahrnehmbares Zeichen für den Aufbruch in die Welt der digitalen Hochschule setzte. Entscheidend hierbei war die Einbettung der IuK-Strategie der TUM in die Gesamtstrategie der Hochschule als „Unternehmerische Universität" [16]. Die Komponente E-Learning wurde hierbei von Beginn an mitberücksichtigt.

3 Vom Projektende zur Verstetigung

Entscheidend für eine erfolgreiche Positionierung von E-Learning als elementaren Bestandteil der Hochschullehre an der TUM war eine Fortführung der entsprechenden Services und Supportangebote über das Projektende von elecTUM hinaus. In einer ersten Phase konnte das Projekt über Studierendenbeiträge befristet fortgeführt werden. Ende 2008 wurde dann von der Hochschulleitung ein Fachausschuss E-Learning eingesetzt, um den Status Quo von E-Learning an der TUM zu analysieren und Empfehlungen für die Weiterentwicklung dieses Sektors auszuarbeiten.

Auf der Basis des im Mai 2009 vorgelegten Abschlussberichtes des Fachausschusses E-Learning [15] traf die Hochschulleitung erste Entscheidungen zur Weiterentwicklung und nachhaltigen Sicherung des E-Learning-Bereiches an der TUM.

So wird die weitere strategische Ausrichtung des Bereichs im Zusammenwirken des Vizepräsidenten für Studium und Lehre und des CIO der TUM gesteuert. Die operative Verantwortung wird im Medienzentrum der TUM verortet, wo der Betrieb des Learning Management Systems gesichert sowie Schulungen und Weiterbildungsmaßnahmen zentral angeboten werden.

3.1 Überprüfung konzeptioneller Überlegungen

Der Fachausschuss E-Learning hebt in seinem Abschlussbericht vom Mai 2009 zusammenfassend hervor, E-Learning weiterhin als strategisches Element der Hochschulentwicklung im Kontext pädagogisch-didaktischer Überlegungen und im Rahmen technischer Möglichkeiten zu betrachten. Der Einsatz von E-Learning soll vorrangig pädagogisch-didaktischen Zielsetzungen dienen, jedoch auch zur Erreichung hochschulstrategischer Ziele in Bezug auf eine exzellente Lehre und zur Verwirklichung einer „Digitalen Hochschule„ beitragen. E-Learning-Angebote werden zunehmend auch als Marketing-Instrumente eingestuft und tragen im nationalen und internationalen Wettbewerb als Imagefaktor zur Außenwirkung der Hochschule bei. Im Zuge der fortschreitenden Internationalisierung der Hochschule leistet E-Learning einen wichtigen Beitrag, um länderübergreifende Lehr- und Lernszenarien bedienen zu können. Zusätzlich anstehende Herausforderungen im Zuge der der Bachelor-Master-Studiengänge und der zu erwartenden doppelten Abiturjahrgänge ab 2011 können mit Hilfe von E-Learning positiv aufgegriffen werden.

E-Learning soll in der Regel nicht als Ersatz der Präsenzlehre, sondern zu deren Unterstützung, Ergänzung und Anreicherung für ein erweitertes und verbessertes Lehrangebot dienen. Hierbei können aktuelle technische Entwicklungen dazu beitragen, neue Formen individuellen, kooperativen und kollaborativen Lernens zu ermöglichen

Begleitende Maßnahmen und wesentliche Voraussetzung für den weiteren optimalen Einsatz von E-Learning sind unter anderem Weiterbildungsmaßnahmen zur hochschuldidaktischen Qualifizierung der Lehrenden, Workshops und Schulungsangebote zum Einsatz von E-Learning aus pädagogisch-didaktischer Sicht sowie die fachliche Beratung bei Konzeptionierung und Erstellung von E-Learning-Lehrinhalten.

Als wichtige Maßnahmen werden der Ausbau und die Betreuung eines Netzes von E-Learning-Beratern in den Fakultäten und Einrichtungen eingestuft. Die Etablierung von Anreizsystemen sowie die Anrechnung von E-Learning-Aktivitäten auf das Lehrdeputat tragen wesentlich zur weiteren Verbreitung von E-Learning bei.

3.2 Überprüfung des Status Quo

Die im Rahmen des Projektes elecTUM entfalteten Aktivitäten und durchgeführten Maßnahmen haben über die vergangenen Jahre hinweg an der TUM zu einer deutlichen Ausweitung von E-Learning-Angeboten und einer stetigen Erhöhung der Nutzerzahlen des zentralen Learning Management Systems geführt. Die Abschlussevaluation von elecTUM im März 2009 zeigt hier eine kontinuierliche Steigerung der Nutzer- und Lehrveranstaltungszahlen auf. So haben zum Evaluationszeitpunkt etwa 18.000 Teilnehmer die Lernplattform genutzt und auf etwa 600 Lehrveranstaltungen aktiv zugegriffen (vgl. [15], siehe dazu auch den Beitrag „Evaluation der zentralen TUM-Lernplattform" in diesem Band).

E-Learning an der TUM ist strategisch verortet und in einen rechtlichen Rahmen eingebunden. Der fachliche Support wird über Schulungs- und Beratungsangebote gewährleistet. Mit dem Start des einsemestrigen Weiterbildungsprogramm E-Teaching@TUM zur Qualifizierung der Hochschullehrenden ist ein entscheidender Schritt gelungen, das Thema E-Learning im hochschuldidaktischem Rahmen zu positionieren. Das Programm vermittelt sowohl theoretisches Hintergrundwissen als auch Möglichkeiten der didaktisch fundierten praktischen Anwendung von Informations- und Kommunikationstechnologien in der Lehre.

Der Bereich E-Learning ist in das zentrale Support-Konzept der TUM eingebunden. Ein zentraler Service Desk steht per E-Mail, Telefon oder auch persönlich zur Beantwortung von Fragen zur Verfügung. Die Anfragen werden mit Hilfe eines zentralen Trouble Ticket Systems erfasst und entweder direkt durch den 1st Level oder durch das E-Learning-Team im 2nd Level beantwortet [10]. Das zentrale Learning Management System der TUM wurde sukzessive um Funktionalitäten erweitert und technisch angepasst. Seit dem WS 07/08 werden Lehrveranstaltungsdaten aus dem zentralen Online-Lehrveranstaltungsverzeichnis zu Beginn jeden Semesters übertragen.

Mit der Anbindung an den Authentifizierungsdienst der TUM können sich die Nutzer mit ihrer zentralen Kennung am System mittels „unified login" authentifizieren. Föderierte Authentifizierungsszenarien sind auf der Basis des Shibboleth-Verfahrens möglich.

Mit einer Campuslizenz des Lecture Recording Tools *Lecturnity* der Firma IMC [8] ist es allen Dozenten der TUM möglich, ihre Lehrveranstaltungen aufzuzeichnen und den Studierenden zur Verfügung zu stellen.

Trotz der breiten Nutzung gibt es immer wieder Kritik am eingesetzten Learning Management System. Studierende monieren Aspekte wie Bedienbarkeit, Performance und Browserabhängigkeit. Den Dozenten missfällt vielfach das aufwändige und komplizierte Einstellen von Lernmaterialien. Auch die schwer bedienbare Terminverwaltung und eingeschränkten Möglichkeiten für elektronische Tests werden als negativ eingestuft. Im Fachausschuss E-Learning wurden deshalb sowohl die Kritikpunkte eruiert und systematisiert als auch aktuelle Anforderungen von Lehrenden und Studierenden für den zukünftigen Einsatz von E-Learning an der TUM ermittelt.

3.3 Anforderungen für den künftigen Einsatz von E-Learning an der TUM

Sowohl Lehrende als auch Studierende sehen weiterhin die Notwendigkeit, alle relevanten Informationen zu einer Lehrveranstaltung von einer zentralen Stelle aus direkt oder indirekt anbieten bzw. erreichen zu können. Redundanzen bei der Datenpflege müssen vermieden und die Nachhaltigkeit der Angebote sichergestellt werden.

Die Anforderungen an ein zentrales Learning Management System spiegeln die Wünsche wider, wie sie sich aus dem Erfahrungskontext privater Internetnutzung erwarten lassen. Schnelles, einfaches und intuitives Auffinden von Information sowie die Unterstützung kooperativer und kollaborativer Lehr- und Lernszenarien stehen ganz oben an. Ebenso wird eine passgenaue Integration in die hochschulweite IT-Systemlandschaft als selbstverständlich vorausgesetzt.

Aus Sicht der Dozenten sollten auch fachspezifische Lösungen mit dezentraler Datenhaltung berücksichtigt werden. Sie wünschen sich eine Ausweitung geeigneter Services zur Unterstützung des E-Learning-Einsatzes. Dies bezieht sich vor allem auch auf Ansprechpartner vor Ort, was aufgrund der weit verzweigten Ansiedelung der TUM-Standorte nahe liegt. Das TUM-weite Supportkonzept sollte dementsprechend E-Learning-Berater an den einzelnen Fakultäten vorsehen, die gleichzeitig Mitglieder eines hochschulweiten E-Learning-Netzwerkes sind. Durch die Bereitstellung und den Support von Werkzeugen zur Content-Erstellung könnte sichergestellt werden, dass Inhalte durch die Dozierenden medial aufbereitet und veröffentlicht werden können. Förderprogramme zur Unterstützung von E-Learning werden ebenso gefordert wie eine Anerkennung von E-Learning-Aktivitäten durch die Verleihung eines E-Learning-Awards sowie eine Anrechnung entsprechender Aktivitäten auf das Lehrdeputat.

Während sich Studierende eine Ausweitung der Vorlesungsaufzeichnungen und einen Zugang zu den Materialien auch für mobile Szenarien wünschen, ist die Meinung der Lehrenden hierzu durchaus differenziert. Immer wieder wird dabei der Mehrwert in Bezug auf den meist hohen Erstellungsaufwand in Frage gestellt.

Die Studierenden lehnen reine virtuelle E-Learning-Kurse im Pflichtstudium ab und bevorzugen Blended Learning Szenarien.

Im Rahmen der Arbeit des Fachausschusses legten die Studierenden ein Konzept für eine idealtypische digital unterstützte Lehrveranstaltung vor, das sich in die Abschnitte „Vor dem Vorlesungsbeginn", „Zur Nachbereitung", „Für Übungen und Hausaufgaben", „Vor der Klausur" und „Nach der Klausur" gliedert. Dies zeigt deutlich die Notwendigkeit der Ausweitung von IT-Unterstützung für universitäre Lehrveranstaltungsprozesse. Moderne Campus Management Systeme, wie sie an vielen Hochschulen – auch an der TUM – derzeit etabliert werden, können hierfür einen wichtigen Beitrag leisten.

Auf der Basis der gewonnenen Erkenntnisse bei der Überprüfung des Status Quo und der von Studierenden und Lehrenden eingebrachten Anforderungen für den künftigen Einsatz von E-Learning an der TUM werden im Abschlussbericht des Fachausschusses drei unterschiedliche Szenarien zu Absicherung und Ausbau des E-Learning-Bereiches an der TUM beschrieben. Je nach Berücksichtigung der unterschiedlichen Anforderungen und der dargebotenen Services ergibt sich ein entsprechender Ressourcenbedarf.

Für das weitere Vorgehen und den Einstieg in eine nachhaltige Umsetzung der TUM-E-Learning-Strategie wurden zunächst die Weichen für eine Grundsicherung bislang etablierter Services gestellt. Hierzu zählt eine personelle Grundausstattung am Medienzentrum der TUM, welchem die operative Verantwortung für den Bereich E-Learning übertragen wurde.

In einem nächsten Schritt soll eine neue Version des eingesetzten Learning Management Systems im Vergleich mit anderen Systemen evaluiert und in der Folge eine Entscheidung über die künftige technische Plattform getroffen werden. In diesem Zusammenhang werden auch die Funktionalitäten des neuen Campus Management Systems der TUM berücksichtigt.

4 Neue Herausforderungen

E-Learning ist mittlerweile zu einem festen Bestandteil der Hochschullehre geworden. Hierzu hat auch die Nutzung von Computer und Internet im privaten Bereich wesentlich beigetragen, was bei Studierenden und Lehrenden die alltägliche Nutzung im Lehr- und Lernkontext weiter befördern wird.

Die insgesamt weite Verbreitung *an sich* garantiert hierin aber keineswegs die *sinnvolle* Nutzung. Diese gilt es daher weiterhin aufzuzeigen und zu fördern. Dazu bedarf es flächendeckend der Bereitstellung von Beratung und Unterstützung. Es gilt den für den eigenen Lehralltag erkennbaren Mehrwert in den hochschuldidaktischen Angeboten deutlicher herauszuarbeiten und die aktuelle Forschung zu E-Learning/E-Teaching für Praktiker zu erschließen. Ansonsten ist zu befürchten, dass sich eine Teilung verhärtet: In den harten Kern derjenigen, die digitale Medien in die Lehre integrieren und durchaus experimentelle Formen erproben, und denjenigen, die E-Teaching gar nicht praktizieren und distanziert bleiben.

Wesentlich für die Weiterentwicklung der E-Learning-Strategie an der TUM sind neben Überlegungen zu technischen Systemen und deren Integration in die TUM-IT auch neue und innovative Ansätze in der Hochschullehre mit entsprechenden didaktischen Szenarien.

Ein Hauptaugenmerk liegt daher darin, zukünftig die strukturelle Verankerung von E-Learning an den Fakultäten der TUM zu verstärken. Dies kann z.B. durch die Etablierung von E-Learning-Beratern bzw. E-Koordinatoren an allen Fakultäten, Zielvereinbarungen sowie den gezielten Einsatz von E-Learning-Angeboten in allen Grundstudiums-/Grundlagenveranstaltungen erfolgen.

Wichtig ist bei all dem eine weit reichende Unterstützung der Studierenden und Dozierenden. Der Fokus liegt hierbei daher unter anderem beim Ausbau der Schulungsangebote für das LMS bzw. alternativer Angebote und weiterer Werkzeuge wie beispielsweise Autorentools. Auch Unterstützungsangebote zur Erstellung von E-Learning-Materialien durch Fachexperten (z.B. Grafiker, Didaktiker) und E-Tutoren können dazu beitragen.

Der bereits beschrittene Weg hin zur Digitalen Hochschule wird sich fortsetzen. Neue Integrationsszenarien erfordern auch für den E-Learning-Bereich neue Konzepte mit entsprechenden technischen Anpassungen. Individuelle Wünsche und Forderungen einzelner Lehrender und Studierender müssen differenziert gegenüber allgemeinen und mehrheitlichen Bedürfnissen bewertet und hierfür adäquate Lösungen gefunden werden.

Vielleicht ist es an der Zeit, das E von E-Learning in einem anderen Kontext zu nutzen und in ein E für Excellent überzuführen. Somit könnten wir E-Learning auch im Sinne einer exzellenten Lehre verstehen, die das klassische E-Learning subsummiert. Eine Betrachtungsweise, die unseren Blick auf das Lehren und Lernen fokussiert.

Dies führt uns auch zu aktuellen Überlegungen und Forderungen aus dem Kreise der Hochschullehrer, die Lehre als Wesenselement einer Hochschule in den Mittelpunkt zu rücken und ähnlich der Exzellenzinitiative mit dem Schwerpunkt Forschung eine Exzellenzinitiative Lehre auf den Weg zu bringen.

So sehen der Wissenschaftsrat und die Hochschulrektorenkonferenz seit geraumer Zeit Handlungsbedarf im Bereich der Hochschullehre. In seinen Empfehlungen zur Verbesserung von Studium und Lehre hält beispielsweise der Wissenschaftsrat fest:

„Ziel der gemeinsamen Anstrengungen ist es, Studierende in ihren Lernprozessen bestmöglich zu unterstützen. Möglichst viele Studierende sollen mit nachweislich hohem Kompetenzgewinn in der Regelstudienzeit ein Studium abschließen können." [20]

Eine exzellente und zukunftsfähige Lehre kann auf die Komponente E-Learning nicht verzichten.

Deshalb wird in den im Juli 2008 verabschiedeten Empfehlungen gefordert, *„Ansätze des E-Learning und der Verbindung von Präsenzveranstaltungen und computergestützten Lehrangeboten (Blended Learning) weiterzuentwickeln und breiter zu nutzen"* und *„für den Ausbau von Angeboten des E-Learning zusätzliche Investitionen zu tätigen"[ebd.]*.

Losgelöst davon geht der Blick in die Zukunft in der Regel einher mit den Erfahrungen aus der Vergangenheit. Das bedeutet auch, dass wie bislang immer wieder neue technische Entwicklungen verbunden mit neuen Möglichkeiten und Herausforderungen auf Lehrende und Studierende zukommen werden. Denen sollte wohl überlegt begegnet werden und vielleicht ist es nicht verkehrt, sich ab und zu auch etwas in Geduld zu üben, wie Rolf Schulmeister anmerkt, wenn er fordert: *„Wir sollten also mehr Geduld aufbringen, wenn wir erleben wollen, dass E-Learning die Masse der Studierenden erreicht. Bis dahin werden einige Trends wieder verschwunden sein. Was langfristig überleben wird, was langfristig neu entstehen wird, das ist aber nicht oder nur wenige Jahre vorhersehbar."* [13]

Literaturverzeichnis

[1] Arnold, P.: Entwicklungsgeschichte(n) E-Learning an Hochschulen. In: Dittler, U.; Krameritsch, J.; Nistor, N.; Schwarz, Ch.; Thillosen, A. (Hrsg.): E-Learning: Eine Zwischenbilanz, Medien in der Wissenschaft; Band 50, Waxmann, Münster u.a. (2009), S. 189–204

[2] Bode, A. u.a.: Die E-Strategie der Technischen Universität München. In: Stratmann, J.; Kerres, M.: E-Strategy. Waxmann, S. 43–60 (2008)

[3] Bör, A., Borgeest, R.; Rathmayer, S.; Stross, M.: elecTUM – Integriertes eLearning an der Technischen Universität München. In: Engels, G.; Seehusen, S. (Hrsg.): DeLFI 2004: Die 2. eLearning Fachtagung Informatik. Köllen Druck & Verlag GmbH, Bonn, S. 365–366 (2004)

[4] Bundesministerium für Bildung und Forschung (BMBF): Bekanntmachung des Bundesministerium für Bildung und Forschung: Richtlinien über die Förderung von Vorhaben zur Förderung des Einsatzes Neuer Medien in der Hochschullehre im Förderprogramm „Neue Medien in der Bildung" (2000), http://www.bmbf.de/ foerderungen/677_1486.php, zugegriffen am 09.09.2009

[5] Bundesministerium für Bildung und Forschung (BMBF): Bekanntmachung des Bundesministerium für Bildung und Forschung : „E-Learning an Hochschulen durch mobilen Rechnereinsatz" (Notebook- University) im Förderprogramm „Neue Medien in der Bildung", http://www.bmbf.de/foerderungen/677_3513.php (2001), zugegriffen am 09.09.2009
[6] Bundesministerium für Bildung und Forschung (BMBF): Bekanntmachung des Bundesministeriums für Bildung und Forschung: „eLearning-Dienste für die Wissenschaft" Richtlinien über die Förderung der Entwicklung und Erprobung von Maßnahmen der Strukturentwicklung zur Etablierung von eLearning in der Hochschullehre im Rahmen des Förderschwerpunkts „Neue Medien in der Bildung" (2004), http://www.bmbf.de/foerderungen/2576.php, zugegriffen am 07.09.2009
[7] Haug, S.; Wedekind, J.: „Adresse nicht gefunden" – Auf den digitalen Spuren der E-Teaching-Förderprojekte.S.19. In: Dittler, U., u.a.: E-Learning – eine Zwischenbilanz. Waxmann (2009)
[8] IMC: Lecturnity, http://www.lecturnity.de/de/lecturnity/uebersicht/ (o.J.), zugegriffen am 07.09.2009
[9] Kleimann, B.; Özkilic, M.; Göcks, M.: Studieren im Web 2.0. HISBUS- Kurzinformation Nr. 21, Hannover (2008), http://www.mmkh.de/upload/dokumente/Studieren_im_Web_2.0-_HISBUS-Kurzbericht21.pdf, zugegriffen am 09.09.2009
[10] Knittl, S.; Hommel, W.: SERVUS@TUM: User-centric IT Service Support and Privacy Management. In Desnos, J.-F.; Epelboin (Hrsg.) Proceedings EUNIS, Grenoble (2007)
[11] Kerres, M.; Ojstersek, N.; Preussler, A.; Stratmann, J.: E-Learning-Umgebungen in der Hochschule: Lehrplattformen und persönliche Lernumgebungen. In: Dittler, U.; Krameritsch, J.; Nistor, N.; Schwarz, Ch.; Thillosen, A. (Hrsg.): E-Learning: Eine Zwischenbilanz, Medien in der Wissenschaft; Band 50, Waxmann, Münster u.a., S. 101–115 (2009)
[12] Schulmeister, R.: Gibt es eine „Net Generation"?, Hamburg (2008).
[13] Schulmeister, R: Der Computer enthält in sich ein Versprechen auf die Zukunft. In: Dittler, U.; Krameritsch, J.; Nistor, N.; Schwarz, Ch.; Thillosen, A. (Hrsg.): E-Learning: Eine Zwischenbilanz, Medien in der Wissenschaft; Band 50, Waxmann, Münster u.a. (2009), S. 317–323
[14] Stross, M.: Multimedia an der TUM. Entwurf eines Multimediakonzeptes für die Technische Universität München (2001)
[15] Stross, M; Borgeest, R.: Abschlussbericht des Fachausschusses E-Learning (2009)
[16] TUM: Auf dem Weg zur unternehmerischen Universiät (o.J.), http://portal.mytum.de/tum/-unternehmerische_universitaet/index_html, zugegriffen am 09.09.2009
[17] Vogel, M.: Noch kein Alltag: eLearning in der Hochschule (2007), http://www.sofind.de/-vfs/pp/checkpoint_mmkh_1107.pdf, zugegriffen am 07.09.2009
[18] Von Frentz, C.: Die Chronik einer Kapitalvernichtung (2003), http://www.manager-magazin.de/geld/artikel/0,2828,186368,00.html, zugegriffen am 07.09.2009
[19] Weizenbaum, J.: an der Veranstaltung Web Based Training 2003 im Text „Grenzen des E-Learnings" (2003)
[20] Wissenschaftsrat: Empfehlungen zur Qualitätsverbesserung von Studium und Lehre (2008), http://www.wissenschaftsrat.de/texte/8639-08.pdf, zugegriffen am 11.09.2009

elecTUM: Umsetzung der eLearning-Strategie der Technischen Universität München

Sabine Rathmayer, Ivan Gergintchev

Zusammenfassung An der TUM wurde ein umfassendes und integriertes eLearning-Konzept umgesetzt, welches Präsenzstudium und eLearning in allen Leistungsbereichen der Universität miteinander verzahnt. Ein besonderer Schwerpunkt lag dabei in der Schaffung einer effizienten und wettbewerbsfähigen integrierten eLearning Infrastruktur in Hinblick auf die noch weiter steigenden Studienanfängerzahlen ab dem Jahr 2011 sowie die Umsetzung von eBologna. Die Etablierung einer hochschulweiten Lernplattform stellte eine wesentliche Basis für die Umsetzung der eLearning-Strategie dar. Die wissenschaftliche und wirtschaftliche Anschlussfähigkeit im Hinblick auf eine Verwertung der Projektergebnisse wurde durch die aktive Beteiligung an einer Vielzahl hochschulübergreifender Arbeitskreise, Fachtagungen und Kooperationen, vor allem über Organisations- und Dienstleistungsmodelle sowie innovative technische Entwicklungen, sichergestellt.

1 Einleitung

Wie an den meisten deutschen Hochschulen wurden auch an der Technischen Universität München (TUM) in den Neunziger Jahren erste Versuche unternommen, computerbasierte Lernmaterialien in den allgemeinen Lehrbetrieb zu integrieren. Dabei handelte es sich vor allem um Initiativen einiger Hochschullehrer, die sich von der Thematik eLearning begeistern ließen und Erfahrungen auf diesem Gebiet sammeln wollten. So entstanden vor allem von einander unabhängige eLearning-Bausteine zur Bereicherung der Präsenzlehre, darunter elektronische Skripte, Animationen, multimediale Programmeinheiten, Tools, u.ä. Ein durchgängiger Online-Kurs oder ein eLearning-Lehrszenario im Sinne von Blended Learning war nur in Ansätzen erkennbar. Auch gab es keine hochschulumfassenden Konzepte zur Integration dieser Lehrmaterialien in die klassische Hochschullehre. Das Ergebnis waren somit vorwiegend Insellösungen und nicht neue Lehr- und Lernszenarien im Sinne einer eLearning-Strategie.

Unterschiedliche Fördermaßnahmen wie das MEILE-Programm des Bayerischen Staatsministeriums für Unterricht, Kultus, Wissenschaft und Kunst aus dem Jahre 1997 resultierten in einem Ausbau multimedial aufbereiteter Lehr- und

Lernmaterialien an den Hochschulen. In der Folge konnten die Projekte für die Virtuelle Hochschule Bayern (vhb), die im Jahre 2000 ihren Betrieb aufnahm, auf diesen Erfahrungen aufbauen. Hier gab es nun erstmals Bemühungen, eine Einbettung der eLearning-Kurse in das jeweilige Curriculum anzustreben und die Studienleistungen nach ECTS anzuerkennen. Im Jahr 2001 startete das bislang größte deutsche Förderprogramm zum Thema eLearning durch das BMBF. Im Bereich „Neue Medien in der Bildung" war die TUM an insgesamt elf Verbundprojekten erfolgreich beteiligt. Auch diese können jedoch als Insellösungen bezeichnet werden und waren zum damaligen Zeitpunkt nicht in ein eLearning-Konzept der Hochschule eingebunden.

Zwei wesentliche Aspekte waren in einer großen Anzahl der bundesweiten und teilweise im Verbund laufenden Projekte zu erkennen. Zum einen wurde in vielen Projekten ein sehr großer Aufwand in die Evaluation, Auswahl und teilweise sogar Eigenentwicklung von Learning Management Systemen investiert. Die verbreitete Ansicht, dass diese Auswahl sehr stark von den hochschulspezifischen Anforderungen abhinge, war und ist in Zweifel zu ziehen. Positiv werten kann man an dieser Stelle wohl die durch die vielen Vergleiche resultierende stetige Weiterentwicklung und Konsolidierung der auf dem heutigen Markt zur Verfügung stehenden Produkte. Als negatives Ergebnis ist hier aber der Kapazitätsverlust, der noch stärker in die Entwicklung der eLearning-Inhalte hätte fließen können, zu werten. Der zweite und wesentlichere Aspekt war jedoch, dass nahezu allen Projekten ein Konzept zur nachhaltigen Integration der Ergebnisse in den Hochschulalltag fehlte.

In der folgenden Förderrunde des Bundes wurde daher der Fokus auf die Entwicklung von folgender Modelle gelegt: „...die Entwicklung von organisatorischer Infrastruktur und Management („change management") zur Ausschöpfung des durch die IuK-Technologien eröffneten Innovationspotenzials im Bereich von Lehre, Lernen und Prüfungen an Hochschulen systematisch und nachhaltig voranzutreiben. Dabei ist die hochschulweite Integration von eLearning als strategische Aufgabe für die Hochschulentwicklung insgesamt anzusehen, die die Kompatibilität mit ggf. vorhandenen Medienentwicklungsplänen sichert. Wege zur Generierung zusätzlicher Einnahmen durch eine erweiterte Nutzung der Materialien sollen geprüft werden." [2]

Die TUM hatte bereits im Vorfeld der Ausschreibung im Sommer 2004 die Notwendigkeit einer solchen Entwicklung erkannt und gemeinsam mit der imc AG ein Positionspapier verfasst, das die Umsetzung einer hochschulweiten eLearning Strategie an der TUM auf Basis des Learning Management Systems CLIX beinhaltete. Das anschließend beantragte Projekt elecTUM erzielte als eines von 20 Projekten in Deutschland eine Förderbewilligung und wurde im Zeitraum Mai 2005–April 2008 durchgeführt. Folgemaßnahmen wurden aus Studienbeiträgen und Mitteln der Hochschule gefördert.

Basierend auf den innerhalb des Projekts elecTUM definierten Ziele werden in den folgenden Abschnitten die hochschulweite eLearning Strategie sowie die wesentlichen Aspekte des zentralen Learning Management Systems, dessen Integration in die IuK Infrastruktur, des breit angelegten Supports und damit einhergehend eine Qualitätssicherung sowie schließlich der Übertragung der Ergebnisse auf einen wesentlich größeren Nutzerkreis dargestellt.

2 Beschreibung der eLearning-Strategie der TUM

An der TUM wurde ein umfassendes und integriertes eLearning-Konzept umgesetzt (Projekt elecTUM), welches Präsenzstudium und eLearning in allen Leistungsbereichen der Universität miteinander verzahnt. Die wesentlichen Gesichtspunkte dabei waren:

- eLearning grundsätzlich und nachhaltig an der TUM zu verankern,
- eine hochschulweite Lernplattform einzuführen,
- deren Integration mit der IT-Infrastruktur sicherzustellen,
- die TUM für zukünftige Herausforderungen am Bildungsmarkt zu positionieren.

Wesentlich für den integrativen Ansatz von elecTUM war die Verankerung von eLearning als wichtigen Bestandteil der TUM-Strategie zur Verbesserung der Hochschullehre und deren IT-gestützter Modernisierung.

Hierzu leistete der strategische und organisatorische Rahmen einen entscheidenden Beitrag. Maßgeblich war die Einbindung der Hochschulleitung, die verantwortlich für das Gesamtprojekt war und auch die Integration in die IuK-Gesamtinfrastruktur der TUM koordinierte.

Abb. 1 eLearning-Strategie der TU München

Die im Hochschulentwicklungsplan der TUM im Jahre 2000 festgeschrieben Ziele, eine moderne standortübergreifende Kommunikationsinfrastruktur für Forschung, Lehre, und Administration zu schaffen, wurden konsequent verfolgt. Hierzu wurde im Jahre 2002 das Konzept IntegraTUM ausgearbeitet und verabschiedet, welches von der DFG im Rahmen der Ausschreibung zum Thema „Integriertes Informationsmanagement an Hochschulen" gefördert wurde.

Diese geplante Erneuerung der Informations-Infrastruktur der TUM wurde durch die mit elecTUM verfolgte eLearning-Strategie und deren Umsetzung komplementiert. Damit wurde ein weiteres Ziel des Hochschulentwicklungsplans aufgegriffen, wonach eine Professionalisierung des Wissens- und Technologietransfers sowie die akademische Weiterbildung über Multimedia-Techniken betrieben werden sollte.

Basierend auf den relevanten Evaluationen von Lernplattformen [1] [10] und der besonderen Ausgangssituation an der TUM mit ihren verteilten Standorten, zahlreichen Fakultäten und vielfältigen Studiengängen, wurde im Frühjahr 2004 im Auftrag der Hochschulleitung die Lernplattform CLIX Campus der Firma imc AG beschafft und deren Etablierung als zentrale Lernplattform für die gesamte TUM beschlossen. Folgende Kriterien waren außerdem für die Auswahl entscheidend:

- Die imc AG verfolgte seit einigen Jahren die Strategie intensiver Kooperationen mit deutschen Hochschulen. Aus diesen Kooperationen entstanden innovative Weiterentwicklungen der Lernplattform, die den komplexen Anforderungen der Hochschulen genügen.
- In CLIX Campus konnten viele unterschiedliche Lehr- und Lernszenarien abgebildet werden. Diese waren aufgrund der stark variierenden Interessen und Kenntnisstände von Hochschullehrern und Mitarbeitern erforderlich.
- CLIX Campus verfügte über eine äußerst flexible Benutzer-, Gruppen- und Rechtestruktur.
- CLIX Campus enthielt eine fortgeschrittene Implementierung der wichtigsten eLearning Standards. Dies war im Zuge des Projekts für den Austausch zwischen verschiedenen Partnern und damit auch Plattformen von großer Bedeutung.
- Bei der TUM-weiten Einführung und Integration in die unterschiedlichen Informationssysteme war eine kompetente Beratung unerlässlich. Diese sollte während der gesamten Laufzeit des Projekts in Anspruch genommen werden können.

Die Etablierung einer zentralen Lernplattform stellte eine wesentliche Basis für die Umsetzung der TUM-eLearning-Strategie dar. Im Zusammenhang mit der Bereitstellung, Nutzung und Betreuung der Lernplattform waren die Bereiche des technischen Betriebs, der Bereitstellung und Betreuung sowie des Lehrens und Lernens.

Für den technischen Betrieb der Lernplattform ist das LRZ (Leibniz Rechenzentrum) zuständig, was in einer entsprechenden Vereinbarung zwischen TUM und LRZ festgehalten wurde. Die Bereitstellung und Betreuung erfolgt durch das

Medienzentrum der TUM. Hierzu zählen neben der TUM-spezifischen Konfiguration der Plattform auch die Planung von Nutzungsszenarien mit einem adäquaten Rollen- und Rechtemanagement sowie die Entwicklung zielgruppenspezifischer Tutorials. Das Projektteam übernahm die Organisation, das Marketing und die technische Integration.

Am Medienzentrum waren in den vorangegangenen Jahren sukzessive Kompetenzen für die Konzeption, das Management, die Produktion, den Einsatz und die Evaluation von eLearning-Materialien aufgebaut worden. Diese bildeten eine wichtige Basis für den im Rahmen von elecTUM geleisteten Support für die Entwicklung neuer eLearning-Angebote und deren Einbindung in adäquate Lehr- und Lernszenarien durch fachliche Beratung sowie Schulungs- und Weiterbildungsangebote.

Folgende Projektziele waren in diesem Bereich relevant:

- Die Verstetigung und der Ausbau der bestehenden Supportstruktur, insbesondere durch eine Erhöhung der personellen Kapazitäten des eLearning-Supportteams.
- Der Aufbau einer eLearning-Community auf der Basis des bereits seit Jahren etablierten „Arbeitskreises Multimediapraxis"
- Die Entwicklung eines TUM-spezifischen Kategoriensystems von eLearning-Szenarien mit „best-practice Referenzen" als Orientierungs- und Infopool für die Lehrenden.
- Die Konzeption, Entwicklung, Durchführung und Evaluation spezieller Blended-Learning-Angebote und deren Verankerung im allgemeinen Studienplan.
- Die fachliche Beratung von Hochschullehrern und wissenschaftlichen Mitarbeitern zur Entwicklung und zum Einsatz virtueller Lehrangebote.
- Der Aufbau und der Betrieb eines Schulungsprogramms zum Erwerb von Medienkompetenz unter besonderer Berücksichtigung von eKompetenz und eLearning.
- Die Entwicklung und Etablierung eines Blended Learning-Lehrprogrammes zur Qualifizierung des wissenschaftlichen Nachwuchses zum Themenschwerpunkt „eLearning".

Ausgehend von den oben beschriebenen Zielen des Projektvorhabens wurde eine durchgängige und integrierte Lerninfrastruktur für die TUM geschaffen und dauerhaft etabliert werden. Zum einen wurde für alle Bereiche der Lehre eine zentrale, in die Informationssysteme der Universität integrierte Plattform zur Verfügung gestellt werden. Zum anderen wurde der gesamte Prozess der Entwicklung und des Einsatzes von eLearning-Angeboten zentral und fachübergreifend unterstützt werden. Die Lernplattform wird von Studierenden und Mitarbeitern der TUM, Angehörigen externer Partnerinstitutionen, sowie externen Teilnehmern an Weiterbildungsangeboten genutzt. Autoren bzw. Dozenten stellen eLearning-Inhalte ein und legen Lernszenarien fest. Die Integration der Lernplattform in die

Gesamt-IT-Infrastruktur wurde durch die Anbindung an die unterschiedlichen Campus Management Systeme realisiert.

3 Schaffung einer integrierten Lerninfrastruktur

Im Folgenden werden die erzielten Ergebnisse mit Bezug auf die oben genannten Bereiche beschrieben (vgl. [3]).

3.1 Rechtliche Rahmenbedingungen

In der Allgemeinen Prüfungs- und Studienordnung der TUM wurde die Möglichkeit des Einsatzes von eLearning als „Fernstudium" und der Einsatz von elektronischen Tests als Prüfungsleistung verankert. Damit ist eLearning rechtlich ein vollwertiger Teil der Hochschullehre der TUM [11].

Die notwendigen datenschutzrechtlichen Freigaben wurden auf Basis der ermittelten Datenflüsse und des Architekturkonzepts in einer Verfahrensbeschreibung festgehalten, mit dem Gesamtpersonalrat abgestimmt und vom Datenschutzbeauftragten der TU München genehmigt. Teil der datenschutzrechtlichen Freigabe ist, dass alle Betreuer von Lehrveranstaltungen auf der Plattform eine Datenschutzerklärung unterschreiben müssen. Einfache Benutzer werden bei der ersten Verwendung der Lernplattform über den Umfang der über sie durch das System gespeicherten Daten informiert. Die Nutzer erklären ihr Einverständnis bei der ersten Nutzung der Plattform. Während der Laufzeit des Projekts mussten weitere Anpassungen vorgenommen werden, um den Anforderungen der Benutzer besser gerecht zu werden. So werden inzwischen Hinweise beim Speichern der Lehrveranstaltungsunterlagen gegeben, dass diese aus urheberrechtlichen Gründen nicht weiter verbreitet werden dürfen. Die Lehrenden werden zusätzlich darauf hingewiesen, dass die Daten der Studierenden nur im Rahmen der Lehrveranstaltungen verwendet werden dürfen.

3.2 Organisatorische Maßnahmen

An den einzelnen Fakultäten sind eLearning Beauftragte etabliert. Diese werden speziell geschult. Sie haben als Subadministratoren das Recht, innerhalb ihrer Einheit Nutzer zu Betreuern von Lehrveranstaltungen auf der Plattform zu machen. Die eLearning Beauftragten arbeiten eng mit den Studiendekanen der Fakultäten zusammen. In diesem Zusammenhang erfolgt innerhalb einer Fakultät eine Konsolidierung der historisch gewachsenen Systeme und Vorgehensweisen hin zu einer stärkeren Vereinheitlichung und Nutzung der zentral angebotenen Dienste.

3.3 Verbindliche Einordnung zentraler IT Systeme

Die IT Landschaft von Universitäten setzt sich aus einer Vielzahl einzelner Systeme zusammen. Es gibt (derzeit) kein geschlossenes System, das alle Anforderungen einer Hochschule gleichzeitig erfüllen kann. Daher kommen für die einzelnen Aufgaben unterschiedliche Systeme zum Einsatz. Um die sich daraus ergebende Komplexität zu beherrschen, müssen von allen genutzte Funktionalitäten in zentralen Systemen angeboten werden und die Aufgabenverteilung zwischen diesen Systemen so weit möglich technisch aber auch organisatorisch genau definiert werden. Nur so ergibt sich für alle Mitglieder der Hochschule ein in sich schlüssiges Gesamtsystem.

3.4 Marketing

Das Marketing dient dazu, die Mitglieder der Hochschule auf das Angebot der eLearning Plattform aufmerksam zu machen und vorhandene Nutzer dauerhaft zu binden. Den Erstsemestern werden die Funktionsweise der zentralen Lernplattform bei den Erstsemestereinführungsveranstaltungen erklärt. Zusätzliche Einführungsvorträge werden in Absprache mit den jeweiligen Dozenten gehalten. Dozenten auf der Lernplattform erhalten regelmäßig per E-Mail einen Newsletter mit aktuellen Informationen zum Thema E-Learning und neuen Funktionalitäten im Zusammenhang mit der zentralen Lernplattform.

An interessierten Lehrstühlen/Fakultäten werden Präsentationen des elecTUM, der zentralen TUM-Lernplattform CLIX sowie der Einbettung in die globale IT-Infrastruktur durchgeführt. Diese Maßnahme erwies sich bisher als äußerst erfolgreich. Ein Flyer mit allgemeinen Informationen zur Lernplattform sowie den Vorteilen für Studierende und Dozierende bei der Nutzung von CLIX wurde an jeder Fakultät im Studienbüro ausgelegt und bei allen Veranstaltungen ausgeteilt.

3.5 Anreizsysteme

Im Rahmen der eLearning-Strategie der TUM wurde im Wintersemester 2005/2006 der TUM eLearning-Award ausgeschrieben. Diese hochschulweite Ausschreibung soll alle Mitarbeiter, Wissenschaftler und Professoren zum Einsatz digitaler Medien in der Lehre anregen und somit die Entwicklung weiterer innovativer eLearning-Angebote sowie die nachhaltige Verankerung von eLearning in der Hochschullehre unterstützen. Besonderer Wert wird bei der Bewertung der Beiträge auf das didaktische Konzept, die multimediale Aufbereitung der Inhalte sowie die curriculare Einbettung gelegt.

3.6 Schulungen

Für Dozenten werden regelmäßig Schulungen veranstaltet, in denen die Handhabung der Lernplattform trainiert wird. Schulungsunterlagen stehen für alle Zielgruppen zur Verfügung. Des Weiteren wird gemeinsam mit dem Medienzentrum das Qualifizierungsprogramm eTeaching@TUM angeboten. Ziel ist die Vermittlung von Kompetenzen zur Verwendung digitaler Medien und zum didaktisch sinnvollen Einsatz moderner Informations- und Kommunikationstechnologien im Rahmen der Hochschullehre. Das Programm richtet sich an Mitarbeiter und Mitarbeiterinnen der TUM (ProfessorInnen, DozentInnen, MitarbeiterInnen, studentische TutorInnen) sowie interessierte Dozierende anderer bayerischer Hochschulen, die sich für den Einsatz neuer Medien in der Lehre interessieren bzw. Unterstützung und Anregung für die Umsetzung eigener eLearning-Projekte suchen.

Das Programm ist modular aufgebaut und basiert auf dem Konzept des Blended Learnings. Die Inhalte werden in vier Präsenzveranstaltungen im Zeitraum eines Semesters vermittelt. Für die erfolgreiche Teilnahme an den vier Pflichtmodulen wird ein Zertifikat ausgestellt, das in das Pro-Lehre Programm der Carl von Linde-Akademie zur Qualifizierung der Habilitierenden mit aufgenommen ist.

3.7 Support

Support ist für die Akzeptanz zentraler IuK Angebote unabdingbar, da eine gute und verlässliche Unterstützung der Benutzer bei etwaigen IT Problemen unbedingt gegeben sein muss. Gleichzeitig ist er ein wichtiger Ansprechpartner für Änderungswünsche. Ein zentraler IT Service Desk steht per E-Mail, Telefon oder auch persönlich zur Beantwortung von Fragen zur Verfügung. Die Anfragen werden mit Hilfe eines zentralen Trouble Ticket Systems erfasst und entweder direkt durch den 1st Level oder durch das elecTUM Team (2nd Level) beantwortet. Auf Wunsch wird didaktischer Support bei der Konzeption und Planung von für das E-Learning aufbereiteten Lehrinhalten geleistet.

Mitarbeiter des elecTUM standen an allen drei Standorten der TUM als Ansprechpartner zur Verfügung.

3.8 eLearning Community

Das vom Medienzentrum nach wie vor regelmäßig durchgeführte eLearning Forum (ELF) ist eine Plattform zum Austausch von Informationen und Wissen im Bereich eLearning geworden. Die Veranstaltung wird während des Semesters im Monatsturnus durchgeführt und betrachtet jeweils aktuelle Aspekte rund um das

Thema eLearning, wie z.B. den Einsatz von eTests in der Lehre, oder Urheberrechts- und Datenschutzaspekte, und vieles mehr. Zu diesen Themen referrieren interne wie externe Fachexperten.

3.9 Technische Aspekte und Integration

Für die Bereiche

- Integriertes eLearning für Lehre und Forschung
- eLearning für externe Kooperationspartner
- eLearning in der internen Aus- und Weiterbildung
- eLearning für die externe wissenschaftliche Aus- und Weiterbildung

wurden vor der technischen Realisierung jeweils Nutzungsszenarien für die beteiligten Gruppen und Institutionen betrachtet.

Die Unterstützung der externen wissenschaftlichen Aus- und Weiterbildung wurde anhand eines eigenen Mandanten untersucht. Obwohl die wirtschaftliche Grundlage für ein umfassendes Weiterbildungsprogramm der TUM bisher noch nicht fertig gestellt ist, bietet die Plattform bereits jetzt die Basis für die freie wie kommerzielle Nutzung der eingestellten Inhalte.

Die Nutzungsszenarien sowie die Zugangsvoraussetzungen für alle Mitglieder der Hochschule erlauben jegliche Art von eLearning Unterstützung für das interne Weiterbildungsprogramm der TUM. Die Übermittlung von Ergebnissen an das System der Personalverwaltung (SAP) und somit die Verbuchung von Weiterbildungsmaßnahmen in der Personalakte konnte aus organisatorischen und technischen Gründen nicht umgesetzt werden.

Zu Beginn des Projekts elecTUM wurde das Ziel definiert, CLIX mit weiteren Systemen der TUM – soweit sinnvoll – zu integrieren. Dabei darf aber keine isolierte Betrachtung einzelner Systeme erfolgen, denn alle eLearning-Anwendungen basieren auf einer komplexen IT-Infrastruktur, die selbst wieder verfügbar, aktuell und dauerhaft funktionsfähig sein muss. Der Prozess des Lernens muss des Weiteren in den Arbeitsalltag eingebettet und mit bestehenden Systemen verbunden werden. Die Herausforderungen bei der Verfolgung dieses Ziels sind vielfältig. Sie betreffen Fragen der Prozessdefinition, der Anwendungsintegration und der Datensicherheit. Somit ist ein wesentlicher strategischer Aspekt die Integration von eLearning in die IuK-Infrastruktur der Hochschule, denn dadurch lassen sich eine Redundanz bei der Datenhaltung und -pflege zum einen und eine Steigerung der Benutzerfreundlichkeit zum anderen erzielen. Dieses Thema wird jedoch teils mit unterschiedlichen Ansätzen verfolgt. Dabei reichen die Vorgehensweisen von der Integration verschiedener Informationssysteme wie an der TUM bis hin zu zentralen Portalen, die unterschiedlichste Dienste aus Lehre, Studium und Forschung zusammenfassen und homogen nach außen erscheinen lassen [4].

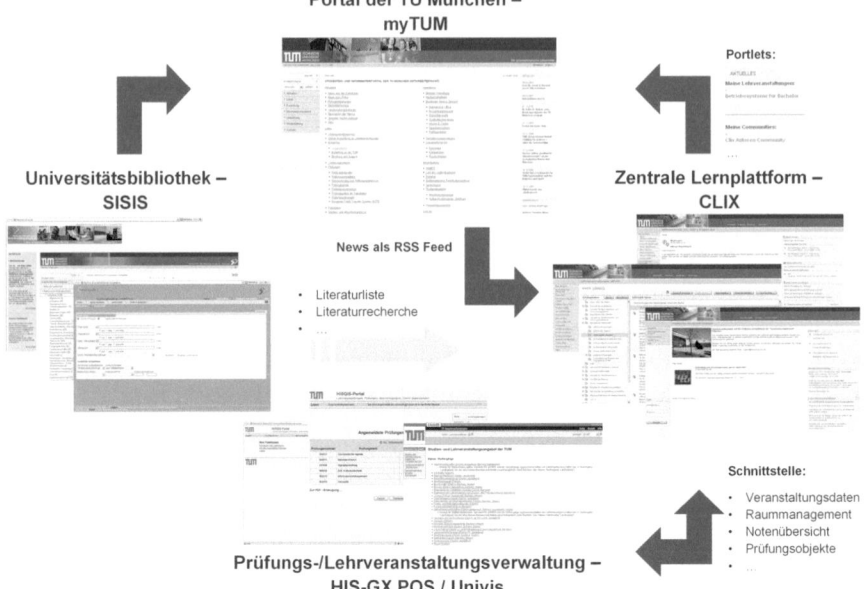

Abb. 2 Integrationsszenario an der TUM

Abbildung 2 zeigt nun zunächst die Gesamtarchitektur für ein integriertes eLearning in Lehre und Forschung an der TUM.

Anbindung an die Benutzerverwaltung der TUM

Kernstück eines modernen integrierten Informationsmanagement der Hochschule ist heutzutage ein zentrales Identity Management System (IMS) auf Basis von Verzeichnisdiensten. Aufgrund dieses Vorgehens wird es möglich, eine ganzheitliche Sicht auf Personen zu bieten und somit letztendlich den Verzeichnisdienst in die jeweiligen Geschäftsprozesse der unterschiedlichen Hochschulsysteme einzubinden. Aus Gründen des Urheberschutzes, der Personalisierung und der Zuverlässigkeit werden eLearning-Angebote gezielt Hochschulangehörigen in nicht öffentlich zugänglichen Lernräumen abgewickelt. Aus Benutzerperspektive bietet das IMS einen einheitlichen Zugang zu den angeschlossenen Anwendungen. Allerdings ist jeweils eine separate Anmeldung erforderlich. Die technische Kopplung der Lernplattform an das TUM-Verzeichnis wurde über LDAP umgesetzt.

Integration mit dem Campus Management

Ein besonderer Fokus lag auf der Integration mit den Campus Management der TUM. Die Vorgehensweise dabei beschreibt der Artikel „**Stufenweise Integration von eLearning an der Technischen Univerität München**" in diesem Band.

Integration mit www.tum.de

Für die Integration mit dem zentralen Informationsportal der TUM wurden verschiedene zentrale und dezentrale Lösungen für die direkte Kopplung untersucht. Die eingeloggten Studenten erhalten über ein sog. Portlet im TUM-Portal eine Liste der Lehrveranstaltungen, zu denen sie angemeldet sind, sowie eine Liste ihrer Communities. Beim Klick auf ein Listenelement werden sie in die entsprechende Lehrveranstaltung innerhalb von CLIX weitergeleitet, ohne sich erneut anmelden zu müssen.

Digitale Semesterapparate
Der im Rahmen des IntegraTUM Projekts aufgebaute Multimediaserver der Bibliothek stellt Hochschulschriften und andere Dokumente im Volltext, insbesondere aber auch multimediale Lehr- und Lernmaterialien wie Animationen, Simulationen, Audio- und Videomaterial in verschiedenen Formaten, zur Verfügung. Der Multimediaserver bietet Interessierten einen systematischen und einheitlichen Zugang zu an der TUM erstellten oder genutzten digitalen Dokumenten. Darüber hinaus ist die Kopplung des Multimediaservers mit der Universitätsbibliothek denkbar, was die Definition traditioneller Semesterapparate ermöglicht. Ein Semesterapparat enthält in diesem Sinne Bücher aus dem Bestand der Universitätsbibliothek, Zeitschriftenaufsätze, digitalisierte Buchauszüge und wichtige Internet-Links. Der Zugriff auf solche Semesterapparate aus der Lernplattform heraus optimiert den Workflow zwischen den Systemen und ermöglicht den Studierenden eine integrierte Sicht auf lernbezogene Materialien (s. Beitrag über MediaTUM in diesem Band).

Single Sign-on
Für die Betrachtung der Integration mit externen Partnern wie zum Beispiel Angehörigen anderer Hochschulen musste ein umfassenderes technisches Konzept für eine SSO Lösung auf Basis von Shibboleth erstellt und in der Folge die Lernplattform CLIX erweitert werden. Gleichzeitig war nicht nur wünschenswert, sich lediglich ein einziges Mal für alle TUM-Systeme authentifizieren zu müssen, sondern auch bspw. für Kurse der vhb, die bei einer anderen Hochschule gehostet werden oder für Informationen zu einem Kooperationsstudiengang zwischen TUM und LMU.

Hierbei waren Aspekte wie Standardkonformität, Flexibilität, Kosten und Integrationsfähigkeit in die bestehende Infrastruktur von zentraler Bedeutung. Es wurden zwei unterschiedliche Szenarien betrachtet, die für die TUM eine wesentliche Rolle spielen: internes und föderiertes SSO. Für beide Szenarien ist es notwendig eine flexible und sichere Authentifizierungsinfrastruktur zu bieten. Zudem muss die Autorisierung für die jeweiligen Systeme sichergestellt sein. Es gilt also für beide Ansätze eine geeignete Lösung zu finden. Eine solche Lösung muss jedoch in einen höheren Kontext eingebunden sein, also einer übergreifenden Authentifizierungs- und Autorisierungsinfrastruktur (AAI). Diese Infrastruktur ermöglicht es, angeschlossene Dienste zu nutzen, ohne hierfür jeweils eigene Registrierungen durchführen zu müssen. Dies wird als Föderation bzw. föderiertes SSO bezeichnet. Die Basis hierfür bildet ein zentrales Identitymanagement einer jeweiligen Institution. Eine wichtige Rolle in diesem Kontext spielt u.a. auch die virtuelle Hochschule Bayern (vhb), da so Studierende wesentlich problemloser Zugriff auf Kurse von Fremdhochschulen gewährt werden kann und die personenbezogenen Daten auf sicherem Wege ausgetauscht werden. Ausgehend vom Projekt elecTUM in Zusammenarbeit mit dem Leibniz-Rechenzentrum (LRZ) haben diese Überlegungen die TUM dazu bewegt, nicht nur auf ein rein internes SSO zu setzen, sondern durch den Einsatz einer flexiblen Lösung auf Basis von Shibboleth sowohl interne als auch föderierte Szenarien bedienen zu können. Hierzu leistete der Verein zur Förderung eines Deutschen Forschungsnetzes e. V. (DFN) im Januar 2006 durch seinen Entschluss zum Aufbau und zur Koordination einer AAI auf nationaler Ebene einen wesentlichen Vorschub. Der neue Dienst, DFN-AAI, ist seit Oktober 2007 in Betrieb und bildet eben die organisatorischen Rahmenbedingungen für eine deutschlandweite Föderation auf Basis von Shibboleth. Die erste offizielle Version des DFN-AAI eLearning-Profils, an dessen Entwurf sich elecTUM ebenfalls beteiligt hat, wurde bereits veröffentlicht. Die TUM erstellte gemeinsam mit der imc AG hier ein Fachkonzept zur Erweiterung des CLIX Systems für die Authentifizierung und Autorisierung über Shibboleth. Seit April 2009 ist das daraus entstandene Shibboleth-Modul im produktiven Einsatz. Näher mit Bildungskooperationen beschäftigt sich der Artikel „**Künftige Herausforderungen für Lernumgebungen am Bespiel der Fakultät für Medizin**" in diesem Band.

3.10 Evaluierung der Maßnahmen

Die Notwendigkeit der Qualitätssicherung und -kontrolle für innovative universitäre Lehr-/Lernszenarien ist in der Praxis unbestritten. Dieser Notwendigkeit der Evaluation von eLearning Projekten steht allerdings ein deutlicher Mangel an geeigneten und umfassenden Evaluationskonzepten gegenüber. Aus diesem Grund wurde im Rahmen des Projektes elecTUM basierend auf dem Evaluationsmodell von Koppenhöfer, Böhmann & Krcmar [5] sowie dem Phasenmodell der Qualitätssicherung von Reinmann-Rothmeier, Mandl & Prenzel [9] ein eigenes Konzept entwickelt und erprobt, das durch drei Phasen gekennzeichnet ist und sich im Kern mit der formativen Evaluation beschäftigt [6]. Diese teilt sich in mehrere Evaluationszyklen auf, die wiederum einzelne Unterphasen mit verschiedenen Betrachtungsschwerpunkten umfassen.

Eine Zusammenfassung der Nutzung der Lernplattform, der Lernwirksamkeitsmessung und der Usability-Prüfungen stellt der Artikel „**Evaluation der zentralen TUM-Lernplattform**" in diesem Band dar.

4 Ergebnistransfer und weiterführende Konzepte

Die wissenschaftliche und wirtschaftliche Anschlussfähigkeit im Hinblick auf eine Verwertung der Projektergebnisse wurde durch die aktive Beteiligung an einer Vielzahl hochschulübergreifender Arbeitskreise, Fachtagungen und Kooperationen, vor allem über Organisations- und Dienstleistungsmodelle sowie innovative technische Entwicklungen, sichergestellt.

Neben dem Austausch der Erfahrungen wurden eine Reihe von Beratungsleistung an andere Hochschulen zum Thema Einsatz der Schnittstellen und Aufbau einer ähnlichen Infrastruktur geleistet. So wurde an der Universität des Saarlandes das von elecTUM gemeinsam mit der imc AG entwickelte Schnittstellenkonzept verwendet und an die dortigen Bedürfnisse der Systemlandschaft angepasst.

Darüber hinaus wurden zukunftsorientierte Modelle untersucht. Zum einen führt der Einsatz von Web 2.0-Technologien im eLearning zu neuen Herausforderungen des Lehrens und vernetzten Lernens in einer Personal Learning Environment unter Benutzung von Social Software wie z. B. Weblogs, Wikis oder Podcasts. Die technologische Entwicklung von Lernplattformen hin zu Lernportalen die Integration verschiedener Produkte und einen zentralen Zugriffspunkt für eine Vielfalt von Diensten im Bereich des kooperativen Wissensmanagements. In diesem Sinne wurde ein Application Service Provider Modell basierend auf Microsoft Sharepoint Server 2007 konzipiert und prototypisch umgesetzt [8]. Pilothaft wurden den Fachhochschulen München und Regensburg moderne, hoch personalisierbare und erweiterbare Lernumgebungen mit Einbeziehung des jeweiligen Corporate Designs und Identity Managements zur Verfügung gestellt [7].

Zum anderen wurde ein Rahmenkonzept zur Verbesserung und Weiterentwicklung der Lehr-/Lernprozesse für Dozenten und Studenten am Beispiel bereits vorhandener und etablierter Service-Management-Konzepte entwickelt. Übertragen auf die universitäre Organisation und Lehre, wäre ein derartiges Rahmenwerk zur Planung, Erbringung und Unterstützung von Lehr-/Lerndienstleistungen mit Einbezug der wichtigsten Lehr-/Lernprozesse ein dringend benötigter und fundamentaler Schritt hin zu einer schrittweisen Professionalisierung und Verbesserung der Hochschullehre. Der Artikel **„Professionelles Learning Service Management an Hochschulen"** in diesem Band beschreibt das Rahmenwerk.

5 Fazit

Mit den durchgeführten eLearning-Maßnahmen wurde eine Reihe von zentralen Anforderungen aufgegriffen, die an Hochschulen, an ihren wissenschaftlichen Leistungsauftrag und ihre interne Steuerungsfähigkeit in einem sich dynamisch verändernden Umfeld gestellt werden. Außerdem eröffneten die Etablierung von webgestützten Lehr- und Lernszenarien und die Einrichtung entsprechender Strukturen eine erhöhte Flexibilität und Skalierbarkeit für zukünftige Herausforderungen am Bildungsmarkt, die auf Grund politisch bedingter Veränderungen in der Lehre zu erwarten sind.

Literatur

[1] Baumgartner, P.; Häfele H.; Maier-Häfele K.: Lernplattformen im Feldtest. In: Evaluation von E-Learning. D. M. Meister, S.-O. Tergan und P. Zentel. Münster, Waxmann. 25: 108–122., 2004

[2] BMBF: Richtlinien über die Förderung der Entwicklung und Erprobung von Maßnahmen der Strukturentwicklung zur Etablierung von eLearning in der Hochschullehre im Rahmen des Förderschwerpunkts „Neue Medien in der Bildung", 2004

[3] Bode A.; Rathmayer S.; Borgeest R.; Pongratz H.: Die E-Strategie der Technischen Universität München. In: Jörg Stratmann, Michael Kerres (Hrsg.): „E-Strategy"; Medien in der Wissenschaft, Band 46, Waxmann Verlag Münster, 2008

[4] Freudenstein P.; Liu, L.: Architektur für ein universitätweit integriertes Informations- und Dienstmanagement, Tagungsbank zur Informatik 2006 – Informatik für Menschen, 36. Jahrestagung der Gesellschaft für Informatik, 2006

[5] Koppenhöfer, C.; Böhmann T.; Krcmar, H.: Lernerzentriertes Design einer internetbasierten kollaborativen Telelearning-Umgebung. In „Elektronische Medien in der wissenschaftlichen Weiterbildung" (S. 181–192). TU Berlin: Zentralstelle für Weiterbildung, 1999

[6] Leimer S.; Müller A.; Baume M.; Rathmayer S.: Qualitätssicherung des universitätsweiten Einsatzes von eLearning an der Technischen Universität München – Entwicklung eines übergreifenden Evaluationskonzepts im Rahmen des Projekts elecTUM Gesellschaft für Medien in der Wissenschaft (GMW), 2006

[7] Rathmayer, S.; Gergintchev, I.; Lämmle, S.: Realisierung einer modularaufgebauten, flexiblen Plattform für eLearning in Bayern Tagungsbad zum Workshop Integriertes Informationsmanagement an Hochschulen, Karlsruhe

[8] Rathmayer S.; Lämmle S., Gergintchev I.; Pätzold S.: An Application Services Providing Model for Learning Management at Bavarian Universities. Conference Proceedings, ED-Media, Vienna, Austria, 2008

[9] Reinmann-Rothmeier, G.; Mandl, H.; Prenzel, M. Computerunterstützte Lernumgebung: Planung, Gestaltung und Bewertung. Erlangen: Publicis MCD Verlag, 1994

[10] Schulmeister R.: Lernplattformen für das virtuelle Lernen. Evaluation und Didaktik, Oldenbourg Wissensch.Vlg., 2002

[11] TUM, Allgemeine Prüfungs- und Studienordnung für Bachelor- und Masterstudiengänge an der Technischen Universität München, 2007

Stufenweise Integration von eLearning an der Technischen Universität München

Sebastian Pätzold, Stephan Graf, Ivan Gergintchev, Hans Pongratz, Sabine Rathmayer

Zusammenfassung Der vorliegende Beitrag beschreibt als Best Practice Beispiel die stufenweise Integration eines Learning Management Systems (LMS) in die Infrastruktur von Information und Kommunikation (IuK) der Technischen Universität München (TUM). Dabei wird sowohl die Konsolidierung mehrfach angebotener Funktionalitäten und Dienste in den verschiedenen Portalen der Universität als auch die sukzessive Optimierung der Abläufe aufgezeigt. Gleichzeitig wird auf zukünftige weitere Entwicklungen hin zu einer vollständigen Integration der IuK, aber auch auf die Probleme in den unterschiedlichen Stadien der Entwicklung eingegangen.

1 Einführung

Nachdem eLearning an der TUM vor dem Jahr 2003 hauptsächlich durch Aktivitäten vieler engagierter Einzelpersonen oder Organisationen getragen wurde, startete mit elecTUM erstmalig ein Projekt, das mit der Einführung einer zentralen Lernplattform gleichzeitig eine Integration mit den anderen IuK-Systemen an der TUM umsetzen und für die nachhaltige Etablierung von eLearning an der TUM sorgen sollte (vgl. [7]).

Aufgrund der damals existierenden Evaluationen von Lernplattformen führten die hohen technischen Anforderungen an eine solche zentrale Plattform sowie die Notwendigkeit der gemeinsamen Entwicklung von Schnittstellen zu den weiteren Systemen an der TUM zur Entscheidung für das Learning Management System (LMS) CLIX der Firma imc AG. Mit seinen umfangreichen Funktionalitäten in den Bereichen Organisation von Personen und Materialien, Kommunikation und Kollaboration sowie Durchführung von elektronischen Tests sollte CLIX den unterschiedlichsten Anforderungen an der TUM gerecht werden.

Nahezu zeitgleich wurde innerhalb des Projektes HIS@TUM eine Vereinheitlichung der Prozesse und IT-Infrastruktur im Bereich der Prüfungsverwaltung geplant (vgl. [8]). Dazu sollte im Zeitraum von drei Jahren das Programm HIS-POS als einheitliches Prüfungsverwaltungssystem an der TUM etabliert werden. Mittelfristig sollte des Weiteren das seit langem zur webbasierten Administration und

Präsentation u.a. von Lehrveranstaltungen eingesetzte UnivIS durch das entsprechende HIS-GX Programm LSF abgelöst werden. Schließlich sollte das für die Rezentralisierung der IT der TUM verantwortliche IntegraTUM Projekt eine benutzerfreundliche und nahtlose Infrastruktur für Information und Kommunikation (IuK) schaffen, die eine Verbesserung der Leistungen in Forschung und Lehre bei gleichzeitiger Kostenoptimierung ermöglicht (siehe [1]). Im Rahmen einer hochschulweiten Kopplung der IT-Systeme und deren Integration ist eine zentrale Benutzerverwaltung ein wesentlicher Bestandteil. Innerhalb von IntegraTUM wurde ein zentraler Verzeichnisdienst entwickelt, der als „Daten-Drehscheibe" fungiert, die Informationen zu Personen, Einrichtungen, Gruppen und Berechtigungen zur Verfügung stellt. Durch eine Anbindung der verschiedenen Systeme an diese zentrale Benutzerverwaltung wurde zunächst ein sog. Unified Login umgesetzt. Dieses ermöglicht den Zugang mit ein und derselben Benutzerkennung/Passwort-Kombination zu den angeschlossenen Systemen.

Eine gemeinsame Aufstellung und Analyse der unterschiedlichen Systeme und ihrer Funktionalitäten brachte dann die Erkenntnis, dass einige Funktionalitäten in mehreren Systemen gleichermaßen oder ähnlich angeboten werden (vgl. [2]). Somit entsteht ein hoher Supportaufwand an Schulungen und Unterstützung dadurch, dass Daten in den verschiedenen Plattformen gepflegt und benutzt werden müssen. Die Benutzung war demzufolge wenig komfortabel, was in einer geringen Nutzerakzeptanz resultiert. Um diese Ausgangslage von Anfang an zu verbessern, war es nötig, eine Einigung dahingehend zu erzielen, welche Systeme für welche Funktionalitäten führend und somit die möglichst alleinigen Anbieter sein sollten. In den folgenden Abschnitten werden die Plattformen sowie ihre Funktionalitäten noch einmal genauer beleuchtet, um gleichzeitig die Möglichkeiten der Kopplung einzelner Systeme über teilweise bidirektionalen Datenaustausch aufzuzeigen. Diese Integration der noch verteilten Systeme (UnivIS, HIS-POS, CLIX, …) führt bereits zu einer wesentlichen Verbesserung der Situation für die Nutzer. Allerdings zeigt dieser Stand noch eine ganze Reihe von Problemen und Nachteilen. Durch die Anfang 2008 beschlossene Einführung des neuen integrierten Campus Management Systems (CM) TUMonline an der TUM (vgl. [6]) sowie durch neue Anwendungskonzepte können aber noch weitere Verbesserungen erzielt werden, die sich im dritten Teil dieses Beitrags finden.

2 Teilintegration der Lernplattform

Bereits in dem Förderantrag zum Projekt elecTUM wurde eine Integration der Lernplattform CLIX mit den Campus Management Systems (CM) der TUM als zentrales Ziel festgelegt. Unter CM werden im eLearning-Kontext Systeme verstanden, die der direkten Organisation der Lehre dienen (Lehrveranstaltungs- und Prüfungsmanagement). Die hier verwalteten Daten weisen große Schnittmengen zu einem LMS auf. So sind Lehrveranstaltungen und Prüfungen (in Form elektronischer Klausuren) Objekte, die in beiden Bereichen vorhanden sind. Außerdem existieren Redundanzen in den Funktionalitäten, da beispielsweise Anmeldungen zu Veranstaltungen im CM wie auch im LMS getätigt werden können. Zur Steigerung des Bedienkomforts sowie der Nutzerakzeptanz, einer Pflege der Daten an zentraler Stelle und damit der Vermeidung von Mehrfacheingaben, ist eine Integration beider Systemwelten sinnvoll. Dieses Ziel wurde auch im Projekt elecTUM verfolgt.

2.1 Schnittstellenentwicklung

Für die Planungen der Integration zwischen CM und Lernplattform wurde anfangs HIS-LSF, das UnivIS im Bereich Lehrveranstaltungsmanagement ersetzen sollte, und die bereits eingeführte Software HIS-POS für die Prüfungsverwaltung betrachtet. Im Lehrveranstaltungsmanagement HIS-LSF werden Daten zu Lehrveranstaltungen und deren Buchung durch Studenten erfasst. HIS-POS dient ergänzend hierzu als zentrales System zur Prüfungsverwaltung. Wesentliche Funktionalitäten sind die Erfassung von Prüfungsveranstaltungen und die zugehörige Anmeldung mit Voraussetzungsprüfung sowie das Verbuchen von Prüfungsleistungen. Diese beiden Systeme wurden als maßgebliche Datenquellen festgelegt. In Zusammenarbeit mit dem Hersteller der Lernplattform CLIX wurde ein Fachkonzept erarbeitet und umgesetzt, welches eine Schnittstelle zu den genannten Teilen des CM definiert. In Abbildung 1 sind die wichtigsten über diese Schnittstelle ausgetauschten Objekte bzw. Nachrichten zwischen CM und LMS skizziert. Das CM ist dabei das führende System für das Lehrveranstaltungsmanagement und die Prüfungsverwaltung. CLIX dient zur Anreicherung der Lehrveranstaltungen mit eLearning Material und zur Notenerhebung, z.B. mittels elektronischer Prüfungen (E-Prüfungen). Das Konzept verzichtet – bis auf die Anmeldungen (Buchungen) zu Lehrveranstaltungen – auf bidirektionale Schnittstellen. Dies trägt der Bedienbarkeit durch die Definition klarer Zuständigkeiten der jeweiligen Systeme Rechnung und verringert die Komplexität der Schnittstelle.

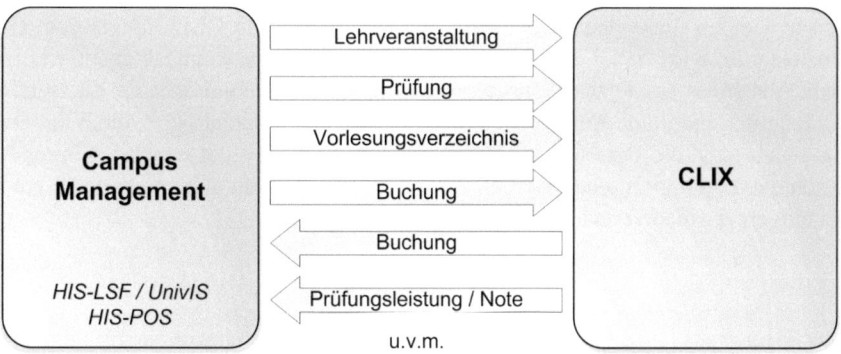

Abb. 1 Schnittelle CLIX / CMS (CLIX2ERP)

2.2 UnivIS2CLIX

Die skizzierte Schnittstelle konnte mit CLIX 7.0 im August 2007 erstmalig eingesetzt werden. Die Integration mit der Prüfungsverwaltung HIS-POS stellte sich als problematisch heraus und wurde deshalb zunächst verschoben. Seitens HIS-POS war keine geeignete Schnittstelle vorhanden (es wurden dennoch prototypische Lösungen für dieses Problem entwickelt, siehe [5]). CLIX sollte demnach zuerst an das Lehrveranstaltungsmanagementsystem der TUM angebunden werden. Allerdings wurde die Einführung von HIS-LSF nach einer umfangreichen Evaluation fallengelassen. Als Quelle für Lehrveranstaltungsdaten kam daher nur UnivIS in Frage. UnivIS stellt einen XML-Export von Daten über das Benutzerinterface zur Verfügung, standardisierte Webservices werden nicht angeboten. Daher musste der Import der Daten durch mehrere, eigens implementierte Werkzeuge durchgeführt werden. Seit dem Wintersemester 2007/2008 werden nun jeweils zu Beginn eines Semesters die Lehrveranstaltungsdaten aus UnivIS nach CLIX übertragen. In den ersten Versionen wurde eine Aktualisierung geänderter Daten in UnivIS nach einem festgelegten Zeitpunkt nicht mehr an das LMS übertragen. In späteren Versionen der beschriebenen Werkzeuge ist auch ein mehrmaliger Semesterimport möglich.

Technisch wurde die Anbindung in einem Importprozess mit mehreren Schritten umgesetzt (vgl. Abbildung 2): Zunächst werden Daten zu allen Lehrveranstaltungen und jeweilige Referenzen auf Dozenten, Räume und anbietende Einrichtungen mittels XML-Export aus UnivIS extrahiert. In einem Aufbereitungsschritt werden diese modifiziert und um wichtige Fakten für den späteren Import angereichert. Es wird z.B. eine Liste zugriffsberechtigter Personen erstellt, Dubletten entfernt oder Daten aus mehreren Hilfsquellen ergänzt. In einem nächsten Schritt werden die UnivIS-Daten mittels XSL-Transformationen (XSLT) in für CLIX verständliche Nachrichten übersetzt. Das Ergebnis ist ein neuer Lehrveranstaltungskatalog, eine Menge von Nachrichten zum Anlegen von Lehrveranstaltungen und schließlich die Zuordnungen von Lehrveranstaltungen zu den jeweiligen Einträgen (Katalogästen) im CLIX-Lehrveranstaltungskatalog. In einem letzten Schritt werden diese über eine Messaging-Middleware an CLIX übertragen. Die Übertragung wird dabei auf Fehler überwacht. Die Lehrveranstaltungen werden nach Abschluss des letzten Schrittes in CLIX angezeigt, sind aber für die Studierenden noch nicht zur Anmeldung freigegeben. Dies geschieht erst durch die Dozierenden bzw. die Betreuer der Lehrveranstaltungen. Mit der expliziten Freigabe durch die Verantwortlichen werden Anmeldungen zu nicht angereicherten Veranstaltungen vermieden und die importierten Daten geprüft.

Abb. 2 Importprozess für Lehrveranstaltungen aus UnivIS nach CLIX

2.3 Produktivbetrieb

Die beschriebene Anbindung ist seit dem Wintersemester 2007/2008 im produktiven Einsatz. In der Folge konnten wichtige Erfahrungen in der Praxis gesammelt werden. So wird deutlich, dass ein Teil der eingangs erwähnten und mit der CM/LMS-Integration verbundenen Ziele auch mit dieser einfachen Lösung erreicht werden konnten. Die Nutzerzahlen (d.h. die Anzahl der eindeutigen Nutzer, die für eine Lehrveranstaltung in CLIX angemeldet sind) konnte tatsächlich weiter gesteigert werden.

Bei der Umsetzung und dem Betrieb der UnivIS-Anbindung haben sich einige Schwierigkeiten ergeben. Viele Probleme sind in der unzureichenden Qualität der Daten in UnivIS begründet. CLIX bezieht seine Personendaten über den zentralen Verzeichnisdienst der TUM in einer regelmäßigen Synchronisation (ausführliche Informationen hierzu finden sich in [3]). Die Datenhaltung in UnivIS erfolgt autark, d.h. UnivIS-Beauftragte sind für die Pflege der Daten innerhalb der jeweiligen Organisationseinheit, z.B. eines Lehrstuhls, verantwortlich. Es erfolgt kein Abgleich mit dem zentralen Verzeichnisdienst. Dadurch kommt es beim Import zu der Situation, dass Personen nicht korreliert werden können und somit Lehrveranstaltungen beispielsweise kein administrativer Betreuer – der erste referenzierte Dozent einer Lehrveranstaltung – zugewiesen werden kann. Mit der Einführung von TUMonline und der Abschaltung von UnivIS wird dieses Problem gelöst sein. Im Wintersemester 2007/2008 wurden 4770 Lehrveranstaltungen (Vorlesungen, zugehörige Übungen, Seminare, Praktika usw.) importiert. Aus oben genanntem Grund konnten bei 2.332 Veranstaltungen oder ca. 49% der Fälle keine Betreuer zugeordnet werden. Dieses Problem tritt auch für weitere Dozenten oder Betreuer einer Lehrveranstaltung auf. Problematisch an dieser Situation ist vor allem, dass die Dozenten in diesem Fall die benötigten Zugriffsrechte auf eine Lehrveranstaltung in CLIX nicht automatisiert erhalten und diese somit nicht nutzen können. Um an dieser Stelle einen erhöhten Supportaufwand zu vermeiden, erhalten neben den Dozenten auch alle Personen der anbietenden Organisationseinheit Zugriffsrechte im Aufbereitungsschritt (vgl. Abb. 2). Zusätzlich wird pro Fakultät und den zentralen Einrichtungen eine lokale Administrationsgruppe gesetzt. Dies hat zwei Vorteile: Zunächst ist es sehr wahrscheinlich, dass wenigstens einige Personen eines Lehrstuhls, zumindest aber die jeweiligen Administratoren auf die Lehrveranstaltung zugreifen sollen. Des Weiteren entspricht dies weitestgehend dem universitären Alltag, da Veranstaltungen durch Dritte verwaltet werden, z.b. durch die Lehrstuhl-Sekretärin oder einen Assistenten. Diese Vorgehensweise hat sich als sehr erfolgreich erwiesen.

Die konkreten Auswirkungen des Imports auf die in der Lernplattform pro Semester verfügbaren Lehrveranstaltungen und die entsprechenden Nutzerzahlen werden in Abbildung 3 beginnend mit dem SoSe 05 (erstes Produktivsemester der Lernplattform) dargestellt. Insgesamt haben die Nutzerzahlen der zentralen Lernplattform CLIX kontinuierlich zugenommen. Für die Statistik werden nur aktive Nutzer berücksichtigt, d.h. nur Nutzer, die in dem jeweiligen Semester Zugang zur Lernplattform besitzen und mindestens eine Lehrveranstaltung aktiv besucht haben. Analog werden nur diejenigen Lehrveranstaltungen beachtet, die im jeweiligen Semester aktiviert und mit Lehrmaterial angereichert wurden.

Eine weitere Herausforderung stellt die unterschiedliche semantische Bedeutung einzelner Funktionalitäten dar. So besteht bspw. ein ungleiches Verständnis eines Lehrveranstaltungskatalogs bzw. Vorlesungsverzeichnisses zwischen UnivIS und CLIX. In CLIX wird pro Semester ein hierarchisch untergliederter Katalog angelegt. Durch die explizite Zuordnung von Lehrveranstaltungen zu einzelnen Ästen wird dieser befüllt. Die Struktur des Katalogs wird manuell festgelegt. In UnivIS existieren dagegen völlig verschiedene Ansichten zu Lehrveranstaltungen eines Semesters:

- Die sog. „Buchfassung" dient als Grundlage des gedruckten Vorlesungsverzeichnisses. Lehrveranstaltungen werden dieser manuell und explizit zugeordnet. Diese Ansicht konnte allerdings nicht alleine für den Import nach CLIX verwendet werden. So finden sich nicht alle Lehrveranstaltungen in ihr wieder, da die Struktur nach Layout-Gesichtspunkten des gedruckten Vorlesungsverzeichnisses gestaltet wird.

- Daneben existiert in UnivIS die Ansicht „Studien- und Lehrveranstaltungsangebote der Fakultäten". Hier werden Lehrveranstaltungen einzelnen Studiengängen der Fakultäten zugeordnet. Dies geschieht dynamisch über Studiengangskürzel, die eine Zuordnung zwischen Lehrveranstaltung und Studiengang angeben. Diese Ansicht ist ebenfalls unvollständig, da es Veranstaltungen gibt, die keinem Studiengang zugeordnet sind. Beispiele sind Sprachkurse des Sprachenzentrums.

Als Konsequenz wurde entschieden, dass in CLIX ein hybrider Katalog aus beiden UnivIS-Ansichten generiert und importiert wird, der alle Lehrveranstaltungen enthält. Für die meisten Benutzer stellt dies eine gute Alternative dar. Allerdings treten hierbei auch einige Probleme auf. Lehramtsstudenten nehmen an Lehrveranstaltungen mehrerer Studiengänge und Fakultäten teil. Sie haben einen erhöhten Suchaufwand im Katalog, bis sie die passenden Veranstaltungen finden. Ein weiteres Problem ist die Mehrfachzuordnung zu verschiedenen Ästen des Katalogs, falls eine Lehrveranstaltung mehreren Studiengängen zugeordnet ist. Dies führt zu Problemen beim Ändern und Löschen von Veranstaltungen.

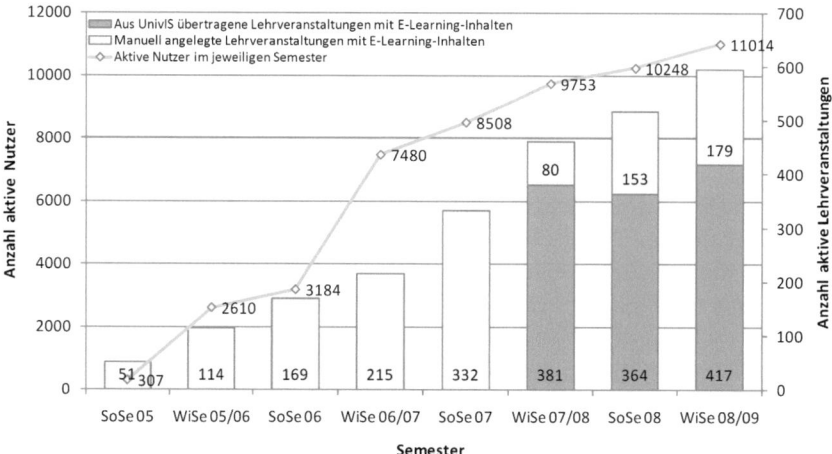

Abb. 3 Aktuelle Statistik zum Einsatz und der Nutzung von CLIX

Die für die Praxis größte Herausforderung der vorgestellten Lösung ergibt sich aus dem einmaligen Import zu Semesterbeginn. Grundsätzlich sollten nach einem festgelegten Stichtag in UnivIS keine weiteren Lehrveranstaltungen mehr eingetragen bzw. modifiziert werden. Die Praxis zeigte jedoch, dass diese Vorgabe nicht eingehalten wird. In der Folge laufen die Datenbestände in UnivIS und CLIX nach diesem Stichtag unweigerlich auseinander. Dies führt zu erhöhtem Supportaufwand. Häufige Anfragen betreffen das Einrichten von Zugriffsberechtigungen auf Lehrveranstaltungen für Personen, die erst nach dem Stichtag an einem Lehrstuhl tätig sind. Außerdem wird oft ein Import für Lehrveranstaltungen, die erst nachträglich in UnivIS eingegeben wurden, gewünscht. Die konkreten Auswirkungen auf den Bereich Schulungen und Support beleuchten wir im folgenden Unterkapitel.

2.4 Schulungen und Support

Durch den Import der Lehrveranstaltungen von UnivIS nach CLIX hat sich das Schulungs- und Supportkonzept grundlegend geändert. Bis zu diesem Zeitpunkt lag der Fokus von Schulungen und Workshops im Wesentlichen auf Basisfunktionalitäten der Lernplattform. So wurde u.a. gezielt das Anlegen von Lehrveranstaltungen, die Einbindung in den Lehrveranstaltungskatalog und die Rechtefreigabe für Lehrveranstaltungen vermittelt. Wie sich anhand der Statistik aus Abbildung 3 zeigt, so stellt die Anbindung von UnivIS eine deutliche Verbesserung dar. Ein wesentlicher Faktor liegt hierbei in den bereits vorhandenen Metadaten. Bis zum Import mussten die Lehrveranstaltungsdaten nicht nur in UnivIS sowie meist auch auf den Lehrstuhl-/ Fakultätssystemen ein gepflegt werden, sondern ebenso in CLIX. Dieser Mehraufwand hat viele Dozierende von einer Nutzung abgehalten.

Durch den Import werden die Lehrveranstaltungsdaten automatisch übernommen. Weiter werden die Katalogzuweisung sowie die Rechtefreigabe der Lehrveranstaltung vorgenommen. Hieraus ergeben sich weitere Änderungen im Support und Schulungsbereich: Schulungen konzentrieren sich mittlerweile hauptsächlich auf Teile des Lehrveranstaltungsmanagements innerhalb der Lernplattform sowie auf zentrale eLearning-Komponenten zur Anreicherung einer Lehrveranstaltung (E-Tests, E-Evaluation, Kommunikations- und Kooperationstools, ...). Hierdurch ist es möglich, ein stärkeres Gewicht auf das Thema eLearning selbst zu richten. Die durch die entfallenen Schulungen zur Basisfunktionalität freigewordenen Ressourcen konnten infolgedessen z.b. in die Abbildung von komplexeren eLearning-Szenarien mit Hilfe der Lernplattform investiert werden.

Der Support hat sich – als logische Konsequenz aus dem geänderten Schulungskonzept – nach dem Import in Richtung Detailfragen gewandelt. So ist es selten, dass Dozierende nach der Einstellung einer Lehrveranstaltung in den Katalog fragen. Häufige Fragen beziehen sich auf die Freischaltung einer Lehrveranstaltung (in CLIX als Planungsstatus bezeichnet) oder Hilfestellungen, eine Lehrveranstaltung im Backend (Ansicht für berechtigte Benutzer) zu finden.

Ein anderer Aspekt im Support ist die bereits dargelegte Datenqualität in UnivIS und die damit verbundenen Probleme. Für den Support ist, wie bereits im vorangegangenen Kapitel erläutert, der einmalige (statische) Import besonders wichtig:

- Lehrveranstaltungen, die bis zu diesem Zeitpunkt nicht eingetragen sind, erscheinen nicht in CLIX.
- Personen, die nach diesem Stichtag an einer Einrichtung beschäftigt werden, erhalten keinen automatischen Zugriff auf die Lehrveranstaltung in CLIX.
- Personen, die in UnivIS „falsch" bzw. gar nicht erfasst sind, können in CLIX nicht zugeordnet werden (Berechtigungen auf Lehrveranstaltungen, Administrative Ansprechpartner für Lehrveranstaltungen).
- Nachträgliche Änderungen in UnivIS haben keine Konsequenzen innerhalb der Lernplattform.
- Diskrepanzen zwischen den Systemen: Durch den einmaligen Import pro Semester muss es Dozierenden auch innerhalb der Lernplattform möglich sein, Änderungen an den Metadaten vorzunehmen. Die Datenbestände können auseinanderlaufen, sofern Dozenten Änderungen nicht in beiden Systemen vornehmen.

2.5 Evaluation der Anbindung

Um den tatsächlichen Kundennutzen zu evaluieren wurde einen Fragebogen erstellt, der sich hauptsächlich an die Dozierenden richtet und die Anbindung von UnivIS an die Lernplattform untersucht. Hierbei wurden Aspekte wie Verbesserung, Komfort und die Stellung der Lernplattform in Bezug auf die Lehre abgefragt. Es handelte sich um eine elektronische Evaluation, die über die Lernplattform angeboten und beworben wurde.

Eine grafische Auswertung der jeweiligen Fragen zeigt Abbildung 4. Der Fragebogen selbst war bewusst provokativ tituliert: „Was bringt die UnivIS-Anbindung?". Eine große Mehrheit der Befragten sieht in der UnivIS-Anbindung eine Verbesserung. Bezugnehmend auf das Nutzerverhalten zeichnet sich kein klares Bild in Richtung stärkerer Nutzung ab. Die meisten Teilnehmer der Befragungen haben diese Frage mit „unentschieden" beantwortet. Der Arbeitsaufwand wird hingegen von der Mehrheit als geringer bezeichnet. Eine starke Tendenz zeichnet sich allerdings nicht ab. Dies gilt auch für die Frage, ob durch den Import ein größeres Lehrveranstaltungsangebot in der Lernplattform angeboten wird. Zwar antworten 44% der Dozierenden mit „ja", doch sind sich immerhin 36% nicht sicher und 25% sehen kein umfangreicheres Angebot. Besonders interessant ist das Evaluationsergebnis in Bezug auf die letzte Frage: „Haben Sie das Gefühl, dass die Lernplattform mittlerweile ein unverzichtbares Hilfsmittel in der Lehre an der TUM ist?". Hier wurde ebenso bewusst auf eine harte und trennscharfe Formulierung geachtet. Immerhin 40% der Personen, die diese Frage beantwortet haben, sehen die Lernplattform als unverzichtbar an. Dies ist im Rahmen der bisherigen Bemühungen als guter Erfolg zu bewerten.

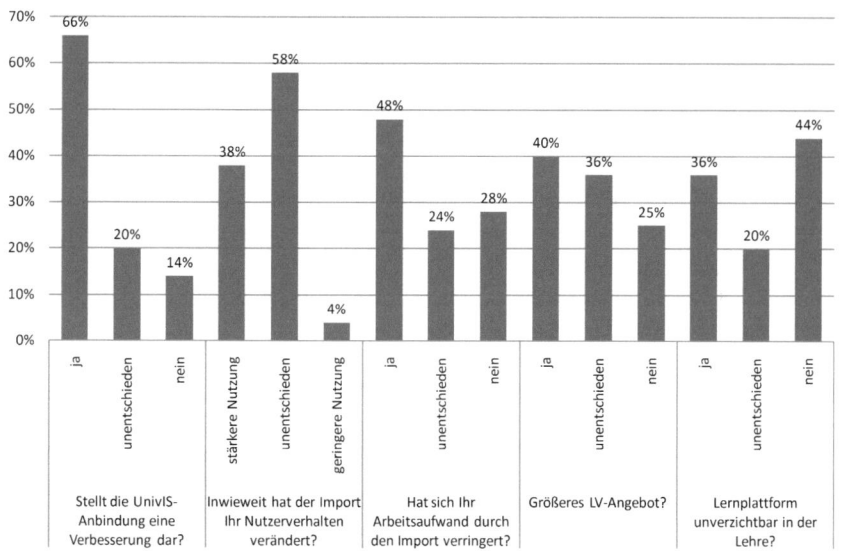

Abb. 4 Auswertung der Umfrage zur UnivIS-Anbindung

3 Nachhaltige Integration in die IuK-Infrastruktur

Die nachhaltige Verankerung von eLearning an einer Hochschule setzt integrative Maßnahmen organisatorischer, fachlicher und technischer Art voraus. Organisatorisch gilt es, den Stellenwert des webgestützten Lehr- und Lernangebots durch Richtlinien und Anreizsysteme zu erhöhen sowie angemessene Strukturen innerhalb der Hochschule zu etablieren. Auf der fachlichen Ebene werden infrastrukturelle und didaktische Aspekte analysiert. Die daraus resultierenden Abläufe lassen sich durch geeignete softwaretechnische Bausteine umsetzen. Da durch die Arbeiten in IntegraTUM, elecTUM und CM@TUM sämtliche zentralen Prozesse in diesem Bereich neu geordnet oder geglättet wurden und werden, ergeben sich im Einsatzbereich der Lernplattform weiterführende integrative Szenarien, die bisher nicht bzw. nicht ausreichend unterstützt werden konnten. Diese umfassen den Ausbau des Personen- und Gruppenmanagements, eine bessere Unterstützung der Präsenzlehre sowie eine mögliche Unterstützung des Prüfungsbetriebs.

3.1 Ausbau des Personen- und Gruppenmanagements

Eine bereits realisierte LDAP-Schnittstelle zwischen CLIX und dem zentralen Verzeichnisdienst der TUM ermöglicht die Übernahme von Personenstammdaten in die Lernplattform sowie die Authentifizierung mit der zentralen Kennung im Sinne des IntegraTUM-Projekts. Die wesentlichen Erkenntnisse aus dem Betrieb führten zur Notwendigkeit einer besseren Stammdatenqualität und -aktualität sowie einer Erhöhung der Flexibilität. Ebenso wurde das Problemfeld „divergenter Benutzerkreis" identifiziert und am Beispiel der Zuordnung von Dozenten zu Lehrveranstaltungen im Abschnitt über die Schnittstelle UnivIS2CLIX bereits geschildert. Die Zuordnung von Personen zu unterschiedlichen Gruppen ist dabei ein wichtiger Aspekt. Mit der Einführung von TUMonline wird u.a. der besseren Stammdatenpflege und somit implizit der Fehleranfälligkeit von technischen Kopplungen Rechnung getragen. Zwar ließen sich mittels der Auswertung von Personenattributwerten auch in der Vergangenheit Gruppenzugehörigkeiten systemspezifisch ableiten, jedoch dient eine Bereitstellung hochschulweiter, vorgefertigter Nutzergruppen in TUMonline, welche über den zentralen Verzeichnisdienst beliebigen Anwendungen verfügbar gemacht werden, wesentlich der Reduktion des administrativen Aufwandes. Zur Optimierung der Rechtevergabe, Kommunikation und Bildung von Communities of Practice sind in CLIX vorgefertigte Gruppen über die LDAP-Schnittstelle zu übernehmen.

3.2 Bessere Unterstützung der Lehrveranstaltungsorganisation

Bei der Definition einer Schnittstelle zwischen CLIX und TUMonline geht es darum, eine Unterstützung von einfachen, gemeinsamen, aber gleichwohl zentralen Prozessen anzubieten. Seitens CLIX kann auf die Schnittstelle CLIX2ERP, welche den Austausch von Kurs-, Buchungs-, Benutzer- und weiteren Daten ermöglicht, zurückgegriffen werden, die bereits zur Anbindung an HIS-GX konzipiert und im Connector UnivIS2CLIX eingesetzt wurde. Dabei sind Anpassungen an den auszutauschenden Nachrichtentypen und -formaten in CLIX nicht erforderlich, denn ein Mapping zwischen Nachrichten aus CLIX und TUMonline kann in der Messaging-Middleware definiert werden. Zunächst werden fachlich die Grundaufgaben der Systeme gegenübergestellt. CLIX wird primär als System verstanden, in welchem die Durchführung der mit digitalen Inhalten angereicherten Lehrveranstaltungen aus Sicht der Studierenden vorgenommen wird. TUMonline dient dabei u.a. der Planung und Verwaltung der Lehrveranstaltungen. Davon lassen sich folgende Abläufe ableiten:

- Übernahme der Kursmetadaten aus TUMonline nach CLIX. Damit für die in TUMonline verwalteten Lehrveranstaltungen automatisch erstellte eLearning Kurse (Lernräume) angelegt werden können, ist die Realisierung einer Schnittstelle für den Austausch von Kursobjekten inkl. Relationen zu Dozenten und Tutoren seitens TUMonline notwendig.
- Übernahme der Kursanmeldungen in CLIX. Nach der Anmeldung eines Teilnehmers für eine Lehrveranstaltung in TUMonline muss der Anmeldestatus in CLIX aktualisiert werden, um einen Zugriff des Teilnehmers z.B. auf die Lehrmaterialien in CLIX zu ermöglichen.
- Realisierung eines Single Sign-On (SSO) zwischen TUMonline und CLIX. Durch einen Beschluss der Hochschulleitung wird an der TUM das Verfahren Shibboleth (siehe [4]) implementiert, das fließende Übergänge ohne eine erneute Anmeldung für alle zentrale Webanwendungen gewährleisten soll.
- Durchführung des Kurses in CLIX. Eine Lehrveranstaltung mit eLearning-Anteilen beinhaltet die Bereitstellung elektronischer Materialien, die Möglichkeit der Durchführung von elektronischen Tests und die Anreicherung mit Kommunikationstools wie Foren oder Wikis unter Berücksichtigung didaktischer Modelle, welche durch Lernlogiken abgebildet werden können.

Die Realisierung dieses Szenarios war bisher aufgrund technischer Gegebenheiten in UnivIS nicht möglich. Die Vorteile für den Nutzer bestehen im Wesentlichen im gesteigerten Komfort durch die Pflege aller Daten an einer Stelle, in der Vermeidung von Systembrüchen sowie in der Fokussierung der Anwendungen auf ihre Kernkompetenzen. Durch ein gutes Servicemanagement sowie einen einheitlichen Support sind Synergieeffekte, eine höhere Benutzerakzeptanz, eine Steigerung der Anzahl aktiver Nutzer sowie organisatorische Veränderungen zu erwarten.

3.3 Unterstützung des Prüfungsbetriebs

Über die Unterstützung der traditionellen Lehre hinaus liegt ein Hauptaugenmerk auf dem Einsatz elektronischer Prüfungssysteme bzw. E-Tests. Die Vorteile computerbasierter Prüfungen erstrecken sich von der multimedialen Anreicherung von Aufgaben über die Vielfältigkeit der möglichen Aufgabentypen bis hin zur erhöhten Effizienz der Datenauswertung. Die wichtigsten Voraussetzungen für die Durchführung elektronischer Prüfungen umfassen die Gewährleistung der technologischen Ausfall- und Betrugssicherheit sowie die Verankerung elektronisch durchgeführter Lehrveranstaltungen und Klausuren in den jeweiligen Studien- und Prüfungsordnungen.

CLIX ist im Unterschied zu TUMonline kein System für die Verwaltung von Studienleistungen, sondern für die Durchführung von Online-, Präsenz- und Blended Learning-Lehrveranstaltungen. Die Komplexität einer Prüfungsverwaltung und der den Studiengängen zugrunde liegenden Prüfungsordnungen können und sollen in CLIX nicht abgebildet werden. Da im System TUMonline keine direkte Verbindung zwischen einer Lehrveranstaltung und einer Prüfung bestehen muss, kann in CLIX nicht davon ausgegangen werden, dass in CLIX importierte Lehrveranstaltungen selbst Informationen über die in TUMonline angelegten Prüfungen enthalten. Um dennoch eine prüfungsrelevante Kommunikation von CLIX mit TUMonline über die CLIX2ERP-Schnittstelle zu ermöglichen, können folgende Maßnahmen eingeleitet werden:

- In CLIX können Objekte angelegt werden, die Prüfungsobjekte auf Seiten von TUMonline repräsentieren.
- Mit Hilfe von E-Tests können Prüfungen in CLIX durchgeführt und ausgewertet werden.
- Meldung und Synchronisation von Noten und Leistungspunkten durch die Dozenten von CLIX an TUMonline.

4 Zusammenfassung und Ausblick

Dieser Artikel hat die stufenweise Integration von eLearning in die bestehende und sich änderte IuK-Systemlandschaft an der TUM beschrieben. In Folge der vom Bund – bzw. nach der Föderalismusreform durch die Länder – geförderten eLearning Projekten stehen viele deutschen Hochschulen vor der Aufgabe, effiziente und einheitliche Infrastrukturen für eLearning zu schaffen und solche nachhaltig zu etablieren. Natürlich herrscht oft auch eine intrinsische Motivation vor. Vor allem die noch weiter steigenden Studienanfängerzahlen durch u.a. doppelte Jahrgänge ab dem Jahr 2011 sowie die Umsetzung der digitalen Unterstützung des Bologna-Prozesses verstärken diese Notwendigkeit. Somit kommen integrierten eLearning Infrastrukturen eine immer wesentlichere Rolle zu.

Aufbauend auf den fachlichen und technischen Lösungen des Projekts elecTUM beschreibt die vorgestellte Integrationsstrategie einen stufenweisen Weg diese an einer Hochschule einzuführen. Insbesondere wird eine Möglichkeit aufzeigt, wie durch das entwickelte Vorgehen und die eingesetzten Technologien sowohl ein großer Funktionsumfang als auch eine hohe Benutzerfreundlichkeit trotz der historisch bedingten heterogenen und unbeständigen Systemlandschaft realisiert werden kann.

Mit der Einführung von TUMonline im Rahmen des Projekts CM@TUM und den Ergebnissen des Projekts IntegraTUM, wird in nächster Zeit CLIX als zentrales LMS der TUM in eine einheitliche Hochschul-IT-Infrastruktur eingebettet. Dies wird die Benutzerfreundlichkeit weiter erhöhen (z.B. durch kontinuierliche Synchronisation von Lehrveranstaltungen zwischen CM und LMS). So dürfte sich der Nutzungsgrad der Lernplattform noch deutlich steigern.

Folgeprojekte können auf den Grundlagen, die IntegraTUM und elecTUM gelegt haben, aufsetzen und nutzen. Damit waren die beiden Projekte wichtige Schritte der TUM auf dem Weg zu einer zukunftsfähigen IT-Infrastruktur, die die Hochschulnutzer optimal unterstützt.

Literaturverzeichnis

[1] Bode, A. DFG Antrag Projekt IntegraTUM. [abgerufen am 14.08.2009]; verfügbar unter: http://www.mytum.de/iuk/integratum/dokumente/index_html/CIO-TU_Muenchen.pdf
[2] Gergintchev, I., et al. Integration von eLearning in die IuK Infrastrukturen deutscher Hochschulen: Standardisierter Datenaustausch und Schnittstellen. in Proceedings DeLFI 2006: 4. e-Learning Fachtagung Informatik der Gesellschaft für Informatik e.V. (GI). 2006. Darmstadt
[3] Graf, S., Gergintchev, I. und Rathmayer, S. Identity Management Solutions in Heterogenous Learning Environments. in Proceedings iLearning Forum. 2008. Paris
[4] Internet2 Middleware Initiative. Shibboleth Project – Internet2 Middleware. 2000. [abgerufen am 14.08.2009]; verfügbar unter: http://shibboleth.internet2.edu/
[5] Pätzold, S., Rathmayer, S. und Graf, S. Proposal for the design and implementation of a modern system-architecture and integration infrastructure in context of eLearning and exchange of relevant data. in Proceedings iLearning Forum. 2008. Paris
[6] Technische Universität München. Projekt CM@TUM. [abgerufen am 14.08.2009]; verfügbar unter: http://portal.mytum.de/iuk/cm/index_html
[7] Technische Universität München. Projekt elecTUM. [abgerufen am 14.08.2009]; verfügbar unter: http://www.tum.de/electum
[8] Technische Universität München. Projekt HIS@TUM. [abgerufen am 14.08.2009]; verfügbar unter: http://portal.mytum.de/iuk/his/index_html

Evaluation der zentralen TUM-Lernplattform

Elvira Schulze, Matthias Baume, Stephan Graf, Ivan Gergintchev

Zusammenfassung Die Notwendigkeit der Qualitätssicherung und -kontrolle für innovative universitäre Lehr-/Lernszenarien ist in der Praxis unbestritten. Die Wirksamkeit der Einführung der zentralen Lernplattform CLIX Campus der imc AG an der TUM wurde mittels quantitativer und qualitativer Evaluation überprüft. Als statistische Bewertungsgrundlage wurde der Erreichungsgrad bestimmter Projektziele herangezogen. Aufbauend auf den theoretischen Grundlagen der Evaluation von Bildungsangeboten gibt diese Studie Aufschluss über die Ergebnisse der Datenerhebungen sowie die Einschätzung der Plattform aus Nutzersicht und belegt die wesentliche Bedeutung der durchgängigen IT-Infrastruktur und speziell der einheitlichen Verfügbarkeit der eLearning Angebote.

1 Einleitung

Die Wirksamkeit der Einführung einer hochschulweiten Lernplattform an der Technischen Universität München [1] wurde mittels quantitativer und qualitativer Evaluation überprüft. Dazu wurde als statistische Bewertungsgrundlage der Erreichungsgrad bestimmter Projektziele im Zeitraum 01.05.08–30.04.09 in einer Zielvereinbarung mit den Studierenden formuliert (s. Tabelle 1).

Tabelle 1 Projektziele und deren Erreichungsgrad [2]

Anzahl	Projekterfolg	Übererfüllung	Fehlschlag
Verfügbare Lehrveranstaltungen	+10%	> +20%	< +5%
Registrierte Studierende	+10%	> +20%	< +5%
Registrierte Studierende mit Aktivität	+10%	> +20%	< +5%
Registrierte Dozenten	+10%	> +20%	< +5%
Registrierte Dozenten mit Aktivität	+10%	> +20%	< +5%

Neben den direkt messbaren Zielen stehen bei der Einschätzung der Lernplattform aus Nutzersicht zum einen die Befragung der Studierenden als Nutzer der Lernplattform, zum anderen auch die der Lehrenden, welche die Lernplattform begleitend für die Durchführung ihrer Lehrveranstaltungen und die Distribution von

Lehrmaterialien verwenden, im Fokus. Hierbei sind die Hauptkriterien die subjektive Verbesserung des eLearning-Angebots und der administrativen Funktionalität der Lernplattform sowie die Qualität von Nutzer-Support und Schulungen für Dozenten und Studenten.

2 Evaluation von Bildungsangeboten

Evaluation bezeichnet zusammenfassend die *„systematische Anwendung wissenschaftlicher Methoden und Techniken zum Nachweis der Nützlichkeit einer Maßnahme"* [5]. Die Evaluation von Bildungsmaßnahmen kann nach Tergan [8] verschiedene Funktionen erfüllen:

- *Strategische Funktion:* Im Fokus steht die Durchsetzung bzw. Legitimation eines Bildungsmediums oder -programms.
- *Kontroll- und Entscheidungsfunktion:* Schwerpunkt liegt auf der kurz-, mittel- und langfristigen Optimierung von Bildungsangeboten.
- *Erkenntnisfunktion:* Evaluation kann dazu beitragen, die Erkenntnisse über die Funktion und Wirkung von Bildungsmaßnahmen sowie deren Akzeptanz zu mehren.

Die vorliegende Untersuchung kann bei Berücksichtigung der Aspekte von Tergan einerseits die Funktion zur Optimierung von Bildungsangeboten (Kontroll- und Entscheidungsfunktion), andererseits aber auch die Funktion der Wirkungs- und Akzeptanzüberprüfung (Erkenntnisfunktion) erfüllen. Vier Bestimmungselemente der Evaluation werden in [10] genannt:

- *Ziel- und Zweckorientierung:* Ziel ist es, praktische Maßnahmen zu verbessern oder zu legitimieren und Entscheidungen zu ermöglichen.
- *Datenbasis als Grundlage:* Es werden Daten beispielsweise über Voraussetzungen, Kontext, Prozesse oder Wirkungen benötigt.
- *Wertende Stellungnahme:* Aufgrund von Wertmaßstäben oder der Anwendung von Regeln erfolgt eine Wertung der Ergebnisse.
- *Bezug auf Einzelbereiche:* Im Gegensatz zu personenbezogenen Leistungsfeststellungen wird ein Fokus auf Einzelbereiche anstelle gesamter Bildungsmaßnahmen gelegt.

Als Erhebungsinstrumente der Begleitforschung gelten u.a.:

- *Befragung:* Die Intention der Durchführung einer Befragung liegt im Eruieren der subjektiven Einschätzung der Befragten [7].
- *Dokumentenanalyse:* Bei der Methode der Dokumentenanalyse wird auf Datenmaterial zurückgegriffen, das nicht primär für den Untersuchungszweck generiert worden ist, sondern das in erster Linie zu sachdienlichen Zwecken erstellt wurde [9].

- *Datenanalyse:* Unter Datenanalyse versteht man die Aufbereitung und Auswertung gesammelter Daten, die entweder empirisch erhoben wurden (beispielsweise durch Fragebögen und Umfragen) oder – z.b. in Form von Dokumenten oder in Datenbanken – bereits gesammelt vorliegen.

3 Statistische Auswertung der Nutzung der Lernplattform

Über die Nutzung der Lernplattform und deren Inhalte lassen sich Auswertungen (Berichte) generieren. So kann z.b. angezeigt werden, wie viele Neuanmeldungen in der Lernplattform in einem bestimmten Zeitraum zu verzeichnen waren oder welche Lehrveranstaltungs-Statistiken vorliegen.

Die Auswertungen der Benutzerzugriffe geben unter anderem Aufschluss über die Zahl der Anmeldungen auf die Lernplattform gemäß bestimmten Kriterien. Die Auswertungen über Lehrveranstaltungen ermöglichen beispielsweise einen Überblick über die mit eLearning-Anteilen angereicherten Objekten oder die Anzahl angemeldeter Teilnehmer in einem bestimmten Zeitraum. Lehrveranstaltungen repräsentieren in diesem Sinne Vorlesungen, Seminare, Praktika und Übungen des universitären Betriebs der TUM. Diese Veranstaltungen werden mit ihren Metadaten aus dem Campus Management System nach CLIX importiert oder können direkt auf der Lernplattform angelegt werden, bevor sie zur Nutzung freigegeben werden. Auswertungen der Nutzung von Inhalten dienen in erster Linie einem Überblick über den Bestand an Medien und Services und die Zahl der Zugriffe darauf.

3.1 Datenerhebung

Die nachfolgend aufgeführten Daten wurden über die von der Lernplattform bereitgestellten Werkzeuge und ergänzende Datenbank-Abfragen erhoben und statistisch über Excel ausgewertet. Allgemeine Statistiken über die an der TUM eingeschriebenen Studierenden wurden auf Basis des Datenbestands im Verzeichnis der TUM erstellt. Die Analyse der abgearbeiteten Supportanfragen basiert auf den im zentralen Ticketverwaltungssystem des IT Service Desks erfassten Daten.

3.2 Ergebnisse

In den folgenden Abschnitten werden die im Zeitraum 19.01.09–09.02.09 durchgeführten Auswertungen beschrieben und tabellarisch/graphisch dargestellt.

3.2.1 Auswertungen der Benutzerzugriffe auf die Lernplattform

Registrierte Nutzer

Ein registrierter Benutzer der Lernplattform ist ein zum Zeitpunkt der statistischen Datenerhebung immatrikulierter Student oder Mitarbeiter der TUM, der seinen Account aktiviert und den datenschutzrechtlichen Bedingungen explizit zugestimmt hat. Ein Studierender, der mindestens an einer Lehrveranstaltung auf der Plattform teilgenommen hat, wird als ein Studierender mit Aktivität bezeichnet. Ein Mitarbeiter erwirbt den Dozentenstatus, nachdem er durch die Unterzeichnung einer Datenschutzerklärung erweiterte Rechte auf der Lernplattform erhalten hat. Unter einem Dozenten mit Aktivität wird ein Dozent verstanden, der mindestens eine eLearning-Komponente angelegt und publiziert hat.

In Tabelle 2 werden die Zahlen der registrierten Nutzer bei zwei Kontrollterminen miteinander verglichen. Der erste Kontrollzeitraum erstreckt sich von der Einführung der Lernplattform bis zur Zielvereinbarung mit den Studierenden. Der zweite Kontrollzeitraum ist zwischen der Einführung der Plattform und dem Zeitpunkt der Datenerhebung.

Tabelle 2 Zahl der registrierten Nutzer und Wachstum

Nutzer	30.04.2008	30.01.2009	Wachstum
Registrierte Studierende	14 238	17 800	+25%
Studierende mit Aktivität	13 093	16 621	+27%
Registrierte Dozenten	539	650	+21%
Dozenten mit Aktivität	396	498	+26%

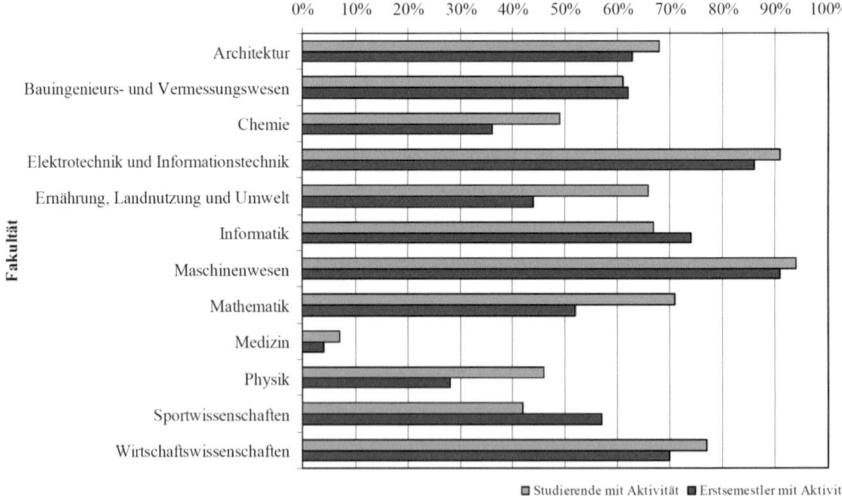

Abb. 1 Studierende bzw. Erstsemestler mit Aktivität nach Fakultäten

Studierende nach Fakultäten
Die in Abbildung 1 dargestellte Auswertung stellt die Anzahl der registrierten Studierenden und Erstsemestler mit Aktivität in Relation zu allen Studierenden bzw. Erstsemestler einer Fakultät dar.

Einlogvorgänge auf der Lernplattform
Die Gesamtanzahl der Einlogvorgänge auf der Lernplattform seit dem Sommersemester 2005 übersteigt bereits 1,5 Millionen. Eine Verteilung der Anzahl der Einlogvorgänge nach den Monaten der Kalenderjahre 2006, 2007 und 2008 ist der Grafik in Abbildung 2 zu entnehmen.

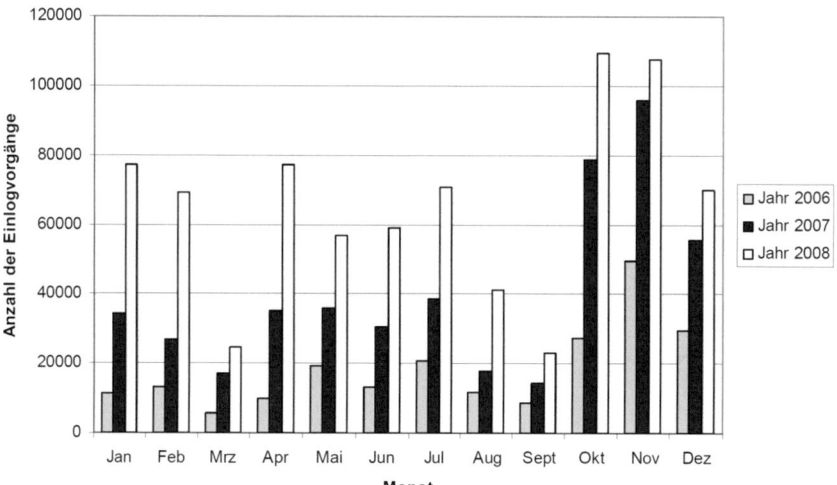

Abb. 2 Einlogvorgänge nach Monaten

3.2.2 Auswertungen über Lehrveranstaltungen

Seit dem Wintersemester 2007/2008 werden die Metadaten zu Lehrveranstaltungen von UnivIS nach CLIX importiert. Hierfür wurde ein Konnektor entwickelt, der die UnvIS-Daten aufbereitet und über eine Middleware CLIX zur Verfügung stellt [4]. Die Verbindung zwischen Campus Management und Lernplattform auf dieser minimalen Basis ist bereits eine wichtige Funktionalität, welche die Nutzung der Lernplattform wesentlich beeinflusst hat. Die Zahl der Nutzer mit Aktivität konnte deutlich gesteigert werden.

Lehrveranstaltungen und eindeutige Teilnehmer
Im Wintersemester 2007/2008 wurden insgesamt 4770 Lehrveranstaltungen (Vorlesungen, zugehörige Übungen, Seminare, Praktika usw.) importiert. Davon wurden knapp 8% durch die Dozierenden aktiviert und zur Nutzung freigegeben. Über 17% des gesamten Aktivbestandes wurde im Wintersemester 2007/2008 von Hand

angelegt. Dies ist darauf zurückzuführen, dass die Schulungen und das Supportmaterial bis zum Wintersemester 2007/2008 stets den manuellen Prozess ausführlich dargelegt haben und die Dozierenden dies verinnerlicht hatten.

Die Auswirkungen des Imports auf die in der Lernplattform pro Semester verfügbaren Lehrveranstaltungen und die entsprechenden Nutzerzahlen werden in Tabelle 3 beginnend mit dem Sommersemester 2005 dargestellt. Insgesamt haben die Nutzerzahlen kontinuierlich zugenommen, genauso wie die Anzahl der aktiven Lehrveranstaltungen. Für die Statistik werden nur aktive Nutzer berücksichtigt, d.h. Nutzer, die in dem jeweiligen Semester Zugang zur Lernplattform besitzen und mindestens eine Lehrveranstaltung aktiv besucht haben. Gleiches gilt auch für die Anzahl der Lehrveranstaltungen. Es werden nur Lehrveranstaltungen berücksichtigt, die im jeweiligen Semester aktiviert und mit Lehrmaterial angereichert wurden.

Tabelle 3 Aktive Lehrveranstaltungen und aktive Nutzer pro Semester

Semester	Aktive Lehrveranstaltungen			Aktive Nutzer
	Manuell	Aus UnivIS	Gesamt	
SoSe 05	51	-	51	307
WiSe 05/06	114	-	114	2610
SoSe 06	169	-	169	3184
WiSe 06/07	215	-	215	7480
SoSe 07	332	-	332	8508
WiSe 07/08	80	381	461	9753
SoSe 08	153	364	517	10248
WiSe 08/09	179	417	596	11014

Die Anreicherung von Lehrveranstaltungen mittels eLearning-Inhalten hat im WiSe 08/09 im Vergleich zum WiSe 07/08 wesentlich zugenommen (+29%); im SoSe 08 kann ein sehr deutlicher Zuwachs von über 55% im Vergleich zum SoSe07 verzeichnet werden. Dies spiegelt die steigende Akzeptanz der Lernplattform als zentrales Anreicherungsmedium für Lehrveranstaltungen wider, was ebenso durch die Zahl der aktiven Nutzer bestätigt wird.

Grundsätzlich gilt für ein Sommersemester: es werden stets weniger Vorlesungen als im Wintersemester angeboten. Dies lässt sich aufgrund folgender Umstände erklären: Die großen Grundlagenvorlesungen beginnen im Normalfall im Wintersemester. Daher sind im Wintersemester meistens mehr Veranstaltungen aktiv. Tabelle 3 zeigt deutlich den Zuwachs über die Zeit und die gestiegene Nutzung sowie die offensichtlich zunehmende Integration der Lernplattform in die Lehre.

Belegungen von Lehrveranstaltungen

Im vorherigen Abschnitt wurden die eindeutigen Teilnehmer an Lehrveranstaltungen analysiert. In der Regel ist jedoch ein Studierender an mehreren Lehrveranstaltungen während eines Semesters eingeschrieben. Über die Anzahl dieser Lehrveranstaltungsbelegungen gibt die folgende Grafik in Abbildung 3 Aufschluss.

3.2.3 Nutzung von Inhalten

Die Lernplattform bietet neben einer klassischen „Dokumentablage" für Skripte und Medien weitere Möglichkeiten für die Anreicherung von Lehrveranstaltungen mit eLearning-Anteilen an. Darunter fallen:

- Kommunikations- und Kooperationstools (Wikis, Schwarze Bretter, Foren),
- Services (News, Termine, Dokumentenarchive etc.),
- Elektronische Tests (E-Tests) als Lernfortschrittskontrollen,
- Evaluationswerkzeuge für anonyme Umfragen und als Meinungsspiegel.

Tabelle 4 gibt einen Überblick zu den erstellten Objekten der einzelnen Bereiche. Die Verwendung von Medien (Dokumente, Videos, Animationen ...) ist einer der am meisten genutzten Bereiche der Lernplattform. Skripte und vorlesungsbegleitendes Material sind nach wie vor einer der wesentlichen Elemente zur Unterstützung der Lehre. Sehr deutlich zeigt sich aber auch die Nutzung von Foren. Schon zu Beginn des SoSe 05 wurde dieses Kommunikations- und Kooperationstool intensiv eingesetzt und hat zum Zeitpunkt der Erstellung dieses Dokuments (im WiSe 08/09) eine signifikant steigende Tendenz im Vergleich zum WiSe 07/08 und erst recht im Vergleich zum SoSe 08. Dies ist – außer bei der Anzahl unterschiedlicher angebotener Evaluationsbögen, wofür mittlerweile an der TUM ein eigenes System verfügbar ist (Evasys) – für alle weiteren Bereiche der Lernplattform äquivalent.

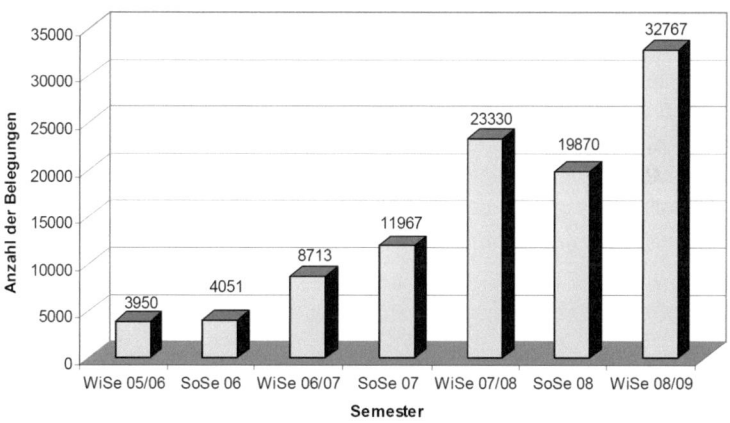

Abb. 3 Belegungen von Lehrveranstaltungen

Tabelle 4 Erstellte Objekte pro Semester

Semester \ Typen	E-Tests	Foreneinträge	Medien	Services	Evaluationen
SoSe 05	138	2058	474	180	6
WiSe 05/06	171	4536	2991	582	78
SoSe 06	123	2250	2587	630	120
WiSe 06/07	134	7164	3809	782	186
SoSe 07	126	4416	3620	784	649
WiSe 07/08	168	15342	6245	814	113
SoSe 08	143	7782	4798	648	96
WiSe 08/09	202	16624	7531	841	60
Gesamt	**1205**	**60172**	**32055**	**5261**	**1308**

3.2.4 Supportanfragen

Support ist für die Akzeptanz zentraler IuK-Angebote unabdingbar, da eine gute und verlässliche Unterstützung der Benutzer bei etwaigen IT-Problemen oder Änderungswünschen unbedingt gegeben sein muss.

Ein zentraler IT-Service Desk steht per E-Mail, Telefon oder auch persönlich zur Beantwortung von Fragen zur Verfügung. Die Anfragen werden mit Hilfe eines zentralen Trouble Ticket Systems erfasst und entweder direkt durch den 1st Level-Support oder durch das elecTUM Team (2nd Level-Support) beantwortet. Nicht berücksichtigt sind hier Anfragen per E-Mail oder Telefon, die direkt bei Mitarbeitern des elecTUM-Teams eingegangen sind. Auf Wunsch wird didaktischer Support geleistet. Für Dozenten werden regelmäßig Schulungen veranstaltet, in denen die Handhabung der Lernplattform trainiert wird. Schulungsunterlagen stehen für alle Zielgruppen zur Verfügung.

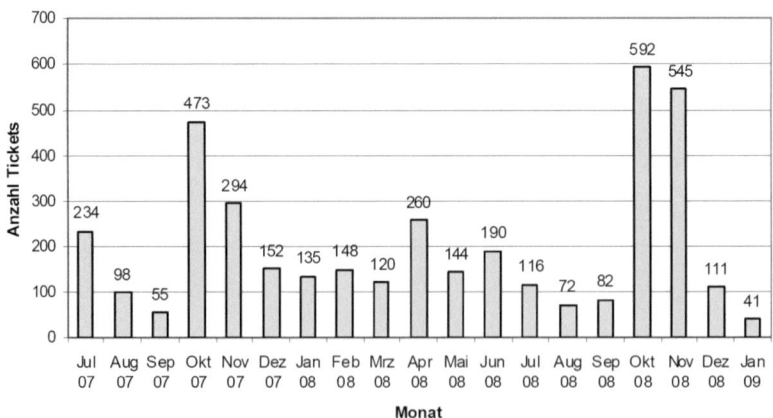

Abb. 4 Supporttickets im Monat

In Abbildung 4 werden die Anzahl der abgearbeiteten eLearning Supportanfragen nach Monaten dargestellt. In diesem Zusammenhang ist anzumerken, dass bis November 2008 der 1st Level- und der 2nd Level-Support durch das elecTUM Projektteam geleistet wurden. Erwartungsgemäß besteht ein überdurchschnittlicher Supportbedarf zum Beginn eines Semesters.

4 Einschätzung der Lernplattform aus Nutzersicht

Der Einschätzung der Lernplattform aus Nutzersicht liegen mehrere Befragungen der Nutzer der Lernplattform mittels Online-Fragebogens zugrunde. Nachfolgend werden die Kernaspekte der Befragung aufgeführt:

- Analyse der Nutzung und Akzeptanz der Lernplattform CLIX
- Erhebung der Bedürfnisstruktur der Zielgruppen in Bezug auf die Arbeit mit der Lernplattform CLIX
- Benutzerfreundlichkeit (Usability) der Lernplattform CLIX
- Inhaltsanalyse der offenen Fragestellungen zur Lernplattform CLIX

4.1 Datenerhebung

Im Zeitraum von April 2008 bis Februar 2009 wurde die zentrale Lernplattform CLIX der TU München mehrfach evaluiert. Dies erfolgte mit Hilfe eines Online-Fragebogens, der direkt in die Plattform eingebettet wurde. Die Untersuchung spiegelt die Erfahrungen der Teilnehmer vom Sommersemester 2008 bis zum Wintersemester 2008/2009 wider. Insgesamt beteiligten sich mehr als 250 Studenten und Dozenten an der Umfrage. Der in der Untersuchung eingesetzte Fragenbestand wurde auf der Basis eines Fragebogens der Universität Osnabrück erarbeitet. In der betrachteten Zeitspanne Sommersemester 2008 und Wintersemester 2008/2009 wurden drei Versionen des Fragebogens freigeschaltet. Fragebogenversion 1.0 und 2.0 sind in den eingebrachten Fragestellungen identisch, in Version 3.0 wurden zusätzliche Fragen eingefügt und es wurden die früheren Fragestellungen teilweise präzisiert.

Aufgrund der mangelnden Vergleichbarkeit mit vorangehenden Zeiträumen, konnten mehrere Items aus der Fragebogenversion 3.0 im Rahmen der aktuellen Auswertung nur für den letzten Zeitraum berücksichtigt werden. Insgesamt gab es drei Erhebungszeiträume, wobei sich die beiden letzten Zeiträume im Wintermester 2008/2009 befinden. Für mehrere Fragen wurden daher zur Vergleichbarkeit der Semester miteinander die Teilnehmer von Zeitraum 01.10.2008–09.12.2008 und Zeitraum 09.12.2008–11.02.2009 zu einer gemeinsamen Stichprobe zusammengefasst. Somit ergibt sich als schwerpunktmäßig betrachtete Zeiträume Sommersemester 2008 und Wintersemester 2008/2009 folgendes Bild für die Größe der Stichprobe (s. Tabelle 5).

Tabelle 5 Erhebungszeiträume und Teilnehmer

Zeitraum	Anzahl der Teilnehmer (Größe der Stichprobe)
SoSe 2008: 01.04.2008–30.09.2008	54
WiSe 08/09: 01.10.2008–11.02.2009	199

Die für die nachfolgende Auswertung berücksichtigten Fragestellungen lauten:
1. „Wie häufig nutzen Sie die Lernplattform?"
2. „Sehen Sie die Unterstützung einer Lehrveranstaltung durch ein zusätzliches Onlineangebot in der Lernplattform als eine sinnvolle Maßnahme zur Verbesserung der Lehre an?"
3. „Welche Funktionen der Lernplattform halten Sie für am Sinnvollsten?"
4. „Wie schätzen Sie die Benutzerfreundlichkeit der zentralen Lernplattform ein?"

Zur Erhebung der Benutzerfreundlichkeit wurden folgende Items abgefragt:

Aufgabenangemessenheit

1. Die für die Aufgabenbearbeitung notwendigen Informationen befinden sich immer am richtigen Platz auf dem Bildschirm.
2. Die Lernplattform zwingt mich, überflüssige Arbeitsschritte durchzuführen.
3. Es müssen zu viele Eingabeschritte für die Bearbeitung mancher Aufgaben durchgeführt werden.
4. Die Lernplattform ist auf die von mir zu bearbeitenden Aufgaben zugeschnitten.

Erlernbarkeit der Bedienung

1. Es hat lange gedauert bis ich die Bedienung der Lernplattform erlernt habe.
2. Auch bei seltenem Gebrauch ist es kein Problem sich wieder in die Lernplattform hineinzufinden.
3. Die Lernplattform ist so gestaltet, dass bisher unbekannte Funktionen durch ausprobieren erlernt werden können.
4. Um die Lernplattform bedienen zu können, muß ich mir viele Details merken.

Erwartungskonformität

1. Die Lernplattform erschwert meine Aufgabenbearbeitung durch eine uneinheitliche Gestaltung.
2. Gleiche Funktionen lassen sich in allen Teilen der Lernplattform einheitlich ausführen.
3. Die Ausführung einer Funktion führt immer zu dem erwarteten Ergebnis.
4. Die Möglichkeiten zur Bewegung innerhalb und zwischen allen Teilen der Lernplattform empfinde ich als einheitlich.

5. Die Meldungen der Lernplattform erscheinen immer an der gleichen Stelle.

Fehlerrobustheit
1. Fehler bei der Eingabe von Daten (z.b. in Bildschirmmasken oder Formulare) können leicht rückgängig gemacht werden.
2. Bei der Arbeit mit der Lernplattform kann es passieren, dass auch kleine Fehler schwerwiegende Folgen nachsichziehen.
3. Befehle, die Daten unwiderruflich löschen, sind mit einer Sicherheitsabfrage gekoppelt.
4. Ich empfinde den Korrekturaufwand bei Fehlern als gering.
5. Bei meiner Arbeit mit der Lernplattform treten Systemfehler (z.B. "Absturz") auf.
6. Mache ich bei der Bearbeitung einer Aufgabe einmal einen Fehler, kann ich die fehlerhafte Operation leicht zurücknehmen.

Zudem enthalten die beiden Fragebögen drei offene Fragestellungen, bei denen von Interesse ist, was die Befragten an der Lernplattform gefällt bzw. nicht gefällt und welche Anmerkungen, Verbesserungen und Wünsche sie diesbezüglich haben:

1. „Was gefällt Ihnen an der Lernplattform?"
2. „Was gefällt Ihnen nicht an der Lernplattform?"
3. „Haben Sie weitere Anmerkungen/Verbesserungen/Wünsche...?"

Die Aussagen der Befragten zu der jeweiligen offenen Fragestellung sind inhaltlich in die vier Kategorien *Usability, Nutzung* und *Funktionen* der Lernplattform sowie *Sonstiges* unterteilt, innerhalb derer die Aussagen zu Kernaspekten zusammengefasst werden.

4.2 Ergebnisse

In beiden Erhebungszeiträumen zeigt sich jeweils eine ähnliche Verteilung der Kernaspekte. Zum besseren Verständnis und zur übersichtlichen Darstellung wurden daher die Inhaltsanalysen zu beiden betrachteten Zeiträumen zusammengeführt.

4.2.1 Analyse der Nutzung und Akzeptanz der Lernplattform CLIX

Frage 1: *Wie häufig nutzen Sie die Lernplattform?*
Der Vergleich beider Semester zeigt eine Verschiebung der Nutzung durch die teilgenommenen Studenten und Dozenten von einer eher „seltenen" Nutzung hin zu einer „häufigen" Nutzung. Während im Sommersemester 2008 61% der Befragten die Plattform lediglich „selten" nutzten und 31% eine „häufige" Nutzung

angaben, nannten im Wintersemester 2008/2009 nur noch 22% der Teilnehmer, sie würden die Plattform „selten" nutzen. 67% nutzten hingegen die Plattform „häufig" (Abbildung 5).
Ein ebenfalls deutlicher Zuwachs ist für die „ständige" Nutzung zu erkennen.
Ein möglicher Grund für den starken Nutzungsanstieg könnte die Tatsache darstellen, dass insgesamt immer mehr Lehrveranstaltungen in der Plattform administriert und Inhalte wie Vorlesungsunterlagen oder Übungsaufgaben ausschließlich online angeboten werden.

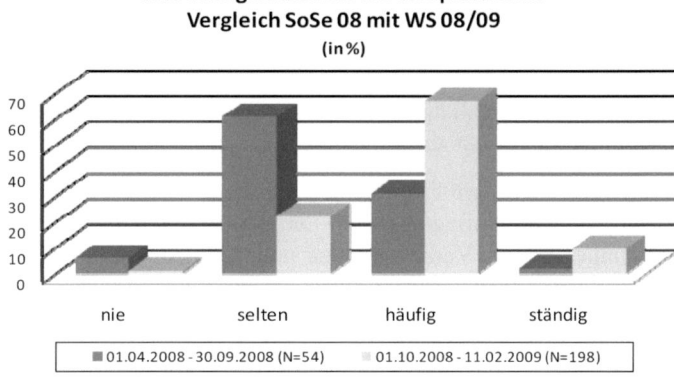

Abb. 5 Häufigkeit der Lernplattform-Nutzung

Frage 2: *Sehen Sie die Unterstützung einer Lehrveranstaltung durch ein zusätzliches Onlineangebot in der Lernplattform als eine sinnvolle Maßnahme zur Verbesserung der Lehre an?*

Ähnlich der Frage 1 zeigt sich hier eine Verschiebung der Einschätzung vom SoSe 2008 zum WiSe 2008/2009. Die Anzahl der Befragten, die ein sehr hohes Verbesserungspotenzial durch zusätzliche Inhalte in der Lernpattform erkennt, steigt deutlich an. So sehen im SoSe 2008 noch 61% zumindest einen „guten Ansatz" im Einsatz von Zusatzangeboten innerhalb der zentralen Lernplattform. 20% der Teilnehmer können der besseren Unterstützung sogar „absolut" zustimmen. Diese Verteilung verändert sich in den Ergebnissen des WiSe 2008/2009 stark hin zu einer deutlich höheren „absoluten" Zustimmung. 42% der Befragten (-19%) sehen noch einen „guten Ansatz" im Zusatzangebot, während nunmehr 41% (+21%) der besseren Unterstützung „absolut" zustimmen.

Viele Befragte bewerten die Lernplattform mit eingebetteten Inhalten als eine gute oder sogar sehr gute Unterstützung der Lehre. Im Vergleich der Semester ist hierbei ein klarer Anstieg an starken Befürwortern zu erkennen. Im Gegenzug nimmt die Anzahl derer, die die Plattform mit Inhalten als Unterstützung ablehnen, deutlich ab.

4.2.2 Erhebung der Bedürfnisstruktur der Zielgruppen in Bezug auf die Arbeit mit der Lernplattform CLIX

Frage 3: *Welche Funktionen der Lernplattform halten Sie für am sinnvollsten?* (Mehrfachnennungen waren dabei möglich)

Der Vergleich der beiden Semester ergibt ein insgesamt relativ gleichbleibendes Bild. Der wichtigste Aspekt für die Nutzer war und ist die Funktion der Plattform als *Dokumentenablage*. Insgesamt jeder Dritte der Befragten nennt diese Funktion als sinnvoll (Abbildung 6).

An zweiter Stelle des sinnvollen Einsatzes sehen die Nutzer den Abruf von *aktuellen Informationen*. Jedoch verliert dieser vom SoSe zum WiSe klar an Bedeutung von vorher 28% auf jetzt 23%.

Deutliche Zugewinne in der Bewertung der Nützlichkeit macht der Einsatz von *elektronischen Tests* und *elektronischen Evaluationen* bei den Nutzern im WiSe 2008/2009.

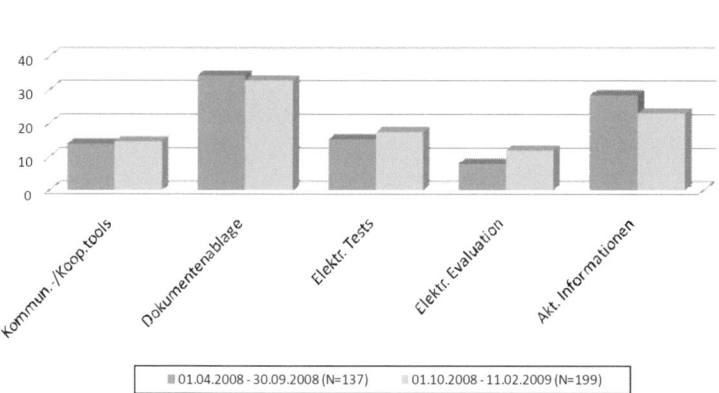

Abb. 6. Sinnvolle Funktionen einer Lernplattform

Zur Gegenüberstellung der beiden betrachteten Semester mussten mehrere Items der einzelnen Fragebögen außer Acht gelassen werden. Ein Blick auf die Einzelauswertungen der befragten Zeiträume gibt diese zusätzlichen Aspekte wieder.

Für das SoSe 2008 wurden die ergänzenden Aspekte „Übungen", „Literaturlisten" und „Lerneinheiten" zur Auswahl gestellt:

Diese Plattformfunktionen befinden sich im Mittelfeld der Einschätzungen. Übungen in der zentralen Lernplattform wurden von insgesamt 13% der Befragten als besonders sinnvoll eingestuft. Ähnlich viele Teilnehmer (12%) nannten Literaturlisten als sinnvolle Funktion. Die Möglichkeit Lerneinheiten in der Lernplattform zu nutzen schätzten lediglich 7% als sinnvolle Funktion ein.

Ein ähnliches Bild ergibt sich aus der Betrachtung des zweiten Zeitraums von 01.10.2008 bis 09.12.2008. Die prozentual meisten Nennungen entfallen auf die Funktion „Dokumentenablage" und „Aktuelle Informationen".

Im dritten Erhebungszeitraum wurden die Auswahlmöglichkeiten „Lerneinheiten", „Literaturlisten" und „Übungen" aus dem Online-Fragebogen entfernt. Dafür wurden die Funktionen „Weiterführende Hyperlinks" und „Kalender" neu aufgenommen. Während der Funktion „Kalender" hierbei mit 14% Zustimmung insgesamt hoher Sinngehalt beigemessen wird, sehen deutlich weniger Teilnehmer (7%) in „Weiterführenden Hyperlinks" eine sinnvolle funktionale Bereicherung der Lernplattform.

Es ist denkbar, dass einige der Dozenten und damit auch der Studenten in den vergangenen Monaten erste Erfahrungen mit Angeboten der Plattform gemacht haben, die über Informationen und Dokumentendownload hinaus gehen, wie elektronische Tests oder elektronische Evaluationen. Sind die gemachten Erfahrungen *positiv*, wird sicherlich auch die „Sinnhaftigkeit" derartiger Möglichkeiten höher eingeschätzt.

Andererseits werden aktuelle Informationen nicht nur auf der zentralen Lernplattform präsentiert. Weiterhin wäre möglich, dass ein Teil der Nutzer derzeit bereits andere Online-Informationsquellen nutzt und daher der Plattform als Quelle für News weniger Bedeutung zukommt.

4.2.3 Benutzerfreundlichkeit (Usability) der Lernplattform CLIX

Aufgabenangemessenheit
Die Ergebnisse spiegeln ein heterogenes Bild wider. Während ein großer Teil der Befragten der Meinung ist, die Informationen befänden sich weitestgehend („stimmt ziemlich", 29%) oder zumindest einigermaßen („stimmt mittelmäßig", 26%) am richtigen Platz, zeigt die Frage nach überflüssigen Arbeitsschritten eine klare Tendenz zur eindeutigen Zustimmung:
Mehr als die Hälfte der Teilnehmer (51%) „stimmt sehr" der Aussage zu, die Plattform zwinge zu *überflüssigen* Arbeitsschritten. Eine ähnliche Verteilung findet sich bei der Frage nach *zu vielen* benötigten Arbeitsschritten.
Für die Bewertung der Aussage nach Zugeschnittenheit auf die jeweiligen Aufgaben, verteilen sich die Meinungen wieder – ähnlich der ersten Bewertung – schwerpunktmäßig auf die Mitte der Skala.

Erlernbarkeit der Bedienung
Die Ergebnisse zeigen relativ unterschiedliche Meinungen zur Erlernbarkeit der Bedienung auf: Im Bezug auf die Dauer der Einarbeitung sind mehr als die Hälfte der Befragten (54%) der Ansicht, die Aussage „stimmt wenig" oder „stimmt nicht". Etwa jeder Vierte (23%) schätzt die Zeit als relativ lang („stimmt ziemlich") oder sogar sehr lang („stimmt sehr") ein.
Haben sich die Nutzer einmal eingearbeitet, so sind nahezu die Hälfte (51%) der Meinung, sie würden sich auch nach längerem Nicht-Gebrauch wieder gut zu-

rechtfinden. Für weitere 19% ist dies einigermaßen („stimmt mittelmäßig") der Fall.

Jedoch ist das Erlernen von unbekannten Funktionen durch Ausprobieren für die Befragten eher nicht möglich.

Der Großteil der Befragten ist nicht der Ansicht, man müsste sich bei der Bedienung der Plattform viele Details merken. Für mehr als die Hälfte (51%) stimmt dies nicht („stimmt nicht") oder nur wenig („stimmt wenig").

Erwartungskonformität
Die Gestaltung der zentralen Lernplattform erscheint den Befragten größerenteils einheitlich und erschwert daher nicht oder nur bedingt die Aufgabenbearbeitung. Mehr als ein Drittel (35%) der User stimmen der Angabe „nicht" oder nur „wenig" zu, die Plattform erschwere die Aufgabenbearbeitung durch uneinheitliche Gestaltung. Für ein weiteres Viertel (24%) gilt dies noch „mittelmäßig".

Gleiche Funktionen lassen sich nach den Aussagen zumindest weitgehend einheitlich ausführen.

Ein ähnliches Bild ergibt sich für die übrigen der abgefragten und unter Kapitel 4.1 aufgeführten Aspekte, ein zu erwartendes Ergebnis bei der Durchführung von Funktionen, eine einheitliche Navigation und gleich platzierte Meldungen.

Fehlerrobustheit
Die Bewertung der Aspekte der „Fehlerrobustheit" ist den Teilnehmern nicht leicht gefallen. Ein großer Teil der Aussagen wird mit „Keine Angabe" versehen. Dies fällt besonders beim dritten Aspekt („Sicherheitsabfrage bei unwiderruflichem Löschen") auf, ist jedoch auch beim ersten, zweiten, vierten und sechsten Aspekt stark vorhanden.

Diskussion der Ergebnisse
Die Begründung für die genannten Ergebnisse könnte in der Funktionsvielfalt und der Mächtigkeit der zentralen Lernplattform liegen. Zum *reinen Anmelden* von Lehrveranstaltungen oder zum Datei-Download reichen meist oberflächliche Kenntnisse der Bedienung. Diese sind auch nach längerer Pause wieder präsent. Geht die Bedienung jedoch *darüber hinaus* und werden neue Funktionen benötigt, ist ein (deutlich) höherer Grad an Detailkenntnis erforderlich.

4.2.4 Inhaltsanalyse den offenen Fragestellungen zur Lernplattform CLIX

Bezüglich der Frage, was den Befragten an der Lernplattform gefällt, kann festgestellt werden, dass die *Idee bzw. der Ansatz einer zentralen und für alle verfügbaren Lernplattform für gut befunden* wird, da hierdurch von einem Ort aus der Zugriff auf wichtige Informationen, Lehrmaterialien etc. möglich ist und somit das Suchen auf unterschiedlichen Internetseiten entfallen kann. Darüber hinaus wird das Supportangebot und damit verbunden die unterschiedlichen Materialien zur User-Unterstützung und die Hotline sehr positiv bewertet.

Den Befragten gefällt nach deren Aussage nicht, dass die Lernplattform *noch zu wenig von den Lehrstühlen und Dozenten genutzt* wird und dass nicht alle Lehrveranstaltungen auf der Plattform verfügbar sind.

An der Lernplattform selbst wird von den meisten Befragten bemängelt, dass sie relativ benutzerunfreundlich und unübersichtlich ist. Es sind z.b. sehr viele Schritte bzw. Klicks notwendig, bis man zu den gewünschten Ergebnissen gelangt. Die Befragten beanstanden, dass es vor allem zu Semesterbeginn zu viele Performanceprobleme gibt. Außerdem kommt es häufig zu Downloadproblemen. Als negativ wird die Verwendung von Javaskript empfunden. Weitere negativ erwähnte Aspekte sind die fehlende Rücksprungfunktion zur Sortierung der Ansicht, die Verwendung von Pop-Ups und die redundanten bzw. ungenauen Angaben in den vom System generierten Infomails bei Änderungen in einer Lehrveranstaltung. Und es wird angemerkt, dass eine Browserkompatibilität nicht gegeben ist. Es gibt zu viele unnötige bzw. nicht gut benutzbare Funktionen wie z.b. die Suche oder das Forum. Dahingegen fehlt den Teilnehmenden der Befragung die nützliche „What's-New"-Funktion, die zeitweise deaktiviert werden musste.

Nach *Anregungen, Verbesserungen und Wünschen* gefragt, wünschen sich die an der Umfrage Beteiligten, dass die Lernplattform benutzerfreundlicher und übersichtlicher wird sowie möglichst von allen Fakultäten, Lehrstühlen bzw. Dozierenden genutzt wird. Außerdem wird eine Zusammenführung der verschiedenen an der TUM eingesetzten Systeme als sinnvoll erachtet, um von einer zentralen Stelle aus auf alle notwendigen Bereiche zugreifen zu können.

Zusammenfassend lässt sich feststellen, dass eine zentral verfügbare und eingesetzte Lernplattform an der TUM auch anhand der Inhaltsanalyse als positiv angesehen wird. Die Usability der Plattform sollte allerdings verbessert werden.

5 Zusammenfassung und Ausblick

In der vorliegenden Untersuchung wurde die TUM-Lernplattform über mehrere Zeitabschnitte und Semester hinweg evaluiert. Dabei konnte für viele Aspekte die Entwicklung bzw. Veränderung vom Sommersemester 2008 hin zum Wintersemester 2008/2009 verfolgt und ausgewertet werden.

Die Gesamtheit der Ergebnisse bescheinigt der Plattform ein in weiten Teilen positives Ergebnis. Die Nutzer beschäftigen sich im Schnitt häufiger mit der Lernplattform als im vergangenen Semester. Es ist eine Steigerung der Benutzerzugriffe, der Einlogvorgänge und der Belegung von Lehrveranstaltungen klar ersichtlich. Auch die Unterstützung der Lehre durch die Einbettung von Plattforminhalten in Lehrveranstaltungen fällt sichtbar positiver aus. Die Zahl der aktiven Nutzer stieg kontinuierlich.

Aus dem deutlichen Bekanntheitsgrad der Lernplattform unter den Studierenden in nahezu allen Fakultäten lässt sich ein großer Erfolg der durchgeführten eLearning-Maßnahmen schließen. Beachtenswert ist vor allem der Anteil der Studierenden im ersten Semester auf der Lernplattform.

Die Plattform wird von vielen Befragten als Werkzeug für den Download von Dokumenten oder zur Versorgung mit aktuellen Informationen gesehen. Weitergehende Funktionen wie elektronische Tests oder elektronische Evaluationen gewinnen an Bedeutung.

In Bezug auf die Benutzerfreundlichkeit wird die zentrale Lernplattform als größerenteils robustes Tool mit „Ecken und Kanten" wahrgenommen. Aus Sicht der Befragten sind viele, zu viele Arbeitsschritte notwendig und nicht immer entsprechen die Ergebnisse den Erwartungen. Der aktive und gut verfügbare Support konnte dabei in der Vergangenheit eine gute Unterstützung leisten.

Besonders für die Usability werden deutliche Potenziale zur Verbesserung aus Sicht der Befragten offenbar und zeichnen wichtige Schritte der Weiterarbeit für die kommenden Semester vor. Gleichzeitig könnten didaktische Rahmenkonzepte und praxisnahe Nutzungsszenarien den Weg von der technischen Plattform hin zur wahrgenommenen Lern-Unterstützung weiter vorantreiben.

Literaturverzeichnis

[1] Bode, A.; Rathmayer, S.; et al.: Abschlussbericht elecTUM: Umsetzung der eLearning-Strategie der TU München, Technische Informationsbibliothek Hannover (2008)
[2] Bode, A.,; Rathmayer, S.; et al.: Verbesserung und Ausbau der Nutzung des eLearning-Portals – Konzept zur Verwendung von Studienbeiträgen zur Verbesserung der Studienbedingungen, Technische Universität München (2008)
[3] Dohmen, D.: Der Studentenberg: Prognose und Realität. In: Foresight between science and fiction (2009)
[4] Graf, S.; Gergintchev, I.; Pätzold, S.; Rathmayer, S.: eLearning als Teil einer serviceorientierten Hochschulinfrastruktur. In. Die 6. e-Learning Fachtagung Informatik. (2008)
[5] Gruber, H.; Mandl, H.; Renkl, A.: Was lernen wir in Schule und Hochschule: Träges Wissen? In: Die Kluft zwischen Wissen und Handeln. Hrsg.: Mandl; Gerstenmaier; Hogrefe, Göttingen (2000)
[6] Lamnek, S.: Qualitative Sozialforschung. Band 2: Methoden und Techniken, Psychologie Verlags Union, München (1989)
[7] Lienert, G. ; Raatz, U.: Testaufbau und Testanalyse. Weinheim: Beltz (1994)
[8] Tergan, S.: Grundlagen der Evaluation: Ein Überblick. In: Qualitätsbeurteilung multimedialer Lern- und Informationssysteme: Evaluationsmethoden auf dem Prüfstand. P. Schenkel. Nürnberg, Bw: 11–21 (2000)
[9] Strohm, O.; Ulich, E.: Unternehmen arbeitspsychologisch bewerten: Ein Mehr-Ebenen Ansatz unter besonderer Berücksichtigung von Mensch, Technik und Organisation. Zürich: Verlag der Fachvereine, Hochschulverlag ETH Zürich (1997)
[10] Will, H.; Winteler, A.: Von der Erfolgskontrolle zur Evaluation. Evaluation in der beruflichen Aus- und Weiterbildung. Konzepte und Strategien (1986)

Zwischen Web 2.0, virtuellen Welten und Game-based Learning – Einsatzszenarien und Prototypen im Hochschulumfeld

Hans Pongratz

Zusammenfassung Web 2.0, virtuelle Welten und Game-based Learning werden als Allheilmittel moderner Wissensvermittlung an Hochschulen genannt. Dieser Artikel beschreibt nach einer Einführung in die Thematik Einsatzszenarien und Prototypen im Hochschulumfeld anhand ausgewählter Web 2.0-Dienste, der virtuellen Welt Second Life, eines an der TUM entwickelten Frameworks für Game-based Learning Applikationen und eines Lernspiels. Diese werden anhand von konkreten Lehr- und Lernszenarien vorgestellt und anhand der bisherigen Erfahrungen in diesem Bereich kritisch beleuchtet.

1 Einleitung

Die Schlagworte Web 2.0, virtuelle Welten und Game-based Learning kursieren anhand immer neuer Geschäftsideen durch die Medien. Nachhaltige Anwendungsszenarien werden dabei nicht diskutiert. Herrschte zum Beispiel in den Jahren 2007 und 2008 ein echter Hype um die virtuelle Welt „Second Life", mit ständig steigenden Nutzerzahlen, stagnieren diese seit Mitte 2008. Viele Hochschulen und Organisationen standen und stehen vor der Entscheidung, ob und wie neuartige Angebote in diesem Bereich sinnvoll genutzt werden können.

Dieser Artikel gibt einen Überblick über mögliche Einsatzszenarien und entwickelte Prototypen im universitären Umfeld, fokussiert auf die Wissensvermittlung an Hochschulen. Nach einer Einführung in die Thematik der Wissensvermittlung in Abschnitt 2, wird das Themengebiet Web 2.0 in Abschnitt 3 näher beleuchtet. Abschnitt 4 beschäftigt sich mit virtuellen Welten und deren Einsatzmöglichkeiten in der Hochschullehre. Abschnitt 5 widmet sich dem sogenannten Game-based Learning und stellt an der TUM entwickelte Prototypen vor. Eine kritische Zusammenfassung und ein Ausblick auf weitere Arbeiten schließen den Artikel ab.

2 Wissensvermittlung

Der Mensch lernt von Geburt an von seiner Umwelt. Der eigentliche Lernprozess kann sich je nach Herkunft und Umfeld unterscheiden. Hochschulen haben neben der Generierung von Wissen (Forschung), auch dessen Weitergabe (Lehre) zur Aufgabe. In diesem Abschnitt soll ein Überblick über Lerntheorien gegeben werden, welche verschiedene Schwerpunkte setzen, z.B. auf das Individuum oder den Lernprozess oder auf Lernszenarien. Anhand dieser theoretischen Grundlagen werden in den Abschnitten 2 bis 4 die Möglichkeiten der digitalen Wissensvermittlung beleuchtet und diskutiert.

2.1 Lerntypen

Das Lernverhalten von Menschen kann nach Frederic Vester [13] in verschiedene Lerntypen eingeteilt werden:

- Der auditive Lerner maximiert seinen Lernerfolg durch Zuhören und Sprechen, z.B. durch das parallele Nachlesen von vorgelesenen Textpassagen.
- Der optisch/visuelle Lerntyp lernt über die Beobachtung und benötigt Bilder, um Inhalte zu verstehen und zu behalten. Grafiken, Animationen und Videosequenzen helfen ihm am meisten beim Lernen.
- Der haptische Lerner lernt durch Anfassen und Berühren. Auf ihn passt der Begriff des „Be-Greifens".
- Der intellektuelle Lerntyp begreift rein durch seinen Intellekt, d.h. durch Denkprozesse.

Die Kategorisierung von Menschen in Lerntypen ist wissenschaftlich umstritten, hat aber dennoch zahlreiche Erwähnungen und Abwandlungen in der pädagogisch-didaktischen Literatur gefunden (vgl. u.a. [2], [4], [5]). Vester zufolge lernt man aber unabhängig vom persönlichen Lerntyp trotzdem durch die Nutzung aller Sinnesorgane am besten.

2.2 Lernprozess & Lernszenarien

Gabi Reinmann-Rothmeier und Heinz Mandl haben in [10] folgende Annahmen als Ableitungen des konstruktivistischen Lernprozesses, also des Lernens durch Erleben und Interpretation, getroffen:

- Lernen ist ein selbst gesteuerter und aktiver Prozess: Der Lernende realisiert beim Lernen Steuerungs- und Kontrollprozesse und muss sich aktiv an ihnen beteiligen.

- Lernen ist ein konstruktiver Prozess, d.h. es ist kein Lernen ohne den individuellen Erfahrungs- und Wissenshintergrund und die eigene Interpretation möglich.
- Lernen ist ein situativer und sozialer Prozess, d.h. Lernen findet stets in einem spezifischen Kontext statt und kann ohne sozialen Austausch nicht erfolgen.

Auf dieser Grundlage wurden folgende idealtypische Lernszenarien für die Gestaltung von sogenannten problemorientierten Lernumgebungen abgeleitet, welche den Lernprozess optimal unterstützen sollen [10]:

- Authentischer Kontext: Problemorientierte Lerninhalte können am besten anhand realistischer Fällen und Problemen gelernt werden. Dadurch kann auch ein hoher Anwendungsbezug sichergestellt werden.
- Multiple Kontexte: Anhand von verschiedenen Blickwinkeln und unterschiedlichen Problemstellungen, z.b. durch mehrere Anwendungsbeispiele in einer Lerneinheit, soll das Wissen vertieft werden.
- Sozialer Kontext: Das Lernen in Gruppen unterstützt den Lernprozess. Kleine Tutorgruppen sollten für das Einüben eines bestimmten Lehrstoffs anhand einer Problemstellung genutzt werden.
- Instruktionale Unterstützung: Neben den benötigten Ressourcen zum Lernen sollten Dozenten zur bedarfsweisen Unterstützung der Lernenden zur Verfügung stehen.

2.4 Digital Native

Marc Prensky prägte bereits 2001 den Begriff des „Digital Native" [8], also des in das Informationszeitalter eingeborenen Menschen, welcher mit Computern, Videospielen, MP3-Playern, Videokameras, Handys und all den anderen Geräten und Werkzeugen des digitalen Zeitalters aufgewachsen ist. Prensky entwickelte daraus Theorien und Ansätze, wie dieser Personenkreis am besten beim Lernen unterstützt werden kann. Computerspiele stellen für ihn eine gute Möglichkeit zur Wissensvermittlung dar. Der digital Native sollte konkret durch digitale und interaktive Angebote, am besten auf Basis von Spielen zum Lernen motiviert werden. Spiele sollten nicht negativ als etwaige Zeitverschwendung, sondern positiv als Motivationshilfe und neuer Kanal zum Lernenden gesehen werden.

3 Web 2.0

Der Begriff Web 2.0 lässt sich inhaltlich nicht klar abgrenzen. Er geht wahrscheinlich auf Darcy DiNucci im Jahre 1999 zurück und wurde durch die O'Reilly „Web 2.0"-Konferenz im 2004 und einem Artikel von Tim O'Reilly im Jahre 2005 [7] weltweit bekannt. „Web 2.0" wurde im Zuge der Konferenz markenrechtlich geschützt.

3.1 Prinzipien für das Web 2.0

Tim O'Reilly postulierte sieben Prinzipien für das Web 2.0:
- Nutzung des Webs als Plattform, Software soll als Dienst, nicht Produkt gesehen werden.
- Nutzen der kollektiven Intelligenz durch Partizipation der Nutzer am Inhalt.
- Spezialisierte Geschäftsdaten der jeweiligen Applikation sind für den Erfolg verantwortlich.
- Neues Vorgehensmodell der Software-Entwicklung, keine strikten Programmversionen mehr, sondern kontinuierliche Programmaktualisierungen unterstützt durch Rückmeldungen von Nutzern.
- Leichtgewichtige Programmier-, Geschäftsmodelle und grafische Oberflächen.
- Software, die geräteübergreifend eingesetzt werden kann.
- Für den Nutzer optimal angereicherte Benutzeroberflächen.

Um die geforderten Prinzipien technisch umzusetzen, wird auf neue Technologien wie XML (Extensible Markup Language), JavaScript und AJAX (Asynchronous JavaScript and XML) Frameworks bei der Entwicklung zurückgegriffen. Die Vor- und Nachteile und technische Aspekte dieser Technologien sollen hier nicht weiter diskutiert werden.

Zusammenfassend kann unter dem Begriff des Web 2.0 die Erstellung, Bearbeitung und Beurteilung von Inhalten durch den Nutzerselbst, sowohl in qualitativen, als auch quantitativen Aspekten subsumiert werden.

3.2 Ausgewählte Web 2.0-Dienste

Im Folgenden werden ausgewählte Web 2.0-Dienste kurz vorgestellt und im Anschluss eine Übersicht über mögliche Web 2.0-Lehr-/Lernszenarien auf der Grundlage der Diplomarbeit von Daniel Rüling [11] gegeben.

Blog
Der Kunstbegriff steht für ein Tagebuch im Web. Kathy E. Gill zufolge gehören zu den Eigenschaften von Blogs (vgl. [3]) die umgekehrte chronologische Reihenfolge der Einträge, Zeitstempel für jeden Eintrag, Links zu themenverwandten Artikeln, Dokumenten oder Blogeinträgen, die Archivierung von älteren Einträgen, die Verlinkung von ähnlichen Blogs und die Unterstützung von Feeds (RSS oder XML). Die kostenlose Bereitstellung von Blog-Portalen, welche u.a. die geforderten Funktionalitäten zur Verfügung stellen und für die Nutzer sehr leicht zu bedie-

nen sind, haben für die große Verbreitung von Blogs, vor allem in den USA, geführt.

Podcast
Der Begriff Podcast beschreibt eine Audio- oder Videodatei, welche über das Internet meist kostenlos angeboten wird und oft Teil einer regelmäßigen Erscheinungsreihe ist. Der interessierte Nutzer wird per Newsfeed automatisch über die Verfügbarkeit einer neuen Folge informiert. Das Themenspektrum von Podcasts ist sehr vielfältig, da für die Erstellung nur ein PC mit Mikrofon und Internetzugang benötigt werden. Oft werden auch Mitschnitte von Vorträgen, Vorlesungen oder Diskussionen als Podcasts angeboten.

Wiki
Als Wiki wird eine Webseite bezeichnet, welche je nach Konfiguration z.B. von allen Benutzern editiert werden kann. Die vorgenommenen Änderungen erscheinen sofort öffentlich. Technisch gesehen handelt es sich um ein einfaches Content-Management-System, welches eine eigene, einfache Markup-Sprache anstelle von HTML für die Webseitengestaltung verwendet. Wikis werden wegen ihrer einfachen Handhabung oft als Wissensmanagementsysteme verwendet. Das bekannteste Beispiel ist die kostenlose online Enzyklopädie Wikipedia.

3.3 Web 2.0-Lehr-/Lernszenarien

Auf der Basis der vorgestellten Web 2.0-Dienste werden in diesem Abschnitt einige Lehr-/Lernszenarien mit konkreten Beispielangeboten (s. Tabelle 1) vorgestellt.

Blogs können für die Dokumentation des persönlichen Lernprozesses eingesetzt werden bzw. um z.B. Forschungsergebnisse oder wichtige Meilensteine zu veröffentlichen, soweit dies gewünscht ist. Umsetzungen sind persönliche Lern- bzw. Forschungstagebücher oder auch Vorlesungsmitschriften. Blogs spiegeln aber immer nur die Sicht einer einzelnen Person wider, d.h. dass Inhalte normalerweise nicht einer Qualitätskontrolle einer übergeordneten Instanz, also z.B. dem Dozenten, unterliegen. Somit besteht die Gefahr der Falschinformation.

Podcasts eigenen sich vor allem für die Aufzeichnung von Vorlesungen, Vorträgen oder Tagungen. Durch die Interoperabilität der Datenformate erhält der Lernende die Möglichkeit den Lehrstoff auch unterwegs z.B. in öffentlichen Verkehrsmitteln über das Handy abzuspielen. Der personelle Aufwand einer regelmäßigen Erstellung von Podcasts darf allerdings nicht unterschätzt werden. Oft wird neben dem Dozenten noch mindestens eine Person für die Kameraführung, die Koordination der Aufnahme und für die Nachbereitung benötigt. Über den wirklichen Lernerfolg durch die Bereitstellung von Podcasts gibt es momentan noch keine belastbaren Studien. Dennoch wird diese Form der Wissensvermittlung immer mehr als wünschenswerte Unterstützung gesehen und von den Studierenden aktiv eingefordert. An der TUM gibt es momentan kaum Podcast-Angebote. Einzelne Vorlesungsaufzeichnungen (ohne Feed) werden in der zentralen E-Learning Plattform CLIX angeboten und auch rege von den Studierenden genutzt.

Tabelle 1 Beispiele von konkreten Web 2.0-Lehr-/Lernszenarien

Dienst	Lern-/Lehrszenario	Beispiel f. Einsatz: Name und Beschreibung
Blog	Lerntagebuch	Lerntagebuch.ch: Blog-Angebot speziell für Schulen und Bildungseinrichtungen. Dozenten & Lehrer können für ihre Kursteilnehmer Lerntagebücher erstellen, welche nur von berechtigten Personen eingesehen werden können. Der Kursverwalter kann Fragen an seine Teilnehmer stellen, welche dann im persönlichen Lerntagebuch beantwortet werden sollen. www.lerntagebuch.ch
Blog	Vorlesungsmitschrift	Naja's Corner: Blog einer Studentin, welche u.a. auch Mitschriften von Vorlesungen veröffentlicht und somit den eigenen Lernerfolg sicherstellen will. www.najas-corner.de
Blog	Forschungstagebuch	EN-AU SummerSchool: Teilnehmer verfassen in Blogs eigene, öffentlich einsehbare Forschungstagebücher über den Verlauf und die Erfahrungen der Teilnahme. www.summerschool.at
Podcast	Vorlesungsaufzeichnung	Lernfunk.de: Vielfältiges, öffentliches Angebot von Aufzeichnungen von Tagungen, Vorlesungen und sonstigen Veranstaltungen der Universität Osnabrück. www.lernfunk.de
Podcast	Erstellung durch Lernende	Podcasts in der Schule: Schüler erstellen eigene Podcasts z.B. als Hausaufgabe, Projektdokumentation oder für das Schulradio. www.schulpodcasting.info
Wiki	Kollaborative Vorlesungsmitschrift	Multimediablog von Bernd Schmitz RFH Köln: Studierende erstellen in kollaborativer Zusammenarbeit eine öffentliche Vorlesungsmitschrift. http://www.bernd-schmitz.net/wiki/index.php/Semesterplan_SS_2009_inkl._%C3%B6ffentlicher_Mitschrift
Wiki	Themenvorbereitung	Lernende bereiten anhand einer konkreten Aufgabenstellung Vorlesungsinhalte selbstständig bzw. in Gruppenarbeit in einem Wiki vor.

Wikis eignen sich gut für kollaborative Arbeiten, z.B. Mitschriften von Vorlesungen durch mehrere Studierende und eine fortlaufende oder Schlusskorrektur durch Tutoren oder Dozenten. Sie werden aber auch als Webseiten von Lehrstühlen und Lehrveranstaltungen bzw. für Ideensammlungen oder die Präsentation von gemeinsamen Ergebnissen genutzt.

Blogs und Wikis unterstützen vor allem den optisch/visuellen, Podcasts dazu noch den auditiven Lerntypen. Die in Abschnitt 0 aufgeführten idealtypischen

Lernszenarien finden sich teilweise in den konkreten Web 2.0-Lehr-/Lernszenarien wieder, wobei keine vollständige Abdeckung über die vorgestellten Web 2.0-Dienste erreicht werden kann.

3.4 Fazit

Zusammenfassend kann festgestellt werden, dass Web 2.0-Angebote, wie Blogs oder Podcasts nur vereinzelt in der Lehre an der TUM eingesetzt werden. Wikis haben im Vergleich zu den beiden anderen Diensten bisher die größte Verbreitung gefunden und werden auch zentral in der E-Learning Plattform zur Verfügung gestellt. Die Gründe für die zurückhaltende Einbindung von Web 2.0-Angeboten in die Lehre sind vielfältig, u.a. werden rechtliche Aspekte, technische Schwierigkeiten und generell die Befürchtung einer schlechten Aufwand/Nutzung-Relation angeführt. Dozenten sind keine digital Natives, d.h. ihnen fehlt oft die Erfahrung im Umgang mit den neuen technologischen Möglichkeiten. Es besteht auf die Gefahr, dass digitale Angebote nur als Spielerei und nicht als ernstzunehmende Ergänzung oder Unterstützung der Lehre angesehen werden. Aus den bisherigen Erfahrungen der Nutzung von Web 2.0-Diensten an der TUM kann berichtet werden, dass diese Dienste zwar Potential für die Wissensvermittlung bieten, allerdings eine reine Bereitstellung des Dienstes unzureichend ist und auch nicht automatisch zu einer begeisterten Nutzung durch die Studierenden führt. Außerdem muss das jeweilige Lehr-/Lernszenario im Zusammenhang mit fachdidaktischen Aspekten im Detail geprüft und auf die jeweiligen Inhalte und Zielgruppen abgestimmt werden.

4 Virtuelle Welten am Beispiel von Second Life

Second Life (SL) ist eine sogenannte virtuelle Welt, in der die Benutzer durch Avatare dargestellt miteinander interagieren können. Die Firma Linden Lab stellte 2003 SL der Öffentlichkeit vor. Seit dem wurden 15 Millionen Benutzerkonten registriert. Laut eigenen Angaben sind bis zu 60.000 Nutzer gleichzeitig im System. Der Nutzer muss für die Nutzung der virtuellen Welt eine kostenlose Client-Software installieren. Für die grafische und technische Gestaltung von SL wurde eine eigene Skriptsprache LSL entwickelt, mit der die Nutzer auch die Möglichkeit haben eigene Anwendungen zu entwickeln und in SL zu vertreiben, auch gegen Entgelt. Nutzer können Land in SL erwerben und dort eigene Gebäude errichten. Avatare können anhand von über 200 Parametern vom Benutzer individuell gestaltet werden. Auch Kleidung und Accessoires sind für Avatare in SL erhältlich. Die Interaktion zwischen Avataren kann sowohl auditiv, über Sprachübertragung, als auch visuell über Bewegungen oder per Text-Chat stattfinden. In den folgenden Abschnitten werden Vor- und Nachteile von SL zur Wissensvermittlung und mögliche Lehr-/Lernszenarien vorgestellt und die Erfahrungen mit SL kritisch beleuchtet.

4.1 Second Life zur Wissensvermittlung

Die Nutzung von SL bietet im Hinblick auf die Wissensvermittlung u.a. folgende positive Möglichkeiten:

- Offene, unterhaltsame, selbst gestaltbare und interaktive Lernumgebung.
- Lernmaterialen und -umgebung können in SL selbst erstellt bzw. von anderen übernommen werden. Eine Einbindung von Lerninhalten aus dem Internet bzw. von Videos und Audioaufzeichnungen ist möglich. Außerdem können Studierende direkt in die Erstellung von Inhalten einbezogen werden.
- Kollaboration, also die Zusammenarbeit sowohl zwischen Lernenden untereinander, als auch mit dem Lehrenden ist in einem ungezwungenen Kontext möglich.
- Rückkanal, SL bietet den Studierenden die Möglichkeit, sofern vom Dozenten gewünscht, direkt mit ihm Kontakt innerhalb von SL aufzunehmen.
- Umfangreiche Kommunikationsmöglichkeiten, synchrone (Chat) und asynchrone Formen (Nachricht) sind möglich.
- Immersives Erlebnis möglich, d.h. der Nutzer kann in eine virtuelle Welt eintauchen und sich intensiv mit Lerninhalten beschäftigen und so sein persönliches Lernergebnis verstärken.
- Gruppendynamische Prozesse sind abbildbar.
- (indirekte) Beobachtung der Lernenden durch den Lehrenden ist möglich.

Zu den Nachteilen und Nutzungshürden von SL gehören:

- Für die Einarbeitung in den Funktionsumfang von SL ist ein hoher Zeitaufwand notwendig.
- SL Instanzen können nicht auf eigenen Servern betrieben werden, somit müssen Themen wie Datenschutz und Identitätsmanagement berücksichtig werden.
- SL fiel u.a. wegen angeblicher (kinder-)pornografischer Inhalte negativ auf. Es wird an der Umsetzung von Jungendschutzbestimmungen und einer Altersverifikation gearbeitet, damit SL kein rechtsfreier Raum ist.
- Technische Beschränkungen, wie eine max. Anzahl von gleichzeitig auf einem Gebiet mögliche Avatare können zu Beeinträchtigungen führen.
- Für die Nutzung ist die Installation einer (teilwesen unstabilen) Client-Software notwendig, welche hohe Anforderungen an die Hardware stellt, z.B. bei der Nutzung von Windows Vista einen mind. 2 GHz-Prozessor. Für die Internetverbindung wird DSL oder schneller empfohlen.
- Fehlendes Austauschformat: in SL erstellte Inhalte sind nicht einfach in andere virtuelle Welten portierbar.

Auf der Grundlage der Möglichkeiten der Nutzung von SL werden im folgenden Abschnitt einige Lehr-/Lernszenarien vorgestellt.

4.2 Lehr-/Lernszenarien

Abb. 1 Zwei Ansichten eines Prototyp-TUM-Hörsaals in Second Life aus [11]

Klassische Lernszenarien, wie ein Hörsaal mit einem Dozenten, können in SL leicht umsetzt werden. Abbildung 1 zeigt einen im Rahmen der Diplomarbeit von Daniel Rüling [11] testweise in SL erstellten Prototyp-Hörsaals für die TUM in zwei Ansichten. Studierende hatten die Möglichkeit Video-Vorlesungsaufzeichnungen der Grundlagenvorlesung Einführung in die Technische Informatik von Prof. Arndt Bode anzusehen und sich über empfohlene Literatur zu informieren.

Der Einsatz von SL bietet sich aber vor allem für Simulationen und ein Erleben von Lernmaterial an. Auch gruppendynamische Arbeiten lassen sich gut realisieren. Theoretisch wäre z.B. eine Sprachvermittlung im kulturellen Kontext in SL gut zu realisieren, wie der Unterricht von Italienisch im nachempfunden antiken Rom. Allerdings sind bei den Recherchen keine Angebote dieser Art aufgefallen.

Tabelle 2 führt eine Reihe an Beispielen für Lern-/Lehrszenarien innerhalb von SL auf. Durch die Nutzung von SL können der optisch/visuelle und der auditive, in Abhängigkeit der erreichten Immersion, auch der haptische Lerntyp unterstützt werden. Die in Abschnitt 2.2 vorgestellten Lernszenarien sind in SL realisierbar.

Tabelle 2 Beispiele von konkreten Lehr-/Lernszenarien in Second Life

Lern-/Lehrszenario	Beispiel f. Umsetzung in SL: Name und Beschreibung
Simulation	Meteora: Wetterphänomene werden den Nutzern durch Simulationen plakativ dargestellt, z.B. können die unterschiedlichen Phasen eines Tsunami miterlebt werden. http://slurl.com/secondlife/Meteora/128/128/0
Teamwork Training	Education Island: Hier kann Teamwork anhand zweier Spiele getestet und trainiert werden. In beiden Spielen müssen die Teilnehmer ohne sich absprechen zu dürfen Aufgaben lösen. Im Anschluss wird das Vorgehen anhand einer Aufzeichnung zusammen analysiert. http://slurl.com/secondlife/Education%20Island/120/125/25
Verhaltenstraining	Ann Myers Medical Center: virtuelles Krankenhaus für Ärzte, Studierende und Krankenschwestern um den Umgang mit Patienten zu üben. Im Vordergrund steht nicht die Diagnostik, sondern die Prozessorganisation und der allgemeine Umgang mit Patienten. http://slurl.com/secondlife/Hospital/133/135/25
Rollenspiel	Moot Court in SL: Virtueller Gerichtssaal für Studierende und Interessierte für die juristische Ausbildung. Es werden fiktive und reale Fälle durchspielt. http://www.jurawiki.de/MootCourtInSecondLife
Interkulturelles Training	Peking Verbotene Stadt: Nachbau der Verbotenen Stadt in SL, welcher mit Hilfe von IBM und der chinesischen Regierung umgesetzt wurde. Historische Kleidung und eine detaillierte Führung durch die Stadt gehören zum kostenlosen Angebot. http://slurl.com/secondlife/Donatelli/156/27/41

4.3 Fazit

Zahlreiche internationale und nationale Hochschulen und Organisationen sind inzwischen in SL mit einer eigenen Repräsentanz vertreten. Das jeweilige Angebot ist aber meist mehr auf Öffentlichkeitsarbeit, als auf eine konkrete Wissensvermittlung ausgelegt. Auch an der TUM wurde die Gründung einer online Repräsentanz überlegt, aber nicht weiter ausgeführt. Dies ist darauf zurückzuführen, dass die professionelle Umsetzung von Angeboten in SL mit einem erheblichen Aufwand verbunden und der eigentliche Nutzen bisher noch sehr umstritten ist. Vor allem da die technischen Probleme mit der Client-Software immer noch nicht gelöst wurden und die Nutzerzahlen seit Mitte 2008 stagnieren.

Eine vielversprechende Idee scheint die Integration der Lernplattform Moodle über eine Schnittstelle namens Sloodle (s. www.sloodle.org) mit Second Life zu sein. Diese Schnittstelle ermöglicht den Zugriff auf in Moodle abgelegte Lernmaterialien, Umfragen und Test von SL aus. Auch eine Interaktion über den Chat zwischen Moodle und SL wurde implementiert. Somit können Nutzer aus SL heraus mit Nutzern in Moodle kommunizieren ohne die jeweilige GUI verlassen zu müssen. Da an der TUM CLIX als zentrale Lernplattform eingesetzt wird, wurde diese Schnittstelle noch nicht weitergehend untersucht.

5 Game-based Learning

Der Begriff des „Game-based Learning" wurde von Marc Prensky geprägt [9]. Er sieht darin die Synthese zwischen Wissensvermittlung und Selbstmotivation durch Computerspiele. Der Spieler erhält beim Spielen eine direkte Rückmeldung über den Spielerfolg. Die Ausprägung des Feedbacks kann vielfältig sein – Aufstieg in ein neues Level, Erwerb von Spielpunkten oder auch das Spielende bei zu schlechter Leistung. Das Spielgenre sollte immer in Abhängigkeit des zu vermittelnden Stoffes gewählt werden. Der folgende Abschnitt beschäftigt sich mit dieser Thematik. Darauf aufbauend wird eine prototypische Implementierung eines Frameworks für Game-based Learning Applikationen und ein konkretes Lernspiel vorgestellt.

5.1 Game-based Learning zur Wissensvermittlung

Computerspiele können in verschiedene Spieltypen, sogenannte Genre eingeteilt werden. Zu den bekanntesten Genres gehören Abenteuer-/Rollenspiele, Denk-/Logik-/Wissensspiele, Jump & Run, Ballerspiele, Simulationen, Sportspiele und Strategiespiele.

In Abenteuer-/Rollenspielen schlüpft der Spieler in die Rolle einer Spielfigur und soll Aufträge oder Rätsel lösen. Für die Erfüllung seiner Aufgabe muss er häufig mit anderen Spielcharakteren und Gegenständen interagieren.

Rollenspiele eignen sich zum Beispiel dazu ein Verhalten in bestimmten Situationen einzuüben.

Denk-/Logik-/Wissensspiele fassen ein breites Spektrum an Spielen zusammen. Zu ihnen gehören neben digitalen Versionen von klassischen Brettspielen wie Schach oder Mühle auch Ratespiele wie „Hangman" oder „wer wird Millionär". Speziell Faktenwissen kann gut über Quiz- oder Rätselspiele (Genre Wissensspiele) trainiert werden.

Unter dem Genre Jump & Run werden Spiele zusammengefasst, bei denen sich die Spielfigur durch möglichst exaktes Laufen und Springen in einer Welt zu recht finden muss. Diese Spiele unterstützen vor allem die Hand-Auge-Koordination, die Geschicklichkeit und das Reaktionsvermögen des Spielers.

Bei Ballerspielen muss der Spieler eine große Anzahl an Gegnern mit der Hilfe von virtuellen Waffen vernichten. Eine Unterkategorie dieses Genre sind Ego-Shooter. Hier schlüpft der Spieler in die Rolle einer Spielfigur und muss aus der

Ich-Perspektive gegen Gegner kämpfen. Spiele dieses Genre, wie z.B. Quake 3 oder Counterstrike sind aktuell in der öffentlichen Diskussion, da ihnen nachgesagt wird, dass sie das Aggressionsverhalten der Spieler negativ beeinflussen könnten. Modifizierte Ego-Shooter wurden bereits erfolgreich für das Training im Krisenfall auf Ölbohrinseln eingesetzt. Hier kämpften die Spieler mit Feuerlöschern gegen Brände und suchten Notausgänge.

Simulationsspiele versuchen den Spielern meist komplexe Zusammenhänge zu vermitteln, z.b. als Chef eines großen Wirtschaftsunternehmens oder als aufstrebender Manager eines Tierparks. Beliebt sind auch Flugsimulatoren, welche das Führen eines Luftfahrzeuges möglichst realitätsnahe nachempfinden. Simulationen können der Verdeutlichung von Zusammenhängen und Abhängigkeiten in komplexen Domänen dienen.

Sportspiele fokussieren normalerweise auf eine Sportart. Als Basketballspieler und gleichzeitiger Coach der Mannschaft versucht der Spieler zum Beispiel die Meisterschaft zu gewinnen. Neben den klassischen Regeln der jeweiligen Sportart erhält der Spieler auch Einblicke in taktische Elemente der jeweiligen Sportart. Die jeweiligen Spielcharaktere sind meist der Realität nachempfunden. So vertieft der Spieler beim Spielen z.b. sein Wissen über Namen und Eigenschaften anderer Basketballspieler.

Taktische und strategische Überlegungen stehen bei Strategiespielen im Vordergrund. Meist handelt es sich hier um Kriegsspiele, bei denen der Spieler ein oder mehrere Gegner durch den Einsatz von bestimmten Einheiten besiegen soll. Spiele dieser Art können aber auch diplomatische Elemente enthalten. Aus Game-based Learning Sicht könnten historische Schlachten für ein vertiefendes Geschichtsverständnis nachgespielt werden.

5.2 Framework für Game-based Learning Applikationen

Im Rahmen der Bachelorarbeit von Barbara Köhler (s. [6]) wurde ein prototypisches Framework für die Verwaltung von kleinen Lernspielen und das Lernspiel BinTris implementiert. Einstiegspunkt für die Nutzer ist ein Grundriss des Fakultätsgebäudes Mathematik / Informatik der TUM. Das Framework hat auch einen Chat und eine Bestenliste (Highscore) integriert. Durch den Chat soll die Interaktion der Teilnehmer untereinander ermöglicht werden, die Highscore dient dem Wettbewerbsgedanken. Nutzer können somit direkt gegeneinander in Lernspielen antreten bzw. sich über die erzielten Punktewerte in der Bestenliste messen. Neue Lernspiele können als sogenannte Plugins über den Plugin Manager des Frameworks integriert werden. Die Anzeigeposition auf dem Gebäudeplan wird über eine Konfigurationsdatei gesteuert. Das Framework wurde in Java mit Java Server Pages implementiert.

5.3 Das Lernspiel BinTris

Teil der Grundausbildung des Informatikstudiums an der TUM ist die Vorlesung Einführung in die Technische Informatik. Diese beinhaltet auch den Lernstoff der verschiedenen Zahlensysteme. Im Speziellen wird der Umgang mit dem Binar- und Dezimalsystem geübt. BinTris soll den Studierenden bei der Einübung des Umgangs mit den beiden Zahlensystemen helfen. BinTris ist dem altbekannten Computerspiel Tetris nachempfunden. Der Spieler muss zufällig erzeugte Blöcke von Dezimal- bzw. Binärzahlen auflösen, indem er die Zahl im jeweils anderen Zahlensystem eingibt. Dezimalzahlen werden über den eingeblendeten Ziffernblock, Dualzahlen über klicken auf die einzelnen Felder eingegeben. Abbildung 2 zeigt zwei bereits gelöste (dunkel) und noch zwei zu lösende Blöcke (hell). Das Fragezeichen und die Farbgebung zeigen dem Spieler, dass hier noch eine Lösung eingegeben werden muss. Im Mehrspielermodus spielen zwei Personen gegeneinander. Wenn ein Spieler mehrere Blöcke hintereinander richtig löst, werden dem Gegner neue Blöcke übermittelt. Das Spiel ist verloren, wenn der Bildschirm mit zu lösenden Blöcken gefüllt ist.

Bei der Konzeption des Spieles wurde von Barbara Köhler auf ein möglichst einfaches Szenario Wert gelegt, damit es von neuen Mitspielern schnell erfassbar und leicht zugänglich ist. Das Spiel trainiert neben der richtigen Umrechnung auch die Geschwindigkeit der Teilnehmer. Der eigentliche Lernerfolg durch Einsatz des Spieles wurde allerdings noch nicht evaluiert. Die bisherigen Rückmeldungen von Studierenden waren sehr positiv.

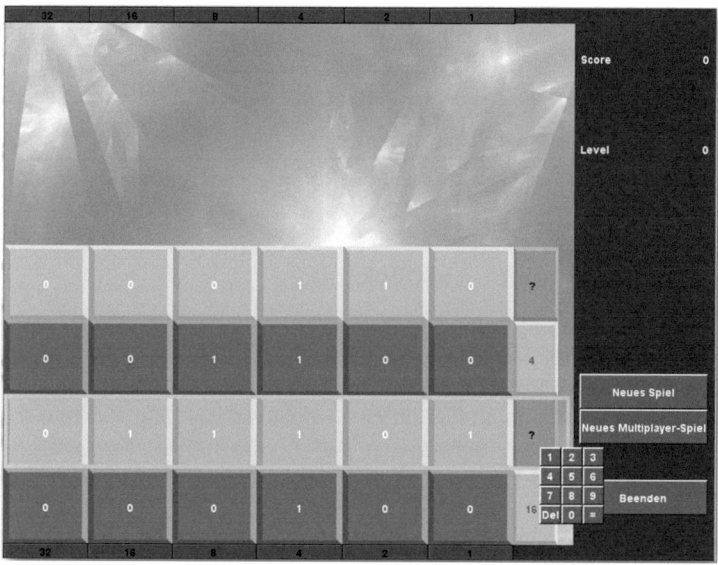

Abb. 2 Das Lernspiel BinTris [6]

5.4 Fazit

Im Rahmen einer Studie der British Educational Communications and Technology Agency wurde untersucht, wie Computerspiele das Lernverhalten von Schülern unterstützen können. Getestet wurden Standardcomputerspiele wie z.b. Age of Empires, Sim City und die Sims. Monika Wirnshofer hat die Ergebnisse im Rahmen ihrer Zulassungsarbeit (s. [14]) übersetzt und zusammengefasst (s. Tabelle 3).

Tabelle 3 Vor- und Nachteile des Game-based Learning (nach [14] und [1])

Vorteile	Nachteile / Probleme
Steigerung der Computeraffinität	Hoher Zeitaufwand
Förderung der Motivation	Hohe Komplexität erschwert Einsatz
Unterstützung von Teamwork	Bezugsverlust zu Lernziel ist möglich
Dialog und Diskussion werden gefördert	Technische Schwierigkeiten
Förderung des Selbstwertgefühls	Schülerinnen fehlt teilweise Zugang zu Spiel
Intensive Beschäftigung mit Spiel und somit auch den Lerninhalten	Verständnisschwierigkeiten bei zu komplexen Vokabular und bei Leseschwäche

Computerspiele bringen somit im Bereich des Game-based Learning sehr viele Chancen und zahlreiche Einsatzszenarien im Hochschulbereich mit sich. Der eigentliche Aufwand der Konzeption, Implementierung und auch des Betriebs und Supports darf auf keinen Fall unterschätzt werden. Vor allem für einen breiten Einsatz in der Lehre müssen erst noch entsprechende Werkzeuge erstellt werden, welche eine leichtgewichtige und schnelle Implementierung ermöglichen. Computerspiele können je nach Implementierung und Kontext-Einbettung den optisch/visuellen und den auditiven, in Abhängigkeit der erreichten Immersion, auch den haptischen Lerntypen unterstützen. Die idealtypischen Lernszenarien aus Abschnitt 0 sind mit Hilfe von Computerspielen realisierbar.

6 Zusammenfassung & Ausblick

Der Artikel gibt einen Überblick über Einsatzmöglichkeiten von ausgewählten Web 2.0-Diensten, der virtuellen Welt Second Life und von Game-based Learning zur Wissensvermittlung an Hochschulen. Aufbauend auf dem theoretischen Hintergrund der Lerntypen, Lernprozessen und Lernszenarien wird auch die neue Herausforderung des sogenannten digital Natives eingeführt. Darauf aufbauend werden Blogs, Podcasts und Wikis als Web 2.0-Dienste mit konkreten Lehr-/Lernszenarien vorgestellt und deren Einsatz an der TUM diskutiert. In der Folge wird Second Life als virtuelle Welt kritisch beleuchtet. Auch hier werden Erfahrungen und bekannte Lehr-/Lernszenarien erläutert. Der letzte Teil des Artikels beschäftigt sich mit dem Game-based Learning und einer prototypischen Implementierung eines Frameworks und des Lernspiels BinTris an der TUM. Der Einsatz von Web 2.0, virtuellen Welten und Lernspielen sollte auf Einzelfallbasis geprüft werden. Der Autor sieht z.b. Second Life als chancenreich an, allerdings darf der Aufwand und die bestehenden Probleme, z.b. die Stabilität der Clientsoftware, nicht unterschätzt werden. Sloodle als Schnittstelle zwischen SL und der E-Learning Plattform Moodle könnte eine wichtige Brückenkopffunktion einnehmen. Über diese Schnittstelle könnten bestehende Lerninhalte für den Dozenten ohne Mehraufwand in der virtuellen Welt SL angeboten werden. Ebenso würden die Nutzer nicht gezwungen werden SL zu nutzen, sondern könnten weiterhin bei ihrer gewohnten Lernplattform bleiben.

Ein sehr großes Erfolgspotential sieht der Autor bei leichtgewichtigen Lernspiele, welche als Motivationselemente in der Lehre eingesetzt werden. Die bisherigen Erfahrungen sind sehr vielversprechend. Ein Augenmerk sollte bei der Entwicklung auch auf die Portierbarkeit auf mobile Endgeräte, ähnlich den Podcast, gelegt werden. Im Idealfall könnten Studierende Wartezeiten mit Lernspielen auf dem Handy oder Smartphone überbrücken.

Literatur

[1] British Educational Communications and Technology Agency (BECTA): Computer Games in Education project: Report. http://partners.becta.org.uk/index.php?section=rh&catcode==&rid=13595, 2006
[2] Falk-Frühbrodt C.: Lerntypen III. http://www.iflw.de/wissen/lerntypen_III.htm, 2008
[3] Gill, K.E.: How can we Measure the influence of the Blogsphere? In Proceedings of the WWW2004 Conference, New York, May 17-22, 2004
[4] Honey, P. & Mumford, A.: The Manual of Learning Styles. Maidenhead: Berkshire, 1992
[5] Kolb, D.: Learning-Style Inventory, McBer and Company, Boston, 1992
[6] Köhler, B.: Entwicklung eines Frameworks für Game-based Learning Applikationen und Implementierung eines Lernspiels, Bachelorarbeit an der Technischen Universität München, Fakultät Informatik, 2008
[7] O'Reilly, T.: What Is Web 2.0? Design Patterns and Business Models for the Next Generation of Software, http://oreilly.com/web2/archive/what-is-web-20.html, 2005.
[8] Prensky, M.: Digital Natives, Digital Immigrants, in: On The Horizon, ISSN 1074-8121, MCB University Press, Vol. 9 No. 5, 2001
[9] Prensky, M.: Don't Bother Me Mom – I'm Learning. Paragon House, 2006
[10] Reinmann-Rothmeier, G. & Mandl, H.: Unterrichten und Lernumgebungen gestalten. In A. Krapp & B. Weidenmann (Hrsg.), Pädagogische Psychologie (S. 603-648). Weinheim: Beltz, 2001
[11] Rüling, D.: Web 2.0 zur Wissensvermittlung – Chancen von virtuellen Welten und konkrete Einsatzszenarien an der TUM, Diplomarbeit an der Technischen Universität München, Fakultät Informatik, 2008
[12] The Virtual World Exchange, https://www.virwox.com/, 2009
[13] Vester, F.: Denken, Lesen, Vergessen, aktualis. Neuausgabe, München: dtv 1998
[14] Wirnshofer, M.: Game-based Learning und seine möglichen Einsatzszenarien für die Technische Universität München, Zulassungsarbeit an der Technischen Universität München für das erste Staatsexamen Lehramt Gymnasium im Fach Informatik, Fakultät Informatik, 2007

Herausforderungen für künftige Lernumgebungen am Beispiel der Fakultät für Medizin

Ivan Gergintchev, Stephan Graf

Zusammenfassung Nach der weit reichenden Etablierung von eLearning in den letzten Jahren stehen nahezu alle deutschen Hochschulen vor der Aufgabe, wettbewerbsfähige hochschulübergreifende Mechanismen sowie entsprechende organisatorische Rahmenbedingungen zu schaffen. Vor allem die Umsetzung von E-Bologna und die Unterstützung kooperativer Bildungsangebote verstärken diese Notwendigkeit. Motiviert durch die Veränderungen im Bereich der Hochschullehre und die Herausforderungen für künftige Lernumgebungen schlagen wir eine Integrationslösung im Sinne eines Learning Gateway vor, die zur webgestützten Abwicklung von kooperativen Bildungsangeboten in heterogen Lernumgebungen eingesetzt werden kann. Ihre Praxisanwendung verdeutlichen wir anschließend im komplexen Szenario der Medizin an der TUM. Die Evaluierung der Umsetzung belegt den deutlichen Mehrwert des Ansatzes.

1 Einleitung

Die Informations- und Kommunikationstechnologien (IuK-Technologien), allen voran das Internet, eröffnen im Bereich von Bildung und Wissenschaft, und hier wiederum insbesondere an den Hochschulen, weit reichende Modernisierungsmöglichkeiten, welche die Prozesse der Wissensvermittlung und die Lernkultur grundsätzlich und nachhaltig verändern. Mit der systematischen Verwendung digitaler Medien und dem didaktisch sinnvollen Einsatz moderner IuK-Technologien ist nicht nur eine höhere Qualität von Lehren und Lernen, sondern auch eine deutlich gesteigerte Effizienz des Wissenstransfers sowie eine bessere Vorbereitung auf die Erfordernisse des lebenslangen Lernens verbunden [4]. Auf dem Weg hin zur Wissensgesellschaft liegt das Innovationspotenzial neuer Medien in der Bildung sowohl im Bereich von Prozesserneuerungen als auch in der Produktinnovationen und der Erweiterung des Dienstleistungsangebots.

Nach den in den vergangenen Jahren geförderten Maßnahmen für die Erstellung hochwertiger eLearning-Inhalte und deren curriculare Einbettung, den Entwurf von Szenarien für das mobile Lernen sowie für nachhaltige Strukturveränderungen und den Aufbau technischer eLearning-Infrastrukturen stehen nahezu alle deutschen Hochschulen vor der Aufgabe, hochschulübergreifende Mechanismen und entsprechende organisatorische Rahmenbedingungen zu schaffen [9]. Vor allem die Umsetzung von E-Bologna, die Unterstützung kooperativer Bildungsangebote sowie die noch weiter steigenden Zahlen der Studienanfänger gerade ab dem Jahr 2011 verstärken diese Notwendigkeit. Auch im Hinblick auf den demografischen Wandel bedarf es eines Ausbaus von Bildungskooperationen zwischen Hochschulen und anderen geeigneten Institutionen, um Doppelentwicklungen soweit wie möglich zu reduzieren.

Motiviert durch die Veränderungen im Bereich der Hochschullehre und die Herausforderungen für künftige Lernumgebungen schlagen wir im ersten Teil dieses Artikels eine Integrationslösung im Sinne eines Learning Gateway vor, die zur webgestützten Abwicklung von kooperativen Bildungsangeboten in heterogen Lernumgebungen eingesetzt werden kann. Anschließend betrachten wir ihre Praxisanwendung im komplexen Szenario der Medizin an der TUM. Abschließend überprüfen wir die Wirksamkeit des Learning Gateway anhand einer empirischen Evaluation.

2 Veränderungen im Bereich der Hochschullehre

Vor allem politische Faktoren beeinflussen, wie sich die Aus- und Weiterbildung entwickeln. Der Schwerpunkt der Arbeitsprogramme der letzten Jahre wird hauptsächlich in der Auswahl der Studienbewerber durch die Hochschulen, der Internationalisierung, der Einführung neuer Studienstrukturen sowie der Umstellung der Studienfinanzierung gesetzt. Die umfangreichsten Veränderungen in der Hochschullehre hängen dabei mit der Erklärung von Bologna [5] zusammen.

2.1 E-Bologna

Der Bologna-Prozess steht für eine der tief greifendsten Hochschulreformen der letzten Jahrzehnte in Europa. Durch die Einführung einer gestuften Studienstruktur wird die europäische Angleichung der Studiengänge und Abschlüsse und somit die Internationalisierung und Stärkung der Hochschulen im weltweiten Wettbewerb angestrebt, was zum Austausch und zur Mobilität der Studierenden beitragen soll.

Die meisten Überlegungen zur Studienreform beziehen sich auf das herkömmliche Studienangebot an Präsenzhochschulen, also administrative Themen wie Studien- und Prüfungsorganisation, Lehrveranstaltungs- und Campusmanagement oder die Akkreditierung von neuen Studiengängen. Dafür wird zweifellos eine abgestimmte IT-Infrastruktur benötigt, die zentrale Dienste für Prüfungen, Lehre und Studium bereitstellt. Die technischen Unterstützung neuer Studiengänge und die

Abbildung der vielfältigen Anforderungen von neuen Prüfungsformen ist sicherlich mit einer hohen noch zu bewältigenden Komplexität verbunden, zumal alte und neue Studienordnungen zumindest für eine Übergangszeit parallel bedient werden müssen.

Dennoch ist durch Bologna der Austausch von Studierenden zu fördern und deren Zusammenarbeit über Grenzen hinweg zu ermöglichen. In diesem Kontext gibt es zentrale Themenbereiche wie E-Bologna, die vor allem im Zusammenhang mit eLearning interessant sind. Hinter dem Begriff E-Bologna verbirgt sich die Idee eines europäischen Bildungsraums, innerhalb dessen neue IuK-Technologien die orts- und zeitunabhängige Kommunikation sowie Interaktion erlauben. Dabei kann das eLearning mindestens für folgende Themen genutzt werden (vgl. [11]):

- Aufgabenstellungen zum Selbststudium mit Möglichkeiten der Selbsttests
- Verbesserung der Kollaboration
- Etablierung neuer Lernformen, z.B. Blended Learning Veranstaltungen
- Aufbau von Schlüsselkompetenzen
- Kooperative Entwicklung von Lerninhalten
- Aufbau und Betreuung studienbegleitender Lerngruppen und Communities
- Gemeinsame Wissensgenerierung durch die Studierenden
- Entwicklung von curricularen didaktischen Modellen
- Inhaltliche Durchführung von gemeinsamen Studiengängen mehrerer Bildungsträger in einem virtuellen Campus

Daher steht der Reformprozess nicht nur für die Neuorganisation der Verwaltungsprozesse, sondern auch für alle Maßnahmen, die digitale Technologien im Allgemeinen und eLearning im Speziellen unter einem didaktischen Fokus in Lehre und Studium integrieren. Er bietet den Hochschulen nicht zuletzt die Chance, eigene Schwerpunkte zu setzen und dementsprechend ihre Profile zu schärfen [6].

Ziel von Bologna ist aber auch die Integration der virtuellen Mobilität als Bereicherung der physischen Mobilität. Dies kann z.B. durch die digitale Unterstützung der Vorbereitung, Betreuung und Nachbereitung von Austauschprogrammen erreicht werden. Außerdem ermöglicht die virtuelle Mobilität einen erweiterten Zugang zu und Austausch von Lernmaterialien europaweit [1].

2.2 Bildungskooperationen

Als eine Bildungskooperation von Hochschulen bezeichnet man eine auf stillschweigender oder vertraglicher Vereinbarung beruhende hochschulübergreifende Zusammenarbeit zwischen Organisationseinheiten durch Funktionsabstimmung oder Ausgliederung auf einen Kooperationspartner [7]. Das Ziel einer Bildungskooperation ist es, durch Ressourcenbündelung Synergien für zukunftsfähige Modelle von Verbund- und Netzwerkarbeit auf nationaler und internationaler Ebene zu erzielen [10], um:

- das hochschulinterne Angebot zu erweitern
- größere Marktanteile und Wettbewerbsvorteile zu erzielen
- Allianzen mit potenziellen Wettbewerbern einzugehen
- die Angebote effizienter, kostengünstiger und bedarfsorientierter zu gestalten
- die Finanzierungsmöglichkeiten zu optimieren
- die zur Verfügung stehenden Personalressourcen optimal zu nutzen
- den Studierenden ein exzellentes Studienangebot zu bieten.

Aus der Sicht der Hochschulen als Organisationen lassen sich vereinfacht folgende Vernetzungstypen unterscheiden [2]:

- Vernetzung zur Nutzung von Studienangeboten durch elektronisches Informations- und Studienmaterial, Studien-Module, (Teil-)Studiengänge usw.
- Vernetzung von Personalressourcen durch Dozenten-Austausch, Online-Tutoren, virtuelle Teams
- Vernetzung von technischen Ressourcen durch gemeinsame Nutzung technischer Infrastruktur, z.B. Bildungsportal Sachsen
- Vernetzung von organisationalen Ressourcen, z.B. Virtueller Campus Niedersachsen, Projektverbünde, Virtuelle Hochschulen, Bildungskonsortien

Mittlerweile finden sich in nahezu allen Bundesländern Netzwerke bzw. Verbünde, die hochschulübergreifende Lehr- und Lernmodelle anbieten. Diese reichen von gemeinsamen Lehrveranstaltungen hin zu gesamten Studiengängen.

3 Herausforderungen für künftige Lernumgebungen

Gemeinsame Studiengänge mit anderen Hochschulen, Weiterbildungsangebote von zentralen Bildungsbrokern, bspw. der Virtuellen Hochschule Bayern (vhb), und eine zuzunehmende Mobilität der Studierenden erfordert ein Umdenken bei klassischen, hochschulgebundenen eLearning-Angeboten. Dabei sind vor allem fundierte hochschulübergreifende Konzepte und Lösungsansätze zur Unterstützung von Lehre und Forschung beim Einsatz neuer Medien zu entwickeln, die sich mit Kosteneffektivität, Ergebnistransfer sowie der Möglichkeit der Erbringung technologischer Dienstleistungen auszeichnen. Die Herausforderungen bei hochschulübergreifenden Bildungsangeboten umfassen organisatorische, fachliche und technische Aspekte [8]:

- Deputatsberechnung / Kapazitätsberechnung, hochschulübergreifender Finanzausgleich, Urheber- und Lizenzbedingungen externer Quellen bei hochschulübergreifender Nutzung, unterschiedliche Berechnung von Studienleistungen in Studiengängen (organisatorisch)
- Anerkennung von Lernmodulen, Übernahme von Prüfungsleistungen, Anbindung von internationalen Content-Datenbanken (inhaltlich)

- Standortübergreifende Authentifizierung, gesicherte Anbindung an externe Nutzerkonten, datenschutzrechtliche Aspekte, performante überregionale Nutzung von IT-Systemen (technisch)

Über die herkömmlichen Funktionalitäten zur Distribution von Lerninhalten, Kommunikation und Kollaboration sowie zur Integration in die hochschulweite IT-Infrastruktur hinaus bedarf es eines Paradigmawechsels bei der Gestaltung und dem Einsatz künftiger Lernumgebungen, um Schritt mit den Entwicklungen im Web halten zu können. Insbesondere sind dabei folgende Tendenzen maßgeblich (vgl. [3]):

- Entwicklung von Lernplattformen zu Lernportalen, die eine Vielzahl von Diensten integrieren und Daten aus verschiedensten Datenquellen aggregieren.
- Integration des eLearning in den Nutzerkontext im Sinne einer persönlichen Lernumgebung, in der nicht mehr der Kurs sondern der Nutzer im Vordergrund steht.
- Selbst gesteuertes Lernen durch das Zusammensetzen der Lernumgebung aus beliebigen Werkzeugen durch den Nutzer (Social Software im Bildungsbereich).
- Unterstützung von etablierten Service-Management-Modellen.
- Formalisierung von Wissen mit semantischen Ansätzen.
- Unterstützung von Bildungskooperationen.

4 Das Learning Gateway

Eine Plattform zur Unterstützung von eLearning über Grenzen hinweg muss die Möglichkeit bieten, Lehrveranstaltungen, die innerhalb der beteiligten Einrichtungen verwaltet werden, in einem gemeinsamen Raum zur Verfügung zu stellen. Dabei müssen sämtliche Prozesse, die mit der Durchführung der Lehrveranstaltung zusammenhängen, berücksichtigt werden. Erfolgskritisch ist insbesondere der Umgang mit heterogenen Lernräumen und Nutzerverwaltungen. Diesen Anforderungen werden wir durch ein Integrationsmodell im Sinne eines Learning Gateway mit folgenden Eigenschaften gerecht:

- Zentraler Einstiegspunkt für alle genutzten LMSe
- Bruchfreie Übergänge zwischen den Systemen
- Gemeinsame Lernräume
- Gezielte Informationsverteilung
- Aggregation externer Lernmodule
- Integration verschiedener Dienste und Produkte
- Sichere, skalierbare Plattform, flexibel und erweiterbar
- Kopplung mit der jeweiligen Benutzerverwaltung
- Personalisierbarer Portalzugriff

- Anbindung des jeweiligen Campus Management-Systems

Das Anwendungsgebiet des Learning Gateway besteht daher in die Durchführung vom webgestützten Lehren und Lernen in heterogenen Umgebungen. Zwei Szenarien lassen sich dabei unterscheiden:

- Hochschulübergreifendes eLearning im Kontext von E-Bologna oder sonstige Bildungskooperationen
- Hochschulinternes eLearning, wenn mehrere Lernmanagementsysteme (LMSe) im Einsatz sind: Auf Grund der dezentralen Organisationsstruktur sowie Freiheitsgrads von Hochschullehrern sind an 40% der deutschen Hochschulen mehrere Lernplattformen im Einsatz [12]. Dies ergibt sich nicht nur aus historischen Gründen oder aus persönlichen Vorlieben der Dozierenden, sondern auch aus deren fachdidaktischen Bedürfnissen. Auch aus grundsätzlichen mediendidaktischen Erwägungen heraus erscheint die Einführung einer hochschulweiten Lernplattform an einer großen Hochschule nicht immer begründbar und kann auf wenig Akzeptanz stoßen [14]. In den verschiedenen Fakultäten dominieren nämlich unterschiedliche Lernmethoden und somit werden auch unterschiedliche Werkzeuge für das eLearning bevorzugt. Andererseits stellt die Bedienung von mehreren spezifischen Systemen für Studierende und Dozierenden eine unverhältnismäßige und unvermittelbare Belastung dar, sollten diese nicht geeignet integriert werden. Auch wirtschaftlich ist die Betreuung von mehreren eigenständigen Systemen fragwürdig.

Das Modell des Learning Gateway besteht aus mehreren Schichten, wie in Abbildung 1 schematisch dargestellt ist.

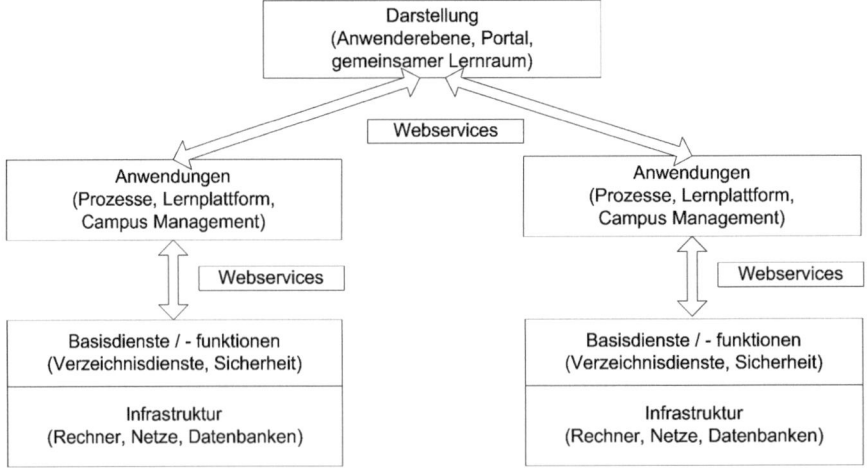

Abb. 1 Schichtenmodell des Learning Gateway

5 Anwendung des Learning Gateway in der TUM-Medizin

Das Learning Gateway wurde auf dem ZePeLin-Portal (www.zepelin.org) in gemeinsamen Masterkursen der Fachhochschulen Deggendorf und Regensburg [13] sowie an der Fakultät für Medizin der TUM praktisch eingesetzt. Im Folgenden wird der letztere Anwendungsfall geschildert.

5.1 Problemstellung in der Fakultät für Medizin

Diverse organisatorische und fachliche Aspekte stellen das Informationsmanagement an der Fakultät für Medizin vor besondere Herausforderungen. Diese erstrecken sich von der uneinheitlichen Benutzerverwaltung aufgrund des Doppelstudiengangs Medizin sowie der rechtlichen Eigenständigkeit des Klinikums rechts der Isar, über die Lehrveranstaltungsverwaltung und Prüfungsorganisation im eigenen Fakultätssystem bis hin zur Notwendigkeit eines spezialisierten LMS zum fallbasierten Lernen:

- Der Studiengang Medizin wird als ein Doppelstudiengang der TUM und Ludwig-Maximilians-Universität (LMU) im Vorklinikum angeboten; ein Studierender legt sich zum 5. Semester auf eine der Hochschulen fest. Zwar gilt die Einschreibung in den ersten vier Semestern formal für beide Universitäten, dennoch erfolgt sie systemtechnisch an der LMU. Vor allem werden die Immatrikulationsdaten auf Grund von noch nicht endgültig spezifizierten Abläufen nicht weitergegeben. In der Konsequenz können diese Studierenden die IT-Dienste der TUM nicht nutzen. Der bevorzugte Lösungsansatz hierzu sieht die unmittelbare Übernahme der Personendaten in die Studienverwaltung der TUM vor. Trotz eines regen Austausches auf Fakultätsebene und der Beteiligung einiger zentraler Abteilungen konnte das Thema noch nicht abschließend geklärt werden.
- Ähnlich stellt sich die Problematik für rund 600 Ärzte dar, die an Lehrveranstaltungen beteiligt aber im zentralen Identity Management der TUM nicht erfasst sind. Ein Großteil von Ihnen wird im Personalverwaltungssystem des Klinikums geführt, der Rest besteht aus Allgemeinärzten mit einem Lehrauftrag in der Medizin.
- Eine weitere Besonderheit der Fakultät für Medizin besteht in der Lehrveranstaltungs- und Prüfungsverwaltung, die auf Grund der hohen Komplexität der Prüfungsordnung nicht im zentralen Campus Management System der TUM, sondern im maßgeschneiderten Fakultätssystem MediTUM der Firma Heiss GmbH & Co. KG technisch abgewickelt werden. Somit bietet MediTUM aus Nutzersicht Funktionalitäten wie z.B. Lehrveranstaltungsanmeldungen, individuelle Stundenpläne, Kursevaluationen und Leistungsnachweise.
- Im Unterschied zu anderen Fakultäten, in denen den meisten eLearning Szenarien durch elektronische Dokumente, E-Tests sowie Video- bzw. Audioauf-

zeichnung Rechnung getragen wird, bedarf es in der Medizin eines multimedialen Werkzeugs zum fallbasierten und problemorientierten Lernen. Dabei sollen Studierende realitätsnahe Lernfälle bearbeiten, um dadurch praxisrelevantes Wissen zu erwerben. Dozierende sollen Fälle ihrer täglichen Praxis, die ihnen für die Lehre relevant erscheinen, ohne Programmierkenntnisse didaktisch sinnvoll strukturiert erstellen.

Auf Grund dieser spezifischen Merkmale wird das hochschulweite LMS der TUM CLIX von den Medizinern kaum genutzt.

5.2 Integriertes eLearning in der Medizin

5.2.1 Lösungsansatz für den divergenten Benutzerkreis

Für den Umgang mit Personen, die keine gültigen hochschulweiten digitalen Identitäten und somit keinen Zugang zu CLIX besitzen, wurden zwei Lösungen überlegt und realisiert. Zum einen können betroffene Studierenden und Dozierende über die Gästeverwaltung der TUM im zentralen Identity Management eingetragen und mit entsprechenden Berechtigungen für die Lernplattform und ggf. weitere Applikationen versehen werden.

Zum anderen wurde CLIX als Dienst in eine neue Authentifizierung- und Autorisierung Infrastrukturlösung des DFN-Vereins basierend auf das Web Single Sign-on (SSO) Verfahren Shibboleth integriert. Die Shibboleth-Anbindung von CLIX ist das Resultat der engen Entwicklungspartnerschaft zwischen der TUM und der imc AG. Der gelungene Integrationsschritt bringt eine Reihe von Vorteilen mit sich. So wird hochschulübergreifendes eLearning bzw. die hochschulübergreifende Nutzung von Diensten in Wissenschaft und Lehre in Hinblick auf das Identity Management sehr viel einfacher. Möchten Studierende einer anderen Hochschule Lehrangebote auf der TUM-Plattform nutzen, authentifizieren sie sich zuerst bei ihrer Heimateinrichtung; nach Zustimmung zu den TUM-Datenschutzrichtlinien kann die Lernplattform der TUM direkt genutzt werden. Auf dieser Grundlage können künftig Lehrangebote ohne größeren Koordinations- und Verwaltungsaufwand auch für Studierende anderer Hochschulen angeboten werden. Gemeinsame Studienangebote, für die der neue Authentifizierungsdienst bereits greift, gibt es aktuell mit der LMU im Allgemeinen und in der Medizin im Speziellen. Im Rahmen der vhb wird das Angebot noch weiter ausgebaut.

5.2.2 Einführung des fallbasierten LMS Casus

Um eine fallbasiertes und problemorientiertes eLearning zu ermöglichen, hat sich die TUM entschieden, das System Casus der Firma Instruct AG einzuführen und es eng an die zentrale Lernplattform zu koppeln. Casus bietet Fallbeispiele als Brücke zwischen Theorie und Praxis und eine Bibliothek mit mehr als 1000 Lernfällen z.B. aus der Neurologie, inneren Medizin, Chirurgie sowie Pädiatrie, und zeichnet sich durch Rapid Authoring und Lernerfolgskontrollen aus. In diesem Kontext ist ein Kurs in Casus eine Zusammenstellung von Lernfällen, deren Umfang vom Autor abhängt. Bereits in der Vergangenheit wurden Kurse der vhb auf Casus durchgeführt, an denen Angehörige der TUM Teil genommen haben. So wurden die Kurse Neurologie und Arbeitsumweltmedizin im Curriculum nach der Zwischenprüfung bereits verankert. Zur Einführung von Casus an der TUM wurden die Möglichkeiten einer eigenständigen Installation sowie eines Hosting-Angebots der Instruct AG ausgewertet. Unter Berücksichtigung der relevanten Faktoren wurde das Hosting-Modell ausgewählt.

5.2.3 Integration der Systeme MediTUM, CLIX und Casus

Ausgehend von den skizzierten Anforderungen und Abhängigkeiten wurde ein Konzept zum integrierten eLearning ausgearbeitet, das auf der Anbindung der Systeme MediTUM, CLIX und Casus beruht. Das Konzept ist grafisch in Abbildung 2 dargestellt.

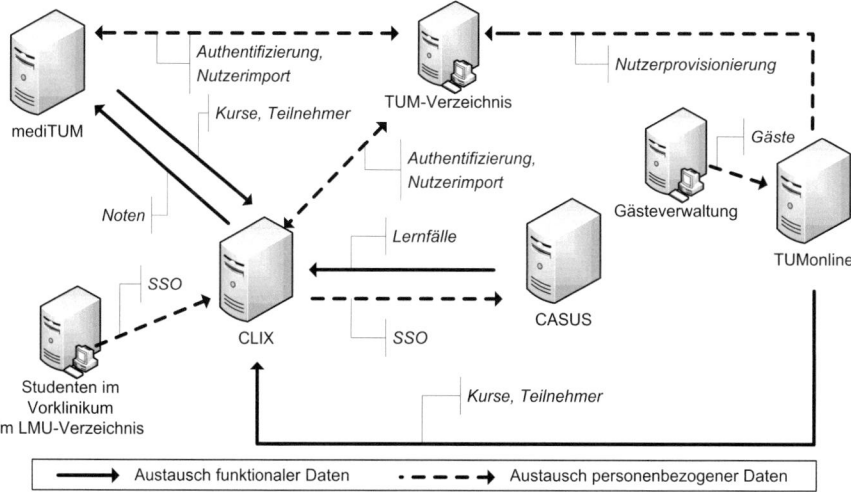

Abb. 2 Integration von MediTUM, CLIX und Casus

Zunächst wurden fachlich die Grundaufgaben der Systeme gegenübergestellt. CLIX wird primär als System verstanden, in welchem die Durchführung der Lehrveranstaltungen aus Sicht des Studierenden vorgenommen wird. MediTUM dient dabei weiterhin der Planung und Verwaltung der Lehrveranstaltung. Casus deckt die im Medizinstudium erforderlichen fallbasierten Lernszenarien ab. Softwaretechnisch wird MediTUM über eine JMS-Middleware und eine nachrichtenbasierte Schnittstelle, und Casus mittels des eLearning-Standards SCORM/AICC-HACP an die zentrale Lernplattform angebunden. Dabei sind folgende Prozesse vorgesehen und größteils bereits implementiert:

- Anbindung des Systems MediTUM an den Verzeichnisdienst bzw. Authentifizierungsserver der TUM, um die lokale Benutzerverwaltung von MediTUM mit dem zentralen Identity Management abzugleichen und so eine technisch weitgehend homogene Nutzerbasis in Bezug auf Studenten und Mitarbeiter der TUM zu schaffen.
- Einsatz der Gästeverwaltung bzw. von Shibboleth zur Accountvergabe für Mitarbeiter des Klinikums, allgemeine Ärzte sowie Studenten im Semester 1 bis 4
- Übernahme der Kursmetadaten aus MediTUM nach CLIX. Um die in MediTUM verwalteten Lehrveranstaltungen mit eLearning-Anteilen anzureichern, ist die Realisierung einer Schnittstelle zu einem unidirektionalen Austausch von Kursobjekten seitens MediTUM erforderlich.
- Übernahme der Kursanmeldungen nach CLIX. Nach der Anmeldung eines Teilnehmers für eine Lehrveranstaltung in MediTUM muss der Anmeldestatus in CLIX aktualisiert werden, um einen Zugriff des Teilnehmers z.B. auf die Lehrmaterialien in CLIX zu ermöglichen.
- Realisierung eines SSO zwischen MediTUM und CLIX. Damit einem Nutzer ein fließender Übergang aus MediTUM in den Kurs in CLIX ermöglicht wird, bedarf es eines Remote-Login Verfahrens oder einer Single Sign-On Unterstützung von MediTUM. Dies steht noch aus.
- Übernahme der Metadaten der Lernfälle aus Casus. Damit Casus-Fälle aus der Lernplattform heraus referenziert und abgerufen werden können, sind sie im Vorfeld mittels standardisierter Beschreibungsdateien in CLIX zu importieren.
- Durchführung des Kurses in CLIX. Eine Lehrveranstaltung mit eLearning-Anteilen beinhaltet die Bereitstellung elektronischer Materialien, die Anreicherung mit Kommunikationstools wie Foren oder Wiki und die Verlinkung auf Lernfälle in CASUS mit einem loginfreien Übergang. Nach der abschließenden Abarbeitung eines Lernfalls übermittelt Casus eine Bewertung an CLIX im Hintergrund.
- Rückgabe von Noten etc. an MediTUM. Eine Kursbewertung eines Studierenden kann in CLIX durchgeführt und an MediTUM gemeldet werden.
- Die Anbindung von CLIX an TUMOnline zum Umgang mit den Lehrveranstaltungen der anderen Fakultäten bleibt unberührt.

Die Abläufe zwischen den drei Systemen aus Studenten und Dozentensicht verdeutlicht Abbildung 3.

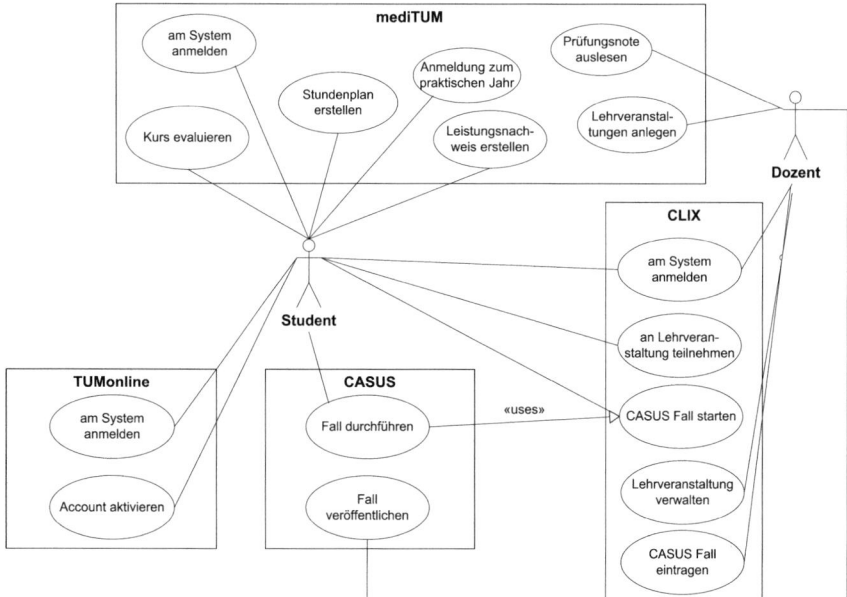

Abb. 3 Abläufe zwischen den Medizinsystemen aus Studenten- und Dozentensicht

Durch die eingesetzten Technologien konnten eine hohe Benutzerfreundlichkeit bei gleichzeitiger Minimierung der Kosten realisiert werden.

5.3 Evaluierung des Learning Gateway

Eine fortgeschrittene Implementierung des Learning Gateway wurde im Medizinstudium im Sommersemester 2009 pilothaft eingesetzt. In der Pilotphase wurden dabei drei Kurse als Blended Learning Veranstaltungen angeboten. Die Wirksamkeit der Lösung wurde im Juli 2009 erstmalig mit Hilfe eines anonymen Online-Fragebogens evaluiert. Die Fragestellungen wurden in vier Gruppen unterteilt: Allgemeine Angaben, Häufigkeit der Nutzung, Benutzerfreundlichkeit und Mehrwert der Integrationslösung. Die Zielgruppe der Befragung beinhaltete primär die 120 Teilnehmer an diesen Lehrveranstaltungen. Die Stichprobe nach dem Erhebungszeitraum betrug 68 komplett ausgefüllte Fragebögen. In diesem Abschnitt werden die wichtigsten Erkenntnisse aus der Befragung und deren Bewertung zusammengefasst.

Die Implementierung des Learning Gateway mittels CLIX und Casus und dessen Anbindung an das Verwaltungssystem MediTUM wurde innerhalb der Pilotkurse hauptsächlich zur Bearbeitung von Lernfällen und als Downloadbereich für Lehrmaterialen genutzt. Die Beurteilungen der Nutzung der Systemkomponenten durch die Studierenden und den Dozenten unterscheiden sich kaum. Der Einsatz der Lernfälle im Rahmen des Medizinstudiums ist von wesentlicher Bedeutung.

Dabei werden die Möglichkeiten des Learning Gateway zu einem problemorientierten / konstruktivistischen Ansatz zur Vermittlung des Lernstoffes größtenteils genutzt. Studierende, die solche Lernfälle abarbeiten, tun dies schwerpunktmäßig aufgrund der Empfehlung des Dozenten und relativ selten aus eigenem Interesse. Viele der Studierenden profitieren nach deren Aussage von der Benutzung der Lernfälle. Die Dozierenden beabsichtigen mit den Lernfällen nicht die rein selbstständige Prüfungsvorbereitung, sondern eine intensive Auseinandersetzung mit praxisnahem Stoff. Der Nutzung weiterer Funktionen, wie Lernlogiken zur Steuerung der Lernwege, wurden in diesen Lehrveranstaltungen in CLIX nicht eingesetzt. Den Kommunikationsmöglichkeiten wurde vom Dozenten wie auch von den Studierenden wenig Beachtung geschenkt.

Die meisten Befragten bewerten die Integration von Lehrorganisation (MediTUM) und eLearning (CLIX) samt eingebetteten problemorientierten Inhalten (Casus) in der Medizin als eine gute oder sogar sehr gute Unterstützung der Lehre (60%). Sie wünschen sich deutlich mehr Fächer, die mit eLearning-Anteilen über Dokumentenablagen (wie aktuell in MediTUM) hinaus angereichert werden. Außerdem wird eine Zusammenführung der verschiedenen an der TUM eingesetzten Systeme als sinnvoll erachtet, um von einer zentralen Stelle aus auf alle notwendigen Bereiche zugreifen zu können.

Im Bereich der Benutzerfreundlichkeit wurden den Teilnehmern der Online-Umfrage einige Aussagen strukturiert nach grundlegenden Usability-Gesichtspunkten zur Bewertung und Kommentierung präsentiert. Dabei sind sowohl positive Einschätzungen als auch klare Ansätze zur Verbesserung und Weiterentwicklung zu erkennen.

Für die Aufgabenangemessenheit, die Stimmigkeit der Lösung für die durchzuführenden Aufgaben, werden unterschiedliche Ergebnisse offenbar: Während wichtige Informationen weitgehend passend platziert sind, erscheinen einige Schritte in CLIX überflüssig, solange die Lernräume nur aus Downloads und eingebetteten Casus-Fällen bestehen und keine weiterführenden CLIX-Funktionalitäten beinhalten.

Ebenfalls verschiedenartig fällt die Bewertung der Erlernbarkeit der Bedienung aus: Einigkeit besteht insgesamt darüber, dass die Einarbeitung eher kurz und einfach ausfällt. Jedoch zwingt die Notwendigkeit für eine erneute Anmeldung in CLIX auf Grund des noch fehlenden SSO-Verfahrens seitens MediTUM nach Einschätzung vieler Teilnehmer eindeutig zur Verwirrung hinsichtlich der anzugebenden Kennung.

In Bezug auf die Fehlerrobustheit bescheinigen die auswertbaren Antworten der implementierten Lösung ein gutes Ergebnis. Beim Großteil der Befragten traten keine Systemfehler auf. Eingabefehler können einigermaßen leicht wieder rückgängig gemacht werden, kleine Fehler haben nicht immer, aber gelegentlich schwerwiegende Folgen. Wichtige Kritik bezog sich auf die Sicherstellung der Leistungsfähigkeit des Gesamtsystems bei steigenden Benutzerzahlen.

Sowohl bezüglich der Vereinfachung organisatorischer Aufgaben als auch der Unterstützung der Lehre wurde der Ansatz deutlich positiv bewertet (80%). Neben positiven und negativen Aspekten des implementierten Modells konnten auch weiterführende Erkenntnisse gewonnen werden. So ist zum einen für den benutzerfreundlichen Einsatz des Modells die Fertigstellung der Implementierung seitens MediTUM unabdingbar. Zum anderen bedarf es einer deutlichen Ausbreitung der eLearning-Nutzung in der Medizin über einfache Dokumente und Lernfälle hinaus. Der Abruf des tatsächlichen Potenzials des Learning Gateway und dessen besonderer Mehrwert in der Medizin hängen wesentlich vom Einsatz weiterführender Funktionalitäten in den digitalen Lernräumen ab.

Literatur

[1] Anhalt, H.: E-Bologna und die Integration von e-Learning am Beispiel eines Bachelorstudienganges einer niedersächsischen Berufsakademie. In: Zeitschrift für Hochschuldidaktik ZFHD 04, 2005
[2] Asselmeyer, H.: Die Verbund-Idee zur hochschulübergreifenden Vernetzung der Weiterbildung: Kooperationen aufbauen, um im Wettbewerb zu bestehen. In: Wissenschaftliche Weiterbildung: Zukunftsfähig Lernen und Organisieren im Verbund – Weiterbildung und Hochschulreform, 2004
[3] Schmidt, A.: E-Learning 2.0 und die Potenziale semantischer Technologien, In: Bildungsportale – Potenziale und Perspektiven netzbasierter Bildungsressourcen, 2007
[4] BMBF, Richtlinien über die Förderung der Entwicklung und Erprobung von Maßnahmen der Strukturentwicklung zur Etablierung von eLearning in der Hochschullehre im Rahmen des Förderschwerpunkts "Neue Medien in der Bildung", 2004
[5] Die europäischen Bildungsminister: Bologna-Erklärung, 1999
[6] Grüne C.: Auf elektronischem Wege nach Bologna, 2007
[7] Hagenhoff, S.: Bezugsrahmen für eine universitäre Bildungskooperation, 2001
[8] Hüvelmeyer, J.: E-Learning ein Hype? Vortrag, Universität Dortmund, 2007
[9] Lucke, U.; Tavangarian D.: Aktueller Stand und Perspektiven der eLearning-Infrastruktur an deutschen Hochschulen. In: Proceedings DeLFI 2007: 5. e-Learning Fachtagung Informatik der Gesellschaft für Informatik e.V. (GI), Siegen, 2007
[10] Mahlmann, H.; Simmel, A.: Institutionelle Kooperationen in weiterbildenden Studiengängen, Universität Oldenburg, 2005
[11] Mettinger, A.: eBologna: Kooperation und Innovation durch neue Medien in der Lehre an der Universität Wien, 2006
[12] Oevel G.; Lange G. et al.: Umfrage des ZKI-AK E-Learning, welche Lernmanagementsysteme eingesetzt werden. www.doodle.com/uyvcg2wz6s4bwv6v, 2009
[13] Rathmayer S.; Lämmle S.; Gergintchev I.; Pätzold S.: An Application Services Providing Model for Learning Management at Bavarian Universities. Conference Proceedings, ED-Media, Vienna, Austria, 2008
[14] Stratmann J.; Kerres M.: Organisatorische Rahmenbedingungen für netzbasierte Bildungsressourcen – Das Studienportal der Universität Duisburg-Essen. In: Bildungsportale. Potenziale und Perspektiven netzbasierter Bildungsressourcen, Oldenbourg Wissenschaftsverlag, 2007

Professionelles Learning Service Management an Hochschulen

Matthias Baume, Sabine Rathmayer, Ivan Gergintchev, Elvira Schulze

Zusammenfassung Aufbauend auf den Großteils bereits geschaffenen eLearning Infrastrukturen für eine moderne Organisation stehen nahezu alle Hochschulen vor der Aufgabe, geeignete Lern- und Wissensmanagementkonzepte in Hinblick auf die Dienstgüte und den Anwenderbezug zu realisieren. Ein möglicher Lösungsansatz ist dabei die Entwicklung und Umsetzung eines Rahmenkonzeptes zur Verbesserung und Weiterentwicklung der Lehr-/Lernprozesse für Dozenten und Studenten am Beispiel bereits vorhandener und etablierter Service-Management-Konzepte. Übertragen auf die universitäre Organisation und Lehre, wäre ein derartiges Rahmenwerk zur Planung, Erbringung und Unterstützung von Lehr-/Lerndienstleistungen mit Einbezug der wichtigsten Lehr-/Lernprozesse ein dringend benötigter und fundamentaler Schritt hin zu einer schrittweisen Professionalisierung und Verbesserung der Hochschullehre. Der Beitrag erschließt eine Konzeptskizze für professionelles Learning Service Management an Hochschulen und gibt einen Ausblick auf die mögliche Vorgehensweise bei dessen Implementierung und Evaluierung.

1 Einleitung

Das gesellschaftliche System in Deutschland unterliegt in den vergangenen Jahrzehnten einem intensiven Wandel vom industriellen Gesellschaftssystem hin zur Informations- bzw. Wissensgesellschaft (vgl. [5; 10]). Dem fundierten und gesicherten Wissen und der sinnvollen Wissensnutzung kommt dabei eine immer stärker wachsende Bedeutung zu (vgl. [9; 5; 8]). Dieser Wandel wirkt sich insbesondere auf das nationale Bildungssystem aus. Die Hochschulen sind dabei unterschiedlichen Herausforderungen ausgesetzt, wie beispielsweise dem Anstieg der Studienanfänger, der Intensivierung der Schnittstellen zwischen Universität und angrenzenden Lern- und Lebensbereichen oder der Ausweitung des internationalen Wettbewerbs.

Gleichzeitig erfolgt durch veränderte Rahmenbedingungen auf nationaler und internationaler Ebene eine Neuordnung des Studiums [1].

Inhaltliche und strukturelle Reformen des Bildungssystems werden daher in den vergangenen Jahren immer stärker gefordert (z.B. [9; 5]). Gleiches gilt für den

Einbezug von außeruniversitären Lern- und Lebensbereichen und den Wissenstransfer von der Forschung direkt in die Lehre aus dem Verständnis des „Lifelong Learning" heraus (vgl. [4; 3]). Ubiquitäre, digitale Informationsformen und vielseitige Möglichkeiten der Wissenserschließung können dabei einen wichtigen Beitrag leisten [5; 2].

Die Umstellung der Studienfinanzierung und die Veränderungen im Bereich der Hochschullehre in Hinblick auf den Bologna-Prozess verstärken darüber hinaus die Notwendigkeit, geeignete Lern- und Wissensmanagementkonzepte in Hinblick auf die Dienstgüte und den Anwenderbezug zu realisieren. Weiterhin sind die Anforderungen an Anwendungssysteme im Hochschulbereich in den letzten Jahren immens gestiegen. Dabei werden auch die Forderungen nach mehr Service und Qualität im Studium seitens der Studierenden immer lauter.

Für die Hochschulen bedeutet dies aber auch, die Spannung zwischen Bildungskooperationen und -wettbewerb neu zu lösen, um ein zielgruppenorientiertes und bedarfsgerechtes Dienstleistungsangebot zu konzipieren, das hochwertige Inhalte und einen optimalen organisatorischen Ablauf gewährleistet.

Übergeordnete, theoretisch und empirisch gestützte Rahmenkonzepte für die ganzheitliche Organisation und die didaktische Umsetzung der Lehre, mit Einbezug von neuen, computerunterstützten Lehr-/Lernszenarien sind jedoch derzeit nicht oder nur in Ansätzen verfügbar (vgl. [7]).

Ganz im Gegensatz dazu beinhalten etablierte Rahmenkonzepte für das dienstleistungsorientierte IT-Management wie z.B. ITIL (IT Infrastructure Library) grundlegende Basisprozesse und kritische Erfolgsfaktoren für einen ganzheitlichen Rahmen des Service Managements in der Informationstechnik. ITIL ist „der weltweite De-facto-Standard im Bereich Service Management und beinhaltet eine umfassende und öffentlich verfügbare fachliche Dokumentation zur Planung, Erbringung und Unterstützung von IT Serviceleistungen." [6].

Die vorhandenen Strukturen sind die Basis für ein zeitgemäßes Learning Management. In der Zukunft spielen zusätzlich moderne Technologien, die unter dem Oberbegriff Web 2.0 zusammengefasst werden, eine immer größere Rolle. Anstelle der hauptsächlich durch Distribution geprägten Lehrmethoden ist das Lern- und Wissensmanagement der Zukunft durch völlig neue Szenarien geprägt. Die Rollen und damit auch die Aktivitäten aller Personen im Wissensraum Hochschule unterliegen diesem Wandel und benötigen neue Formen der Kollaboration. Diese werden in bisherigen Lehrszenarien nur vereinzelt berücksichtigt. Konzepte für einen ganzheitlichen Ansatz sowohl bezogen auf die jeweilige Lehrveranstaltung als aber auch auf den gesamten Wissensraum fehlen. Dies muss bei der Entwicklung der Lehr-/Lernkonzepte und Methoden ebenfalls berücksichtigt werden.

Den nächsten großen Schritt bildet daher die Konzeption und Umsetzung eines übergreifenden Einsatzrahmens der verschiedenen vorhandenen Ansätze mit ganzheitlicher, didaktischer wie auch organisatorischer Ausrichtung. Darüber hinaus wird für die langfristige Sicherstellung der Nachhaltigkeit der Aufbau eines internationalen Austausch- und Zertifizierungskonzepts benötigt.

2 Entwurf eines serviceorientierten Rahmenwerks

Die präsentierte Konzeptskizze umrahmt ein zukunftsorientiertes Lern- und Wissensmanagement für Hochschulen. Dabei dienen theoretische und wissenschaftsspezifische Aspekte der Lehre als Grundlage für eine Weiterentwicklung der bestehenden Lerninfrastruktur. In Anlehnung an erfolgreiche Rahmenwerke aus den Bereichen des IT-Service Managements und der Governance (Beispiele: ITIL, CobiT) steht ein theoretisch fundiertes und praktisch einsetzbares Referenzmodell für ein Service-orientiertes Lern- und Wissensmanagement (ProLSF – Professional Learning Service Framework) im Mittelpunkt.

Grundlegende Meilensteine für ein derartiges Vorhaben können folgendermaßen aussehen:

1. Analyse und Integration von theoretischen und empirischen Erkenntnissen aller beteiligten Disziplinen
2. Erstellung eines Learning Service Management Konzepts für Bildungsinstitutionen
3. Implementierung der entwickelten Lehr-/Lernmethoden und Prozesse
4. Evaluierung der entstandenen Konzepte und Prozesse
5. Sicherung der Nachhaltigkeit durch Aufbau eines Learning Service Management Forums (LSMF)

Diese Zielsetzungen beinhalten verschiedene Detailaspekte:

- *Analyse der Einsatzszenarien und vorhandenen Best Practices in der Hochschullehre.*
  Neben den durch die bestehende eLearning-Infrastruktur abgedeckten Szenarien existieren an der Hochschule eine Vielzahl an erfolgreichen Lehrbeispielen und Best Practices. Das Wissen über diese Beispiele existiert häufig nur informell und wenig strukturiert. Diese müssen systematisiert und bewertet werden.
- *Identifizierung, Erfassung, Bewertung der universitären Lehr-/ Lernprozesse.*
  Auf den Ebenen Planung und Durchführung von Lehrveranstaltungen existieren kaum systematische Übersichten oder Darstellungen über Prozessabläufe (Beispiel: Übungsbetrieb). Diese sind notwendige Voraussetzung für eine Prozessoptimierung und damit der einhergehenden Professionalisierung der Lehre.
- *Erfassung und Analyse aktueller empirisch-pädagogischer sowie pädagogisch-psychologischer Konzepte und Erkenntnisse.*
  Die Konzepte beinhalten u.a. computerunterstütztes kooperatives Lernen, selbstgesteuertes Lernen sowie problemorientiertes und fallbasiertes Lernen.
- *Integration der aktuellen empirischen und praktischen Erkenntnisse aus den Bereichen Lerntheorie, Mediendidaktik und informellem Lernen (Web 2.0).*
  Die genannten Prozessuntersuchungen lassen sich mit pädagogischen und didaktischen Modellen verbinden und erweitern. Diese und weitere empirische Erkenntnisse und Forschungsergebnisse bilden die Basis für Referenzprozesse und Vorlagen, die als Vorschlag zur Verfügung stehen, jedoch bei Bedarf individuell anpassbar sind.

- *Entwicklung und Umsetzung von Kennzahlen und Messinstrumenten zur Absicherung der kritischen Erfolgsfaktoren der Lehr-/Lernmethoden und Prozesse.*
  Die bereits bestehenden Werkzeuge und Strukturen zur Verbesserung der Lehre werden durch Kennzahlensysteme für die Hochschullehre ergänzt. Daraus können übergreifende Lehrstrategien abgeleitet und notwendige Anpassungen im Lehrbetrieb vorgenommen werden.
- *Untersuchungen zum Aufbau und zur Verbesserung eines Entscheidungs- und Rollenkonzepts für eine Steigerung der Transparenz in der Lehre.*
  Die Klärung von Verantwortlichkeiten und Entscheidungshierarchien trägt zu der für eine Dienstleistungsorientierung notwendigen Steigerung der Transparenz in der Lehre bei.
- *Stärkere Verzahnung von Forschung, Lehre und Praxis durch Einsatz von spezifischen Wissensmanagementkonzepten.*
  Die Schnittstellen von Bildungsinstitutionen zu angrenzenden Ausbildungs- und Lebensbereichen werden stetig erweitert und ausgebaut. Das daraus entstehende Potential zum Aufbau und zur Erweiterung eines globalen Wissensraums wird durch den Einsatz moderner und zukunftsweisender Wissensmanagementkonzepte und -Werkzeuge genutzt.
- *Aufbau eines Lehrkonzepts zur Qualifizierung der Lehrenden und Studierenden mit Möglichkeiten zur offiziellen Zertifizierung.*
  Für eine effektive und nachhaltige Nutzung des eingeführten Rahmenkonzepts spielt das Verständnis aller Beteiligten über die Konzeptinhalte eine entscheidende Rolle. Daher wird gleichzeitig zur Einführungsphase des Frameworks ein Lehrkonzept für die unterschiedlichen Nutzergruppen umgesetzt. Langfristig wird die Möglichkeit einer Zertifizierung von Teilbereichen des Rahmenkonzeptes angestrebt (z.B. Learning Service Manager).
- *Sicherung der Nachhaltigkeit des ProLSF.*
  Nur eine auf dauerhafte Verbesserung und Effizienzsteigerung ausgerichtete Zielsetzung eröffnet die Voraussetzung zu umfangreicheren Veränderungsprozessen innerhalb der komplexen Organisation einer Universität. Durch die Einbindung aller Akteure wird die Basis für Akzeptanz und Nachhaltigkeit des Vorhabens geschaffen.

Der interdisziplinäre Ansatz in allen Teilaspekten ermöglicht die Einbeziehung aller Akteure der Hochschule, die sich mittel- und unmittelbar mit der Lehre befassen.

3 Konzeption des Rahmenwerks

Ein fiktives Praxis-Szenario verdeutlicht die mögliche Sicht eines Dozenten und Wissenschaftlers auf das fertig umgesetzte Learning Service Management Konzept.

3.1 Praxis-Szenario

Professor Wagner, Lehrstuhlinhaber für mikrobiologische Forschung, hängt in Gedanken an seiner neuen Lehrveranstaltung, die er vor mehreren Wochen begonnen hatte. *„Welcher Aufwand wurde früher immer betrieben, um endlich die ganze Veranstaltungsorganisation und die Inhalte fertig zu haben? Didaktische Vorüberlegungen, Anmeldungsorganisation, Raumplanung, Übungsgruppen, usw."*

Seit dem letzten Semester hatte sich diesbezüglich einiges geändert: Mit der Einführung des neu entwickelten ProLSF-Konzeptes an der Universität wurden für seine Lehrveranstaltung viele bisher aufwändige Organisations- und Lehr-/Lernprozesse vereinfacht und deren organisatorische Durchführung und didaktische Planung fast zum Kinderspiel. Erst hatte er sich im Online-Veranstaltungsassistenten aus einer Anzahl an geprüften, lehrmethodischen Vorlagen die passende ausgewählt und sich dazu einige Beispiel-Fallstudien angesehen. Nach der Bestätigung wurde seine gesamte Veranstaltung fertig angelegt und die von ihm ausgewählten Web 2.0 -Tools wurden integriert. Mehrere didaktische Vorschläge aus der systematischen Online-Methodik-Sammlung hatten ihn auf verschiedene Ideen zur Ausweitung der studentischen Interaktion gebracht. *„Früher gab es das nicht, dass drei Wissenschaftler-Blogs zur mikrobiologischen Forschung direkt in meine Veranstaltung mit eingebunden wurden und deren Ergebnisse von meinen Studierenden kritisch kommentiert werden..."* denkt er und schmunzelt. *„...Endlich ein vernünftiger Austausch zwischen Forschung und Lehre."*

Durch die ebenfalls zu Beginn automatisch eingebundenen Selbsttest-Toolvorlagen bekam Wagner bereits während des Semesters einige Auswertungen zum Wissensstand seines Kurses. Gut, früher hatte er sich nicht so viel Zeit zum gezielten Aufgreifen von Problemstellungen der Studierenden nehmen können, aber dafür waren die zeitraubenden Organisations- und Technik-Arbeiten endlich vom Tisch. Das hatte ihn sowieso nur genervt. *„Bis zum Ende des Semesters nehme ich mal Kontakt zu einem von den zertifizierten Learning-Service-Kollegen auf, bevor ich die von der Evaluationsabteilung vorbereiteten Online-Fragebögen freischalte"*. Bis dahin war noch etwas Zeit. Erst einmal die beiden Expertenvorträge eines BioTech-Unternehmens abwarten, die er über das integrierte Business Transfer System vor kurzem in Minuten-Schnelle eingebucht hatte.

Wagner fühlt sich auf einmal etwas erleichtert. *„Schon interessant, wie man auch bei uns an der Universität Prozesse auf professionelles Niveau heben kann. Die Studierenden waren in den letzten Veranstaltungen richtig begeistert."*

3.2 Aufbau und Neuheit des vorgestellten Konzepts

Übertragen auf die universitäre Organisation und Lehre, wäre ein Rahmenwerk zur Planung, Erbringung und Unterstützung von Lehr-/Lerndienstleistungen mit

Einbezug der wichtigsten Lehr-/Lernprozesse und transparenter Entscheidungsstrukturen ein dringend benötigter und fundamentaler Schritt hin zu einer Professionalisierung und Verbesserung der Hochschullehre. Ein derartiges Rahmenwerk könnte – unterstützt durch (viele) weitere Bildungsinstitutionen – ähnlich erfolgreich zur Modernisierung, Vernetzung und Intensivierung von Forschung und Lehre führen wie die weltweit anerkannten und vielfach umgesetzten Service Management Frameworks der IT. Notwendig wäre hierbei ein interdisziplinärer Ansatz, der theoretische und empirische Erkenntnisse aus verschiedensten wissenschaftlichen Themengebieten wie Lerntheorie, Mediendidaktik, Prozessmanagement und Informatik einbringt und wirkungsvoll zusammenführt.

Im Rahmen der Gestaltung des Lern- und Wissensmanagements an Hochschulen zwischen eBologna, Lifelong Learning und Web 2.0 dienen theoretische und wissenschaftsspezifische Aspekte der Lehre als Grundlage für eine Weiterentwicklung der bestehenden Lehr-/ Lernprozesse sowie der zugrunde liegenden Infrastruktur.

ProLSF untersucht und berücksichtigt in diesem Zusammenhang die gegenwärtige Hochschule im Spannungsfeld zwischen den durch das Bologna-Abkommen verbindlichen Strukturen, der durch den Begriff „Lifelong Learning" verdeutlichte Ausweitung bzw. Differenzierung der Zielgruppen und den Auswirkungen des Web 2.0 auf die persönliche Lern- und Wissensentwicklung.

Das Learning Service Framework stellt die Bedürfnisse und die Entwicklung der beteiligten Studierenden und Wissenschaftler in den Betrachtungsfokus. Abbildung 1 zeigt schematisch die übergeordneten Veränderungen, die das Framework ProLSF innerhalb der Organisation „Universität" bewirken könnte.

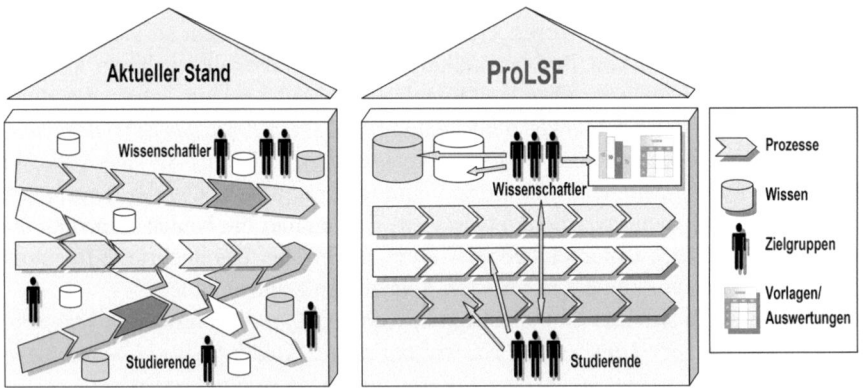

Abb. 1 Inhaltliche und strukturelle Veränderungen durch ProLSF

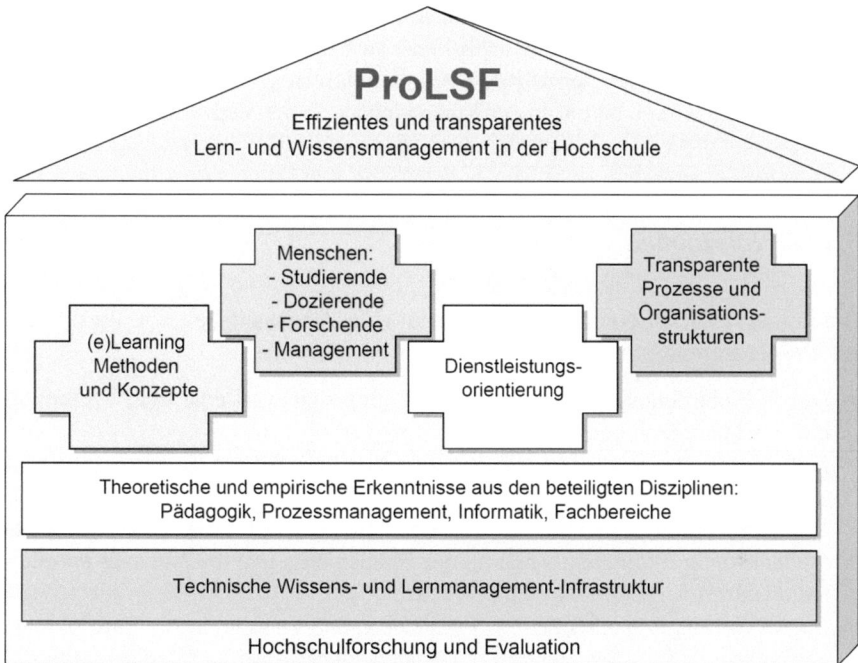

Abb. 2 Überblick der „Building Blocks" von ProLSF

Abbildung 2 zeigt eine Übersicht der konzeptuellen Inhalte des Learning Service Framework. Es werden unterschiedliche Themengebiete zusammengeführt:

- *(e)Learning-Methoden und -Konzepte* stellen den praktisch anwendbaren Teil des gesammelten, bewerteten und systematisierten Wissens über Lehr-/Lernprozesse und Unterrichtsmethodik für die Hochschule dar.
- Die unterschiedlichen *Zielgruppen* sollen auf effektive und effiziente Weise in Forschung und Lehre tätig werden, bzw. professionelle Bildungsangebote erhalten.
- Die Universität betrachtet sich als souveräner *Erbringer von Lehr-/ Lerndienstleistungen*, sowohl für die internen Zielgruppen wie Studierende und wissenschaftlichem Nachwuchs, als auch für externe angrenzende Bildungs- und Lebensbereiche.
- Die Bereitstellung und Betreuung *effizienter, organisatorischer Basisprozesse* schaffen zeitliche und kreative Freiräume und ermöglichen somit eine Individualisierung der curricularen Gestaltung im Rahmen der formalen Vorgaben. Darüber hinaus bilden transparente Prozesse und Organisationsstrukturen leistungsfähige Verbindungen der übrigen Säulen.
- *Theoretische und empirische Erkenntnisse* aus den beteiligten Disziplinen wie Pädagogik, Prozessmanagement, Informatik und Anforderungen aus den Fachbereichsthemen bilden die inhaltliche Grundlage und den wissenschaftlichen Hintergrund für die Lehr-/Lernszenarien.

- *Hochschulforschung und Evaluation* bilden den entscheidenden Hintergrund, auf dessen Grundlagen die Modellskizze aufbaut. Die beteiligten Zielgruppen werden dabei in den formativen und summativen Evaluationsprozess eingebunden und wirken bereits in der Konzeptphase an der Verbesserung mit.

3.3 Nachhaltigkeit

Durch eine Vielzahl von Maßnahmen könnte die Nachhaltigkeit von ProLSF gewährleistet werden:

- Durch Einbeziehung aller Akteure der Universität wird eine hohe Akzeptanz und Nachhaltigkeit gefördert.
- Partnerhochschulen dienen als Erprobungspartner für die Konzepte in unterschiedlichen Phasen.
- Mit dem Aufbau eines Learning Service Management Forums (LSMF) werden die langfristige Weiterentwicklung des Frameworks und die Nutzung im internationalen Hochschulraum sichergestellt.
- Eine Expertengruppe betreut das Framework und koordiniert die Entwicklung, beispielsweise im Rahmen einer zu gründenden Non-Profit-Organisation.
- Diese Non-Profit-Organisation finanziert sich aus Beratungsdienstleistungen für externe Interessenten zur Einführung des Frameworks, Dienstleistungen rund um den operativen Betrieb, Qualifizierungsmaßnahmen und Zertifizierungen.

Diese Maßnahmen können ProLSF nachhaltig in der akademischen Welt verankern, aber gleichzeitig durch gezielte Kommerzialisierung ein langfristiges Geschäftsmodell begründen.

4 Umsetzung und Evaluation des Rahmenkonzeptes

Die in der Konzeptphase erarbeiteten Erkenntnisse werden an den beteiligten Hochschulen umgesetzt und evaluiert. Zunächst werden dazu die entwickelten Referenzprozesse der Lehr-/Lernszenarien (z.B. Organisation von Lehrveranstaltungen, Wissenstransfer mit Experten und Unternehmen, usw.) auf die Organisationen abgebildet und die dafür notwendige Governance-Struktur aufgebaut.

Darüber hinaus werden einerseits die pädagogischen und mediendidaktischen Szenarien und Best Practices systematisiert und in die Lehr-/Lernprozesse eingebunden, andererseits werden technische Werkzeuge ergänzt, die zur Prozessoptimierung, Kommunikation oder Zentralisierung von Wissen benötigt werden. Die Umsetzung der Prozessautomatisierung einerseits und der „Lernwerkzeuge" andererseits erfolgt mit Hilfe einer technischen Wissens- und Lernmanagement-Infrastruktur.

Mit Hilfe von Kennzahlen (-systemen), kritischen Erfolgsfaktoren und systematischen Feedbackprozessen der Wissenschaftler, Studierenden und Partneruniversitäten werden sowohl die Einführung, als auch der nachhaltige Einsatz des Frameworks überwacht und an die sich verändernden Lernbedürfnisse angepasst.

Eine mögliche Umsetzung des vorgestellten Rahmenwerks beinhaltet folgende Bausteine und Schritte:

Einsatzszenarien und Best Practices der Lehre

- Systematisierung empirischer und praktischer Erkenntnisse aus den Bereichen Lerntheorie, Mediendidaktik und informellem Lernen
- Analyse der Einsatzszenarien und vorhandenen Best Practices der Lehre an Hochschulen
- Identifizierung, Erfassung und Bewertung universitärer Lehr- / Lernprozesse
- Erfassung und Analyse aktueller empirisch-pädagogischer sowie pädagogisch-psychologischer Konzepte und Erkenntnisse

Konzeption

- Untersuchung zur Umsetzbarkeit der empirischen und praktischen Ergebnisse
- Identifizierung, Erfassung und Bewertung vorhandener Rollenkonzepte und Entscheidungsstrukturen
- Erstellung eines neuen optimierten Rollenkonzepts und Entscheidungsstruktur
- Erstellung von Referenzprozessen
- Konzeption von Kennzahlensystemen und Messwerkzeugen
- Aggregation der Erkenntnisse in ein konsistentes Professional Learning Service Framework

Technische Entwicklung und Umsetzung

- Anforderungsanalyse für die Implementierung der Referenzprozesse
- Implementierung der Referenzprozesse
- Entwicklung von Kennzahlensystemen und Messwerkzeugen
- Entwicklung und Aufbau einer zentralen Lern- und Wissensdatenbank
- Entwicklung und Integration ergänzender Kommunikations- und Kollaborationswerkzeuge

Schulungs- und Qualifizierungskonzept

- Aufbau und Betrieb eines Schulungs- und Qualifizierungskonzepts
- Entwicklung eines nachhaltigen hochschulübergreifenden Zertifizierungskonzeptes

Evaluation und Qualitätssicherung

- Aufbau einer übergreifenden Evaluationsstruktur
- Formative Evaluation aller Prozesse mit den betreffenden Zielgruppen (Dozierende, Studierende) und Partner-Hochschulen
- Summative Evaluation und Integration in die Qualitätssicherung der gesamten Hochschule
- Hochschulinterne Evaluation und Qualitätssicherung

Nachhaltigkeit

- Machbarkeitsanalyse zur Gründung einer Non-Profit Learning Service Organisation für langfristige Beratungsleistungen und Einführung des Frameworks
- Aufbau und Betrieb einer Community und Austauschplattform im Rahmen des internationalen LSMF
- Erstellung der Dokumentationen: Learning Service Management Library

5 Offene Punkte

Im Rahmen des vorgestellten Entwurfs bleiben verschiedene Fragestellungen für die weitere Forschung offen:

- Wie lassen sich die häufig evolutionär gewachsenen und komplexen Strukturen einer Universität mit vertretbaren Mitteln vereinfachen und effizienter gestalten?
- Welche politischen Auswirkungen hätte eine Neustrukturierung von Kompetenzen und Verantwortlichkeiten?
- Welchen Aufwand kann eine Universität für die Umsetzung und langfristige Etablierung eines Learning Service Management Frameworks aufbringen?
- Welche weiteren Aufgabenstellungen für die praktische Umsetzung ergeben sich aus Sicherheits- und Urheberrechtsaspekten?

Ein notwendiger Schritt vor einer möglichen Umsetzungsplanung wäre somit die Erhöhung der Granularität der betrachteten Arbeitsschritte und die detaillierte Analyse der vielschichtigen Auswirkungen von jedem der umzusetzenden Meilensteine des Vorhabens. Auf diese Weise könnten negative Wechselwirkungen und Hindernisse bereits im Vorfeld der Umsetzung berücksichtigt oder umgangen werden.

6 Fazit

Die Konzeptskizze von ProLSF zeigt durch den Vorschlag zur Entwicklung eines theoretisch fundierten und praktisch einsetzbaren Referenzmodells und den interdisziplinären Ansatz innovative Grundideen im Bezug auf die zukünftige formalorganisatorische Gestaltung, die Lehr-/Lernprozessgestaltung sowie die curriculare Gestaltung auf.

Die bereits bestehenden Werkzeuge zur Evaluierung und Qualitätssicherung an der Hochschule würden durch die Ergänzung von Kennzahlen und Messinstrumenten zur Absicherung der kritischen Erfolgsfaktoren der Lehr-/Lernmethoden und -prozesse erweitert und vervollständigt. Daraus könnten Lehrstrategien abgeleitet und notwendige Anpassungen im Lehrbetrieb vorgenommen werden. Des Weiteren wäre das zu entwickelnde Lehrkonzept ein Schritt hin zur verbesserten Qualifizierung der Lehrenden und Studierenden und zur Professionalisierung der Lehre. Die konzipierten Zertifizierungsmöglichkeiten erschließen weiterhin die Entwicklung neuer Berufsmuster wie zum Beispiel das des Learning Service Managers.

Auf Basis des zu entwickelnden Frameworks könnten existierende Vorlagen verwendet werden, die zeitliche und kreative Freiräume schaffen. Damit könnte deutlich effizienter auf unterschiedliche neue Anforderungen an die Hochschulen bzgl. steigender Studierendenzahlen bei gleichzeitig hohen formalen Vorgaben durch den Bologna-Prozess reagiert werden.

Literatur

[1] Bayerisches Staatsministerium für Wissenschaft, Forschung und Kunst (2006). Bayerische Hochschulen im Aufbruch: Freiräume und Verantwortung. München.
[2] Bundesministerium für Bildung und Forschung BMBF (2002a). Computernutzung und Neue Medien im Studium. Verfügbar unter: http://www.studentenwerk.de/se/2001/-computernutzung.pdf [27.08.2009].
[3] Bundesministerium für Bildung und Forschung (BMBF) (2002b). Strategisches Positionspapier: Information vernetzen, Wissen aktivieren. Verfügbar unter: http://www.bmbf.de/-de/298.php [27.08.2009].
[4] Bundesministerium für Bildung und Forschung (BMBF) (2006): Berufsbildungsbericht 2006.
[5] Bundesministerum für Wirtschaft und Arbeit (BMWA) & Bundesministerium für Bildung und Forschung (BMBF) (2003). Informationsgesellschaft 2006. Aktionsprogramm der Bundesregierung.
[6] ITIL (o.J.). Was ist ITIL? – Überblick. http://www.itil.org/de/vomkennen/itil/ueberblick/-index.php [06.10.2009]
[7] Kefala, A.; Apostolopoulos, T. (2007). E-learning service management and brokerage framework: architecture and functional services, in: Proceedings of the sixth conference on IASTED - Volume 2, ACTA Press, Anaheim, S. 493-498
[8] Kroó, N. (1999). The European House of Education: Education and Economy – Education, Research, Industry. Paper presented at the The European House of Education: Education and Economy – A new Partnership, Budapest, Hungary (pp. 29-33).

[9] Mittelstraß, J. (2006). Wissenschaftsland Bayern 2020. Über Prinzipien einer förderlichen Universitätsentwicklung und die Empfehlungen einer bayerischen Expertenkommission. In Bayerisches Staatsinstitut für Hochschulforschung und Hochschulplanung (Hrsg.). Beiträge zur Hochschulforschung. München: Forschung und Kunst.

[10] Spinner, H. F. (1998). Die Architektur der Informationsgesellschaft. Entwurf eines wissensorientierten Gesamtkonzepts. Bodenheim: Philo.

Teil VI
Bibliothek

mediaTUM: Der zentrale Medienserver der Technischen Universität München

Johann Leiss, Edwin Pretz, Arne Seifert

Zusammenfassung mediaTUM ist der zentrale Dokumenten- und Publikationsserver der Technischen Universität München. Er wurde als Open-Source-Software im Rahmen des DFG-Projekts IntegraTUM von der Universitätsbibliothek in enger Kooperation mit Fakultätsangehörigen entwickelt. mediaTUM unterstützt den Multimediaeinsatz in Forschung und Lehre sowie die Publikation digitaler Dokumente. Der Server fungiert im Sinne eines Institutional Repository als Plattform für die Verwaltung und Veröffentlichung von Hochschulschriften, Bildarchiven und Videosammlungen und ist die Softwaregrundlage für die Hochschulbibliographie. Der nachfolgende Artikel beschreibt die Architektur und die Funktionalitäten von mediaTUM.

1 Hintergrund

Der Auf- und Ausbau eines institutionellen Repositories (IR) bzw. eines Multimediaservers (mediaTUM [3]) stand im Zentrum des Teilprojekts, das die Universitätsbibliothek der Technischen Universität München (TUM) innerhalb des DFG-Projekts IntegraTUM übernahm. Der Server soll den Multimediaeinsatz in Forschung und Lehre sowie die Publikation digitaler Dokumente unterstützen. mediaTUM ist der zentrale Dokumenten- und Publikationsserver für die TUM.

IRs zielen darauf ab, die gesamte wissenschaftliche Produktion einer Einrichtung abzubilden und so eine Gesamtsicht des Wirkens einer Hochschule von außerhalb zu ermöglichen. Doch trotz der von zahlreichen nationalen sowie internationalen Gremien und Institutionen initiierten und in den letzten Jahren intensivierten Open-Access-Bewegung ist es bisher nicht vollständig gelungen, die IRs im wissenschaftlichen Publikationsprozess fest zu verankern. Und dies, obwohl beispielsweise nachweisbar ist, dass die Zitationsrate frei zugänglicher Zeitschriftenartikel signifikant steigt [1]. Im internationalen Verzeichnis aller IRs (Open DOAR [6]) werden zurzeit für die USA 345 und für Großbritannien 153 Repositorien nachgewiesen. Deutschland steht mit 130 IRs an dritter Stelle. Diese relativ weite Verbreitung in Deutschland bedeutet allerdings nicht, dass die Repositorien in ihrer beabsichtigten Funktion und Bedeutung hinreichend angenommen sind. Die Anzahl der angebotenen Dokumente ist verhältnismäßig gering. Die am häufigsten vertretenen Dokumenttypen sind Prüfungsschriften (Dissertationen, Habilitationen, Diplomarbeiten). Als mögliche Ursachen für die bisher mangelnde Akzeptanz der IRs werden vor allem technische Defizite, geringer Bekanntheitsgrad und Unsicherheiten bei der urheberrechtlichen Situation genannt.

Um Akzeptanzprobleme bei mediaTUM so weit wie möglich zu minimieren, wurde bei der Entwicklung von Anfang an größter Wert darauf gelegt, die Software auf der Basis individueller Anforderungen von Universitätsangehörigen zu konzipieren. Die Realisierung einzelner Funktionalitäten erfolgte in enger Kooperation mit Lehrstuhlangehörigen.

Die technische Basis für die erste Ausbaustufe des Medienservers bildete zunächst die Open-Source-Software MyCoRe [4]. Der Server wurde primär für die Verwaltung, Suche und Präsentation der elektronischen Prüfungsarbeiten der TUM eingesetzt, d. h. der Focus der ersten Entwicklungen lag auf einem textorientierten System.

Es zeigte sich sehr bald, dass die funktionalen Anforderungen der universitären Pilotanwender sehr breit gefächert und unterschiedlichster Art waren. So wurde zum Beispiel eine zentrale Bildverwaltung gewünscht, die etablierte, aber dezentrale Insellösungen – jedoch inklusive möglichst aller deren bislang gebotenen Funktionen – ersetzen sollte. Dem intensiven Austausch mit den Anwendern folgte die gemeinsame Sichtung und Priorisierung der Realisierungswünsche. Ziel war es, mit einem zentralen webbasierten System alle zusammengetragenen Anforderungen zu erfüllen.

Die hohe Bandbreite der Erfordernisse führte zur Entscheidung, eine neue, eigenständige technische Plattform aufzusetzen, die sich insbesondere durch hohe Flexibilität, Skalierbarkeit sowie minimale Antwortzeiten auszeichnet und die für die Nutzung in unterschiedlichen Anwendungsszenarien geeignet ist. Dieser Grundgedanke hoher Flexibilität spiegelt sich im Gesamtkonzept und bei der Realisierung der Einzelkomponenten wider:

- Die offene Softwarearchitektur mit ihrem Plugin-Konzept unterstützt die Ankopplung unterschiedlichster Programmerweiterungen.
- Das Datenmodell ist nicht auf Standardvorgaben beschränkt, sondern lässt beliebige selbst zu erzeugende Datenschemata zu.
- Die im System abgelegten Objekte sind vom Typ beliebig. Neue Objekttypen können einfach ergänzt werden. Die typgebundenen Eigenschaften werden an einer Stelle vollständig deklariert und können somit bei Bedarf an zentraler Stelle erweitert werden.
- Die Rechteverwaltung arbeitet mit Regeln, die den lesenden oder schreibenden Zugriff über Kriterien wie Datum, IP-Adresse, Nutzer, Nutzergruppe sowie den Rechten am Objekt flexibel steuern.
- Die Workflow-Engine ermöglicht die Abbildung vorgegebener Prozessstrukturen, wie zum Beispiel bei der Abgabe und der Veröffentlichung von elektronischen Dissertationen.

- Es gibt Schnittstellen zum Datenimport und Datenexport sowie zur Einbindung der Recherche oder Ergebnisanzeige in Drittsysteme. Weitere Schnittstellen können als modulare Komponenten ergänzt werden.
- Ein komfortabler Editor auf der Administrationsebene unterstützt die umfassenden Möglichkeiten zur Konfiguration in den Bereichen Datenschema, Zugriffsrechte und Objektanzeige in der Browsingstruktur.
- Durch die Offenlegung des Quellcodes im Rahmen der GNU General Public License wird eine freie Weiterentwicklung der Open-Source-Software mediaTUM für Interessierte ermöglicht.

Schon kurze Zeit nach Entwicklung des ersten Prototypen stand mediaTUM als der zentrale virtuelle Ort zur Verfügung, an dem alle wissenschaftlich relevanten digitalen Sammlungen der TUM, die bisher nur separat und vereinzelt in den Lehrstühlen auf diversen Festplatten gespeichert und kaum erschlossen waren, zugänglich gemacht werden können. Für alle Dokumente wird seitdem die Langzeitverfügbarkeit gewährleistet.

2 Architektur und Funktionen von mediaTUM

2.1 Entwicklungsphilosophie

Der Grundgedanke während des Entwicklungsprozesses war, stets eine möglichst schlanke, performante und flexible Software zu erstellen, die einfach zu handhaben und genau auf die Bedürfnisse der Anwender zugeschnitten ist. Außerdem sollten nur Open-Source-Komponenten zum Einsatz kommen, die nach Möglichkeit nicht fest eingebunden sind, sondern konfigurierbar und damit austauschbar bleiben.

mediaTUM ist in Python implementiert und stellt alle Verwaltungsfunktionen über eine Web-Schnittstelle bereit. An mehreren Stellen bieten Plugin-Mechanismen die einfache Erweiterung und Anpassung an das Einsatzumfeld.

2.1.1 Datenstruktur

mediaTUM bildet den Datenbestand in einer hierarchischen Struktur, ähnlich einem Dateisystem ab. Innerhalb dieser Struktur gibt es unterschiedliche Bereiche. Im einen liegen die Objekte selbst (Dokumente, Bilder, Videos), im anderen befinden sich die abstrakten Objekte. Diese dienen einerseits zur Strukturierung und Verwaltung der Daten (virtuelle Verzeichnisse, Metadaten) und andererseits zur Konfiguration des Serverbetriebs (Benutzer, Berechtigungsregeln).

Realisiert ist diese Datenstruktur als DAG (directed acyclic graph), eine Art Baumstruktur, in der die Blätter mehrere Elternknoten besitzen können. Gerade diese Eigenschaft ermöglicht es, Objekte an mehreren Stellen einzuordnen und so unterschiedliche Klassifikationsstrukturen oder Betrachtungsblickwinkel aufzubauen. Die physische Speicherung der Objekte auf Dateiebene erfolgt nicht in dieser Form, das Datenmodell ist rein „virtuell" und wird nur über die Software aufgebaut. Das einzelne Objekt, der Knoten innerhalb des DAG, besitzt einen eindeutigen Identifikator, über den der Objekttyp ermittelt werden kann. Im Objekttyp sind die Eigenheiten und Spezialroutinen definiert. Beispielsweise liefern Dokumente Volltextinformationen, Bilder benötigen Thumbnails zur Vorschau und beinhalten spezielle interne Metadatenmodelle, die ausgelesen werden können.

2.1.2 Datentypen Plugin

Der Satz unterschiedlicher Objekttypen wird in mediaTUM nicht fest vorgegeben, sondern ist flexibel erweiterbar. Standardmäßig liegen der Software Routinen zur Verarbeitung von Textdateien, Bilddateien und Videodateien bei. Für jeden dieser Datentypen ist die Darstellung direkt innerhalb der Objektklasse definiert, um flexibel auf Bedürfnisse und Eigenheiten des Typs reagieren zu können. Ist das nicht ausreichend, können über eine Plugin-Schnittstelle weitere Datentypen angebunden werden. Das wird immer dann notwendig, wenn zusätzliche Anforderungen oder Verarbeitungsschritte gewünscht sind, die die Basistypen nicht abdecken können.

Diese Erweiterungen sind einfach realisierbar, da lediglich einige wenige Methoden zur Verfügung stehen müssen, die vom System erwartet werden. Durch die objektorientierte Programmiersprache Python können die Methoden auch durch Vererbung kombiniert oder erweitert werden.

2.1.3 Modularisierung

Der hohe Grad der Modularisierung von mediaTUM erlaubt den einfachen Austausch einzelner Komponenten. Parameter der Konfigurationsdatei steuern diese Funktion. Die Software ist durchgehend im MVC-Konzept (Model-View-Controller) implementiert. Dieses Architekturmuster begünstigt Änderungen und Erweiterungen aufgrund der Wiederverwendbarkeit und Abgeschlossenheit einzelner Funktionen. Auch die nahezu beliebige Kombination vorhandener Komponenten durch externe Prozesse oder Skripte bleibt offen.

2.1.4 Template System

Die HTML-Seiten der Oberflächen werden über die Template Attribute Language (TAL) erzeugt. Mit diesem flexiblen Template System ist einerseits die Trennung von Layout und Programmlogik möglich, andererseits bietet TAL mächtige Mittel zur dynamischen Erzeugung komplexer Inhalte mit Zugriff auf Objekte aus den verschiedenen Ebenen der Software. Makro-Definitionen erlauben es, die gleichen Inhalte nur einmal definieren zu müssen und an verschiedenen Stellen einzusetzen. Grundlegender Bestandteil ist außerdem die Unterstützung von Mehrsprachigkeit. Dynamisch geladene Wörterbücher erlauben das Umschalten zwischen Sprachpaketen, die die Textmarken innerhalb der HTML-Seiten übersetzen.

Über die Templates ist die Anpassung des Layouts der verschiedenen Softwarebereiche über einfache Stylesheet-Definitionen realisierbar. Dadurch kann das Erscheinungsbild von mediaTUM an nahezu jedes Corporate Design angepasst und in das vorhandene Umfeld eingebunden werden.

2.1.5 Konfigurierbarkeit

Der Leitgedanke der mediaTUM-Entwicklung, eine weitestgehende und komfortable Konfigurierbarkeit der Anwendung zu erreichen, findet sich nicht nur auf Komponentenebene wieder. Die Möglichkeit der Parametrierung und Abstimmung auf spezifische Anforderungen und Gegebenheiten ist an vielen Stellen der Software gegeben. Editoren unterstützen den Benutzer bei der Konfiguration des Gesamtsystems.

In einer einzigen Konfigurationsdatei liegen alle Basis-Informationen, um den mediaTUM-Server zu starten. Die nächsthöhere Ebene bildet die Definition der Metadatenschemata, in denen Attributwerte zu den verwalteten Objekten zusammengestellt werden. Masken für verschiedene Aufgaben bedienen sich dieser Attribute und stellen die Darstellung der Objekte an den unterschiedlichen Orten innerhalb des Medienservers sicher. Genau diese Konfigurierbarkeit erlaubt auch die Realisierung unterschiedlicher standardisierter Anzeige- und Austauschformate.

2.2 Basiskomponenten

mediaTUM gliedert sich in die vier Hauptbestandteile Webserver, Backend, Plugins und Storage, die in Abb. 1 als Teilkomponenten und im Gesamtzusammenhang dargestellt sind.

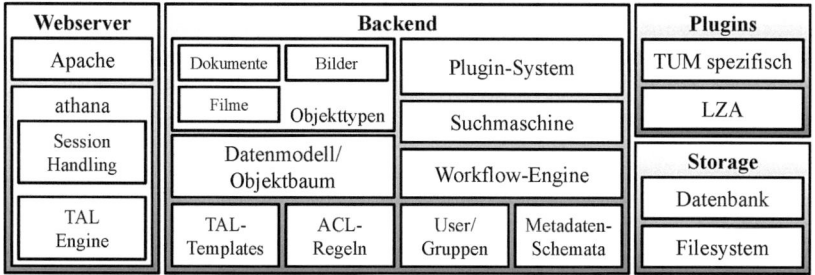

Abb. 1 Hauptbestandteile von mediaTUM mit Untergliederung in Teilkomponenten

2.2.1 Webserver

mediaTUM liefert mit athana eine eigene Webserverkomponente, die für die Session-Verwaltung und die Generierung der HTML-Ausgaben über eine TAL-Engine verantwortlich ist. In parallellaufenden Threads werden die Requests über HTTP und FTP entgegengenommen und abgearbeitet.

Sichere Verbindungen, SSL-verschlüsselt, werden über einen vorgeschalteten Apache-Webserver realisiert. Eine Weiterleitung dieser Requests an athana führt zur eigentlichen Verarbeitung.

2.2.2 Backend

Das Backend bildet den Kern von mediaTUM. Im Backend befinden sich die Verwaltung der Objekttypen zusammen mit Methoden zum Aufbau der Datenstruktur, eine Workflow-Engine, eine Suchmaschine und zusätzliche Verwaltungskomponenten zur Rechte- und Benutzerverwaltung sowie zur Konfiguration der Datenbestände. Erweiterungen und spezifische Zusätze können über das Plugin-System integriert werden.

Über die Workflow-Engine erfolgt die konfigurierbare Objekterzeugung, angepasst an definierte Arbeitsabläufe. An der TUM wird ein Workflow für die Publikation elektronischer Prüfungsarbeiten eingesetzt. Durch die Beteiligung unterschiedlicher Stellen ist vor allem das Benachrichtigungssystem notwendig und ermöglicht damit die Steuerung und Kontrolle der Daten.

Die eingebaute Suchmaschine stellt auf dem Medienserver unterschiedliche Suchmöglichkeiten zur Verfügung. Unterteilt in einen Indexer zur Datenaufbereitung und einen Searcher zur Abarbeitung der Suchanfragen, können systemweit einfache Suchen und Expertensuchen gestartet werden. Bei Dokumenten werden neben den Metainformationen auch die Volltexte in die Suche mit einbezogen.

Verwaltungskomponenten erlauben die Benutzerverwaltung mit einem regelbasierten Rechtesystem. Es können für jedes Objekt hierarchisch vererbte Leserechte, Schreibrechte und Rechte auf das Digitalisat (Datei) definiert werden. Dies ist insbesondere zur Wahrung des Urheberrechts notwendig.

Über TAL-Templates stellt mediaTUM unterschiedliche HTML-Schnittstellen und Exportschnittstellen bereit. Diese HTML-Schnittstellen dienen der Recherche und der Anzeige (Frontend) sowie der Verwaltung (Editierbereich) der Daten. Zur Konfiguration des Systems steht außerdem ein Administrationsbereich zur Verfügung.

2.2.3 Plugins

Eigens für den Einsatz an der TUM entwickelte Funktionen sind in einem eigenen Plugin zusammengefasst. Diese Funktionen sind nicht allgemeingültig und deshalb nicht direkt in das mediaTUM-Backend eingeflossen. Beispielsweise ist aufgrund der verteilten Standorte der TUM die Einrichtung eines campusweiten Datenbestands über das Rechtesystem sehr komplex. Für die TUM stehen zusätzliche Methoden zur Definition größerer IP-Adressbereiche zur Verfügung.

Zur Langzeitarchivierung [5] werden Werkzeuge eingesetzt, die unterschiedliche Schnittstellen bieten. Als Basis ist im Medienserver eine offene API implementiert, die eine Anbindung verschiedener Systeme ermöglicht. Für die TUM ist die Schnittstelle zum LRZ über den Tivoli Storage Manager von IBM realisiert.

Weitere Beispiele für mit Plugins realisierte Funktionen sind ein Verfahren zur Bilddatenspeicherung mit Hilfe von Bildgruppenkompression [2] oder die Anbindung der Nutzerauthentifizierung per LDAP.

2.2.4 Storage

Die Daten der Objekte speichert mediaTUM auf zwei Arten. Metadaten fließen in eine relationale Datenbank. Unterstützt werden nativ MySQL und SQLite, weitere Datenbanken sind per Connector integrierbar. Die Digitalisate der Objekte (Dateien) werden direkt im Filesystem an konfigurierter Stelle abgelegt. Dabei entspricht die Lage der Datei im Dateisystem nicht der Position, die das Objekt innerhalb der Medienserverstruktur besitzt. Somit muss eine einmal gespeicherte Datei nicht umkopiert werden, falls sich ihre Position innerhalb des DAG ändert.

Die Anforderungen an eine Datenbank für die Metadaten sind sehr gering. Es werden keine Spezialfunktionen verwendet und lediglich fünf Tabellen vorausgesetzt, die skriptgesteuert angelegt werden können. Die Datenbank speichert Eltern-Kind Beziehungen der Objekte in einer eigenen Tabelle. Das macht das Umhängen oder mehrfache Einsortieren der Objekte an unterschiedlichen Stellen sehr einfach und performant. Die Speicherung der Metadaten muss nicht ausschließlich in einer Datenbank erfolgen. Es ist außerdem denkbar, die Daten in einer XML-Datei abzulegen, falls es sich um einen festen Datenbestand handelt, der sich nicht oder nur selten ändert. Auf diese Weise lassen sich beispielsweise auch CD-gestützte Kataloge realisieren.

Neben den bereits genannten Speichertypen kommt ergänzend Archivspeicher zum Einsatz. Die TUM nutzt je nach Kollektion und Objekttyp ein vom LRZ betriebenes NAS-Speichersystem als Online-Speicher oder ein Nearline-Storage-System als Hintergrundspeicher.

An den Medienserver ist eine Langzeitarchivierungskomponente angeschlossen, die die wertvollen Originale aufbereitet an den Tivoli-Storage des LRZ übergibt. Mit der Aufbereitung erfolgt eine Anreicherung der Originaldateien mit Metainformationen für die Archivierung und die Kontrolle auf ein besonders geeignetes Dateiformat. Als Archivierungsmethode kommt die Migration zum Einsatz, die Originaldatei ist zusätzlich verfügbar.

2.3 Schnittstellen

Der Medienserver bietet mehrere Schnittstellen zur Interoperation an. Neben den HTML-Interfaces sind unterschiedliche Austausch- und Erweiterungsschnittstellen vorhanden.

2.3.1 Benutzerschnittstelle

Die einfachste und am häufigsten genutzte Schnittstelle des Endanwenders ist die Rechercheoberfläche. Über HTTP liefert mediaTUM die Objekte strukturiert aus und stellt Such- und Anzeigemöglichkeiten bereit. Zentraler Einstiegspunkt für die Recherche ist die einzeilige Suchmaske oder die im linken Bildbereich erscheinende Browsingstruktur. Letztere ermöglicht durch Auf- und Zuklappen von Verzeichnisbäumen sowohl einen gezielten Zugriff als auch einen schnellen Überblick über die abgelegten Kollektionen. Die Standardsucheingabe lässt Rechercheanfragen über alle oder ausgewählte Kollektionen zu und berücksichtigt dabei Metadaten, aber auch volltextindizierte Dokumente. Eine erweiterte Suche kann ergänzt werden. Die Anzahl der Suchfelder und die anwählbaren Metadaten-Typen wie Autor, Titel oder Erscheinungsjahr sind dabei konfigurierbar.

Eine weitere Schnittstelle, die Editorumgebung, steht ebenfalls über HTTP zur Verfügung. Über diese werden Aktionen wie das Editieren der Startseite einer Kollektion, das Einbringen von Metadaten, die Rechtevergabe und die Verwaltung der Browsingstruktur einer Kollektion ausgeführt. Ein weiterer per HTTP zugänglicher Login-geschützter Bereich ist der Administrationsbereich. Er dient zur Konfiguration des Medienservers und gliedert sich in:

- die Benutzerverwaltung mit der Verwaltung einzelner Benutzer und Benutzergruppen,
- die Rechteverwaltung mit der Möglichkeit, Zugriffsregeln zu definieren,
- die Administration der Datentypen und Metadaten insbesondere mit den Möglichkeiten neue Metadatenschemata anzulegen, zugehörige Metadaten-Editormasken zu erzeugen, Suchfelder vorzugeben und die Anzeigeformate der Treffermengen zu konfigurieren und
- die Bearbeitung und Erstellung von Workflows.

Damit sind alle wesentlichen Administrationsaufgaben bequem über die Webschnittstelle erreichbar. Abb. 2 zeigt ein Beispiel der Standardbenutzerschnittstelle mit der Darstellung der Browsingstruktur auf der linken Seite und den Objekten in der Bilderansicht auf der rechten Seite.

mediaTUM: Der zentrale Medienserver der Technischen Universität München 373

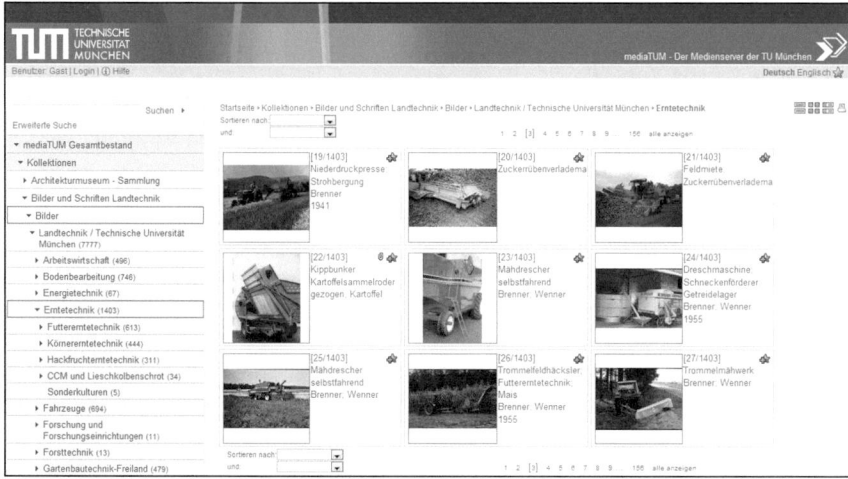

Abb. 2 Rechercheoberfläche für den Endanwender

Abb. 3-1 und Abb. 3-2 zeigen die beiden Schnittstellen zur Bearbeitung der Daten und zur Administration des Medienservers. Eine weitere Benutzerschnittstelle kann über den Workflow erreicht werden, auch hier wieder über HTTP.

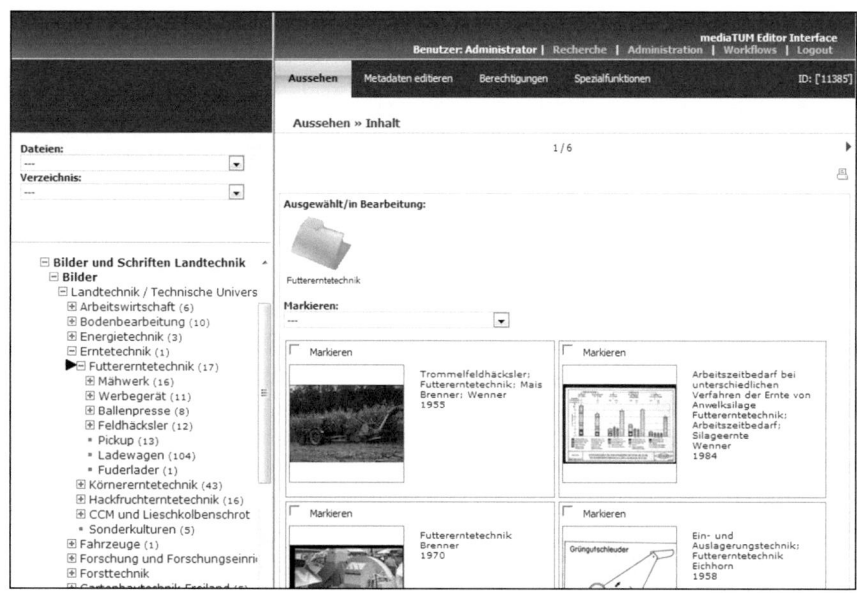

Abb. 3-1 Benutzerschnittstelle zur Bearbeitung

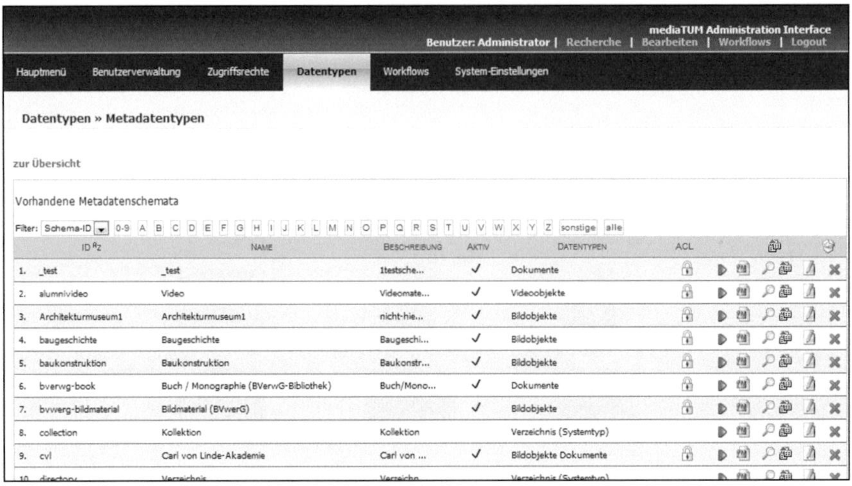

Abb. 3-2 Benutzerschnittstelle zur Administration

2.3.2 Programmschnittstellen – Ankopplung von mediaTUM an vorhandene Anwendungsumgebungen

mediaTUM lässt sich komfortabel in andere Anwendungsumgebungen einbinden, entsprechende Programmschnittstellen sind vorhanden. An der TUM sind Schnittstellen zu Evaluna, einem Portal zur Evaluierung von Lehrveranstaltungen (Medizin) und zu einer FileMaker-Datenbank operativ im Einsatz. Über diese Schnittstellen erfolgen Datenlieferungen der angeschlossenen Institutionen direkt in den Medienserver. Ebenso ist eine Importschnittstelle für bibliographische Daten aus BibTex implementiert.

Daten können auch über FTP in den Medienserver eingespielt werden. Hierfür wird die virtuelle Verzeichnisstruktur über FTP angebunden und dadurch für externe Programme nutzbar. An der TUM werden auf diese Art und Weise die auf einem Buchscanner erzeugten Digitalisate samt Basis-Metadaten automatisiert und direkt an mediaTUM überliefert. mediaTUM unterstützt weitere Protokolle für den Datenaustausch, beispielsweise das OAI Protocol for Metadata Harvesting (OAI-PMH), welches u.a. von der Deutschen Nationalbibliothek zum Abfragen von Metadaten der elektronischen Dissertationen verwendet wird.

Als weitere Schnittstelle steht das CommandLineInterface (CLI) als eigenständiges python-Skript zur Verfügung, um über die Kommandozeile direkt mit dem Medienserver zu interagieren. Das CLI erlaubt Basisoperationen auf den Objekten und bildet das virtuelle Verzeichnis des Servers zur Navigation ähnlich einem Dateisystem ab.

2.3.3 Systemschnittstellen

Unter die Systemschnittstellen fallen einerseits die bereits genannten Anknüpfungspunkte für Plugins, es sind aber auch Skripte für den Datenaustausch realisierbar. Diese Skripte können direkt die Basismethoden aus dem mediaTUM-Backend nutzen und bieten so ein Höchstmaß an Komfort im Bereich der Massendatenerfassung und einen Datenaustausch über proprietäre Schnittstellen zu anderen Anwendungen.

3 Akzeptanz von mediaTUM

mediaTUM ist nach fünf Jahren Projektlaufzeit als zentraler Dokumenten- und Publikationsserver an der TUM fest etabliert. Der Medienserver deckt verschiedene Kernfunktionen ab: Er ist das Institutional Repository der Universität, bei dem Prozesse des Self-Archivings und Open-Access im Vordergrund stehen, er fungiert aber auch als Hochschulbibliographie, als Bildarchiv und Videoplattform. Zum Ende des Projekts beinhaltet der Medienserver über 90 digitale Kollektionen mit 4.200 Dissertationen, 8.000 weitere Volltexte und bibliographische Nachweise, über 200 Videos und mehr als 115.000 Bilddateien. Die Objekte sind zum Teil internetweit, zum Teil campusweit oder fakultätsintern frei geschaltet. Anwender sind Lehrstühle, verschiedene Zentralinstitute und Serviceeinrichtungen (z. B. Corporate Communications Center (Pressestelle der TUM), Leibniz-Rechenzentrum, International Office der TUM).

Über die Funktion der Hochschulbibliographie sind viele universitäre Anwender auf die Möglichkeit aufmerksam geworden, ihre bislang lokal vorgehaltenen Veröffentlichungen künftig zentral abzulegen. Die Vorteile sind unmittelbar ersichtlich. Die Wartung und Pflege eigener Systeme entfällt, viele Verwaltungsfunktionen wie z.B. eine abgestufte Rechtevergabe werden von mediaTUM übernommen und die Auffindbarkeit der Bestände im Web ist i. d. R. wesentlich höher als auf einem institutseigenen Webserver. Zum einen besteht die Anbindung an OAI Service Provider und zum anderen werden die frei zugänglichen Veröffentlichungen auf mediaTUM in Google indexiert. Die Zitierfähigkeit der Publikationen ist durch die Vergabe von persistenten URLs sichergestellt. Und ein ebenso wichtiges Kriterium für die Auffindbarkeit der Publikationen ist die von mediaTUM unterstützte Möglichkeit, Metadatenschemata frei nach eigenen Vorstellungen festzulegen.

Wer die Darstellung von Literaturlisten auf dem eigenen Lehrstuhlserver weiterhin anbieten möchte, kann dies am einfachsten über eine Verlinkung zu mediaTUM realisieren. Der Link führt dann direkt zur gewünschten Ergebnismenge, die einer gezielten Suchanfrage z. B. nach Veröffentlichungen eines bestimmten Autors einer bestimmten Institution entspricht. In diesem Zusammenhang wirkt sich auch die Möglichkeit positiv aus, auf den Einstiegsseiten der Kollektionen und bei den Trefferlisten selbst das institutseigene Logo und weitere Identitätskennzeichen der Einrichtung mit aufzuführen.

Die genannten Aspekte tragen dazu bei, dass sich die Akzeptanz von media-TUM innerhalb der TUM deutlich positiv entwickelt hat, und sie zeigen zugleich, dass sich eine unmittelbare Beteiligung der Nutzer am Entwicklungsprozess sehr vorteilhaft auf den Nutzungsgrad des Produkts auswirkt.

Im Rahmen eines weiteren auf zwei Jahre angelegten DFG-Projekts werden bis zum Jahr 2011 ca. 40.000 Pläne und Zeichnungen des Architekturmuseums der TUM digitalisiert und über den Medienserver internetweit zugänglich gemacht. Die hochauflösenden Bilder werden beim Leibniz-Rechenzentrum langzeitarchiviert.

Auch außerhalb der Universitätsbibliothek der TUM werden erste mediaTUM-Installationen eingesetzt. So betreiben die Universitätsbibliothek der Hochschule der Bundeswehr in Neubiberg und die Universitätsbibliothek der Universität Augsburg Repositories unter mediaTUM.

4 Weiterentwicklung

Um den Bekanntheitsgrad und die Akzeptanz des Medienservers innerhalb und außerhalb der TUM weiterhin zu erhöhen, ist eine Reihe von Maßnahmen geplant. Neben der Intensivierung der Öffentlichkeitsarbeit sollen Maßnahmen zur Qualitätssteigerung und -sicherung ergriffen werden, so wie sie z.B. das Zertifikat für Dokumenten- und Publikationsservices der Deutschen Initiative für Netzwerkinformation (DINI-Zertifikat) vorsieht. Es sollen Tools zur Erfassung und Auswertung von Nutzungsstatistiken bereitgestellt und die Möglichkeiten zur Nachnutzung von Metadaten verbessert werden. Ein Beispiel dafür ist die geplante Implementierung einer komfortablen Übernahme von bibliographischen Daten in Literaturverwaltungsprogramme. Weitere Entwicklungsbereiche ergeben sich mit der verstärkten Vernetzung von OAI-Repositorien. Dazu zählt die Abstimmung und Implementierung von Austauschformaten, die über Metadaten reiner Textdokumente hinausgehen und zusätzlich multimediale Objekte oder aus verschiedenen Objekttypen zusammengesetzte Dokumente, sogenannte Compound-Dokumente, berücksichtigen.

Nicht zuletzt sollen weitere Schritte zur Steigerung der Nutzerakzeptanz unternommen werden, indem beispielsweise Web 2.0-Techniken bzw. Social-Network-Services integriert werden. Dies könnten ein Alerting-Service, die Einbindung von Recommender-Systemen oder die Möglichkeit, Nutzerkommentare zum Digitalisat abzulegen, sein.

Ein noch neues Feld im Bereich der Archivierung und vor allem der Bereitstellung wissenschaftlicher Informationen tut sich auf, wenn es um Forschungsprimärdaten geht. Hier ist ein Pilotprojekt mit Anwendern innerhalb der TUM geplant.

Hinsichtlich der Weiterentwicklung von mediaTUM und der Ergänzung erforderlicher Funktionen ist eine Zusammenarbeit mit TUM-externen Partnern angedacht. Die Entwicklung und der Support für alle gegenwärtigen und künftigen externen Nachnutzer könnte von diesen Anbietern übernommen werden. Das Entwicklerteam der Universitätsbibliothek wird weiterhin für alle Anforderungen aus dem Kreis der TUM-internen Anwender zuständig sein. Durch den engen Austausch mit den Anwendern ist eine konsequent bedarfsorientierte Weiterentwicklung gewährleistet.

Literatur

[1] Hitchcock S (2007) The effect of open access and downloads ('hits') on citation impact: a bibliography of studies. Initiiert von Steven Harnad. http://opcit.eprints.org/oacitation-biblio.html#most-recent
[2] Kramm M (2008) Kompression großer Bilddatenbanken mittels Ähnlichkeitsgruppierung. Diss. München
[3] Kramm M, Seifert A (2009) mediatum – Open-Source software for large scale image, document and video archiving and retrieval. http://mediatum-pages.ub.tum.de bzw. http://sourceforge.net/projects/mediatum
[4] MyCoRe (2009) MyCoRe ist ein System zur Entwicklung von Dokumenten- und Publikationsservern, Archivanwendungen, Sammlungen von Digitalisaten oder vergleichbaren Repositorien. http://www.mycore.de
[5] Seifert A (2009) Langzeitarchivierung bei Medienservern. Diss. Neubiberg
[6] University of Nottingham UK (2008) The Directory of Open Access Repositories – OpenDOAR. http://www.opendoar.org

Anbindung des SISIS-SunRise-Bibliothekssystems an das zentrale Identitätsmanagement

Ralf Ebner, Edwin Pretz

Zusammenfassung Wir berichten über Konzepte und Implementierungen zur Datenprovisionierung aus den Personenverwaltungssystemen der Technischen Universität München (TUM) über das zentrale Metadirectory am Leibniz-Rechenzentrum (LRZ) in das SISIS-SunRise-Bibliothekssystem der Universitätsbibliothek der TUM (TUB). Es werden drei Implementierungsvarianten diskutiert, angefangen von der Generierung und Übertragung einfacher CSV-Dateien über ein OpenLDAP-basiertes Konzept als Backend für die SISIS-Datenbank bis zur endgültigen Implementierung mit dem OCLC IDM Connector.

1 Einleitung

Mit der Einführung eines zentralen Verzeichnisdienstes im IntegraTUM-Projekt, in dem Personendaten aus den Personal-, Studenten- und Gästeverwaltungssystemen der TUM zusammenfließen, wurde das Ziel verfolgt, diese Daten auch für die Systeme der Universitätsbibliothek zu nutzen. In der Universitätsbibliothek sind die Daten aller Bibliotheksnutzer im SISIS-SunRise-Bibliothekssystem hinterlegt. Die Personendaten wurden entweder manuell bei persönlicher Anmeldung der Nutzer in den jeweiligen Teilbibliotheken aufgenommen oder im Falle der Studentendaten aus einer Exportdatei der Studentenverwaltung in die Bibliotheksdatenbank eingespielt. Eine Online-Schnittstelle zur Übernahme von Personendaten war in der SISIS-Software nicht vorhanden (Abschnitt 2).

So wurde zu Beginn des IntegraTUM-Projekts ein Anforderungskatalog erstellt, der Mindestforderungen an eine Schnittstelle und an die darauf aufbauende Kopplung zwischen zentralem Personendatenbestand und lokalem SISIS-System enthielt (Abschnitt 3).

Für die Provisionierung der Daten wurde anfangs eine einfache Übertragung von CSV-Dateien implementiert, die an die ursprüngliche Vorgehensweise, der Offline-Übernahme von Daten per Datenträger, angelehnt war (Abschnitt 4).

Die Vorteile einer direkten LDAP-Anbindung lagen jedoch auf der Hand: kein manueller Eingriff im Workflow, eine standardisierte, weit verbreitete Schnittstelle und eine sofortige Datensynchronität. So entstand ein Konzept mit einem OpenLDAP-basierten Interface für die SISIS-Datenbank (Abschnitt 5).

Da an den Anbieter OCLC (Online Computer Library Center) auch von anderen Bibliotheken der Wunsch nach einem offeneren Datenaustausch der SISIS-Software herangetragen wurde, entschloss sich die Firma, eine Schnittstelle zur Ankopplung lokaler Bibliothekssysteme an vorhandene Identitätsmanagement-Strukturen zu implementieren. Daraus entstand der sog. OCLC IDM Connector (Produktname), der nicht nur die gewünschte LDAP-Schnittstelle, sondern auch Möglichkeiten zur Kontrolle, Filterung und Transformation der Daten bei der Übertragung bietet (Abschnitt 6).

Als Pilotanwender testete die TUB zusammen mit dem LRZ den IDM Connector. Die Erfahrungen und Probleme aus dieser Pilotphase sowie die Lösungen und selbst implementierten Erweiterungen sind in den Abschnitten 7 und 8 kurz umrissen.

2 Ausgangslage bei Projektbeginn

Vor der Zeit des IntegraTUM-Projekts kamen Personendaten von TUM-Angehörigen auf zwei Arten in das SISIS-System der TUB:

1. Die Daten von Mitarbeitern und Gästen der TUM wurden wie Daten von anderen Bibliotheksnutzern (Privatpersonen, Studenten anderer Hochschulen, etc.) direkt an den Theken der Teilbibliotheken manuell erfasst.
2. Die Daten von Studenten der TUM wurden einmal am Anfang jeden Semesters von der Studentenverwaltung in eine CSV-Datei exportiert und der Bibliothek zum Import in die Bibliotheksdatenbank übergeben.

Beim Vorgang 2 wurden die Studentendaten zunächst in den sogenannten Fremddatenpool der Bibliotheksdatenbank überführt. Über einen gesonderten Update-Lauf wurden dann alle im Bibliothekssystem bereits vorhandenen Studentendaten aktualisiert. Die Matrikelnummer diente hierbei als Identifikator sich entsprechender Datensätze. Die übrigen neuen Datensätze im Fremddatenpool wurden erst dann aktiviert, wenn sich die Studierenden in der Bibliothek als Nutzer anmeldeten und einen Bibliotheksausweis mit zugehöriger Bibliotheksnummer erhielten.

Das teilautomatisierte Verfahren bei Vorgang 2 besteht aus einigen manuell anzustoßenden Einzelschritten wie Export von Daten aus dem Studenten-Verwaltungssystem, Übermittlung der Daten als Textdatei an die Bibliothek und Import der Daten in die Bibliotheksdatenbank. Dieses für die Mitarbeiter wenig komfortable Verfahren hat zudem den Nachteil, dass Studenten, die während des Semesters an die TUM wechselten, zunächst nicht in der Bibliothek erfasst waren, und die zugehörigen Daten mussten wie bei Vorgang 1 nachträglich per Hand eingegeben werden.

Das Verfahren nach Vorgang 1 bedeutete speziell für die TUM-Mitarbeiter, dass sie ihre personenbezogenen Daten, die sie bereits an anderen Stellen der TUM angegeben haben, nun erneut bei Anmeldung in der Bibliothek mitteilen und durch einen Ausweis bestätigen mussten.

Bei beiden Vorgängen gelangten Datenänderungen, die zuerst der zentralen Verwaltung gemeldet wurden, z.b. Adresswechsel, entweder erst verspätet oder gar nicht ins Bibliothekssystem und führten auf Seiten der Bibliothek zu unerwünschten Folgen. So mussten nicht stimmige Adressdaten nachrecherchiert werden und Änderungen im Status (z.b. Student wird Alumnus) konnten nicht nachgezogen werden.

Die Online-Schnittstelle für die automatisierte Übernahme von Personendaten aus den Verwaltungssystemen in die Bibliotheksdatenbank würde neben dem Vorteil der Vermeidung von Doppelarbeit bei der Dateneingabe und Datenpflege vor allem die Aktualität der Daten im Bibliothekssystem verbessern.

3 Anforderungen an den automatischen Datenimport

Um die Aktualität der Daten in der Bibliothek der TUM zu verbessern, wurde ein automatischer Datenimport von den TUM-Personenverwaltungssystemen über das Metadirectory ins SISIS-System konzipiert. Die wesentlichen Anforderungen für dieses Konzept sollten eine umfassende und auf Dauer tragfähige Implementierung ermöglichen:

- *Dublettenvermeidung:* Vor dem Import eines als neu gekennzeichneten Datensatzes sollte geprüft werden, ob die betreffende Person nicht schon in der SISIS-Datenbank erfasst war und ob es sich damit um eine Update- statt um eine Add-Operation handelte. Diese Forderung war insbesondere auch durch die Vorgabe motiviert, nur einen Bibliotheksausweis und einen Account pro Person zu vergeben.
- *Initialimport:* Während Studenten sowohl im SISIS-System als auch in der Studentenverwaltung die Matrikelnummer als gemeinsamen Schlüssel haben, war für den Initialabgleich bei Mitarbeitern und Gästen eine aufwändigere Suche über Vorname, Nachname, Geburtsname und Geburtsdatum zu realisieren, um Doppeleinträge zu vermeiden.
- *Bibliotheksnummern:* Um möglichst viel manuelle Arbeit einzusparen, sollten nicht nur die Bestandsdaten, sondern auch die automatisch zu importierenden Neudaten bereits im Metadirectory laufend um eine Bibliotheks-Benutzernummer (Bibliotheks-ID) ergänzt werden.
- *Gruppen:* Für die Statistik der Bibliothek, aber auch für eine zukünftige differenzierte Rechtevergabe für die Bibliotheksdienste ist die Ermittlung der richtigen Bibliotheksbenutzergruppe beim Datenimport notwendig.
- *Deprovisionierung:* Alumnifizierung oder Löschung eines Datensatzes aus dem Metadirectory darf sich höchstens als Sperre des Benutzers auf SISIS-Seite

auswirken. Keinesfalls darf der Datensatz gelöscht werden, weil ggf. noch Ausleihdaten zu der betreffenden Person vorhanden sein könnten.
- *Bibliotheksgäste*: Prinzipiell sollte die Möglichkeit bestehen, die Datensätze von Nicht-TUM-Angehörigen, also Personen, die sich zuerst in der Bibliothek anmelden (sog. Bibliotheksgäste), in umgekehrter Richtung, d.h. vom SISIS-System ins Verzeichnis, zu provisionieren. Im Zuge der Umstellung auf TUMonline [7] als einzige autoritative Datenquelle für alle TUM-Angehörigen ist diese Anforderung zwar momentan zweitrangig, sollte jedoch für die Zukunft technisch berücksichtigt werden. So könnten z.b. Daten von in der Bibliothek bereits registrierten Schülern, die sich später als Studenten in der TUM einschreiben, unmittelbar weiter genutzt werden.

Insgesamt sollte darauf geachtet werden, mit der neuen automatischen Bibliotheksanbindung ein zukunftsfähiges, auf offenen Standards basierendes System zu schaffen, das bei Bedarf auch zum Austausch von Daten mit anderen Bibliotheken geeignet ist.

4 Erste Anbindungsvariante: Skriptbasierte Dateiübertragung

Mangels anderer Schnittstellen wurde als erste Möglichkeit der automatisierte Datenimport über CSV-Dateien untersucht. Hierzu gab es auf SISIS-Seite das Skript SIBUFP, das alle Datensätze mit Benutzernummer aus einer CSV-Datei in die SISIS-Datenbank transferieren konnte und dabei auch Datenänderungen unter Berücksichtigung der Bestandsdaten richtig eintrug. Allerdings konnte das Skript immer nur alle Datensätze einer kompletten Nutzergruppe transferieren. Die in den Produktivtabellen enthaltenen Datensätze, die nicht in der Transferdatei enthalten waren, wären auf „gesperrt" gesetzt worden.

Deshalb musste auf Verzeichnisseite verhindert werden, unvollständige CSV-Dateien ans SISIS-System zu exportieren. Damit schied eine eventbasierte Erzeugung einzelner CSV-Zeilen aus, da sonst alle anderen Nutzer derselben Gruppe im SISIS-System gesperrt würden.

Die Implementierung auf Verzeichnisseite erfolgte somit nicht in einem CSV-Treiber des Novell-IDM-Systems (diese IDM-Treiber arbeiten immer eventbasiert), sondern in einem Perl-Skript, das, periodisch aufgerufen, aus einer Komplettabfrage der Personendaten im Verzeichnis immer komplette CSV-Dateien mit allen Nutzern erstellte.

Neben der Nichterfüllung der Anforderung nach zeitnaher Datenübernahme erwies sich das SIBUFP-Skript im Testsystem als noch nicht stabil genug, so dass nun alternative Lösungen forciert werden mussten.

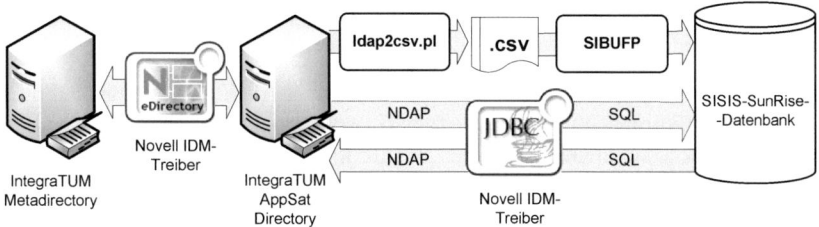

Abb. 1 Ursprünglicher Datentransfer mittels CSV-Dateien

Theoretisch wäre eine direkte Anbindung der SISIS-Datenbank über JDBC [5] möglich gewesen (untere Achse in Abbildung. 1). Während dies zum Auslesen von Daten, also z.B. der Bibliotheksgäste, noch akzeptabel wäre, hätte man in der umgekehrten Richtung beim Schreiben auf die SISIS-eigenen Konsistenzchecks der übernommenen Daten, die das SIBUFP-Skript oder auch die SISIS-User-Frontends vornehmen, verzichten oder sie aufwändig nachprogrammieren müssen.

5 Zweite Anbindungsvariante: OpenLDAP-Schnittstelle

Die beschriebene Situation ohne geeignete Schnittstellen des SISIS-SunRise zur Personendatenübernahme war Anlass, den Wunsch nach einer LDAP-Schnittstelle an OCLC nachdrücklicher heranzutragen. Unterstützung gab es dabei von der Verbundzentrale des Bibliotheksverbunds Bayern (BVB), der sich dafür und für ähnliche Anforderungen anderer bayerischer Bibliotheken bei OCLC einsetzte. In diesem Zusammenhang haben wir ein Konzept zur Implementierung einer LDAP-Schnittstelle für das SISIS-System entworfen, das ohne Eingriffe in die bestehende proprietäre Software auskommt [1]. Das Konzept ist schematisch in Abbildung 2 dargestellt.

Grundidee ist die Nutzung des weit verbreiteten und stabilen OpenLDAP-Servers [9] als Schnittstelle zur SISIS-Datenbank. Dabei müssen keine Daten dupliziert werden, sondern der OpenLDAP-Server kann die SISIS-Datenbank über das Modul back-sql direkt als Datenbasis nutzen.

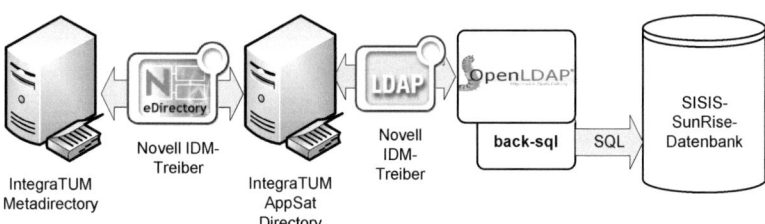

Abb. 2 Konzept für eine LDAP-Schnittstelle der Bibliotheksdatenbank

Diese LDAP-Server-Zwischenschicht hat gegenüber dem direkten Zugriff auf die Daten der SISIS-Datenbank einige wesentliche Vorteile:

- *Datenhoheit:* Zugriffsberechtigte Systeme haben nicht automatisch auf alle Tabellen, Einträge und Werte Zugriff, sondern nur auf die per LDAP-Konfiguration sichtbaren und per Zugriffslisten erlaubten Einträge, Attribute und Werte.
- *Zugriffskontrolle:* Die Zugriffs- und insbesondere Schreiberlaubnis über LDAP-Rechte ermöglicht eine pro Nutzer oder pro angebundenem System sehr differenzierte Zugriffskontrolle.
- *Flexible LDAP-Schnittstelle:* Das Metadirectory kann über die standardisierten LDAP-Operationen alle Einträge und Aktualisierungen von Personendaten eventbasiert oder auch blockweise an das SISIS-System übertragen. LDAP-Operationen können sowohl die Novell IDM-Treiber als auch Funktionen aus LDAP-Modulen, die für die meisten Programmiersprachen zur Verfügung stehen, aufrufen.
- *Persistente Suchanfragen:* Datenabnehmer müssen kein Polling, d.h. keine regelmäßige Suche nach Einträgen mit einem kürzlich geänderten Wert des Attributs modifyTimeStamp durchführen. Datenneueinträge, Ergänzungen und Löschungen werden mit dem push-artigen Verfahren der persistenten Suchabfragen (Persistent Search Request Controls, [4]) den Clients automatisch gemeldet.

Ein wichtiger Aspekt dieses Anbindungskonzepts ist die vollständige Trennung zwischen Schnittstellen- und Systemsoftware: Es ist kein Eingriff in die bestehende SISIS-Software notwendig, um den OpenLDAP-Server mit SQL-Backend aufzusetzen. Der proprietäre Teil (SISIS) bleibt also implementierungstechnisch vom OpenSource-Teil (OpenLDAP) ganz getrennt.

6 Dritte Anbindungsvariante: OCLC IDM Connector

Mit weiteren Anfragen auch anderer Bibliotheken wurde für den Anbieter OCLC der steigende Bedarf nach einer LDAP-Schnittstelle deutlich, aber darüber hinaus auch der Bedarf nach einer Identitätsmanagementkomponente, speziell für Umgebungen, in denen bisher kein IDM-System im Einsatz oder in Planung ist. OCLC implementierte daraufhin eine Softwarekomponente, die zwischen LDAP-Verzeichnis und lokalem Bibliothekssystem zum Einsatz kommt, den OCLC IDM Connector. Dieser arbeitet im Wesentlichen mit Reader- und Writer-Prozessen, die den Kern der Schnittstellenfunktion zu den angeschlossenen Systemen wie LDAP-Verzeichnissen, SISIS-SunRise und der Pica-LBS3/4-Produktfamilie bilden. Zentraler Teil des IDM Connectors ist der Task-Manager, der die Datenströme der Reader entgegen nimmt, kanalisiert, filtert und an die Writer verteilt, siehe Abbildung 3.

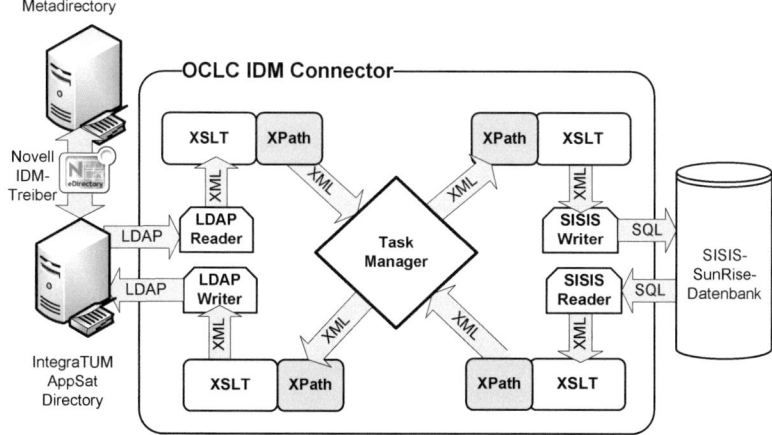

Abb. 3 Bibliotheksanbindung mit IDM Connector

Die vom IDM Connector in XML-Darstellung konvertierten Daten durchlaufen nach dem Lesevorgang aus dem Quellsystem (Reader) und vor dem Schreibvorgang in das Zielsystem (Writer) jeweils einen mit XPath frei definierbaren Filter sowie ein XSLT-Programm. Aus dem XSLT-Code heraus können Java-Methoden aufgerufen werden; somit besteht die Möglichkeit, die zu übertragenden Daten fast nach Belieben anzupassen und in gewünschter Form aufzubereiten. Im Falle der TUB wird dies z.B. genutzt, um eine automatisch richtige Zuordnung von Erst- und Zweitadressen zu erreichen, die in den Systemen häufig nicht korrespondierend abgelegt sind. Weiterhin sind damit kompliziertere Abbildungstabellen und Regeln, Datenformate und Datencodierungen (z.b. für Anredeformen, Benutzergruppen, Länderkennzeichen, Fakultätskürzel oder Datumsformate) möglich.

Prinzipiell kann der Datentransfer in beide Richtungen erfolgen. Die aktuelleren Daten des jeweiligen Quellsystems werden kontrolliert und ggf. nach einer Formatkonvertierung in das Zielsystem übernommen.

7 TUM-spezifische Ergänzungen zum OCLC IDM Connector

Nicht alle Datenflüsse und Transformationen, die im Rahmen des TUM-spezifischen Identitätsmanagements für die Bibliothek erforderlich waren, ließen sich mit dem IDM Connector allein bewerkstelligen. So sollte der Initialabgleich nicht der eingeschränkten Dublettenerkennung des Task-Managers überlassen werden (Abschnitt 7.1). Die Einordnung der Gäste aus dem Metadirectory in die auf die TUM zugeschnittenen Benutzergruppen im SISIS-System erforderte eine weitere TUM-spezifische Lösung (Abschnitt 7.2). Eine andere notwendige Erweiterung des IDM Connectors mittels Java-Klassen waren Lookahead-Abfragen, um in dem ansonsten streng unidirektionalen Reader-Writer-Datenstrom Bestandsdaten aus dem jeweiligen Zielsystem auslesen zu können (Abschnitt 7.3). Von dieser

Lookahead-Möglichkeit mittels JDBC-Queries in die SISIS-Datenbank wurde bei der Zuordnung von Erst- und Zweitadresse einer Person Gebrauch gemacht (Abschnitt 7.4). Die erforderlichen softwareseitigen Ergänzungen wurden im Rahmen des IntegraTUM-Projektes programmiert.

7.1 Initialabgleich

Bevor zwei Datenbestände gekoppelt werden, müssen beim Initialabgleich diejenigen Datensätze gefunden werden, die jeweils zur selben, in beiden Datenbeständen vorhandenen Person gehören. Dies war bei der beabsichtigten Kopplung von Metadirectory und SISIS-Datenbank im Falle der Studenten einfach, da mit der Matrikelnummer eine eindeutige ID in beiden Systemen vorhanden war.

Bei den Mitarbeitern und Gästen jedoch konnte man sich auf keine solche für das Mapping geeignete „externe ID" stützen. Der Task-Manager des IDM Connectors bietet zwar laut Dokumentation eine Dublettensuche; deren Algorithmus liegt jedoch nicht offen, ist nicht konfigurierbar und erkannte nach unseren Tests bei Weitem nicht alle Dubletten von Mitarbeitern und Gästen. Dies war z.B. dann der Fall, wenn in den Systemen unterschiedlich viele Vornamen erfasst waren, oder wenn die Übereinstimmung nur zwischen Geburtsname einerseits und einem Nachnamensteil andererseits möglich war. Schwierigkeiten bereiteten auch Buchstabendreher im Namen oder ein Tippfehler im Geburtsdatum.

Deshalb wurde der Initialabgleich für Mitarbeiter und Gäste auf die bewährte Weise durchgeführt, die schon bei der Zusammenführung der Datenbestände von Mitarbeiter- und Studentenverwaltung eingesetzt worden war:

1. Zuerst wurde mit einer Suche nach einem Vornamen, einem Nachnamen oder Geburtsnamen sowie nach dem Geburtsdatum eine Menge von Korrelationen ermittelt, die ohne weitere Prüfung übernommen werden konnten.
2. In einem zweiten Schritt und durch unschärfere Übereinstimmungsregeln − wenn z.B. zwar mindestens ein Vorname, ein Nachname, aber nicht alle Ziffern des Geburtsdatums übereinstimmten − wurde eine Menge von sehr wahrscheinlichen, aber noch manuell zu prüfenden Korrelationspaaren ermittelt.

Daraus resultierte eine Korrelation von MWN-IDs (i.e. Schlüsselattribut im Metadirectory) zu Bibliotheksnummern. Die Bibliotheksnummer wurde bei diesen Personen als zusätzliches Attribut im Metadirectory nachgetragen, damit der Task Manager beim Start der Kopplung durch den IDM Connector diese gefundenen Korrelationen jeden Fall berücksichtigt.

7.2 Bestimmung der Benutzergruppen

In den ursprünglichen Anforderungen der IDM-Kopplung beider Systeme war festgelegt, dass die Bibliotheksbenutzergruppe bei neuen Datensätzen gesetzt werden muss, damit die Statistikerzeugung und zukünftig die Rechtevergabe an Bibliotheksbenutzer richtig erfolgen kann. Nun gab es im Metadirectory jedoch kein der Benutzergruppe entsprechendes Attribut. Die Benutzergruppe musste vielmehr durch eine Kombination von Abbildungstabellen und zum Teil auch Heuristiken ermittelt werden.

Für immatrikulierte Studenten der TUM gab es nur eine Benutzergruppe. Bei TUM-Mitarbeitern war die Unterscheidung zwischen wissenschaftlichem und nicht-wissenschaftlichem Personal notwendig. In der Zeit vor der Provisionierung des Metadirectory durch TUMonline (hier differenzieren die Werte „staff" bzw. „employee" des Attributs imAffiliation hinreichend) musste aus der Anstellungsbezeichnung durch reguläre Ausdrücke heuristisch ermittelt werden, ob es sich um einen Wissenschaftler handelt. Dies ist etwa bei Teilstrings „Diplom", „Arzt", „Ingenieur" ohne Beachtung von Groß-Kleinschreibung oder auch durch Belegung des Attributs imTitelPre mit einem akademischen Grad meist der Fall.

Bei den Benutzergruppen werden im Bibliothekssystem auf Grund der zur TUM etwas abweichenden Nutzerklientel (u.a. auch Privatpersonen und Studenten anderer Hochschulen) auch andere Nutzergruppen unterschieden. So wurde durch das zusätzliche Metadirectory-Attribut „Gastherkunft" (Hochschule und Land) die Basis für die Berechnung der richtigen Benutzergruppe geschaffen.

Da XSLT die Stringverarbeitung nur rudimentär unterstützt, wurde die Berechnung der Benutzergruppen mit Hilfe der genannten regulären Ausdrücke in Java-Methoden ausgelagert. Das XSLT-Programm des LDAP-Readers ruft diese Methoden auf.

7.3 Abfrage von Bestandsdaten

Der streng unidirektionale Datenfluss im IDM Connector vom Quellsystem über Reader, Task-Manager und Writer ins Zielsystem stößt an seine Grenzen, wenn zur Bestimmung eines Wertes im Zielsystem nicht nur die neuen Daten aus der Quelle, sondern zusätzlich noch Bestandsdaten aus dem Zielsystem erforderlich sind. Dies war im SISIS-System bei der Zuordnung von Erst- und Zweitadresse, wie im folgenden Abschnitt genauer dargelegt wird, der Fall. Aber auch im Verzeichnisdienst kann diese Situation eintreten, wenn das Verzeichnis aus mehr als einer Datenquelle befüllt wird und so etwa künftig Daten von Bibliotheksgästen übernommen werden. Schließlich ist auch beim Schreiben einer Logging-Datei, die eine einfache Gegenüberstellung von alten und neuen Werten enthalten soll, eine Abfrage des Bestandswertes notwendig, bevor der Writer-Task den Wert endgültig überschreibt.

Die Lösung sind hier wieder Java-Methoden, die aus den XSLT-Programmen im Reader oder Writer des IDM Connectors aufgerufen werden. Die Java-Methoden setzen SQL-Queries über die Java Database Connectivity JDBC [5] direkt auf die SISIS-Datenbank ab, bzw. LDAP-Suchanfragen auf das angebundene Verzeichnis über das Java Naming and Directory Interface JNDI [6].

Wir haben beispielsweise eine Klasse `SunRiseDBQuery` implementiert,

- die über den Konstruktor `SunRiseDBQuery(String userID)` und eine statisch dauerhafte Verbindung zur SISIS-Datenbank eine Suchanfrage nach dem Benutzer mit Bibliotheksnummer userID absetzt und
- die mit der Methode `colValue(String colName)` den Wert der Tabellenspalte `colName` zum zuletzt gesuchten Benutzer auslesen kann.

Damit hat man im XSLT des SISIS-Writers folgendermaßen Zugriff auf diesen Wert:

```
<xsl:stylesheet version="1.0"
   xmlns:xsl="http://www.w3.org/1999/XSL/Transform"
   xmlns:dbquery="xalan://de.lrz.biblio.SunRiseDBQuery"
   ... >
...
<xsl:variable name="dbq"
   select="dbquery:new(string($userid))"/>
<xsl:variable name="oldValue"
   select="dbquery:colValue($dbq, $colName)"/>
...
```

7.4 Adresszuordnung

Die im vorigen Abschnitt beschriebene Java-Abfrage von Bestandsdaten aus Zielsystemen konnte für ein weiteres Problem herangezogen werden, und zwar konnten in der TUB die Benutzer bisher wahlweise eine ihrer Adressen als Haupt- und Mahnadresse angeben. Deshalb dürfen bei der Provisionierung über den IDM Connector die Adressen eines Benutzers, die im Metadirectory nach Privat- und Campusadresse gegliedert sind und damit evtl. umgekehrt angeordnet sind, nicht vertauscht werden.

Die Lösungsidee hierzu ist das Auslesen der Bestandsadressen im SISIS-Writer und der phonetische Vergleich mit den ggf. neu zu schreibenden Adressen, denn im Allgemeinen stimmen die erfassten Adressen in den Personenverwaltungssystemen und im Bibliothekssystem nicht zeichengenau überein.

Für den phonetischen Vergleich zweier Strings (Straßen- oder Ortsname) haben wir die folgende neue Algorithmus-Kombination implementiert, die mit Hilfe des

DoubleMetaPhone-Code [3] und der Levenshtein-Distanz [2] der Strings die *PL-Distanz* der Strings als ganzzahligen Wert liefert:

1. Normiere die beiden Strings, d.h. entferne Leerzeichen am Anfang und Ende, wandle in Kleinbuchstaben um, ersetze Umlaute durch ae, oe, ue, ersetze einfache Abkürzungen wie "str." nach "strasse".
2. Falls genaue Übereinstimmung der Strings, liefere PL-Distanz = 0.
3. Bestimme die DoubleMetaphone-Codes der beiden Strings, z.B. mit Hilfe der Apache Commons-Bibliothek [8].
4. Falls die DoubleMetaphone-Codes übereinstimmen, liefere PL-Distanz = 1.
5. Andernfalls liefere PL-Distanz = Levenshtein-Distanz der beiden Strings.

Mit diesem Algorithmus erreicht man, dass weder stark abgekürzte Namen (d.h. mit großer Levenshtein-Distanz, aber trotzdem gleichen DoubleMetaphone-Codes) noch einfache Buchstabendreher (mit kleiner Levenshtein-Distanz, aber eventuell starker phonetischer Auswirkung) zur falschen Einstufung als verschiedene Namen führen.

Mit der so ermittelten PL-Distanz kann man nun für eine neue Adresse entscheiden, mit welcher Bestandsadresse sie ggf. übereinstimmt. Hierzu wird zunächst für jedes Adressenpaar aus Bestand- und Zieladresse die Summe der PL-Distanz der Straßennamen, der PL-Distanz der Ortsnamen sowie der Levenshtein-Distanz der Postleitzahlen summiert. Man unterscheidet dann folgende Fälle:

- keine Bestandsadresse: beliebiger Erst- und Zweitadress-Eintrag;
- eine Bestandsadresse: Setze zur Berechnung der PL-Distanzsumme die zweite Bestandsadresse auf leere Strings; weiter wie bei zwei Bestandsadressen;
- zwei Bestandsadressen: Vor dem Eintrag der neuen Adressen müssen diese vertauscht werden, wenn die so entstehenden PL-Distanzsummen kleiner sind als die PL-Distanzsummen ohne Vertauschung.

Bei der manuellen Durchsicht der auf diese Weise zugeordneten und mit Hilfe des Lookahead-Loggers (siehe voriger Abschnitt) protokollierten Adresszuordnungen wurde ein äußerst zuverlässiges Verhalten des SISIS-Writers bezüglich der korrekten Bestimmung und Übertragung der Mahnadressen festgestellt.

8 Erfahrungen mit dem OCLC IDM Connector

Nach Installation und Konfiguration der IDM-Connector-Software Anfang 2007 wurden etliche Tests durchgeführt. Diverse Probleme, die in Abschnitt 8.1 angesprochen werden, verzögerten jedoch die Produktivführung, deren Planung in Abschnitt 8.2 dargestellt wird.

8.1 Probleme während der Pilotphase

Die Konfiguration und Anpassungen des IDM Connectors für die Metadirectory-SISIS-Kopplung konnten aus verschiedenen Gründen nur verzögert vorangebracht werden. Neben Personalengpässen waren dies leider auch immer wieder Unstimmigkeiten im Verhalten des IDM Connectors gewesen.

So wurden beispielsweise scheinbar korrekt übertragene Datensätze, die im IDM-Connector den Status „Task finished" erhalten hatten, wider Erwarten nicht in die SISIS-Datenbank geschrieben. Andere Probleme bestanden darin, dass gewünschte Attributzuordnungen nicht bzw. nicht wie erwartet vom IDM Connector umgesetzt wurden. Dies wird durch unterschiedliche Syntaxvarianten z.B. bei Datumsangaben oder Anredeformen in den angebundenen Systemen erschwert. Die im Wesentlichen gute Dokumentation des IDM Connectors war für manche Fehlersuchen nicht hinreichend detailliert, diese Fälle konnte jedoch durch Kontakt zum OCLC-Support geklärt werden.

Mittlerweile sind einige Änderungen aus diesem Pilotbetrieb in die neuen Versionen des IDM Connectors eingeflossen und die Dokumentation ist überarbeitet worden. Damit ist für weitere Bibliotheken, die den IDM Connector einsetzen wollen, ein zügigerer Start zu erwarten, wenngleich der Aufwand für die Installation und Inbetriebnahme des IDM Connectors in hohem Maße von der lokalen Einsatzumgebung, insbesondere dem verwendeten Datenschema sowie der Art und Anzahl abzugleichender Attribute, abhängig ist. Die Arbeiten an der Konfiguration und die Anpassung an lokale Verzeichnis- und Datengegebenheit sind nicht zu unterschätzen.

8.2 Produktivführung

Bis Ende 2008 konnten die beschriebenen Probleme beim Datenabgleich bereinigt werden. Eine erneut erforderliche Anpassung der Stylesheet-Dateien, die auf Grund des zwischenzeitlichen Umstiegs auf das neue Campus-Managementsystem TUMonline und des damit geänderten Datenschemas im Metadirectory erforderlich war, ist umgesetzt. Die Tests mit Datensätzen sind erfolgreich verlaufen, sodass der Datentransfer vom Verzeichnis in die Bibliotheksdatenbank korrekten Zuordnungen folgt. Verzögerungen bei der Produktivführung ergaben sich durch Verzahnung des IDM Connectors über dieselbe Testdatenbank mit dem übrigen SISIS-System, welches im Sommersemester 2009 einen langwierigen Update- und Testprozess an der TU-Bibliothek durchlief. Auch waren der Datentransfer vom neuen zentralen TUM-Personenverwaltungssystem TUMonline ins Metadirectory und von dort über den IDM Connector in die Bibliotheksdatenbank erneut zu testen und anzupassen.

Eine Anbindung des produktiven Bibliothekssystems via IDM Connector an den zentralen TUM-Verzeichnisdienst ist für das kommende Wintersemester

2009/2010 geplant. Mit den vom Metadirectory eingespeisten Benutzerdaten kann dann im nächsten Schritt die Komponente Identity Server des IDM Connectors zur Authentifizierung mit einem Unified Login für Bibliotheksdienste getestet werden.

9 Zusammenfassung

Zunächst waren zwei eigene Konzepte und Implementierungen für die Anbindung der zentralen Personendatenquellen der TUM an das SISIS-SunRise-Bibliothekssystem entwickelt worden, zuerst auf Basis von CSV-Dateien und dann durch Integration eines OpenLDAP-Servers mit SQL-Backend. Das dritte Konzept basierte schließlich auf der Identitätsmanagement-Komponente der SISIS-Bibliothekssoftware, die der Hersteller OCLC neu entwickelt und die TUB in Zusammenarbeit mit dem LRZ im IntegraTUM-Projekt als Pilotanwender getestet hat. Mit Hilfe dieses sog. IDM Connectors werden personenbezogene Daten, die im zentralen TUM-Verzeichnis (LDAP) vorgehalten werden, mit den Personendaten des Bibliothekssystems synchronisiert. Nach einigen TUM-spezifischen, selbst programmierten Erweiterungen steht das System nun kurz vor dem produktiven Einsatz.

Danksagungen

Der Dank der Autoren gilt Prof. Dr. Arndt Bode (TUM) und Prof. Dr. Heinz-Gerd Hegering (LRZ) für das Aufsetzen des IntegraTUM-Projekts, Dr. Johann Leiß (TUB) für die fachliche Begleitung, Robert Scheuerl (BVB) für die Verhandlungen mit der Firma OCLC, Irmgard Pohrer und Andreas Bihler (TUB) für ihr Engagement bei der Einführung und der Testinstallation der OCLC-IDM-Umgebung, sowie Daniel Pluta und Dr. Wolfgang Hommel (LRZ) bei der Bereitstellung und Vorkonfiguration der Verzeichnisdienst-Server.

Literatur

[1] Ebner, R., Pretz, E.: Konzept einer LDAP-Anbindung zwischen zentralem eDirectory und lokalem SISIS-Bibliothekssystem der Bibliothek der TU München, Konzeptpapier. Technischer Bericht, TU München und LRZ (2005)
[2] Levenshtein, V.I.: Binary codes capable of correcting deletions, insertions, and reversals. (in Russisch) In: Doklady Akademii Nauk SSSR, 163(4), 845-848 (1965). Englische Übersetzung in: Soviet Physics Doklady, 10(4), 707-710 (1966)
[3] Philips, L.: The Double Metaphone Search Algorithm, C/C++ Users Journal, June 2000. http://www.ddj.com/cpp/184401251 (Zugriff August 2009)

[4] Smith, M. (Editor): Persistent Search: A Simple LDAP Change Notification Mechanism. The Internet Engineering Task Force (IETF), Internet Draft (2000). http://tools.ietf.org/html/draft-ietf-ldapext-psearch-03

[5] Sun Microsystems Inc.: JDBC Overview, http://java.sun.com/products/jdbc/overview.html (Zugriff 10.08.2009)

[6] Sun Microsystems Inc.: JNDI (Java Naming and Directory Interface), http://java.sun.com/products/jndi (Zugriff 10.08.2009)

[7] Technische Universität München: TUMonline, http://portal.mytum.de/iuk/cm/tumonline (Zugriff 10.08.2009)

[8] The Apache Software Foundation: Apache Commons Codec, http://commons.apache.org/codec/userguide.html (Zugriff 10.08.2009)

[9] The OpenLDAP Foundation: OpenLDAP, http://www.openldap.org (Zugriff 10.08.2009)

Teil VII
IuK-Basisdienste: Speicher, E-Mail und Fakultätsinfrastruktur

Integrierte Speichersystem-Architektur zur Unterstützung hochschulübergreifender IT-Dienste

Christoph Biardzki, Werner Baur, Bernd Reiner

Zusammenfassung Speichersysteme bilden die Basis für zahlreiche höherschichtige IT-Dienste. Auch im IntegraTUM-Projekt der Technischen Universität München werden zahlreiche Dienste wie E-Mail oder E-Learning angeboten, die hochverfügbaren Speicherplatz benötigen. Die Arbeit beschreibt die Umsetzung dieser Speichersysteme sowie auch neu implementierte Dateidienste für Endbenutzer. Es werden die Anforderungen und Rahmenbedingungen diskutiert und die implementierte Lösung vorgestellt.

1 Einführung

Der erfolgreiche Betrieb komplexer IT-Dienste setzt zuverlässigen Speicherplatz für elektronische Datenbanken und Dokumente voraus. Das am Leibniz-Rechenzentrum (LRZ) angesiedelte Teilprojekt „Datenspeicher" im IntegraTUM-Projekt beschäftigt sich mit der Evaluierung geeigneter Architekturen und dem operativen Betrieb von Speichersystemen für digitale Daten.

Die Aufgaben des Teilprojekts „Datenspeicher" beinhalten sowohl die Bereitstellung von Speicherplatz für zentrale IT-Dienste (z.B. E-Mail, E-Learning, usw.) als auch die Dateiablagen für Endbenutzer. Obwohl in beiden Fällen Speicherplatz benötigt wird, unterscheiden sich die beiden Bereiche in den Anforderungen der Dienstnutzer und beim technischen und administrativen Betrieb. Bei der Auswahl einer Architektur müssen zusätzlich organisatorische Aspekte in Forschung und Lehre berücksichtigt werden.

Abschnitt 2 beschreibt die grundlegenden Anforderungen und Ziele für beide Aufgabenbereiche, während Abschnitt 3 auf die speziellen Rahmenbedingungen im Hochschulumfeld eingeht. Abschnitt 4 stellt die umgesetzte Architektur vor und diskutiert Erfahrungen aus dem bisherigen Betrieb. Eine Zusammenfassung mit Ausblick auf zukünftige Herausforderungen resümiert den Beitrag.

2 Anforderungen und Zielsetzung

2.1 Speicherplatzversorgung für zentrale IT-Dienste

Beliebte und wichtige IT-Dienste, wie beispielsweise E-Mail, sind auf einen zuverlässigen Datenspeicher angewiesen. Das LRZ bietet den über 90.000 Mitarbeitern und Studenten beider Münchner Universitäten (TUM und LMU) ein E-Mail-Konto mit derzeit 2 GB Speicherplatz. Ganzjährig und rund um die Uhr sind mehrere Tausend Benutzer gleichzeitig aktiv. Es ist klar, dass in dieser Größenordnung die zuverlässige Speicherung der Daten von den Dienstbetreuern der E-Mail-Dienste nicht allein sichergestellt werden kann. Bei einer sinnvollen Aufgabenteilung innerhalb des Rechenzentrums kümmern sich die E-Mail Systembetreuer um operative Aspekte des E-Mail-Betriebs, während ein Speichersystem-Team über eine klar definierte Schnittstelle hochverfügbaren Speicherplatz bereitstellt.

Bei anderen Diensten, wie etwa E-Learning oder bestimmtem Web-Portalen, ist die Situation analog. Der interne „Speicherplatz-Service" innerhalb des Rechenzentrums muss also zahlreiche IT-Dienste gleichzeitig bedienen können. Die konkreten technischen Anforderungen hängen von den Bedürfnissen der jeweiligen Dienst-Applikation ab. Zusätzlich muss definiert werden, wie Daten vor Verlust geschützt werden.

Wegen der fortlaufenden Evolution der Dienste gibt es oft mehrere verschiedene Instanzen für einen Dienst, die gleichzeitig für unterschiedliche Benutzergruppen betrieben werden. Beispielsweise werden am LRZ für E-Mail sowohl Unix-basierte Mailserver als auch Microsoft Exchange betrieben. Zusätzlich sind Dienstbetreiber oft an einer unterbrechungsfreien Erweiterung von Speicherkapazitäten interessiert.

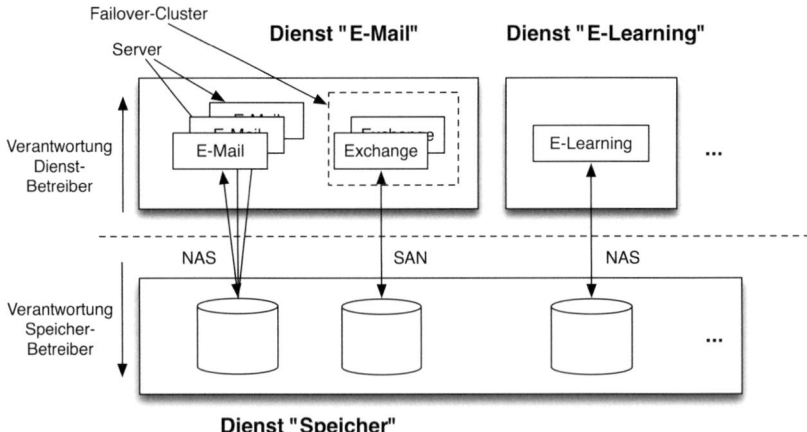

Abb. 1 Aufgabenteilung bei Speicherdiensten

Zwei etablierte Architekturkonzepte für die Anbindung von externen Speichersystemen sind Storage Area Networks (SAN) und Network Attached Storage (NAS). Bei SAN wird durch Protokolle wie SCSI einem Server ein virtuelles Block-Device zur Verfügung gestellt, das wie eine normale Festplatte vom Server-Administrator verwaltet und benutzt werden kann. Die physische Datenspeicherung erfolgt jedoch in einem zentralen Speichersystem. Dieser Ansatz ist beispielsweise für Datenbanken wie Exchange geeignet.

NAS bietet über Protokolle wie NFS oder CIFS ein verteiltes Dateisystem und verwaltet Dateien anstatt von Daten-Blöcken. Damit ist NAS semantisch etwas reicher, da die Dateisystem-Verwaltung ebenfalls vom Speichersystem erledigt wird und so etwa die Anpassung der Größe eines NAS-Speicherbereiches einfach umzusetzen ist. Insbesondere können bei NAS auch mehrere Server auf die gleichen Daten zugreifen, während ein simultaner Zugriff bei SAN nicht direkt möglich ist. Allerdings können nicht alle Applikationen mit NAS-Dateisystemen arbeiten. Daher bestimmt oft die Anwendung, welche der beiden Optionen genutzt wird.

Sowohl bei SAN als auch bei NAS bietet ein externer Datenspeicher eine große Erleichterung beim Aufbau von hochverfügbaren Diensten durch Failover-Cluster. Sollte ein Server ausfallen, kann ein zweiter seine Aufgaben übernehmen. Das setzt natürlich voraus, dass die Speichersysteme selbst hochverfügbar sind. Diese Anforderung ist sehr wichtig, denn – im Gegensatz zu einem Server oder einer Netzwerkkomponente – können zerstörte Daten nicht einfach neu gekauft und nochmals installiert werden. Daher müssen zentrale Speichersysteme sowohl unterbrechungsfreien Zugriff, als auch einen Schutz der gespeicherten Daten vor Beschädigung durch Hardware- und Softwareprobleme bieten. Der kontinuierliche Betrieb sollte dabei auch bei Wartungsarbeiten gewährleistet sein, da gerade bei mehreren aktiven Diensten Wartungsfenster für Software-Updates oder Erweiterungen kaum zu finden sind.

2.2 Speicherplatz für Endbenutzer

Bei der Nutzung von E-Mail greifen Endbenutzer nur indirekt auf Speichersysteme zu: beispielsweise wenn sie eine neue E-Mail aus ihrem Postfach abrufen. Damit ist der Dienst die einzige Schnittstelle zu Speichersystem. Oft ist es aber sinnvoll, einen zuverlässigen Datenspeicher selbst als Dienst anzubieten, damit Benutzer eigene Dokumente und Ergebnisse sicher speichern und gemeinsam bearbeiten können.

An einer im IT-Bereich sehr dezentral aufgebauten Universität wie der TUM betreiben fast alle Lehrstühle und Projektgruppen eigene Dateiserver für eigene Mitarbeiter und Studenten. Der Austausch von Daten zwischen verschiedenen Einrichtungen ist jedoch schwierig: einerseits wegen der unterschiedlichen Benutzerkennungen und auch wegen technischer Hindernisse wie Firewalls. Auch ist der IT-Betrieb für kleinere Einrichtungen mit wenigen Personen eine bemerkbare Belastung, die wissenschaftliches Personal bindet und laufende Kosten verursacht. Hier kann ein Rechenzentrum mit einem zentralen Dienst helfen, indem eine allgemein zugängliche Plattform für den Datenaustausch eingerichtet wird. Im einfachsten Fall ist das ein verteiltes Dateisystem mit einem Standardprotokoll wie CIFS, welches direkt in Betriebssystemen wie Windows oder Linux eingebunden werden kann. Zusätzlich ist es hilfreich, wenn auch von außerhalb des Campus über das Internet mit einem Web-Browser sicher auf die Daten zugegriffen werden kann.

2.3 Datenmanagement

Aus der Sicht von IT-Dienst-Betreibern und Endbenutzern sind die Anforderungen an Speichersysteme recht einfach: die Daten sollten sicher gespeichert werden und jederzeit verfügbar sein. Die Umsetzung dieser Anforderungen ist jedoch aufwändig und erfordert im Hintergrund zahlreiche Arbeiten seitens der Speichersystem-Administratoren. Dazu gehören eine geeignete Redundanz bei der Datenablage, um defekte Festplatten tolerieren zu können, die Migration von alten auf neue Speichersysteme oder laufende Erweiterungen der Kapazitäten. Diese Arbeiten können von Spezialisten im Rechenzentrum erfahrungsgemäß langfristig und strategisch geplant und mit mehr Routine durchgeführt werden, als bei einer kleineren Einrichtung, die nur selten mit schwierigeren Aufgaben oder Problemen konfrontiert wird. Glücklicherweise bleiben diese Arbeiten den Nutzern der Speicherdienste verborgen.

3 Rahmenbedingungen für Speicherdienste im Umfeld von Forschung und Lehre

Im Unterschied zu E-Mail oder WWW liegt der Nutzen von Speicher-Diensten nicht nur in einem professionellen operativen Betriebs, sondern beinhaltet auch als wesentlichen Bestandteil den teuren, physischen Speicherplatz. Gerade bei professionellen Speichersystemen, die hohe Anforderungen an Verfügbarkeit, Datenintegrität und Erweiterbarkeit erfüllen sollen, handelt es sich derzeit nicht um sog. „commodity hardware" – also allgemein und in guter Qualität verfügbare Komponenten wie etwa Server oder Switche. Damit gehören Speichersysteme zu den teuersten Bestandteilen eines mehrschichtig aufgebauten IT-Dienstes, was bei der Initialbeschaffung und bei Erweiterungen berücksichtigt werden muss.

3.1 Lebenszyklus von IT-Systemen

Durch gesetzliche Vorgaben ist der Ablauf von größeren Beschaffungen im öffentlichen Dienst von langen Vorbereitungs- und Vorlaufzeiten geprägt. Er beinhaltet eine Initialplanung, Budgetierung, Beantragung, Genehmigung und Detailplanung mit Leistungsbeschreibung, die schließlich in einer öffentlichen Ausschreibung mündet. Selbst bei einer routinierten Durchführung bedeutet das oft eine Zeitspanne von etwa einem Jahr zwischen einem ersten konkreten Antrag und der Inbetriebnahme des jeweiligen Systems. Auf Speichersysteme übertragen wird damit einerseits deutlich, weshalb kleinere, dezentrale Systeme an Universitäten eher beschafft werden als größere, zentralisierte Lösungen. Andererseits wird auch klar, dass sich bei langen Zeiträumen Änderungen in den Anforderungen ergeben können, auf die ein IT-System während seiner Lebensdauer flexibel eingehen muss. Beispielsweise kann es passieren, dass sich die tatsächliche Belegung von Speicherplatz durch Dienste gegenüber der geplanten Belegung ändert und Speicherplatz umgewidmet werden muss.

3.2 Dienstakzeptanz und Kapazitätsplanung

Im Rahmen des IntegraTUM-Projektes wurden mehrere neue IT-gestützte Dienste eingeführt. Im Gegensatz zu einem Unternehmen lässt sich die tatsächliche Akzeptanz und damit die Nutzung eines Dienstes nur schwer im Voraus ermitteln, da nur bei wirklich zentralen Diensten (z.B. einem SAP-System) eine Nutzung verpflichtend ist. Im Falle von E-Mail existieren – zumindest für Studenten – zahlreiche Alternativen zur „offiziellen" Uni-E-Mail-Adresse, wie etwa GMX. Bei E-Learning wiederum ist die Akzeptanz vom verfügbaren Content abhängig und dieser wiederum von der strategischen Ausrichtung der einzelnen Lehrstühle. Hieraus ergeben sich erhebliche Schwierigkeiten bei der Dimensionierung der zugrundeliegenden Speichersysteme, so dass ein „on-demand"-Modell notwendig und sinnvoll wird.

3.3 Dezentralisierung und Rezentralisierung

Während der Projektlaufzeit wurde immer wieder die Frage aufgeworfen, ob mit den zentralen Dateidiensten für Endbenutzer eine vollständige Rezentralisierung von Speicherressourcen und insbesondere Fileservern erreicht werden kann und soll. Aus heutiger Sicht kann man sagen, dass zentrale wie dezentrale Dateidienste sehr gut nebeneinander existieren können und müssen.

Wegen der enormen bestehenden, dezentralen Speicherkapazitäten und den vielfältigen Finanzierungsmöglichkeiten – auch über Drittmittel – der einzelnen

Einrichtungen der Hochschule ist ein „zentraler Speicher", der den Bedarf einer TU München abdecken kann, derzeit illusorisch. Insbesondere die noch unzureichenden Möglichkeiten für eine Leistungsverrechnung zwischen Rechenzentrum und Hochschule sind problematisch, da dem Rechenzentrum in der Regel nur Mittel für die Beschaffung von Geräten, aber keine Mittel zur langfristigen Finanzierung von Personalstellen zur Verfügung stehen und auch verrechnete Geldmittel nicht ohne weiteres umgewandelt werden können. Aus technischer Sicht sind ebenfalls Verbesserungen notwendig – so braucht ein größtenteils zentralisiertes System starke Redundanz beispielsweise im Bereich der Netzverbindungen zu den einzelnen Standorten, um nicht zu einem kritischen Engpass zu werden.

Zentrale Dateidienste können jedoch nicht ohne die Vermittlerrolle eines Rechenzentrums entstehen. So gibt es beispielsweise für einzelne Einrichtungen einer Hochschule kaum einen Anreiz, durchgehend alle Studenten und Mitarbeiter mit einer „Grundausstattung" an Speicherplatz zu versorgen. Damit teilt sich die Landschaft in Einrichtungen, die derartige Dienste mühelos selbst betreiben können und andere, oft kleinere, die lieber zentral verfügbaren Speicherplatz nutzen möchten. Diese sind auch zunächst die primäre Zielgruppe für zentrale Dateidienste.

Das LRZ in seiner Rolle als Netzbetreiber des Münchner Wissenschaftsnetzes (MWN) verfügt auch über gute Kontakte zu lokalen Netzverantwortlichen im Campus um beispielsweise Firewalls öffnen zu lassen, die oft standardmäßig den Betrieb von Dateidiensten blockieren.

Vom Rechenzentrum geplante Speichersysteme können besser ausgelastet und damit billiger und umweltschonender betrieben werden, als dezentraler Speicher, der zwar in der Anschaffung oft sehr günstig ist, aber über einen langen Teil seiner Betriebsdauer nicht effizient genutzt wird. Wenige hochverfügbare Systeme können oft günstiger beschafft und später erweitert werden, als einzelne kleinere Systeme.

3.4 Verzeichnisdienst als Bindeglied zwischen zentralen und dezentralen Systemen

Den zentralen Verzeichnisdiensten, die im Rahmen von IntegraTUM implementiert worden sind, kommt eine wichtige Rolle bei der Etablierung von Dateidiensten zu. In das eingesetzte Active Directory von Microsoft können sowohl zentrale, als auch lokale Ressourcen transparent eingebunden werden. Aus der Sicht von Benutzern spielt es dann keine Rolle, wo genau bestimmte Systeme stehen. Damit steht sowohl der Migrationsweg von lokalen zu zentralen Speichersystemen offen, wie auch umgekehrt. Die zentral vom Rechenzentrum angebotenen Dienste decken dabei den Bereich des Datenaustausches ab, während lokale Ressourcen zusätzliche Kapazität bieten können.

4 Integrierte Architektur für Speicher-Dienste

Für die Implementierung der Speicher-Dienste wurden Speichersysteme der Firma Netapp ausgewählt (sog. „NAS-Filer"). Sie integrieren SAN und NAS-Protokolle in einem System („unified storage") und bieten zahlreiche Möglichkeiten, die Daten hochverfügbar zu halten und zu sichern. Insbesondere gibt es die Möglichkeit, den Speicherplatz sehr flexibel zuzuweisen und nachträglich umzuverteilen, was angesichts der nicht immer zutreffenden Kapazitätsprognosen außerordentlich hilfreich ist. Die Systeme können im laufenden Betrieb um zusätzliche Speicherkapazität erweitert werden. Eine spezielle Fähigkeit sind schließlich sowohl für SAN als auch für NAS verfügbare Snapshots, die eine einfache, anwenderseitige Wiederherstellung von Daten auf einen älteren Zustand ermöglichen.

4.1 Hochverfügbare Implementierung der Hintergrundspeicher für andere IT-Dienste

Für die Versorgung der IntegraTUM-Dienste werden die Protokolle iSCSI (SAN) und NFS Version 3 (NAS) eingesetzt (Abbildung 2). Auf das sonst für SANs eingesetzte FibreChannel wurde bei der Andbindung der Server aus Kosten- und Flexibilitätsgründen verzichtet, da es eine separate Infrastruktur mit eigenen Adaptern und Switchen erfordert.

Windows-basierte Server nutzen iSCSI in Verbindung mit einer zusätzlichen Provisionierungssoftware („Snapdrive/Snapmanager"). Diese erlaubt den Administratoren, Anpassungen der Konfiguration in Eigenregie durchzuführen – natürlich innerhalb eines vom Speicheradministrator vorgegebenen Rahmens. So können Speicherbereiche einfach im laufenden Betrieb vergrößert werden. Weiterhin sorgt die Software auch für konsistente, Snapshot-gestützte Backups von Anwendungen wie Exchange ohne den laufenden Betrieb zu unterbrechen.

Linux-basierte Server nutzen größtenteils NFS, da es sehr einfach zu verwalten ist und von vielen UNIX-Applikationen unterstützt wird. Beispielsweise arbeitet der Mailserver „Dovecot" einwandfrei mit externem NFS-Speicherplatz. Mit Hilfe von Snapshots können hier einzelne E-Mail einfach wiederhergestellt werden.

Ein Dienst mit großen Zukunftsperspektiven ist das Hosting von virtuellen Servern (VMs) unter VMware ESX, welches ab 2010 auch den Universitäten aktiv angeboten werden wird. Mit einem gemeinsamen Speicher können hochverfügbare Cluster von Virtualisierungsservern betrieben werden, so dass ausgefallene VMs innerhalb kürzester Zeit auf anderer Hardware gestartet werden können. Für VMware ESX wird am LRZ ebenfalls sehr erfolgreich das NFS-Protokoll eingesetzt, da es die Verwaltung im Vergleich zum SAN grundlegend vereinfacht.

Die Zuweisung von Speicherplatz an die einzelnen Dienste ist sehr flexibel: das Speichersystem bildet aus einzelnen Festplatten einen redundanten RAID-Verbund, der gegen bis zu zwei gleichzeitige Festplattenausfälle pro RAID-Gruppe geschützt ist und regelmäßig auf Integrität überprüft wird, damit auch Probleme bei inaktiven Daten erkannt werden. Der so abgesicherte Speicherplatz kann anschließend als SAN oder NAS-Speicherplatz freigegeben werden. Bei NAS kann die Zuteilung vergrößert und verkleinert, bei SAN in der Regel nur vergrößert werden.

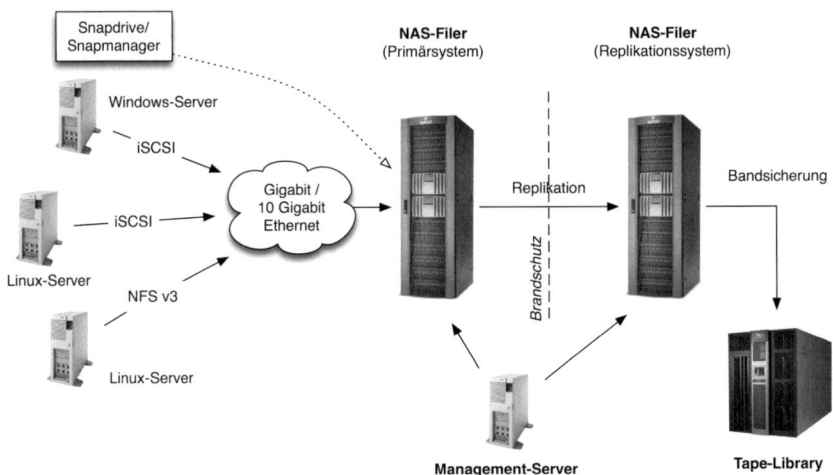

Abb. 2 Implementierung der Dienstversorgung und Datenschutz

Mit Hilfe eines Failover-Clusters wird das Primärsystem gegen Hardware- und teilweise auch Software-Probleme geschützt. Bei einer Störung kann ein zweiter NAS-Filer den Betrieb innerhalb von einigen Sekunden wieder aufnehmen und gleichzeitig Diagnoseinformationen zur Störungsursache an das Betriebsteam und direkt an den Hersteller melden.

Um das Primärsystem-Cluster gegen einen katastrophalen Schaden zu schützen, werden die Daten und die Snapshots etwa einmal pro Stunde auf ein in einem separaten Brandabschnitt aufgestelltes Zweitsystem repliziert. Dieses hat nicht nur alle Daten, sondern könnte auch im Notfall sofort als Ersatz für das Primärsystem einspringen und den letzten replizierten Zustand anbieten. Von diesem Zweitsystem werden zusätzliche Backups auf Band erstellt. Allerdings ist die Wiederherstellungszeit bei reinen Band-Backups nicht zu unterschätzen. Für die Nutzer sind die Backup-Aktivitäten komplett transparent – sie können einfach davon ausgehen, dass durch Systemausfälle beschädigte Daten von den Speicheradministratoren komplett wiederhergestellt werden können.

Ein zentraler Management-Server überwacht den Betrieb der Speichersysteme und meldet abnormale Betriebszustände wie etwa volllaufende Dateisysteme oder verzögerte Replikationen. Weiterhin werden laufend Konfigurations- und Statistikdaten erfasst.

4.2 Implementierung der Endbenutzer-Dienste

Aus Sicht der Endbenutzer von Dateidiensten sieht die Architektur wie in Abbildung 3 dargestellt aus, wobei die Replikation und Datensicherung analog zu Abbildung 2 verläuft und wegen der Übersichtlichkeit weggelassen wurde.

Die am LRZ installierten NAS-Filer bieten persönliche Verzeichnisse und Projektlaufwerke über das CIFS-Protokoll an. CIFS ist das Standardprotokoll von Windows, wird jedoch auch von Linux und Mac OS X sehr gut unterstützt. Für die Authentifizierung wird das vom zentralen IntegraTUM-Verzeichnis provisionierte Active Directory (AD) verwendet. Die Authorisierung erfolgt über Zugriffskontrollisten (ACL) im Dateisystem. Da die ACLs für Rechner, die nicht der AD-Domäne angehören, schwieriger zu setzen sind, wurde ein spezieller Terminalserver für administrative Zwecke eingerichtet. Dort können entsprechend berechtigte Benutzer neue Benutzergruppen bilden und verwalten.

Die Endbenutzer können direkt mit CIFS über das Münchner Wissenschaftsnetz (MWN) auf die NAS-Filer zugreifen. Das MWN hat eine schnelle, redundante Backbone, die aus den Standorten Garching, München-TU und München-LMU besteht. Von dort aus sind die einzelnen Gebäude der TU München, aber auch der Ludwig-Maximilians-Universität (LMU) angebunden.

Befindet sich ein Benutzer außerhalb des MWN im Internet, muss eine VPN-Verbindung benutzt werden. Alternativ ist auch ein Zugriff über die „Webdisk" möglich. Dieser Browser-basierte Service wurde am LRZ implementiert, ist ähnlich zu bedienen wie ein Windows-Explorer und ermöglicht den weltweiten Zugriff auf die Daten – nützlich etwa für Konferenzteilnehmer, die ihre Präsentation in München vergessen haben.

Allen Benutzern stehen persönliche Dateiablagen zur Verfügung (siehe Tabelle 1), die Speicherplatz für 10 GB oder 30.000 Dateien bieten. Auf die in den persönlichen Verzeichnissen gespeicherten Daten hat nur der jeweilige Eigentümer Zugriff, so dass dort persönliche Dateien sicher aufbewahrt werden können, ohne Zugriffrechte setzen zu müssen. Gleichzeitig wird der Austausch von urheberrechtlich geschütztem Material über die persönlichen Verzeichnisse verhindert.

Um Daten mit anderen Benutzern zu teilen werden sog. Projektverzeichnisse eingesetzt (Tabelle 1). Für jede Fakultät kann der Information Officer (IO) entscheiden, wie der Speicherplatz verteilt wird. Üblicherweise erhält jeder Lehrstuhl einen eigenen, mit einem Quota versehenen Speicherbereich als Projektverzeichnis. Innerhalb dieses Bereiches können mit Hilfe von ACLs Zugriffsrechte vergeben werden. Dabei ist es sehr hilfreich, dass sich alle Benutzer der TUM (und zukünftig auch der LMU) im Active Directory befinden und damit ein gezielter und sicherer Datenaustausch möglich wird. Das erleichtert und fördert die interdisziplinäre Zusammenarbeit.

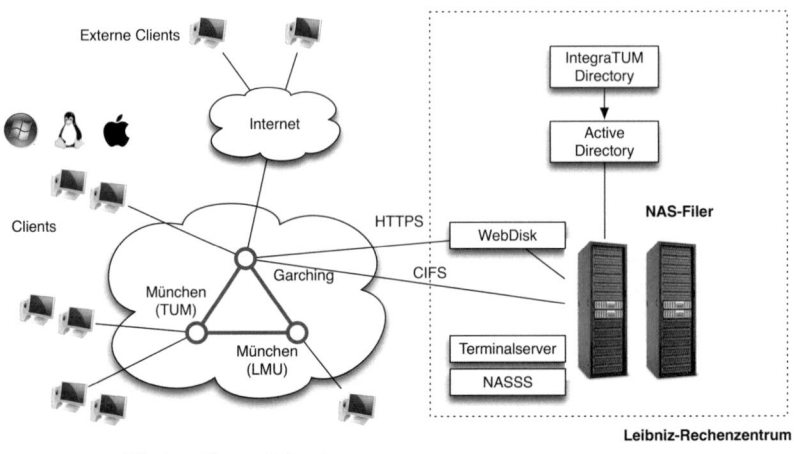

Abb. 3 Implementierung der Endbenutzer-Dateidienste

Bei Problemen ist der im Rahmen von IntegraTUM implementierte IT-Service-Desk der TUM ein erster Ansprechpartner. Dies betrifft Fragen, Störungsmeldungen und Änderungswünsche. Für den speziellen Fall von Anfragen zu Quotas gibt es NASSS, den „NAS Self Service", mit dem Berechtigte Quotas abfragen und setzen können.

Im Juni 2009 waren täglich bis zu 500 Benutzer gleichzeitig mit dem NAS-Filer verbunden und im Laufe einer Woche wurden etwa 800 verschiedene Benutzer-Kennungen und etwa 600 eindeutige IP-Adressen identifiziert. Die Anzahl der Benutzer steigt dabei meistens zu Beginn eines jeden Semesters, da dies von vielen Lehrstühlen als geeigneter Zeitpunkt für Umstellungen angesehen wird.

Tabelle 1 Arten der Dateifreigaben

	Persönliches Verzeichnis	Projektverzeichnis
Primärer Verwendungszweck	Ablage für persönliche Dateien des Benutzers	Dateiablage für Projekt- / Arbeitsgruppen
Zielgruppe	Einzelner Benutzer	Gruppen von Benutzern
Einrichtung	Automatisch – sofort verfügbar	Vergabe von initialen ACLs durch Administrator notwendig
Zugriffsberechtigung	Nur Besitzer	Einstellbar mit ACLs
Quota	10 GB oder 30.000 Dateien pro Benutzer	Wählbar nach Abstimmung mit IO der Einrichtung
Quota-Anpassung	„Einheitsquota": wird periodisch für alle erhöht	Anpassung durch Service Desk oder über Self-Service nach Abstimmung mit IO
Datensicherung aus Benutzersicht	Snapshots mit Self-Service Wiederherstellung	
	Es werden zu jedem Zeitpunkt >30 Snapshots in unterschiedlichen Zeitintervallen aufbewahrt (bis ca. 4 Wochen zurückreichend)	

5 Zusammenfassung und Ausblick

Die aufgebaute Lösung hat sich im operativen Betrieb bisher durch sehr gute Zuverlässigkeit ausgezeichnet. IntegraTUM-Dienste, die den Speicherplatz nutzen, konnten sich in den letzten Jahren über einen störungsfreien Betrieb freuen. Die implementierte Architektur kommt sehr gut mit sich ändernden Anforderungen zurecht, sowohl seitens der bestehenden, wie auch von neuen Diensten. Im operativen Betrieb sind etwa 65% der verfügbaren Speicherkapazität belegt.

Die Endbenutzer-Dateidienste befinden sich noch in der Aufbauphase. Das Angebot ist insgesamt neu und es findet ein kontinuierliches Wachstum stattfindet. Es ist momentan ein hohes Interesse von neu eingerichteten Lehrstühlen zu beobachten, die gerne auf eine Dienstleistung zurückgreifen, anstatt eigene IT-Systeme aufzubauen. Wie die Zuwachsraten in Zukunft aussehen und in welchem Umfang das Angebot langfristig genutzt werden wird, wird sich erst in einigen Jahren zeigen. Die hohe Skalierbarkeit der Systeme erlaubt es jedenfalls, auch auf künftige Anforderungen flexibel zu reagieren.

Das LRZ bemüht sich derzeit auch um eine vergleichbare Integration der Ludwig-Maximilians-Universität und betreibt hier schon seit mehreren Jahren ein Pilotprojekt mit einer ausgewählten Fakultät. Da die Existenz eines übergreifenden Verzeichnisdienstes notwendige Voraussetzung für zentrale Dateidienste ist, muss erst dieser Verzeichnisdient etabliert werden, bevor die LMU in die Gesamtstruktur integriert werden kann.

Aus technischer Sicht gibt es viel Interesse an NFS Version 4, einer verbesserten Version des NFS-Protokolls, das eine nahtlose Einbindung von Linux-Clients ermöglichen könnte. Obwohl CIFS von Linux gut unterstützt wird, kann es noch nicht als natives Homeverzeichnis benutzt werden. Momentan gibt es hier jedoch keine saubere Abbildung zwischen den Zugriffsrechten für CIFS und denen für NFS Version 4.

Zwei Technologien, die derzeit evaluiert und in naher Zukunft zum Einsatz kommen werden, sind die Deduplikation und Solid State Disks (SSD). Mit Hilfe der Deduplikation können Redundanzen in Datenbeständen transparent entfernt werden, so dass je nach Anwendung der Speicherplatzverbrauch um 35% (bei Dateidiensten) bis 85% (bei VMware) reduziert werden kann. Solid State Disks sind insbesondere als schnelle Zwischenspeicher für häufig genutzte Daten sinnvoll und tragen durch verringerte Latenzzeiten dann zu einer erheblichen Verbesserung der Leistung bei. Durch die Kombination mit SSDs können langsamere, aber größere und energiesparendere Festplatten eingesetzt werden.

Die Kapazität und Leistung der Speichersysteme war bisher kein Grund zur Sorge, allerdings wird die wachsende Akzeptanz zwangsläufig zu einem höheren Bedarf an Speicherplatz und Leistung führen. Bereits jetzt zeigt sich durch digitale Datenerfassung (Bilder, Videos und Meßprotokolle) ein überproportionaler Anstieg der Dateigrößen. Hier ist eine Lösung bereits in Aussicht: durch skalierbare Dateisysteme, z.B. Netapp Ontap 8, wird ein für die Benutzer transparenter, gemeinsamer Namensraum über mehrere NAS-Filer aufbaut. Eine solche Architektur, die ab 2011 implementiert werden könnte, würde den zentralen Dateidiensten eine nahezu uneingeschränkte Skalierbarkeit bis in weit in den zweistelligen Petabyte-Bereich ermöglichen.

IntegraTUM Teilprojekt E-Mail: Rezentralisierung von E-Mail-Services

Max Diehn, Ado Haarer, Alexander Schreiner, Michael Storz

Zusammenfassung Das Teilprojekt E-Mail hatte ursprünglich die Aufgabe einen zentralen Mailservice mit verteilter Administration der Mailadressen für die TUM aufzubauen und diesen durch Anti-Spam- und Anti-Viren-Maßnahmen zu schützen. Auf diesen Mailservice sollten sowohl die am LRZ gehosteten Maildomains als auch die vielen lokal betriebenen Mailserver – soweit von deren Betreibern gewünscht – migriert werden. Neben einigen Rückschlägen und Hindernissen kam es im Laufe des Projektes auch zu einer Änderung der Anforderungen, sodass zum Ende des Projektes statt eines reinen Mailsystems ein Doppelsystem mit „shared SMTP address space" bestehend aus einem klassischen Message-Store mit POP/IMAP-Zugriff auf Basis von Postfix + Dovecot und einem Groupware-System auf Basis von Microsoft Exchange in Produktion ging, wobei jeder Mitarbeiter und Student der TUM wählen kann, auf welchem der beiden Systeme sich seine Mailbox befindet.

1 Ausgangslage und Ziele

Wie an den meisten Hochschulen entwickelten sich die Mailservices zu Beginn der Internet-Ära auch an der TUM schnell, aber gerade deshalb nicht immer koordiniert. So wurden von vielen Einrichtungen unterschiedlicher Gliederungsebenen (Fakultäten, Institute, Lehrstühle) dezentral eigenständige Mailserver aufgebaut und betrieben. Zu Beginn des Projekts gab es ca. 100 solcher dezentraler Mailserver, während ca. 60 andere Einrichtungen die Mailservices des LRZ in Anspruch nahmen und ihre Maildomains dort betreiben ließen.

Neben diesen einrichtungsspezifischen Maildomains existierte seit Anfang 1997 ein zentraler Mailservice für die Studenten der TUM (mit der Domain *stud.tu-muenchen.de*), der im Oktober 2003 durch einen – auch für Mitarbeiter gedachten – TUM-weiten Mailservice mit den beiden Domains *mytum.de* (für Mitarbeiter und Studenten) und *tum.de* (nur für Mitarbeiter) abgelöst wurde.

Im Laufe des Jahres 2003 wurden Spam-Mails zu einer echten Plage. Hielt sich bis dahin der Anteil der Spam- und Viren-Mails am Gesamtaufkommen des Mailverkehrs – aus heutiger Sicht – noch in Grenzen, so explodierte er jedoch ab 2003, als die Spammer anfingen, Proxy-basierte Botnets[1] zum Versenden ihrer Spam-

---

[1] Bis 2003 wurden von den Spammern meistens offene Mail- und Proxy-Server zum Spammen missbraucht. Ab 2003 machten sich die Spammer selbstständig, indem sie Rechner über Viren-

Mails zu nutzen. Wurden im Dezember 2002 von den Mailrelays des LRZ noch 160.000 E-Mails am Tag verarbeitet, so waren es im Dezember 2003 schon 600.000 und Ende 2004 bereits 1.200.000 E-Mails. Ein wichtiges Projektziel war es daher auch einen wirksamen Schutz vor Spam- und Viren-Mails aufzubauen.

Insgesamt war die Ausgangslage also, dass es an der TUM drei Arten von Mailservices gab: den zentralen (my)tum-Mailservice, die am LRZ gehosteten Maildomains und die lokal von den Einrichtungen betriebenen Mailserver. Ziel des Projekts war es, einen zentralen Mailservice für die TUM aufzubauen, in den alle diese Mailservices umgezogen werden sollten, und bei dem jeder Benutzer genau eine Mailbox statt wie bisher häufig üblich mehrere hat. Der zentrale Mailservice sollte hochverfügbar und skalierbar ausgelegt sein und eine zentrale Spam- und Viren-Abwehr beinhalten. Er sollte außerdem so konzipiert werden, dass er später analog auch für die anderen Kunden des LRZ – insbesondere für die Ludwig-Maximilians-Universität (LMU) München – etabliert werden konnte. Die grundsätzlichen konzeptuellen Überlegungen dazu wurden bereits in einem HBFG-Antrag aus dem Jahre 2003 dargestellt, in dem das LRZ die Ersetzung des bestehenden zentralen Mailsystems beantragt hatte und über den – nach Genehmigung – die Hard- und Software-Basis für die Realisierung der Projektziele geschaffen wurde.

2 Abwehrmaßnahmen gegen Viren und Spam

Als am 27.01.2004 der Ausbruch des Mydoom-Wurms auch die Mailrelays des LRZ erreichte, war das alte Mailsystem der zusätzlichen Belastung durch 90.000 Viren-verseuchte E-Mails pro Tag nicht mehr gewachsen und es kam zu einer Verzögerung bei der Auslieferung der E-Mails von bis zu 8 Stunden. Es war unumgänglich, dass bereits im Vorfeld des IntegraTUM-Projekts, aber auch in der ersten Phase des Projekts, das Hauptaugenmerk auf den Abwehrmaßnahmen gegen Viren- und Spam-Mails liegen musste.

Nachdem im Frühjahr die Mailrelays auf neue Hard- und Software migriert und der Umstieg von X.500 auf LDAP durchgeführt war, entspannte sich die Lage durch die deutlich bessere Leistung wieder. Im Juni konnte das erste Pärchen von hochverfügbaren Scan-Maschinen in Betrieb genommen werden, die mithilfe der Software von *Sophos* die Viren-infizierten E-Mails ausfilterten. Ab Oktober 2004 ging das zweite Pärchen in Produktionsbetrieb und versah alle als Spam-Mails bewerteten E-Mails mit einem Spam-Stempel. Somit war es nun möglich geworden, Spam-Mails bei der Auslieferung am myTUM-Mailserver – sofern vom Empfänger gewünscht – direkt in einen Spam-Ordner zu verschieben.

---

verseuchte E-Mails infizierten und dort Proxy-Server installierten, die sie dann zum Spammen nutzen konnten. Diese von den Spammern kontrollierten Rechner werden als ein Botnet bezeichnet.

Dies war bereits eine große Erleichterung für die Nutzer, denn ihre Eingangsfolder waren jetzt zum größten Teil Spam-frei. Da aber eine Bewertung niemals mit hundertprozentiger Sicherheit E-Mails in Spam- und Ham-Mails[2] aufteilen kann, mussten sie doch immer wieder ihren Spam-Folder nach falsch bewerteten E-Mails durchsehen. Nachdem die Anzahl der Spam-Mails von Tag zu Tag stieg, wurde dadurch die Wahrscheinlichkeit, eine falsch bewertete E-Mail unter der großen Anzahl von Spam-Mails nicht zu identifizieren – und damit zu verlieren – immer größer.

Auf der anderen Seite wurde durch den enormen Anstieg an Spam-Mails der Ressourcenbedarf, der zur Bewertung der E-Mails benötigt wurde, immer größer und drohte aus dem Ruder zu laufen. Es war daher das Ziel, bereits im Vorfeld, d.h. bevor die E-Mails vollständig von den Mailrelays angenommen wurden, eine möglichst große Anzahl der Spam-Mails zurückzuweisen. Damit fiel aber auch die inhaltliche Analyse der E-Mails als Kriterium der Spam-Bewertung weg. Es blieben nur noch die Daten des SMTP-Protokolls wie IP-Adresse und Name des sendenden Rechners, Absende- und Empfangsadresse sowie der eigentliche Protokollablauf als Kriterien zur Entscheidung über Ablehnung oder Annahme einer E-Mail übrig.

Das neu einzusetzende Verfahren zur Ablehnung von Spam-Mails sollte folgenden Bedingungen genügen:

- Pro-aktives statt re-aktives Verfahren, damit kein Zeitfenster entsteht, in dem Spam-Mails doch angenommen werden;
- Ablehnung sollte nicht an inhaltlichen Kriterien, auch nicht indirekt, sondern an „formalen Kriterien" festgemacht werden;
- Die Rate an „false positives" und „false negatives"[3] sollte so gering wie möglich sein.

Damit kam der Einsatz von DNSBLs[4], wie z.B. *Spamcop* (Blacklist von Mailservern, die hauptsächlich Spam-Mails senden), nicht in Frage. Stattdessen fiel die Wahl auf das Verfahren „Greylisting", das von Evan Harris 2003 in seinem Artikel „The Next Step in the Spam Control War: Greylisting" [5] beschrieben wurde.

2.1 Greylisting

Greylisting [4] ist ein Verfahren, dass genau in *einem* Punkt die Konformität des sendenden Mailservers mit dem SMTP-Standard (RFC 821/2821/5381) überprüft und zwar im Punkt Retry-Verhalten. Es testet, ob der Mailserver nach einer temporären Ablehnung einer E-Mail in angemessener Zeit probiert, diese erneut zuzu-

---

[2] Ham-Mail: „gute", erwünschte E-Mail im Gegensatz zu Spam-Mail
[3] Als „false positive" bezeichnet man in diesem Fall die Ablehnung einer Ham-Mail. Ein „false negative" wäre die Annahme einer Spam-Mail.
[4] DNSBL = DNS based block list, Blacklist mit IP-Adressen von Mailservern

stellen. Ist dies der Fall, so wird die E-Mail angenommen. Die Daten des Tests werden automatisch in eine Whitelist aufgenommen, sodass die nächste E-Mail gleicher Art nicht erneut getestet werden muss, sondern sofort angenommen werden kann. Es wird bei diesem Verfahren somit kein Unterschied zwischen Spam- und Ham-Mails gemacht, sondern nur ein formales Kriterium der Standard-Konformität überprüft. Trotzdem eignet es sich hervorragend als Anti-Spam-Maßnahme, da Ham-Mails in der Regel von standardkonformen Mailservern verschickt werden, während Spam-Mails seit 2003 hauptsächlich von Proxy-basierten Botnets kommen, deren Software diese Bedingung nur mit erheblichem Aufwand erfüllen könnte.

Als Implementation wurde die Software *Sqlgrey* ausgesucht. Sqlgrey ist ein Policy-Daemon für den Message Transport Agent (MTA) *Postfix* und kommuniziert mit diesem über das „policy delegation protocol". Da wir als MTA *eMail Sentinel* von Syntegra einsetzen, musste zuerst ein Interface-Modul geschrieben werden, das diese Protokoll-Schnittstelle unterstützt.

Um gleich zu Beginn des Einsatzes von Greylisting möglichst viele E-Mails direkt anzunehmen und nicht erst dem Greylisting-Test unterziehen zu müssen, wurden die Logs der Mailrelays über mehrere Wochen auf die Kommunikationsbeziehungen mit anderen Mailservern untersucht. Aus diesen Daten wurden sowohl eine statische Whitelist, die inzwischen knapp 1.400 Mailserver-Netze umfasst, generiert, als auch die dynamischen Whitelists von Sqlgrey vorbesetzt.

Der Einsatz von Greylisting ab Februar 2005 war ein voller Erfolg. Mehr als 90% aller Spam-Mails wurden sofort abgelehnt. Dabei betrug die anfängliche Rate der verzögert angenommenen E-Mails statt 100% durch die Vorbefüllung der Whitelist nur 11%. Innerhalb von vier Stunden sank sie auf 8%, nach zwei Wochen auf 5%. Später, nach einer Reihe von LRZ-seitigen Erweiterungen, betrug sie – nachdem die angenommenen Spam-Mails heraus gerechnet wurden – nur noch 1,5%. Die false-positiv-Rate lag mit durchschnittlich einem Mailserver pro Woche auf einem sehr niedrigen Niveau.

Ein gutes Jahr nach Produktionsbeginn, im März 2006, traten die ersten Probleme auf. Durch den inzwischen von vielen Botnetzen vollzogenen Übergang von Proxy-basiert auf Template-basiert[5], konnte die Spam-Software um eine Retry-Logik erweitert werden. Ein Botnet[6] wiederholte die Mail-Zustellung dreimal im 5-Minuten-Takt und überwand damit die ursprünglich auf 14 Minuten gesetzte Delay-Zeit. Nachdem diese auf 29 erhöht wurde, machte dieses Botnet keine Probleme mehr.

Von November 2006 bis März 2007 kam es aller Wahrscheinlichkeit nach zu Replay-Attacken[7] durch das Botnet „SpamThru" mit Spam-Mails, die Penny-

---

[5] Ein Template-basierter Bot-Rechner besitzt einen eigenen kleinen Mailserver, der das Versenden der Spam-Mails autonom durchführt.

[6] Ob es sich bei diesem Botnet in der Tat um ein Template-basiertes Botnet handelte, ist nicht gewiss. Es spricht aber einiges für diese Vermutung.

[7] Alle Spam-Mails wurden nach mehreren Stunden erneut verschickt und nicht einfach wiederholt.

Stocks anpriesen. Erst als die SEC in New York den Handel mit 35 Penny Stocks aussetzte [6], endeten diese Replay-Attacken. Mitte 2007 kam es durch brute-force-Angriffe[8] zur Überlastung des Greylistings. Bei 1.000.000 E-Mails pro Stunde war die Leistungsgrenze unseres MySQL-Servers, der die Daten für die Whitelists von Sqlgrey bereithält, erreicht. Als Bottleneck stellte sich der Pfad zwischen CPU und Hauptspeicher heraus. Mit neuerer Hardware hätte diese Grenze auf etwa das Dreifache angehoben werden können, doch stand die Befürchtung im Raum, dass der rasante Anstieg des Spam-Volumens nach kurzer Zeit auch diese Grenze austesten würde. Es war daher an der Zeit, zusätzliche Anti-Spam-Maßnahmen vor das Greylisting zu schalten.

2.2 Neue Anti-Spam-Maßnahmen

Wie bereits bei der Auswahl des Greylisting-Verfahrens, sollten auch die neuen Anti-Spam-Maßnahmen auf Basis formaler und nicht inhaltlicher Kriterien arbeiten [4]. Das erste ausgewählte Verfahren lehnt direct-to-MX[9] E-Mails ab. An den Mailrelays sollen auf Port 25 (SMTP) nur noch E-Mails von anderen MTAs, nicht aber von Endbenutzern (Message User Agent, MUA) angenommen werden. Dazu wurde die DNSBL PBL von Spamhaus[10] lizensiert. In dieser Liste sind vor allem die DSL-Zugangsnetze von fast allen ISPs weltweit verzeichnet. In der Regel werden die IP-Adressen in diesen Netzen dynamisch vergeben, sodass dort keine Mailserver angesiedelt werden sollen. Wird eine E-Mail von einer IP-Adresse gesendet, die auf der PBL vorkommt, so wird die Verbindung abgelehnt. Die false-positive-Rate beim Einsatz dieser Liste war bisher bei 0. Sofern es trotzdem einmal zu einem falschen Eintrag in der Liste kommt, kann der Sender die IP-Adresse über ein Webformular bei Spamhaus schnell entfernen lassen.

Als zweites Verfahren wurde der FCrDNS-Check (forward confirmed reverse DNS)[11] ausgewählt. Mit diesem Check soll verhindert werden, dass E-Mails von „schlecht administrierten" MTAs angenommen werden, da die Wahrscheinlichkeit von solchen Mailquellen hauptsächlich Spam-Mails zu bekommen, äußerst hoch ist. Das liegt daran, dass in der Regel solche IP-Adressen nicht für das Versenden von E-Mails vorgesehen waren, z.B. weil es sich um einen Endnutzer-PC handelt, oder weil zusammen mit anderer Software defaultmäßig auch ein MTA mit instal-

---

[8] brute-force-Angriff: Es werden keine gesammelten E-Mail-Adressen verwendet, sondern versucht, diese zu erraten, indem beliebige Namen verwendet werden.

[9] direct-to-MX: Ein Client schickt eine E-Mail direkt an den zuständigen Mailserver des Empfängers, anstatt den Mailserver seines Providers zu nutzen.

[10] PBL = Policy Block List, siehe http://www.spamhaus.org/pbl

[11] FCrDNS-Check: Für die IP-Adresse des sendenden MTAs wird im DNS der zugehörige Domainname (PTR-Record) nachgeschlagen. Für diesen wird wiederum die zugehörige IP-Adresse (A-Record) erfragt. Stimmt diese IP-Adresse mit der sendenden IP-Adresse überein, so ist der Check bestanden.

liert wurde. Der erste Teil des FCrDNS-Checks wird inzwischen neben AOL von fast allen großen ISPs eingesetzt, sodass es dabei kaum zu false-positives kommt. Beim zweiten und dritten Teil des Checks sieht es da schon schlechter aus. Hier ist die Rate wesentlich höher. Um den Check trotzdem in dieser Form einsetzen zu können, wurden alle in den automatischen Whitelists von Sqlgrey enthaltenen IP-Adressen diesem Check unterzogen und, sofern sie ihn nicht bestanden, in eine neue Whitelist aufgenommen. Diese Liste umfasst 4.500 Einträge. Seit dem Einsatz ist ähnlich wie bei Greylisting ca. ein false-positive pro Woche zu bearbeiten.

Da neben dem Einsatz dieser neuen Verfahren auch der bisher entstandene Backscatter[12] eliminiert werden sollte, dies mit dem momentan eingesetzten Produkt eMail Sentinel aber nicht möglich war, mussten vor die alten Mailrelays neue Mailrelays gesetzt werden, die auf Basis von Postfix arbeiten, und daher von uns als Postrelays bezeichnet werden.

Der Einsatz der neuen Verfahren war wieder ein voller Erfolg. Von den abgelehnten E-Mails gehen 80% auf das Konto der PBL, 14% werden vom FCrDNS-Check erfasst, 5% von der Empfänger-Überprüfung zur Vermeidung von Backscatter und nur noch 1% bleiben im Greylisting hängen. So konnte auch der bisherige Höhepunkt im Spam-Aufkommen im Oktober 2008 mit 30 Millionen Rejects pro Tag und einem Peak von 55.000 Rejects pro Minute gut bewältigt werden. Wir schätzen, dass die Postrelays mit den neuen Verfahren gegenüber dem früheren Greylisting jetzt in der Lage sind, das 50fache an E-Mails abzulehnen, sofern die Spammer weiterhin auf den Einsatz der momentanen Botnetze setzen. Kommen die Spam-Mails hingegen von „regulären" MTAs, z.b. snowshoe-Spam[13], so versagen diese Anti-Spam-Maßnahmen.

3 Aufbau eines Pilot-Message-Stores für die Fakultät für Physik

Um die neue, über den HBFG-Antrag beschaffte Message-Store-Software *IntraStore Server* (ISS) unter Produktionsbedingungen testen zu können, wurde mit der Fakultät für Physik vereinbart, deren bisher lokal betriebenen Mailserver ans LRZ auf einen hochverfügbaren Message-Store auf Basis von ISS zu migrieren. In einer ersten Stufe wurden zwei Rechner über die High-Availability-Software *Linux-HA Heartbeat* gekoppelt. Im Fehlerfall automatisch oder für Maintenance-Zwecke manuell konnte dadurch der Dienst vom primären auf den sekundären Rechner umgeschaltet werden. In der zweiten Stufe sollte das Rech-

---

[12] Backscatter: Werden Spam-Mails angenommen und stellt sich erst danach heraus, dass sie, z.B. wegen nicht existierender Empfangsadresse, nicht zugestellt werden können, so wird die Fehlermeldung normalerweise an einen Unbeteiligten geschickt, da die Absenderadresse einer Spam-Mail immer gefälscht ist.

[13] snowshoe-Spam: Dazu mietet ein Spammer ein IP-Netz, baut dort einen regulären MTA auf mit korrekter Konfiguration im DNS und sendet über alle IP-Adressen seine Spam-Mails. Zu jeder IP-Adresse gehört eine eigene Domain, die oft nur für kurze Zeit genutzt wird. Sobald das IP-Netz „verbrannt" ist, d.h. geblockt wird, zieht der Spammer weiter.

nerpärchen dann im Cluster-Modus betrieben werden, d.h. dass beide Rechner aktiv den Dienst erbringen. Bei der Auslieferung der E-Mails an den Message-Store wurde bereits der Cluster-Modus eingesetzt. Um auch den Zugriff der MUAs auf den Message-Store im Cluster-Modus zu realisieren, wäre noch ein Level-7-Switch notwendig gewesen, damit der Zugriff über eine IP-Adresse möglich gewesen wäre. Dies wurde aus den im nächsten Abschnitt genannten Gründen aber nicht mehr realisiert.

Für die Benutzerverwaltung wurde eine eigene Instanz des LDAP-Directorys Aphelion auf unserem LDAP-Rechnerpärchen installiert. Die Hochverfügbarkeit des LDAP-Servers wurde über eine Master-Master-Replikation erreicht. Die Physik konnte zur Administration sowohl die Web-Oberflächen des ISS verwenden, als auch über direkten LDAP-Zugriff die Benutzerobjekte verändern.

Nach umfangreichen Funktions- und Lasttests wurde in enger Zusammenarbeit mit der Physik der neue Mailservice im Juli 2005 in Betrieb genommen.

4 Nochmals von vorn

Im Laufe des Jahres 2006 mussten wir leider mehr und mehr zur Kenntnis nehmen, dass wir bei der Auswahl der Mail-Software der Firma Syntegra keine glückliche Hand gehabt hatten.

4.1 Aufgabe der Software von BT/Syntegra als strategische Produktlinie

Als im Jahr 2003 über einen HBFG-Antrag die Software von Syntegra als Basis für künftige Mailsysteme beschafft wurde, war dafür eine Reihe von Gründen ausschlaggebend. So war *Mail*Hub*, der Vorgänger der MTA-Komponente *eMail Sentinel*, am LRZ bereits seit 10 Jahren erfolgreich im Einsatz. Die neu zu beschaffende Message-Store-Komponente *IntraStore Server* versprach eine Reihe von technischen Vorteilen, die, insbesondere bei Open-Source-Produkten, zu diesem Zeitpunkt nicht gegeben waren.

Nachdem, wie im letzten Abschnitt beschrieben, auf Basis der IntraStore-Software ein Pilot-Message-Store für die Fakultät für Physik aufgebaut wurde, mehrten sich die Probleme allerdings sowohl im Betrieb, z. B. bei der Beseitigung von Fehlern, als auch bei der von unseren Kunden benötigten Funktionalität, z.B. dem Betrieb mehrerer Maildomänen unter einer gemeinsamen Administration.

Wir mussten zu diesem Zeitpunkt zunehmend zur Kenntnis nehmen, dass durch die Übernahme von Syntegra durch BT (British Telecom), die 2004 erfolgte, die Qualität des Services spürbar nachließ und die Produkte nicht mehr weiterentwickelt wurden. Es bestand daher die Gefahr beim Aufbau des künftigen TUM-weiten Mailservices auf ein totes Pferd zu setzen. Und da bis dahin bis auf den Pilotbetrieb für die Physik die „große" Migration unserer Message-Stores noch nicht geschehen war, haben wir nach intensiven Beratungen Ende 2006 beschlossen die Notbremse zu ziehen und nicht mehr auf die BT/Syntegra-Software als strategische Produktlinie zu setzen, sondern uns nach Alternativen umzusehen. Dass diese Entscheidung goldrichtig war, bestätigte sich im Dezember 2007, als uns von BT/Syntegra mitgeteilt wurde, dass die Software nur noch bis Ende März 2010 unterstützt, aber nicht mehr weiterentwickelt werde.

4.2 Zunehmender Wunsch nach einem Kalenderdienst

Kurz nach Beginn des IntegraTUM-Projekts wurde bei den Kunden der Wunsch nach einem Kalenderdienst mit Groupware-Eigenschaften immer lauter. Wir begannen mit der Evaluation entsprechender Produkte im Frühjahr 2006 und konzentrierten uns zunächst auf „stand alone" Kalenderserver, da zu diesem Zeitpunkt noch die feste Absicht bestand eine Mail-Lösung auf Basis von BT/Syntegra-Software aufzubauen und daher lediglich ein zusätzlicher, eigenständiger Kalenderserver in Betracht kam.

Bei der Evaluation kristallisierte sich die Open Source Software *eGroupware* als Favorit heraus. Dieses Produkt wurde dann auch im LRZ in-house getestet und es wurde die Anbindung an die zentralen Benutzerverwaltungen der Einrichtungen und Hochschulen im MWN untersucht. Außerdem wurde ein Howto/FAQ zur Unterstützung der Kalendertester am LRZ und als Basis für einen künftigen Benutzersupport erstellt.

4.3 Neubeginn mit Microsoft Exchange

Nachdem die Entscheidung gefallen war, sich nach einer anderen Mail-Software umzusehen, entstand die Chance dabei auch den Kalenderaspekt zu berücksichtigen und gleich nach einer integrierten Groupware-Lösung zu suchen. Dabei war es leider unvermeidlich, dass auch die bereits in die Kalenderevaluation geflossene Zeit abgeschrieben werden musste.

In der Folge wurden dann die Groupware-Produkte Lotus Domino/Notes, Open Xchange und Microsoft Exchange näher untersucht. Open Xchange und Microsoft Exchange wurden ab April 2007 in Testbetrieb genommen, es wurden Deploymentszenarien und Preiskalkulationen erstellt. Die Ergebnisse wurden danach in verschiedenen Gremien der TUM (u.a. IT-Fachausschuss und CIO/IO-Gremium) vorgestellt und diskutiert. Mitte Juli 2007 entschied sich die Hochschulleitung der TUM für Microsoft Exchange und beauftragte das LRZ und das Teilprojekt E-Mail mit der Erarbeitung eines Beschaffungs- und Betriebskonzepts sowie des Aufbaus einer Pilotinstallation für die Fakultät Elektrotechnik und Informationstechnik.

5 Aufbau einer Microsoft Exchange-Infrastruktur

Der Aufbau der Exchange-Infrastruktur ist in einem eigenen Beitrag in diesem Band beschrieben [1] und deshalb sollen hier nur einige Aspekte herausgegriffen und grob skizziert werden.

Als Verzeichnisdienst dient das MWN-weite Active Directory *ads.mwn.de* [3], das auch für die IntegraTUM-Teilprojekte Datenspeicher und Systemadministration verwendet wird. Die Benutzerobjekte werden aus dem IntegraTUM Meta-Directory dorthin provisioniert.

Der Exchange-Service wurde mandantenfähig ausgelegt, so dass er auch von anderen Einrichtungen im MWN genutzt werden kann, ohne dass es zu Datenschutzproblemen kommt. Die TUM als Ganzes ist ein Mandant, die Mandanten sind hermetisch voneinander abgeriegelt. Alle weiteren Mandanten neben der TUM werden über das zentrale Identity Management des LRZ, LRZ-SIM (Secure Identity Management), ins Active Directory provisioniert. Bei Bedarf können durch die Exchange-Administratoren am LRZ auch mandantenübergreifende Gruppen gebildet werden, etwa für Kooperationen zwischen LMU und TUM.

Innerhalb jedes Mandanten gilt informative Selbstbestimmung, das heißt, dass jeder Benutzer selbst bestimmen kann, welche Informationen (Kalenderdaten, Ordnerfreigaben, Frei/Belegt-Zeiten) über ihn für welche anderen Benutzer oder Gruppen innerhalb seines Mandanten verfügbar sind.

Während des Pilotbetriebs musste die Administration von Ressourcen wie Verteilern, Funktionsmailboxen, Funktionsadressen, Räumen und Geräten durch den Exchange-Administrator erfolgen („auf Zuruf" durch die IT-Betreuer der pilotierten Einrichtungen). Für die Zukunft ist geplant in *TUMonline*, dem parallel zu Exchange eingeführten neuen Campus Management System der TUM, eine Schnittstelle zur delegierten Administration durch die lokalen Betreuer einzurichten und Exchange bzw. das Active Directory daraus zu provisionieren. Exchange selbst bringt leider keine geeigneten Schnittstellen mit.

Der Exchange-Dienst wurde schon in der Pilotphase intensiv von vielen Einrichtungen der TU München genutzt. Außerhalb der TU München gibt es eine Reihe weiterer Interessenten im MWN. Die Verzahnung mit TUMonline und dem Identity Management der TUM auf der einen Seite und die Vielfalt der Anforderungen migrationswilliger Betreiber lokaler Mailserver und -dienste auf der anderen Seite bringen gegenüber einem einfachen out-of-the-box Betrieb erhebliche Herausforderungen mit sich. Viele Prozesse mussten erst genau spezifiziert und ausgehandelt werden, viele Policies und Anforderungen, die berücksichtigt werden müssen, sind weiterhin im Wandel begriffen. Dennoch ist der Aufbau des Dienstes soweit fortgeschritten, dass er rechtzeitig zum Ende des IntegraTUM-Projekts in den Produktionsbetrieb überführt werden konnte und somit allen Angehörigen der TUM zur Verfügung steht.

6 Realisierung eines shared SMTP address space

Im Zuge der Neuplanung kam der Wunsch auf, den bisherigen myTUM-Mailserver parallel zu Exchange weiter zu betreiben und es jedem einzelnen Benutzer selbst zu überlassen, welches der beiden Systeme er nutzen möchte. Jeder sollte über einen entsprechenden Self Service von TUMonline selbst einstellen können, ob Mails nach Exchange oder an den myTUM-Mailserver ausgeliefert oder an eine externe Adresse weitergeleitet werden sollen. Dieses Modell hat „nebenbei" den Vorzug, dass die Migration der Benutzer nach Exchange nicht auf einen Schlag vorgenommen werden musste – mit sicherlich sehr vielen Benutzeranfragen und entsprechender Belastung des Service Desk –, sondern schleichend vonstatten gehen kann.

Um dieses Konzept zu realisieren, wurde zusätzlich zu Exchange und dem myTUM-Mailserver ein sogenannter *Forwarder* aufgebaut, der Mails für u. a. die Domains *tum.de* und *mytum.de* entgegennimmt und dann anhand eines dedizierten Directories entscheidet, wohin die Mails für einen Benutzer ausgeliefert werden sollen. Es findet also ein benutzerbezogenes Routing statt. Auch diese Komponente ist natürlich hochverfügbar ausgelegt.

Über den Forwarder laufen aber nicht nur die beiden TUM-weiten Maildomains *tum.de* und *mytum.de*, sondern auch alle anderen Maildomains, die auf den zentralen Mailservice umgezogen werden[14]. In diesen Fällen haben Benutzer neben ihren *(my)tum.de*-Adressen noch zusätzliche Aliase mit einrichtungsspezifischen Mailadressen. Während jeder Benutzer seine *(my)tum.de*-Adressen in den Self Services von TUMonline selbst bestimmen kann, ist das Setzen von einrichtungsspezifischen Aliasen dazu berechtigten Administratoren vorbehalten, denen für diesen Zweck eine spezielle Admin-Oberfläche in TUMonline zur Verfügung steht.

7 Zusammenfassung und Ausblick

Zum Ende des Projekts muss man festhalten, dass das ursprüngliche Ziel, die Zentralisierung möglichst vieler lokal betriebener Mailserver, nicht erreicht wurde. Dafür gab es eine ganze Reihe von Ursachen, deren wichtigste hier nochmals kurz zusammengefasst werden sollen:

- Aufgabe der ursprünglich vorgesehenen Software wegen funktionaler Mängel und Einstellung der Entwicklung nach Übernahme des Herstellers durch eine andere Firma

---

[14] Während des Pilotbetriebs waren dies knapp zehn Domains, u. a. die Fakultät Elektrotechnik und Informationstechnik (*ei.tum.de*) sowie einige Lehrstuhldomains der Fakultät Maschinenwesen.

- Entscheidung für eine Groupware- anstelle einer reinen Mail-Lösung, ausgelöst durch den Wunsch nach einem Kalender, begünstigt durch den sowieso notwendigen Neuanfang aufgrund des gerade genannten Punktes
- Verzögerungen durch die zwischenzeitliche Einführung eines neuen Campus Management Systems und die dadurch bedingten Änderungen bei der Provisionierung und der Plattform für Self- und Admin-Services
- Zusätzliche Realisierung eines Forwarder-Konzepts und eines shared SMTP address space, um dem Wunsch nach einem Parallelbetrieb des bisherigen myTUM-Mailservers mit dem Exchange-Server nachzukommen, mit freier Wahlmöglichkeit der Zielmailbox durch jeden einzelnen Benutzer.

Rechtzeitig zum Ende des IntegraTUM-Projekts ging der neue, aus dem myTUM-Mailserver, dem Exchange-Server und dem Forwarder bestehenden Mailservice in Produktionsbetrieb und kann von allen Angehörigen der TUM genutzt werden.

In Bälde wird für die Fakultät Tiermedizin der LMU München – der anderen vom LRZ bedienten Münchner Universität – ein entsprechender Pilotbetrieb aufgenommen werden können. Dabei kamen uns die mandantenfähige Konfiguration von Exchange und das für IntegraTUM entwickelte Forwarder-Konzept zugute. Die Anbindung und Provisionierung geschieht hier über die LRZ-Benutzerverwaltung SIM. Die LMU-weite Produktivführung ist für Anfang 2010 geplant.

Um Exchange als zentrale Mail- und Groupware-Lösung der TUM zu etablieren sind nun noch Schnittstellen und Web-Oberflächen zur dezentralen Administration zu entwickeln, die es den Administratoren von Einrichtungen ermöglichen Funktionsobjekte (z.B. für shared Mailboxen, Mailverteiler und Ressourcen wie Räume, Geräte usw.) zu verwalten. Wenn diese zur Verfügung stehen, wird die Migration der dezentralen Mailserver auf den zentralen deutlich erleichtert.

Literaturverzeichnis

[1] Max Diehn: IntegraTUM Teilprojekt E-Mail: Aufbau eines mandantenfähigen Groupware-Services und seine Integration in Identity Management und E-Mail Infrastruktur der Technischen Universität München. In diesem Band
[2] Max Diehn.: MS Exchange als Groupware Service für das MWN. Workshop zum Authentifizierungsdienst der TUM, LRZ, 30.04.2009
[3] Max Diehn, Thomas Niedermeier: Active Directory und Storage für das MWN, Workshop zum Authentifizierungsdienst der TUM, LRZ 30.04.2009
[4] Max Diehn, Helmut Reiser, Bernhard Schmidt und Michael Storz: Effiziente und effektive Spam-Abwehr: Konzepte und Verfahren. In: PIK Praxis der Informationsverarbeitung und Kommunikation, Heft 3/2008, Seite 175 ff. K.G. Saur Verlag
[5] Evan Harris: The Next Step in the Spam Control War: Greylisting, http://projects.puremagic.com/greylisting/whitepaper.html
[6] Securities and Exchange Commission (SEC): Operation Spamalot – SEC Suspends Trading of 35 Companies Touted in Spam Email Campaigns, http://www.sec.gov/news/press/2007/2007-34.htm

IntegraTUM Teilprojekt E-Mail: Aufbau eines mandantenfähigen Groupware-Services und seine Integration in Identity Management und E-Mail Infrastruktur der Technischen Universität München

Max Diehn

Zusammenfassung Die E-Mail-Infrastruktur an der Technischen Universität München (TUM) ist historisch bedingt sehr heterogen und komplex. Viele Einrichtungen müssen wertvolle Arbeitskraft auf die Administration eigener Mailserver verwenden. Auf der anderen Seite wird bei einigen Einrichtungen der Ruf nach Groupware-Funktionalitäten wie z.B. gemeinsame Kalender immer lauter. Das Teilprojekt E-Mail stellt einen zentralen Mail- und Groupware-Service bereit, der den Einrichtungen ermöglichen soll, den Betrieb eigener Server und zugehöriger Systeme (etwa lokaler Benutzerverwaltungen) für diesen Zweck aufzugeben und diese Dienste an das Teilprojekt E-Mail zu migrieren, ohne ihre Verwaltungshoheit oder ihre Maildomains aufgeben zu müssen. Dieser Service versteht sich als eine Ergänzung zur bestehenden Grundversorgung der TUM mit den Maildiensten des myTUM-Mailers, ist mandantenfähig aufgebaut und kann daher künftig neben der TUM auch weiteren Organisationen im Münchner Wissenschaftsnetz zur Verfügung gestellt werden.

1 Herausforderungen

In unterschiedlichen Einrichtungen der Technischen Universität München (TUM) und anderer Bildungs- und Forschungseinrichtungen im Münchner Wissenschaftsnetz (MWN) wurde im Lauf der letzten Jahre der Ruf nach einem Kalenderdienst mit Groupware-Eigenschaften immer lauter. Für die TUM begann das Teilprojekt E-Mail [1] im Jahr 2006 die Evaluation entsprechender Produkte. Auf der Grundlage dieser Evaluation und nach Vorverhandlungen zu voraussichtlich anfallenden Lizenzkosten hat die TUM sich für das Produkt Microsoft Exchange 2007 entschieden und das LRZ gebeten, auf dieser Grundlage einen Groupware-Dienst aufzubauen. Von Anfang an gab es an der TUM auch den Wunsch, einzelnen hochschulübergreifenden Teams den Austausch von Kontakt- und Kalenderdaten über Hochschulgrenzen hinweg zu ermöglichen. Für das LRZ als Dienstleister der Münchner Universitäten lag es daher nahe, den Dienst mandantenfähig zu organisieren und den Bedarf nach mandantenübergreifenden Kooperationen einzuplanen. Der Groupware-Dienst soll für die TUM als Ergänzung und in Koexistenz zum bereits bestehenden myTUM-Mailservice ausgelegt werden, so dass die Angehörigen der TUM ihre dortigen Mailadressen beibehalten und sich individuell entscheiden können, auf welchem System ihre Mails ausgeliefert werden. Angestrebt wird dabei, dass jeder Benutzer nur eine Mailbox nutzen muss, gleichzeitig aber Mailadressen aus verschiedenen Maildomänen behalten und seine bevorzugte Absendeadresse selbst bestimmen kann.

In diesem Beitrag stellen wir den erarbeiteten und weitgehend implementierten Lösungsansatz für diese Herausforderungen vor. In Abschnitt 2 werden die wichtigsten Merkmale des Dienstes aus der Sicht der Endbenutzer vorgestellt. Abschnitt 3 erläutert Topologie und Einbettung in die bestehende Systemlandschaft, Abschnitt 4 diskutiert Aspekte des Benutzerlebenszyklus und der Mandantentrennung. Abschnitt 5 erläutert, wie mit Hilfe eines dedizierten Mailforwarders[1] Koexistenz und Symmetrie zum myTUM-Mailservice, benutzerbezogenes Routing und die Verwaltung von Alumni (für Dienste wie lebenslange E-Mail-Weiterleitung) ermöglicht werden. In Abschnitt 6 werden Einführung, Pilotphase und Übergang in den Regelbetrieb mit den ihnen eigenen Herausforderungen diskutiert.

2 Mehrwerte für den Endbenutzer

Über die Funktionen eines einfachen Mailservers hinaus bietet der Groupware-Service u.a. persönliche Kalender und Kontakte, Abwesenheitsnotizen, Weiterleitungen, serverseitige Filter und Funktionsadressen. Die Benutzer können Kalender, Kontakte und Mailfolder wahlweise komplett oder teilweise an andere Benutzer oder an Gruppen von Benutzern freigeben und dabei eine Vielzahl unterschiedlicher Berechtigungen vergeben, ferner Stellvertreter bestimmen bzw. Stellvertreterfunktionen wahrnehmen.

Durch die Anbindung an das Identity Management der TUM wird erreicht, dass die User dieselben Kennungen und Passwörter wie auf anderen Systemen (insbesondere auf dem myTUM-Mailer) verwenden können. Dank des Einsatzes eines Mailforwarders können die Benutzer selbst entscheiden, ob und wann sie den Groupware Service nutzen möchten.

Darüber hinaus wird eine zentrale administrative Schnittstelle für die IT-Verantwortlichen der lokalen Einrichtungen der TUM bereitgestellt, damit sie Funktionsadressen dezentral verwalten können. Zum Leistungsumfang gehören

---

[1] Ein Mailrelay, der als Dispatcher fungiert, also die E-Mails für eine Maildomain je nach den vom Empfänger gesetzten Einstellungen entweder nach Exchange, zum myTUM-Mailer oder an eine Weiterleitungsadresse ausliefert

- Einrichtung von Funktionsadressen (z.B. webmaster@, beratung@, sekretariat@ ...).
- Wahl zwischen Realisierung als Mailverteiler oder als gemeinsam genutzte Mailbox.
- Verwaltung von Ressourcenobjekten wie z.b. Geräten oder Räumen.
- Steuerung von Zugriffsrechten auf Ressourcen wie Mailverteiler oder gemeinsam genutzte Mailboxen über Benutzergruppen und Rollen.

Die Groupware Funktionen von MS Exchange 2007 sind leider für Linux Benutzer nur mühsam nutzbar [2]. Die Webschnittstelle Outlook Web Access lässt sich nur mit dem Webbrowser Microsoft Internet Explorer zufriedenstellend nutzen. Voraussichtlich wird zumindest die Webschnittstelle in der vom Hersteller angekündigten Nachfolgeversion Exchange 2010 auch mit anderen gängigen standardkonformen Webbrowsern voll nutzbar sein. Für die Nachfolgeversion sind Migrationsaufwand und Total Cost of Ownership im Moment aber noch nicht klar.

3 Architektur der Exchange Umgebung

Als Basis dient der Verzeichnisdienst ads.mwn.de [3], ein MS Active Directory (AD), das auch für die IntegraTUM-Teilprojekte Datenspeicher und Systemadministration verwendet wird.

Das Exchange-System wird über die Mailrelays des LRZ (die auch den Schutz vor Spam und Malware übernehmen [4]) mit Mails beliefert und versendet auch nur über die LRZ-Mailrelays [5]. Zum Malware-Schutz gehören darüber hinaus auch Installationen von Virenscannern (Sophos Pure Message) auf dem Exchange-System, da Outlook-Clients direkt auf dem Exchange-System Mails versenden können.

Im Abschnitt 3 werden für technisch interessierte Leser einige technische Details beschrieben, die für das weitere Verständnis dieses Beitrags nicht zwingend erforderlich sind und bei Bedarf übersprungen werden können.

3.1 Topologie

Die bei dem Produkt MS Exchange 2007 üblichen Serverrollen [6] werden auf mehrere redundante Serverpaare verteilt. Clients können weltweit über HTTPS[2] und über die gängigen Mailprotokolle IMAPS und POPS verschlüsselt und authentifiziert zugreifen. Herzstück sind die Mailbox-Server, die auf hochverfügbare

---

[2] Outlook Clients greifen ebenfalls per HTTPS zu: das bei Outlook übliche MAPI Protokoll wird via XML gekapselt über HTTPS transportiert. Die diesbezügliche Konfiguration der Clients erfolgt automatisch per Autodiscover oder kann trivial per Mausklick gesetzt werden.

und eigens gesicherte NetApp-Filer zugreifen, auf denen die Mailboxdatenbanken angelegt sind. Alle Server greifen auf die Domänencontroller des Active Directory zu. Die Server werden in einem privaten Netz betrieben, das vom MWN aus erreichbar ist. Alle E-Mails fließen über die LRZ Mailrelays, der Mailempfang läuft über den in Abschnitt 5 erläuterten Forwarder an die Hub Transport (HBT) Server.

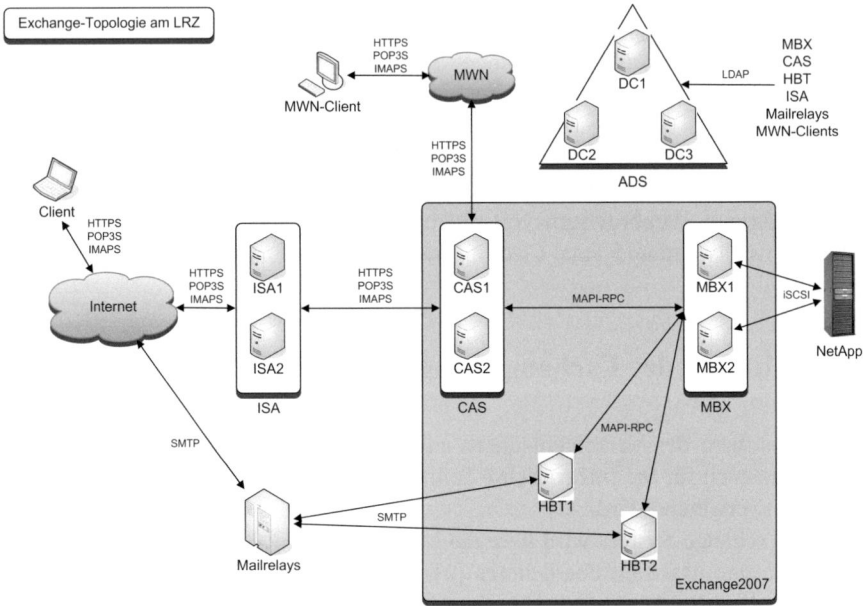

Abb. 1 Exchange-Topologie am LRZ (vereinfacht)

Abb. 1 zeigt den Aufbau der Topologie und die beteiligten Systeme:

- Domänencontroller (DC 1-3, hosten das Active Directory in Multi-Master Replikation)
- Zwei Mailbox-Server (MBX), die via iSCSI auf den hochverfügbar ausgerichteten NetApp-Filer zugreifen, der die Mailboxdatenbanken für die Benutzer beherbergt.
- Zwei Client Access Server (CAS, bieten Outlook Web Access, IMAPS, POPS, Proxying für Outlook Anywhere sowie Autodiscover und Active Sync an).
- Zwei Hub Transport Server (HBT, bieten SMTP für die LRZ-Mailrelays).
- Zwei ISA-Server, die ein Standbein in der LRZ-DMZ haben und den Zugriff weltweit ohne VPN möglich machen. Durch eine spezielle Konfiguration des DNS wurde erreicht, dass alle Verbindungen aus dem Internet über die ISA-Server geleitet werden, während Verbindungen aus dem MWN direkt auf die Client Access Server (CAS) geleitet werden, ohne dass die User eine Änderungen bei ihren Clients vornehmen müssen, egal, wo sie sich gerade befinden.

- Die Infrastruktur wird auf der Basis von SCOM (Microsoft System Center Operations Manager) überwacht.
- Die Mailboxdatenbanken liegen auf NetApp Filern, Backup und Recovery Workflows zur Datensicherung sind eingerichtet.

3.2 Hochverfügbarkeit

Die Hochverfügbarkeit der Mailbox-Server wird mit Single Copy Cluster (SCC) [7] erreicht. Das ist ein Verfahren für Exchange 2007, das auf der Idee eines Hot Stand-By fußt, und so beispielsweise dem Produkt Linux-HA [8] ähnlich ist (Verwendung kritischer Ressourcen, Vermeidung von Split-Brain). Die Alternative wäre Cluster Continuous Replication (CCR) [9] gewesen (asynchrones Log-Shipping und Replay). Das hätte eine Verdopplung des Speicherbedarfs bedeutet und wurde aus Kostengründen verworfen.

Der Speicher für die Mailboxdatenbanken liegt an einem NAS-Filer von NetApp, bestehend aus zwei redundanten Filerköpfen und einem mit zwei Paritätsplatten geschützten Speicherbereich, der weiteren Datensicherungsmaßnahmen unterliegt, die in diesem Layout günstiger als CCR kommen. Ein weiterer Vorteil von SCC ist, dass es möglich ist, mehr als einen aktiven Knoten im Mailbox-Cluster zu definieren. Der Exchange Administrator kann so definieren, welche Knoten des Clusters auf welche Datenbanken am NetApp-Filer zugreifen sollen.

Die anderen Server Rollen (Hub Transport, Client Access, ISA) sind durch jeweils mit Load Balancing Konfigurationen versehene Rechnerpaare realisiert.

4 Benutzerverwaltung und Mandantentrennung

Die Benutzeraccounts (Kennungen, Passwörter, Attribute) werden aus dem zentralen Identity Management der TUM (und für andere Mandanten analog über LRZ-SIM [10]) ins Active Directory (AD) provisioniert. Von dort wird auch der Lebenszyklus der Benutzeraccounts gesteuert:

- Die Berechtigung, einen über das AD realisierten Dienst (z.B. Systemadministration, Speicher oder Exchange) zu nutzen, wird über ein dediziertes Attribut (Dienststatus) gesetzt.
- Erlischt die Berechtigung, Exchange zu nutzen, wird die Mailbox des Benutzers deaktiviert und zur Löschung vorgemerkt; ferner wird der Benutzer aus den Outlook Adressbüchern entfernt.
- Neben dem Dienststatus spielen noch die Attribute Zustellmailbox und Weiterleitung eine Rolle. Wählt ein Benutzer Exchange als gewünschte Mailplattform, so wird für ihn eine Mailbox angelegt. Entscheidet er sich später dafür, seine Mails lieber nicht mehr über Exchange sondern über myTUM zu erhal-

ten, bleibt seine Mailbox bis zum Verlust der Nutzungsberechtigung (Dienststatus) erhalten und alle an ihn gerichteten E-Mails, auch die von anderen Exchange-Nutzern, werden an den myTUM Mailer zugestellt.
- Der Benutzer migriert seine E-Mails bei Bedarf selbst über seinen Mail Client.
- Weiterleitungen mit und ohne lokale Kopie sind sowohl am Exchange[3]- als auch am myTUM Mailer möglich.

Mehrere für Exchange relevante Attribute werden erst im AD erzeugt. Einige davon sind für die Mandantentrennung von Bedeutung und müssen bei der Deprovisionierung des Benutzerobjekts gesondert behandelt werden, damit problemlose Rollbacks möglich werden.

4.1 Mandantentrennung

Der Exchange Service wurde mandantenfähig ausgelegt, so dass er auch von anderen Einrichtungen im Münchner Wissenschaftsnetz genutzt werden kann, ohne dass es zu Datenschutzproblemen kommt. Die TUM ist ein Mandant, d.h. die Angehörigen der TUM können auf eigene Adressbücher, in die Angehörige anderer Organisationen nicht hineinsehen können, zugreifen. Die Mandanten sind zunächst voneinander abgeriegelt (wobei im Active Directory ein Single-Domain-Konzept verwendet wird). Alle weiteren Mandanten neben der TUM werden über das zentrale Identity Management des LRZ (LRZ-SIM), ins Active Directory provisioniert.

Es ist unabhängig vom AD-Betriebsmodell aus organisatorischen Gründen sinnvoll, dass kompetente Ansprechpartner bei allen Kunden, die das Active Directory nutzen, vorhanden sind (siehe Abschnitt 6.1), doch die Pflege eigenständiger lokaler AD-Domänen mit dem damit einhergehenden Aufwand an Person-Power und Rechnerbetrieb kann durch ein Single-Domain-Modell vermieden werden[4]. Die Realisierung der Mandantentrennung folgt Empfehlungen von Microsoft [11]; dabei wurden einige Veränderungen vorgenommen, um das Konzept auf die im MWN und bei der TUM bestehenden Rahmenbedingungen genau abzubilden. Zu den wichtigsten Punkten, die bei der technischen Realisierung der Mandantentrennung zu berücksichtigen sind, gehören insbesondere:

---

[3] Exchange liefert grundsätzlich lokal aus. Der Exchange Administrator kann das unter Verwendung von Active Directory Kontaktobjekten umgehen. Der Konnektor, über den das Active Directory provisioniert wird, wurde daher so programmiert, dass von Benutzern gewünschte Weiterleitungen mitsamt den nötigen Kontaktobjekten automatisch erzeugt und entfernt werden.

[4] Bei einem Multi-Domain-Modell bräuchte man eine zentrale Ressourcen-Domäne, die vom Exchange-System verwendet wird, und *n* lokale AD-Domänen bei den teilnehmenden Organisationen, eine Spiegelung bzw. ein Mapping von Benutzeraccounts zwischen den Domänen und dazugehörige Vertrauensbeziehungen. Angesichts der erheblichen Komplexität des Identity Managements an der TUM und an anderen Organisationen im MWN schien es ratsam, hier eine pragmatische, effizient administrierbare Lösung anzustreben.

- Definition von Adresslisten für die Angehörigen eines Mandanten und Mitgliedschaft der Angehörigen in diesen Adresslisten.
- Lesezugriff der Angehörigen auf diese Adresslisten:
- Der Lesezugriff muss für die Webschnittstelle Outlook Web Access (OWA) separat konfiguriert werden, da OWA einen Proxyuser verwendet, der grundsätzlich alle Adresslisten - also auch die anderer Mandanten - sehen kann. Dazu muss bei jedem Benutzer ein zusätzliches Attribut im AD gesetzt werden.
- Der Lesezugriff für Outlook-Clients wird festgelegt, indem man einer dedizierten AD-Gruppe von Benutzern Leserechte auf die gewünschte Adressliste im AD einräumt.
- Offline-Adressbücher, Autodiscover-Einträge etc. sind pro Mandant zu setzen, ebenso müssen Workflows und Skripte pro Mandant implementiert und angepasst werden.
- Die zentralen Benutzerverwaltungen unterschiedlicher Mandanten folgen unterschiedlichen Datenmodellen und erfordern dedizierte Workflows und folglich auch unterschiedliche Konnektoren für die Provisionierung der Benutzer- und Funktionsobjekte ins Active Directory.
- Kontaktverwaltung: Im AD lassen sich zwar grundsätzlich Kontakte verwalten; da die Zieladresse aber nur einmal im gesamten AD vorhanden sein darf, sind AD-Kontakte zur Kontaktverwaltung für Lehrstühle und andere Untereinrichtungen der TUM nicht geeignet. Ein möglicher Workaround ist die Einrichtung von dedizierten Shared Mailboxen, auf die nur die Mitglieder einer bestimmten Einrichtung Zugriff haben, und die in ihrem Mailboxobjekt (das bei Exchange neben Mails auch Kalender etc. enthalten kann) ebenfalls Kontaktdaten verwalten können.
- Je nach den Bedürfnissen der Mandanten sind weitere Aspekte zu berücksichtigen, z.B. Policies der Mandanten (Trennung Mitarbeiter, Studierende; Quotas, Transport-Rules wie Disclaimer, out-of-office Policy etc.).

Innerhalb jedes Mandantenbereichs gilt informationelle Selbstbestimmung, das heißt, dass jeder Benutzer selbst bestimmen kann, welche Informationen (Kalenderdaten, Ordnerfreigaben, Frei/Belegt-Zeiten) über ihn für welche anderen Benutzer oder Gruppen desselben Mandanten verfügbar sind.

Bei Bedarf können durch die Exchange-Administratoren am LRZ auch mandantenübergreifende Gruppen gebildet werden, etwa für Kooperationen zwischen LMU und TUM. Innerhalb der TUM können Einrichtungen eigene Gruppen, Verteiler etc. definieren und eigene Kontakte (in dedizierten Shared Mailboxen, siehe oben) verwalten, auf die nur Angehörige der jeweiligen Einrichtung Zugriff haben.

4.2 Lebenszyklus von Benutzer- und Funktionsobjekten

Exchange ist darauf ausgelegt, dass Mailboxen, Adressbucheinträge, Funktionsadressen, Verteiler etc. durch einen Administrator entweder interaktiv über eine graphische Benutzeroberfläche oder durch Skripte, jedenfalls aber innerhalb von Exchange, verwaltet werden. Damit ergab sich eine interessante Herausforderung, denn diese Objekte sollten über ihren gesamten Lebenszyklus aus dem provisionierenden Directory statt innerhalb von Exchange gesteuert werden. Für den Produktivbetrieb stellte sich die Frage, wie ein Konnektor beschaffen sein muss, der u. a. folgenden Anforderungen stand hält:

- Kontrolliertes Anlegen von Mailboxen (erfordert Ausführung von Powershell[5]-Kommandos), Setzen und Löschen verschiedener Einstellungen pro Account:
    - Das richtige Offline-Adressbuch, und die richtigen Adresslisten für Outlook und für Outlook Web Access müssen bestimmt werden (Mandantentrennung).
    - Die Default E-Mail Adress-Policy muss ausgeschaltet werden, da sonst die Hauptmailadresse immer wieder durch CN@ads.mwn.de überschrieben werden würde – dies kann bei Exchange 2007 nur per User erfolgen.
    - Die Storage-Group und die Mailboxdatenbank müssen ausgewählt werden. Dazu müssen einige Informationen ausgewertet werden - beispielsweise, ob der User Mitarbeiter oder Student ist, zu welcher Fakultät bzw. zu welchem Lehrstuhl er gehört usw.

- Weitere, policybedingte Settings, z.B. die Verwaltung von Quotas, das Sperren von Berechtigungen, das Setzen des SCL Junk Threshold pro User (um zu erreichen, dass von den LRZ – Mailrelays als Spam markierte Mails auch von Outlook und OWA ohne Umstände als Spam erkannt werden können).
- Für Mailadressänderungen sind komplexere Mappingregeln anzuwenden, da das AD Mailadressen mit einer eigenen Syntax und Semantik abspeichert.
- Deprovisionierung:
    - Reversibles Entfernen (Disconnect) der Mailbox
    - Für Exchange und die Mandantentrennung relevante Werte sollen entweder in Hilfsattributen zwischengespeichert und bei einem Rollback wieder zur Verfügung gestellt werden.

- Für die Nutzung weiterer am AD hängender Dienste müssen Aktionen außerhalb des AD angestoßen werden, z.B. für das Anlegen von Homedirectories.

Die provisionierenden Directories (sowohl bei der TUM als auch bei LRZ-SIM) basieren auf dem Produkt eDirectory von Novell; entsprechend kam im Pilotbetrieb der AD-Konnektor aus dem Novell Identity Manager Produktportfolio

---

[5] Vom Hersteller entwickelte Shell für Windows Server ab 2003 und Exchange ab 2007.

zum Einsatz. Der bisher verwendete AD-Konnektor war für diese neuen Aufgaben jedoch nicht mächtig genug. Daher wurden verschiedene Lösungen diskutiert, z.B.:

- Ergänzung des AD-Konnektors um einen Dienst auf den Domain Controllern, der dedizierte Hilfsattribute auswertet und Aktionen im Dateisystem oder im Exchange System auslöst. Die Benutzeraccounts werden mit dem AD-Konnektor angelegt und modifiziert. Wo Nachbearbeitungen nötig sind, entscheidet der Dienst.
- Alternativ dazu: Implementierung eines Dienstes, der als LDAP-Client das Quellsystem nach zu provisionierenden Änderungen absucht und die nötigen Aktionen, beispielsweise Powershell-Skripte oder AD-Operationen, anstößt.
  – Die Nutzung des Features „persistent search", das von einigen LDAP-Produkten, darunter eDirectory, unterstützt wird, würde sich anbieten.
  – Die Verwendung eines dedizierten Satelliten-Directories mit abgespecktem Schema zwischen Quell-Directory und AD (also im Falle der TUM zwischen Admin-Satellit und AD) könnte garantieren, dass nur relevante Modification-Events vom Client erfasst werden.
- Novell bietet zusätzlich zu seinem AD-Konnektor einen Scripting-Treiber [12] an, der es ermöglicht, zu jedem Event ein Skript (z.B. Powershell, Python, VB etc.) aufzurufen.
- Im Quell-Directory wird für jedes Event entschieden, ob ein AD-Konnektor oder eine komplexere Lösung (z.B. der weniger performante Scripting Treiber) zum Einsatz kommt.

Die Entscheidung fiel knapp zugunsten des Scripting-Treibers von Novell, der gegebenenfalls durch den herkömmlichen AD-Konnektor ergänzt werden kann.

5 Forwarderkonzept und benutzerbezogenes Routing

Der Exchange-Service soll mit dem myTUM-Mailer koexistieren, d.h. der Benutzer soll wählen können, ob er seine E-Mails an Exchange oder am myTUM-Mailer ausgeliefert bekommen will. Teilnehmer am Pilotbetrieb erhielten deshalb zunächst auf dem myTUM-Mailer eine provisorische Weiterleitung nach Exchange eingerichtet.

Mit Überführung des Pilot- in den Regelbetrieb wurde der Mailfluss auf einen dedizierten Forwarder umgeleitet, um ein zentral verwaltbares und provisioniertes Mailrouting auf Benutzerebene sowie ohne Adressmappings realisieren und den myTUM-Mailer aus dem Abhängigkeitsgraph des Exchange Service entfernen zu können. Der Exchange-Service soll auf so flexible Weise in die E-Mail Infrastrukturen der TUM und anderer Mandanten eingebunden werden, dass eine Einrichtung bzw. eine Maildomäne nicht nur als Ganzes umgezogen werden kann, sondern einzelne Benutzer selbst entscheiden können, ob und wann sie ihre Mailbox(en) nach Exchange umziehen.

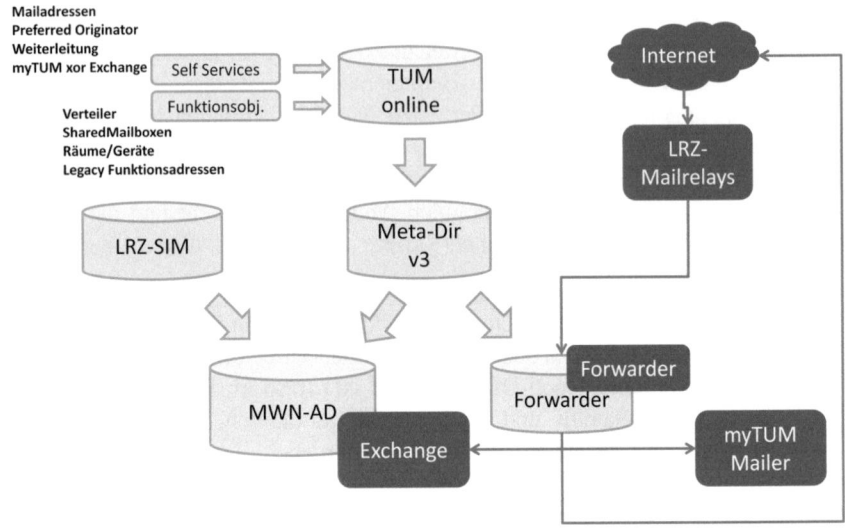

Abb. 2 Mailfluss (dunkel) und Provisionierung (hell) im Produktivbetrieb

Die Einführung des Forwarders hat eine Reihe weiterer Gründe:

- Exchange unterstützt Weiterleitungen nicht optimal:
  - Die Verwendung von Active Directory Kontakt-Objekten kommt nicht ohne weiteres in Frage, da jede Zieladresse nur ein einziges Mal im gesamten AD vorhanden sein darf.
  - Weiterleitungsregeln („Weiterleitung", „Weiterleitung als Anlage", „Umleitung", Weiterleitung im Rahmen des so genannten Abwesenheitsassistenten), die Bestandteil des Mailboxobjekts sind (und vom Benutzer in Outlook oder Outlook Web Access selbst eingerichtet werden können), könnten zwar über die so genannten Exchange Web Services in die Mailboxen der Benutzer provisioniert werden, haben jedoch einige Nachteile für die Benutzer, insbesondere den Verlust von Header-Informationen, etwa die Angabe des ursprünglichen Absenders und der Empfänger von CCs.

- Exchange erzwingt lokale Auslieferung:
  Wenn eine Mailadresse bei einer Mailbox im Active Directory eingetragen ist, wird auch an sie lokal ausgeliefert – dieses Verhalten lässt sich nur über die Verwendung von AD-Kontaktobjekten (siehe unten) nebenwirkungsfrei abstellen.

- Alumni sollen nicht im Active Directory verbleiben:

Alumni genießen an der TUM eine lebenslange Weiterleitung. Da sie keine Dienste mehr nutzen, die vom AD abhängen und da die Anzahl der Benutzerobjekte im AD ein Kostenfaktor (Lizenzen) sein kann, liegt es nahe, sie aus dem AD zu entfernen. Die Weiterleitungen werden stattdessen am Forwarder gepflegt[6].

- Benutzerdefiniertes Mailrouting an zentraler Stelle:
  - Die Benutzer können in TUMonline ihr Wunschsystem (Exchange oder myTUM) wählen; das Routing wird am Forwarder abgewickelt. Der Forwarder besteht aus einem dedizierten Directory (OpenLDAP) und einer Postfix-Installation, und wird aus der zentralen Benutzerverwaltung der TUM versorgt.
  - Kein Adressmapping: Im Pilotbetrieb werden die Mails, die für Exchange-Nutzer bestimmt sind, per Weiterleitung auf die technische Adresse kennung@ads.mwn.de auf den Exchange Server weitergeleitet. Mit dem Forwarder kann dies entfallen (in Exchange wird tum.de und mytum.de dann als Accepted Domain vom Typ External Relay definiert, so dass lokal nicht zustellbare Mails via Mailrelays an den Forwarder gehen, der für das Mailrouting zuständig ist).

Das Forwarderkonzept lässt sich analog für andere Organisationen[7] im MWN verwenden (wobei LRZ-SIM die Rolle von TUMonline als autoritatives Identity-Management-System zur Provisionierung des Forwarders übernimmt).

Um Exchange-Nutzern die freie Wahl der Zustellmailbox sowie Weiterleitungen mit und ohne lokale Kopie zu ermöglichen, wurde wie folgt vorgegangen:

- Wird über den AD-Konnektor die Information provisioniert, dass ein Benutzer eine Weiterleitung wünscht, so wird im AD ein für den Benutzer dediziertes Kontaktobjekt angelegt, das an den Forwarder unter Verwendung einer technischen Mailadresse weiterleitet.
- Vom Benutzerobjekt wird eine Weiterleitung mit oder ohne lokale Kopie an das AD-Objekt eingerichtet (eine direkte Weiterleitung an ein Ziel außerhalb von Exchange ist auf diese Weise nicht möglich).
- Die dazu nötige Logik ist in den Konnektor integriert

Alle für die in den Outlook Adressbüchern eingetragenen Benutzer ohne Exchange-Mailbox bestimmten E-Mails, die lokal auf dem Exchange System generiert werden, laufen direkt an den Forwarder.

---

[6] Die Benutzer haben im Campus Management System der TUM die Möglichkeit, Weiterleitungen einzutragen. Diese Informationen werden an den Forwarder weiterprovisioniert. Analoge Self Services sind für LRZ-SIM vorgesehen.

[7] Insbesondere für die Ludwig-Maximilians-Universität München

6 Pilotbetrieb und Überführung in den Regelbetrieb

Im Rahmen des Pilotbetriebs wurden zunächst drei Mandanten (TUM, LRZ, Bayerische Akademie der Wissenschaften) definiert. Es wurden aus fast allen Fakultäten der TUM Pilotkunden aufgenommen und mehrere Maildomains migriert[8]. Im Juli 2009 nahmen über 400 Mitarbeiter der TUM am Pilotbetrieb teil; rund 160 Ressourcen/Shared-Mailboxen und 40 Verteilerlisten wurden bis dahin für die TUM eingerichtet.

Den Teilnehmern am Pilotbetrieb wurde auf dem myTUM Mailer eine provisorische Weiterleitung nach Exchange eingerichtet. Einige lokale Mailserver konnten außer Betrieb genommen werden.

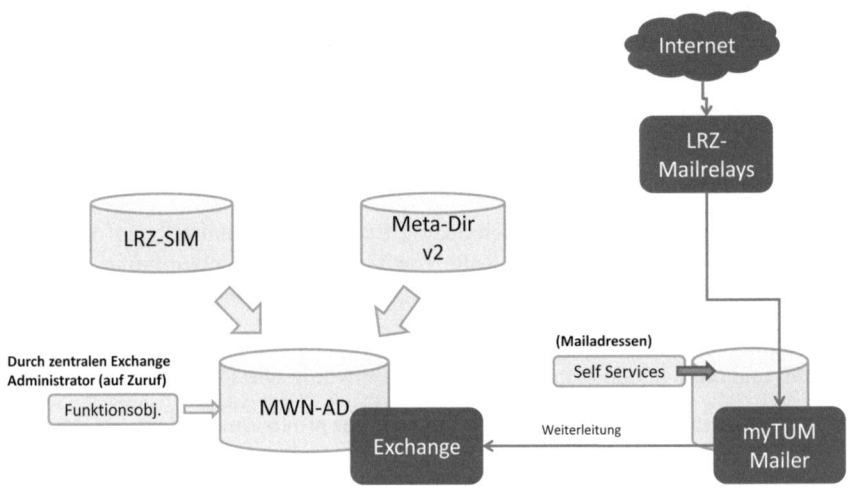

Abb. 3 Mailfluss (dunkel) und Provisionierung (hell) im Pilotbetrieb

Anfang 2008, während des Pilotbetriebs, hat die TUM die Einführung eines Campus Management Systems (TUMonline [13]) beschlossen, das viele Auswirkungen auf Datenflüsse, Verwaltungs- und Self-Service-Schnittstellen mit sich brachte. Daher mussten Prozesse und Schnittstellen teilweise neu verhandelt und neu entwickelt werden; die Überführung in den Regelbetrieb verzögerte sich entsprechend.

Im Pilotbetrieb war der Aufbau einiger provisorischer Workflows nötig, z.B.:

- Webinterface für Benutzer der Piloteinrichtungen (Fakultät für Elektro- und Informationstechnik), damit diese sich selbst jederzeit eine Exchange-Mailbox

---

[8] Für die Fakultät Elektro- und Informationstechnik die Domain ei.tum.de, für die Fakultät Maschinenwesen die Domains fsd.mw.tum.de, llt.mw.tum.de und mw.tum.de, für die Fakultät Wirtschaftswissenschaften die Domain communicate.tum.de

geben können und dabei automatisch eine Weiterleitung vom myTUM-Mailer nach Exchange eingerichtet wird.
- Aktivieren von provisionierten Benutzern in Exchange in den Status eines mail-enabled Users, so dass sie in den Outlook-Adresslisten mit einer erreichbaren Mailadresse erscheinen.

6.1 Herausforderungen bei der Verwaltung von Benutzern und Mailadressen

Eine interessante Herausforderung bei der Aufnahme von Pilotkunden mit eigenen Maildomains und bisher eigenständigen Mailservern ergab sich durch Abweichungen bei der Benutzerverwaltung. So gab es bei der Übernahme der Domain ei.tum.de für die Fakultät Elektro- und Informationstechnik einige Benutzeraccounts, die im zentralen Identity Management nicht existierten und daher im Interesse eines sauberen Lebenszyklusmanagements auch nicht angelegt werden durften. Diese Personen waren jedoch am lokalen Mailservice der Fakultät als Benutzer aktiv und hatten entsprechend genutzte Mailadressen. Im Pilotbetrieb wurden für diese Identitäten Kontakt-Objekte im AD angelegt. Dasselbe wurde auch für Benutzer gemacht, die zwar Angehörige der TUM waren, aber keine Angehörige der Fakultät, und die somit zunächst nicht teilnahmeberechtigt für den Pilotbetrieb waren (der Pilotbetrieb wurde erst später auf andere Einrichtungen ausgeweitet). Diese Benutzer hatten also eine oder mehrere @ei.tum.de Adressen und eine Zieladresse, die entweder auf eine externe Maildomain (z.B. auf @xyz.ei.tum.de) oder auf eine mytum-Adresse (z.B. xyz@mytum.de) zeigte. Durch dieses Konstrukt konnte man die Benutzer ins Outlook-Adressbuch einbringen. Die Lösung ist aus mehreren Gründen unschön:
- Die Objekte müssen von Hand verwaltet werden.
- Wenn die hinter AD-Kontakten mit @mytum.de Zieladressen stehenden Personen, Angehörige der TUM, aber nicht der Pilotfakultät, wie mehrfach geschehen, später mit ihrem Lehrstuhl in den Kreis der für den Pilotbetrieb teilnahmeberechtigten Benutzer treten, gibt es Probleme, da im AD jede Mailadresse nur einmal vorhanden sein darf.
- Bei hinter AD-Kontakten mit externen Zieladressen stehenden Personen muss der Kontakt später von Hand rückabgewickelt werden.

Da Exchange keine Mailinglisten mit externen Empfängern anbietet, scheint es hier im Moment keine befriedigende Lösung zu geben. Ein in die zentrale Benutzerverwaltung integrierter Ansatz wäre das Anlegen von Gästekennungen für jene Benutzer, die beim Pilotkunden eine Mailadresse in einer lokalen Maildomain haben, aber in der zentralen Benutzerverwaltung noch nicht geführt werden.
Eine weitere Erkenntnis aus dem Pilotbetrieb ist, dass es durchaus sinnvoll sein kann, Benutzer aus der gleichen organisatorischen Einheit in unterschiedlichen

Mailboxdatenbanken unterzubringen. Für die Unterbringung in derselben Datenbank spricht das Exchange 2007 Feature „Shared Storage", mit dem Attachments an Mails nur einmal pro Datenbank gespeichert werden, was sich mehr oder weniger platzsparend auswirken kann. Dagegen spricht, dass Benutzer aus einer Organisationseinheit, die gemeinsam auf den Exchange-Dienst umziehen, tendenziell auch relativ zeitgleich ihre Mails auf die Exchange-Mailbox umziehen. Das kann zu einem Überlauf der von Exchange benötigten Transaktionslogs der Datenbank führen, vor allem in Konfigurationen, bei denen die Transaktionslogs für längere Zeit aufgehoben werden müssen (um den Zustand eines beliebigen Zeitpunkts aus den vergangenen Tagen per Restore wiederherstellen zu können, verfolgt das LRZ diesen Ansatz). Es hat sich außerdem gezeigt, dass bei den im MWN üblichen relativ großzügigen Quotas ohnehin z.B. nicht die Mailboxen aller Mitarbeiter einer Fakultät in dieselbe Datenbank passen.

Eine weitere interessante Herausforderung während des Pilotbetriebs: in den Quellsystemen mussten manchmal datenqualitätsverbessernde Maßnahmen durchgeführt werden, die auch auf die angeschlossenen Systeme wie das AD wirken. Vielfach musste für Benutzer, die versehentlich mehrere Kennungen erhalten hatten, diese zuerst auf genau eine Kennung konsolidiert werden, damit sie am Pilotbetrieb teilnehmen konnten.

6.2 Herausforderung delegierte Administration

Problematisch war die Administration von Ressourcen wie Funktionsadressen[9], Räumen und Geräten. Die Einrichtungen (z.B. Lehrstühle) sollten ihre eigenen Ressourcen administrieren können; es gibt jedoch in Exchange 2007 dazu keine geeignete Schnittstelle. Die Administration muss in Ermangelung einer Schnittstelle für dezentrale Administration im Pilotbetrieb noch „auf Zuruf" erfolgen, d.h. durch die Exchange-Administratoren am LRZ. Es werden im Tagesgeschäft Shared-Mailboxen und Verteiler, Räume und Geräte sowie Funktionsadressen eingerichtet; neue Benutzer für den Pilotbetrieb freigeschaltet, Rechte auf Funktionsobjekte an Gruppen vergeben etc. Typische Aufgaben sind unter anderem:

- Anlegen von Funktionsadressen wie sekretariat_xy@tum.de. Bisher war das technisch nur über die Gästeverwaltung des zentralen Identity Management der TUM möglich. Das ist jedoch unschön, da die Gästeverwaltung ausdrücklich für natürliche Personen konzipiert ist und technisch gesehen daher auch personenbezogene Kennungen generiert, die von den angeschlossenen Systemen (z.B. IntegraTUM Metadirectory, sämtliche daran hängenden Dienste, auch

---

[9] Funktionsadressen, etwa webmaster@, beratung@, sekretariat@ etc. können je nach den Bedürfnissen der den Dienst nutzenden Einrichtungen als Mailverteiler oder als Shared Mailbox, d.h. als eine Mailbox, auf die eine berechtigte Gruppe von Nutzern Zugriff hat, realisiert werden.

Exchange-Pilotbetrieb) nicht von echten Personen unterschieden werden können.
- Solche Funktionsadressen mit weiteren, ausschließlich für Funktionsobjekte notwendigen Eigenschaften zu versehen, damit sie im Exchange-Server automatisch als Shared Mailbox, Mailverteiler etc. beim jeweiligen Lehrstuhl eingetragen werden können. Dazu gehört auch die Möglichkeit, Gruppen von Personen (z.B. „Mitarbeiter meines Lehrstuhls") zu definieren und ihnen Zugriffsrechte auf die Funktionsobjekte zu gewähren.

Wegen der vielen Sonderfälle ist hier keine provisorische Automatisierung („quick and dirty" Lösung) sinnvoll.

Eine Evaluation von Drittherstellerprodukten zur delegierten Administration, verlief leider nicht zufriedenstellend (am Vielversprechendsten war Active Roles von Quest, jedoch ist hier die Unterstützung für Exchange 2007 nicht ausreichend, ein noch gravierenderer Nachteil war der hohe Preis für dieses Werkzeug). Auch die Exchange-eigenen Web-Services [14] reichen für die gewünschte Funktionalität nicht aus.

Durch die mit der Einführung des Campus Management Systems TUMonline [13] einhergehenden Umwälzungen hat sich die Lösung dieses Problems verzögert. Es ist nunmehr geplant, die für die Administratoren der lokalen Einrichtungen benötigte (Web-) Schnittstelle innerhalb von TUMonline zu realisieren. Es wurde eine Spezifikation für die benötigte Workflow erarbeitet. Der Nachrichtentransport kann z.B. via LDAP organisiert werden, der Konnektor, der das AD provisioniert, muss dann entsprechend erweitert werden.

6.3 Support

Es wurde eine Dokumentation für Benutzer und Ansprechpartner in den einzelnen Einrichtungen erstellt [2]. Der IT Service Desk der TUM, der als „Single Point of Contact" auch den First-Level-Support für alle Fragen rund um Exchange leisten wird, wurde geschult und personell in den Pilotbetrieb aufgenommen. Von großer Bedeutung ist die enge Kommunikation mit lokalen IT-Beauftragten an Einrichtungen der TUM. Ferner wurde eine umfangreiche interne Dokumentation erstellt, die als erste Materialsammlung für ein noch aufzubauendes Management von Konfigurationen, Änderungen und Incidents im Sinne von Frameworks wie ITIL dienen soll.

Zum gegenwärtigen Zeitpunkt ist es noch zu früh, abzuschätzen, wie groß der regelmäßige Aufwand für den IT Service Desk der TUM sein wird, allerdings ist Exchange selbst ohne die in so großen und heterogenen Umgebungen unvermeidlichen Datenqualitätsprobleme und ohne die Berücksichtigung unterschiedlicher Policies und stetig wechselnder Anforderungen ein komplexes und in seiner Funktionsvielfalt beratungsintensives Produkt, und Erfahrungen aus dem Pilotbetrieb legen nahe, dass auch in Zukunft viele Anfragen an den 2nd Level Support weitergereicht werden müssen.

6.4 Überführung in den Regelbetrieb

Mit der Fertigstellung von Forwarder und AD-Konnektor konnte der Regelbetrieb aufgenommen werden. Das Mailrouting für die Maildomänen tum.de und mytum.de sowie für alle in der Pilotphase an den Exchange Service migrierten Maildomains wird nun vom Forwarder abgewickelt und der AD-Konnektor steuert jetzt alle Aspekte des Benutzerlebenszyklus.

Die realisierte Lösung lässt sich mit nur geringen Anpassungen auch im Rahmen von LRZ-SIM und für andere Organisationen im Münchner Wissenschaftsnetz anbieten.

7 Zusammenfassung und Ausblick

Schon in der Pilotphase wurde der Dienst intensiv von vielen Einrichtungen der TUM genutzt. Außerhalb der TUM gibt es eine Reihe weiterer Interessenten im Münchner Wissenschaftsnetz. Die Verzahnung mit dem Identity Management der TUM und dem neuen Campus Management auf der einen Seite und die Vielfalt der Anforderungen migrationswilliger Betreiber lokaler Mailserver und -dienste auf der anderen Seite bringen gegenüber einem einfachen out-of-the-box Betrieb eines Produktes wie MS Exchange erhebliche Herausforderungen mit sich. Viele Prozesse mussten erst genau spezifiziert und ausgehandelt werden, viele Policies und Anforderungen, die berücksichtigt werden müssen, sind weiterhin im Wandel begriffen. Dennoch ist der Aufbau des Dienstes weit fortgeschritten und das Portfolio an von zentraler Stelle bereitgestellten sicheren, hochverfügbaren und performanten Dienstleistungen im Bereich Mail und Kollaboration wurde um einen wichtigen Eckstein erweitert.

8 Danksagung

Der Autor dankt der IntegraTUM Projektgruppe, dem LRZ-Mailteam und allen weiteren involvierten Kollegen von LRZ und TUM für die fruchtbaren Diskussionen und Anregungen zu diesem Beitrag und für die tatkräftige Beteiligung an diesem Projekt. Ohne die Unterstützung durch die Kollegen des LRZ-Mailteams wäre die Realisierung dieses Projektes nicht möglich gewesen. Besonderer Dank geht auch an die Kollegen Thomas Fakler und Thomas Niedermeier aus der PC-Gruppe des LRZ sowie an Bernhard Lichtinger (LRZ) für ihren Einsatz beim Aufbau des Pilotbetriebs und bei der Überführung in den Regelbetrieb.

Literatur

[1] M. Diehn, A. Haarer, A. Schreiner, M. Storz: „IntegraTUM Teilprojekt E-Mail: Rezentralisierung von E-Mail Services", in diesem Band
[2] M. Diehn: Handbuch für die Nutzung des vom LRZ für die TU München bereitgestellten Groupware Dienstes MS Exchange. Version 0.25 vom 27.Juli 2009. [Online, 21.09.2009] https://pilot.mail.ads.mwn.de/doku/Exchange-Benutzerdoku.pdf
[3] M. Diehn, T. Niedermeier: Active Directory und Storage für das MWN, Workshop zum Authentifizierungsdienst der TUM, LRZ 30.04.2009
[4] M. Diehn, H. Reiser, B. Schmidt und M. Storz: Effiziente und effektive Spam-Abwehr: Konzepte und Verfahren. In: PIK Praxis der Informationsverarbeitung und Kommunikation, Heft 3/2008, Seite 175 ff. K.G. Saur Verlag
[5] E-Mail am LRZ. [Online, 21.09.2009] http://www.lrz-muenchen.de/services/netzdienste/email/
[6] Exchange 2007 Server Role Roadmap [Online, 21.09. 2009] http://technet.microsoft.com/en-us/library/aa996319.aspx
[7] Exchange 2007 Single Copy Clusters [Online, 21.09.2009] http://technet.microsoft.com/en-us/library/bb125217.aspx
[8] Linux-HA [Online, 21.09.2009] http://linux-ha.org/
[9] Exchange 2007 Cluster Continuous Replication [Online, 21.09.2009] http://technet.microsoft.com/en-us/library/bb124521.aspx
[10] Wolfgang Hommel: LRZ Identity Management [Online 21.09.2009] http://www.lrz-muenchen.de/~hommel/data/presentations/deisa2006.pdf
[11] Michael Barta, Dave Goldman, Tom Di Nardo: Configuring Virtual Organizations and Address List Segregation in Exchange [Online, 21.09.2009] http://technet.microsoft.com/en-us/library/bb936719.aspx
[12] Novell Identity Manager Driver for Scripting 3.6 Implementation Guide [Online, 21.09.2009] http://www.novell.com/documentation/idm36drivers/bi_impl_scripting/?page=/documentation/idm36drivers/bi_impl_scripting/data/bookinfo.html
[13] TUMonline [Online, 21.09.2009] http://portal.mytum.de/iuk/cm/tumonline
[14] Michael Mainer: Introduction to Exchange Web Services in Exchange 2007 [Online, 21.09.2009] http://msdn.microsoft.com/en-us/library/bb408417.aspx

Auf dem Weg zur digitalen Fakultät – moderne IT Infrastruktur am Beispiel des Physik-Departments der TU München

Josef Homolka

Zusammenfassung Der Geschäftsbetrieb einer Universität ist durch zunehmende Digitalisierung und Nutzung elektronischer Medien gekennzeichnet. Die Einführung immer leistungsfähigerer zentraler IT-Systeme führt zu einer komplexen Vielfalt heterogener Benutzer- und Administrationsschnittstellen. Zur Schaffung einer umfassenden benutzerfreundlichen und nahtlosen IT-Infrastruktur ist die Beteiligung aller organisatorischen Einheiten und Ebenen erforderlich. Am Physik-Departement der Technischen Universität München wurden unter Integration eigener Ressourcen mit zentralen Ressourcen, die im Rahmen des IntegraTUM Projektes entwickelt und bereitgestellt wurden, existierende Dienste weiterentwickelt und neue Angebote aufgebaut. Das System, bestehend aus den Komponenten Netzwerk, Arbeitsplatzrechner, Serverinfrastruktur, E-Mail-Service, WWW-Dienst, Datenhaltung und Software wurde für die Nutzerkreise Studenten und Mitarbeiter im Hinblick auf Anwenderfreundlichkeit und nahtlosen Zugriff optimiert.

1 Einleitung

1.1 Rahmenbedingungen

Die aktuellen Rahmenbedingungen einer Universität, gekennzeichnet durch eine Vielzahl von grundlegenden Umstellungsprozessen wie Bologna Prozess, Einführung von Studienbeiträgen, Exzellenzinitiative und doppelte Jahrgänge von Studienanfängern stellen zusätzlich zur dynamischen Entwicklung moderner IT eine spezielle Herausforderung für den Betrieb und die Fortentwicklung leistungsfähiger IT Infrastrukturen dar.

Die Fakultät als organisatorische Instanz über den Lehrstühlen und zentralen Einrichtungen eines Fachbereiches tritt einerseits selbst als IT Serviceprovider auf, andererseits benutzt und vermittelt sie IT Dienste weiterer Dienstleister. Sie steht dabei in der Verantwortung, das Gesamtsystem für die Benutzer des eigenen Fachbereiches zu optimieren und die Anforderungen des laufenden Geschäftsbetriebes zu erfüllen. Die dazu notwendigen Entscheidungen müssen dabei im Spannungsfeld zweier gegensätzlicher Vorgehensweisen getroffen werden: Ein Dienst in eigener Verantwortung ist in der Regel schneller implementiert und kann an die

Bedürfnisse der eigenen Benutzer besser angepasst werden; die Nutzung eines externen Dienstes reduziert den eigenen Ressourcenbedarf.

Das Physik-Department verfolgt die Strategie, mit einer schlanken und flexiblen, in eigener Verantwortung betriebenen IT Infrastruktur, die Nutzungsbereiche abzudecken, die externe Dienstleister nicht in der erforderlichen Qualität und Flexibilität erbringen können. Dies wird jedoch so konzipiert, dass eine Migration zu einem externen System mit vernünftigem Aufwand möglich bleibt. In enger Zusammenarbeit mit externen Dienstleistern wird bei der Einführung neuer Systeme darauf hingearbeitet, eigene Dienste durch externe mit verbesserter Leistungsfähigkeit zu ersetzen.

Primärer Anbieter für IT Basisdienste im Münchener Hochschulraum ist das Leibniz-Rechenzentrum (LRZ). Seinem Auftrag gemäß bietet das LRZ einen umfangreichen Katalog an IT Diensten, die für die Zwecke der Forschung und Lehre im Rahmen der Grundversorgung kostenlos genutzt werden können.

Dazu kommt an der Technischen Universität München (TUM) die zentrale IT Abteilung, die das SAP System für die Verwaltung von Personal, Räumen und Finanzen, das elektronische Verlesungsverzeichnis UnivIS und das Campusmanagement-System TUMonline betreibt. TUMonline befindet sich dabei in der Einführungsphase. Es umfasst alle Prozesse des „student life cycle" und wird UnivIS ersetzen. Sein Identitymanagementsystem provisioniert das zentrale Metaverzeichnis, aus dem die Benutzerkonten für IT Dienste an der TUM, sowie die vom LRZ für die TUM betriebenen IT Dienste abgeleitet werden.

Das IntegraTUM Projekt ermöglichte wesentliche Fortschritte bei der Umsetzung der eigenen IT Strategie. Durch den hochschulweiten und systemübergreifenden Ansatz zur Einführung neuer zentraler IT Dienste, der die enge Zusammenarbeit der zentralen Serviceprovider mit den Fakultäten als Vertreter der zukünftigen Nutzer in der Konzeptions-, Entwicklungs- und Einführungsphase vorsah, konnte die Servicequalität der IT Dienste wesentlich verbessert werden.

1.2 Das Physik-Department

Das Physik-Department der TU München umfasst 23 Lehrstühle und 24 Fachgebiete. In den angebotenen Studiengängen sind 1200 Studenten eingeschrieben. Es werden ca. 680 Personen als Mitarbeiter an Lehrstühlen und zentralen Einrichtungen geführt. Der Status Mitarbeiter bezeichnet dabei eine aktive Tätigkeit am Physik-Department und umfasst daher neben Angestellten auch eine größere Anzahl von Gästen und aktiven Alumni.

Schwerpunkte der Forschungstätigkeit sind die Kern- und Teilchenphysik, die Biophysik und die Erforschung neuartiger Materialien auf dem Gebiet der Nanotechnik. Die intensive Zusammenarbeit mit Instituten auf dem Campus Garching und internationalen Universitäten und Forschungseinrichtungen, die teilweise in großen Kollaborationen erfolgt, erfordert dabei eine leistungsfähige Kommunikationsinfrastruktur. Desweiteren ist der schnelle Austausch großer Datenmengen erforderlich.

Die Arbeitsgruppen sind im Wesentlichen auf zwei Gebäude auf dem Campus Garching konzentriert. Einzelne Abteilungen, wie z.b. der Vorlesungsbetrieb sind aus fachlichen Gründen auf mehrere Gebäude auf dem Campus Garching verteilt. Aufgrund begrenzter Raumressourcen mussten neue Forschungsgruppen teilweise auf temporäre Räumlichkeiten auf dem Campus verlagert werden.

Die Betreuung der IT Landschaft erfolgt dezentral auf Lehrstuhlebene durch 35 Systemadministratoren. Diese sind teilweise als wissenschaftliche Mitarbeiter am Lehrstuhl tätig und betreuen die IT als Nebenaufgabe. Daneben gibt es andererseits festangestelltes technisches Personal zur hauptamtlichen Betreuung. Für die Wahrnehmung der Aufgaben auf Fakultätsebene sind zwei wissenschaftliche Planstellen vorhanden.

2 Netzwerk

Die Räume des Physik-Departments sind durch das LRZ flächendeckend strukturiert verkabelt. Pro Büroraum stehen zumindest 2 Netzanschlüsse zur Verfügung. Die Beschaltung der ca. 2000 Anschlüsse mit Gigabitports erfolgt nach Bedarf. Hörsäle und Seminarräume werden flächendeckend mit dem LRZ-WLAN versorgt. Die Netzkomponenten sind auf 6 Räume in den beiden Gebäuden verteilt. Beschaffung und Betrieb der Netzwerkkomponenten erfolgt durch das LRZ. Das monatliche Datenvolumen am Router beträgt momentan 20 TByte nach außen und 10 TByte nach innen (vgl. Abb. 1).

In Verantwortung der Fakultät liegen die Vorgabe der Netzwerkkonfiguration, insbesondere die Vergabe von IP Netzen und die Bedarfsprüfung. Die eigentliche Konfiguration der Hardware erfolgt durch das LRZ. Um die Erreichbarkeit von Rechnern einzuschränken, werden private IP Netze aus dem Bereich 10.152.*.*/16 benutzt, die im Hochschulnetz geroutet werden. Der Zugriff auf das Internet erfolgt über ein LRZ Gateway, das eine Adressübersetzung in öffentliche IP Adressen übernimmt. Der Netzwerkverkehr wird vom LRZ auf Auffälligkeiten (hohes Datenaufkommen, offene Ports) überwacht. Bei Überschreitung vorgegebener Schwellen wird der Netzwerkzugriff der verursachenden IP Adresse beschränkt und der Netzverantwortliche informiert.

Insgesamt sind momentan 30 Class C Netze mit öffentlichen und privaten Adressbereichen in Verwendung.

Die letzte Erneuerung der Backbone-Switche eröffnete die Möglichkeit durch die verbesserte Managementsoftware Ports campusweit individuell mittels VLANs mit handhabbarem Aufwand zu beschalten. Damit konnten im Gebäude und auf dem Campus verteilte Arbeitsgruppen netzwerktechnisch als Einheit konfiguriert werden. Insbesondere die vielen neuen Forschungsgruppen, müssen aufgrund der begrenzten Raumressourcen am Physik-Department verstreute Ausweichräume nutzen.

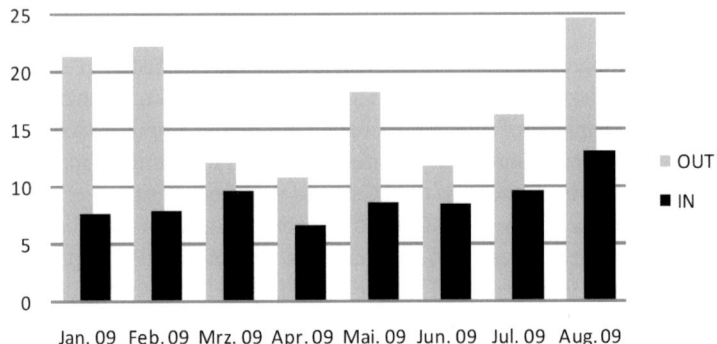

Abb. 1 Übertragenes monatliches Volumen in ein- (IN) und ausgehende (OUT) Richtung in TByte am Router des Physik-Department.

Dazu kam die Einführung mandantenfähiger Firewall-Blades auf dem zentralen Router. In Zusammenwirken mit dem DHCP und DNS Dienst des LRZs konnte eine Grundkonfiguration für ein Lehrstuhlnetz bereitgestellt werden, die den lokalen operativen Aufwand reduziert und den Leistungsumfang erweitert:

- Die Netzkomponenten mit privaten IP Adressen befinden sich in einem gemeinsamen VLAN.
- Das VLAN ist durch einen Firewall geschützt.
- Der Firewall kann über ein Webinterface nach den Bedürfnissen der Arbeitsgruppe selbst verwaltet werden.
- IP Adressen werden über einen DHCP Dienst automatisch vergeben.
- Der DHCP Dienst übermittelt diese automatisch an den DNS Dienst.
- Der DNS Dienst kann über ein Webzugang von der Arbeitsgruppe selbst verwaltet werden.
- Über Weiterleitung von Internetports (Portforwarding) von öffentlichen Adressen am Firewall auf interne Rechner können lokale Serverdienste angeboten werden, ohne ein weiteres IP Netz zu benötigen.

Die Einführung dieses Modells erfolgt schrittweise. Vor allem die Neubesetzung von Lehrstühlen bietet eine günstige Gelegenheit zur Neustrukturierung. Die Umstellung existierender Arbeitsgruppen erfordert erhöhten Aufwand, weil der laufende Betrieb für einen Tag eingeschränkt wird und eine Erfassung der Netzwerkkomponenten, sowie eine sorgfältige Planung erforderlich sind.

Dieser Prozess wird durch eine zentrale Fakultätsdatenbank unterstützt, der die Netzanschlüsse, die zugehörigen VLANs und organisatorische Zugehörigkeit erfasst. Für die Zukunft ist die Implementierung eines elektronischen Verfahrens zur Aktivierung und VLAN Beschaltung geplant. Die Datenbank soll zudem mit den relevanten Informationen der Netzdokumentation des LRZs verknüpft werden, um ein effektives Konfigurationsmanagement zu ermöglichen.

Als weitere Option gibt es die Möglichkeit, einzelne Ports mit einer Radiusauthentifizierung für MAC Adressen zu versehen. Dies wird als Schutz von öffentlich zugänglichen Netzdosen genutzt. Der Radiusserver wird dabei lokal betrieben. Die MAC Adressen werden in ein LDAP Verzeichnis eingetragen. Die Freischaltung neuer Geräte kann ohne Mitwirkung des Rechenzentrums erfolgen. Bisher musste bei öffentlichen Netzdosen eine Authentifizierung des Benutzers über eine VPN Clientsoftware erfolgen.

3 Arbeitsplatzrechner

3.1 Studentischer Linuxpool (CIP Pool)

Die Beschaffung und der Betrieb von Arbeitsplatzrechnern erfolgt in dezentraler Verantwortung der Lehrstühle. Die Fakultät betreibt jedoch für studentische Arbeitsplätze zwei Rechnerpools. Der sogenannte CIP-Pool umfasst eine Reihe von Linuxsystemen, die in einem eigenen Raum mit Zugangskontrolle, auf verteilten Standorten zur Nutzung bei Praktikumsversuchen und im Foyer öffentlich zugänglich sind. Die Rechner sind in den hochschulweiten Verzeichnisdienst eingebunden, d.h. die Anmeldung erfolgt mit der TUM-zentralen Kennung. Das persönliche Verzeichnis am zentralen Speicher wird automatisch beim Anmelden als Unterverzeichnis des Home-Verzeichnisses verbunden. Eine direkte Nutzung des zentralen Speichers als Home-Laufwerk unter Linux hat sich als nicht praktikabel erwiesen.

3.2 Mini-Pool

Des Weiteren wurde auf Initiative der Studierenden ein aus Studienbeiträgen finanzierter Mini-Pool mit sechs Windowsarbeitsplätzen eingerichtet. Die Netzdosen werden über die beschriebene Radiusauthentifizierung abgesichert. Der Raum kann daher während der regulären Geschäftszeiten frei zugänglich gemacht werden.
Die Rechner nutzen bereits Windows 7 und sind Mitglied der vom LRZ betriebenen MWN Active Directory Domäne. Dadurch sind eine nahtlose Nutzung des zentralen Speichers und der im Active Directory vorhandenen Benutzerkonten, Gruppen und Gruppenrichtlinien möglich. Für das Physikstudium relevante Anwendungsprogramme sind über die im Weiteren beschriebene Applikationsserverfarm zugänglich. Auf die Installation lokaler Anwendungsprogramme konnte deshalb weitestgehend verzichtet werden.

3.3 Arbeitsplatzrechner der zentralen Einrichtungen

Zur Konsolidierung des dezentralen Betriebes von Rechnern der zentralen Einrichtungen des Physik-Departments wurde bereits in einer frühen Phase des IntegraTUM Projektes begonnen, diesen in die Verantwortung der Fakultäts IT Abteilung zu migrieren. Weil überwiegend Windowsrechner in Verwendung sind, wurde ein Active Directory aufgebaut, das zudem die Nutzung der zentralen Benutzerkennungen erlaubt. Über Gruppenrichtlinien können die Clientsysteme den Anforderungen der Abteilungen entsprechend konfiguriert werden. Die Autorisierung für den Zugriff auf Ressourcen kann über die Verwaltung von Gruppen und Zugriffsrechten detailliert zentral gesteuert werden.

4 Serverinfrastruktur

Für zentrale Serverinfrastruktur steht am Physik-Department ein klimatisierter Raum mit leistungsfähiger Netzwerkanbindung zur Verfügung. In 3 Racks sind mehrere Server, drei RAID Systeme, ein iSCSI Gerät und ein KVM Switch untergebracht.

4.1 Webserver

Das System mit den meisten gleichzeitigen Benutzern ist der zentrale Webserver. Der Linuxserver ist für das Webhosting von insgesamt 34 virtuellen Webservern im Einsatz. Als Plattenspeicher kommt ein 4 TByte RAID-System zum Einsatz. Neben den Webseiten der Fakultät, werden Lehrstuhl-, Projekt- und persönliche Webseiten der Benutzer vorgehalten.

4.2 Linux-Gateway

Ein weiterer Linuxserver wird als Gatewayrechner für den Remotezugriff auf den studentische Linuxpool genutzt. Neben dem ssh Protokoll wird der freie NX Client unterstützt. Damit ist die plattformübergreifende Remotenutzung von Anwendungen mit grafischer Ausgabe möglich.

4.3 OpenLDAP

Für die zentrale Speicherung von Benutzer- und Rechnerdaten im Linuxbereich wird ein OpenLDAP Server betrieben. Dieser versorgt den Linuxpool für studentische Rechner und das Cluster der Rechner der theoretischen Physik. Im Rahmen des IntegraTUM Projektes wurde eine Provisionierung der zentralen Konten aus dem Metaverzeichnis realisiert. Der Login wurde so konfiguriert, dass die zentrale TUM-Kennung mit zugehörigem Passwort parallel zu dem lokalen Benutzerkonto verwendet werden kann. Dazu wurden die existierenden Konten mit der zentralen Kennung als zusätzlichem Attribut versehen. Es zeigte sich, dass eine erhebliche Anzahl von Benutzern mehrere zentrale Kennungen hatte, die folglich zu einer Identität konsolidiert werden mussten. Da diese Kennungen auch am MyTUM/TUM E-Mailserver in Verwendung waren, der nur eine Konsolidierung durch den Benutzer im Selfservice mit 3 Monate Wartezeit erlaubte, erwies sich diese Aufgabe als sehr aufwändig im Support.

Durch die gewählte Konfiguration stand den existierenden Benutzern das System nahtlos weiter zur Verfügung. Eine Anmeldung konnte zusätzlich mit der zentralen Kennung erfolgen. Neue Benutzerkonten werden nur mehr mit der zentralen Kennung angelegt.

4.4 Nagios Server

Für die Überwachung der für das Physik-Department relevanten Netzdienste wird ein Nagiosserver betrieben. Der Ausfall wichtiger Funktionselemente kann so kurzfristig erkannt und lokalisiert werden.

4.5 Active Directory

Zwei Server werden als Domänencontroller für ein Windows 2003 Active Directory mit einer hierarchischen Multidomänenstruktur genutzt. Die Benutzerkonten werden dabei aus dem zentralen Metaverzeichnis in die oberste tum.de Domäne provisioniert. Die Verwaltung der Rechner-, Benutzer- und Gruppenkonten erfolgt in der darunterliegenden ph.tum.de Fakultätsdomäne. Diese Struktur kann durch Hinzufügen zusätzlicher Fakultätsdomänen erweitert werden, bietet umfassende Administrationsmöglichkeiten auf Fakultätsebene und erfordert geringen Administrations- und Betriebsaufwand auf der obersten Ebene.

Um die Migration in die AD Infrastruktur für existierende Arbeitsgruppen möglichst attraktiv zu gestalten, die besonderen Wert auf die netzwerktechnische Trennung und Sicherheit der eigenen Benutzerdaten legen, wurde eine Konfiguration entwickelt, bei der die Gruppendateiserver hinter einem Firewall betrieben werden können.

Zwei Paare von gespiegelten Servern werden in dieser Konfiguration als Fileserver für zwei zentrale Einrichtungen des Physik-Departments betrieben. Obwohl die Rechner im Serverraum der Fakultät untergebracht sind, befinden sie sich netzwerktechnisch im VLAN der jeweiligen Abteilung. Ebenso ist ein Lehrstuhl in analoger Konfiguration in das Active Directory eingebunden.

Für die Migration dezentraler Serverdienste und zur Replikation von zentralen Serverfunktionen wird ein leistungsstarker Server (Dual QuadCore Xeon, 16 GByte RAM) unter VMware-Server betrieben. Es werden 10 virtuelle Maschinen produktiv genutzt. Die migrierten Serveranwendungen reichen von Türschließsystem, Strahlenschutzdatenbank bis Entwicklungsserver für Webprojekte oder SAP Clientrechner. Über ein 12 TByte (Netto) iSCSI System kann flexibel Speicherplatz für die virtuellen Server bereitgestellt werden.

4.6 Applikationsserverfarm

Zur Bereitstellung von Windowssoftware auf Remotearbeitsplätzen im Lehrbetrieb wurde eine aus Studienbeiträgen finanzierte Applikationsserverfarm aufgebaut. Durch die verbesserte Terminalserverfunktionalität des Windows 2008 Serverbetriebssystems kann so leistungsfähige Software allen Physikstudenten für die universelle Nutzung am eigenen Laptop, auf Praktikums-und Windowspoolarbeitsplätzen zugänglich gemacht werden. Um einen späteren Ausbau nicht durch begrenzte Ressourcen einzuschränken und eine Erweiterung für andere interessierte Fakultäten zu ermöglichen, wurden die 9 Server am LRZ untergebracht. Durch die Einbindung in das MWN AD ist der nahtlose Zugriff auf die Ressourcen des zentralen Speichers möglich.

Die Verwendung neuester Microsofttechniken und die Randbedingungen der Netzwerkkonfiguration, durch die Unterbringung am LRZ, brachten jedoch Einschränkungen für den plattformübergreifenden Zugriff. Deshalb wurde ein Server im Fakultätsserverraum als Gateway-System für die Applikationsserverfarm bereitgestellt. Durch die Unterstützung älterer Protokolle wird ein breiterer Kreis von Clientsystemen unterstützt, die Leistungsfähigkeit und fortgeschrittene Funktionalität der Farm aber nicht beeinträchtigt. Der Server ist für bis zu 200 gleichzeitige Verbindungen ausgelegt, wie sie bei Kursveranstaltungen in den Anfangssemestern vorkommen.

5 Peripherie

5.1 Präsentationsdruck

Für die Erstellung großformatiger Poster steht im Physik-Department ein Großformatplotter (HP DesignJet 5000 Plotter) zur Verfügung. Dieser wird vom zentralen Medienlabor betrieben. Die Nutzung erfolgt über die Rendering- und Queueingsoftware Postershop, die unterschiedliche Eingabeschnittstellen unterstützt und eine Begutachtung vor dem Ausdruck erlaubt. Das Medienlabor leistet professionelle Unterstützung, die von der Erstellung des Layouts bis zum Ausdruck reicht.

5.2 Drucker, Scanner

Die Erneuerung von 6 Großkopiergeräten erfolgte durch Multifunktionsgeräte, die über eine Netzwerkschnittstelle zusätzlich als Drucker und als schnelle Einzugsscanner betrieben werden können. Die Geräte sind zur bequemen lehrstuhlübergreifenden Nutzung über das Hauptgebäude verteilt. Hauptproblematik für die Freischaltung der zusätzlichen Funktionalität ist die brandschutzgerechte Realisierung des Netzwerkanschlusses.

5.3 Hörsaaltechnik

Die Erneuerung der Hörsaaltechnik im großen Physikhörsaal wurde genutzt, die Steuerung und Überwachung der Projektoren und der Regietechnik per Netzwerk zu ermöglichen. Die WLAN Kapazität wurde auf 200 gleichzeitige Verbindungen erweitert. Ein Großbildschirm im Foyer wird über einen angeschlossenen Rechner zur Bereitstellung aktueller Informationen oder für Videoübertragungen aus den Hörsälen genutzt.

6 E-Mail Service

Ein zuverlässiger, hochverfügbarer E-Maildienst auf aktuellem technischem Standard ist eine essentielle Anforderung der Benutzer im Physik-Department. Zu Beginn des IntegraTUM Projektes war bereits eine Migration des Physik E-Mailservers für die Domäne ph.tum.de zum LRZ vereinbart gewesen. Im Rahmen des IntegraTUM Projektes wurde diese Migration als Pilotprojekt für ein zukünftiges hochschulweit einheitliches E-Mailsystem, das vom LRZ gehostet wird, umgesetzt. Als Serversoftware entschied sich das LRZ für die kommerzielle Lösung Syntegra. Wegen der aufkommenden Spamproblematik war auf dem Physik E-Mailserver Greylisting erfolgreich im Einsatz. Nachdem diese Technik für das LRZ System nachgerüstet wurde, stand einer Migration nichts mehr im Wege.

Eine Nutzung des zentralen MyTUM Mailersystems, das jedem Studenten und Mitarbeiter zur Verfügung steht, durch eine Weiterleitung der ph.tum.de Adressen kam wegen des eingeschränkten Funktionsumfanges für die Physikanwender nicht in Frage.

Der Umzug brachte erhebliche Verbesserungen in mehrerer Hinsicht. Durch die ausschließliche Verwendung sicherer Protokolle konnte der Zugriff weltweit freigegeben werden. Durch die Propagierung des IMAP Protokolls wurde die Datensicherheit wesentlich erhöht, da die Mailboxen auf der hochverfügbaren Hardware am LRZ abgelegt waren. Der Webzugang erlaubt die einfache Einrichtung von serverseitigen Filtern und das selektive Freigeben von Ordnern durch den Benutzer. Die routinemäßige Benutzerverwaltung konnte weiterhin über ein Webinterface und ein LDAP Verzeichnis am Physik-Department erfolgen. Nur für Sonderfälle, wie die Wiederherstellung gelöschter E-Maildaten aus Snapshots auf dem Speicher, musste das LRZ tätig werden.

Als Bequemlichkeit für die Benutzer wurden auch die existierenden Mailboxen konvertiert und auf den neuen E-Mailserver migriert. Diese war für einfache Mailboxen auch erfolgreich. Für Mailboxen mit komplexen Ordnerstrukturen traten jedoch Probleme auf. Diese konnten durch manuelles Umkopieren der betroffenen Mailboxen auf Clientseite behoben werden.

Wie sich zeigte wurde auch die Möglichkeit der Einrichtung von Mailinglisten intensiv genutzt. Diese werden fakultätszentral über einen Administrationszugang eingerichtet und konfiguriert. Die weitere Verwaltung kann dann an beliebige Benutzerkonten mit differenzierten Rechten delegiert werden. Für die automatische Verwaltung der Mitglieder einer Liste wurde eine Synchronisationsprogramm entwickelt, das aus einer externe Datenquelle wie z.B. dem elektronischen Personenverzeichnis UnivIS eine Liste von E-Mailadressen holt und daraus ein E-Mail mit Subscribe/Unsubscribe Kommandos für den Mailinglistenserver generiert.

Auf eine Provisionierung der Passwörter aus dem zentralen Metaverzeichnis wurde verzichtet, weil zum damaligen Zeitpunkt nur eine schwache Passwortpolicy implementiert war. Jedoch wird als Benutzername für neuangelegte Mailboxen die zentrale Kennung verwendet.

Das System bedient durchschnittlich 400 gleichzeitige Clientverbindungen der Protokolle IMAPS und HTTPS. Es sind 2800 Mailboxenkonten und 92 Mailinglisten vorhanden. Der genutzte Speicher wächst seit Inbetriebnahme ständig. Zu Beginn wurden 15 GByte für Mailboxdaten verwendet, der Speicherbedarf beträgt inzwischen 350 GByte.

Trotz der erfolgreichen Migration, kam das System für den hochschulweiten Einsatz nicht in Frage. Nach der Übernahme der Firma Syntegra durch British Telecom und der Abkündigung der Wartung konnte eine langfristige Nutzung nicht mehr gewährleistet werden.

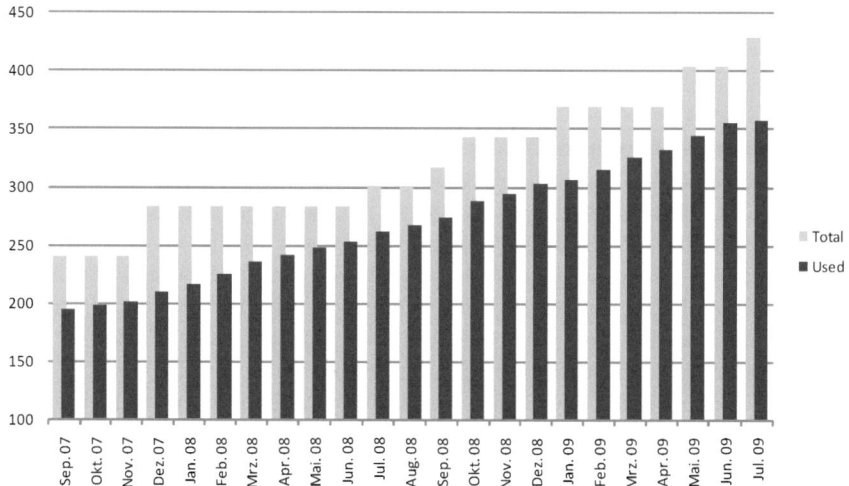

Abb. 2 Auf dem zentralen Speicher des LRZ allozierter (Total) und genutzter (Used) Speicherplatz in GByte für die Mailboxdaten des ph.tum.de E-Mail Dienstes.

Als alternative Lösung für ein am LRZ betriebenes E-Mailsystem für die TU München wurde anschließend Microsoft Exchange gewählt. Nach einer Einführungsphase wird dieser Dienst inzwischen produktiv betrieben. Die Nutzung kann der Benutzer selbst in seinen E-Maileinstellungen des zentralen TUM Campusmanagementsystems aktivieren. Durch die unterschiedlichen E-Mailadressen ist eine parallele Nutzung des Exchange- und des ph.tum.de E-Maildienstes problemlos möglich. Über Exchange stehen den Benutzern zusätzlich leistungsfähige Groupwarefunktionen zur Verfügung.

7 WWW

Nach E-Mail stellt der WWW Dienst einen weiteren geschäftskritischen Service dar. Neue Projekte brauchen kurzfristig Webspace unter passenden Adressen. Dies führte ursprünglich zu einer Vielzahl verteilter Webserver. Von Fakultätsseite wird daher ein leistungsfähiger zentraler Server betrieben, der für das Hosting virtueller Webserver auf Basis von Apache dient. Neben den zentralen Webseiten der Fakultät wird inzwischen der Großteil der Lehrstuhl- und Projektwebseiten dort gehostet. Zudem kann jeder Benutzer eine persönliche Webseite einrichten. Der Server wird beständig nach dem Stand der Technik abgesichert. Sicherheitupdates für Betriebssystem und Serversoftware werden regelmäßig eingespielt. Die Nutzerdaten werden auf einem RAID System gehalten, das über den Backupdienst des LRZ gesichert wird.

Für den komplexen Fakultätsauftritt, der dynamische Webseiten erfordert, kommt die Serversoftware Zope2 auf Basis der Programmiersprache Python zum

Einsatz. Mittels der eingebauten Makrotechnik werden die dynamischen Navigationselemente und Sprachumschaltung automatisch eingebunden. Die Bearbeitung von Webdokumenten ist mit Standardwebeditoren über das Webdav Protokoll möglich. Der HTML-Code der Webseiten kann alternativ auch direkt per Webformular bearbeitbar werden. Der Mechanismus von Page Templates von Zope erlaubt in valide HTML Seiten mittels zusätzlicher Attribute dynamische Inhalte aus Skripten und Datenbankabfragen einzubauen, die von der Serversoftware ausgewertet und in die Seite eingefügt werden. Das System erlaubt eine sehr differenzierte hierarchische Rechtevergabe. Als externe Authentifizierungsquelle wird der zentrale TUM Authentifizierungsserver verwendet, der aus dem Teilprojekt Verzeichnisdienst des IntegraTUM Projektes hervorging. Als Backend Speicher dient die Opensource Datenbank PostgreSQL.

Neben dem zentralen Webauftritt werden drei Lehrstuhlwebauftritte mit dem Zopesystem betrieben. Die in Zope integrierte Datenbank zur Speicherung der Dokumente hat eine Größe von 3.2 GByte. Die 10405 Dokumente des Fakultäts-Webauftrittes belegen 890 MByte.

Tabelle 1 Anzahl der Dokumente des Webauftrittes www.ph.tum.de des Physik-Department aufgeschlüsselt nach Dokument-Typen.

Dokument-Typ	Anzahl
HTML Seite	2.049
Bild	2.394
Datei (.pdf, .ppt, …)	2.680
Ordner	1.391
Python-Skript	1.073
SQL-Methode	818
Summe	10.405

Für das aktuelle Jahr 2009 wird eine Neugestaltung des Webauftrittes des Physik-Departments vorbereitet. Aufgrund der existierenden integrierten Anwendungen und der Akzeptanz bei den Autoren wird die existierende Systemarchitektur PostgreSQL/Python/Zope beibehalten. Verbesserungen erfolgen in der systematischen Trennung von Stil und Inhalt. Das inzwischen verfügbare Corporate Design der TU München wurde unter besonderer Berücksichtigung von Barrierefreiheit, Browserunabhängigkeit und Konformität zu den etablierten Webstandards durch eine externe Firma mit dem YAML Framework implementiert. Das CSS Design kann ohne Änderungen auch für Webauftritte mit statischen Webseiten genutzt werden, wie sie bei persönlichen und Lehrstuhlwebseiten häufig in Verwendung sind.

Neben der Authentifizierung soll auch die Autorisierung über ein externes zentrales Verzeichnis erfolgen, in das die zentralen TUM Benutzerkonten provisioniert werden. Das Verzeichnis muss daher über die Möglichkeit der dezentralen Gruppenverwaltung verfügen muss. Dazu stehen das MWN Active Directory, das TUM

Active Directory und das Physik OpenLDAP System bereit, die als Ergebnis des IntegraTUM Projektes aufgebaut wurden.

8 IT Service Desk

Im Verlauf des IntegraTUM Projektes verschränkten sich die Abhängigkeiten der lokal administrierten und der neuen zentralen Systeme zunehmend. Zudem führte die Einführung neuer Dienste während der Einführungsphase zu zusätzlichem Supportbedarf der Benutzer. Zur Optimierung der Kommunikation und zur Verbesserung der Servicequalität wurde der Aufbau eines zentrales IT Service Desk für die TUM gestartet. Die IntegraTUM Projektleitung übernahm dabei die Aufgabe, die organisatorischen Voraussetzungen zu schaffen und die erforderlichen Ressourcen freizumachen. Zur Bewertung des Opensource Troubleticket Systems OTRS wurde am Physik-Department kurzfristig eine lokale Instanz eingerichtet und im praktischen Betrieb evaluiert. Aufgrund der positiven Erfahrungen wurde daraufhin durch das LRZ eine Instanz zum hochschulweiten Produktivbetrieb realisiert.

Inzwischen ist das IT Service Desk der TUM ein wesentlicher Baustein des zentralen IT-Servicemanagement. Die im Physik-Department betriebenen Anwendungssysteme sind dabei als Secondlevelqueues nahtlos integriert.

9 Speicher

Aufgrund der individuellen Anforderungen der Lehrstühle, teilweise große Datenmengen vorzuhalten, wurde der Bedarf am Physik-Department stets über dezentrale Fileserver an den Lehrstühlen gedeckt. Zudem erschien ein Arbeitsgruppenübergreifendes Angebot an Plattenspeicher ohne akzeptiertes Authentifizierungs- und Autorisierungssystem nicht erfolgversprechend.

9.1 NAS Filer am LRZ

Durch die Einführung einer zentralen unveränderlichen personengebundenen Computerkennung an der TUM als zusätzliches Attribut zum MyTUM Loginnamen und der zunehmenden Verbreitung von Anwendungen mit MyTUM Authentifizierung wurde die Grundlage für das Angebot eines zentralen Speichers geschaffen. Die Quantität des vom LRZ angebotenen Speichers (10GByte / User, 3TByte/Fakultät) erfüllt zwar nicht die Anforderungen von Lehrstühlen mit umfangreicher IT Infrastruktur, jedoch erlaubt die Qualität (Hochverfügbarkeit,

Snapshots, Webschnittstelle, Unified Login) attraktive Nutzungsmöglichkeiten, insbesondere wenn der Speicher nahtlos in ein lokales Netz integriert wird.

Im Physik-Department wurde daher der Speicher bei den studentischen Windowsarbeitsplätzen stets eingebunden. Weil von Seiten der Studierenden der Wunsch bestand, einzelne Verzeichnisse individuell freizugeben, wurde im Projektspeicher ein Bereich für Homeverzeichnisse genutzt. Die Anlage erfolgt bei der erstmaligen Anmeldung. Auch beim Linuxpool wird das persönliche Verzeichnis automatisch verbunden. Eine Nutzung als Homeverzeichnis hat sich unter Linux als nicht praktikabel erwiesen.

Bei den zentral betreuten Arbeitsplatzrechnern im Physik-Department wird der persönliche Speicher standardmäßig für die Ablage der Benutzerdateien genutzt und ein Bereich im Projektspeicher für gemeinsame Nutzung konfiguriert.

Auch die Verteilung von Software mit fakultätsweiten Lizenzen erfolgt am Physik-Department über den Projektspeicher. Entsprechend den Lizenzbedingungen kann die Zugriffsberechtigung über Gruppen gesteuert werden. Mit der zukünftigen Verfügbarkeit von automatisierten Gruppen, die über den Verzeichnisdienst provisioniert werden, gewinnt das NAS Speicher Angebot des LRZ weiter an Attraktivität.

9.2 iSCSI

Für die flexible Deckung von Speicherbedarf, der über das LRZ Angebot hinausgeht und plattformunabhängig genutzt werden kann, steht am Physik-Department ein 12 TByte (Netto) iSCSI System bereit. Durch die Nutzung der virtuellen Serverumgebung zusammen mit dem iSCSI Speicher kann neuen Arbeitsgruppen kurzfristig maßgeschneiderte IT Infrastruktur bereitgestellt werden, bis aus Erstausstattungsmitteln eigene Hardware beschafft ist.

10 Backup und Archivierung

Physikalische Experimente und theoretische Berechnungen liefern fallweise sehr große Datenmengen, die archiviert werden müssen. Hinzu kommen die Daten aus regelmäßigen Sicherungen der Serversysteme. Das sehr leistungsfähige und komfortable Angebot des LRZ diesbezüglich, das beständig ausgebaut wurde, war den Anforderungen stets gewachsen. Eine eigene Lösung war daher nie erforderlich. Momentan belegt das Physik-Department 172 TByte Archivspeicher und 36 TByte Backupspeicher. Die momentane durchschnittliche Übertragungsrate der Physik beträgt 226 GByte/Tag. Mit der in den letzten Jahren erfolgten produktiven Datennahme komplexer kern- und teilchenphysikalischer Großexperimente ist das zu archivierende Datenvolumen auf 176 TByte stark angestiegen.

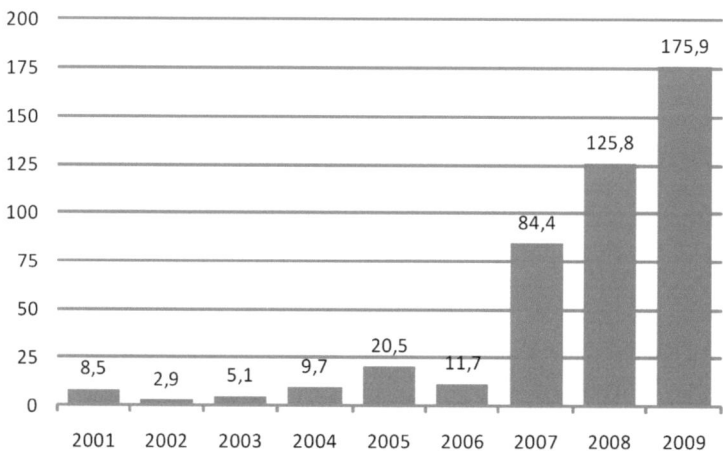

Abb. 3 Entwicklung des genutzten Speicherplatzes in TByte für Archivdaten am Archiv- und Backupsystem des LRZ

11 Software

Weil die vielfältigen Geschäftsprozesse des Universitätsbetriebes nur zum Teil durch zentrale IT Systeme unterstützt werden, sind die Entwicklung und der Betrieb von elektronischen Lösungen in Fakultätsverantwortung zur Optimierung der Servicequalität erforderlich. Eine übergreifende Systemarchitektur, auf den Benutzer optimierte Schnittstellen und ein gemeinsames Datenmodell erleichtern diese Aufgabe.

Für lokale Anwendungen am Physik-Department wird ein 4 Schichtmodell verwendet:

- Benutzerschnittstelle sind Webformulare auf dem Fakultätswebserver mit Zope als Webapplikationsserversoftware.
- Die Ablaufsteuerung und die übergreifende Businesslogik werden über interne Python-Skripte realisiert.
- Externe Python-Skripte kapseln elementare Objekte, wie Personen, Räume, Benutzerkonten
- Eine relationale PostgreSQL Datenbank wird zur permanenten Speicherung der Daten benutzt.

Wenn möglich werden bereits vorliegende Informationen, wie im elektronischen Vorlesungsverzeichnis UnivIS oder in LDAP Verzeichnissen benutzt und nur die zusätzlichen lokalen Attribute über eine Webanwendung verwaltet. Dazu wurde eine modulare Synchronisationssoftware in Python entwickelt. Für die Kapselung der Informationstypen werden die Pythonobjekte der zugehörigen Webapplikation verwendet. Die Abfrage der externen Datenquelle kann per http,

LDAP oder SQL Protokoll erfolgen. Die zurückgelieferten Daten werden im Falle von Änderungen im XML Format gespeichert und anschließend mit der Datenbank synchronisiert. Ein Ausfall der Verbindung beeinträchtigt damit nicht die Funktionalität der Webanwendung

Für Standardprozesse des Vorlesungsbetriebes, wie z.B. Einteilung von Übungsgruppe, Praktikumsverwaltung, Klausuranmeldungen wurden auf Basis der beschriebenen Serversoftware Webanwendungen realisiert. Diese werden insbesondere bei Veranstaltungen mit vielen Teilnehmern intensiv genutzt. Der Service für die Studenten konnte damit deutlich verbessert werden. In der Folge wurden Anwendungen für weitere Prozesse der Systemadministration und akademischen Verwaltung implementiert.

Die Onlinenutzung der Daten in Officeprogrammen ist über eine Webabfrage einfach möglich. Über den Webapplikationsserver kann das Datenformat und die Berechtigung für den Zugriff den Anforderungen entsprechend angepasst werden.

12 Ausblick

Die Provisionierung der zentralen Benutzerkonten in elektronische Verzeichnisse und deren Integration in die bestehenden Anwendungssysteme ermöglicht den Benutzern einen Unified Login. Es verbleibt der dezentrale Aufwand für die Administration von Benutzerrechten. Durch die rollenbasierte zentralisierte Autorisierung kann dieser Aufwand deutlich reduziert werden. Das Campusmanagementsystem TUMonline bietet durch die integrierte Verwaltung von Personen-, Organisations-, Raum-, Lehrveranstaltungsdaten die notwendigen Voraussetzungen. Aus den zentral verwalteten Attributen können Gruppen im zentralen Metaverzeichnis provisioniert werden, die für die Rechtevergabe in den Anwendungssystemen geeignet sind.

Das Hosting von Servern am LRZ ist für Lehrstühle und Fakultäten mit dem aktuellen Kostenmodell, das keine Grundversorgung vorsieht und konstante laufende Kosten verursacht, nicht attraktiv. Eine Lösung die eine kostenlose Nutzung einer kleinen Zahl von Servern ermöglicht und durch eine größere Einrichtungspauschale und geringere laufende Kosten erweitert werden kann, würde die Akzeptanz sicher steigern. Insbesondere das Webhosting, aber auch eine Vielzahl kleinerer Serversysteme könnte so zum LRZ verlagert werden.

Eine Migration des ph.tum.de E-Mail Dienstes in ein gemeinsames Hochschulsystem erscheint möglich, sobald eine nahtlose Migration der existierenden Fakultätsadressen möglich ist und das angebotene Leistungsspektrum nicht reduziert wird.

13 Fazit

Obwohl nicht alle Aktivitäten, wie zu Beginn des IntegraTUM Projektes geplant, umgesetzt werden konnten, ermöglichte das Projekt einen wesentlichen Schritt zu einer nahtlosen und benutzerfreundlichen IT Infrastruktur am Physik Department der Technischen Universität München. Die Integration der Fakultätsinfrastruktur in die IT Landschaft der TU München erforderte zwar zusätzliche Anstrengungen, die sich aber beginnen auszuzahlen. Durch das Unified Login und die konsolidierten Personen- und Studierendenstammdaten ist die flexible und kurzfristige Implementierung elektronischer Onlineverfahren möglich, da deutlich weniger Daten erfasst werden müssen und die Datenqualität wesentlich verbessert ist.

Das Spektrum der angebotenen IT Dienste wurde in Quantität und Qualität erheblich ausgeweitet, wobei der laufende Betreuungsaufwand für die Fakultät nicht erhöht wurde.

Auch das zentrale IT Service Desk legt den Grundstein für ein umfassendes Help Desk für alle Prozesse des „student life cyle", sodass die Beratung der Studierenden, die gerade in einer Zeit sich wandelnder Strukturen besonders wichtig ist, mit neuer Qualität und Verbindlichkeit angeboten werden kann. Der Studierende erfährt nicht mehr die komplexe Struktur der beteiligten Abteilungen. Auf der anderen Seite kann das Prinzip der Subsidiarität durch die im Help Desk abgebildete Struktur effektiv genutzt werden.

Anhang

Autoren

Dr. Matthias Baume hat nach dem Studium der Pädagogik als Projektmanager in einer Multimediaagentur gearbeitet. Nach Abschluss als Master in „Multimedia-Didactics" an der Universität Erlangen-Nürnberg wechselte er 2003 als wissenschaftlicher Mitarbeiter in den Bereichen computerunterstütztes Lernen und Unternehmenssimulationen an die TUM. Nach seiner Promotion wurde er 2009 Mitglied des E-Learning-Teams des Medienzentrums der TUM.

Werner Baur ist Diplom-Informatiker und arbeitet seit 1986 am Leibniz-Rechenzentrum. 1999 wurde er Leiter der Gruppe Datei- und Speichersysteme. In IntegraTUM war Hr. Baur Leiter des Teilprojekts „Datenspeicher".

Florian Bernstein ist Master of Science in Informatik. Nach Abschluss seines Studiums an der Technischen Universität München 2007 arbeitet er zunächst als Wissenschaftlicher Mitarbeiter im Projekt elecTUM an der TUM. Seit 2009 ist er als Software-Architekt und -Entwickler in der freien Wirtschaft.

Dr. Christoph Biardzki ist Informatiker und seit 2002 mit der Entwicklung und Umsetzung von Speichersystemen für Serveranwendungen und das Hochleistungsrechnen am Leibniz-Rechenzentrum in München beschäftigt.

Prof. Dr. Arndt Bode ist Informatiker. Nach seiner Promotion an der Universität Karlsruhe 1975 und der Habilitation an der Universität Erlangen 1984 ist er seit 1987 Inhaber des Lehrstuhls für Rechnertechnik und Rechnerorganisation an der TU München. Von 1999 bis 2008 war er Vizepräsident der TUM und von 2001 bis 2008 gleichzeitig deren CIO. Seit 2008 ist Prof. Bode Vorsitzender des Direktoriums des Leibniz Rechenzentrums. Arndt Bode ist Autor von mehr als 200 Publikationen und ist beratend für die Wirtschaft tätig.

Dr. Rolf Borgeest ist Informatiker. Nach der Promotion an der TU München 1997 arbeitete er bis 2003 in der Softwareindustrie in den Branchen Banken, Versicherungen und Gesundheit als Berater, Projektleiter und Abteilungsleiter. 2003 kehrte er als Projektleiter im Projekt IntegraTUM und Referent des CIO an die TUM zurück.

Dr. Latifa Boursas hat im März 2009 an der TU München im Bereich Identity und Trust Management promoviert und arbeitet seit 2005 im IntegraTUM Teilprojekt Verzeichnisdienst an der Technischen Universität München. Ihre Arbeit im IntegraTUM Projekt im Identity Management Team am Leibniz-Rechenzentrum umfasst die Untersuchung und Bereitstellung von Identity Management (IDM) Lösungen und die Datenübertragungsworkflows bei der Provisionierung von verschiedenen Zielsystemen, z.B. des E-Learning-Systems der TU München. Ihre Forschungsschwerpunkte sind die Datenschutz- und Vertraulichkeitsanforderungen und Aspekte in föderierten und gemeinschaftlichen Umgebungen wie verteilten eLearning-Plattformen.

Max Diehn ist Diplom-Kaufmann und Wirtschaftsinformatiker. Er arbeitet seit 2004 als wissenschaftlicher Mitarbeiter am Leibniz-Rechenzentrum. Seine Interessensschwerpunkte sind die Analyse und Restrukturierung von Geschäftsprozessen, IT Controlling, Konsolidierung von IT Infrastrukturen und Transformation von IT-Organisationen; Operations Research, IT Security, Anti-Spam und Groupware

Dr. Ralf Ebner hat nach dem Informatik-Studium an der TU München im Bereich der verteilten numerischen Simulation promoviert und war am Leibniz-Rechenzentrum seit 1999 unter anderem als Anwenderbetreuer und Benutzerverwalter in der Gruppe Hochleistungsrechnen tätig. Seit 2005 hat er seinen Arbeits- und Forschungsschwerpunkt auf die Evaluierung, Implementierung und Erweiterung verschiedener Identity-Management-Lösungen und Web Services im Umfeld des IntegraTUM-Projekts verlagert.

Ivan Gergintchev ist Informatiker. Nach dem Studium an der TU München ist sein Forschungs- und Tätigkeitsschwerpunkt E-Learning. Im Zeitraum 2005-2009 war er als stellvertretender Leiter des Projekts elecTUM für den technischen Aufbau einer integrierten Lerninfrastruktur an der TUM zuständig. Seit 2009 leitet er die Forschungsgruppe E-Learning am Lehrstuhl von Prof. Bode. In seiner Promotion befasst er sich mit Integrationslösungen in heterogenen Lernumgebungen.

Antje Gildhorn studierte Informationswissenschaft, Germanistik und Soziologie an der Humboldt-Universität zu Berlin. Nach dem Abschluss übte sie verschiedene Tätigkeiten im wissenschaftlichen Informations- und Bibliothekswesen aus. Schwerpunkte lagen im Bereich Open-Access, Informationsmanagement und Nutzerevaluation. Seit 2005 ist Fr. Gildhorn an der Universitäts- und Landesbibliothek Münster tätig. Von 2007 bis 2009 war sie Koordinatorin des DFG geförderten MIRO-Projekts.

Dr. Stephan Graf studierte an der TUM Diplom Informatik mit Nebenfach Wirtschaftswissenschaften. Nach einem Auslandsaufenthalt in Amerika bei Siemens Corporate Research hat er von 2005 bis 2009 im zentralen TUM E-Learning Projekt elecTUM mitgearbeitet und promoviert. Seine Forschungsschwerpunkte waren die Bereiche Wissens- und Identitätsmanagement. Seit 2009 arbeitet Hr. Graf in der freien Wirtschaft.

Ado Haarer hat an der TUM Informatik studiert. Er arbeitet seit 1985 am Leibniz-Rechenzentrum und ist dort seit 1989 Gruppenleiter. Aktuell leitet er die Gruppe „Directories und E-Mail".

Prof. Dr. rer. nat. Hannes Hartenstein ist Direktor des Steinbuch Centre for Computing und Professor für Informatik an der Universität Karlsruhe (TH), bzw. dem Karlsruhe Institute of Technology (KIT). Zuvor war er in den Network Labs der NEC Europe Ltd. in Heidelberg tätig. Sein Mathematik-Diplom (1995) und die Doktorwürde im Bereich der Informatik (1998) erhielt er von der Albert-Ludwigs-Universität Freiburg. Er ist Mitglied des wissenschaftlichen Direktoriums des Leibniz-Zentrums für Informatik, Schloss Dagstuhl. Seine Forschungsschwerpunkte umfassen mobile sowie virtuelle Netzwerke und IT Management.

Prof. Dr. Dr. h.c. mult. Wolfang A. Herrmann ist von Ausbildung Chemiker, promovierte 1973 an der Universität Regensburg, erhielt 1979 einen Ruf an die Universität Regensburg, 1982 einen Ruf an die Universität Frankfurt, und ist seit 1985 Lehrstuhlinhaber an der TUM. Prof. Herrmann ist seit 1995 Präsident der TUM.

Dr. Wolfgang Hommel hat an der TU München Informatik studiert und an der LMU München im Bereich IT-Sicherheit promoviert. Seit 2004 leitet er das Identity Management Team des Leibniz-Rechenzentrums mit dem Ziel einer engen Verzahnung der Hochschulprozesse der beiden Münchner Universitäten mit den zentralen Rechenzentrumsdiensten. Seine Forschungsschwerpunkte sind die IT-Sicherheit in großen verteilten Systemen wie Grids und die Sicherheitsaspekte des IT Service Managements.

Dr. Josef Homolka ist Physiker. Nach der Promotion 1989 an der TUM arbeitete er dort als wissenschaftlicher Mitarbeiter auf dem Gebiet der experimentellen Kernphysik. Schwerpunktthemen waren Datenaufnahme komplexer Experimente und Computernetzwerke zur Datenanalyse. Seit 2002 ist er als Information Officer verantwortlich für die IT am Physik-Department der TUM.

Prof. Dr. rer. nat. Wilfried Juling ist Universitätsprofessor für Informatik an der Universität Karlsruhe (TH) und zugleich Direktor des Steinbuch Centre for Computing (SCC). Studium der Mathematik an der RWTH Aachen, danach Promotion in Strömungsmechanik und 10 Jahre Scientific Supercomputing am Rechenzentrum der RWTH; von 1992 bis 1998 Univ.-Prof. und Leiter des Rechenzentrums der Universität Rostock; seit 1998 Ordinarius am Institut für Telematik der Fakultät für Informatik der Universität Karlsruhe (TH) und zugleich Direktor des Universitätsrechenzentrums; von 1999 bis 2005 Mitglied der Kommission für Rechenanlagen der DFG; seit 2002 Mitglied im Verwaltungsrat des DFN-Vereins; seit 2005 Vorsitzender des Verwaltungsrates und damit Vorsitzender des Vorstandes des DFN-Vereins; seit 2008 Geschäftsführender Direktor des Steinbuch Centre for Computing (SCC). Seine Forschungsgebiete umfassen: IT-Infrastrukturen, IT-Management, Hochleistungsrechnen und Hochleistungskommunikation, Telematik, Web Engineering und Service-orientierte Architekturen.

Silvia Knittl hat an der Ludwig-Maximilians-Universität (LMU) München Informatik studiert und ist zertifizierte IT-Service-Managerin. Seit 2006 arbeitet sie an der Technischen Universität München im IntegraTUM Projekt im Identity Management Team am Leibniz-Rechenzentrum. Ihr Forschungsschwerpunkt liegt im Bereich Konfigurationsmanagement in föderierten Umgebungen.

Sebastian Labitzke ist wissenschaftlicher Mitarbeiter und Doktorand in der Forschungsgruppe Dezentrale Systeme und Netzdienste von Prof. Hartenstein. Er entwickelt im Kontext des KIM-Projekts Dienste im Umfeld des Identitätsmanagements. 2008 schloss er sein Studium der Informatik an der Universität Karlsruhe

(TH) ab. Sein Forschungsinteresse liegt unter anderem in der Quantifizierung und Eindämmung der Ausbreitung persönlicher Daten im Internet.

Dr. Johann Leiß studierte Medizin an der Universität Erlangen-Nürnberg. Nach der Promotion absolvierte er eine Ausbildung zum höheren Bibliotheksdienst. Er begann seine berufliche Tätigkeit an der Bayerischen Staatsbibliothek, wechselte dann an die Universitätsbibliothek Erlangen-Nürnberg und kehrte schließlich als stellvertretender Leiter der Bayerischen Bibliotheksschule an die Bayerische Staatsbibliothek München zurück. Seit 2002 ist er Leiter der Abteilung für Benutzungsdienste und stellvertretender Bibliotheksleiter an der Universitätsbibliothek der TU München. Im Rahmen des Projektes IntegraTUM leitete er das Teilprojekt der Bibliothek.

Jörg Lorenz absolvierte an der Ruhr-Universität Bochum das Studium der Elektrotechnik mit dem besonderen Schwerpunkt Nachrichtentechnik und mit dem Nebenfachstudium Informatik. Nach dem Hochschulabschluss war er in unterschiedlichen Einrichtungen als Entwicklungsingenieur tätig. Es folgte eine langjährige Tätigkeit mit den Schwerpunkten Informationstechnologie und Organisation in der Landesfinanzverwaltung von Nordrhein-Westfalen. Seit 2000 ist Jörg Lorenz an der Universitäts- und Landesbibliothek Münster beschäftigt und leitet das Dezernat Digitale Dienste.

Dr.-Ing. Martin Nussbaumer studierte Informatik an der Universität Karlsruhe (TH), wo er 2007 promovierte. Er arbeitete als Entwicklungsleiter im Projekt KIT Integriertes InformationsManagement (KIM). Als stellvertreter Abteilungsleiter der Abteilung Integration und Virtualisierung (IVI) des SCC setzt er sich dabei neben Fragestellungen zur technischen Lösbarkeit von Integrationsproblemen auch mit methodischem Vorgehen auseinander. Im Rahmen seines Lehrauftrags an der Universität Karlsruhe (TH) hält er die Vorlesung „Web Engineering".

Sebastian Pätzold ist Informatiker. Nach seinem Studium an der TUM arbeitete er dort ab 2006 als wissenschaftlicher Mitarbeiter im Projekt elecTUM. Seine Schwerpunkte sind Architekturen für verteilte Systeme in Hochschulen, Interoperabilität sowie E-Learning und Portalsysteme. Seit 2009 ist er in der freien Wirtschaft tätig.

Daniel Pluta ist M.Sc. in Computer Science und arbeitet im IntegraTUM Teilprojekt Verzeichnisdienste an der Technischen Universität München und unterstützt zusätzlich das Identity Management Team am Leibniz-Rechenzentrum. In seiner Promotion befasst er sich aktuell mit dem Umfeld von Verzeichnisdiensttechnologien und -protokollen sowie deren Einsatz im Rahmen des Access Control Managements innerhalb von IDM-Systemen. Die besondere Betrachtung von technischen Datenschutz- und Vertraulichkeitsanforderungen stellt dabei seinen Forschungsschwerpunkt dar.

Hans Pongratz studierte Informatik an der TU München. Nach einem Auslandsaufenthalt in den USA bei Siemens Corporate Research, arbeitete er von 2005 bis 2007 als wissenschaftlicher Mitarbeiter im Projekt elecTUM. Seit dieser Zeit ist er in der Projektleitung IntegraTUM und als Teilprojektleiter im Projekt CM@TUM tätig. Zu seinen Forschungsschwerpunkten gehören Informationsmanagement an Hochschulen, IT-Sicherheit, Game-based Learning und Web 2.0.

Edwin Pretz ist Leiter der Abteilung IT & Technical Services der Universitätsbibliothek der TUM. Nach Abschluss des Studiums der Elektrotechnik (Dipl.-Ing.) an der TU Braunschweig hat er die Ausbildung zum höheren Dienst an wissenschaftlichen Bibliotheken absolviert. Er war mehrere Jahre als EDV-Beauftragter an der Bibliothek der Universität Hildesheim beschäftigt und wechselte in 2002 zur TUM.

Dr. Sabine Rathmayer ist Informatikerin. Nach der Promotion an der TU München 2000 im Bereich „Paralleles Hochleistungsrechnen", war ihr Forschungs- und Tätigkeitsschwerpunkt E-Learning. Seit 2005 war sie für den Bereich E-Learning als Projektleiterin elecTUM und Teilprojektleiterin im IntegraTUM-Projekt zuständig. Sie ist Gründungsmitglied der Fachgruppe eLearning der GI e.V. Seit 2009 arbeitet Frau Rathmayer in der freien Wirtschaft im Bereich Campus Management und Portaltechnologien.

Dr. Bernd Reiner ist Informatiker. Nach der Promotion an der TUM 2005 arbeitet er am Leibniz-Rechenzentrum in den Bereichen Onlinespeichersysteme und Langzeitarchivierung und war im IntegraTUM Teilprojekt Speicher tätig.

Alexander Schreiner hat ein Diplom in Wirtschaftsinformatik und arbeitet am Leibniz-Rechenzentrum im E-Mail-Team. Sein Arbeits- und Forschungsschwerpunkt liegt dabei in der Betreuung und Weiterentwicklung des Exchange-Servers. In dieser Funktion war er im IntegraTUM Teilprojekt E-Mail an der Produktivführung des Exchange 2007 für die TUM beteiligt. Derzeit beschäftigt er sich mit der Einführung von Exchange für die LMU, an der Weiterentwicklung der Produktivlösung für die TUM und den Möglichkeiten von Exchange 2010.

Elvira Schulze ist nach dem Studium der Pädagogik, Psychologie und Kunstgeschichte an der LMU München seit 2007 wissenschaftliche Mitarbeiterin der TUM im Bereich E-Learning mit den Schwerpunkten eTeaching-Qualifizierung für Hochschuldozierende, Beratung sowie Support und Anwenderschulungen für das zentrale Learning-Management-System der TUM.

Arne Seifert ist Informatiker und arbeitet seit 2005 im IntegraTUM Teilprojekt der Bibliothek. Er ist einer der Hauptentwickler der Medienserver-Software mediatum und koordiniert die Entwicklungsarbeiten. In seiner Promotion befasst er sich mit dem Thema Langzeitarchivierung bei Medienservern und dort besonders mit dem sicheren Erhalt der Metainformationen zu digitalen Objekten.

Michael Storz, Leiter des Teams E-Mail, ist seit mehr als 20 Jahren für die E-Mail-Services des Leibniz-Rechenzentrums verantwortlich. Sein Arbeitsschwerpunkt liegt bei der Konzipierung von Abwehrmaßnahmen gegen Spammails und der Architektur des Gesamtsystems. Unter seiner Leitung baute das IntegraTUM-Teilprojekt E-Mail den neuen Groupware-Service auf Basis von Microsoft Exchange auf.

Manfred Stross ist Absolvent der Hochschule für Film und Fernsehen in München mit den Studienschwerpunkten Fernsehpublizistik, Dokumentarfilm und Medienpädagogik. 1978 wurde er wissenschaftlicher Mitarbeiter am Medienlabor der Fakultät für Wirtschafts- und Sozialwissenschaften der TUM. Seit 1988 ist Hr. Stross Leiter des Medienzentrums der TUM und hat es in den letzten Jahren als E-Learning-Center neu ausgerichtet. Auf nationaler Ebene ist Hr.Stross seit Jahren Mitglied des Vorstands der Deutschen Initiative für Netzwerkinformation e.V. (DINI) und der Arbeitsgemeinschaft der Medienzentren an Hochschulen e.V. (AMH).

Karmela Vellguth ist Germanistin und Fonetikerin. Sie war von 1997-2001 in der IT Branche als Programmiererin, Projektleiterin und CPO tätig. Nach der Elternzeit wurde sie 2007 die Leiterin IT Service Desk der TUM.

Herbert Vogg ist Informatiker. Nach dem Studienabschluss 1979 arbeitete er als Organisationsprogrammierer und Projektleiter in der Industrie. Seit 1991 ist er als Leiter Datenverarbeitung in der Industrie und in der öffentlichen Verwaltung tätig. Seit 1997 ist Hr. Vogg der Leiter der Abteilung Verwaltungs-DV der Technischen Universität München.

Dr. Raimund Vogl ist Physiker. Er promovierte 1995 an der Universität Innsbruck in Hochenergiephysik (ALEPH/CERN). Seit 1995 beschäftigte er sich mit Bilddatenverarbeitung, Medizininformatik und IT-Management an der Universitätsklinik Innsbruck. Ab 2001 war er Geschäftsführer eines Softwareunternehmens und eines Kompetenzzentrums für Medizininformatik, Lehrtätigkeit an der UMIT in Innsbruck über medizinische Informationssysteme. Seit 2007 ist Dr. Vogl Direktor des ZIV der WWU Münster.

Michael Wibberg ist Wirtschaftsinformatiker, Diplom 2007 an der Universität Paderborn. 2007 bis 2009 war er Unternehmensberater im Bereich IT-Management in den Branchen Automotive, Health Care, Maschinen- und Anlagenbau und öffentlicher Personenverkehr. Seit August 2009 ist Hr. Wibberg Projektmanager und -koordinator des DFG geförderten MIRO-Projektes der WWU Münster.

Dr. Kai Wülbern ist ausgebildeter Elektroingenieur. Nach der Promotion 1996 an der TUM wurde er 1998 Geschäftsführer der Fakultät für Elektro- und Informationstechnik der TUM. Seit 2003 beschäftigt sich Hr. Wülbern als Projektleiter mit Campus Management Systemen. Seit 2007 ist er Leiter des Studentenservicezentrums der TUM und seit 2008 Projektleiter des Projekts CM@TUM. 2008 wurde Hr. Wülbern Vizepräsident und CIO der TUM.

Dr. Markus Zahn ist Diplom-Mathematiker. Thema seiner Promotion in Informatik an der Universität Augsburg 1999 waren Software-Distributed-Shared-Memory-Systeme. Von 1997 bis 2009 war Dr. Zahn Leiter der Abteilung „Server und Dienste" im Rechenzentrum der Universität Augsburg, seit 2003 war er stellvertretender Leiter des Rechenzentrums, seit 2009 ist er dessen Technisch-Organisatorischer Direktor.

Index

/
/etc/passwd 199

A
Access Control Information *Siehe* ACI
Access Control List *Siehe* ACL
Access Management 119
ACI 198
ACL 198, 216, 234, 403
Active Directory 38, 124, 163, 210, 400, 421, 443
Anonymisierung 202
Arbeitsplatzrechner 50, 73, 121, 209, 441
Architektur 17, 44, 54, 97, 121, 139, 185, 237, 367, 397, 421, 451
Archiv 371, 450
ARP 236
Attribute Release Policies *Siehe* ARP
Authentifizierung 121, 143, 182, 198, 222, 257, 269, 298, 448
Autorisierung 121, 143, 171, 182, 222, 448

B
Backup 450
Betrieb 278
Bibliothek 7, 16, 50, 64, 121, 365, 379
Bildungskooperation 339
Bildungsmarkt 266
Blended Learning 270, 275
Blog 264, 287, 324
Bologna-Prozess 4, 338, 352, 437

C
Campus Management 7, 14, 284, 290
Casus 345
CEUS 29
CIFS 403
CIO 5, 10, 16, 30, 60, 65, 267
CLIX 125, 182, 276, 289, 305, 326, 344
Closed-Source 248

CM@TUM 18, 107, 301
CMDB 99, 112, 217
Configuration Management Database *Siehe* CMDB
Content Management 55

D
Datenmodellierung 159
Datenqualität 123, 134
Datenschutz 41, 85, 127, 167, 231, 236, 280
Deutsche Forschungsgemeinschaft 12
DFN-AAI 129, 222, 286
DHCP 440
DIAPERS 28
Didaktik 264
Dienstleistungskatalog 114
Dienstvereinbarung 85
Digital Native 323
Digitale Hochschule 267
DirXML 151, 178, 187
DIT 145, 172
DNS 440
Dokumentenmanagement 70
Dublette 22, 53, 124, 137, 292, 381

E
E-Bologna 338, 356
eDirectory 210
E-Learning 4, 67, 121, 182, 227, 263, 275
elecTUM 266, 276
E-Mail 27, 71, 121, 396, 407, 419, 445
Enterprise Service Bus 233
E-Test 300
Evaluation 276, 286, 297, 303, 347, 374, 419
Exchange 209
Exchange Server 38, 414, 419
Exzellenzinitiative 3

F
Federated Identity Management 222, 234
Forwarder 416, 427
Frozen Zone 110

Funktionsadresse 420, 432

G
Game-based Learning 331
Gästeverwaltung 133, 171, 432
Governance 40, 50, 59, 234
Greylisting 409
Groupware 419
Gruppen 298, 433, 452

H
HIS 21, 28, 38, 53, 70, 122, 155, 171, 289
HIS@TUM 7, 289
Hochverfügbarkeit 127, 210, 213, 234, 423
Hotline 93

I
Identitätsmanagement 7, 37, 52, 72, **119**, 209, 221, 284, 380, 423
Identity & Access Management 119, 209
Identity Management 415
Identity Provider (IDP) 235
Incident 82, 89
Informationsinfrastruktur 49
institutionelle Repositories 365
Intrusion Detection 217
iSCSI 401, 450
ISO 20000 93, 99, 108, 210
IT Service Desk 9, 80, 89, 98, 128, 282, 433, 449
ITIL 80, 99, 352
IT-Servicezentrum 27, 65
ITS-Lenkungsrat 65
IuK-Dienst 14

J
JLDAP 248
JNDI 248

K
Kanzler 30
Konsolidierung 13
Kundenorientierung 75

L
Lastverteilung 56, 214
LDAP 121, 137, 145, 159, 196, 408
ldapbind 257
LDIF 149, 199
Learning Management System 276
Lebenslanges Lernen 337, 352
Lebenszyklus 426
Lehr-/Lernszenarien 325
Lernraum 341
Lerntheorie 322
libldap 248
LMU 230, 285, 405, 408
Ludwig-Maximilians-Universität *Siehe* LMU

M
MAC Adresse 441
Marketing 19, 129, 267, 281
mediaTUM 365
Medienserver 69, 285, 365
Medienzentrum 10, 16, 64, 266, 279
MediTUM 343
Medizin 343
Metadaten 203, 234
Meta-Directory 152
Microsoft Office Sharepoint Server 141, 287
Migration 23, 127
Multi-Value 148
Multi-valued 160
MyCoRe 366

N
Namenskonzept 156
NAS 397
Network Attached Storage *Siehe* NAS
Netz 100, 439
Neue Medien in der Bildung 266
NFS 401
Notebook University 266
Novell eDirectory 122, 171

O
OLA 109
Open-Access 365
OpenLDAP 163, 197, 210, 247, 383, 443
Open-Source 247, 365
Operational Level Agreement *Siehe* OLA

Organisation 8, 11, 16, 29, 39, 50, 65, 93, 134, 280, 355
OTRS 82, 90, 99, 449
Overlays 251

P
Personalrat 85, 127
Physik-Department 413, 438
Podcast 325
Policy 254
Portal 28, 36, 56
Präsenzlehre 268
Prozess 5, 42, 66, 90, 123, 287, 452
Public Key Infrastruktur (PKI) 234

Q
Queue 84

R
Rechenzentrum 64
Recht 41, 268, 280
Rechte 54, 279
Regelbetrieb 434
Rolle 54, 137
Rollen 279

S
SAML 53, 234
SAN 397
SAP 18, 21, 29, 38, 122, 155, 171, 283
Schema-Entwurf 146, 163
Schulung 93, 267, 282, 295, 310
Security Assertion Markup Language *Siehe* SAML
Serverinfrastruktur 442
Service Level Agreement *Siehe* SLA, *Siehe* SLA
Service Provider (SP) 235
Service-orientierten Architektur *Siehe* SOA
Shibboleth 53, 217, 222, 269, 285
Sicherheit 41, 216, 234, 254
Sicherheitsrichtlinie 238
Single Point of Contact 80
Single Sign-on 49, 68, 217, 285, 344
Single Sign-On 222
SISIS 125, 379
SLA 90, 108, 214
SOA 39, 50, 233

Softwarelandkarte 97
Spam 407
Speicher 27, 52, 121, 395, 422, 441, 449
SPOC *Siehe Single Point of Contact*
SQL 159
Stakeholder 40, 99
Storage Area Networks *Siehe* SAN
Störung *Siehe* Incident
Strategie 9, 11, 16, 263, 277, 438
Studentischer Lebenszyklus 18, 30, 70, 453
Studienbeiträge 267
Suchmaschine 49
Suchoperation 151
Support 268, 282, 295, 310
Systemadministration 27
Systemlandschaft 14
Systemverwaltung 195
Systemwechsel 19

T
Tivoli Identity Manager 52
TUMonline 22, 30, 144, 290

U
Unified Login 221, 290, 420
Universität Augsburg 63
Universität Karlsruhe 35
Universität Münster 47
UnivIS 28

V
Verfügbarkeit 156, 243
Verwaltungs-DV 27, 64
vhb 227, 285, 340
Viren 407
Virtualisierung 214
virtuelle Welt 327
VLAN 440

W
Web 2.0 234, 264, 287, 321, 352
Webdisk 403
WebPart 141
Webserver 447
Weiterbildung 283, 338
Wettbewerb 11
Wiki 325
Workflow 366

X
XML-RPC 140

Z
Zielkonflikt 11
Zielvereinbarung 303

MIX
Papier aus verantwortungsvollen Quellen
Paper from responsible sources
FSC® C105338

If you have any concerns about our products,
you can contact us on
ProductSafety@springernature.com

In case Publisher is established outside the EU,
the EU authorized representative is:
Springer Nature Customer Service Center GmbH
Europaplatz 3, 69115 Heidelberg, Germany

Printed by Libri Plureos GmbH
in Hamburg, Germany